實 學 의   원 류 를   찾 아 서

실학의 태두

왕정상

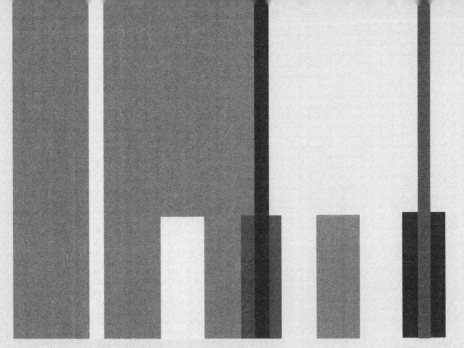

實 學 의 원 류 를 찾 아 서

실학의 태두

왕정상

권오향 지음

學古房

 오늘날 우리는 보수와 진보라는 정치적 두 명제 앞에 이미 반뿐인 나라를 또 반분하고, 정치가가 아닌데도 자기 일인 것처럼 여겨 마치 살신성인하듯 한 몸 정치에 바치려는 기세를 보여준다. 더욱이 가까운 지인과도 정치 색깔이 다르다는 이유로 마음껏 터놓고 소통하기 어려운 현실 앞에 있다. 이는 역사의 퇴보라 할 수 있다.

 무엇이 진정한 보수인지 진보인지 분명하게 아는 사람이 많지 않다. 민주주의 정치에서도 계승[因]할 것은 반드시 지켜내고 시대의 흐름에 따라 바꾸고 변화해야 할 것에 대해 분명하게 개혁[革]할 수 있어야 국민을 위한 정치라 할 수 있다. 이것이 바로 역사가 진화하는 과정이다. 인혁因革은 이미 옛 봉건제에서도 유학을 창시한 공자가 온고이지신溫故而知新을 표방하였고 공자의 사상의 틀은 그대로 계승하되 진보적 사유로 보완하여 실학의 태두가 된 왕정상은 세상 이치[道]는 시대가 변하면 그 시대에 맞는 형편[時勢]에 따라 변화하는 것[道無定在]임을 주장하였다.

 철학은 모든 학문의 기초 학문이나 그 중 불교를 출세간出世間의 철학이라면 유학은 세간世間의 철학이다. 그래서 정치를 위한 기초 학문이라고 할 수 있다. 공자는 수기치인修己治人을 가르치고 성리학을 집대성한 주희는 내성외왕內聖外王으로 표현하였다. 수기와 내성은 백성을 다스리는데 필요한 덕목이다. 『대학』에서 대학 교육은 이미 고등 교육 과정에서 수신이 된 학생들이 사회에 나가서 자신이 쌓은 덕을 백성들에게 밝히어[明明德] 그들이 무지에서 벗어나도록 교화[新民]를 담당할만한 능력을 지니게 하는 과정이다. 그리고 '수신제가치국평천하修身齊家治國平天下'하라고 하였는데, 이는 고대 경전의 내용을 전혀 모르는 사람도 어디서든 들어서 알고 있는 구절이다. 그 당시 도덕심 수양[修身]의 필요성은 치국평천하에 있었음을 알 수 있다.

공자는 자신의 덕을 성인에 이르도록 닦은 후 제자들을 데리고 주유천하 하며 각국의 제후들을 만나 자신의 정치적 소신을 밝혔다. 오늘날 국민이 가장 혐오하는 것은 정치하는 사람들의 사사로운 욕심이다. 옛날에도 정치하는 자들의 사적인 이익[利] 추구를 가장 경계하여 공자가 견득사리見利思義를 설파하였고 송나라에서는 반드시 도덕성이 있는 자들을 정치가로 등용했다. 그 때문에 중국 철학에서 심성론은 정치철학인 경세론과 함께 중시되었다.

왕정상은 명 중기 대학자이자 정치가였다. 그는 만인지상 일인지하의 자리까지 오르며 계승할 것과 개혁할 것을 분명히 했던 인혁주의因革主義자였다. 정치에 보수와 진보를 적절히 운영하였고 보수를 표방하는 유학을 바탕에 그대로 지니고 개혁이 필요한 곳에서는 과감히 진보를 택했다. 그는 민본을 우선하는 정치를 하였지만, 국가의 존립을 위한 부국강병을 더 우위에 두었기에 농민들의 봉기는 적극적으로 나서서 막았다. 그는 과감한 개혁을 주장하며 근대화를 이끄는 역할의 선봉에 서서 역사적 진보를 가장 소중히 여겼던 역사 진보론자였다. 그는 명분보다 실리를 담론보다 현실을 직시하여 유학을 실천적 학문으로 수정했다. 그렇게 생겨난 유학이 경세 실학이다.

명의 주원장은 나라를 건립하며 정주리학을 정치철학으로 채택하였다. 정주리학은 성리학이라고도 하며 천리를 중심으로 만인이 평등하다는 것을 바탕으로 삼았고 도덕심을 지나치게 중시하였다. 그들은 '도는 곧 천리이며, 변하지 않는 것이다.'라 하여 명분과 예법을 지키는 것에 주력하였다. 성리학이 가장 오래 정치철학으로 수용되어 지켜낸 국가는 조선이었다. 그 변하지 않는 도가 조선을 500년간이나 그대로 존속하게 한 것이다. 조선 성리학은 곁으로는 리理로 인한 평등성을 내세우나 인간에게 신분에 따른 등급을 상하로 줄 세웠다. 유학이 주는 폐단은 신분 제도였다. 공자의 시대는 남성만의 세상이었고, 중국의 송명과 조선은 사대부들의 세상이었을 뿐이다. 사대부 지식인에게는 예를 중시하도록 했고 일반 백성에게는 법이라는 명분 아래 징벌을 가했다. 사대부에게 벌을 주려면 먼저 신분을 강등하고서야 처벌할 수 있었고 양반의 직함을 가진 자는 왕이 약을 하사하여[賜藥] 자살하도록 했다. 고대 유학에서부터 형장은 대부에까지 미칠 수 없다고 하였고 조선에서도 대명률大明律에 따라 일반 백성에게는 엄격한 법집행과 형벌을 가했다

그는 당시 정치철학이던 성리학이 지나치게 관념적이라 국가와 사회 이익에 도움이 되지 않는 부분이 많다고 여겼고, 학자들이 성리학에 묻혀 세상이 변하고 있음을 느끼지 못하고 있을 때 그들보다 앞서 시대의 흐름과 당대의 세를 알아차렸다. 당시 황제들은 환관들에게 권력을 넘겨주어 정치는 오히려 나날이 퇴보하였다. 이는 정치철학이 세勢를 다한 것이며 성리학의 도가 세상에서 펼쳐진 지 오래되어서 나타나는 폐단이었다. 이는 조선의 정치에서 잘 볼 수 있다. 조선 중기부터 성리학이 자리를 잡자 왕들은 나태해지고 유학을 공부한 사람들의 공리공담이 나날이 심해져 병자호란이 일어났는데도 대신들이 나라의 존립보다 예를 더 중요하게 여겼고 또 사소한 예법을 가지고 당쟁을 벌렸으며 그로 인해 숙종 시기 환국이 일어나기까지 했다.

북송 신종 때 왕안석이 변법으로 개혁하여 부국강병을 이루고자 했으나 구법을 그대로 지키기만을 바라던 사마광, 구양수, 소식 등에 의해 뜻을 이루지 못했고, 청 말기 청일전쟁 패배를 계기로 캉유웨이, 량치차

오 등이 정치, 경제, 교육 등 서양의 과학기술, 문화, 사상 등을 받아들여 청나라 사회제도 전반을 근본적으로 개혁할 것을 주장하였고 광서제가 이를 받아들이면서 변법자강 운동이 시작되었으나 서태후와 수구파 대신들에 의해 실패했다. 보수는 그냥 안주하여 지키기만 바라는 것이나 진보란 개혁을 통한 역사적 진보를 말한다. 여러 실례를 볼 때 역사적 진보는 결코 쉬운 일이 아님을 알 수 있다. 왕정상은 사마광의 개혁이 실패한 원인은 성급하게 개혁을 주도했기 때문이라고 하고 개혁은 오랜 시간을 두고 정치 현장에서 실제로 응용해 본 다음 꼭 필요하다고 판단되면 상소를 올려 반드시 이루어야 한다고 여겼다. 그는 다양한 정치 경험을 바탕으로 실천 경세론과 실천 진지론眞知論의 학문을 정립하였고 사람들은 타고나며 각기 다르게 능력을 부여받았으니 각자 잘하는 것을 키워 제자리를 찾아 각득기소各得其所하여 대동大同의 길을 가자고 하였다.

그는 명대 최고의 기학자이며 청대 실학을 이루는 토대를 마련했다. 그의 기론에서, '기氣는 만물을 생성하고 운동·변화하는 근원물질이다. 천지만물은 모두 기에 근원을 두며 기가 존재의 근거로 삼으니 조화의 핵심이다.'라고 하였다. 북송의 장재가 먼저 기론을 주장했으나 그는 태허의 기와 형이상의 리로서 본성을 설명하기 때문에 기일원론자는 아니다. 후대 학자 중에 물질인 기만을 중심으로 기일원론을 펼쳤다고 그의 철학을 유물주의로 단정하는 이도 있다. 하지만, 왕정상은 리학자나 심학자와 같이 성인聖人이 되는 도덕관을 심성의 중심으로 삼아 그의 수양론을 펼쳤으며 공맹의 유학을 숭상하였다. 다만 시대 변화에 따른 경세론을 펼치고 실질적인 인식과 행동을 앞세우고 실측과 실천을 중시하며 현실에 맞는 실질적 개혁을 주장하였던 인물이다. 그래서 그를 실학의 태두라 하였다. 그의 실학은 경국제민經國濟民을 바탕으로 하는 실체와 달용의 실학으로, 송대에 학자들이 실학이라고 한 것과는 개념이

다르다.

그가 정립한 학문은 청대 실학의 태두 역할을 하였고, 청대 정치 및 학술사상에 지대한 영향을 끼쳤다. 이렇듯 철학사에서 큰 공헌이 있는데도 주희나 왕수인에 비해 잘 알려지지 않은 원인은 그가 죽기 전해까지 정치 일선에 있었고, 정치하면서 철학 이론을 정립하였기에 학문적 저서를 준비할 시간이 충분하지 않았고 그의 학풍을 이을 제자도 없었다. 대부분 학자는 학문을 위해 정치에서 물러난다거나, 귀양을 가게 되어 귀양지에서 자신의 학문을 정립하는 경우가 많다.

그가 남긴 철학 이론은 정치 현장에서 보고 느낀 것을 토대로 『신언』과 『아술』, 『내태집』 등의 철학서를 썼고 정치개혁에 필요한 것을 상소문을 작성하거나 지은 글들을 남겼다. 철학과 문학 방면 외에도 음악, 과학, 역법 등 다방면에 박학하여 다양한 저서를 남겼다. 그가 지은 저서를 통해 그의 철학이 청대에 왕부지와 대진으로 이어지면서 후대 학자들이 그들의 실학사상은 왕정상 사상을 이은 것이라고 하니 왕정상은 훗날 청나라 격동기 대동을 앞세운 자강운동의 선구적 역할을 했다고 볼 수 있다.

그와 동시대에 같이 학문을 논했던 벗들과 후대 학자들은 그를 기일원론자의 철학자로, 또 글을 잘 지었던 문장가로 평가하는 것은 물론이고 철저한 자기관리와 근검절약을 생활화했던 모습을 가장 칭찬한다. 그는 나랏일을 맡아 사욕을 배제하였고 다만 백성들이 부유하고 즐겁게 살 수 있도록 솔선수범했으며 잘못된 정책에는 목숨 바칠 각오로 상소를 올렸다. 그가 한 지방의 포정사로 일할 당시 마을 사람들이 그를 송 대 청백리 판관 포청천包青天에 빗대어 왕청천王青天이라 불렀다고 한다.

근대학자 천라이陳來는 『송명리학』에 '왕정상은 과학 정신을 갖춘 철학자다.'라고 하며 왕정상의 기학, 주희의 리학, 왕수인의 심학을 세 개의 다리가 달린 솥에 비유하여 삼정三鼎이라 칭하며 명대 학문의 흐름을 분명하게 세 갈래로 나누었다. 천라이는 또 왕정상에 관해 그의 학문이 장재의 기론에서 영향을 받았지만, 성리학의 영향도 받았다고 하며 왕정상이 리학과 심학이 사회적·정치적으로 불합리하여 생기는 폐단을 파악하고 철저하게 과학자적 사유로 실제 경험을 통하여 이론을 정립하였다고 전한다. 이는 왕정상이 동시대 과학기술 발전의 세계관과 방법론적 논증을 제공한 철학자임을 표명한 것이다. 필자는 왕정상의 철학을 정리하며 명대의 시대적 사상적 배경을 알리는 것도 주저하지 않았고 주희의 리학, 왕수인의 양명학, 장재의 기학이 실학으로 바뀌는 부분에 관심을 가지고 그가 논한 비판을 배제하지 않았다.

그의 사상이 소개된 책은 중국에서도 많지 않다. 다행히 그의 저서가 후손에 의해 『왕씨가장집』을 엮어 소장되고 있었고, 중화서국에서 『왕정상집』 전 4권으로 출간하였기에 그의 철학을 접할 수 있었다. 또 중국에서 인민대 거룽진葛榮晉교수가 그에 관해 깊이 연구하여 『왕정상과 명대기학』, 『왕정상생애학술편년』, 『명청실학사상사』를 펴내고 『왕정상 연보』도 편집했기 때문에 그의 저서들을 통해 왕정상을 공부하였고 오늘 이 책을 쓰는 데 많은 도움이 되었다.

중국에서는 왕정상과 실학 연구가 활발히 진행되고 있지만, 우리나라에는 연구가 너무 미미하다. 다만 조선 중·후기에 많은 실학자가 있었기에 조선 실학은 연구가 활발히 진행 중이며 그중 정약용, 박제가, 김정희 등의 실학사상은 중국에서도 연구되고 있다.

필자는 한국에서 처음으로 왕정상의 사상을 실학과 함께 학계와 대중에게 소개한다는 큰 소명을 갖고 그동안 갈고 닦은 중국어와 한문 독해 실력을 동원하고 공부하고 강의했던 철학적 기반을 바탕으로 왕정상의 철학서 『신언』을 번역하고 역주를 달아 출간했고 그의 다른 철학서 『아술』을 번역하였다. 그 후 '실학의 태두 왕정상'이라는 가제로 글을 써두었는데 바쁘다는 핑계로 덮어두었다가 갑작스럽게 '코로나 19'가 발발하여 대학에서 강의와 대중 강의를 모두 비대면으로 하게 되어 그간에 시간을 내서 짬짬이 써두었던 왕정상 철학을 다시 정리하게 되었다.

이글은 철학을 공부하는 학도들에게 소중한 자료가 될 뿐 아니라 그가 명대 전칠자로 알려져 중국 문학을 공부하는 이들에게도 필요한 자료가 될 것이다. 특히 그의 기론과 의상설 등은 예술 이론을 공부하는 이들에게 필요할 것이며 명대의 문화 역사를 연구하는 이들이나 정치학을 연구하는 학자들에게도 좋은 자료가 될 것으로 생각된다. 필자는 한국에서 처음으로 왕정상의 사상을 실학과 함께 학계와 대중에게 소개한다는 기쁜 마음으로 이 글을 출판하게 되었다. 이 책을 출판해주신 학고방 하운근 사장님께 감사드린다.

락지재樂知齋에서 해여海餘

11

목차

명나라 왕정상王廷相(1474~1544)

〈바이두[百度]에서〉

제1장
서문

  왕정상王廷相(1474~1544)은 당대에 일인지하 만인지상의 자리에 올랐던 뛰어난 정치가이었고 원기일원론으로 실학의 태두가 된 사상가였으며 명대 전칠자前七者 중 한 사람으로 이름을 올렸던 문학가이었다.

  공자孔丘(BC551~BC479)가 창시한 유학에서는 자신을 수양하는 수기修己와 남을 다스리는 치인治人을 중심으로 사상을 전개하였는데 송 대에 주희朱熹(1130~1200)가 신유학을 이루면서 자신을 수양하여 성인이 되게 하는 내성과 정치주체가 되어야 하는 외왕外王을 중심으로 사상을 폈다. 즉 수기修己는 내성內聖으로, 치인治人은 외왕으로 변화하였다. 주희가 주장하는 내성은 공자가 말하는 수기보다 더 엄격한 예禮가 요구되었고 외왕은 치인보다 더 강한 힘을 부여하되 엄격한 내성을 지녀야 할 것을 전제로 삼았다. 수기와 내성이 중시되는 사회 구조에서는 군자에 대한 소인, 사대부 지식인에 대한 중인衆人계층의 층하 관계가 불변적 진리로 통하였다.

  고대 유학은 한나라 이후 쇠퇴의 길을 걷다가 중당中唐 시기[1] 한유韓愈(768~824)가 유학부흥론을 주장[2]하여 송 대 초기 유학 사조를 형성하는 계기를 제공했다. 송대 지식인들은 백성들의 일상생활에 만연하던 불가·도가적 사유에 대응하여 쇠퇴한 유학을 복구하고 부흥시키고자 하였으며, 만세萬世를 위한 유학을 이루고자 하였다. 곧, 고대 유학에 불가와 도가적 사유를 도입하고 융합하여 새로운 유학의 이론 체계를 정립하여 이를 송학宋學이라 하였고3) 또 신유학4)이라고 불렸다.

명대 중기까지 신유학은 철학뿐만 아니라 정치와 사회 전반에 뿌리를 깊이 내리고 있었다. 필자는 송대에 신유학이 생겨난 것이 시대적 필연이었듯이, 명대에서 사회·사상적으로 정주리학에 대한 비판이 나오게 된 것 역시 필연이었다고 본다. 명 초기부터 서서히 정주리학이 비판을 받으면서 태동한 것이 심학과 기학이다. 물론 심학과 기학은 북송의 육구연陸九淵(1139~1192)과 장재張載(1020~1077)에 의해 이미 기 기초가 마련되어 있었으나 명 중기에 왕수인王守仁(1472~1528)이 심학을 정립하였고 왕정상이 기학을 완성하였다. 심학은 리학을 수정하는 범위 내에서 생겨났지만, 기학은 리학에서 시대에 맞지 않는 부적절한 예·법과 공리공담空理空談이 되는 부분을 빼고 현실적이고 과학적인 사유를 첨가하여 새롭게 완성된 사상이다.

명나라 초기에는 갑작스러운 신분 상승을 이룬 태조 주원장朱元璋(재위 1368~1398)이 유학자들과 갈등을 빚으며 정치적으로 위기에 처해 있었다. 또 이 시기는 정치적으로 불안한 상황의 지속과 더불어 변방 이민족의 잦은 침략으로 백성들의 삶이 피폐해져서 농민 반란과 도적 떼 창궐이 자주 나타나는 사회 현실에 놓여 있었다. 그 때문에 도덕성의 강조보다는 백성들의 식량과 군량을 위해 한 톨의 쌀이 더 중요한 시기였다. 이런 상황에서 필요한 것은 백성을 근본으로 삼는 정치사상과 백성을 부유하게 하는 경제 정책이었다. 그래서 도덕성 공부보다는 경험적 사실에 근거하는 관찰이나 실험에 의한 현실적이고 실증적 학문을 하여 하늘의 자연재해를 막고 백성이 잘 살 수 있도록 새로운 농사 기술이나 근대화된 기구들을 개발하는 것이 더 필요했다. 즉, 이상주의적 정주리학보다는 현실적이고 자연주의적인 기학이 현실과 부응하는 시대를 맞이한 것이다.

이런 시대적 필연 때문에 명대에는 많은 유학자가 경세치민經世治民을 주장하였는데, 그 중심에 왕정상이 있었다. 왕정상은 민본을 앞세운 경세론에 입각하여, 리를 주主로 삼아 도덕적 가치를 존숭하는 정주리학의 사상이 당시 명나라 시대적 상황에서 백성을 잘 살게 하는 데에 도움이 되지 않을 뿐 아니라 오히려 큰 걸림돌이 되고 있다고 판단하였다. 그의 이러한 판단은 현실 정치에서의 경험에 바탕을 두고 있다. 정주리학은 이념주의·도덕주의를 표명했으나 왕정상은 경험주의·실천주의를 표명한 것이다. 그의 철학의 근원은 당시 리학이 정치사상인 상황 하에서 도덕이 중심이 되는 사회적 비현실성을 깨닫게 되고 경세의 현장에서 실천을 통해 기본론적氣本論的 우주론을 중심으로 삼는 심성론으로의 전환을 가져왔다.

왕정상의 유학에서는 우주의 이치가 원기元氣를 중심으로 설정되었고 기氣는 보편성을 부여하는 원리로 작용하게 되었다. 기는 우주에도 만물에도 없는 곳이 없으며 우주의 저절로 그러한 운행원칙을 따른다. 이러한 기가 만물을 생성하니 인간이 태어나는 것에도 작용하여 인간의 본성은 자연적 운행법칙에 근거하며 인간에게 보편과 평등개념을 심어주었다. 주희의 신유학에서 나타난 인간의 층하관계는 왕정상의 유학이 실천과 달용의 관계로 재정립하며 인간 중심적이고 실천적이어서 보편과 평등의 사유로 전환되었다. 그 때문에 후대에 왕정상의 철학을 실학의 태두로 보며 유학사에 있어서 새로운 전환점을 제공한 것이다.

왕정상이 철학사에서 자취를 거둔지 400여 년 만에 중국에서 그의 철학 연구가 불붙기 시작했다. 가장 먼저 그를 언급하기 시작한 학자는 후와이리侯外廬(1903~1987)[5]이고 북경대 교수였던 장따이니엔張岱年

(1909~2004)이 많은 연구를 했고, 그 제자이며 현재 인민대 철학과 거롱진葛荣晋(1935~) 교수가 지금까지도 여러 각도에서 집중적으로 연구하고 있다. 지금 중국에서는 더 많은 연구자가 연구를 계속하는 중이다.

주석

1) 당나라는 618년 당태조 이연이 건국하여 907년 후량의 주전충에게 멸망하기까지 289년간의 시기이다. 이 시기는 시문학이 특히 발달하여 송나라 엄우가 당을 초당初唐, 성당盛唐, 중당中唐, 만당晩唐으로 분류하였다. 초당은 고조 무덕 1년(618)에서 현종 즉위의 전년(711)까지이며 왕발王勃·양형楊炯·노조린盧照鄰·낙빈왕駱賓王의 초당사걸이 활발하게 활약했고 성당은 현종 2년(713)에서 대종 때까지 시기로 이백李白·두보杜甫·왕유王維·맹호연孟浩然과 같은 위대한 문인들이 나왔으며 이 시기에 당나라 시詩가 가장 융성하였다. 중당은 대종 때부터 14대 문종 때까지의 약 70년간인데, 이 시기에 백거이白居易·한유韓愈·유종원柳宗元·유우석劉禹錫 같은 뛰어난 문인이 있었고 만당은 836년에서 907년 사이 시기를 이르는데, 이상은·두목 같은 문인이 활약하였다. 중당의 시인들은 한유의 영향으로 유학을 중시하는 사상가가 많았다.

2) 한유는 『원도原道』에서 "선왕의 도道는 불교의 도道와는 다른 참된 도道이다. 이 도는 요임금이 순임금에게 전하고, 순임금이 우임금에게 전하고, 우임금이 탕임금에게 전하고, 탕임금에게서부터 문왕 → 무왕 → 주공으로 전해지고 그들로부터 공자에게 전해졌다. 공자에서 맹자에게 전해지나 맹자가 죽자 이어지지 못하고 말았다.[非向所謂老與佛之道也. 堯以是傳之舜, 舜以是傳之禹, 禹以是傳之湯, 湯以是傳之文武周公. 文武周公, 傳之孔子, 孔子傳之孟軻, 軻之死, 不得其傳焉.]라고 하였다. 이를 '도통설'이라 한다.

3) 송학은 정이천의 성즉리性卽理 사상을 주희가 집대성하였기 때문에 둘의 이름을 붙여 정주리학程朱理學이라 하였고, 주희의 이름만 따서 주자학朱子學이라고 불렀으며, 성즉리性卽理가 체體가 되기 때문에 성리학性理學이라 부르기도 하였고, 리학理學 또는 도학道學이라고 부르기도 했다.

4) 송학은 후대 학자들에게 신유학으로 불렸다. 송학은 북송의 주돈이가 '태극이 무극'이라는 사상에 의해 우주본체론이 확립된 것에서 시작되었는데, 그 후 장재가 태허의 기를 물질의 본체라 하여 기학의 체계를 정립했고 정명도가 만물일체

는 인仁이라고 하며 심학心學의 태동이 있게 하였으며 정이천이 우주 본체는
형이상학적 천리가 있고 그 천리가 성명性命과 연계하여 리학理學의 틀이 만들
어졌다. 리학은 후에 남송의 주희에 의해 집대성되었고 남송의 육상산을 거쳐
명대 왕수인이 심학을 집대성하였으며 기학은 송의 장재가 이론화 했고 명대에
와서 왕정상에 의해 기학의 틀이 완성되어 신유학의 이론 체계를 재확립되었다.
그 후로 기학은 청나라에서, 리학은 조선에서 심학은 일본에서 꽃피우게 되었으
니 신유학은 동아시아 정치사상에 심대한 영향을 끼쳤다. 신유학의 정의는 학자
마다 다른 견해를 가지고 있다. 펑유란馮友蘭(1894~1990)은 『중국철학사』에서
전국시대 맹자와 순자의 전쟁이 송·명 시대 정주와 육왕의 전쟁과 같다고 하며
리학과 심학을 신유학이라 부른다고 하였다. 현대 학자 진래陳來는 중국에서
마르크스주의가 도입되고 개혁개방 운동이 일어난 후 기학의 지위가 확립된 후
신유학은 리학·심학·기학의 삼정三鼎으로 되었다고 표현하고 있다. 단 그는 기
학을 유물唯物의 소산으로 보고 있다. 기학은 도덕적 가치를 중시하면서도 한편
으로는 실학을 이루는 기반으로 보며, 왕정상이 신유학을 정통 유학의 틀로 탈바
꿈시키는 일대의 전환을 가져왔다고 본다.

5) 1959년 侯外廬(1903~1987) 등에 의해 『왕정상철학선집』이 출간되어 왕정상이
   철학계에 알려지기 시작했다. 그는 중국역사학가이고 사상가이며 교육가였다.

제2장
왕정상의 평생과 업적

왕정상은 명대 중기의 정치가였으며 사상가이었고 명 전칠자에 속하는 문학가였다. 그의 사상은 명조明朝 사회 역사와 밀접한 관계를 지닌다. 그의 사상은 당시 정치적 위기와 사회적 모순을 반영하여 현실에 부응하는 개혁을 주장했고, 또 정주리학이 쇠락하는 상황에서 새로운 대안으로 부각했다. 이 장에서는 그의 업적을 정치적 면, 사상적 면에서 살펴본다.

1. 평생 사적

왕정상1)은 명대 중기 헌종 성화 10년(1474), 왕양명보다 2년 후에 태어났고 세종 가정 23년(1544)에 나이 71세로 생을 마감했다. 그의 자는 자형子衡이고 호는 준천浚川이다. 사람들은 별호로 '하빈장인河濱丈人'2)이라 불렀다. 하남성 의봉儀封(지금의 난고蘭考)에서 태어났으며 7세부터 이진李珍을 스승으로 삼아 공부하였다. 그는 유년 시기에 이미 총명하고 지혜로웠으며 기민하였고 문장과 부, 시 짓기를 좋아하였다. 왕정상은 성화 22년(1486) 13세 때에 읍에 세워진 학교에 재학생 인원이 부족하였기 때문에 인원을 보충하는 학생으로 입학하였으나 그는 교내에서 고문古文과 시부詩賦의 부분에서 명성을 떨쳤다. 그는 홍치 8년(1495) 22세에 향시鄉試를 합격하고, 다음 해 23세 때 회시會試에 응했으나 급제하지 못해 노주潞州로 가서 조상의 묘지를 돌보며 신사 층의 벗들을 모아 강학을 했다. 그러다가 1502년 29세에 회시會試에 붙어 진사에 급제하게 되고 가장 먼저 제수받은 관직이 '한림서길사翰林庶吉士3)'였다. 당시 과거를 통과한 진사 중에서 뛰어난 자를 뽑아 한림서길사를 제수하여 황제가 옆에 두고 조서의 초안을 쓰고 황제를 위해 경전을 강해하는 일을 하게 했는데 그가 발탁되어 황제의 근신近臣이 되고 내각의 보신輔臣이 되었다. 그가 한림원에 있을 때 고문과 사詞에 능숙하여 이몽양, 하대복 등과 이름을 나란히 하였다. 한림원 내에서 문학에 조예가 깊어 함께 시문을 논하던 일곱 학자를 전칠자前七者4)라 했는데 그는 그 가운데 한 사람이었다. 이들과 같이 명 후기에 등장한 시문학자들은 후칠자後七者5)라고 불렀다.

30세 때 병부급사중兵部給事中6)의 벼슬을 제수받아 정치 인생이 시작된다. 그때 몽고족인 화사火篩7)가 다통[大同]8)으로 쳐들어와서 많은 관병이 다치거나 죽었다. 그가 처음으로 맡은 일은 군대 내의 문제를 해결하는 것이었다. 그가 32세 때는 부친상을 당하게 되어 수제9)를 행하면서 자신의 고향인 의봉현 학당의 역사를 다시 고쳐 적은 『중수의봉현학기重修儀封縣學記』를 써서 의봉현의 현지사를 칭찬하고 분묘의 공적을 다시 수정했다. 수제 기간을 끝마치게 되면서 주희가 만들어 놓은 '주자가례'가 너무 엄격하여 현실성이 없음을 절감하게 된다. 이로 말미암아 주희의 리학理學 전반에 대한 비평을 가하게 된다.

35세 때에는 당시에 왕권을 전횡하던 유근劉瑾을 비판하였기 때문에 호주판관毫州判官[10)으로 좌천된다. 그러나 그는 호주에서 과거제도를 깔끔하고 분명하게 실시하여 학문함의 중요성을 펴기 시작했고 그 후로 그의 이름이 알려지기 시작했다. 호주의 과거제도는 훗날 청대에까지 그가 세운 틀에서 조금도 달라지지 않았다.

36세 때 산둥山東성 고순현의 현지사가 되었고, 37세에는 임금의 어사가 되어 산시陝西성을 순시했다. 유근의 무리를 조사하여 권력과 손잡은 사대부들의 부富의 편중을 적극적으로 막았다.

38세 여름에 허베이성, 산둥성, 허난성 등지에서 농민 봉기가 일어났다. 그는 어사의 지위에 있었기 때문에 부호를 배척하고 농민들을 우선시하는 민본의 사상을 중심으로 하여 개혁적 정치를 해 나아가면서 농민 봉기는 철저히 진압되었다. 그가 40세 되던 해에 북기北畿에서 학사를 감독하고 있었는데, 환관들의 권력을 등에 업고 뇌물을 받는 것이 학교 행정에까지 미치고 있었다. 그는 정부에서 파견한 사람들을 모두 물리치고 구 관행을 개혁했다. 이에 태감 자영과 유근은 협력하여 왕정상이 무례하다고 감옥에 가두라고 조서를 내리는 지경에 이른다. 그러나 당시 이부상서였던 양일청 등이 환관들의 상소에 맞서 그를 구할 것을 간청했던 덕분에 감유현승贛榆縣丞으로 좌천되었다. 그는 또 다시 감유현에서 개혁을 시작한다.

44세 봄에 송강부의 지사[11)로 승진했고 그해 가을에 쓰촨四川성 안찰사[12)제학금사로 승진했다. 쓰촨성에서 학교를 감독하면서 지켜야 할 조약인 『독학사천조약督學四川條約』을 지어 널리 퍼뜨렸다. 그는 일찍이 경학, 천문, 지리, 음률, 하도河圖·낙서洛書 등에 정통했기 때문에 북송 오자인 주렴계, 소강절, 정호, 정이, 장재의 책을 두루 섭렵하여 그들의 이론을 논박하고 또 시비를 가렸는데 후에 지어진 그의 철학서 『신언』[13) 에 잘 드러나 있다. 산동제학부사[14)의 후임이 되어 문文과 교敎를 계속 이어나갈 것을 제창하고 풍토를 변화시키고 교육과 과학제도의 개혁을 부르짖었다. 그리고 학자는 "나라를 경영하고 백성을 구제하는[經國齊民] 임무를 다할 수 있기 위해서 공부해야 하며, 교사는 마땅히 솔선수범하여 규칙을 확고히 하고 자기를 바르게 하여 백성을 편안하게 한다.[以身作則, 正己安人]"는 것을 익히도록 하는 데에 힘썼다. 그리고 정치와 학문함에 있어 '넓게 공부하여 간략함으로 돌아가고[由博反約]' '학문을 하면 아울러 과거에 나가야 한다[學行倂擧]'고 주장한다. 이는 모두 경국제민經國濟民을 위한 가르침이다.

45세 이전까지는 상소문과 지역 행정에 관한 개혁의 글을 많이 썼는데 이때부터는 철학이 깃든 시를 짓기 시작했다. 그의 나이 45세 때 지은 〈파인죽지가〉15)는 서쪽 변방을 지키러 간 낭군을 그리는 마음이 잘 묘사되어 철학적, 문학적으로 높이 평가되는 작품이다. 그가 46세 때 영왕 신호의 반란 시에도 〈파적破賊〉16) 두 수의 시에는 나라를 생각하는 충정의 마음이 깔려있다. 또 무종의 총애가 지극하여 왕의 성정을 흐리게 하고 막대한 권력을 휘두른 강빈江彬을 빗대어 자포장군이라 하며 「자포장군의 노래赭袍將軍謠」17)를 지어 나라의 어려움을 한탄하고 그의 만행을 고발하였다.

50세에 후광湖廣 안찰사로 승진하였다. 후광성은 지금의 후난성과 후베이성을 합친 중국에서 가장 큰 지역으로 제1의 행정 구역이며 안찰사는 지금의 내무부 장관에 해당하나 후광 안찰사는 현재의 경기도 도지사 역할이라고 할 수 있다.

51세에는 산동 포정사18) 우포정사로 옮겨가게 되고 여름에 어머니의 상을 당했다. 왕정상은 고향으로 돌아가 상제의 예인 수제를 하였다. 그런데 초상의 예절이 사리에 어긋남이 많아 어려운 행보를 하게 되는 것이 비현실적이라고 여겨 『상례비찬喪禮備纂』을 저술하여 당시의 상례를 "불교를 중히 여기며 제물을 올려 공덕을 비는 것이 여전히 사치스러운 풍속이다."19)라고 비평했다. 이는 형식을 중시하는 『주자가례』에 대한 비평이고 불가와 도가에 대한 비평도 겸하여 이들의 사상을 가깝게 하는 것은 금지해야 한다고 주장했다.

53세 때는 철학자 하당[20]의 사상과 철학적 논변을 벌인다. 하당은 그가 저술한 「음양관견陰陽管見」에서 '음양이 서로 떨어져 있다[陰陽相離]'고 하였다. 그는 「답하수부」를 지어 '음양은 서로 따른다[陰陽相須]'는 이론으로 그를 반박한다.

54세에는 쓰촨성 순무도어사가 되어 관리들이 뇌물을 받은 건에 대해 개혁을 단행하고 옥에 갇혀있는 죄수들을 공정하게 재심사하는 작업을 하여 억울한 죄수들을 풀어주어 백성의 원한을 덜어준다. 그해 쓰촨성에 망부 사보의 폭동[21]이 일어났는데 그가 진압했다. 임금이 기뻐하여 금과 비단을 하사하여 그 노고에 보답했다.[22] 그리고 이 해에는 그의 대표적 철학 저서 『신언愼言』을 지어 그의 사상 전반을 정리하였다.

55세에 병부시랑이 되며 당시 망부에 흐르는 물의 방향을 바꾸어 땅을 개간하는 문제를 놓고 자연의 순리에 역행할 수 없음을 강하게 주장했다. 56세에는 그간 창고를 관리하는 『걸행의창소乞行義倉疏』를 올려 백성들이 흉년에도 고향을 버리고 떠나지 않도록 대책을 마련하고 『답요문答天問』을 지어 유종원의 '무류기궤誣謬奇詭'와 주희의 '신괴지설神怪之說[23]'을 교정한다. 이는 천문학서이며 철학서로서 중요한 저작이다.

57세에는 공물을 바치는 쾌선의 수량을 줄이고 관리들이 출장을 가거나 접대를 받는 풍토를 없애 백성들의 수고로움을 줄이고 국가 재정을 절약하자는 취지의 『절성쾌선비제본節省快船冗費題本』을 올린다. 58세에는 전칠자인 이몽양의 『이공동집李空同集』의 서문을 쓴다.

60세에는 도찰원좌도어사[24]로 승진한다. 그는 시문집인 『영산당집서」를 펴내고 어사의 잘못됨을 바로 잡자는 『준헌강고찰어사소遵憲綱考察禦史疏』를 올린다.

61세에 병부상서[25]가 된다. 명대에는 정승이 없었기 때문에 상서가 최고위 관직이었다. 그는 병부를 맡았으니 황제 아래 최고지위에 오른 것이다. 그 해 하당의 사상에 비판하는 『답하백제조화론答何柏齋造化論』을 짓는다. 하당의 천인감응론에 반대하여 천인지분의 이론을 편다. 62세에는 요동정벌을 주장하여 처리되었고 63세에는 정1품의 관직인 태자태보26)가 되었다. 64세에는 전칠자인 하경명의 『하씨집何氏集』의 서문을 쓴다.

65세에 세종의 명으로 전시독권관殿試讀卷官27)이 된다. 이해에는 그의 제2의 철학 저서 『아술雅述』을 완성한다. 68세에 독권관을 맡아 전시를 치렀고 요동순무에게 죄를 묻도록 주청을 올렸다가 이미 정치적으로 성정이 흐려진 세종이 왕정상에게 죄를 묻게 되어 관직이 파면되었다. 그 후로 두문불출하고 책과 함께 지내다 71세에 세상을 떴다.

그는 민본의 사회를 만들기 위해 노력한 정치가이자 교육자였고 명대 전칠자28)의 한 사람인 문학가였다. 또 정치, 경제, 군사적 개혁뿐만 아니라 선비 문화 풍토를 개혁하고자 했던 당 시대에 앞선 생각을 지닌 선구적인 인물이었다. 그는 지방관에서 중앙 고위의 관직까지 두루 거치며 민본民本의 통치와 농본의 경제 부흥을 위해 과학화 현실화의 교육에 힘썼다. 또 각자가 맡은 바에서 최선을 다하는 각득기소各得其所를 바탕으로 대동大同을 이루고자 힘쓴 정치가이며 정치 현장에서 몸소 체득한 것을 바탕으로 하여 원기본체론을 중심으로 하는 우주론과 심성론을 체계적으로 이론화한 철학자이다. 그는 백성들과 국가가 겪는 어려움을 몸소 체득하게 되면서 도덕성을 지닌 우주론적 사유와 리를 앞세운 예치禮治는 백성들의 부민과는 상당한 거리가 있음을 절실히 깨닫는다. 그는 왕과의 언로가 막혀있던 정치적 상황에서 끊임없이 직언으로 상소하여 많은 어려움을 겪게 되지만 거기에 굴하지 않고 끝까지 백성의 편안함과 국가의 앞날을 위해서 경세치용의 사상을 펼쳤던 인물이다.

2. 정치적 역량과 업적

그가 병부급사중兵部給事中이 되어 몽고족인 화사火篩[29]가 다퉁[大同][30]으로 쳐들어왔을 당시 그가 처음으로 맡은 일은 군대 내의 문제를 해결하는 것이었다. 그는 병사들의 사기를 올려주기 위해 군자금을 마련하여 상벌 제도를 굳건히 해야 한다고 군사를 격려하는 묘책을 임금께 상소로 올린다. 그로 인해 그가 경세치민의 능력이 있음을 인정받게 된다.

산둥山東성 고순현의 현지사가 되었을 때는 임금의 어사가 되어 산시陝西성을 순시하니 유근과 뜻을 같이하여 부호가 된 자가 많았다. 그는 즉시 유근의 무리를 조사하여 가산을 압수하고, 유근을 등에 업고 부호가 된 지주가 소작인들에게 경작시키던 땅을 모두 빼앗아 빈민들에게 나누어주었다. 또 세력가, 대부호, 간교한 사람들이 토지를 많이 소유하지 못하도록 하는 등 대동大同의 정치를 펼쳐갔다. 그는 사대부들의 권력과 부富의 편중에 따른 신분의 격차와 계층 간의 갈등이 거시적 관점에서 사회악이 된다는 것을 묵시하지 않았기 때문에 자신에게 역할이 생기면 서슴지 않고 개혁을 단행했다.

그가 부호를 배척하고 농민들을 우선시하는 민본의 사상을 중심으로 하여 개혁적 정치를 해 나아가면서 농민 봉기는 철저히 진압되었다. 그런데도 허베이성, 산둥성, 허난성 등지에서 농민 봉기가 일어났다. 이때 그는 어사의 지위에 있었기 때문에 임금에게 상소를 올려 좀 더 강한 정치적 역량을 주장하였다. 명예나 지위 때문에 땅을 지니는 것에 대해서는 완강히 거부했고 농민 봉기를 소탕하기 위해 일반 가정에서 재능이 있는 관리나 군사를 뽑아 그에게 막중한 권력을 주어야 한다고 여기어 상소를 올리고 군사들이 남쪽으로 건너는 것을 막아서 서로 합세하는 일이 없도록 하였으며 산둥성과 허베이성 등지에서 봉기군의 진원지를 찾아 엄단하고 완전히 끊어내는 계책으로 소탕 작전을 세워 성공을 거두었다. 이듬해 봄에 관동의 봉기군이 산시陝西성으로 들이닥쳤을 때도 성을 둘러싼 못을 수리하게 하는 묘책을 폈고 가을에 산시성을 두루 순시하면서 장기간 감옥에 갇혀있는 죄수들에게 억울함이 있는지 재조사하고 죄의 유무를 깔끔하게 판단하여 정리했으며 세력가나 대부호들이 경작료를 함부로 빼앗는 일은 단호하게 저지했다.

당시는 환관과 간신 권력자들이 조정의 힘을 장악하고 있었던지라 그들의 권력에 맞서는 투쟁을 계속하였다. 그가 북기北畿에서 학사를 감독할 때에도 환관들의 권력을 등에 업고 뇌물을 받는 것이 학교 행정에까지 미치고 있었기 때문에 그는 정부에서 파견한 사람들을 모두 물리치고 구 관행을 개혁했다. 그의 개혁은 정치 일선에 있으며 겪었던 사건마다 바로 상소하여 단행했다.

유근의 모략으로 감유현승贛榆縣丞으로 좌천되었을 때 그는 또 감유현에서 개혁을 시작한다. 가호家戶를 줄여서 세금을 줄이고 공과 사에서 모두 백성을 위해 힘썼다. 교육에서도 과학에 힘쓰도록 하고 유학에도 힘쓰도록 독려했다. 그곳에서는 백성들이 정직하지 못하여 끊임없이 송사가 있었는데 그는 인간 사이의 믿음에 대한 강론을 통해 서로 약속을 지킴으로서 명령이 통하여 송사가 없어지는 풍속으로 바꾸어 놓는다. 그는 경세를 통해 자신의 마음 단련이 경세에 영향을 미친다는 것을 분명하게 알게 되었고 자기 자신의 덕이 백성에게 미쳐 백성이 새로워지고 이것이 세상을 경영하는 이치라고 인식하고 있었다.

쓰촨성 순무도어사 때에는 관리들이 뇌물을 받은 건에 대해 개혁을 단행하고 옥에 갇혀있는 죄수들을 공정하게 재심사하는 작업을 하여 억울한 죄수들을 풀어주어 백성의 원한을 덜어준다. 그해 쓰촨성에 망부사보의 폭동31)이 일어나 어명을 받아 사천과 귀주 두 성으로부터 관군 2만여 명을 이동시키고 폭동을 정벌한다. 그는 정치에서는 분화 정책을 취하고 군사에서는 그 기를 빼앗고, 협공하고 매복을 하고 기이한 계책 등의 전술을 취하여 소수 민족의 기의機宜를 진압했다. 그는 불의를 싫어하고 권력의 힘과 타협하지 않았으며 사회적 폐단에 대해서는 단호하게 바로잡고 개혁을 주장하였으며 자신이 몸소 실천해나갔다. 이러한 일을 하며 그는 현실적이고 실천적 사상의 체계를 완성하게 된다.

3. 사상의 개요와 저서

그의 철학적 사상을 살펴보면 본체론 상에서는, 기본氣本과 기화氣化가 서로 결합된 우주관을 명백히 논한다. 이로 인해 그는 불가와 도가의 이단을 비판했고 정주[정이천과 주희]의 '성즉리性卽理'와 육왕[육상산과 왕수인]의 '심즉리心卽理'를 비판하였으며 '원기는 조화의 근본이다 [元氣造化之本]'이라는 명제를 제시했다.[32] 불교의 '일체가 다 공이다[一切皆空]'와 도가의 '유는 무에서 생겨난다[有生於無]'는 것은 잘못된 이론임을 비판하고, "도체는 무를 말할 수 없고 생겨나면서 유무를 가진다."[33]는 관점을 제시했다.

인성론 상에서는, "정주가 성性을 나누어 둘이 되는 관점을 완전히 반박하고 기를 떠나서 성은 없으며 기 밖에 본연지성이 있다는 것은 잘못이다."[34]라고 강조하면서 또 장재의 기론도 온전하지 못함을 지적하였다. 그리고 "성과 기가 서로 바탕이 되고[性氣相資]"[35] "성은 기에서 생겨난다[性生於氣]"[36]는 이론을 제시한다. 맹자의 성선에 대해서 인간은 기로 인해 태어남으로 선과 불선을 모두 지니고 태어난다고 하여 원기본체론으로 심성론의 기초를 확립하였다. 그의 심론에서는, 심은 허령의 본체이며 신神을 동반하여 신식神識으로 발현된다.

도덕 수양론에서는, 정주의 '천리를 보존하고 인욕을 제거한다[存天理

去人欲]'는 사상에서 존천리는 수정하고 거인욕은 계승하였다. 주렴계의 '주경主靜'설과 주자학의 정좌靜坐 방법이 현실과 맞지 않는다고 반대하였고 오히려 정靜은 도덕 수양의 작용이고 일에 응하여서는 동動이기 때문에 정과 동이 서로 촉진해주고 서로 보충해 주는 '동정교양動靜交養'의 수양을 주장한다.

인식론에서는, 격물치지格物致知를 정주가 '사물을 궁리하여 이치를 앎에 이른다.'라고 해석한 것에 대해 비판한다. 또 육왕의 '본심을 밝히다'와 양지를 실현한다는 '치양지설致良知說'도 반대했다. 그는 진지眞知를 얻기 위해서 우선 학습을 통해서 지식을 얻어 친히 많은 경험을 반복하는 '중행重行'을 중시하고 직접 일에서 몸소 부딪쳐서[體察] 얻는 이사履事를 중시한다. 이사 과정에서는 지와 행은 아울러 행해야 한다는 이론인 '지행겸거론知行兼擧論'을 주창했다.

변증법에서는, 음과 양은 상호간에 서로 떨어지지 않는다고 주장하고, 음양의 문제는 손님과 주인은 승리하는가 한쪽으로 비켜나는가의 문제이며 편승자는 항상 비편승자의 주인이 된다고 했다.37) 그는 동중서의 '천인감응론'을 단호하게 부정하면서 국가의 흥망성쇠는 사람이 일을 잘하고 못함에 달려있다고 하였다. 길흉화복 역시 "귀신이 참여하지 않는다."38)라고 하며 무신론을 주장했다.

문학적 소양을 살펴보면, 그는 일생동안 많은 시가詩歌를 창작하였고 문학 이론에서도 새로운 견해를 많이 제시했다. 그는 명대 전기 동시대에 문학적 교류를 나누었던 인물과 더불어 전칠자로 불리었으며 그의 이름은 문학 부문에서도 많이 알려져 있다. 왕정상은 칠자들과 두루 시문에 대해 논하였으나 그들이 지은 시에서 보면 칠자 중에서도 이몽양李夢陽(1475~1529)과 하경명何景明(1483~1521)과 특별히 더 가깝게 지냈던 것 같다. 왕정상은 당대 최고의 문장가 알려진 이몽양 사후 만들어진『이공동집』에 이몽양 생질의 청으로 직접 서문을 썼고 하경명의『하씨집』에도 서문을 썼다.[39] 그는 고전 시문의 소박함과 예스럽고 고상한 운치를 높이 치면서도 당시 유행하고 있던 한대 상서尙書풍의 글인 대각체台閣體에 대해서는 날카롭게 비평을 가했고 성당체로 돌아가야 한다고 복고를 주장했다. 그의 시풍에서 가장 특이한 점은 시 창작에서는 시어로 사용된 형상[象]이 많은 뜻[意]을 품고 있어야 한다고 의상설意象說을 주장하여 후대 미학에서 의상이 중요한 용어로 등장하게 했다.[40]

또 글에는 도가 실려 있어야 한다는 '문이재도文以載道'를 주장하면서도 문학 작품이 도덕 교육에 머물러서는 안 되고[無意于爲文] 작가가 도덕 수양을 이루고 시가는 생활에서 근원하고 현실 생활을 초탈할 수 있는 작품 활동을 해야 함을 강조한다. 그는 글을 쓰며 도를 중시하였고 문학에도 철학이 깃들어 있음을 엿볼 수 있다. 『명사明史』에는 그가 '박식하고 글쓰기에 강하다[博學强記]'라고 적혀있다.[41]

정치사상을 살펴보면, 그의 평생 정치역정은 성균관 연구원으로부터 시작하여 귀양지에서 지방 관리로, 중앙에서 고위직에서 일했고 마지막에는 만인지상 일인지하의 최고 관직에까지 머물며 백성을 근본으로 삼는 민본주의를 앞세우고 민심에 따르는 정치를 하고자 하여 정치적으로 백성들에게 부담을 덜어주기 위해서 나라의 일들은 간단하게 해야 한다고 주장한다. 그러면서도 그는 백성을 교화하기 위해 인의와 형법을 아울러 써야 하고 덕과 재능을 겸비한 인재를 등용하여 조정의 기강을 세우는 것이 중요함을 강조한다.

외교정책을 세움에 대해서는, 이민족과 민족 통일을 염원했다. 경제적으로는 농업을 경제의 근본으로 삼고 농업 생산의 발전을 국가 정책으로 삼았다. 나라를 부강하게 만들기 위해서 검약으로 나라를 이끌었고 의창을 설치하여 구황 정책을 펴나갔다.

그는 또 자연 과학 발전에 힘을 기울여서 많은 자연 현상을 연구하였다. 대량의 천문 관측을 하여 혼천설渾天設과 개천설蓋天設[42]의 장점을 가지고 '혼개합일론'을 주장하고 고대 천문학의 '세차歲差'43) 개념을 연구하여 발전시켰다. 그는 천문학 외에도 지질학·생물학 면에서도 스스로 관찰과 분석을 거듭하였다.

그의 저작 『하소정夏小正』에 새로운 자연 현상에 대한 자료들이 많이 실려 있다. 또 그는 음율학을 연구 분석하여 『율려론律呂論』을 저작하였고 음악에 깃든 신리神理를 중시하였다. 그의 인품을 살펴보면 그의 벗이자 학문적 동지였던 최선이 「아술서」를 지으며 그를 다음과 같이 평한다.

준천浚川 선생 왕공王公은 일찍이 『신언慎言』 13편을 지었는데 은미한 변화를 깊이 탐구하고 현묘한 뜻을 창발暢發하여 학자들이 그것을 풍송諷誦하지 않음이 없었다. 선생은 또 다시 『아술雅述』 2편을 지어냈는데, 후인들이 미혹함을 답습하는 것을 슬퍼하고, 실행해야 할 넓은 길을 제시하여, 자신을 수양하고 나라를 다스리는 방도를 갖추어두고 단계에 따라 실천하도록 했다. 나는 외람되게 선생과 40년 동안 교제를 하며 마음을 논하고 의리를 말하고, 잠규箴規를 헤아려 바로잡으면서 너와 나를 잊게 된 것이 형해形骸뿐 만이 아니다. 선생은 강직함을 지니고 검소함을 실천하며, 굽은 것을 꺾고 어려운 일을 무릅쓰며, 곤궁해도 근심하지 않고 현달해도 즐거워하지 않고, 문장을 즐기고 도를 맛보며 젊어서 근면하고 늙어서 변화하였기 때문에 이미 막힌 길을 열고 막히지 않는 창을 밝힐 수 있었다. …… 『아술』을 읽는 자는 마땅히 스스로 절실하게 요구할 것을 알게 될 것이고, 백성의 뜻을 깨치게 될 것이다.44)

최선은 기학을 중시하는 철학적 동지이다. 그는 왕정상의 강직하고 검소한 성품에 대해 이 글에서 잘 표현하고 있다. 많은 후대 학자들 역시 그를 강직한 정치인, 명대 독보적인 기철학자, 과학적 지식을 지닌 실학자이며 실학의 태두로 평가한다. 천라이陳來는 『송명리학宋明理學』에서 그를 정직하고 강인하며 사악한 무리들과 투쟁을 감행했으며 치밀하고 고명하게 권력을 휘둘렀던 당대 사대부 중에서 기개가 탁월하고 대단히 위망이 있었던 인물이다.[45]라고 평하였다.

그는 강직하고 불의에 대해 꿋꿋하게 민중의 입장에 섰으며 백성들의 행복을 위한 사회개혁에 총력을 기울였던 정치가였고 정치적 사회적 어려움을 시로 그대로 표현해냈던 명대 전칠자에 속하는 문학가였다. 그는 원기본체론을 확립한 유물주의 철학가이면서 도덕성을 중시했다. 또 신을 부정한 무신론자로 자연 과학 방면에 탁월한 성취를 이루었다. 특히 그는 명말 청초 실학의 기틀을 마련한 대학자였다. 그가 세상을 뜬 후에도 그의 사적과 인품과 학문은 세인들로부터 높이 평가되었다. 명 가정 연간에 『의봉현지·인물전』에 「왕정상전」이 있는데 거기에서는 "그를 '일생 동안 포부를 지니는 성현'으로서 자신을 기대했다"[46]고 말하고 있다. 명 융경제는 그의 공적을 기리기 위해 공헌이 많은 사람에게 사후에 주는 특전인 '휼전성지恤典聖旨'를 내려주었다.

그가 남긴 철학 저서는 『구단집溝斷集』, 『태사집台史集』, 『근해집近海集』, 『오중집吳中集』, 『화양고華陽稿』, 『천상고泉上稿』, 『악성고鄂城稿』, 『가거집家居集』, 『신언愼言』, 『소사마고小司馬稿』, 『금릉고金陵稿』, 『내태집內台集』, 『아술雅述』, 『답설군채론성서答薛君采論性書』, 『횡거리기변橫渠理氣辯』, 『답천문答天問』, 『답하백제조화론答何柏齋造化論』 등이 있다. 후에 이 저서들은 모두 『왕씨가장집王氏家藏集』에 함께 편집되었다. 그는 철학서 외에도 많은 시집과 과학서, 음악서 등을 지었고 평생을 정치 일선에서 백성들을 위해 일하면서 학문을 중시하여 기일원론의 철학을 일구어 청대 실학이 생겨나는 태두가 되었다.

1) 왕정상의 업적과 사적은 거룡진葛榮晉의 연보를 참고로 하였다.

2) 하빈장인河濱丈人의 별호는 문헌에서 찾지는 못했다. 하지만 별호는 갈영진이 그의 고향에 가서 자료를 수집하여 연보를 만들었고 그가 태어난 하남성 의봉이 지금의 난고인데 황허의 상류이기 때문에 생겨난 듯하다.

3) 한림서길사翰林庶吉士: 한림원翰林院은 당나라 때 처음 생긴 이후, 주로 황실과 나라의 문화·예술 사업과 황실의 실록 등 학술 활동을 총괄하는 기관이다. 이곳에서 일하는 학사를 한림학사翰林學士라 부르며 조선의 집현전, 홍문관과 같은 일을 행한다. 명나라 이후로는 국자감을 졸업한 학생들이 특채로 한림원에 들어가 한림학사로 일하였다. 서길사는 명청 시기의 한림원 관원이었다. 황제의 가까운 신하가 되기 위해서 황제에게 경전 강해 등을 책임졌다. 내각의 관리가 되기 위해 거치는 중요한 자리 중의 하나이다. 한림원은 중국 역사상 가장 오랫동안 실시했던 학술 관청이다. 서길사의 지위는 지금의 연구원이라고 할 수 있다.

4) 명明나라 때에 문학文學으로 이름 높았던 일곱 사람을 전칠자前七子라고 했다. 전칠자는 이몽양李夢陽·하경명何景明·서정경徐禎卿·변공邊貢·강해康海·왕구사王九思·왕정상王廷相이다.

5) 후칠자는 전칠자와 시기를 달리해서 불렸던 이반룡李攀龍·사진謝榛·양유예梁有譽·종신宗臣·왕세정王世貞·서중행徐中行·오국륜吳國倫의 7인을 말한다.

6) 홍무洪武 6년(1373) 이吏·호戶·예禮·병兵·형刑·공工 등 6개의 분과를 조정에 두었다. 각각의 과에는 급사중을 일인씩 두었는데, 정7품正七品에 해당한다. 좌급사중, 우급사중, 급사중은 종7품从七品과 같은 지위에 있으며 장시종掌侍从, 규간規谏, 보궐补阙, 습유拾遗 등의 업무를 하며 황제 옆에서 상소나 글을 짓는 일에 관여하였다.

7) 화사족火篩族: 명대明代 정덕正德 연간 15세기에 중흥렬조의 달연칸达延汗이라 불렸으며 몽고에서 중흥을 일으킨 민족이다. 몽고 달단鞑靼이 늑진기勒津旗의 기주가 된 공적을 성취했고 이는 몽고 민족 발전 사상에서 위대한 공헌이다.

8) 다통[大同]은 산시성山西省에 있으며 남북조 시대 북위北魏의 수도였다.

9) 수제守制: 효를 행하는 것으로 수효守孝라고도 한다. 부모가 돌아가셨을 때 상례를 거행하는 제도를 말한다. 대체로 3년을 지키나 간혹 27개월을 지키기도 한다. 수제 기간 안에서는 절대로 음주를 할 수 없으며, 부부가 합방할 수 없으며, 생일날이거나 신년이라도 축하할 수 없으며, 과거에 응할 수도 혼인도 할 수 없으며, 재임 기간에는 자신의 당시 관직을 모두 돌려주고 부모상을 지켜야 한다. 또

부모가 돌아가셨을 때는 유가의 예제로 효를 하는 기간을 지켜야 한다. 이는 『주자가례』를 따른 것이다. 『주자가례』에 수제守制 중 금지사항을 자세히 적고 있다. 1. 과거가 시행되어도 참가할 수 없으며 2 혼인을 거행할 수 없고 부부는 떨어져 지내고 합방해서는 안 된다. 3 慶典의 행사를 거행할 수 없다. 예를 들어 생일잔치를 할 수 없고 어린아이의 백일이나 돌잔치를 할 수 없다. 4. 신년에 친구나 동료의 신년하례를 받을 수 없고 대문 앞에 "서불회배恕不回拜"라고 붙여야 한다.

10) 호주판관毫州判官: 맡은 바는 안휘성安徽省 호주시毫州市의 재판관이다.

11) 송강부동지松江府同知: 이 직위는 송강부의 제3의 인물이다. 첫째는 송강부松江府의 지부이고 그다음이 송강부 통판이며 그다음이 동지同知이다. 송강부는 지금의 상해소주하上海蘇州河 이남 지역을 말한다. 송강부의 부치府治는 지금 상해시上海市 송강구중산가松江區中山街 도송강이중道松江二中 부근을 가리킨다. 절강성의 여러 도시가 합해져 공강부 지부였던 것으로 보인다.

12) 안찰사按察使는 관명官名이다. 이것은 원조元朝에는 개국 28년 후 숙정렴방사肅政廉訪司로 명칭이 바뀐다. 명조明朝에는 제형안찰사사提刑按察使司로 개칭되고 청조淸朝에는 안찰사사按察使司로 개칭되었다. 3대에 걸쳐 성에 설치된 일급의 사법 기구이고 동시에 중앙 감찰 기관이다. 도찰원의 지방 분원이기도 하다. 지방 관리들을 감독하는 권한이 주어진다. 지금의 법원, 검찰, 경찰청 등에 해당한다.

13) 왕정상, 권오향 역, 『신언』(서울, 학고방, 2019)

14) 산동 제학부사提學副司는 산동성의 교육부 장관이다.

15) 〈파인죽지가巴人竹枝歌〉 사수 중 1수; 江草江花滿眼新, 不知郎處幾多春. 愁來欲上東峰望, 上到東峰愁殺人.
2수; 郎在荊門妾在家, 年年江上望歸查. 茶踢種得高如妾, 縱有春風扛卻花. 3수; 野鴨唛唛一雙飛, 飛到儂池不肯歸. 莫共鴛鴦鬥毛羽, 鴛鴦情性世間稀. 4수; 蒲子花開蓮葉齊, 聞郎船已過巴西. 郎看明月是儂意, 到處隨郎郎不知. 그는 『화양고華陽稿, 권 상』에서 이 시를 "온유하고 돈후한 것은 시인이 되는 근본이요, 정에서 발하여 의리에서 그치는 것이 시인의 뜻이며 비풍과 흥풍이 정과 뜻을 옮겨놓아 섞이어 나오는 것이 시인의 말이다."라고 스스로 평하고 있다. 이 시는 자신이 철학에 정통한 시인의 글임을 밝히고 있는 것이다. 『왕정상전집』에 실려 있다.

16) 〈파적破賊〉 두 수 중 1수; 湖上妖星墮, 勤王水戰巖, 逆天躬作孽, 助偽爾偸生. 已見梟鰲斬, 施看象緯淸. 吾皇自神武, 拜首泰階平. 2수: 激烈西江戰,

中丞破賊忙. 驅除才一夕, 懽舞徧多方. 漢代規摹遠, 周王曆數長. 金甌渾
不缺, 威德照遐荒.『왕정상전집』에 실려 있으며 이 책 제 13장 문학관에 번역
되어 있다.

17) 〈자포장군요赭袍將軍謠〉: 萬壽山前擂大鼓 赭袍將軍號威武 三邊健兒猛如
虎 左提戈右跨弩 外庭言之赭袍怒 牙旗閃閃軍門開 紫茸罩甲如雲排 大
同來宣府來. 이 시를 해석하면 '만수산 앞에서 큰 북을 치고 자포장군이 위무를
외치네. 삼변의 건아들 호랑이처럼 용맹하고 왼쪽에 창을 들고 우측엔 쇠뇌를
끼었네. 바깥 뜰에서 말하는데 자포가 노하고 상아깃발 번쩍이니 군문이 열리네.
자줏빛 가족 옷과 갑옷이 마치 구름 밀치듯이 대동에서 오고 선부에서 오네.'
이 시에서 자포장군은 당시 무종의 총애를 받던 선부사람인 강빈江彬을 말한다.
만수산은 황제의 금원禁苑이었는데 무종이 특별히 강빈에게 요동, 선부, 대동,
연수 등 사진四鎭의 변방군을 통솔하여 만수산에서 조련하도록 허락했다. 강빈
은 황제의 미행을 주선하여 밤에 민가에 들어가 부녀자를 색출하고 여악을 소집
했다. 또 기밀군무를 찬획하는 등 막대한 권력으로 갖은 악행을 했다. 그는 세종
이 등극하자 시장에서 책형磔刑되었는데 적몰한 재산은 이루 헤아릴 수 없이
많았다.『왕정상전집』에 실려 있다.

18) 포정사布政司: 종2품에 해당하며 한 성의 민정, 세금, 호적 등을 관장한다. 지금
의 내무부에 해당한다.

19) 『상례비찬喪禮備纂』 "重以浮屠, 追薦尙侈的風俗."

20) 하당何塘(1474-1543)은 명明의 회경부懷慶府 하내현인河內縣人이다. 자字는 수
부粹夫, 호는 백재柏齋, 허주虛舟이며, 사람들은 백재선생柏齋先生이라 칭한다.
그는 명대 저명한 문학가, 리학가, 음악가, 수학가이다. 관직은 남경우도어사南京
右都禦史를 지냈다. 그는 관환세가官宦世家의 출신이다. 성화成化 16년(1480)
7세 때 가족을 따라 회경부懷慶府(지금의 심양시沁陽市 성관진城關鎭) 성내로
이사했다. 그는 어려서부터 총명하고 학문을 좋아했으며 재주가 출중했다. 7살
에 집안에 불상이 있는 것을 보고 그것을 없애기를 청했고 12살에 재생이 되었
으며 홍치弘治 14년(1501)에 하남 향시에 수석 합격했고 그 이듬해 진사가 되는
시험인 회시에 붙어 서길사가 되었다.『명유학안, 何塘』참조.

21) 『명사』,「외국전·토사전」(서울, 동북아역사재단, 2013): 158-159참조. 운남성 동
부지역에 망부芒部의 북만北蠻이 자리하고 있었다.『여씨춘추』에 "북만은 서남
지역 소수 민족 가운데에서 가장 강력한 집단이다".라 한다. 가정 6년(1527)에
망부의 적 사보沙保 등이 농隴씨를 복위시키고자 모의하고 농수의 아들 농승隴
勝을 옹위하고 무리를 모아 진웅성鎭雄城을 공격하여 함락시켰다. 정부는 사보

가 자기의 어린 아들을 옹립하고 한지 방을 선동시켜 재난을 일으켰으니 토벌해
야 한다하여 당시 순무도어사 왕정상으로 하여금 빨리 부임하여 토벌하도록 병
사를 내어주고 진격하게 하였다.

22) 『준천왕공행장』: 王廷相奉命征討四川芒部沙保暴動, 從川, 貴兩省調動官
軍兩萬餘名, 在政治上采取分化政策, 在軍事上采取 "奪其氣", "夾攻", "設
伏", "出奇" 等戰術, 鎭壓了這次少數民族起義. "上嘉悅, 賜金綺酬其勞."

23) 『주자어류』「귀신」에 "太極不是未有天地之先有箇渾成之物, 是天地萬物
之理總名否? 曰 : 太極只是 …… 或問先有理後有氣之說. …… 若聖賢則安
於死, 豈有不散而為神怪者乎!"라고 적고 있다.

24) 도찰원좌도어사: 명대에는 좌·우도 어사 각각 일인씩 두었는데 도찰원장관이
되고, 정2품이다. 감찰과 신문 조서하는 일을 담당한다. 지금의 검찰총장의 지위
로 보인다.

25) 병부상서는 육부상서 중의 하나이다. 별칭으로 대사마라 한다. 지금의 국방부
장관에 해당하며 전국의 군사 지휘권을 가진다. 정2품의 관직이다.

26) 태자태사, 태자태부, 태자태보는 모두 동궁의 태자를 관리하는 관직이다. 태사는
태자에게 공부를 가르치고 태부는 무예를 가리치고 태보는 태자의 안전을 관리
하는 일을 맡는다. 이 세 관직은 정1품이다.

27) 전시독권관殿試讀卷官은 전시의 문제를 출제하는 사람이다. 명대의 과거제도는
송宋·원元의 제도를 계승하여 향시鄕試·회시會試·전시殿試의 3종이 있다. 향
시는 각 성省에서, 회시는 예부禮部에서 전시는 궁전宮殿에서 시행하였다. 각
부·주·현의 학생은 제거학관提擧學官이 주관하는 세고歲考에 1급으로 합격함
으로써 향시에 응시할 자격을 얻는다. 향시에 합격하면 거인擧人이 되고 회시에
응시할 자격을 얻는다. 또 회시에 합격하면 황제가 임석하여 시행하는 전시에
응시한다. 이때 황제가 친히 전시를 주지하기 때문에 시험관에게 시키지 않고
특별히 독권관을 세운다. 시제는 하루 전에 독권관이 기초하여 황제의 명으로
제정한다.

28) 전칠자前七子: 명대 한족漢族 지식인들 사이에서 원대에 잃은 자기네 문학의
전통을 회복하려는 열망이 커지는 가운데 이몽양李夢陽, 하경명何景明, 왕정상
王廷相, 왕구사王九思, 서정경徐禎卿, 변공邊貢, 강해康海 일곱 명은 의고학파를
형성하였다. 후대에 와서 학자들이 이들을 명대 전칠자라 불렀다. 전칠자가 대각
체를 배격하고 한위 성당시와 진한 산문이라는 구호 하에 전개한 복고문학운동
은 서민적인 사회적 울분을 담아내자는 의도를 담고 있으므로 주정주의主情
主義적 문화운동이다. 그리고 다시 후칠자가 나와 이들의 복고주의를 계승하였

는데, 그들은 이반롱李攀龍, 왕세정王世貞, 사진謝榛, 종신宗臣, 양유예梁有譽, 서중행徐中行, 오국륜吳國倫이다.

29) 화사족火篩族: 명대明代 정덕正德 연간 15세기에 중흥렬조의 달연칸达延汗이라 불렸으며 몽고에서 중흥을 일으킨 민족이다. 몽고 달단韃靼이 늑진기勒津旗의 기주가 된 공적을 성취했고 이는 몽고 민족 발전 사상에서 위대한 공헌이다.

30) 다통[大同]은 산시성山西省에 있으며 남북조 시대 북위北魏의 수도였다.

31) 『明史』, 「外國傳·土司」(서울, 동북아역사재단, 2013): 158-159참조. 운남성 동부지역에 망부芒部의 북만北蠻이 자리하고 있었다. 『여씨춘추』에 "북만은 서남 지역 소수 민족 가운데에서 가장 강력한 집단이다".라 한다. 가정 6년(1527)에 망부의 적 사보沙保 등이 농隴씨를 복위시키고자 모의하고 농수의 아들 농승隴勝을 옹위하고 무리를 모아 진웅성鎭雄城을 공격하여 함락시켰다. 정부는 사보가 자기의 어린 아들을 옹립하고 한지 방을 선동시켜 재난을 일으켰으니 토벌해야 한다하여 당시 순무도어사 왕정상으로 하여금 빨리 부임하여 토벌하도록 병사를 내어주고 진격하게 하였다.

32) 권오향 역, 『신언』(고양시, 학고방, 2019),「道體」: 他針對程朱的"以理爲本" 和陸王的"以心爲本", 提出了元氣是"造化之本"

33) 『신언』,「道體」: 針對佛教的 "一切皆空" 和道家的 "有生於無"的謬論, 提出了 "道體不可言無", "生有有無".

34) 『신언』,「君子」: 他既反對程朱的 "格物致知說" , 也反對陸王的 "發明本心" 和致良知說, 提倡 "重行" 的 "知行兼擧" 論. 在人性論上, 他極力批駁程朱的 "分性爲二" 的 觀點, 認爲 "離氣無性. 氣外有本然之性, 諸儒擬議之過也."

35) 왕정상, 『雅述 上』: 性生於氣, 萬物皆然.

36) 『신언』,「問成性」: 性者緣乎生. 『雅述上』: 性卽氣, 氣卽性, 生之謂也.

37) 『신언』,「建運」: 賓主偏勝之義, 而偏勝者恒主之.

38) 『신언』,「五行」: 他斷然否定, 天人感應, 主張國家之興替, 人事之善否也. 吉凶禍福, 鬼神不與焉.

39) 『왕씨가장집』 卷23,「이공동집李空同集서」와「하씨집서」가 들어있다.

40) 『왕정상전집 2』,「與郭价夫學士論詩書」: 夫诗贵意象透瑩.

41) 『명사』 卷 194,「열전 제 82」: 왕정상은 일생동안 마음을 굳게 하고 개혁을 단행하였다. 정치, 경제, 군사상에서 개혁을 실시할 것을 제안하고 실행에 옮겼을 뿐만 아니라 교육, 철학, 문학 등의 방면에서도 탁월한 성취를 이루어 냈다. 그는 박학강기博學强記한 인물이었다. 저작으로 『王氏家藏集』, 『內臺集』, 『愼言』,

『雅述』, 『橫渠理氣辯』 등이 있다.

42) 개천설蓋天說은 혼천설渾天說과 함께 중국 고대 우주론을 대표한다. 혼천설은 평면의 지구를 둥근 천체가 덮고 있다는 우주 구조 이론이고, 옛 개천설은 평면 사각형의 지구 위에 원판이 떠있다는 우주 구조의 이론이다. 옛 개천설의 약점은 하늘이 원판인 이유로 밤에 어두워지는 현상을 잘 설명할 수 없었기 때문에 반구형으로 수정된다. 이렇게 수정된 개천설이 지금 보통 일컫는 개천설이다. 개천설이든 혼천설이든, 둘 다 태초 우주 발생의 신화에서 갈려져 나왔다. 중국의 우주 신화의 기록은 『회남자』에 기록되어 있다. 천지는 형체가 생기기 전에는 혼돈 상태였다고 한다. 이 혼돈 상태의 실체가 기氣라는 것이다.

43) 세차 운동歲差運動이란 지구가 팽이처럼 하루 한 바퀴 자전하는데 그 축이 서서히 원운동을 하는 걸 말한다. 즉, 연직축에 대하여 약간 기울어진 팽이의 축이 비틀거리며 회전하는 운동을 말하며 회전체의 온각운동량벡터에 대해 아주 약한 외력의 모멘트가 수직으로 작용하여 생긴다.

44) 최선崔銑, 「아술 서」: 浚川先生王公嘗作愼言十三篇, 深探隱化, 暢發玄旨, 學者莫不諷誦之. 先生又出其雅述二篇, 悼後人之襲迷, 示行者之廣塗, 修身理國之具, 循級蹈實. 銑辱交於先生四十載, 論心談義, 商訂箴規, 至忘爾汝, 不特形骸. 先生秉介履素, 摧枉犯難, 在困亡憂, 在達亡樂, 耽文味道, 少勉著化, 故能辟已塞之路, 昭不礙之牖焉. …… 讀雅述者, 宜知切己求要, 其覺民之旨也. 嘉靖己亥秋七月初吉安陽崔銑書.

45) 陳來, 『송명리학』(북경, 삼련서점, 2011): 352쪽 참조.

46) 『의봉현지儀封縣志』, 「인물전」: 稱王廷相 '生平立志, 以聖賢自期待.

제3장

왕정상 철학의 배경

한 사상이 생성되는 것은 반드시 그 배경을 아는 것이 중요하다.[1] 사상이 정치사상으로 채택되지 않더라도 한동안은 사회의 흐름을 주도하기 때문에 다른 이론을 내놓는 학자가 생긴다면 이는 기존의 이론이 시대적으로 혹은 사회적으로 비판받고 있기 때문이다. 명대 중기에는 당시 사회 전반에 만연해 있던 천리天理를 본성本性으로 보는 성리학에 대하여 불만을 품고 현실적이고 실천에 기반을 둔 기학氣學이 심학心學과 더불어 새로운 학풍으로 자리하게 되었다. 왕정상은 우주론을 기일원론으로 설정하고 심성론을 수정하였는데 자기만의 정치적, 사회적, 사상적 배경을 가지고 독자적인 자기 논증을 하고 있다. 이 장에서는 그의 사상이 이루어진 시대적 배경을 좀 더 넓은 범위에서 살펴본다.

1. 명 중기 시대 배경

1) 정치적 배경-유학의 지위

명나라(1368~1644)는 주원장朱元璋이 원나라를 몰아내고 세운 한족 왕조이며 모두 16명의 황제가 있었고 277년간 존속했다. 명은 건국 초기에는 남부에 기반을 둔 왕조였다. 명나라 창건의 주역인 태조 홍무제(재위 1368~398) 주원장은 양친을 잃고 불교 사원에 사미승으로 들어가 글을 배웠다. 불교 종파인 백련교의 교도들이 이민족의 나라인 원元 조정에 반대하는 반란을 감행했고, 그는 곽자흥이 이끈 홍건군에 가담하여 용감하게 싸워 이름을 날렸다. 1355년 곽자흥이 죽자 주원장은 곽군의 지휘권을 장악하게 되어 반란군의 수령이 되었고 강남 지역 경쟁자들에게 승리를 거둔 다음 유학자들의 도움을 받아 천자에까지 오르게 되었다.

그는 1368년 원을 이끌던 세력을 모두 몰아내고 자신이 천명을 받았음을 선언하였다. 그는 농민 출신의 황제였기 때문에 백성들의 세금 부담을 덜어주고 생활을 안정시키는 정책을 폈다. 즉, 농민들의 토지세를 경감하고 토양 침식을 막기 위해 나무를 심었으며 황하와 장강의 제방을 다시 보수하고 기근을 대비해 창고를 세웠다. 또 도적을 막기 위해 연좌제[2]를 실시하고 빈민을 구제하기 위해서 신사紳士층[3]을 격려하는 등 가능한 모든 경세의 도구들을 이용하여 정치안정에 힘썼다. 그뿐만 아니라 자신의 지식수준을 높이려고 학문에도 힘썼다. 하지만 그는 통치자로서 지식수준이 관료들에게 미치지 못함을 스스로 인식하고 관료에 대한 권력을 자기 손안에 집중시켰고 관리들을 위협하는 공포정치를 시행했다.

그는 1380년에 유학자였던 좌승상 호유용胡惟庸과 개국공신 남옥藍玉이 모반을 꾀했다고 의심하여 대대적 숙청[4]을 단행했고 결국 유학자들의 권력 장악에 대한 두려움 때문에 중서성과 승상제를 폐지하였다.[5] 이렇듯 명 건국 초기는 태조와 유학자들 간에 갈등이 심한 시기였다. 태조의 폭력 정치로 인해 능력 있는 인물들이 사라지게 되고 유교 정치는 발전되지 못했다. 그 때문에 유학자들은 도덕과 정치를 분리하여 자기들만의 힘을 만들어갔다. 궁극에는 통치자와 지식인 간에 긴장을 만드는 요소가 되어버렸다.

건국 초기에는 양자강[長江] 유역의 남경에 수도를 두었으나 당시 원의 옛 수도였던 북경[燕京] 지역을 지휘하고 있던 주원장의 4남 주체朱棣가 군대를 이끌고 남진하여 왕위를 찬탈하는 일이 있었다. 그는 결국 조카였던 명 2대 황제 건문제를 시해한 후 왕위를 찬탈하고 북경으로 천도를 감행했다. 그 일로 관료들을 달래야 하는 상황이 벌어졌다. 그는 자신이 부적절한 방법으로 3대 황제 성조에 등극하였기 때문에 환관을 이용하여 신하들을 감시하게 하는 등 정권을 안정시키기 위해 더욱 강력한 공포정치를 실시했다. 그래서 이전까지 강력한 권세를 누리던 신하라고 하더라도 황권에 도전하면 바로 숙청되었고 권세를 누리고 있던 환관조차도 언제든 황제의 명에 의해 제거될 수 있는 상황이었다. 그 후 정치는 다소 안정되었다.

3대 황제가 된 성조 영락제永樂帝(재위 1402~1424)는 나라 안 유학자들을 모아 그동안 송학자들이 주석한 『사서대전』과 『오경대전』을 편찬하였고 성리학을 집성한 『성리대전』을 편찬하여 유학사에 길이 남을 큰 업적을 수립하였다. 나라 밖으로는 내관감內官監의 태감이었던 정화에게 중국 남부 교역로를 따라 해양원정을 떠날 것을 명했다. 정화는 성이 마씨로 그의 부친이 메카 순례까지 다녀온 이슬람교도였다. 정화의 원정대는 정화를 보조할 환관이 70명, 의사 180명, 점성술사 5명, 병사 2만 6800명, 장교 300명이 함께했다. 1차에서 4차에 거치는 항해는 인도와 여러 교역로를 방문했고 그 후 3차에 걸쳐 아프리카 동부해안 지방에까지 진출했다. 항해는 무역의 목적이 아니고 외교를 목적으로 삼았다. 정화의 원정대는 외국과 선물을 교환하고 외국의 사절을 데려오는 역할만 하였고 침략하거나 상업에 힘쓰지 않았다. 이 원정을 위해 남경 부근 조선소에서는 1403년에서 1419년까지 길이가 370~440피트에 이르고 폭이 150~180피트에 달하는 거대한 크기로 2천여 척의 선박이 건조되었다고 한다. 그런데 영락 22년1424 7월에 북방과의 5차례 전쟁을 마치고 귀환하던 중 영락제는 유목천楡木川(내몽골 자치구)에서 죽음을 맞게 되고 황태자 고치高熾가 그 뒤를 잇게 된다. 그의 서방 외교는 끝이 났으나 그로 인해 중국 정치인들은 서양에 관한 인식이 바뀌었고 서양의 문물이 중국으로 들어오는 데 큰 역할을 했다. 영락제는 명 초기 내외적으로 정치에 힘썼던 황제였다.

4대 황제에 오른 인종 홍희제洪熙帝(재위 1424~1425)는 원래 이상 체질을 지녀 병약하였기 때문에 황위에 오르는 것이 어려웠으나 영락제의 황태손인 주첨기가 영특하여 그 덕분에 황제의 자리에 올랐다. 부친이 원정을 갔을 때 황태자로서 황제의 정무를 대행한 일이 많았는데 그 당시 홍희제는 아버지 영락제의 정치 자세에 매우 비판적인 의견을 가지고 있었다. 그가 등극하자 부친의 항해정책과 북방원정이 많은 국력을 소모하고 백성을 괴롭힌다고 여겨서 원정을 중단하였고 부친의 정책을 반대하여 옥중에 있게 된 호부상서 하원길과 형부상서 오중 등을 석방하였으며 북방과 전쟁을 하지 않고자 하여 남경 천도를 준비했으며 유학자를 정치 중심에 있게 하였다. 하지만 그는 46세에 즉위하여 1년도 안 되어 다시 죽음을 맞게 되니 아들 첨기瞻基가 그 뒤를 잇게 되었다.

5대 황제에 오른 선종 선덕제宣德帝(재위 1425~1435)는 조부였던 영락제가 문무를 겸비한 황제감으로 인정하였듯이 어려서부터 영민했다. 그는 황제에 등극하자 바로 유학자들을 중심으로 내정에 힘쓰고 학문에 힘썼다. 그는 숙부인 주고후朱高煦가 권력에 도전하자 건문제와는 다르게 숙부 고후를 큰 솥에 넣고 삶아 죽여 강한 통치력을 드러냈다. 선덕제는 명나라 황제 가운데 가장 현명한 군주로 불리어 홍희 치세에서 선덕 치세까지를 인선仁宣의 치라고 부른다. 한나라 문경지치, 당나라 정관지치, 명나라 인선지치는 중국 역대 가장 정치를 잘했던 시기이다. 불운하게도 선덕제는 즉위 10년 만에 38세의 나이로 단명하고 말았다.

6대 영종 정통제正統帝(재위 1435~1449)에 이르러 환관 왕진의 전횡과 더불어 해이해지기 시작했고 1449년, 영종은 만리장성을 넘어 몽골계통의 오라이트족과의 전쟁에 친히 원정을 나섰고 결국 황제가 포로가 되는 수모를 당하는 '토목보사건'[6]이 있었다. 이로 인해 조정에서는 당파 간의 싸움이 격렬했고 환관들은 더욱 국정을 농단했다. 환관들이 정권을 잡자 궁정의 비용이 날로 늘어나 백성들에게 더 많은 세금을 거두어들이게 되었다. 이로 말미암아 15세기 말에 이르러서는 정치에 관여하던 사대부 지식인과 유학자들의 불만이 대단히 고조되었다. 조정에서는 강하게 항의하는 자들에게는 엄한 형벌이 내려졌고 심한 경우 처형하기에 이르렀다.

왕정상은 성화 연간 10년인 1474년에 태어나 가정 23년인 1544년까지 살았다. 명조가 생긴 지 100여 년이 지나 태어나서 71년을 살았는데, 그가 죽고 난 뒤 100여 년 후에 명 왕조는 결국 만주족에 의해 망하게 된다. 왕정상은 거의 명 중기를 살다간 인물이라 할 수 있다. 왕정상이 급제하여 정치에 막 나선 것은 홍치 연간(1488~1505)이었고 정치 일선에 있을 때는 제11대 황제 무종 정덕제正德帝(재위 1491~1521)가 제위에 있었다.

무종은 10대 홍치제弘治帝(재위 1487~1505)의 맏아들로서 어렸을 때는 학문을 즐기고 불교와 산스크리트어에도 능통했으나 등극한 이후 미녀를 후궁으로 삼아 쾌락을 즐기는 음탕한 생활에 빠졌다. 이렇게 환락에 빠져 정사를 제대로 돌보지 않자 황제 곁에서 권력을 휘두르는 환관과 조정 대신들 사이에 갈등이 심화되어 충신은 귀양 보내지고 간신이 전권을 휘두르는 사태가 벌어졌다. 당시 황제를 모시는 8명의 환관을 팔호八豪라 불렀을 만큼 그들의 권력은 대단했다. 무종은 환관 유근劉瑾을 너무나 총애했고, 결국 유근은 권신이 되었다. 유근의 무리는 올바른 정치를 꿈꾸던 중앙의 관리들을 귀양길에 오르거나 목숨을 잃게 하였고, 지방의 관리들은 유근에게 뇌물을 주고 권력을 얻어 농민들을 가혹하게 다스렸다. 그들에게 시달린 농민들은 결국 여기저기서 반란을 일으키게 된다. 훗날 유근은 황제의 권위를 등에 업고 온갖 못된 짓을 자행하다가 반역까지 꾀하게 된다. 결국, 이 일은 사전에 발각되고 그는 능지형7)에 처해졌다.

그가 제거된 후에도 각지에서 농민들과 제후들의 반란이 끊이지 않았다. 또한, 이 무렵 변방의 몽고족이 산시성 다퉁[大同]으로 쳐들어왔으며, 전국적으로 도적이 발생하여 백성들의 삶이 점점 피폐해졌고, 삶이 어려운 백성들은 다시 도적이 되는 이중의 어려움을 겪게 되었다. 농민들의 반란이 이 무렵 극도로 심각하게 된 것은 갑작스러운 것이 아니었다. 명 초기부터 농민반란이 부분적으로 발생하여 끊이지 않았기 때문에 통치자들은 농민혁명 사상을 마비시키려고 도교를 끌어들여 백성들이 가까이 접할 수 있도록 하였다.8)

12대 세종 가정제嘉靖帝(재위 1521~1567)는 10대 정덕제에게 후사가 없어 정덕제의 사촌 동생으로서 황위를 잇게 되었다. 그의 정치 초기는 친부친의 칭호 문제로 『주자가례』의 원칙을 중시하는 유학자 양정화 등과 심한 갈등을 겪는다.9) 결국 황제는 양정화를 유배 보내고 중신 190여 명을 하옥시켰다. 그 후 가정제는 정치사상에 주자의 리학理學을 배제하고 기학을 채택하여 기일원론의 사상가인 왕정상을 정치 일선에 앞세운다. 가정제는 유학자들을 가까이하고 도덕과 정치를 통일하고자 한 통치자였기에 왕정상의 능력을 인정하고 그를 높이 등용하였다. 당시 북방에서는 여진족과 타타르족이 만리장성을 넘어와 화북 지역에서 약탈을 자행했고, 서남에서는 소수민족의 찬탈과 해안가에는 왜구가 출몰하는 등 소위 '북로남왜北虜南倭의 화'10)가 일어났는데 문무를 겸비한 왕정상은 소수민족 망부의 사보가 일으킨 난11)을 직접 제압하였다. 왕정상은 곧바로 병부상서와 태자태보를 맡게 되었고 세종의 명으로 전시殿試의 총지휘관인 전시독권관殿試讀卷官이 되었다. 세종의 왕정상에 대한 신임은 돈독하였다. 그러나 세종은 통치 초, 중기에는 생부 흥헌왕을 황제로 추존하는 문제에 치중하고 통치 말기에는 '불로장생설'을 신봉하여 불로불사의 단약을 제조하는 것에 심취하여 정사를 제대로 돌보지 않았다. 더심한 것은 궁녀들에게 강제로 하혈하게 하여 단약을 만들어 복용하다가 '임인궁변'[12]을 일으키는 원인이 되기도 하여 치욕의 황제로 추락하였고, 결국 왕의 성정이 흐려져 왕정상까지도 정치에서 물러나게 한다.

명대는 정치적으로는 이렇게 혼란했던 반면 중국 역대 어느 왕조보다도 빠른 경제적 발전을 이루게 된다. 특히 성조 시기 정화의 바닷길 원정과 같이 드넓은 세계로 나가는 정책[13]을 폈던 것과 왕정상을 등용하여 구습을 개혁하고 서양의 과학 기술을 받아들여 농업의 선진화에 힘쓰게 된 것은 중국 역사상 큰 성취였다.

당시의 정치상의 특징을 정리하면, 첫째, 중국은 진시황 때부터 중앙집권적 전제정치가 행해져 명대에까지 이어지면서 재상 제도가 행해졌는데 홍무제가 재상 제도를 폐지하였다. 홍무제는 승상 호유용이 권력을 남용하여 정치를 어지럽히자 그를 죽이고 즉각 중서성을 폐지토록 선포한 후 승상을 다시 임명하지 않았다. 이로 인해 중국 역사상 오랫동안 재상 제도 존재했었으나 명·청 500여 년 동안은 재상이 없는 전제군주 체제가 유지되었다. 둘째, 내각제의 확립이라는 점이다. 명 태조는 승상을 폐지한 후에 직접 육부와 백사百司를 지휘하여 친히 독단하였지만 사실 모든 정무를 처리하기가 무척 어려웠다. 그래서 '비서처祕書處'를 두어 황제 자신을 도와 정사를 처리하게 하였다. 셋째, 위에서 자세히 살펴본 바와 같이 환관의 관아가 정부 기구를 능가하는 권력을 지녔다는 점이다. 또 북경과 남경에 각각 중앙 기구를 하나씩 두어 양경兩京제도를 운영하였다. 명 성조가 북경으로 천도하자 남경은 남겨진 도읍지라는 의미에서 유도留都라고 불리게 된다. 결국, 북경을 국가의 중심으로 하되 남경에도 완벽한 중앙 기구가 존재하는 상황이 된다. 왕정상이 병부상서와 태자태보를 역임하였고 전시독권관殿試讀卷官을 역임한 것은 재상이 없는 당시 정치제도 아래에서는 만인지상 일인지하의 자리에 있던 것이었다.

중서성과 승상제 폐기하고 새로 만든 관제

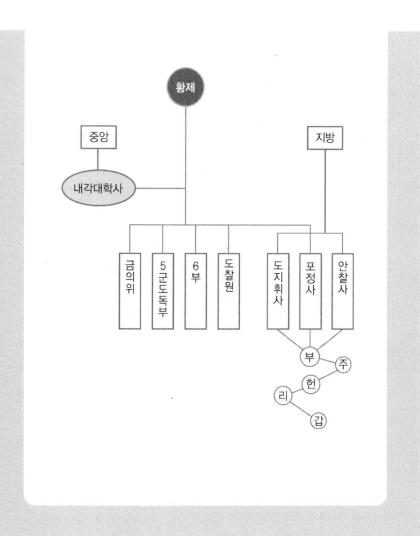

부록 2

명대 왕계보

1대 태조 홍무제 (주원장, 1368~1398)

2대 혜제 건문제 (주윤문, 1398~1402)

3대 성조 영락제 (주체, 1402~1424)

4대 인종 홍희제 (주고치, 1424~1425)

5대 선종 선덕제 (주첨기, 1425~1435)

6대 영종 정통제 (주기진, 1435~1449)

7대 경제 경태제 (주기옥, 1449~1457)

8대 영종 천순제 (주기진, 1457~1464)

9대 헌종 성화제 (주견심, 1464~1487)

10대 효종 홍치제 (주우당, 1487~1505)

11대 무종 정덕제 (주후조, 1491~1521)

12대 세종 가정제 (주후총, 1507~1566)

13대 목종 융경제 (주재후, 1566~1573)

14대 신종 만력제 (주익균, 1573~1620)

15대 광종 태창제 (주상락, 1620~1605)

16대 희종 천계제 (주유교, 1605~1627)

17대 의종 숭정제 (주유검, 1628~1644)

*3대 영락제는 처음에는 태종이라 불렀음

*8대 천순제는 6대 황제 정통제와 같음

*( ) 년도는 재위기간

2) 사회적 배경〈과거제도와 신사紳士계층의 성립〉

명나라 홍무제는 몽골족에 의해 훼손된 유교 문화를 회복하기 위해 중앙과 지방에 학교를 세우고 송·원 시대에 성행하던 과거제를 이용해 인재 등용에 힘썼다. 당시는 국립학교에 소속된 자만이 과거에 응시할 수 있었기 때문에 반드시 입학시험을 거쳐 학교에 들어갔으며 학교에 소속된 학생들은 생원이 되었고 생원에게 지방의 과거에 응시할 자격이 주어졌다.

과거제는 수隋(581~619) 문제文帝 때 만들어져 당나라와 송나라에서 흥성하였다. 당나라에서 과거제는 꽃을 피웠는데, 정치학을 다룬 수재秀才, 유학을 시험한 명경明經, 문학을 겨룬 진사進士 등의 과목을 두었고 매년 시험을 치렀다. 이때 사대부가 생겨났고 사대부들은 명경과 진사를 가장 선호했다. 송나라 시기부터 정치는 전제주의를 배격하고 사대부 중심으로 이루어졌다. 명나라 과거제는 신사계층을 형성하게 되었고, 신사계층의 지식인들이 정치·사회의 중심인물이 되었다.

송나라 정치는 왕 중심의 전제정치가 아니고 사대부 정치라고 할 수 있다. 과거제는 지식인들이 정치 중심에 있게 하여 사대부 계층을 생겨나게 하였고 또 그들이 정치에 참여하여 왕권을 약화하게 할 만큼 사대부에게 힘을 부여하였다. 황제는 신하가 요구하는 대로 움직이지는 않았다 하더라도 사대부들에 의해 엄격한 제한을 받았다. 송 대에는 지식인들의 도덕 권위가 정치권력보다 우위에 있었고 송 대의 사대부들은 대다수가 사상가이면서 정치인으로 직접 세상을 다스리는 일[經世]에 적극적으로 나서서 도덕 정치를 구현했다. 대표적으로 북송의 사상가 범중엄은 "세상의 근심은 앞서 걱정하고 세상의 복락은 나중에 누리겠다."[14]라고 하고 왕안석은 "한 사람 백성의 목숨은 천하에서 중한 것이니 군자가 사소한 이익을 백성과 다툴 수 있겠는가!"[15]라고 하며 사회 구원에 앞장섰다. 송 대 사대부들은 적극적으로 사회 활동과 정치 활동에 참여하고 있었음을 짐작할 수 있다.

명 초 홍무제 또한 건국의 정당화에 사대부들의 협조가 필요했다. 중앙 집권적 정치를 펴고자 먼저 과거제를 시행해 대대적으로 인재를 모집했다. 명대의 과거제16)는 홍무 3년에 실시하였으나 홍무 17년이 되어서야 완비되었다. 명초부터 과거제는 학제와 병행하여 운용되었다. 과거시험은 동시童試, 향시鄕試, 회시會試, 전시殿試로 나뉘며 각각을 통과하면 생원生員, 거인擧人, 공사貢士, 진사進士로 불리었고 학제를 통해서 과거에 응시하는 형태를 취했다.

명대의 학제에서는 부府·주州·현縣에 설치된 유학儒學의 학생이 되어야 생원이 되고, 유학은 지금의 고등 교육 기관이며 입학하는 자격은 제학관提學官이 주관하는 입학시험인 동시童試에 합격해야 한다. 생원은 유학에 입학하여 유학 내에 기거하면서 수업을 받게 되어있었으나 그들 중 대부분이 집에서 혹은 마을의 사설 향당에서 스승을 모시고 사숙하며 공부하였고 다만 규칙적으로 유학에 나아가 실력 평가시험을 보았다. 학교 시험은 매월 교관敎官과 유사有司가 회동하여 시험을 치르는 월고月考와 제학관이 주관하여 일 년에 한 번 치르는 세고歲考가 있었다. 세고는 생원들의 평소 실력 평가를 위한 시험이었지만, 출사出仕를 희망하는 생원에게는 예비고사와 같은 자격시험이었다. 1등급과 2등급을 받은 생원은 세공歲貢이라 불렀고 세공에게만 향시鄕試에 응시할 기회가 주어졌다. 그들은 향시를 거쳐 관직에 나아갈 수도 있었고 향시를 치르지 않고 국자감國子監17)으로 진학할 수도 있었다. 단 최하위인 6등급을 받으면 자동으로 생원의 자격이 박탈되었다.18) 명대에는 생원의 자격만으로 출사는 불가능했고 향시를 거치거나 국자감을 나아가야 출사의 자격을 얻을 수 있었다.

상위 학제는 부·주·현에 세워진 유학 외에 북경과 남경 두 곳에 국자감을 두었다. 대학교에 해당하는 국자감 학생을 감생監生이라 불렀다. 감생은 입학 과정에 따라 거감擧監과 공감貢監, 음감廕監, 예감例監의 다른 이름이 주어져 있었다. 향시에 붙은 거인擧人들이 입학하면 거감이 되고 유학의 과정에서 3년을 우수한 성적으로 마친 세공이 입학하면 공감이 되고 품관의 자제가 입학하면 음감이 되며 곡식으로 기부금을 내고 입학하는 경우는 예감이라 불렀다.

홍무 초기에는 음감이 대부분이었으나 홍무 15년부터 생원의 입감이 허락되면서 다양한 입학 경로가 마련되었다. 홍무·영락 연간에는 감생의 대우가 상당히 좋았을 뿐 아니라 그 자격만으로도 출사할 수 있었다. 특히 홍무 연간에는 대다수의 감생을 중용하였다. 그들은 국자감 교감이 되거나 지주知州, 지현知縣 등에 임명되었다. 또 그들에게는 전시를 치를 수 있는 자격이 주어진다. 전시에 붙은 자는 진사進士가 된다. 진사의 대부분은 감원 출신이었다. 영락 연간에는 감생에게 감찰어사나 육과급사중19)에 채용하기도 했다. 영락제 이후에는 과거제가 오히려 학제보다 더욱 중시되면서 감생의 출사가 줄어들고 입감入監 후 10여 년을 기다려야 입사入士가 가능해지고 명 중기에 이르면 생원의 기간부터 출사하기까지 30여 년이 걸리기도 했다.

생원 계층은 학교 제도를 통해 나타난 고등 교육의 학위 소유자였거나 향리 사회에서 서민과 다른 특수 신분으로 정착할 수 있는 자격을 제도적으로 보장받았다. 그들은 서민이나 하급 관리인 서리胥吏와는 다른 복장을 착용하였고 부역賦役을 면제받았으며 그들의 신분이 상승하거나 성적 낙오자로 신분을 박탈당하지 않는 한 생원의 자격은 종신토록 보유할 수 있었다. 생원은 학교에서 공부하는 학생의 신분이지만 학교를 나가지 않더라도 동시를 쳐서 성적이 우수한 자에게는 향시를 볼 수 있는 자격이 주어진다.

감원 출신은 국자감에 진학하거나 향시에 붙은 사람이다. 지금과 비교하면 대학생이거나 고등교육 후 공무원 시험에 붙은 경우와 같다. 그들은 언제나 출사하는 것이 가능하고 신분만으로는 출사 불가능했던 생원 계층과는 완전히 달랐다. 그들은 생원과는 다른 복장을 착용하였고 대문에 감생가監生家임을 알리는 기旗를 세울 수 있었다. 단 요역徭役 면제 특권에 있어서는 생원과 같은 대우를 받았다. 당시는 국가에 대해 조세와 부역을 납부하는 것이 서민이 해야 할 당연한 직분[分]이라고 규정했다. 이들에게 요역 면제의 특권을 부여한 것은 계층 간의 신분 차이를 분명하게 해주는 것이다. 요역의 면제를 받는다는 사실은 단순히 혜택을 받는 것에 그치는 것이 아니고 면제 자체가 신분의 상승을 의미하는 것이며, 이는 그들이 서민과 다른 부류임을 국가가 인정해주는 것이었다.

과거에 응시할 수 있는 사람은 감생監生과 생원生員 중에서 성적이 우수한 자와 유사 중 아직 벼슬하지 않은 자 등에서 유사가 평가해서 성격과 소질이 돈후하고 문장과 행실이 우수한 자를 응시케 하였다. 다만 관직에서 파직된 관리, 기생이나 연극을 하는 이가 있는 집안의 자식, 상중에 있는 자에게는 과거 응시를 불허했다.[20]

명초부터 그들은 신분을 보장받고 사회에 등장하나 명 중기부터는 관직에 등용될 수 있는 인원이 점차 줄어들고 생원과 감생은 많아지게 된다. 그래서 생원과 감생의 자격을 취득하려는 목적을 요역 면제의 특권을 얻기 위해 공부하는 자들이 많아졌다. 명나라 중기부터는 지식인층이 지방의 지도자로서 지위를 확립하여 신사紳士 혹은 향신鄕紳이라 불리는 새로운 신분층을 형성하기 시작했다.[21]

신사는 과거에 등용한 관리이거나 학위를 가진 지식인이었다. 그들은 지방에서 존경받는 자들로 지방 정치와 경제 활동에 적극적으로 관여했다. 그렇지만 그들은 당나라 이전의 경우처럼 혈연으로 권세 가문을 이어가는 것이 아니고 학으로 형성되는 신분이기 때문에 누구나 상류 계층에 진입할 수 있기는 하지만 자기 대에만 해당하는 것이었다.

신사계층은 명초부터 존재했으나 사회 계층으로 형성된 시기는 15세기 중엽이었다. 신사계층은 생원과 거인을 하층신사, 공사 이상부터를 상층신사로 분류하기도 한다. 명 중기 이후는 관학이 쇠퇴하고 사설 서원이 성행하였는데 서원에서의 강학 풍조도 신사계층의 융합을 보여주는 예이다. 국가의 관점에서 볼 때, 신사계층이 행정과 질서유지에 관한 보조역할을 원만하게 수행할 수 있게 되었으니 도움이 되기도 하였지만, 강학으로 인해 형성된 신사계층에서는 정치 사회를 비판하는 풍조가 생겨났고 그로 인해 서민층에서까지도 자연스럽게 정치 비판의 소리가 흘러나오기 시작하였다. 그 때문에 명 중기의 신사계층은 긍정적인 면도 있었지만 사회 정치적인 면에서 부정적인 점 또한 많았다.

3) 사상사적 배경(리학에서 기학으로)

명대 중기에 경세치용經世致用의 실학이 등장한 사상적 배경은 정주리학에 있었으나 그 시대적 배경은 많은 서양문물이 들어오게 된 것에 있다. 명나라 초기에는 정주리학 사상이 정치·사회 전반에 걸쳐 스며들어 있었다.

한나라 이후 당나라까지 유학이 수면에 나오지 못했던 것을 북송의 정이천이 맹자의 성선설을 바탕으로 하고 주돈이의 태극설을 이어 '인간의 본성이 바로 하늘의 이치이다.'라는 '성즉리性卽理' 사상을 중심으로 심성론을 이루었다. 남송의 주희는 이천의 성즉리 사상에 당시 민간 사상으로 남아있던 도가와 불가의 사상을 가미하여 유학을 집대성하였고 펑유란馮友蘭(1894~1990)이 이를 신유학이라 불렀다. 송대에는 주희의 학문이 서원 등에서 강독하던 민학閩學으로 지방의 학문에 불과했는데 원대에 이민족이 정권을 장악하고[22] 관학으로 채택하였다. 몽골족이 1271년 원을 개국한 후 사회의 모든 영역에서 그들이 중심이 되는 사회를 만들어 놓았기 때문에 건국 초기에는 한족들을 단결하게 해야 했다. 그래서 정주리학을 관학으로 삼아 정치 체제를 구축하였고 과거를 치를 때 주희가 주석을 붙인 경전을 교재로 택했다. 당시에는 몽고족이 고위 관직에 있고 과거에 합격한 한족은 하급 관리로 등용하였기에 조정에서 필요에 의해 많은 사람들이 과거를 통하여 관리가 되었다. 때문에 명 초기까지에는 주자학이 민중 깊숙이 뿌리 내리게 되었다.

홍건적의 일원이었던 주원장은 유학자들의 힘을 얻어 한족의 나라로 하나가 되고 싶었다. 하지만 나라가 하나의 민족으로 단합되고 민중 사회가 안정을 이루면서 얽매임보다는 개인의 자유와 행복, 특수보다는 보편을 강구하는 사회적 풍조가 생겨난다. 이런 풍조가 생긴 근본 원인은 백성들은 물론 신사계층의 특수 신분에 있는 자들에게까지도 주자학의 예禮가 너무 엄격하고 공리公理의 담론이 너무 많아 답답함을 느꼈기 때문이다.

이와 맞물려 정주리학자들까지도 앞 다투어 이성보다는 실질을 주장하는 학문의 필요성을 느끼고 리학의 틀을 크게 벗어나지 않는 범위 내에서 리학을 수정하고 보완하여 주자학과 다른 철학적 사조를 정립하게 된다. 경세치용의 학은 이런 사상적 변화가 사회의 분위기에 젖어 들면서 사회 전반적으로 생산의 문제가 대두하게 된 것과 맞물려 실제적인 학문이라는 이름 아래 자연스럽게 등장한다. 이렇듯 학문적 연구 경향의 변화, 사회발전 측면에서 현실 문제 해결을 포함한 시대적 필요성 때문에 생겨난 것이 바로 경세치용經世致用을 핵심으로 하는 실학사상이다.

경세는 세상을 경영하는 것이고 치용은 실용에 이르는 것이다. 현실적인 정치제도나 경제구조를 마련하여 실천하는 것이 경세치용이고 경세치용의 학문이 실학이다. 실학사상은 송말과 명초에 태동이 일어나지만, 명 중기 왕정상이 기일원론의 우주론과 심성론을 재정립한다. 또 자신이 관직에 있으면서 현실에 부합하는 정치개혁을 감행하며 기론에 입각하여 자유와 평등의 사유를 도입하여 실천적 경세 학문을 수립하게 된다. 그가 수립한 원기 철학은 청나라와 조선에서 실학이라는 이름으로 성행하였다.

경세치용의 학풍은 명초기에 섭적葉適(1150~1223)[23)]을 대표로 하는 영가학파永嘉學派와 진량陳亮(1143~1194)을 대표로 하는 영강학파永康學派[24)]가 중심이 되어 정주리학에 대립하여 생겨났다. 그들은 실생활과 부합되는 학[事功之學]을 지향하였고 이 사공지학이 바로 경세치용의 학문으로 가는 시발점이 되었다. 여조겸呂祖謙(1137~1181) 역시 경세제민經世濟民의 학을 부르짖었는데 그의 경세제민은 세상을 경륜하여 평민을 구제한다는 원리를 말하는 것이며 백성들이 고르게 잘 살고 불평불만이 없는 사회를 만드는 것이었다.

정주리학자들도 리학의 우주론으로는 실질적이고 현세적인 사유를 할 수 없다는 난관에 부딪히게 된다.[25)] 그 때문에 리학을 수정 보완하여 경세제민의 유학으로 변화시키려는 움직임이 일어난다. 이로써 사상사의 정면에 기학이 등장하기 시작한다. 물론 기학의 원류는 순자에게서부터 찾을 수 있고, 기론의 원류는 『회남자淮南子』의 원기설과 왕충王充(BC 206~220)의 원기 자연설로부터 찾아볼 수 있다. 하지만 우주론에 기본론氣本論을 이룬 것은 송대 장재張載(1020~1077)이다. 펑유란馮友蘭(1894~1990)은 장재의 기본론 역시 천리天理를 동반하는 기론이며, 송대 말 기학으로의 수정 역시 실질상 주자학에 완전히 대립되는 개념은 아니라고 보았다.[26)]

기학을 기일원론으로 완성한 학자는 명 중기 왕정상이다. 명대 중기에는 그동안 정통으로 굳혀져 있던 정주리학이 그 세력을 완전히 잃었고, 사회적 모순과 정치적 위기 속에서 시대를 구하는 새로운 사상으로 기론이 사상의 주류를 이루게 되었다. 기론은 북송의 장재 이후 새롭게 출현하여 명대 중기에 와서 기학의 경향을 띤 학자들이 대거 등장한다. 그런데도 훗날 왕수인의 심학이 워낙 크게 부각하였기 때문에 명대 많은 학자가 기론을 논했음에도 불구하고 지금까지 양명학이라고 불리는 왕수인 심학이 주자학에 맞서는 명대의 대표적 사상 체계로 평가받고 있다.

기론을 주장한 핵심적 인물로는 나흠순羅欽順(1465~1547)과 왕정상을 들 수 있다. 나흠순은 기론을 주장했으나 천리의 개념을 완전히 버리지 못했다. 장재가 씨를 뿌린 기론은 왕정상이 기일원론 철학으로 뿌리를 내렸고 그 뿌리는 훗날 오정한吳廷韓(1490~1559), 유종주劉宗周(1578~1645)등의 학자들로 가지가 뻗어 나가 명말·청초 고염무, 왕부지에 의해 꽃을 피우게 된다.

나흠순은 왕정상이 활동하던 시기보다 조금 앞섰던 기학자이다. 그의 사상은 현대의 연구자들에 의해 기일원론 학자인 왕정상과 늘 함께 연구되고 있다. 그의 사상 체계는 표면적으로는 주자를 존경하고 있으나 이기理氣 사상에 있어서는 주자학과 판이하다. 그가 본체론 상에서는 리는 하나의 물이 아니고 기氣에 의지하여 생기고 기에 붙어서 작용하며 기가 모이면 모이는 이치가 있고 기가 흩어지면 흩어짐의 이치가 있게 된다고 말한 것에서 보면, 우주론상에서는 기학자이지만 심성론 상에서는 주자학의 성즉리 사유를 크게 벗어나지 않는다. 그는 성을 사람의 생리生理로 보았고 리가 소재하는 곳을 심心이라 보았으며 심이 가지고 있는 것을 성性이라 보았다.[27] 또 도심은 성性이고 인심은 정情으로 보지만 원래 심은 하나인데 동정의 측면에서와 체용의 측면에서는 심이 둘이라 하였으니[28] 심성 이원론으로 주자학과 다르지 않다. 그의 사상 중 본체론에서 기학을 주장하는 것은 주자학과 대립하나, 심성론은 주자학의 성즉리性卽理 개념을 일부 수용한 것이다. 그래서 어떤 학자는 그와 왕정상을 구분하여 왕정상은 내재적 기론자, 나흠순은 초월적 기론자라고 부른다.[29] 그래서 리학자들은 주자 리학에서 기학까지를 신유학의 흐름으로 보고 그 흐름의 사이에 나흠순을 넣기도 한다. 황종희도 명대 기학의 시작은 나흠순에서부터라고 말하고 있고[30] 나흠순 자신이 주자의 리학과 양명의 심학을 비판하였지만, 오히려 자신은 주자학을 이은 것이라고 그의 저서 『논학서論學書』에 밝히고 있다.[31]

그 외에 왕정상과 가까이 지내고 사상적으로 교류를 가졌던 기학자는 한방기韓邦奇(1479~1555), 양신楊愼(1488~1559), 최선崔銑(1478~1541) 등이 있다. 『명유학안』에 한방기는 도체에 대해 유독 장재를 취해서 논한 기본론을 주장하는 학자[32]로 칭하고 있다. 양신은 원기가 천지 만물의 최후 원인자로 여기는 원기론자이다. 최선은 리기理氣 관계에서 '기즉리'와 '리理는 기의 조리'[33]라고 표현하는 기론자이며, 왕정상이 지은 『아술』의 서문을 지었다. 또 왕정상과 동시대의 기학자로 왕도王導(1476~ 1532), 왕준王俊, 황좌黃佐(1490~1566) 등이 있다.

담약수湛若水(1466~1560) 역시 주희의 이론도 비판하고 왕양명의 심론도 비판한다. 그는 주자학의 대가인 진헌장陳獻章의 제자였고 왕수인과는 자신이 선배이지만 학문적 벗이었다. 그의 사상은 천리의 관점에서 보면, 만물은 동일한 근원을 공유하나 인간은 사물 중에서 지극히 영활한 동물일 뿐이라서 마음과 천리를 나누어 볼 수 없다는 견해를 지니고, 주자의 '사물에 존재하는 것이 리[在物爲理]'라는 관점은 잘못된 것이라고 하였다. 그는 맹자가 '만물은 모두 내 안에 갖추어 있는 것[萬物皆備於我]'이라고 했기 때문에 리는 자신의 마음 안에 있다고 보았다. 하지만 왕수인이 말한 '심즉리' 역시 옳지 않다고 하였다. 그 까닭은 내 마음은 장소를 제공했을 따름이지 마음이 바로 리가 될 수는 없기 때문이라고 하였다. 담약수의 학설은 '마음 안에 리를 가지고 있다[在心爲理]'가 핵심이라고 할 수 있다. 그를 기론자라고 할 수는 없지만[34] 그 역시 본체론 사유를 기론에 바탕에 두고 리론과 심론을 동시에 비판하였다.

왕수인王守仁(1472~1528)의 우주론 역시 기 철학에 근거한다. 그는 자연의 기와 음양의 기의 존재를 인정하고 또 인간의 심성 안에 지닌 양지를 가지고 기를 논하였다. 즉 양지가 운행하는 것을 기라고 하였다. 그의 이론 중 자연의 기는 원기元氣·원정元精·원신元神을 뜻하고 음양의 기는 기의 굴신屈伸과 동정動靜과 같은 작용을 말한다. 이는 기의 현상과 작용을 설명하는 것이다.[35] 왕수인과 왕정상은 서로 같은 시대를 살았기에 학문을 교류하고 비판하며 적지 않은 영향을 끼쳤다. 명 중기에 왕정상보다 2년 먼저 태어난 왕수인은 28세에 회시會試에 붙어 진사 출신으로 등용되어 유능한 문인 관료이자 수년간 도적의 무리를 진압하고 영왕 주신호의 반란을 물리치는 공을 세운 장군이었다. 그는 육구연陸九淵(1139~1192)의 사상을 이어받아 도덕적 훈련과 자기 수양을 위한 접근으로 학문적 훈련보다 사색을 중시하였고, 천리인 양지는 인간이 부여받은 심이므로 실제의 일에서 양지를 실현할 것을 주장하였다. 이는 곧 도덕적 직관 능력에 대한 믿음이었다. 그 때문에 그는 '성인의 도를 잘 알아서 성인이 되어야 한다'[36]고 주장했으며, 그의 심학은 주희의 리학에 이어 후대에 가장 많은 영향을 끼친 신유학이 되었다. 결국, 그 역시 하늘의 도덕성을 인간에게 부여하여 인간 가치와 경세에 도덕의 중요성을 주입하였다. 이러한 도덕 원칙의 강조는 거꾸로 경쟁적인 문인 관료들이 붕당 정치를 하도록 했고 정치 사유의 양분화를 제공했다. 붕당은 관료들에게 황제의 잘못된 행동을 비판하거나 정권을 전횡하던 환관에 대해 맞서 싸우도록 그들의 도덕심을 자극했으나, 통치자나 환관들과의 정치적 줄다리기가 계속된 끝에 나라는 벼랑의 끝으로 추락하게 되었다. 청초의 비판자들은 사상적 붕당의 원인 외에도 명대의 양명 심학은 너무 추상적이고 수동적인 데다가 개인 중심적이었다고 비판한다.[37]

정주리학과 양명심학에서는, 정치적으로 리학의 전통적인 훈련을 통하여 관료들이 윤리적인 행동을 보이는 것은 좋은 정치의 근본이라고 여겼다. 그래서 도덕성을 중시하여 정치 관료를 등용했으며 정치 기술은 기술자나 열등한 사람들의 문제라는 주장을 한 것이다.[38] 이는 현실적 실천적 사유보다는 이성적이고 추상적 사유였다.

　명 중기에 와서 국가적 위기와 사회적 혼란 속에서 학문은 세상을 다스리는 데 실질적인 이익이 되어야 한다는 경세치용을 지향하는 움직임이 더욱 활발하게 일어났다. 정치적으로는 환관 세력에 대립하면서 실질적 정치 능력을 지님과 동시에 도덕적 각성을 통한 개혁을 실시하고, 경제적으로는 부역과 세금의 공평한 부담을 주어야 한다고 주장했다. 그 역할의 중심에 있었던 학자가 왕정상이다. 명대 왕정상 이후로도 오정한吳廷翰1491~1559, 여곤呂坤(1536~1618), 당학징唐鶴徵(1538~1619) 등의 학자들이 그의 사상을 계속이었고 그들 모두는 명대 기학을 이룩하고 발전시키는 데에 지대한 공헌을 하였다.

　명대의 철학에서 삼족三足이 정립鼎立하였는데, 그 하나는 정주리학을 수정·발전시켜 계승한 무리이고 다른 하나는 왕수인의 심학과 그를 계승한 제자들의 무리이며 나머지 하나가 바로 왕정상이 확립한 명대 기 학자들이다. 삼족은 솥[鼎]의 세 부분 다리이다. 솥의 다리는 셋이 균형을 이루어야 솥이 제 기능을 한다.

2. 명대 기론氣論의 형성 배경

　기는 중국 철학에서 도학道學의 기본 개념이다. 도학은 유학의 다른 이름이며 도덕 가치를 중시하는 학문을 뜻한다. 공자가 창시한 유학에서 청대 실학에까지 어떤 유학도 도덕 가치를 최고선으로 여기지 않은 적은 없었다. 기는 인간의 평등과 보편이라는 개념을 가져다준 개념이나 기 역시 리와 함께 인간이 지니는 도덕 가치 형성에 영향을 준 핵심적 개념이었다. 기氣는 은나라 시기의 문자 역할을 했던 갑골문에 밥[米]을 지을 때 피어오르는 수증기의 모습을 표현한 상형문자였으나 유학의 변천과 함께 기가 심성론에 포함되며 기론으로 변화하였고 이후 실학으로 전환하는 데에도 중요한 역할을 했다.

1) 고대 기氣 개념의 등장

‘기氣’자는 고대 갑골문자에서부터 나타난다. ‘氣’는 갑골문과 서주西周 금문金文에서 ‘三’ 자 형태로 나타나고 있으며 동주東周 금문에는 ‘气’의 모습으로 보인다. 한대 허신許愼(30~124)이 편찬한 최초의 자전 『설문해자』에는 ‘气’는 운기雲氣이며 모양을 본뜬 문자39)라고 적혀있다. 기는 구름의 모양을 본떠서 글자로 만들어졌고 고대 기의 의미 역시 구름을 뜻했다.

운기의 의미였던 ‘气’가 나중에 ‘氣’ 자로 바뀌어 쓰였다. 기氣의 의미에서 ‘氣’는 손님을 대접하는 고기[芻]와 쌀[米]을 말한다. ‘氣’ 글자를 해체하면 가운데 ‘米’자가 뜻을 나타내고 바깥의 구걸할 걸乞이 소리를 나타내어 ‘氣’로 쓰였다.40) 그러나 ‘乞’은 소리 부분으로만 쓰이지는 않는다는 것을 볼 수 있는데 갑골문에 기우气雨라는 글자가 나온다. ‘气雨’는 ‘비가 오기를 빌다’로 ‘乞雨’의 의미로 쓰여 기가 하늘의 상제에게 간절히 비는 데 쓰인 것이다. 또 갑골에 점치는 글에서는 ‘气’가 바라다[乞求]의 걸乞의 의미로, 이르다[迄至]의 흘迄과 끝내다[終訖]의 흘訖의 의미로 쓰였다. 또한 ‘氣’는 희餼와 같이 쓰였다. 초기에는 손님에게 드리는 음식물을 뜻했으나 점점 백성의 편안한 삶을 위해 하늘에 바치는 귀한 음식물을 뜻한 것이 되었다.41) 『논어論語』에서 보면, “자공이 곡삭告朔으로 희생양[餼羊]을 쓰는 의례를 없애자.”42)고 했던 희餼자와 같은 의미로 쓰였다. 희餼는 희생犧牲을 뜻하는 것으로 하늘에 복을 비는 목적으로 바치는 생고기이다. 이는 하늘에 대한 숭배를 대신하는 글자였음을 알 수 있다.

공자 이전에 기氣는 하늘과 관계된 것에 주로 쓰였는데 공자가 그 의미를 인간에게 들여와 또 다른 의미를 부여하고 있다. 「향당」편에서 기氣는 호흡의 의미로 사용하여 '당堂에 오를 때는 호흡을 멈추는[屛氣] 것이 예의'라고 말하였다.43) 「계씨」편에서는 몸 안에 기가 충만할 때 인간의 용감함이 생기는 것으로 보고, 기를 혈기로 표현하여 '젊었을 적에는 혈기가 안정되지 않았고 장년이 되어 혈기가 왕성하고 노년이 되면 혈기가 쇠약해지는' 것으로 혈기는 생명과 관계되는 것으로 보았다.44) 즉, 기는 생명과 관계되는 호흡과 기운의 의미를 지니는 것으로 기를 육체적인 생명 요소의 하나로 이해했다.

기 개념은 공자가 천天에서 인간 내면으로 끌어들였고 맹자가 인간의 심 안으로 끌어들여 인간이 지녀야 할 도덕 정신의 의미로 쓰이게 되었다. 맹자는 기를 '호연지기浩然之氣'로 표현하는데, 호연지기는 큰 기개氣槪를 뜻한다. 사람들이 도덕적 수양을 통해 점점 기를 기르고 그 길러진 기가 호연지기가 되면, 결국 인간의 마음은 하늘의 도와 함께할 수 있다는 것이다. 맹자는 호연지기를 통해 하늘의 도道와 짝지어, 도를 지닌 하늘과 인간이 지닌 기로서 천인합일天人合一을 끌어낸다. 이 천인합일이 맹자가 바라는 수양의 최고 경지이다.

마음에 호연지기를 지니려면 외부 사물에 따라 마음이 이끌려 다니지 않게 붙잡아 두어야[不動心] 한다. 그러려면 잠시 잊고 놓았던 본심의 순수한 마음을 찾아오는[求放心] 방법과 의로움을 행하는[集義] 방법으로 기를 키워가서 내면에 호연지기를 생기게 해야 한다. 맹자의 기는 의義와 함께 서로 보존하고 키워가는 것이기 때문에 맹자는 기가 곧 수양론의 바탕이 됨을 말하고 있다. 단 『맹자』에 등장하는 기는 천인합일을 이루기 위한 기로서 도덕적으로 순수한 기만을 의미한다.

공맹 이후에도 고대에 기의 의미로 쓰였던 해석이 여전히 남아 「여씨춘추」에 '기氣는 본체가 되는 기로서 운기雲氣'라고 표현하고 있다. 운기는 하늘에 존재하는 모든 기체를 의미했으나 「좌전」에서는 '음과 양, 바람과 비, 어둡고 밝음의 하늘과 관계된 자연 현상 여섯 가지를 육기六氣라 하고 또 하늘에 육기가 있으니 하강하여 오미五味를 생기게 한다.'[45]고 하였다. 여기서 기는 기운氣運의 의미로 쓰였다. 기운이란 기후 변화에 따른 자연 현상이다.

우주의 자연 현상에서 본 기가 학문적으로 이론화한 것에서 발전하여 기학이 되었는데, 기학은 중국 고대 철학에서 본체론, 우주론, 심성론에 있어 중요한 학술 사조이다. 서주 말부터 고대 기 이론이 등장하기 시작했고 전국시대에는 송윤宋尹학파[46]가 출현하여 우주 안의 기가 물질을 형성하는 원시 재료라고 하고 기 중심의 우주본체론을 내놓았으며 이는 순자 기학을 형성하는 근거를 제공했다. 송윤학파는 전국시대 도가 학자로서 노자의 무위정치[無爲之治]사상을 견지하며 천하태평과 안녕을 추구해온 직하황로학稷下黃老學[47]을 대표하는 학자들의 모임이다. 그들은 자연주의 사상을 계승하여 기를 순수한 자연 현상의 의미로 보며, 법가와 도가를 융합하여 법으로서 도道로 삼아 인·의·예·락의 근거로 삼았다. 그들은 자연법이 변화하여 법과 사회 규범이 서로 상관성을 지니게 되었다고 보았으며 또 기의 도가 만물을 낳고 태어난 것은 생각하게 되고 생각하는 것이 바로 인식이라고 하였다. 그들은 인식론을 기로 설명하고 있었으니 기학의 선구자라고 볼 수 있다. 송윤학파의 기론인 자연주의 사상은 『장자』와 『관자』 그리고 『순자』에 자세하게 나타난다.

『장자』에는 '기氣'가 자주 출현하는데 기의 쓰임이 다양하다. 쓰이는 특징별로 다섯 가지로 분류해보면, 하나, 기는 자연 현상을 말한다. 둘, 호흡이나 감정과 관련이 있다. 셋, 우주 공간 내에 존재하여 천지 만물의 근원이 된다. 넷, 만물의 생멸에 관여한다. 다섯, 맹자의 호연지기와 같은 도덕성과도 무관하지 않다. 『장자』에서 쓰이고 있는 사례를 상세히 보면, (1) 장자는 "운기를 뚫고 푸른 하늘을 등에 업는다."[48]고 하였는데 기를 우주에 있는 본체로 보고 하늘에 떠 있는 기체를 운기라고 하였다. 또 자연 현상인 육기로도 쓰고 있는데, 「소요유」에 "천지의 바름을 타고 육기의 변화를 몰며 다함이 없는 세계에서 노니는 사람은 장차 어디에 의지하겠는가?"[49]에서 육기는 기운氣運이라고 칭하며 옛사람들은 지기 地氣라고도 했다. 이는 우주의 원리인 오행으로 자연적으로 기후 변화를 하는 여섯 가지 현상을 말한다. (2) 「인간세」에서 숨소리를 뜻하는 기식 氣息으로, 「달생」에서 마구 날뛰는 의미의 시기恃氣와 분한 감정을 표현 하는 성기盛氣[50]로 표현하여 기가 호흡과 감정을 발산한다는 뜻으로 쓰 이고 있다. (3) 「대종사」에서 음양의 원기를 섞어서 만물을 만들어낸 다.[51]고한 것은 기를 만물의 생성자로 본 것이다. (4) 「지북유」에서 기가 음양의 기로 나뉘어 만물 창생에 관여하고 동시에 생명체의 생멸을 관여 하여 운동과 변화를 이루는 것이고 만물의 생멸은 바로 기의 취산인 것 이다.[52] 라고 하여 기가 만물의 생멸에 관여함으로 쓰인다는 것을 말하 였다. (5) 기의 의미는 『맹자』에서의 기처럼 도덕성을 내재하고 있지 않 고 다만 자연성만을 나타낸다. 장자는 기를 음양의 기와 신기(神氣) 두 방면으로 규정한다. 음양의 기는 물질을 이루었다가 흩어지게 하는데 그 양적 변화는 없다. 다만 기가 음양의 조화로 만물을 삶과 죽음, 아름 다움과 추함과 같은 대대待對관계로 구분하여 생명체의 본질을 분석해 내고 있을 따름이다. 장자는 음양의 조화로 만들어진 생명체는 바꾸려고 노력하는 순간 바뀌는 것이 아니라 더 어려움에 빠지게 되니 자연의 순 리를 받아들여 그 안에서 편안하게 처하게 해야 한다[安時而處順]고 가 르친다. 이것이 바로 장자의 양생법[53]이고 음양의 기는 자연성의 기를 의미한다는 것을 말하는 예이다.

장자의 신기神氣는 사람의 마음을 허정虛靜에 이르도록 하여 바깥 사 물을 받아들일 수 있게 하는 정신 상태이다. 허정은 마음이 심재心齋된 상태이며 계곡처럼 비어있고 고요하고 욕심이 없으며 시비도 선악도 없는 마음의 상태이다. 신기는 순수한 기이며 신기가 마음에 깃들면 신인神人이 된다. 그는 신기를 논하여 인간이 자연과 합일하여 인간의 삶에서 지향하고자 하는 목적의식을 버리고 속세를 떠난 세상인 무하유지향無何有之鄕과 광막지야廣漠之野에서 자연에 순응하는 삶을 영위하도록 가르친다. 하늘의 도덕에 근거한 인간의 도와 천과의 합일을 지향한다는 점에서는 맹자의 호연지기와 무관하지 않으나 만물의 생멸에 관여하는 음양의 기는 후대 기학을 이루는 데에 영향을 미친다. 하지만 장자가 세상을 등지고 은둔하여 자연에 순응하는 삶을 지향하는 것은 도가 사상에서의 기론이다.

『관자』[54] 역시 기화氣化 우주론을 주장한다. 『관자』심 4편[55]은 기화와 심을 중심으로 편찬되었다. 심 4편에 기는 정기精氣로 쓰였고 정기는 만물의 기본이 된다고 하며 정기론[56]을 제기하였다. 정기의 '정精'은 운동 변화할 수 있는 '정미한 기'라는 의미에서 비롯된 것이다. 즉, 정기는 천지 만물과 사람을 형성하는 정미한 물질이다. 『관자』의 정기는 『역경』에서 "정기는 사물이 되고 떠돌아다니는 혼魂이 변화를 이루게 한다."[57]라고 한 것에서부터 시작된 것으로 보인다. 『관자』에서는 정기 중에서도 신神이 변화를 만든다고 한다. 『역경』의 혼魂이나 『관자』의 신神은 모두 기가 변화한 한 형태인 것[58]이다. 「내업」편에 "만물은 정기를 가지고 있으며 만물은 정기에 의지하여 생명을 얻는다. 땅에서는 오곡을 낳고 하늘에서는 별이 된다."[59]하였고 또 "사람의 생명은 하늘이 그 정기를 주고 땅이 그 형체를 주니 이것들을 합하여 이루어졌다. 이 두 가지가 조화하면 생명이 되고 조화하지 못하면 생명이 되지 않는다."[60]고 하여 정기가 우주 만물을 생성하는 본원이며 존재론의 근거라고 하였다. 『관자』에서는 마음에 정기를 머물게 하는 것으로 수양론의 근거로 삼는다. 「내업」편에 다음과 같이 말한다.

하늘은 올바름을 중시하고 땅은 평등함을 중시하며 사람은 안정되고 고요함[安靜]을 중시한다. 봄·여름·가을·겨울은 하늘의 때[天之時]이며 산·언덕·내·골짜기는 땅의 지류[地之枝]이다. 기쁨·노여움·취함·줌[予]은 사람의 도모함[人之謨]이다. 이 때문에 성인은 때와 더불어 변화하나 바뀌지 않으며 사물을 따르나 마음이 사물에 옮겨가지 않는다. 올바를 수 있고 고요할 수 있는 뒤에 안정할 수 있다. 안정된 마음이 속에 있으면 귀와 눈이 밝아지고 사지가 견고해지니 정기精氣가 머무르는 집이 될 수 있다. 정이란 기의 알맹이[氣之精]이다."61)

윗글에서 보면, 도덕 가치를 정기와 연결하여 마음에 정기를 머무르게 한다고 하니 이는 마음에 도덕심을 지니게 하는 수양법이다. 이러한 수양법은 경세와 치국으로 직접 연결된다. 『관자』의 정기론은 노장사상이 도로서 우주 만물의 생성과 운동 변화를 설명하는 도론道論 중심의 사유에서 기로서 만물의 생성과 운동 변화를 설명하는 기론氣論 중심의 사유로 발전하는 기틀을 제공했다.

기를 자연 현상으로 보고 만물의 생성 근원자로 보는 『장자』와 『관자』의 사상은 기론의 선구라 볼 수 있다. 기가 기론으로 발전하게 된 것은 『장자』와 『관자』에서부터라고도 할 수 있다. 다만 『관자』의 기론은 자연 현상으로서 경세와 관련을 맺으며 인성론과 정치론을 동시에 중시하고, 『장자』는 인성론에서 무위자연無爲自然과 안명이처순安命而處順을 주장하고 정치론에서도 다스리는 일에 나서는 것보다는 은둔을 택하고, 나서더라도 앞에 나서지 말고 사태의 추이를 살펴 천명에 따르라고 하였다. 『장자』와 『관자』의 두 사상은 순자가 종합하여 서술하게 된다. 그래서 『순자』의 기론이 좀 더 체계적인 기학으로 정립되었다고 볼 수 있다.

『순자』에서 기는 만물의 형성 근원이며 모든 물질은 기로 된 것으로 규정한다. 또 우주의 기는 순수한 기도 있으나 탁한 기도 섞여 있어서 인간이 기로 인해 태어날 때 선善한 인성과 선하지 않은[不善] 인성을 지닐 수 있는 기를 모두 지니게 된다고 하였다. 순자는 선善과 불선不善이 천지의 자연스러운 현상으로만 여길 뿐 도덕적 선이라는 가치적 의미를 크게 부여하지 않는다. 기로 인하여 인간의 성性이 불선을 지닐 경우는 인위적으로 학문을 하여 선으로 바꾸는 화성기위化性起僞의 방법으로 인성을 완성되게 해야 한다. 즉 천天이 인간을 탄생하게 하지만, 기가 온전히 선하지 않기 때문에 인간은 스스로 도덕적으로 부족한 자신을 완성해야 한다. 순자는 기를 인성론의 기틀로 변천시켜 '화성기위'를 수양론으로 삼았다.

『순자』에서 기는 자연의 기와 심에 내재하여 수양 대상이 되는 기의 두 방면으로 말한다. 『순자』에서 자연의 기는 천·지·인이 똑같이 가지고 있는 물질의 최소 단위이다. 생명체이든 무생물체이든 모두 기를 지니고 있으며 하늘과 땅이 합쳐져 음양이 만나서 변화가 일어난다.[62] 또 별들이 변화를 따라서 돌고 해와 달이 번갈아 비추며 사계절이 차례로 바뀌고 음과 양이 만물을 크게 변화시키며 바람이 불고 비가 오는 곳이 넓다[63]고 하는 것은 하늘을 자연의 천으로 본 것이다. 그래서 우주의 기는 바로 자연의 기이다.

『순자』에서 수양 대상이 되는 심에 내재한 기는 '기를 다스려서 심을 기른다[治氣養心]'[64]고 하는 것에서 볼 수 있다. 이 '치기양심'은 자연의 기가 온전하지 못함을 설명하는 것이며 또 인간이 지니고 태어난 본래의 악을 긍정하는 것이다. 『순자』는 성악설을 주장한 학자로 알려져 있다. 그의 성악설에서 악惡은 심에 내재한 기로부터 비롯되며, 수양 대상인 기가 깃든 곳은 천天이고 천은 단지 우주 만물의 생성과 운행에 관여한다. 또 일식과 월식, 가뭄과 홍수는 천의 섭리가 아니라 천의 자연적 현상에 불과하며 객관적 운행 법칙을 지녔고 음양의 이치를 지닌 것으로 보았다.[65] 그는 인성론에 있어 인간의 성性은 태어나면서 본래 자연적인 것이고 인간은 욕망·욕구 등을 지니고 타고나며 사람의 길흉화복도 하늘의 섭리가 아니라 인간의 의지와 노력으로 결정되는 것이라고 주장한다. 이는 순자가 천의 개념을 기의 근원인 '물질천物質天'이면서 '자연천自然天'[66]으로 해석하기 때문이다. 인간은 기로서 태어나는데, 천에 있는 기가 도덕적으로 순선무악純善無惡하지 않기 때문에 인간은 욕구와 욕망을 지니고 태어난다. 이것이 순자가 성악설을 주장하게 된 원인이 되지만 성악은 선도 악도 자연스럽게 지니는 것으로 사실상 유선유악有善有惡의 관점이 된다.

고대의 기의 의미는 대체로 두 가지로 볼 수 있다. 그 하나는 물질성이고 둘은 운동성이다. 기의 내재와 외재의 의미는 지니지 않는다. 기는 보거나 만질 수는 없지만 존재하면서 일정한 질량을 가지고 있는 물질이고 쉬지 않고 운동하고 있는 물질이다. 원시 도가에서 말하는 우주의 기에서 확장된 운동성의 기는 『관자』에 의해 제기된 정기론精氣論에서 비롯된 것이라고 할 수 있고 기에서 새롭게 원기 개념으로 확장하여 등장한 곳은 『할관자鶡冠子』[67]이다.

『할관자』에는 『관자』의 정기 개념을 받은 흔적이 많다.[68] 우주본체와 운행법칙을 도에 비해 구체화된 '원기', '천지', '음양', '명命' 등의 개념을 가지고 정미한 것이 천지의 시작이므로 천지는 원기에서 이루어지고 만물은 천지에 생성[69]된다고 설명하였다. 원기 역시 정기와 같이 만물 생성에 쓰이는 가장 작은 알갱이로 표현하여 천지를 이루고 만물을 이루는 우주 생성론을 설명하고 있다. 그리고 음양은 기[70]이며 기 가운데에서도 바른 것[71]이라고 말하여 원기가 바로 음양을 말하고 음양이 만물을 이루는 것으로 여긴 것이다.

원기의 제시는 우주 생성의 근원과 원리에 질료적質料的 의미를 더하여 도론道論에 대한 실제적 해석을 시도한 것이다. 이러한 시도는 주나라·한나라 이후로 기 본위의 유물론적 우주 생성론을 형성하는 직접적인 철학적 토대가 되었고[72] 기론의 등장은 우주 본체론뿐만 아니라 심성론, 수양론, 경세론에 영향을 미쳤다. 『할관자』에서 경세론을 보면, 자연관의 중심 개념인 음·양과 천·지는 정치의 방법론으로 전화하게 되며 또 서로 다른 성질이 조화하는 원리로 국가를 이상적으로 다스리는 정치 분업의 사회적 원리로 전개된다. 『할관자』에 강조한 이상적인 통치자는 자연과 사회를 화해시키고 정치적 문제를 해결하는 중심적 존재가 되는 되어야 했다.73) 『할관자』는 저절로 행해지는[無爲] 정치적 이상을 자연의 원리에서 추출한 정치 사회 분업의 원리에서 구체적인 실현 가능성을 탐색하고 있었으니 기론에서 변화된 경세관을 볼 수 있다. 즉, 기의 변천을 살펴보는 것은 철학의 모든 부분의 변천을 함께 알 수 있게 된다.

2) 한대漢代 기론

원기론은 한 초에 『여씨춘추』와 『회남자』에서 도기이원론道氣二元論을 주장하여 잠시 주춤하였으나 한대 동중서董仲舒(BC 179~BC 104)가 천지가 생기기 전에 원기가 있었다고 보았고 양웅揚雄(BC 53~18)·왕충王充(27~100?)·장형張衡(78~139)이 원기를 우주 만물의 근원으로 판단하였기 때문에 원기가 다시 우주론의 핵심으로 부상하게 되었다. 왕충의 원기론은 기학 발전에 있어 이정표 역할을 했다고 볼 수 있으며 우주본체론이 형성되게74) 하였다.

한대 왕충 이전에 『회남자』를 지은 유안劉安 일행이나 동중서 역시 기로 만물의 최초 생성 과정을 설명하고 있다. 특히 동중서董仲舒(BC 179~104)는 만물과 인간을 낳는 근본 물질로서 원기를 처음 말한 철학자이기도 하다. 원기는 근원의 기이기 때문에 원기라 한 것이고75) 천지간의 음양의 기로 설명한다. 동중서가 원기범주를 제시하여 원기를 음양의 기, 천지의 기, 사계절의 기로 나누고 이 세 종류의 기가 모두 자연의 기이며, 천지 만물을 구성하는 근원물질이 원기라고 한 것은 중국 철학

의 기 범주발전에 큰 영향을 주었다.[76]

　왕충의 우주론은 동중서의 천인감응설을 비판하고 천도자연론을 주장했다. 이 점에 대해 어떤 학자는 "왕충은 동중서의 기화론에서 피할 수 없는 자의적인 조작 가능성을 해결하기 위해서 기 운동의 자연성과 무위성을 강조했던 것"[77]이라고 하며 왕충이 동중서를 비판했다기보다 동중서의 기화설에 수정을 가한 것이라고 말한다. 왕충의 기론은 도가의 무위자연 사상에 근거한 천도자연론과 순자의 우주론인 자연천 사상에 근거한 천론을 계승한 것일 뿐 '천인감응'과는 무관하다. 왕충의 저서 『논형』에는 천문학적 지식을 많이 적고 있다. 천도자연론에서 천은 바로 천문학의 천이다. 그 때문에 기는 자연적이고 객관적이다. 또 천은 그 자체가 실체가 있는 것이고 인간 역시 형태를 갖추어 실체가 있는 것이다. 동중서는 인간의 실체는 욕망이 있으나 천의 실체는 무욕하다고 하고, 왕충이 인간은 인위적일 수 있는 것에 비해 천은 의지의 천이 될 수 없고 자연적이라 하였으니 둘의 천 개념은 분명하게 다름이 드러난다. 이는 왕충의 사상이 천인감응이 될 수 없는 이유가 된다. 왕충은 천이 기인가, 실체인가의 문제에 대해 다음과 같이 말한다.

　　만일 천을 형태라고 말한다면 그것은 땅의 실체와 서로 같은 것이다. 만일 천을 기氣라고 말한다면 그것은 구름이나 연기 같은 것이 되는데 구름과 연기와 같은 종류의 것들에게 어떻게 입과 눈이 있다고 하겠는가?[78]

　왕충은 천에 대해, 실체이거나 기라고 쉽게 정의 내리지 않는다. 천에는 무수히 많은 별이 있으니 실체라고 하지 않을 수 없으나, 그렇다고 기라고 하기는 입과 눈이 없어 지각 능력이 없으니 단지 연기나 안개 같은 실체인 것이라고 한다. 이는 천의 신비주의, 천의 도덕주의를 완전히 무력화시킨 순수 자연주의적 발상이다. 그는 당시의 철학적 사조였던 황로 사상을 기반으로 하여 경세를 하는 데[79] 있어 인위적인 정책을 펴지 않고 무위로 나라를 다스리는 것의 흐름과 뜻을 같이한다. '하늘이 무위하고 저절로 그러하다.'[80]는 것은 원기가 무위하고 저절로 그러하기 때문이라고 원기자연 이론에 의하여 설명한다.

왕충이 주장한 무위로 행하는 통치는 순자가 제시한 인위를 기반으로 하는 통치와 방법은 서로 다름이 있지만, 인성론을 바탕삼아 경세를 표명하는 것에서는 둘은 같은 생각을 지닌 학자라고 본다. 단지 순자는 본성의 유악有惡만을 말하고 왕충은 본성의 유선유악有善有惡을 말한다. 왕충은 순자와 더불어 자연·사회·정치·인간의 심성과 도덕 방면에서 기론과 연결 고리를 만든 것이다. 이같이 왕충은 '원기본원론'을 확립하였고 이에 원기는 왕충 철학의 최고 범주가 되었다. 왕충은 중국철학사에서 기를 최고의 범주로 삼아 철학 사상의 체계를 세운 첫 번째 학자이며[81] 이후 명대 왕정상이 경세를 중심으로 하여 원기로써 심성론을 세워 실학의 기반을 다지는 데 있어 원동력이 된 사상가이다.

우주론에서의 기가 원기로 변천한 것은 전국시대 『할관자』에서 '천지는 원기로 이루어졌고 만물은 천지를 타고 있다.'[82]라고 한 것에서 시작이었고, 한대 왕충이 원기는 천지의 정미한 것[83]이고, 천지는 기의 자연을 내포[84]하고 있으며 또 만물이 생기게 되면 모두 원기를 받는다.[85]라고 하면서 원기가 이론의 핵심이 된 세계관을 확립하였다. 한漢대 기론은 당唐대에 이르기까지 계속 답습되고 있었고, 송대에 장재에 의해 우주본체론으로 기론을 발전시켜 기학을 확립하였다. 다만 장재의 기학은 원기가 태극과 태허에서 나오는 것이라 하였으나 그가 태극과 태허에다 도덕성을 부여하였고 기학에 천리를 결부하여 이기 이원론적 사유를 하였기에 기일원론자는 아니었다.

3) 송대宋代 기론

송대 기론에는 태허의 개념이 등장한다. 장재가 '기가 원기이며 태허로부터 나온다.'라고 하였는데 이 이론은 북송에 와서 주돈이周敦頤(1017~1073)부터 시작되었고 장재가 그 이론을 확립했다고 볼 수 있다. 주돈이를 비롯한 북송의 사상가들 역시 기가 만물을 구성하는 요소임에는 부정하지 않는다. 그뿐 아니라 음양이 대립하여 취산聚散과 운행을 하며 변화를 만들어내는 것이 만물 생성의 과정이라는 생각은 한대의 생각과 다름이 없다. 주돈이는 만물 생성에 대해 다음과 같이 말하고 있다.

    a. 하늘이 양으로 만물을 낳고 음으로 만물을 이루니 낳는 것은 인이요, 이루는 것은 의이다.[86]

    b. 성은 강유와 선악과 중일뿐이다.[87]

    c. 하늘의 도가 변화하여 제각기 그 성명의 바른 모습을 갖는다. [88]

주돈이는 a.에서 천도天道가 만물을 생성하는 것이 인도人道에서는 인의仁義가 된다고 말한다. 그는 천과 인간의 연결 고리를 생명성과 도덕성에서 파악하고 있다. 주돈이가 천의 자연적 생성을 인간의 도덕적 가치인 인의와 일치시킨 것은 우주 세계를 인격화하는 것이며 인간이 우주적 인간관을 지니도록 강요하는 것이다. 주돈이의 천인에 대한 세계관이 '태극이면서 무극[太極而無極]'에서 보여주듯이, 태극으로 본 천과 인간은 근원적, 본질적으로 동일성[天人本一]을 지닌다. 그러나 b.에서는 인간의 본성이 강과 유, 선과 악 그리고 중의 다섯 가지 유형으로 각각 차등적으로 인간에게 내재화된 것으로 보고 있어서 합일보다는 천인분립天人分立의 사상을 지닌 것으로 볼 수 있다.[89] 그러다가 c.에서는 인간의 성은 정주리학에서 볼 수 있는 보편적 천리의 모습으로 파악된다. 결국, 성은 하늘로부터 부여되나 물질은 각자의 속성이 있고 인간은 인간의 개체로서 바름을 지니고 태어나는 것이다. 이는 공자의 성 개념에서 말하듯이 인간의 성이 각기 개별성을 지닌다는 의미이다. c.에서는 다시 천도로서 도덕성을 강조하며 합일을 논한다. 그의 성론은 기로부터 출발하나 천을 태극으로 상정하였기 때문에 천인 관계가 본일本一 → 분립分立 → 합일合一의 단계적 구도를 둔다. 이러한 사상은 정호에게서도 볼 수 있다. 정호는 '생지위성'이라 하였으니 부여받은 것은 성性이나 성이 바로 천리가 되는 것은 아니다. 그래서 만물은 기로 각기 다르게 부여받는 성이지만 결국 궁극적으로는 만물일체와 천인합일을 이루어내야 한다.

송대에 기는 사물 생성에만 관여할 뿐 본성은 기에서 받지 않는다고 생각하는 학자들이 대다수였다. 그래서 리理라는 개념을 만들어 기와 리의 관계성에 대한 이론이 분분하게 되었고 결국 리를 중시하는 학자들도 기와 리의 관계를 어떻게 설명하는지에 따라 주기적主氣的 객관리파客觀理派와 주리적主理的 주관리파主觀理派로 나누어지게 되었다.[90]

기론을 주장하는 송대 학자의 대표는 장재이다. 하지만 그는 기가 체體로서의 의미보다 용用으로서의 의미가 확연하다고 보았기 때문에 하늘의 이치를 체로 받아들이고 기는 다만 용으로 받아들인다. 송대에 기를 중심으로 하는 이론의 시초는 주돈이의 태극도설에서 비롯된다. 그가 주장한 '태극이 무극'이라는 이론에서 장재가 '태허가 바로 기[太虛卽氣]'라는 이론을 찾아내어 기학으로 발전하게 되었다.

    a. 태허에는 기가 없을 수 없고 기는 모여서 만물이 되지 않을 수 없고 만물은 흩어져 태허로 되지 않을 수 없다. 이러한 과정을 따라 나가고 들어오고 하는 것은 모두 부득이한 자연스런 것이다.[91]

b. 기의 성질은 흩어져 형태가 없는 상태로 들어가도 본질적 상태를 유지하며 모여서 형상이 있게 된 경우에도 본래의 항상성을 잃지 않는다.[92]

장재의 태허는 태극이 비어있는 상태임을 말한다. 비어있다는 것은 아무것도 없는 무無의 상태가 아니고 기가 가득 차 있는 상태이다. 즉, 기는 허이면서 무라고 하지만 실제로는 기가 가득 차 있다. 따라서 기 자체는 물질이고 일정한 질량을 지니며 취산 작용을 한다. 기가 모이면 만물이 되고 기가 흩어지면 다시 태허로 돌아간다. 장재는 이러한 작용을 a.에서는 기의 자연성이라 표현하고 b.에서는 기의 항상성이라고 하였다. 장재는 태허의 기가 모여 인간이 될 때, 기가 태허의 기이기 때문에 도덕성이 내재된 완전한 기로서 인간의 본성을 만든다고 보았다. 태허의 기는 인간에게 천지지성天地之性을 부여한다. 이는 맹자의 성선性善 사상을 그대로 이은 것으로 보인다.

장재는 태허의 기가 하나의 물질이면서 두 몸[一物兩體][93]이라고 하며 기는 하나의 물질이나 기에는 음기와 양기가 함께 존재함을 설명한다. 태허의 기가 지닌 '일물양체' 개념은 우주의 보편적 법칙이다. 음·양 두 형체는 운동·변화[94]를 하여 만물을 생겨나게 하며 운동 변화하는 과정은 먼저 변變하고, 변한 다음 점차 화化하는 양상을 띤다.[95] 장재는 기의 운동 변화에서 만물 생성에 이르는 것을 상세히 논하고 있어 그의 기론은 태허의 기이면서 동시에 두 체인 음양의 기를 가지고 논하였다. 그 때문에 태허의 기는 천지지성天地之性이 되고 음양의 기는 기질지성氣質之性이 된다. 장재의 기론은 주희에까지 영향을 미쳐 주자학이 천명의 성과 기질의 심으로 분리하는데 기반이 되었다. 왕정상은 이 점에서 그를 완전한 기일원론자로 보기에 부족함이 있다고 평하고 있으며 최근의 학자들도 그를 리학자들과 나란히 언급하고 있다.

정명도의 사상에서도 천지지성의 개념은 똑같이 나타난다. 정명도 역시 인간은 기로 만들어지나 본성은 천지지성이라고 하였다. 정명도의 우주론이 장재와 다른 점은 우주 본체를 천리로 설정하여 최고의 도덕 범주로 삼는다는 점이다. 최고선의 천리가 인간의 성에 부여하여 성이 바로 리가 되고 기는 단지 만물을 생성하는 재료일 따름이고 만물을 생성하는 근원은 리에 있다고 본다. 즉, 리는 근본이고 기는 운동·변화하는 물질이라는 것이다.

태허의 기를 긍정하는 점과 천리와 인성을 연결하는 점 때문에 장재의 기본론은 주기적 객관리파로, 정명도의 기화론은 주리적 주관리파의 학자로 구분 짓게 한다. 또한 정명도의 이본기화理本氣化 사상은 주희의 철학 사상을 설립하게 하는 전주로서 중국 철학의 기 범주와 이 범주의 발전사에서 중요한 의미를 지니게 되었다. 장재의 기론은 우주론적 자연관을 배제한 주기론이며 기론에 객관적 리를 지닌 개념이라 할 수 있다.

왕정상은 순자의 기학을 기초로 하고 왕충이 설립한 원기본원론의 바탕 위에 장재의 기론적 사유를 가미하여 최초의 완전한 기일원론자로 자리매김하게 된다.

주석

1) 이 장은 권오향, 「왕정상의 기철학에서 심성론연구」, 성균관대학교 대학원 박사학위논문, 2015을 참조하였다.

2) 연좌제緣坐制는 특정한 사람의 범죄에 대하여 일가친척이나 그 사람과 일정한 관계에 있는 사람이 연대 책임을 지고 처벌을 당하던 제도를 말한다. '삼족三族을 멸하다', '구족九族을 멸하다' 등의 표현을 쓰는데 주로 3족인 친족, 외족, 처족의 친인척으로 한정되나 황제의 역린을 건드린 죄로 9족을 멸했는데 친가, 처가, 외가와 각 가문의 친가, 처가, 외가를 멸하는 것이다.

3) 신사紳士의 '신紳'은 허리띠의 의미로 고급학위를 소지하고 있는 자나, 혹은 관

리를 가리킨다. 신사는 과거제나 학교제를 통해 관직 경력이 있거나 예비 관인 층을 포함하고 있는 明·淸代의 지배계층이다.

4) 호람胡藍의 옥獄은 홍무제가 황제 권력과 맞먹을 정도로 성장한 호유용이 모반 계획을 세우자 이에 연루된 사람 1만 5천여 명을 처형했으며, 남옥 또한 역모죄로 참수시키고 더불어 그의 가족까지 모두 1만 5천여 명을 숙청했던 두 사건을 합쳐서 이르는 말이다.

5) 호유용은 명 건국의 1등 공신으로 명 조정의 일인지하 만인지상의 위치에서 홍무제를 보좌했다. 홍무제는 호유용의 뛰어난 능력을 좋아했어도 그가 자신의 능력과 황제의 총애를 등에 업고 교만한 행동을 하는 것은 싫어했다는 기록이 남아있다. 1380년 승상 호유용이 왕위를 차지하려고 시도한다는 고발을 받은 주원장은 호유용과 그 집안뿐만 아니라 그와 연류 된 15,000명도 가차 없이 죽였으며 그 일에 연루되어 대대적인 숙청을 했다. 4만여 명 이상의 관리들이 처형되었고 그의 탄압에 의한 희생자는 10만 명이 넘었다. 호유용 사건이 발생한 후 주원장은 군정대권을 대신들에게 주는 것이 안심되지 않아 승상직을 폐지하고 직접 5개부의 상서(지금의 장관급)를 관할했으며 군권을 장악하고 있는 대도독부를 철폐하고 좌, 우, 중, 전, 후 5개 도독부를 설치하였다.

6) 토목보土木堡의 변變: 명나라 정통제 14년(1449)에 발생한 명나라와 몽골 부족을 통일한 되르벤 오이라트와의 사이에서 벌어진 전쟁이다. 이 전쟁에서 영종은 친정親征을 나갔다가 오이라트의 포로로 잡혀 중국 역사상 야전에서 포로로 잡힌 유일한 황제로 기록되었다. 영종 정통제의 년호를 따서 정통의 변이라고도 한다.

7) 능지형은 요나라 때 처음 시작되었으며 원나라가 중국을 통치하면서 한족의 형벌제도로 편입되었다. 북송 때는 살을 뼈에서 발라낸다는 의미의 과형剮刑이라는 이름으로 불렸으며, 명나라 시대 형법의 기준이 된 법전인 대명률에서는 능지처사凌遲處死라고 적혀 있다. 죄인의 살을 산 채로 회를 뜨는 형벌로, 진정한 의미로 뼈와 살을 분리시키는 형벌이다. 원래 '능지凌遲'란 말은 힘을 안 들이고 넘어갈 수 있는 완만한 언덕을 가리키는데, 이 말이 사람을 천천히 고통스럽게 죽인다는 뜻으로 형벌에 이름 붙여지면서 극형의 대명사가 되었다.

8) 『명사』, 「紀事本末」券 52: 태조는 장도릉張道陵의 42대손인 장정상張正常에게 '정일사교진인正一嗣教眞人'의 은인銀印을 하사했고 또 2품에 해당하는 관직으로 하사했다. 또 태조는 『道德經』에 주注를 달고 『周顛仙傳』 한 권을 짓게 하였다. 명 3대 성조 역시 도사 유연연劉淵然에게 '대진인大眞人'의 호칭을 하사하고 친히 『神仙傳』 한 권을 지었다. 그뿐 아니라 명 12대 세종도 도교를 지극히

숭상한 황제 중의 한 명이었다. 세종은 도사 소원절邵元節을 '치일진인致一眞人'이라는 도교 칭호를 수여하고 영조선원관營造仙源官으로 특파하고 또 그에게 예부상서의 관직을 하사했다. 또 경전 30頃을 하사하면서 세금을 면제해주었다. 게다가 '천교보국闡敎輔國'의 옥인玉印과 백금白金, 보관寶冠, 법복法服 등을 하사했다. 그리고 천사天士 장언경에게 '정일사교진인正一嗣敎眞人'을 하사하고 금관金冠, 옥대玉帶 등의 물품을 내렸다. 이런 예들로 볼 때 사회 전반에 도교道敎가 성행하고 있었다고 볼 수 있다.

9) 가정제는 정덕제의 사촌 동생으로 왕위에 올라 친부에게 존호를 주려다가 '대례의大禮議'라는 큰 사건이 일어난다. '대례의'는 명 세종의 즉위시기에 입경하는 의례[入京儀禮]와 친 아버지인 홍원왕에 대한 존호 및 제사 등의 의례에 대한 의논을 말한다. 오랜 기간을 대신들과의 갈등으로 소모하였으며 황제의 생부 추존 문제로 시작된 이 사건은 당시 예를 숭상하던 유학자들과 크게 부딪치게 되었다. 이는 세종 치세에 정치적 문란과 부패를 초래하는 원인이 되었다.

10) 북로 남왜北虜南倭의 화禍: 북로는 북쪽 몽골 세력을 가리키는 말이고, 남왜는 남쪽 왜구倭寇를 지칭한다. 명왕조 역사의 쇠망 원인으로 지적되는 사건이다.

11) 가정 7년(1528) 망부의 토관을 없애고 유관流官을 파견한 후로 각 부족은 내심으로 불안하여 반란을 일으킨 자들이 자주 나타났는데 어느 날 사보가 난을 일으켰다. 왕정상이 파견되어 사천과 귀주의 군대로 토벌하여 사보 등을 물리치고 300여 명을 사로잡거나 목을 베었다.

12) 임인궁변壬寅宮變은 명 가정嘉靖 21년(1542)에 발생하였다. 세종이 불로장생을 바란 탓에 새벽에 궁녀들이 세종 황제를 살해하려고 계획했다가 실패한 사건이다. 당시의 도교의 단약 비방 중 가장 유행하던 것은 '홍연紅鉛'이었는데, 처녀의 월경과 약 가루를 섞어서 만든 것이었다. 세종은 1547년에서 1564년까지 4번에 걸쳐 8세부터 14세까지의 어린 여자아이 1000여 명을 궁녀로 뽑았다. 황제는 궁녀들에게 하혈하는 약을 강제로 복용하게 하여 궁녀들의 몸을 상하게 했으며 그로 인해 죽은 자도 있었다. 그 때문에 양금영楊金英 등 10여 명의 궁녀들이 황제를 죽이려고 모의했다. 그러나 한 명이 이 일이 잘못될까 두려워하여 방황후方皇后에게 고변했고 방황후가 궁녀들을 참수했다. 사건이 임인년에 발생하여 '임인궁변'이라 한다.

13) 정화鄭和는 선조가 색목인이며 이슬람교도였다. 그는 주원장에게 포로가 되어 연왕 주체에게 헌상되었다. 그는 후에 영락제의 명으로 1405~1433년에 일곱 차례의 대규모 해상 원정을 통해 37개국을 순항했다. 1405년 6월 1차 원정 때 원정단의 규모는 대형 선박이 포함된 함선 62척에 2만 7,800명의 선원이 탑승한 것으

로 기록되어 있으며 그는 일곱 차례나 원정을 떠났었다. 대원정은 유럽의 대항해
시대보다 80여 년이나 앞선 항해로 중국 해안에 출몰하던 해적을 소탕하고 대외
무역을 활성화했으며 도착한 지역의 풍속을 존중하고 우호 관계를 맺는 공평하
고 평화적인 외교를 했다고 한다.

14) 범중엄,『岳陽樓記』: 先天下之憂而憂, 後天下之樂而樂. 이글을 줄여서 선우
후락先憂後樂이라 쓰인다.

15) 왕안석,『收鹽』: 一民之生重天下, 君子忍與爭秋毫.

16) 명대 과거제도는 송대 신유학의 전통을 이어받아 주자가 사서에 주를 단『四書
集註』의 교육이 필수적이었다. 주희의『四書集註』를 필수과목으로 삼는 과거
제는 원왕조에서 실시하였지만, 원나라 조정에서는 정주 이학을 이데올로기로
삼거나 전국적인 전통사상을 수립하는 데에 관심을 가졌다고 볼만한 증거가 적
다. 오히려 명 왕조에 이르러 비로소 국가가 지원하는 정통사상이 되고 제국
전제주의의 이데올로기적 기초가 되었다.

17) 명대의 학제는 송宋·원元 학제를 계승하여 교육행정은 중앙의 국자감國子監과
지방의 유학제거사儒學提擧司가 각각 관장했다. 중앙에는 국자감과 종학宗學의
두 학교가 있고, 지방에는 부학府學·주학州學·현학縣學 및 위학衛學이 있었다.
국자감은 주원장이 즉위한 후 1365년 국자학이란 이름으로 건립되었고 점차 제
도를 정비하여 홍무 15년 1382년에 국자감으로 개칭하였다. 영락 원년에 북경
국자감을 건립하여 남북 양 국자감 제도가 만들어졌다.

18) 『명사明史』卷 75,「직관지職官志」17 : 지방학교에서 제학관提學官은 3년의 재
임 동안 생원에게 2회 시험을 치르게 한다. 먼저 6등급으로 생원의 우열을 가리
는데 이를 세고歲考라 한다. 일등의 성적을 받은 자는 늠선생廩膳生, 결원이 생
기면 차례로 보결하며 2등은 증광생增廣生, 역시 보결하고 1등급과 2등급은 모
두 상을 준다. 3등급은 부학생府學生으로 그 자리에 남고 4등은 달책撻責을 받
으며 5등은 이전에 늠선생과 증광생의 경우에는 1등급을 강등하고 부학생의 경
우에는 청의靑衣로 강등하고 6등은 모두 생원의 자격이 박탈된다.

19) 육과급사중六科給事中을 육과라고도 약칭한다. 시종侍從, 규간規諫, 보궐補闕,
습유拾遺 등을 관장하며 이·호·예·병·형·공 6부의 일을 감찰하였다. 급사중
은 관직명이다.

20) 『명사』卷70, 選擧志 2.

21) 오금성,『中國 近代社會 經濟史硏究-明代 紳士層의 형성과 사회경제적 역
할』(서울, 일조각, 1986): 송대에서 명초에는 사대부로서의 士에 머물렀고 명 중
기부터 하나의 사회계층으로 고정된 학위 층 사이에서 동류의식이 발생하여 紳

士의 계층이 형성되었다. 중국의 紳士는 토지소유와 학위소유에 관련되어 경제적이고 정치적인 이중적 역할을 하였다. John, K. Fairbank 외, 김형종 외 역, 『신중국사』(서울, 까치글방, 2009): 135쪽에서 신사층은 송대에서 생겨나 청대까지 발전된 제도라는 것은 잘못이라고 본다.

22) 원나라는 1260년 칭기즈 칸의 손자이며 몽골 제국의 제5대 대칸으로 즉위한 쿠빌라이가 1271년 몽골 제국의 국호를 '대원'으로 고침으로써 성립되었으며, 몽골어로는 다이온 이케 몽골 울루스Dai-ön Yeke Mongγol Ulus, 즉 '대원대몽골국大元大蒙古國'이다.

23) 섭적葉適은 학파들의 사상을 공리설功利說로 집대성한 인물이다. 그는 특히 병제兵制·재정財政에 정통하여 적극적이고 구체적인 제안을 펼치기도 하였으며, 이재理財와 취렴聚斂은 엄격히 구별되는 것이라고 하여 의義와 이利를 일치시키고 사공事功을 강조하였다. 또한, 그는 학술사적 연구를 중시하여 선진先秦 이래의 각 학파의 사상에 대한 평론을 많이 하였으며, 아울러 학술 사상의 통서統緖 및 전개 과정에 주목해서 영가학파의 특색을 드러내었다.

24) 영강학파永康學派는 진량陳亮이 창시하였고 영가학파永嘉學派와 더불어 사공학파事功學派라고 칭해진다. 이들 학파는 사공事功과 경세經世를 중시하였고 북송北宋의 정호程顥·정이程頤·장재張載 등의 학문을 계승했다. 하지만 주희의 사유와는 다른 길을 택했다. 주희의 학문이 도학적道學的인 경향이 강하다면 이들은 사공의 입장에 서서 리학자의 논의를 공담空談이라고 비판하였다. 진량陳亮·설계선薛季宣·진부량陳傅良·섭적葉適 등이 이 학파에 해당한다. 설계선은 도道의 체용일치體用一致를 주장하였는데, 형이상자形而上者인 도와 형이하자形而下者인 기器가 일체一體이며, 도는 기에 내재해 있고 기를 떠나서는 도가 없다고 하여 오히려 기에 중점을 두었다. 그는 이利를 중시하여 의義와 이가 일치된다고 하였으며, 또한 역사적 사실을 중시하여 『춘추春秋』를 해석하기도 하였다. 그의 문인인 진부량은 설계선의 실사실리實事實理 사상을 더욱 발전시켜 영가학을 한 차원 높게 만들었다. 그는 스승의 학문을 이어받아 전부田賦·병제兵制·지형地形·수리水利 등에 관해서 많은 연구를 하였다. 그는 『춘추좌씨전春秋左氏傳』을 경서經書의 정신이 가장 잘 나타난 것이라고 하여 이것을 표장表章하였고, 왕안석王安石 이래로 폐지된 『주례周禮』를 정치의 대도大道가 담긴 것이라고 하여 조정에 올리기도 하였다.

25) 리학理學의 우주본체론宇宙本體論은 리를 중심으로 생성되어 심성心性에 도덕적道德的 가치價値를 주입한다. 이기理氣와 심성心性의 문제에서 이기는 우주의 본체론적 실재에 대한 문제로써 물심物心의 일체 현상이다. 심성은 인간의

심리와 윤리의 문제로 심신心身 일체 현상이다. 즉, 이기 심성의 학은 우주와 인간을 일관적으로 보려는 것이다. 이는 도덕 지향의 사유로서 도덕으로 수양된 특수 지식인들을 위한 학문으로 보편성에 어긋나며 경세제민을 실천하는 데 있어 난관에 부딪히게 된다.

26) 馮友蘭, 『中國哲學史新編』(北京, 人民出版社, 2013): 120쪽 참조.

27) 羅欽順, 『困知記』(北京, 中華書局, 2013): 1쪽 참조.

28) 『곤지기』(北京, 中華書局, 2013): 2쪽 참조.

29) 劉明鍾, 「氣哲學的 二種類型」, 『韓國學報』, 第5期, 韓國中國學會, 1985: 25쪽 참조. 여기에서 장재張載나 나흠순羅欽順처럼 본성지성本然之性과 기질지성氣質之性으로 구분하는 유형을 초월적超越的 기론자氣論者라 칭하고 성性을 둘로 보지 않고 하나로 보는 관점을 내재적內在的 기론자氣論者라 칭하였다.

30) 黃宗羲, 『明儒學案』 卷四十七, 「文莊羅整菴先生欽順」(北京, 中華書局, 2008): 1107쪽 참조.

31) 『명유학안』 卷47, 「論學書」(北京, 中華書局, 2008): 1137-1140쪽 참조.

32) 『명유학안』 卷9, 「三原學案, 恭簡韓苑洛先生邦奇」(北京, 中華書局, 2008): 165-167쪽 참조.

33) 『명유학안』 卷48, 「諸儒學案中二·文敏崔后渠先生銑」(北京, 中華書局, 2008): 1154쪽 참조.

34) 『명유학안』 卷 37, 「甘泉學案, 心性圖說」(北京, 中華書局, 2008): 876-877쪽 참조.

35) 張立文, 김교빈 外 譯, 『氣의 철학』(서울, 예문서원, 2012): 358쪽 참조.

36) 王陽明, 『王陽明全集』, 230쪽: 今世學者, 皆知從孔孟, 賤楊墨, 摒釋老聖人之道, 若大明於世界, 然吾從而求之, 聖人不得而見之矣.

37) 청대清代의 사상에서 1644년 명明이 청淸에게 멸망되자 명의 유로遺老들은 망국의 원인이 어디에 있었는가를 반성하기 시작했다. 그 결과 송명리학宋明理學이 공리공론空理空論에 흘러버렸기 때문이라는 주장이 나왔다. 이에 고염무顧炎武는 "리학理學이란 말은 송유宋儒가 쓰기 시작한 것으로 처음에는 '리학은 경학[理學卽經學]'이라고 하여 오경五經에다 근원을 두더니 뒤에 와서는 '리학이 바로 선학[理學卽禪學]'으로 변질하여 어록에만 매달리는 이를테면 공맹유학孔孟儒學과는 전혀 다른 학문이다"라고 규정지었다. 안원顔元은 "송유를 한진漢晋시대의 노불학老佛學 집대성자로 보는 것은 가능하지만 그것이 요堯·순舜·주周·공孔의 정파라고 볼 수는 없다"고 했다. 따라서 "정주학程朱學을 파제破除하면 하는 만큼 공맹학孔孟學은 되살아날 것이다"라고 하여 주자도통론朱

子道統論의 허구성을 지적한 뒤, 그가 끼친 해독은 비상보다도 독했다고 주장하며 "온천하의 뛰어난 인재를 모두 선열과 한묵 속에 유폐시켜 경세치용을 외면한 결과 강토가 이족異族의 발에 짓밟히고 생민生民이 도탄에 빠졌다"고 책임을 물었다. 왕부지王夫之는『讀通鑑論』,『宋論』,『황서악몽』에서 한족의 '문약지병文弱之病'을 통박하고 양명학陽明學의 말류末流들이 끼친 광선狂禪의 폐폐弊를 공박했다. 한편 황종희黃宗羲·대진戴震은 정주이학의 심성이원론心性二元論이 기질인욕면氣質人欲面을 너무 폄억貶抑하여 행동 세계를 위축시켰다고 비평했다. 특히 대진戴震은 자기를 맹자孟子에 비겨 위도자衛道者로 자임, "송宋 이래로 유자儒者들은 망령되게 마구 인용하다가 공맹孔孟을 해석하여 진의眞意를 어지럽혔다"고 지적하고 "리에 조금 가까워지면서 진眞을 크게 어지럽혔다[彌近理而大亂眞], 리로 사람을 죽였다[以理殺人]"라고까지 하며 정주리학을 죄역으로 여겼다. 아무튼 청초에 일어난 실학사상實學思想은 송명리학宋明理學에 대한 일대 반발로서 선진先秦 유학으로 복귀하였으며, 그것은 바로 행동 세계를 긍정하고 현실을 개조하는 '경세치용'이 주안이었다. 이와 같이 청초 사상의 동기가 망국亡國의 비분悲憤 속에서 자각된 민족정기와 역사의식이었으므로 그 목적은 자연 한족의 문약文弱과 물빈物貧을 구하는 데 있었고, 따라서 송명리학을 수정하여 현실 행동 세계를 긍정하고 창발하는 데 맞는 이론체계를 세우는 주장이 나오게 된 것이다.

38) John, K. Fairbank 외, 김형종 외 역,『신중국사』(서울, 까치글방, 2009): 178쪽 참조.

39) 許愼, 단옥재 주,『설문해자주』(상해, 상해고적출판사, 2011): 333. 氣雲氣也, 象形.

40) 『설문해자주』(상해, 상해고적출판사, 2011): 333쪽.

41) 『설문해자주』(상해, 상해고적출판사, 2011): 333쪽 참조.

42) 『논어』,「八佾」: 子貢欲去告朔之羊. 子曰, 賜也! 爾愛其羊, 我愛其禮.

43) 『논어』,「鄕黨」: 入公門, 鞠躬如也, 如不容. 立不中門, 行不履閾. 過位, 色勃如也, 足躩如也, 其言, 似不足者. 攝齊升堂, 鞠躬如也, 屛氣, 似不息者.

44) 『논어』,「季氏」: 孔子曰, 君子有三戒, 少之時, 血氣未定, 戒之在色, 及其壯也, 血氣方剛, 戒之在鬪, 及其老也, 血氣旣衰, 戒之在得.

45) 『춘추좌전』,「召公元年」: 陰陽風雨晦明, …… 天有六氣, 降生五味.

46) 송윤학파宋尹學派는 송견宋銒과 윤문尹文을 중심으로 한 직하학궁에 머물면서 법가와 도가를 합쳐 자연주의 기氣 사상을 정립한다. 중국 사상에서 과욕론의 비조로 꼽을 수 있는 인물 송견과 윤문의 학파는 전국시대 중기 제나라 직하稷

下(직문 아래에 있었던 학사촌)학파 중에서 도가 계열에 가까운 사상가들입니다. 송견은 『장자』, 「소요유」에 송영자宋榮子로, 「맹자」, 「고자하」에 송경宋牼으로, 『한비자』, 「현학」편에 송영자宋榮子로, 『순자』, 「비십이자」편에 송견宋鈃으로, 『순자』, 「천론」편에 송자宋子로, 『순자』「정론」편에 자송자子宋子로 각각 등장한다. 이들 모두 송견을 가리키며 반전, 평화를 주장하고 과욕설, 무저항주의로 유명하다. 윤문은 제나라 사상가로 송견과 함께 직하학궁에서 교유했다. 『여씨춘추』에 윤문을 두고 제나라 민왕湣王 때 활약한 사상가라고 기록하고 있다.

47) 직하학은 제나라에서 전국시대 뛰어난 학자들을 초청하여 살 집과 높은 벼슬을 주고 도성 부근의 직하학궁에 머무르며 학문을 연구하고 정치적 자문에 응하게 하였는데, 당시 학자들의 학문을 말한다. 맹자와 순자도 직하학궁을 거친 학자이고 유학자들 외에도 도가, 법가, 음양가 등이 다양한 이론을 서로 교류하여 직하학을 이루어 냈다. 황로학은 직하학자 후예들이 법가와 도가가 융합하여 만든 학문이다. 진秦나라가 멸망하고 한나라가 중국을 통일했을 때 진의 억압적인 통치방법을 대신할 새로운 정치사상이 요구되었다. 그래서 탄생한 황로학은 황제의 제왕으로서 법가적 요소와 노자의 무위를 중시하여 문경지치를 일구어냈으나 무제에 의해 쇠퇴하게 되었다.

48) 『장자』, 「逍遙遊」: 絶雲氣, 負靑天. 『莊子』「齊物論」: 乘雲氣, 騎日月.

49) 『장자』, 「逍遙遊」: 若夫乘天地之正, 而御六氣之辯, 以遊無窮者, 彼且惡乎待哉.

50) 『장자』, 「人間世」: 獸死不擇音, 氣息茀然. 『莊子』, 「達生」: 十日而問, 鷄可鬪已乎. 十日又問, 曰未也, 方虛憍而恃氣, 未也, 猶應嚮景, 十日又問, 曰未也, 猶疾視而盛氣

51) 『장자』, 「大宗師」: 伏羲氏得之, 以襲氣母. 『莊子』, 「大宗師」: 彼方且與造物者爲人, 而遊乎天地之一氣.

52) 『장자』, 「知北遊」: 人之生, 氣之聚也. 聚則爲生, 散則爲死. 若死生爲徒, 吾又何患, 故萬物一也, 是其所美者爲神奇, 其所惡者爲臭腐, 臭腐復化爲神奇, 神奇復化爲臭腐. 故曰, 通天下一氣耳, 聖人故貴一.

53) 『장자』, 「養生主」: 養生主安時而處順, 哀樂不能入也.

54) 『관자』: 제濟나라 직하학궁의 뛰어난 학자 중에서 관자를 받드는 자들이 모여서 만든 책이 바로 『관자』라고 생각된다. 『관자』 서문에 "『관자』는 춘추시대부터 시작하여 서한 시대西漢時代까지 거의 700년에 걸쳐 여러 학자에 의해 완성된 경세經世의 바이블이자 백과사전이다"라고 전한다. 아마 전국시대에 지어진 책이 한 대에까지 수정하고 보충하여 완성된 책인 듯하다.

55) 『관자』4편은 「心術 上」, 「心術 下」, 「白心」, 「內業」편이다. 이 글을 쓴 연대는 학자마다 차이가 있다. 陳鼓應, 『管子 四篇 全釋』(상해, 상무인서관, 2006): 28쪽에서 '전국중기戰國中期 이후'라고 말하고 오광, 『황로지학 통론』(항주, 절강인민출판사, 1985): 99쪽에서 '전국중후기戰國中後期'라고 한다.

56) 『관자』, 「心術 下」에 "鬼神教之. 非鬼神之力也, 其精氣之極也. 一氣能變曰精."라 하였고, 「內業」에서 "凡物之精, 此則為生下生五穀, 上為列星. 流於天地之間, 謂之鬼神."이라 하였다. 이것이 관자의 정기론精氣論이고 『주역』, 「계사상」에서는 정기精氣가 모여서 만물萬物이 형성形成되고, 그것이 흩어지면 만물은 생명生命을 상실하여 죽음에 이른다고 하였다.

57) 『역경』, 「繫辭傳 上」: 精氣為物, 遊魂為變, 是故知鬼神之情狀.

58) 『관자』, 「心術 下」: 鬼神教之. 非鬼神之力也,

59) 『관자』, 「內業」: 凡物之精, 此則為生, 下生五穀, 上為列星.

60) 『관자』, 「內業」: 凡人之生也, 天出其精, 地出其形, 合此以為人: 和乃生, 不和不生.

61) 『관자』, 「內業」: 天主正, 地主平. 人主安靜, 春秋冬夏, 天之時也, 山陵川谷, 地之枝也, 喜怒取予, 人之謀也, 是故聖人與時變而不化, 從物而不移. 能正能靜, 然後能定. 定心在中, 耳目聰明, 四枝堅固, 可以為精舍. 精也者, 氣之精者也.

62) 『순자』, 「天論」: 天地合而萬物生, 陰陽接而變化起.

63) 『순자』, 「天論」: 列星隨旋, 日月遞炤, 四時代御, 陰陽大化, 風雨博施, 萬物各得其和以生, 各得其養以成.

64) 『순자』, 「修身」: 治氣養心之術, 血氣剛強, 則柔之以調和, 知慮漸深, 則一之以易良.

65) 『순자』, 「天論」: 夫日月之有蝕, 風雨之不時, 怪星之黨見 是無世而不常有之.

66) 蔡仁厚, 『孔孟荀哲學』(대만, 학생서국, 1994): 370쪽 참조.

67) 『鶡冠子』: 오광吳光에 따르면 『할관자』의 저자는 할관자로 보며 전국시대 초楚나라의 은사隱士라고 한다. 『할관자』 역시 『관자』처럼 한 사람의 저자가 모두 쓴 글이라기보다는 전국 말기戰國末期와 진초秦楚 사이의 후학들에 의해 집체集體된 저작으로 본다.

68) 김예호, 「관자」 4편과 할관자의 기론氣論 비교를 통한 원시 도가 자연관의 사회정치적 변용양상 연구」, 『동양철학』, 제33집, 동양철학연구회, 2010: 320쪽 참고.

69) 『할관자』, 「泰錄」: 精微者, 天地之始也. 故天地成於元氣, 萬物乘於天地.

70) 『할관자』, 「夜行」: 陰陽, 氣也.

71) 『할관자』, 「度萬」: 陰陽者, 氣之正也.

72) 박동인, 「『管子』 4편과 『鶡冠子』의 기화우주론」, 『철학연구』, 제86집, 철학연구회, 2009: 51쪽 참조.

73) 김예호, 「『管子』 4편과 『鶡冠子』의 기론 비교를 통한 원시도가 자연관의 사회정치적 변용양상 연구」, 『동양철학』, 제33집, 동양철학연구회, 2010.1))

74) 王忠, 『論衡』, 「四諱」: 元氣, 天地之精微也. 『論衡』, 「論死」: 人之所以生者, 精氣也.

75) 董仲舒, 『春秋繁露』, 「王道」: 元者, 始也. 言本正也.

76) 張立文, 김교빈 外 譯, 『氣』(서울, 예문서원, 2012): 144쪽 참조.

77) 신정근, 『철학사의 전환』(파주, 글항아리, 2012): 382쪽 인용.

78) 王忠, 『論衡』, 「自然」: 使天體乎! 宜與同, 使天氣乎!, 氣若雲煙, 雲煙之屬, 安得口目.

79) 『논형』, 「氣壽」: 聖人稟和氣, 故年命得正數, 氣和爲治平, 故太平之世, 多長壽人. 이글에서는 장수와 치평의 황노사상 흔적이 그대로 남아있다.

80) 『논형』, 「寒溫」: 夫天道自然, 自然無爲.

81) 張立文, 김교빈 外 譯, 『기의 철학』(서울, 예문서원, 2012): 168쪽 참조.

82) 『할관자』, 「泰錄」: 天地成于元氣, 萬物乘于天地.

83) 『논형』, 「四緯」: 元氣, 天地之精微也.

84) 『논형』, 「談天」: 天地, 含氣之自然也.

85) 『논형』, 「言毒」: 萬物之生, 皆稟元氣.

86) 周敦頤, 『通書』, 「順化」: 天以陽生萬物, 以陰成萬物. 生仁也, 成義也.

87) 『통서』, 「師」: 性者, 剛柔善惡中而已矣.

88) 『통서』, 「誠」: 乾道變化, 各正性命, 誠斯立焉.

89) 권정안, 「주돈이의 심성론」, 『송대심성론』(서울, 아르케, 1999): 28쪽 참조.

90) 張立文, 김교빈 外 譯, 『氣의 철학』(서울, 예문서원, 2012): 267쪽 참조. 주기적主氣的 객관리파客觀理派는 기氣를 주로하고 리를 객관화하여 기와 이를 설명한다. 북송의 학자 중에서 주돈이, 이구, 왕안석, 장재, 정명도 남송의 양만리가 여기에 속한다. 주리적主理的 주관리파主觀理派는 이가 주가 되어 이를 주관화시키는 학파이다. 북송의 정이천과 남송의 주희, 호굉, 장식, 여조겸 등이 여기에 속한다.

91) 張載, 『正蒙』, 「太和」: 太虛不能無氣, 氣不能不聚而爲萬物, 萬物不能不散而爲太虛. 順是出入, 是皆不得已而然也.

92) 『정몽』, 「太和」: 氣之爲物, 散入無形, 適得吾體. 聚爲有象, 不失吾常.

93) 『横渠易說』,「繫辭 下」: 太虛之氣, 陰陽一物也. 然而有兩體, 健順而已.

94) 운동·변화: 운동이 만물을 낳는다. 운동하여 변화가 생겨나는데, 변화의 變은 급진적인 변화이고 化는 점진적으로 바뀌어 가는 것을 말한다. 『横渠易說』, 「乾卦」: 變, 言其著. 化, 言其漸이라 하였다.

95) 『정몽』,「神化」: 變卽化, 由粗入精也. 化而載之爲之變, 以著顯微也. 변變과 화化는 둘 다 변화로 해석되고 있으나 변變은 음양의 기가 작용하는 과정이고 화化는 음양의 기가 만물을 생성한 것이다.

제4장

우주본체론

고대로부터 우주에 실재하는 물질이 무엇인지에 관심을 가져 본질을 탐구하는 본체론을 형성했고 우주와 인간이 어떤 관계를 갖는지에 대해 관심을 가지고 천체를 관찰하기 시작했다. 중국에 서양의 천문학이 도입되기 전까지 다양한 우주론이 등장한다. 특히 우주 본체를 연구하여 기氣와 리理에 관한 논증이 생겼고 천을 연구하며 개천과 혼천의 이론이 등장했으며 천인을 연결하여 인간의 심성을 설명하는 심성론을 이루게 했다. 게다가 인간의 능력으로 해결되지 않는 문제는 신神을 중심으로 종교적 상제를 등장하게 하여 유신론有神論과 무신론이 생겨났다.

1. 우주 본체로서 원기元氣

1) 원기의 본질 – 태허의 원기

왕정상이 원기본체론을 바탕으로 이룬 성론은 주희의 '리기이원론理氣二元論'적 사유를 비판하면서 수정하여 발전시킨 것이다. 그는 천天을

자연 그대로 천으로 보았으나 주돈이와 장재의 우주론인 태극·태허를
도입하여 태허가 바로 원기라고 보고, 또 그 원기가 성性의 실체라고
보았다. 다만 태극·태허에다 인격적 도덕관념은 부여하지 않고 자연주
의적 시각으로 받아들인다.

왕정상이 장재의 '기즉태허' 사상에서 기론을 더 확장하여 원기로서
태극을 말하는 것은 우주 본체를 중심으로 원기가 '조화의 근본'[1]이기
때문이다. 원기가 조화의 실체가 되는 것은 기가 없는 곳이 없어서 기가
우주의 실체가 된다는 뜻과 기가 만물을 생성한다는 뜻을 내포하고 있으
니 그 기는 모든 우주 통일의 기초가 된다. 그는 원기를 본本으로 삼고
우주 만물을 말末로 삼아 원기는 천지 만물의 근원임을 강조한 것이다.
태극과 태허, 원기와 유무에 대해 왕정상은 다음과 같이 말한다.

> 도체를 무라고 말할 수 없고, 만물의 생성은 유와 무가 있다. 천지가
> 아직 분리되지 않았을 때는 원기가 뒤섞여 있었고, 맑고 깨끗하며 틈이
> 없으니 조화하게 하는 초기작용[元機]이다. 빈 곳[虛]이 있으면 곧 기가
> 있게 된다. 허는 기에서 분리될 수 없고 기는 허에서 분리될 수 없다.
> 이것이 시작된 바도 없고 끝나는 바도 없는 신묘함이다. 그것이 도달하는
> 곳을 알 수 없기 때문에 태극이라 한다. 형상이 될 수 없기 때문에 태허라
> 고 한다. 음양 이외에 극極이 있고 허虛가 있다고 말하는 것이 아니다.[2]

원기는 태극에 존재하는 태허太虛이다. 태허는 태극과 같으나 태극
안에 기가 가득한 것을 말하고 그 기를 원기라 하였다. 원기는 시작과
끝이 없고 볼 수도 만질 수도 없으나 무無가 아니다. 태극 안에 빈 곳인
태허는 원기로 가득 차 있으니 유有가 된다. 태허인 원기는 천지가 이루
어지기 전에 있었고 물질이라 할 수 없으며 다만 조화하는 실체일 뿐이
다. 그 원기는 도의 근본이 된다.[3] 그는 원기가 도의 근본이 된다는 것을

다음과 같이 말한다.

> 형태가 있는 것도 기이며 형태가 없는 것도 기이다. 도가 그 가운데에
> 존재한다. 형태가 있는 것은 생기이고 형태가 없는 것은 원기이다. 원기
> 는 쉼이 없기에 도道도 역시 쉼이 없다. 이 때문에 무형이란 것은 도의
> 근본이고 유형이라는 것은 도가 드러난 것이다.[4]

태허의 원기는 원도元道를 지닌다. 원기가 작용이 없을 시는 무형의
상태이고 도의 근본이 된다. 그러나 원기는 조화의 실체이기 때문에 조
화하게 되면 유형을 이루고 형체에 정신이 함께 깃들며 지닌 도가 밖으
로 드러나게 된다. 그 때문에 왕정상의 원기론에서는 유무有無를 함께
말한다. 유무는 존재론의 입장에서만 본 것이 아니고 작용의 입장에서도
같이 본 것이다. 무형은 태허의 원기이기 때문에 형체는 없으나 가득
차 있는 상태의 유有를 말하고 도道가 함께 깃들어 있는 유를 말한다.
유형은 형태를 갖추고 있다는 유이고 기로 형성된 유이며 유형의 기는
태허의 원기와 다른 이름으로 생기生氣라 하였고 생기에 도가 깃들어
형태 밖으로 드러난다. 왕정상은 태허에서 무형의 상태에는 유무를 함께
말하지만, 유형에서는 유만 말한다.

또 왕정상이 "원기가 천지 만물의 근본[5]"이라고 한 것은 원기를 천지
만물의 생성 과정에 관여하는 생성자로 본 것이다. 왕정상의 기론에서
원기는 만물의 생성에 관여하는 자연관만 지닐 뿐 심성관이나 도덕관에
는 관여하지 않는다. 단지 그는 "원기 내에서 무물無物, 무도無道, 무리
無理"라는 표현을 써서 원기 실체의 의미를 분명히 한다. 원기는 태허에
실존하는 물질일 뿐이다. 그런데 그 원기는 어떻게 만물을 생성할 수
있는가의 문제에 대해 그는 다음과 같이 말한다.

음양 두 기가 감응하여 변화하니 여러 현상이 드러나게 되어 천지 만물이 그로 말미암아 생성되니, 이것이 실체가 아니겠는가! 이런 까닭에 그 현상으로써 말한다면 유라고 칭할 수 있고 그 변화로써 말한다면 무라고 칭할 수 있다. 조화의 원기는 실제로 없어진 적이 없다. 그래서 도체를 무라고 말할 수 없으니 만물의 생성에는 유와 무가 있기 때문이다.6)

한 대漢代에 원기 이론을 주장했던 왕충은 『논형』에서 일반적으로 혼탁하고 순수한 원기가 맑고 탁함을 나누는데, 태허의 원기가 음양의 기로 분화하여 가볍고 맑은 양기는 위로 올라가서 하늘의 물질을 이루고 무겁고 탁한 음기는 아래로 내려와서 땅의 물질을 이룬다고 하였다.7) 그는 이렇게 생겨난 천지가 합해서 만물을 생겨나게 한다고 했다.

왕정상은 왕충과는 다른 우주 진화론의 사유를 하였다. 그는 만물의 생성에 관여하는 기는 음양 두 기라고 하며, 원기 안에 음양 두 기를 가지고 있기에 '원기가 만물 생성의 근본이다'라고 말한다. 그는 음양의 기가 태허의 원기 상태로 있을 때는 진양眞陽의 기와 진음眞陰의 기라고 부른다. 왕정상은 천天이 이 진양의 기과 진음의 기로 인해 만들어지는 것에 대해 다음과 같이 말한다.

하늘은 태허가 기화되기 이전의 물질로서 땅은 하늘과 함께 나란히 열거될 수 없었다. 천체가 형성되자 기의 변화는 하늘에 귀속되었다. 사람에 비유하자면 변화하여 생성된 후에 형체가 스스로 전하는 것과 같다. 이런 까닭에 태허에 있는 진양의 기는 태허 진음의 기와 감응하여 한 번 변화하여 해와 별과 천둥과 번개가 되고, 한 번 변화하여 달과 구름과 비와 이슬이 되니, 물과 불의 종자가 갖추어졌다. 물과 불이 있으면 증발하고 결합하여 흙이 생성된다. 해는 짠물을 증발하게 하여 소금을 생성하고 물은 졸여서 기름을 생성하는 것은 유추할 수 있다. 흙은 땅의 도이기 때문에 땅은 하늘에 짝이 될 수 있지만, 하늘과 상대할 수 없기에 하늘이 생성했다고 말한다. 흙이 있으면 만물의 생성이 더욱 많아져 땅이 변화가 더욱 커진다. 금金과 목木은 수水와 화火와 토土가 생성해낸 것으로서 이는 변화한 중에서 가장 끝의 것이다.[8]

태허의 원기는 진양의 기과 진음의 기로 이루어져 있다. 진양의 기가 떠다니다 진음의 기를 만나서 천이 형성된다고 하였는데 하늘에 천체가 형성되는 것이다. 천체가 또 한편으로 변화하여서 해, 달, 천둥, 번개가 되어 불[火]이 생겨나게 하고 다른 한편으로는 변화하여 달, 구름, 비, 이슬이 되어 물[水]이 생겨나게 하니 비로소 하늘[天]이 만들어지게 되었다. 물[水]과 불[火]이 서로 만나게 되어 증발시켜 소금을 만들고 졸여서 기름을 만드니 이들이 흙이 된다. 이 흙이 땅[地]이 되고 땅은 쇠붙이[金]를 지니고 있고 나무[木]를 키울 수 있다. 금과 목은 수, 화, 토의 세 물질이 생겨나게 한 것이다. 이를 오행[火·水·土·金·木]이라고 하지만 한 대 오행가五行家들의 사유와는 다르다.[9] 왕정상은 하나인 원기가 음양의 두 기로 나뉘고 다시 다섯의 기로 나뉘어 만물이 생겨난다는 방식으로 우주 생성론을 설명한다.

만물이 생성되는 것은 음양의 기가 같이 작용해야 하지만 형기를 만드는 것은 음기의 작용으로 인하여 일어나고 형기에 정신을 불어 넣는 것은 양기의 작용이다. 즉, 기에 속하는 것은 모두 양이고 형에 속하는 것은 모두 음이다. 궁극적으로 말하면, 모든 형체를 지닌 것에서부터 천지의 지극히 기운이 성하고 우거진 기까지 형상을 가능하게 하는 것은 모두 음이고 변화, 운동, 승강昇降, 비양飛揚 등 볼 수 없는 것은 모두 양이다. 그는 다시 우주 생성론을 인간 사회와 연계하여 인간의 탄생을 다음과 같이 설명한다.

태허의 기가 있게 된 후에 천지가 있었고 천지가 있고 난 후에 기의 변화가 있었으며 기의 변화가 있고 난 후에 암수의 구별이 있게 되고 암수의 구별이 있게 된 후에 부부의 관계가 있게 되며 부부의 관계가 있게 된 후에 부자의 관계가 있게 되고 부자의 관계가 있게 된 후에 군신의 관계가 있게 되고 군신의 관계가 있고 난 후에 명교가 세워졌다.[10]

그는 천지가 모두 만들어진 후 만물이 생겨날 때 인간도 생겨나서 음양의 기가 변화하여 암수의 구별이 있게 된다고 하였다. 이러한 구체적인 생성 과정을 원기의 조화로 인한 진음의 기와 진양의 기가 기화하여 만물이 되는 과정이다. 원기를 중심으로 설명하는 우주 생성론은 이전 원기론자의 사유에 비해 체계적이고 합리적이다. 왕정상의 우주론에서는 형체가 있든지 없든지 또 물物이 되기 전이든 물이 된 후이든 상관없이 우주에 있는 모두가 기인데 형체가 있게 되면 생기生氣가 되고 형체가 있기 전이나 후의 상태는 원기元氣라고 부른다. 그래서 우주 안에는 원기와 생기가 옮겨 다니는 것이다. 만물의 관점에서 보면, 형체가 보존될 때 생기가 활동하고 태어나기 전이나 죽은 후는 다시 원기로 되니 생기와 원기를 합하게 되면 질량은 항상 같다. 형기에만 존재하는 생기는 다시 취기聚氣와 유기遊氣가 된다. 두 기의 작용을 왕정상은 다음과 같이 말한다.

생기에는 취기와 유기가 있는데 유기와 취기가 합하여 사물은 그것으로써 변화한다. 변화하면 자라게 되고 자라면 커지고 커지면 오래가고 오래가면 쇠퇴하고 쇠퇴하면 흩어지고 흩어지면 없어지는데 유기와 취기의 근본은 멈춘 적이 없다.[11]

생기는 만물에 부여된 기로서, 취기와 유기로 이름을 붙였다. 취기는 형체에 부여된 기이고 유기는 형태에 깃든 정신 활동에 작용하는 기이다. 취기와 유기가 합하여 생성, 소멸, 성장, 변화에 관여한다. 취기와 유기는 생성변화와 화육에 있어서는 쉬지 않고 계속하나 소멸하여서는 다시 태허의 원기로 돌아간다. 이는 태허가 기를 받아들이는 것이지 태허가 기를 생성하지 않는다는 점을 알 수 있다.

왕정상은 장재의 기의 취산에 대한 이론은 수용하지만, 장재가 사물이 흩어진 후에는 그 기는 소멸하고 다시 본원의 태허로 돌아가지 않는 것으로 본 점에 대해서 다른 견해를 지녔다. 왕정상은 '장재의 이론은 태허의 기를 부정하는 것이고 태극의 허가 기라는 것을 인정하지 않는 것'이라고 하며 장재 원기론이 자신의 원기론과 차이가 있음을 피력하였다.

2) 원기元氣의 특성

위에서 서술한 바와 같이 원기는 태극의 무형無形·무상無象인 고유한 존재로서 태극에 실재하며 천지 만물이 존재하는 근원이 된다. 그 때문에 원기는 실재성實在性을 지닌다. 원기는 조화의 실체로써 생성자 역할을 하지만 원기인 진양의 기와 진음의 기가 기화하여 물체로 되면서 생기가 되고 생기가 형기를 통과하면 취기와 함께 유기가 만들어지는데, 그 유기는 영명함을 지닌다. 왕정상은 이 작용의 과정을 다음과 같이 설명한다.

> 기는 형기를 통과하여 영명[靈]하게 된다. 사람과 사물이 생성되는 이유는 기의 작동이 멈추지 않기 때문이다. 작동이 붕괴하면 혼기魂氣가 흩어져 소멸한다. 어찌 영명한가! 사물에 부착하여 능함을 지니는 것은 또한 그 기의 작동에 올라타는 것이다. 얼마 후 또한 흩어져 소멸할 뿐이다. 그래서 귀鬼는 돌아가는 것인데 흩어져 소멸한다는 뜻이다.[12]

유기遊氣는 정신에 깃든 기인데 특히 신神이 돌아다니는 작용으로 영명[靈]함을 지닌다. 유기는 취기聚氣에 올라타고 만물이 생명을 지탱하고 자라게 하는 작용에 관여한다. 유기가 작용을 멈추면 혼기가 흩어져 만물은 소멸하고 기는 원기로 돌아간다. 그래서 ② 원기가 영명성의 특징을 지닌다. 또 원기는 형상으로 여길 수 없어서 태허라고 말하며 ③ 무편無偏·무대無待의 형상성形上性의 특징을 지닌다. 천지가 생기기 이전에는 원기만 있었고 원기는 물질이 없으니[13) 시작과 끝이 없다. 그래서 ④ 무시無始·무애无涯의 무한성無限性을 지닌다. 그러면서도 원기는 만들어지거나 없어지지 않으니 ⑤ 무생無生·무멸無滅의 항상성恒常性을 지닌다고 말할 수 있다. 원기의 다섯 가지 특성을 왕정상의 설명으로 살펴보면, '원기는 무형無形·무상無象한 실재성을 지닌다.'에 대해 다음과 같이 말한다.

> 하백제何柏齊가 말한 기는 공기이다. 그가 말하기를, "기는 비록 형태가 없으나 볼 수 있어 실제로 존재하는 물질이다. 입으로 들이마시고 내뱉을 수 있고 손으로 만져서 얻을 수 있다. 텅 비어 고요한[虛寂] 넓은 하늘에[空冥] 찾아서 취할 것이 없는 것이 아니다. 이전의 유학자들이 기의 본체를 무로 삼았는데 그것은 잘못으로 보인다."[14)고 하였다.

왕정상은 하백제가 조화론에 대한 질문한 것에 대해 답하면서 기는 실제로 존재하는 물질성을 지닌 것일 뿐 추상적 개념이 아님을 분명히 했다. 또 사람이 호흡하는 공기는 물질의 한 종류일 뿐이고 자연계에는 공기만 있는 것이 아니기에 기를 공기라고 하는 것은 잘못이라고 지적한다. 하지만 기의 본체를 무라고 하는 것은 잘못된 것이다. 기는 실체이면서 작용하는 체용體用을 동시에 지닌다. 왕정상이 원기의 특징으로 무형·무상의 실재성을 말하는 것은 이정 형제가 "기는 형이하의 것이고 도는 형이상의 것으로 여기는 것"[15)과 주희가 리는 형이상의 것이고 기는 형이하의 기器라고 여기는 것과는 직접 대립하는 이론이다. 왕정상은 기가 형체가 없고 이미지가 없다고 해서 기의 본체를 무라고 말할 수 없으니 기는 실제로 존재하는 우주 실체라고 말하고 있다.

둘째, 우주에서 실제 사물은 모두 다른 물에 의지하고 기대어 만들어 진다. 특히 기에 기대고 의지한다. 하지만 원기는 기대거나 의지하지 않고 홀로 움직이기 때문에 무편·무대의 형상성을 특징으로 지닌다고 한 것이다. 왕정상은 정주程朱16)가 "근본이 태극이라서 만물은 태극이 품수한 것을 지녀 각자 완전한 태극을 갖추고 있다"17)라고 말한 형이상학적 관점에 대해 다음과 같이 비평한다.

> 유학자가 말하기를 "태극이 흩어져서 만물이 되었고, 만물은 각각 한 태극을 갖추었다."고 하는데 이 말은 잘못이다. 어째서인가? 원기가 변화하여 만물이 되고, 만물은 각기 원기를 받아서 생겼는데 아름다움과 추악함이 있고, 치우침과 온전함이 있고, 혹은 사람이고 혹은 사물이고, 혹은 크고 혹은 작고, 만만萬萬이 고르지 않는데 각자 태극의 한 기를 얻었다고 한다면 옳지만, 각자 한 태극을 갖추었다고 하는 것은 불가하다. 태극은 원기의 혼전混全한 명칭이고, 만물은 불과 각기 한 가지를 구비했을 뿐이고 비록 수화水火 같은 큰 변화에서도 오히려 한 쪽에만 미칠 뿐인데 하물며 인간에 있어서랴?18)

왕정상은 '태극은 원기일 뿐이고 만물이 만들어지면 그 태극의 기가 갖추어질 뿐이다'고 하고 정주는 '만물이 태어나며 태극을 갖추었다'라고 하니 왕정상이 어떻게 태극을 갖출 수가 있는가 하며 정주의 견해에 대해 비판한다. 그가 보기에, 기와 원기는 한쪽으로 막히지 않고 어디든 통하지 않는 곳이 없다. 일반 물은 어디든 기대어 이루어지나 원기는 만물이 기대게 해주는 본원이다. 원기는 기울지도 않고 기대지도 않는 태극에 깃든 형이상자이다. 그는 원기가 형상성을 지닌 실체임을 또 다음과 같이 설명한다.

> 천지가 아직 분리되지 않았을 때는 원기가 뒤섞여서 하나로 합쳐져
> 있었고, 맑은 허공에는 틈이 없었는데 이것이 조화의 원기이다. …… 음양
> 두 기가 감응하여 변화하면 여러 현상이 드러나게 되어 천지 만물이 그
> 로 말미암아 생성되니, 이것이 실체가 아니겠는가! 이런 까닭에 그 현상
> 으로써 말한다면 유라고 칭할 수 있고 그 변화로써 말한다면 무라고 칭
> 할 수 있다. 조화의 원기는 실제로 없어진 적이 없다. 그래서 도의 본체를
> 무라고 말할 수 없으니 만물의 생성에는 유와 무가 있기 때문이다.[19]

천지가 생기기 전에 태허는 원기로 가득하고 천지가 생겨난 후에도
태허는 여전히 원기로 차 있다. 이 때문에 그는 조화의 원기라고 한다.
천지 만물은 원기에 의지하여 생성되는 것이니 현상적으로는 유有이지
만 무無의 실체를 지닌다. 만물은 형하形下의 존재라면 원기는 무편·무
대의 형상形上 실체라 할 수 있다.

셋째, 우주에 있는 물질은 모두 시간의 제약을 받게 된다. 반드시 물체
를 이루는 시점이 있고 마무리되어 없어지는 시점이 있다. 인간 역시
영생할 수 없다. 태어나서 일정한 시간을 살고 나면 반드시 죽음을 맞게
된다. 이는 물질의 유시有始·유종有終이라고 할 수 있다. 원기는 천지가
이루어지기 전부터 있었고 앞으로도 원기가 없어지는 일은 없다. 이 때
문에 원기는 무시·무애의 무한성을 특징으로 지닌다. 왕정상은 원기가
무시·무애의 물질임을 다음과 같이 설명하고 있다.

> 허[빈 곳]가 있으면 곧 기가 있게 된다. 허는 기에서 분리될 수 없고
> 기는 허에서 분리될 수 없다. 이것이 시작된 바도 없고 끝나는 바도 없는
> 신묘함이다. 그것이 이르는 곳을 모르기 때문에 태극이라 한다.[20]

태극은 시작된 바도 없고 끝나는 바도 없다. 이는 태극이 무한한 것을 말한다. 태극에는 원기가 가득하니 원기도 시작과 끝이 없다. 열자는 기가 시작된 시점을 태초라고 부른다. 왕정상이 열자가 잘못된 견해를 지녔다고 다음과 같이 지적한다.

> 『열자列子』에 "태역太易은 기氣를 드러내지 않은 때이고, 태초太初는 기가 시작된 때이고, 태시太始는 형形이 시작된 때이고, 태소太素는 질質이 시작된 때이다."고 했다. 이 말은 몹시 잘못됨이 있으니, 도를 아는 자의 견해가 아니다.[21]

열자도 기를 가지고 우주 생성을 말했으나 기의 무한성을 부정하였다. 열자는 기가 드러나지 않았을 때를 태역太易이라 부르고 시작된 처음을 태초太初라 불렀다. 이는 기가 시작되는 시점이 있다고 본 것이다. 왕정상은 원기는 태극에 있기에 시작과 끝이 없으니 열자의 말은 틀린 것이라고 하고 원기란 무시·무애의 무한성을 지니는 실체임을 주장한다.

넷째, 모든 사물은 생겨남이 있고 사라짐도 있다. 사람도 태어나서 늙으면 죽는다. 그러나 원기는 새로 생겨나지도 않고 조금이라도 없어지지도 않는다. 왕정상은 항상성에 대해 다음과 같이 말한다.

> 하늘의 안과 밖은 모두 기이고, 땅의 안도 또한 기이며 사물의 허와 실도 모두 기이다. 기는 위와 아래에 두루 통하는 조화의 실체이다. 이런 까닭에 허는 기를 받아들이는 것이지 기를 생성할 수 있는 것은 아니다.[22]

원기가 만물을 생성하여도 만물에 생기의 상태로 보존되고 물이 멸하면 기가 태허로 다시 돌아가 원기의 상태로 보존하기 때문에 기는 아무리 써도 적어지거나 소멸하지 않는다. 시간상에서도 원기는 시작과 끝이 없었듯이 공간상에서 원기가 어디까지 이르러 있는지 알지 못할 만큼 무한하며 기 전체의 질량은 줄어들거나 늘어나지 않고 항상 그대로 있다. 우주상의 원기는 질량불변의 법칙이 성립한다. 그래서 원기는 무생無生·무멸無滅의 항상성을 특징을 지닌다. 원기는 만물이 형성되면 생기가 되고 생기는 취기와 유기로 만물을 화육하고 만물이 멸하게 되면 다시 원기의 상태로 태극으로 복귀하는 것을 계속 이어가는 항상성을 지닌다. 기의 항상성은 기의 취산聚散으로 다음과 같이 말할 수 있다.

　　기에는 취기聚氣와 유기遊氣가 있는데 유기와 취기가 합하여 사물은 그것으로써 변화한다. 변화하면 육성되고 육성되면 커지고 커지면 오래 가고 오래가면 쇠퇴하고 쇠퇴하면 흩어지고 흩어지면 없어지는데 유기와 취기의 근본은 멈춘 적이 없다.[23]

　원기는 천지 만물을 화육하는 실체다. 태허에서는 원기元氣로 있으나 생성과 화육에 직접 관여하는 기는 취기와 유기라고 부른다. 취기는 취산으로 생성에 관여하고 유기는 화육에 관여한다. 그러나 기의 작용은 항상 일정하다. 기는 천지 만물의 생성과 화육의 기본이 되는 것으로 늘 일정한 양상으로 움직이며 새롭게 만들어지거나 없어지지 않으며 잠시도 쉬거나 그침이 없다. 즉, 기는 취산만 있을 뿐 소멸은 없다. 그래서 원기는 항상성을 지닌 물질이다. 하지만 정이는 천지의 기를 가지고 기의 생멸에 대해 리의 작용이라고 아래와 같이 말하고 있다.

　　천지의 기는 저절로 그렇게 생겨나고 또 생겨나서 다함이 없다. 바닷물을 말하면 태양[陽]이 강하기 때문에 물이 마르고 음陰이 강하게 되어 물이 생겨난다. 이미 말라버린 기가 어찌 물을 생겨나게 할 수 있겠는가? 여기서 그렇게 되도록 하는 것은 리이다.[24]

정이천程伊川이 말하는 천지의 기는 소멸성의 기이다. 그 까닭은 태양이 강하면 물이 증발하고 결국 고갈되어 다시 생겨나지 않는 것과 같은 이치로 보기 때문이다. 정이천은 물이 이미 소멸하였는데 다시 생겨나게 하는 것은 리의 작용 때문이라고 하였다. 왕정상은 이 점에 대해 비판한다. 그는 천지의 기가 소멸하지만, 태극의 원기가 천지 상에서 소멸하는 것은 모두 태극으로 돌아가기 때문에 기의 총량은 변하지 않는다고 한다. 왕정상은 태극의 원기와 천지의 기를 비교하여 다음과 같이 말한다.

> 기는 조화의 근본이며 기에는 혼혼한 것과 생생한 것이 있는데 모두 도의 본체이다. 생겨나면 소멸하기 때문에 처음과 끝이 있다. 혼연한 기는 우주에 가득 차 있지만, 흔적도 없고 붙잡을 수도 없다. 그 처음을 볼 수 없는데 어찌 그 마지막을 알 수 있겠는가? 세상의 유자들은 단지 기의 변화만 알뿐 기의 근본은 알지 못하기 때문에 모두 도에서 멀어졌다.25)

기는 근본이 되는 역할[氣本]과 기가 변화하는 역할[氣化]이 있고, 혼혼한 것[渾渾者]과 생생하는 것[生生者]이 있다. 기는 만물의 생성과 화육의 근본이 되지만 흔적이 보이지 않는 혼혼자로 우리는 기가 있음을 알기 어렵다. 기가 취산작용을 하지 않은 혼혼한 상태에서는 무한하지만, 기가 천지 안에서 생생자가 될 수 있는 것은 생동감이 있게 활발히 변화하기 때문이다. 그 기가 변화하게 되면 유한한 물질을 만든다. 그는 정이천이 '천지의 기는 소멸성의 기'라고 했는데 이는 기가 태극으로 돌아간다는 것을 모르기 때문에 천지의 기만 가지고 한 말이라고 정이천의 견해에 설명을 붙여주었다. 송대 기론자로 불리는 장재도 기의 취산에 있어 정이천의 생각과 같다. 그러나 왕정상은 기를 태극의 원기로 설정했기 때문에 그가 말하는 원기는 무생·무멸의 항상성을 지닌다. 그래서 그는 리를 굳이 끌어들이지 않고 기 하나만으로 본체론과 심성론을 설명한다.

왕정상의 원기실체론에서 태허의 원기는 무형·무상의 실재성, 영명성, 무편·무대의 형상성, 무시·무애의 무한성, 무생·무멸의 항상성을 지닌 물질 실체라는 다섯 가지 특징을 지닌다.

2. 원기 우주론

왕정상의 우주론은 『주역』에서 일양일음一陽一陰의 도를 따른다. 한번 양이 되고 한번 음이 되는 것은 변變이고 그 변이 계속 이어지는 것이 상常이다. 그래서 그는 기변氣變과 기상氣常으로 우주론의 기본을 설명하고 있으며 우주는 궤도에 따라 운행하는 물체가 늘 움직이고 있다고 보고 움직임이 고요함으로 보일 뿐 고요함[靜]과 움직임[動]은 서로 품어준다고 하여 우주론을 동정호함動靜互涵으로 설명한다.

1) 원기의 조화造化 - 기변氣變과 기상氣常

『주역』에서 우주의 움직임은 음양의 기의 변화이고 천지자연의 운행과 변화 원리이다. 우주의 운행 원리는 양陽과 음陰의 이원론으로 이루어지고, 천지 만물 역시 양과 음으로 되어있다고 하였다. 그 때문에 왕정상은 음은 양에서 분리될 수 없고 양은 음에서 분리될 수 없다고 한다.[26] 만물은 음양이 결합하여 생기지만 언제나 절반을 나누는 것이 아니라 주인과 손님이 되는 것처럼 한쪽이 주인이 되면 한쪽은 편승하여 지내는 것과 같다고 다음과 같이 말한다.

해는 양의 정화精華이고, 별은 양의 여분의 본체이며, 바람은 양의 격동激動이고, 천둥은 양의 분발奮發이며, 번개는 양의 설로洩露이고, 구름은 양이 타는 것이다. 달은 음의 정화이고, 별은 음의 여분이며, 비는 음의 발산發散이고, 눈도 그와 같다. 이슬은 음의 응결이고, 서리도 그와 같으며, 모두 성질이 부득이하여 그러한 것이다. 그래서 조화의 도는 양은 부족하지만, 음이 남음이 있고 음은 항상 양을 종주로 삼으며 양은 하나이고 음은 둘인데 음은 항상 양을 머금는다.[27]

해, 별의 일부, 바람, 천둥, 번개, 구름은 양이 우세하여 만들어진 것이고 달, 일부의 별, 비, 눈, 이슬, 서리 등은 음의 편승으로 생긴 것들이다. 날씨를 보면, 추위와 더위는 해의 진퇴로 인해 생겨나는 현상이다. 해가 온전히 주인이 되면 더워지고 해가 물러나면 추위가 된다. 그래서 음양은 강약, 동정動靜으로 변變과 상常으로 표현된다. 이것이 움직임의 도이며 그 도는 한번 음이 되고 한번 양이 되는 일음일양一陰一陽의 도이다.[28]

왕정상의 기본氣本과 기화氣化라는 관점에서 볼 때, 기는 객관적이고 실재하고 있는 실체이며 운동성을 내재하고 있다. 즉, 기는 유동성을 지닌 물질 실체라고 말할 수 있다. 우주 만물의 이러한 현상은 주재자가 있어 그렇게 만드는 것이 아니고 기氣가 모두 성명性命을 바르게 하여 태어나도록 하였기에 저절로 그러한 것이다.

눈의 시초는 비인데 내려오며 한기를 만나서 곧 응결된 것이다. 설화는 반드시 꽃잎이 여섯 개로 나오는데 무슨 까닭인가? 기의 종류가 저절로 그러한 것이다. 초목의 가지와 줄기, 꽃과 이파리, 사람의 이목구비, 동물의 발굽과 뿔, 깃털 등은 어찌하여 그런 것인가? 기가 각기 그 성명性命을 바르게 하니 부득이하여 그런 것이다. 음수陰數에 응하여 그런 것인가? 그것은 견강부회의 말이다. 무엇이 주재하여 그렇게 하겠는가? 꽃받침도 또한 그러한 것이 있다. 네 잎으로 나온 것, 다섯 잎으로 나온 것, 여섯 잎으로 나온 것이 동시에 이루어지니, 또한 무엇에 응한 것이던 가?[29]

　모든 만물은 기의 조화造化에 의해 저절로 그러한 것이기 때문에 설명할 수 없다. 왕정상는 조화의 큰집[造化之大宅]인 산, 연못, 물, 흙 등에 기氣가 깃들면 변화를 이루어 만물을 생장하게 하는 힘이 된다고 하여 과학으로 설명하기 힘든 생사와 생육을 기의 조화로 설명하였다.[30] 기로 구성된 우주는 고요하며 움직이지 않는 적연부동寂然不動의 상태가 아니고 낳고 낳음이 끊이지 않는 생생불식生生不息하는 기화氣化 과정에 있다. 그가 주장하는 기화의 핵심 중 하나가 우주에서의 기는 생생불식의 작용이 있다는 것인데, 생생불식의 과정에서도 음양의 기가 변함[變]이 있고 그 변함에서도 일정함[常]이 있다. 이를 그는 기변氣變과 기상氣常으로 논한다.

　기변과 기상의 도가 역을 이간易簡, 변역變易, 불역不易의 세 가지 특징을 지니게 한다. 이간은 천지의 자연현상은 끊임없이 변하나 간단하고 평이하다는 뜻이며, 변역은 천지 만물이 멈추어 있는 것 같으나 항상 변變하고 바뀐다는 뜻으로 양과 음의 기운이 변화하는 현상을 말하고, 불역은 모든 것은 변하고 있으나 그 변하는 것은 항상 일정한[常] 규칙이 있다. 음양의 기는 곧 변變과 상常의 원칙으로 표현되며 항구불변恒久不變의 법칙을 따라서 변하기 때문에 법칙 그 자체는 영원히 변하지 않는다. 이를 왕정상은 다음과 같이 변變과 상常을 설명한다.

　　『역易』은 사람이 만든 것이나 하늘의 책력[曆]은 천도天度로부터 말미암는다. 하늘의 운행[天運]에는 일정함[常]이 있고, 『역易』의 도는 변역變易한다. 하늘로써 사람에게 나아가는 것은 전월顚越이라 하니 일정함[常]으로써 번역으로 나아감이 어찌 부계符契할 수 있겠는가?[31]

『역易』은 사람이 하늘의 운행을 관찰하고 만든 것이다. 하늘의 움직임은 모두 천도로 말미암으며 천도는 변역을 한다는 것이며 변역은 일정함이 있다. 『역易』이 만들어진 이후 많은 사상가가 변變이 우주 운행의 원칙임을 인정한 것처럼 왕정상도 원기와 원기로 인해 만들어진 천지만물은 모두 변역의 범위에 들어있어서 모든 우주는 마치 하천의 물이 쉬지 않고 대하로 흘러감과 같다고 하였다. 이는 공자가 시냇가에서 '가는 것이 이와 같구나! 밤낮을 그치지 않는구나!32)라고 한 것을 그는 어찌 물[水]에 한정해서만 그러하겠는가? 우주의 운행도 마찬가지이며 천도天道, 인사人事, 물리物理, 가서 오지 않는 것, 흐르면서 쉬지 않는 것이 모두 그러하니 이 모든 현상이 기변氣變과 기상氣常에서 비롯된다고 하였다.

　그는 "천지 사이에는 하나의 기가 만물을 생겨나게 하는 것이 일정하게[而常] 변한다.[而變]33)고 하였다. 단지 원기가 탄생과 화육을 하는 과정 중 진행하면서도 멈추지 않는 것은 불변의 항상성이 있음을 말한다. 그는 기상과 기변의 사유를 설명하며 기는 허에서 노닐고[氣遊於虛者] 리는 기에서 생겨난다[理生於氣者也]고 하고 조화는 유有로부터 무無로 들어가고 무로부터 유가 되는데 이 기는 항상 존재하고 소멸한 적이 없다고 하였다. 유는 만물의 상태의 기이고 무는 우주에 있는 기를 뜻하여 만물이 쇠하면 기가 유에서 무로 들어가고 만물이 생겨날 때 무에서 유가 된다. 이 변화를 쉬지 않고 물이 흐르듯 계속하는 것이 기의 운행이고 바로 천도이다. 만물의 기가 흩어져도 소멸하는 것이 아니다. 태허의 원기로 돌아간다. 이 때문에 기의 운행은 변화를 거듭하면서도 물이 쉬지 않고 흐르듯 일정하게 진행된다. 이것이 왕정상이 주장하는 기변氣變과 기상氣常의 이론이다.

2) 동정호함動靜互涵의 우주론

동動과 정靜은 우주 자연이 변화하고 변화하지 않는 것을 설명한다. 북송의 주돈이가 음양은 태극이 되어 동정이 생겨나게 한다고 "태극이 움직여 양을 만들고 움직임이 극에 달하면 고요함이 되고 고요함에서 음을 만들고 고요함이 극에 달하면 다시 움직임이 된다."[34]라고 하여 우주의 순환 운동을 동과 정으로 설명하였다.

왕정상 철학에서 동動·정靜의 관계는 한쪽으로 치우치지 않는다. 장재의 견해와 비교하여 설명하면, 장재는 동보다 정을 과대하게 중시한다. 장재의 우주 변화에 관한 사유를 보면 다음과 같이 말한다.

> 궤도를 운행하는 물체는 운동에 있어 반드시 내적 기틀機이 있다. 이미 그것을 기틀이라고 한 이상 운동은 외부로부터 오는 것이 아니다. 옛날이나 지금이나 하늘은 왼쪽으로 돈다고 하는데 이것은 다만 지극히 조잡한 이론일 뿐 해와 달이 뜨고 지고 항성이 어두워지고 밝아지고 하는 변화를 살피지 않은 것이다. 내가 이르는 바의 하늘에서 운행하는 것은 오직 칠요七曜뿐이다.[35]

장재가 바라보는 천지의 만물은 움직임이 없고 만물의 움직임은 고요한 가운데 내재적 기틀에 의한 움직임만 있을 뿐이다. 이에 반해 왕정상은 '운동은 고요함 가운데 움직이는 것'이라고 하며 우주를 관측하여 보면, 우리가 사는 천체 자체가 돌고 있고 우주 안의 해와 달도 서로 돌고 있는데 장재가 고요함을 중심으로 삼는 것은 잘못이라고 다음과 같이 비평한다.

> a. 하늘의 운행 규칙은 해와 달과 다섯 개 별의 궤도가 일정한 질서가 있기에 하늘의 형상과 수를 추산해낼 수 있다.[36]

b. 천체가 극에 가까운 곳은 높고 극에서 먼 곳은 낮다. 황도黃道가 횡으로 기울어 서로 이어졌기 때문에 해의 운행이 극에 가까우면 햇빛이 사람을 비추는 것이 오래가고, 그 때문에 낮은 길고 밤은 짧고 기후는 덥다. 극에서 멀어지면 햇빛이 사람에게 비추는 것이 오래가지 못하기 때문에 낮은 짧고 밤은 길고 기후는 춥다.[37]

c. 사계절과 추위와 더위는 그 작용이 해의 진퇴에서 말미암은 것으로서 기가 전담할 수 없다. 해가 남쪽에 이르면 추위가 심해지고, 북쪽에 이르면 더위가 심해지는데 쌓인 것이 이미 깊어지면 갑자기 변할 수 없다. 해가 뜰 때 기온이 서늘한 것은 밤의 음기가 쌓인 것이 미처 소멸하지 못했고, 햇빛도 널리 퍼지지 못했기 때문이다. 해가 중천에 있을 때 온난한 것은 대낮의 양기가 왕성하게 쌓이고, 햇빛이 다시 치열하게 아래를 쏘는 것이다.[38]

왕정상의 우주론은 천체의 움직임을 동動으로 보아 장재의 이론과 다름을 알 수 있다. 그는 a.와 b.에서 우주 안에서 고요함[靜]은 고요한 가운데에서도 반드시 움직임이 있다. 지구는 기울어져 있으며 스스로 움직이고 있고 또 해를 중심으로 돌고 있어서 해가 들어가고 나오는 것에 따라 사계절이 생기고 추위와 더위가 생기고 해와 달 그리고 별은 일정한 궤도 안에서 각자 일정한 질서를 가지고 움직인다. 단 사계절과 추위·더위는 그 변화의 원인이 해의 진퇴에서 말미암은 것으로서 기氣가 전담할 수 없다는 것이 그의 우주관이다. 우주에서 기의 정동에 대한 사유가 장재와 다른 이유는 장재가 고요한 가운데 움직임을 알아채지 못했기 때문이라고 하여 다음과 같이 말한다.

비어있고 광활하여 조짐이 없고, 만상이 빽빽하게 이미 갖추어졌는데 이 고요함을 느끼지 못하는 것은 인심과 조화의 근본이 모두 그러하다. 만일 외부의 감응을 없게 하면 움직임에 무엇이 있겠는가? 그래서 움직이는 것은 외부에서 말미암아 일어나는 것이다. 응함은 고요한 상태로 있고, 작용은 외부에 달려있다. 이미 감응하면 고요함은 스스로 예전과 같은데 움직임이 고요함을 흔든다고 말한다면 옳지만, 움직임이 고요함에서 생긴다고 한다면 옳지 않은데 하물며 고요함이 움직임에서 생긴다고 하겠는가?[39]

주희도 장재가 정靜을 중심으로 펼치는 우주관에 대해 잘못되었음을 지적하고 '고요함으로서 움직임을 제어한다.[以靜制動]'라는 관점으로 바꾸어 내놓는다. 즉, 정 가운데 동이 있고 동에도 정이 있다고 하여 왕정상의 우주론과 다름이 없으나 이는 기의 세계에서만 적용하였다. 주희는 우주 만물을 천리의 리 세계와 물질의 기 세계로 구분하였기에 왕정상 사상에서 정동의 견해와는 근본에서부터 다르다.

주희는 "태극은 리이기 때문에 리는 동과 정으로서 말할 수 없고"[40] 단지 물질의 기의 세계 안에 동·정이 있을 따름이라고 하였다. 그래서 리의 세계를 중심으로 하면 "고요할 때는 움직임이 없고 움직일 때는 고요함이 없다."[41]고 한다. 그 때문에 리理는 정靜의 아래에 두고 사물은 동의 아래에 두어 '정으로 동을 삼는다[以靜爲動]'라는 결론을 얻는다. 이는 정을 동보다 높은 위치에 올려놓은 것이다.

왕정상은 주희가 정동의 지위에 차이를 두는 견해에도 반대한다. 그는 움직이는 가운데에 고요함이 있고 고요한 가운데에서도 움직임이 있다고 하여 정과 동을 서로 포함하고 포함되는 관계로 보며 동·정을 분리하여 생각하지 않는다. 그는 우주의 동·정의 문제를 또 다음과 같이 말한다.

고요하면서 움직이지 않으면 정체되고, 움직이면서 고요함이 없으면 소란하니 모두 오래 갈 수 없다. 이것이 도전道筌인데 이를 안 후에야 도를 본다고 한다. 하늘은 움직이며 쉬지 않는데 그 대체는 고요함이며 성신星辰을 관찰해보면 알 수 있다. 땅은 고요하며 일정한 법칙이 있는데 그 대체는 움직임이며 흐르는 샘을 관찰해보면 알 수 있다.[42]

장재나 주희의 이론에서는 정靜이 절대적이다. 왕정상의 우주론은 동정의 관계에 있어서 어느 것이 절대적이지 않고 정한 가운데에도 동이 있고 동하면서도 정이 있으니 고요하기만 해서도 안 되고 계속 움직임만 있어서도 안 되며 우주 안에서는 동과 정이 서로 조화롭게 공존하고 있다고 주장한다. 그는 이를 '동정호함動靜互涵'이라고 이름 붙였다.

이후 청대에 왕부지는 이 문제를 오히려 동이 절대적이고 정이 상대적인 것으로 보아 '동과 정은 모두 움직이는 것이다[動靜皆動]'는 사상을 드러낸다. 중국학자 거룽진葛榮晋은 장재의 정을 절대적 우위에 두는 '이정위동以靜爲動'의 사상에서 왕정상의 동정이 조화롭게 공존하는 '동정호함動靜互涵'으로 또 왕부지의 동이 절대적인 '동정개동動靜皆動'으로 이어지는 우주론의 변증사상은 철학사에서 중대한 발전이라고 평한다.[43]

3) 원기 종자種子설

이 세상에는 인간 외에도 천차만별의 다양한 물질이 있다. 그것들은 어떻게 만들어지는가에 대해서 왕정상은 원기본체가 종자를 갖추고 있다고 말한다. 하늘, 땅, 해, 달 등 만 가지 형태의 종자들은 모두 기(氣) 안에 구비되어있다. 그리고 기운이 성한 것 하나가 싹을 터서 만 가지 물질이 그 성질을 이룬다.[44]고 한다. 그는 만약 천天, 지地, 불[火], 물[水] 본연의 체體를 논한다면 모두 태허에 있는 종자에서부터 나온 것[45]이라고 하였다. 그의 종자설에 따르면 식물은 그 종자를 지니고 있다가 다음해 봄이 되면 식물로 태어나고, 사람의 종자는 다시 사람으로 태어난다.

이 종자설은 그의 과학적인 우주관을 잘 설명하고 있다. 또 태허의 허가 무가 아님을 증명하고 물질의 종자는 모두 고정된 것이라서 새로운 물이 세상에 나타날 수 없다는 유전자에 대한 과학지식을 전하고 있다.

왕정상 이전의 원기론자는 모두 우주에서 품수稟受 받은 기의 양에 따라 다른 물체로 태어난다고 하였다. 한 예로 왕충은 원기의 후박厚薄과 원기 양의 다소多少에 따라 만물이 다양하게 생성되는 것을 다음과 같이 설명한다.

> 태극으로부터 원기를 품수 받아 어떤 것은 유독 인간이 되고 어떤 것은 날짐승과 들짐승이 된다. 또 사람이 되었다 하더라도 어떤 이는 귀하게 되고 어떤 이는 천하게 되고 어떤 이는 부자가 되고 어떤 이는 가난하게 된다. 부자는 금을 쌓아두고 가난한 자는 밥을 구걸한다. 귀하게 타고난 자는 제후에 봉해지고 천하게 타고난 자는 종이나 노예가 되기까지 한다. 하늘이 품수하는 것을 시행하며 좌우의 구별이 있는 것이 아니라 사람에게 성을 받음이 원기의 두텁고 얇음의 차이가 있는 것이다.46)

왕충은 원기가 두텁고 양이 많으면 부귀를 지닌 인간으로 태어나며 원기가 얇고 양이 적으면 짐승으로 태어난다고 보았다. 하지만 왕정상은 원기가 만물의 종을 모두 지니고 있기 때문에 음양의 기가 만물을 형성할 때 개의 종種은 개가 되고 말의 종種은 말이 된다.47)고 하고 인간의 형·신도 모두 원기에 갖추어져 있어서 인간이 생겨날 때 그 종種에 따라 형체와 정신이 각기 다르게 태어난다고 한다. 즉, 원기는 그 자체에 인간 정신의 종자가 보존되어 있기에 우주생성의 과정에서 기가 인간의 형신이 결합하는 우월한 종자를 지니고 있으면 우월한 인간을 만들어낸다.

왕정상 사상에서 보면 원기는 사실상 같은 기다. 그런데도 왕충은 기의 양이 많고 적음과 기의 조잡하고 정미함에 따라 어떤 기는 변화하여 인간이 되고 어떤 기는 금수가 된다고 하며 또 인간으로 태어나도 빈부,

귀천의 신분적 차이를 지니고 타고 나는 것으로 여긴다. 왕정상은 기의 양적, 질적 차이로 인해 종이 다르고 질이 다르게 타고 난다는 것은 많은 문제점을 가진다고 판단하고 원기가 종자를 가지고 있다는 주장을 한다. 그는 종자에 대한 그의 이론을 다음과 같이 말하고 있다.

> 천지 사이에서는 기가 행하는 것이 아닌 것이 없다. 그 성性과 그 종種은 이미 만물이 만들어지기 전 상태에서 갖추어져 있다. 금金은 금의 종을 가지고 있고 목木은 목의 종을 가지고 있다. 인간은 인간의 종을 가지고 있고 물은 물의 종을 가지고 있다. 각각 완전하여 갖추어 서로 빌릴 수 없다.[48]

결론적으로 그는 우주에 있는 천지, 해, 달과 금, 목, 수, 화, 토 그리고 인간에 이르기까지 천차만별의 물이 생겨나는 것은 원기가 그 만물의 종을 모두 지니고 있으면서 점차로 인온絪縕의 싹을 키워나가기 때문이라고 한다. 이 종자설은 왕정상이 차별성의 세계관을 설립하는 기본이 된다. 하지만 그의 종자설은 왕정상 철학에서 극복하기 어려운 문제점을 안겨준다. 우주 본체를 중심으로 원기가 '조화의 근본'이 되어 기가 없는 곳이 없으며 기가 우주의 실체가 된다는 그의 이론은 모든 우주 통일의 기초가 된다고 보았는데 원기 종자설에 의하면 원기도 그 내면에 각기 다른 종자를 지닌 물질이고 그 원기는 만물을 이루어도 각기 다른 물체를 만들어낸다고 주장하니 이는 통일성을 부정하는 것이다. 이 점을 해결하기 위해 왕정상은 기본론을 원기본체론으로 대체하고 원기는 종자를 지니고만 있는 실체일 뿐이고 음양의 기가 만물을 만들 때 종자를 분류하여 다름으로 구별 짓는 것으로 자신의 원기본체론을 새롭게 정립하였다.

주석

1) 王廷相, 『內胎集』, 「答何柏齊造化論」: 氣爲造化之宗樞.

2) 王廷相, 『愼言』, 「道體」: 道體不可言無, 生有有無, 天地未判, 元氣混涵, 淸虛無間, 造化之元機也. 有虛即有氣. 虛不離氣, 氣不離虛, 無所始, 無所終之妙也. 不可知其所至, 故曰太極; 不可以爲象, 故曰太虛. 非曰陰陽之外有極有虛也.

3) 王廷相, 『雅述 上』: 天地之先, 元氣而已矣. 元氣之上無物, 故元氣爲道之本.

4) 『신언』, 「道體」: 有形亦是氣, 無形亦是氣, 道寓其中矣. 有形生氣也, 無形元氣也. 元氣無息, 故道亦無息. 是故無形者道之氏也; 有形者道之顯也.

5) 『신언』, 「五行」: 元氣者, 天地萬物之宗統.

6) 『신언』, 「道體」: 二氣感化, 群象顯設, 天地萬物所由以生也, 非實體乎!是故即其象, 可稱曰有; 及其化, 可稱曰無. 而造化之元機, 實未嘗泯. 故曰, 道體不可言無生有有無.

7) 張立文, 김교빈 외 역, 『기』(서울, 예문서원, 2012): 170쪽 참조

8) 『신언』, 「道體」: 天者, 太虛氣化之先物也, 地不得而並焉. 天體成則氣化屬之天矣; 譬人化生之後, 形自相禪也. 是故太虛眞陽之氣感於太虛眞陰之氣, 一化而爲日星雷電, 一化而爲月雲雨露, 則水火之種具矣. 有水火則蒸結而土生焉.有水火則蒸結而土生焉. 日滷之成鹺, 水煉之成膏, 可類測矣. 土則地之道也, 故地可以配天, 不得以對天, 謂天之生之也. 有土則物之生益眾, 而地之化益大. 金木者, 水火土之所出, 化之最末者也.

9) 한漢대 오행가들은 금金이 수水를 생성한다고 말한다. 이는 오행의 상생설相生說 중 하나이다. 상생설은 '나무가 타서 불을 지피고[木生火], 불에 태우면 잿더미가 남아 흙이 되며[火生土], 쇠붙이가 녹아내려 물이 되고 [金生水], 흙이 쌓여 금속을 생기게 한다[土生金], 물은 나무를 자라게 한다.[水生木]'이다. 이 상생술은 술수에 속한다. 梁啓超, 馮友蘭 譯, 『陰陽五行說硏究』(서울, 신지서원, 1993): 5쪽 참조: 한대 음양오행가들은 고대의 술수로부터 발전한 것이다. 술수는 본래 과학과 무술이 혼재된 것이다. 음행오행가는 술수로부터 발전하였기 때문에 유물론적이고 과학적인 요소를 지니지만 관념론적이고 종교적인 요소가 많다. 그 때문에 유물론적이지만 과학적이고 천문학적인 왕정상의 오행설과는 다른 점이 많다.

10) 『신언』, 「道體」: 有太虛之氣而後有天地, 有天地而後有氣化, 有氣化而後有牝牡, 有牝牡而後有夫婦, 有夫婦而後有父子, 有父子而後有君臣, 有君

臣而後名教立焉.

11) 『신언』,「道體」: 有聚氣, 有遊氣, 遊聚合, 物以之而化. 化則育, 育則大, 大則久, 久則衰, 衰則散, 散則無, 而遊聚之本未嘗息焉.

12) 『신언』,「道體」: 氣通乎形而靈. 人物之所以生, 氣機不息也; 機壞則魂氣散滅矣, 惡乎! 靈, 有附物而能者, 亦乘其氣機者也. 頃亦散滅而已矣. 故鬼者、歸也, 散滅之義也.

13) 『아술 상』: 天地以前, 只有元氣. 元氣以上無物.

14) 王廷相, 『王氏家藏集』,「答何柏齊造化論」: 他所說的氣, 就是空氣. 他說: "氣雖無形可見, 却是實有之物. 口可以吸而入, 手可以搖而得, 非虛寂空冥無所索取者. 世儒類以氣體爲無, 厥睹誤矣."

15) 『河南程氏遺書』卷十五: 氣是形而下者, 道是形而上者.

16) 정주程朱는 북송의 정이천과 남송의 주희를 합해서 부르는 명칭이다. 성리학이 정이천이 성즉리 사상을 설립하고 주희가 그의 사상을 집대성하였기에 정주리학이라고도 부른다.

17) 『朱子語類』卷九十四: 本只是一太極, 而萬物各有稟受, 又各自全具一太極.

18) 『아술 상』: 儒者曰, 太極散而為萬物, 萬物各具一太極, 斯言誤矣. 何也? 元氣化為萬物, 萬物各受元氣而生, 有美惡, 有偏全, 或人或物, 或大或小, 萬萬不齊, 謂之各得太極一氣則可, 謂之各具一太極則不可. 太極, 元氣混全之稱, 萬物不過各具一支耳, 雖水火大化, 猶涉一偏, 而況於人乎?

19) 『신언』,「道體」: 天地未判, 元氣混涵, 清虛無間, 造化之元機也. …… 二氣感化, 群象顯設, 天地萬物所由以生也, 非實體乎! 是故即其象, 可稱曰有; 及其化, 可稱曰無. 而造化之元機, 實未嘗泯. 故曰, 道體不可言無, 生有有無.

20) 『신언』,「道體」: 有虛即有氣. 虛不離氣, 氣不離虛, 無所始, 無所終之妙也. 不可知其所至, 故曰太極.

21) 『아술 상』: 列子曰, 太易者, 未見氣也; 太初者, 氣之始也; 太始者, 形之始也; 太素者, 質之始也. 此語甚有病, 非知道者之見.

22) 『신언』,「道體」: 天內外皆氣, 地中亦氣, 物虛實皆氣, 通極上下造化之實體也. 是故虛受乎氣, 非能生氣也.

23) 『신언』,「道體」: 有聚氣, 有遊氣, 遊聚合, 物以之而化. 化則育, 育則大, 大則久, 久則衰, 衰則散, 散則無, 而遊聚之本未嘗息焉.

24) 『河南程氏遺書』卷十五: 天之氣, 亦自然生生不窮. 至如海水, 因陽盛而涸, 及陰盛而生, 亦不是將已涸之氣却生水. 自然能生, 往來屈伸只是理也.

25) 『신언』,「道體」: 氣者造化之本, 有渾渾者, 有生生者, 皆道之體也. 生則有滅, 故有始有終. 渾然者充塞宇宙, 無跡無執. 不見其始, 安知其終. 世儒止知氣化, 而不知氣本, 皆於道遠.

26) 『신언』,「乾運」: 陰不離於陽, 陽不離於陰.

27) 『신언』,「乾運」: 日陽精, 星陽餘, 風陽激, 雷陽奮, 電陽泄, 雲陽乘; 月陰精, 辰陰餘, 雨陰施, 雪如之, 露陰結, 霜如之, 皆性之不得已而然也. 故造化之道, 陽不足, 陰有餘, 而陰恒宗陽; 陽一陰二, 而陰恒含陽.

28) 『주역』,「繫辭傳」: 一陰一陽之謂道. 繼之者善也, 成之者性也.

29) 『신언』,「乾運」: 雪之始、雨也, 下遇寒氣乃結. 花必六出, 何也? 氣種之自然也. 草木枝幹花葉, 人耳目口鼻, 物蹄角羽毛, 胡爲而然耶? 氣各正其性命, 不得已而然爾. 應陰數有諸? 曰: 傅會之擬矣, 孰主宰爲之. 花蕚亦有然者矣. 四出、五出、六出同時而成, 又奚應哉!

30) 『신언』,「道體」: 山澤水土, 氣皆入乘之, 造化之大宅也, 故洪而育物. 氣乘之無息, 故育物而無息.

31) 『이술 상』: 夫易乃人爲, 曆由天度 ; 天運有常, 易道變易. 以天就人, 是謂顚越 ; 以常就變, 安能符契.

32) 『논어』,「子罕」: 子在川上曰 逝者如斯夫 不舍晝夜.

33) 『이술 상』: 天地之間, 一氣生生. 而常, 而變.

34) 주돈이, 『태극도설』: 太極動而生陽, 動極而靜, 靜而生陰.

35) 『정몽』,「參兩」: 凡圜轉之物, 動必有機. 旣謂之機, 則動非自外也. 古今謂天左旋, 此直至粗之論爾. 不考日月出沒恆星昏曉之變. 愚謂, 在天而運者, 惟七曜而已.

36) 『신언』,「建運」: 乾運之度, 七政之躔, 有常次也, 故天之象數可得而推.

37) 『신언』,「建運」: 天体近极者高, 远极者下. 黄道横斜交络, 故曰行近極則光之被於人者久, 故晝長夜短而氣暑; 遠極則光之被於人者不久, 故晝短夜長而氣寒.

38) 『신언』,「建運」: 四時寒暑, 其機由日之進退, 氣不得而專焉. 日南至而寒甚, 北至而暑甚, 所積既深, 不可驟變也. 日出而蒼涼, 夜陰之積未遽消, 光不甚於旁達也. 日中而暄熱, 晝陽之積盛, 光復熾於下射也.

39) 『이술 상』: 沖漠無朕, 萬象森然已具, 此靜而未感也, 人心與造化之體皆然. 使無外感, 何有於動. 故動者緣外而起者也. 應在靜也, 機在外也. 已應矣, 靜自如故, 謂動以擾靜則可, 謂動生於靜則不可, 而況靜生於動乎.

40) 『朱子語類』,「周子之書」: 太極只是理, 理不可以動靜言.

118

41) 『주자어류』卷 94: 方其動是則無了那靜, 方其靜是則無了那動.

42) 『신언』,「見聞」: 靜而無動則滯, 動而無靜則擾, 皆不可久, 此道筌也, 知此 而後謂之見道. 天動而不息, 其大體則靜, 觀於星辰可知已. 地靜而有常, 其大體則動, 觀於流泉可知已 .

43) 葛榮晋, 『王廷相和 明代氣學』(北京, 中華書局, 1990): 128쪽 참조.

44) 『아술 상』: 氣不離虛, 虛不離氣, 天地日月萬形之種, 皆備於內, 一氤氳萌 蘖而萬有成質矣.

45) 『왕씨가장집』,「答何柏齊造化論」: 若論天地水火本然之體, 皆自太虛種子 而出.

46) 『논형』,「幸偶」: 俱稟元氣, 或獨爲人, 或爲禽獸; 竝爲人, 或貴或賤, 或貧或 富, 富或累金, 貧或乞食; 貴至封侯, 賤至奴僕; 非天稟施有左右也, 人物受 性有厚薄也.

47) 종자설은 불가의 유식종唯識宗에서 쓰는 개념이다. 유식 불교에서 인식의 식識 은 팔식이 있는데 그 중 최고의 근본이 되는 인식을 인간 의식의 심층에 자리 잡은 아뢰야식으로 보고 있다. 아뢰야식은 장식藏識이라 불리며 깊이 잠재된 의식으로 일체의 사물의 종자로 구성된다. 인간은 생에서 쌓은 업을 모두 종자로 아뢰아식에 저장한다. 이 종자설은 불교의 내세설을 뒷받침한다.

48) 『왕씨가장집』,「五行辨」: 夫天地之間, 無非之所爲者, 其性其種已各具于太 始之先矣. 金有金之種, 木有木之種, 人有人之種, 物有物之種, 各個完具, 不相假借.

제5장

천인관와 무신론

천인관은 천과 인간의 관계를 말한다. 고대 중국인들은 인간의 머리 위로 높게 거대한 공간이 있는데 그 공간에 초월적 힘이 존재한다고 생각했다. 그 공간을 천天이라 하고 큰 힘을 지닌 신을 상제라 했다. 천과 상제上帝는 우주 만물을 통치하고 인간이 사는 세상에 모든 현상을 주재한다고 믿었다. 이는 일종의 유일신을 믿는 종교적 사유였고 특히 한의 동중서는 천을 최고신의 자리에 올렸다. 그로 인해 천인관은 사상에서 주요한 지위를 차지하게 되었고 천인天人의 관계를 어떻게 설정하는가에 대한 논의는 인간이 신을 믿고 믿지 않는 것과 관계가 깊다. 그래서 학자마다 다양한 천인관에 의해 유신과 무신의 이론이 펼쳐진다.

1. 천인관天人觀

1) 천인관의 변천

고대 중국에서부터 인간과 천은 서로 뗄 수 없는 불가분의 관계를 지녀왔다. 천天의 글자는 '大'위에 一을 그었다. 크다는 의미로 쓰이는 '大'는 사람이 서 있는 것을 형상한 글자이고 '大'위에 一은 사람 위에 넓게 펼쳐진 하늘을 뜻하여 '天'은 곧 하늘을 뜻하게 되었다. 하지만 천은 하늘이라는 뜻 외에도 고대의 경전에 다양하게 쓰이고 있어 천을 하늘이라고만 번역할 수 없다.[1] 천은 그대로 천으로 다양한 의미를 지니게 되고 시대의 변천에 따라 천의 역할이 달라진다.

　고대에 천은 인간에게 명령을 내리는 곳이며 두렵거나 신비로운 대상이 되었다. 천을 신격화하여 인간을 나약한 존재로 만들었고 천을 천벌이란 명분 아래 인간이 사사로이 행동하지 못하게 위협을 하는 도구로 썼다. 인간은 늘 천天에 제사 지내고 그들의 소원을 빌었는데 농경사회에서 천의 역할은 매우 중요했기 때문이다. 흉년은 가뭄이나 홍수, 냉해로 인해 생겨 백성들의 삶에 직접적 영향을 끼쳤다. 이러한 자연재해는 천에 비는 방법을 최선으로 여겼고 이는 통치자의 잘못으로 여겨 통치자가 선정을 베풀도록 압박했다. 『서경』에서 하나라 걸왕桀王이 충신의 말을 듣지 않고 여인 말희에게 빠져 방탕한 생활을 하였기에 하나라 멸망은 천이 인간에게 응징한 벌이라 여겼는데 이는 복선화음福善禍淫의 천명론이다.[2] 이러한 천인관계는 학술적 개념으로 '천명 결정론'이라 하였다.

　천이 중심이 되는 사회를 인간이 중심이 되는 사회로 바꾼 인물은 공자이다. 공자는 사회 구성원 각자의 인간다움[仁]을 중시했다. 공자는 사회 질서가 이루어지는 것이 하늘의 뜻이 아니고 구성원 모두가 인간다움을 지녀야 하기에 '군주가 된 자는 군주다워야 하고 신하 된 자는 신하다워야 하며 부모가 된 자는 부모다워야 하고 자식 된 자는 자식다워야 한다'[3]는 정명正名의 철학사상을 내놓았다. 그뿐만 아니라 죽음보다 삶을 중시하고 괴력난신怪力亂神을 비판하여 혹세무민의 일에 대해 단호히 끊어내고자 하셨다.[4] 그래서 제사는 나의 뿌리가 되는 조상을 위한 것이기에 공경을 다 하되 귀신은 가까이하지 말라고 한다.5) 공자는 천을 구체적으로 주재천이나 자연천으로 설명하지 않았으나 현실적이고 합리적으로 천인관계를 설명하고 있다. 이러한 공자 사상은 이전에 천과 상제 중심의 사유에서 인간 중심의 철학을 형성하는 시발점이 되었다. 이후 맹자유학에서는 천에 인격을 부여하고 또 도덕성을 부여하여 천을 통해 인간의 도덕성을 설명하기에 이르렀다.

천을 철학적 용어로 볼 때 크게 두 의미를 지닌다. 하나는 하늘과 날씨의 의미를 지니는 자연천이 되었고 다른 하나는 인간이 기대야 할 곳이나 근본이 되는 곳을 상징하는 의리천이 되었다. 두 의미로 나누게 된 원인은 맹자가 천을 의리천으로 보고 성선性善을 주장하였고 순자는 천을 자연천으로 보며 성악性惡을 주장하였던 것에서 비롯되었다.

맹자의 의리천은 도덕천, 인격천, 주재천, 운명천 등 다양하게 부른다. 맹자가 인간이 천으로부터 선한 본성을 타고났다는 전제에서 천에게 인격을 부여하여 인격천, 그 인격이 도덕적이라 하여 도덕천, 인간을 주재하는 주재천, 인간이 하늘의 명을 어길 수 없기에 운명천, 천이 우주원리나 이치[理]가 되고 천명지위성天命之謂性이기에 의리천으로 보았다. 맹자가 「진심」장에서 "자신의 마음을 다하여야 본성을 알게 되고 본성을 알면 천을 알게 된다.[知天]"6)고 하여 지천의 중요함을 피력했다. 여기서 천은 이치나 원리 혹은 천명을 알게 된다는 뜻이다. 맹자유학에서 정의된 천은 천명天命, 천도天道, 천리天理와 같은 초월적 가치를 의미한다. 천이 인간에게 본성을 매개로 선한 심을 품수하였으니, 곧 천天 → 성성性 → 심心의 관계로 설명할 수 있다. 그 때문에 천을 알려면 품수 받은 순서와 반대로 마음에서 지성을 다하여 본성을 온전히 해야 천의 도道, 명命, 이치[理]를 알게 된다. 그래서 진심盡心 → 지성知性 → 지천知天의 과정이 필요하다. 이는 천이 지닌 초월적 가치를 온전히 알기 위해서 마음 내면에 천에 대한 숭고한 경외심을 지녀야 함을 말한다.

맹자로 인해 천은 인간과 특별한 관계를 맺게 되었고 철학에서 맹자의 천인관을 천인합일 사상으로 불렀으며 이는 후대 성리학과 양명학의 주요한 사유가 된다.

한대漢代에는 동중서가 천과 인간의 관계에 '천인감응天人感應'을 주장하여 통치자가 천을 두려워하도록 했다. 그래서 통치자가 천에 순응하면 천하는 평안하고 그렇지 않으면 천하는 대란이 일어난다고 주장한다. 동중서는 천이 인간에게 끼치는 영향에 대해 다음과 같이 말한다.

> 천과 함께하는 자는 천하의 평안을 얻을 수 있고 천과 다르게 하는 자는 천하의 큰 혼란을 일으키게 된다. 그러므로 군주가 된 사람의 도는 자신에게 있는 것을 천과 더불어 같다는 것을 밝히지 않고 그것을 이용하더라도 기뻐하고 성내는 것이 반드시 의에 합당하여 내보내는 것이며, 춥고 더운 것이 반드시 그 계절에 합당하여 이에 발동하는 것과 같은 것이다."7)

동중서 사상에 있어서 천은 의지천意志天이고 우주 만물을 주재하는 주재천主宰天이다. 마치 계절이 변함에 따라 추웠다가 더웠다가 하는 것처럼 왕은 자연스럽게 무위하여도 천의 뜻에 따라 움직이게 되어야 한다. 그의 천인감응설은 천天이 주재자가 되어 의지를 지니고 인간과 교감하여 인사人事에 영향을 미친다는 것이다. 인간은 천이 내린 재이災異나 서상瑞祥 같은 징조를 통해 천의 의지를 알아낼 수 있게 된다. 특히 이런 조짐은 인간 세상에 자연 현상으로 나타나는 데, 왕이 정치를 잘하면 적절한 시기에 시우時雨를 내려 풍년이 들게 하고 왕이 실정하면 지진이나 홍수와 가뭄 등의 자연재해를 겪게 하여 왕에게 잘못을 뉘우치도록 한다는 것이 동중서가 주장한 천인감응설이다.

송대에는 천과 인간을 연결하여 인간의 본성이 바로 천의 이치라는 주장을 한다. 천인합일은 이미 맹자가 주장했었고 그 이후에도 많이 유행하였던 개념이다. 그 천일합일에 대응하는 천인 관계가 '천인지분'의 사상이다. 천인지분은 천과 인이 각기 자기의 직분職分이 다름을 말한다. 천인지분을 가장 먼저 주장한 학자는 순자이다. 순자는 도덕적 의미에 집중되어있는 맹자의 천인관에다 자연적 의미를 부가시켜서 새로운 형태의 천인 관계를 수립했다고 볼 수 있다. 순자는 천인지분 사상에 대해 다음과 같이 말한다.

a. 하늘의 직분이 이미 확립되고 하늘의 작용이 이미 완성되어 인간의 육체가 갖춰지고 정신이 생기면 여기에 호오·희노·애락의 감정이 생긴다. 이것을 천정天情이라 한다. 이·목·구·비와 피부는 각각 외물과의 접촉을 통해 그 특수기능을 발휘하나 상호 간에 통용되지는 않는다. 이것을 천관天官이라 한다. 마음은 체내의 중심에 있어서 오관을 제어한다. 이것을 천군天君라 한다.[8]

b. 하늘의 운행에는 일정한 법도가 있다. 요임금 때문에 존재하는 것도 아니고 걸왕 때문에 없어지는 것도 아니다. 거기에 다스림으로 호응하면 곧 길하고 거기에 혼란으로 호응하면 곧 흉하다.[9]

c. 농사에 힘쓰고 쓰는 것을 절약하면 하늘도 가난하게 할 수 없고, 잘 보양하고 제때에 움직이면 하늘도 병들게 할 수 없으며, 올바른 도를 닦아 도리에 어긋나지 않으면 하늘도 재난을 당하게 할 수 없다. 그러므로 장마와 가뭄도 그러한 사람을 굶주리게 할 수 없고 추위와 더위도 병들게 할 수 없으며 요괴도 불행하게 할 수 없다. …… 타고난 때는 잘 다스려지던 시대와 같은데도 재앙과 재난은 잘 다스려지던 때와 달리 많은 것에 대해 하늘을 원망할 수 없는 것이며 그들의 행동 방법이 그렇게 만든 것이다.[10]

a.에서 순자는 인간의 육체는 천에 의해 생긴 것이며 감정과 욕망 역

시 천에서 생긴 것이라 천정天情이라 하고 인간의 감각 기관에 속하는 이목지관耳目之官은 천관天官으로 일컫는다. 또 그는 마음의 기관인 심지관心之官이 천에서부터 생겨나서 오관을 주관하고 있기에 천군天君이라 하였다. 그는 천이 자연적으로 인간의 천정, 천관, 천군 등을 생성하게 할 뿐 인간에게는 어떠한 역할도 하지 않는다고 한다. 순자는 천을 객관적인 천으로 본 것이다. 천은 단지 인간을 생겨나게만 하고 인간이 노력해서 자신을 완성해야 하기에 그는 천과 인의 관계를 천생인성天生人成의 관계로 말한다.

b.에서 천은 자연천으로 단지 천의 직분으로 운행을 일정하게 하고 있을 따름이고 인간은 왕이 정치를 잘하면 길하고 혼란을 일으키면 흉해지니 인간의 존폐와 길흉이 천과는 아무런 관계가 없음을 말하고 있다. 즉, 천과 인은 각자 자기의 역할[分]이 있다고 말하는 것이다. 그는 천이 인간을 만들어 주고도 인간의 삶에 화복이나 재앙을 주지 않으면서 인간 세상과 밀접한 관계를 맺고 있으며 인간은 도리어 천을 이용한다는 제천용천制天用天의 관계로 천과 인을 설명한다.

c.에서 보듯 인간이 열심히 노력하여 올바른 도를 닦으면 올바른 사회 질서가 서게 되고 그렇지 않으면 불행을 자초하게 된다. 인간의 재앙과 재난은 하늘을 원망할 수도 없고 또 원망해서도 안 되는 것이다. 순자는 재앙을 일정함에서 벗어난 돌연변이 현상이라고 한다. 즉, 천재天災는 천의 운행이 일정함에서 벗어난 것이고 인재人災는 인간이 도리에 어긋한 행동을 하였기 때문에 생겨난 현상이다. 그는 천정·천관·천군은 모두 천에서 생성된 자연적인 것으로 최상의 상태를 유지하여 정상적인 기능을 발휘하게 하는 것이 인간의 후천적 노력에 따라 결정된다고 하였다.

순자는 천인지분에 대해, 천이 인간을 생기게 했으나 인간이 천에 재앙이 생기지 않도록 노력해야 한다는 '천생인성'과 인간에게 재앙이 생기지 않도록 천을 잘 알아서 이용해야 한다는 '제천용천'으로 설명한다. 천과 인간은 제각기 다른 직분을 가지고 있어 서로 각자 자기 일에 충실 해야 하는 것이 순자의 '천인지분天人之分' 사유이다. 순자는 천과 인간 에게는 각기 서로 다른 역할이 있기에 성인이 되어도 힘써야 할 것이 있다고 하며 인간이 지켜야 할 다른 직분에 대해 다음과 같이 말한다.

> a. 위로는 신분 질서의 구분이 어지럽지 않고 아래로는 직무 수행 능력 이 궁지에 몰리는 일이 없게 되니 이것이 정치의 극치이다.[11]

> b. 사람으로서의 도에는 어디나 분별이 있다는 것이다. 분별에는 분수 보다 큰 것이 없고 분수에는 예의보다 큰 것이 없고 예의에는 성왕보다 큰 것이 없다.[12]

고대 사회에는 자연계의 천재지변을 극복할 수 없어서 하늘에 빌고 신에게 빌었다. 그래서 귀신과 미신이 세상에 떠돌았으나 순자는 이런 미신적인 관념을 모조리 타파하여 사회 안정을 도모하고자 하였다. 그래 서 a.에서처럼 위아래가 질서가 생기고 정치가 안정되었으며 b.처럼 인 간이 분별이 있게 되고 분수가 있게 되었으며 예의를 바르게 한 사람은 성왕이다. 사람으로서의 도는 어디에서나 위계질서와 분별이 있으니 성 왕을 법도로 삼으라고 한다.

왕정상은 순자의 천인 관계와 같이 천을 자연천으로 보았다. 그의 자 연천 이론은 천지가 생겨나기 전에 원기가 있었고 천은 태허가 기화氣化 한 것인데 만물이 생기기 전의 것이다.[13] 태극의 기가 생겨난 후에 천지 가 있게 되고, 천지가 있고 난 뒤에 기화하게 된다. 그리고 기화하여 암 수로 나누어지는 것이다.[14] 이는 태허의 기가 천보다 먼저 존재하고 있 었음을 말하고 있다. 왕정상의 천관은 기가 천을 만들었고 천이 만들어 진 후에 기화의 작용이 가능해졌으며[15] 그 후 기화에 의해 만물이 생겨난다는 것이다. 그의 철학서 『신언』에서 기화 중 비·태양의 열기·바람·번개 등 모두는 천의 덕화德化라고 다음과 같이 말하였다.

> 만일 세상에 비가 오거나 태양이 내리쬐는 데 바람과 벼락을 움직이게 한다면 도술을 부리는 스승에게 부탁하여 그에게 제단을 세우고 기도하게 하는 것이니, 이는 천지의 권위를 훔치는 일로써 이룰 수 없는 것이며 이는 단지 도의 바른길을 해치며 조화의 큰 질서를 망치는 사특한 무속의 일로 습속일 따름이니 누구에게 그것을 책임 지울 것인가.[16]

이 글은 천이 할 수 있는 것은 인간이 할 수 없고 인간이 할 수 있는 것은 천은 할 수 없으니 인간과 천은 각기 자기가 할 일을 지니고 있다는 의미가 된다. 이는 순자의 천인지분 사상과 일치한다.

그는 천을 자연천으로 보면서, 천지 기화가 자연 만물을 생성하는 것을 자연계가 저절로 그렇게 되는 운행[自然而然] 과정으로 본다. 순자가 "대자연에는 정해진 운행 법칙이 있는데, 이것은 요임금이 현군이기 때문에 나라를 존재하게 한 것이 아니며, 걸桀 임금이 폭군이기 때문에 나라를 사라지게 한 것도 아니다."[17]라고 한 것과 같다. 하늘이 가는 길[天道]은 늘 변함없는 바른길을 가고 있으며 국가의 성쇠는 인사人事를 잘하느냐 아니냐에 달려있다.[18] 그래서 그는 국가의 난세는 천상의 이변 때문이 아니기에 인간의 일은 인위에 달려있고 인간은 천을 이길 수도 있다[人定勝天]고 말한다. 인간이 천을 이기는 것은 인간의 노력으로 자연재해도 극복할 수 있음을 뜻하며 이는 극히 현실적이며 미래 과학을 미리 꿰뚫어 보고 내놓은 주장이다.

2) 천인상분 - 인정승천人定勝天

천인 관계에 있어서 왕정상은 '천인상분' 사상을 주장한다. 그는 사람의 운명을 천에 의지하여 연결시키지 않는다. 다만 그는 천의 일과 인간의 일은 서로 각기 자기의 직분이 있기에 나라의 일을 할 때 백성의 일에 최선을 다하는 것을 우선으로 하였다. 예를 들어 가뭄과 홍수의 재해나 비바람과 천둥 번개와 같은 재해는 천의 직능이고 사람이 어떻게 할 수 없는 일이다. 그래서 순자가 '천天이 할 수 있는 것은 사람이 할 수 없고, 사람이 할 수 있는 일은 천은 할 수 없다.'라고 말한 '천인상분' 사상을 왕정상은 '인간이 천의 재앙을 이겨낼 수 있다.'라고 하여 실사론 實事論으로 발전시켰다.

그는 천이 지닌 직분으로 인간에게 재난을 내려주더라도 인간이 노력 여하에 따라 극복할 방법이 있다고 했는데 옛사람들도 이미 이것을 알고 실지로 행하였다. 우임금이 9년이나 치수 사업을 하여 천의 재해를 막아 백성이 농사를 잘 지을 수 있었고 또 강에서 고기를 잡을 수 있게 되었다. 탕임금은 7년간의 가뭄에도 구황 정책을 잘 마련하여 들에 굶어 죽어있는 사람이 없었다. 이것을 왕정상은 '사람이 하늘을 이길 수 있다[人定勝天]'라는 이론의 증거로 삼는다.

그리고 '백성의 일에 최선을 다하는 것이 진실하면[盡民事之實] 천의 재난은 저절로 소멸한다.'[19]고 하였다. 이러한 사유가 바로 실사론의 명제이다. 사실상 천도天道는 멀고 인도人道는 가까운 것이라 천도가 재이 災異를 말하고 인도가 민사가 된다면 민사에 힘쓰는 것이 관리가 된 자로서 실제 일의 현장인 실사에서 역행力行하는 것이다.

재이와 민사는 어떠한 필연적 관계가 없다. 재이는 천의 직분을 행하는 것이고 민사는 인간의 직분을 행하는 것이다. 때문에 왕정상이 주장하는 것도 민사에 힘쓰는 것이 우선이고 재해를 두려워할 필요는 없으며 단지 재해를 예측하여 방비할 수 있는 과학적 지식과 대처할 능력을 키워가는 것이 민사에 힘쓰는 실제[盡民事之實]가 된다는 것이다.

왕정상이 연구한 바에 의하면, 천의 재해는 음양의 기가 규율에 맞게 운동하던 중에 돌연히 생기는 기상이변이다. 만물 역시 음양의 기로 생겨나는데 가끔 돌연변이가 생기는 것과 같은 이치이다. 이러한 자연적 재해를 군주의 덕과 연관시킬 수 없으며 하늘에 빌어서 재해를 멈추게 할 수 없다. 다만 인간이 언제 생길지 모르는 재해를 미리 방비하여서 재해가 닥쳐서 피해당하지 않도록 준비하는 것이 더욱 중요하다고 주장한다. 이런 준비가 그가 주장하는 민사에 힘쓰는 것에 속하며 순자가 일찍이 주장했던 '인간이 반드시 천을 이긴다[人定勝天]'라는 것이다. 길흉은 인간의 일이고 동물들이 떠들어대는 것도 모두 실제의 일이다.[20] 결국 왕정상의 '진민사지실盡人事之實'의 이론이 천의 재해를 이기는 방법이며 이것이 그의 실사론이다. 그는 자연재해가 생기는 객관적 원인을 분석하고 인간이 재해를 이기는 방법을 연구하여 얻은 결론이다. 그가 먼저 한 것이 실사에서의 역행이고 역행한 것은 자연 과학과 천문학의 연구이며, 얻어낸 결과는 천인상분의 이론이다.

결론적으로 왕정상이 '천인상분'과 '진민사지실'로서 천을 이긴다는 '인정승천'의 사유를 한 것은 그의 실사론의 주요 내용이 된다. 그의 철학은 이렇듯 실사를 중시하여 만들어진 천인관계에서 우주론과 심성론이 생겨나고 또 정치에 참여하여 행동으로 옮겨지며 경세론이 완성되었다.

3) 천인교승天人交勝

왕정상은 '천인교승天人交勝'으로 천인관계를 말한다. 이는 천과 인간 중에서 누가 누구를 지배하고 지배당하느냐의 문제이다. 천인합일과 천인감응은 천이 인간을 지배한다고 보는 견해이고, 천인지분은 천이 천으로서의 일을 하고 인간은 인간의 일을 하는 것으로 각자의 역할이 다르다고 보는 것이다. 천과 인간은 서로 평행선의 관계를 이루고 서로 교대로 이긴다고 보는 설이 당대 유우석劉禹錫(772~842)의 '천인교상승天人交相勝'설과 왕정상의 '천인교승'설이다. 이는 물론 순자의 천인지분에서 비롯되어 발전 수정한 것이다.

순자에게 있어서 하늘은 어떠한 목적이나 의식을 가지고 인간에게 명령하는 존재 나 도덕을 심어주는 인격적 존재가 아니라 오로지 우리와 독립해서 운행되는 하나의 자연적 객관 객체일 뿐이다. 즉 하늘은 '본받는 대상[法天]'이 아니고, 하늘의 운행이나 자연 현상은 인간과 무관하며, 단지 인간이 유용하게 이용하는 객관 대상에 지나지 않는다. 그는 인간의 길흉화복에 대한 하늘의 영향을 부정하고, 미신의 관념을 배제하며, 오직 사람의 도리에 힘써야 함을 강조했고, 더 나아가 하늘과 인간의 직분을 밝히고, 만물을 잘 이용함으로써 사람들의 실질적인 삶이 향상되게 할 것을 강조했다. 그래서 인간이 하늘에 대해 해야 할 일은 하늘을 제어하고 이용하는[制天用之] 것이다. 이 '제천용지'[21)는 인간이 천을 잘 이용하는 것이기 때문에 인간이 천을 이긴다는 '인정승천人定勝天'으로 표현한다.

유우석이 주장한 천과 인간은 교대로 이긴다는 설은 어떤 상황에서는 천이 인간을 지배하고 어떤 상황에서는 인간이 천을 지배한다는 것이다. 왕정상은 인간도 하늘을 지배한다는 것에 대해 다음과 같이 말한다.

천이 할 수 있는 것은 인간이 결코 할 수 없다. 인간이 할 수 있는 것 가운데에도 천이 할 수 없는 것이 있다.[22)

천과 인간은 서로 할 수 있는 것이 다르다는 것에 착안하고 각자 잘 할 수 있는 것이 있어서 서로 교차하여 이길 수 있다는 것은 서로 보완도 가능하다고 본 것이다.[23) 즉, 하늘은 저절로 그러한 운행을 하고 있기에 인간은 겨울이 춥다고 계절을 바꿀 수 없다. 물이나 불 등의 성질도 임의로 바꿀 수 없다. 이것은 인간이 자연의 법칙에 저항할 수 없으며 순응해야만 하는 부분이다. 그래서 천이 인간을 이기는 것이 된다.

인간은 동물 가운데 가장 영특하기에 자연법칙이나 현상을 미리 인식하고 예견할 수 있으며 이것을 이용하여 인간 사회를 위해 유용하게 쓸 수 있다. 반드시 물은 위에서 아래로 흐르게 되어있으나 인간은 물의 해로운 측면을 피하여 관개에 사용하기도 하고 불을 타지 않게 하면서 빛으로 이용하기도 한다.[24] 이러한 것은 인간이 천을 이겼다고 보는 점이다. 그는 천인교승에 대해 아래와 같이 말한다.

> 천은 인간을 지배하려고 노력하지 않는다. 즉 인간이 능동적으로 대처하지 못하면 인간은 천에 종속된다. 다시 말하면 천은 사심이 없다. 그러므로 인간은 지배하기 위해 노력할 수 있다.[25]

인간이 자연의 법칙을 이해하지 못하고 또 인간이 도덕 기준이 세워지지 않았을 때는 천은 두려운 존재였고 천이 인간을 지배하는 것으로 생각이 들 수밖에 없었다. 그러나 인간은 사회적 동물이기 때문에 위아래를 구분하고 선악을 분별하며 법과 도덕을 만들어 사회 질서를 유지하는데 이것은 천으로서는 불가능한 것이다. 그래서 천인합일을 주장한 학자들은 먼저 천에게 의지를 주고 도덕을 주어 천을 받들고 나서 천인합일을 주장하였다. 왕정상은 인간이 자연의 운행과 물의 성질을 알게 되면 능동적으로 세계를 인식하게 되고 바꿀 수도 있으며 위험도 미리 준비하고 피할 수 있고 자신들의 행복한 삶을 위해 자연도 바꿀 수 있다는 것이 '천인교승' 이론을 내놓았다. 왕정상은 천인교승에 대해 다음과 같이 말한다.

> 요堯 시대에는 수해가 있었고, 탕湯 시대에는 한해가 있었는데 천지의

도가 당연히 이러했을 뿐이다. 요와 탕이 어찌하겠는가? '하늘이 반드시 사람을 이긴다.'가 이것이다. 요는 치수의 정책에 진력했는데 비록 9년간의 수해였지만 백성은 어별魚鼈이 되지 않았다. 탕은 구황救荒의 정책을 실행했는데 비록 7년간의 한해였지만 들판에는 굶어죽은 사람이 없었다. 사람이 반드시 하늘을 이길 수 있음이 이와 같다. 수해와 한해는 어찌하겠는가? 그래서 국가에 재앙이 있으면 군신의 덕정德政으로써 이겨내는 것이 상책이다.[26)]

요임금이나 탕임금과 같이 훌륭한 통치자가 나왔는데도 자연재해가 있었던 것은 인간이 어찌할 수 없었던 것이지만 그들이 어질기 때문에 백성을 생각하여 피해를 줄이려고 노력하여 자연재해로 인한 피해를 줄일 수 있었다. 즉, 인간이 홍수나 가뭄 등의 자연재해를 막지 못하는 것은 천이 인간을 지배하는[天定勝人] 측면이지만 현명한 통치자가 정치를 잘하여 자연재해가 발생하더라도 손실을 감소시킬 수 있다는 것은 인간이 천을 지배할 수 있다[人定勝天]는 이치에 부합하는 것이다. 때에 따라 '천정승인'이 되기도 하고 또 '인정승천'이 되기도 하여 둘을 합쳐 '천인교승'이라고 하였다. 청대에도 왕부지의 상천 사상을 비롯한 몇몇 사상가가 이러한 견해를 가졌으나 유우석의 '천인교상승'과 왕정상의 '천인교승'의 견해를 뛰어넘지 못했다고 한다.[27)]

유학의 천인 관계는 생명성과 도덕성에서 파악한 것이다. 초기 유학에서 천은 생존이라는 인간의 가장 기본적인 욕구와 연결되어 관계를 맺기 시작했으나 점점 생명의 근원을 천과 연결 짓게 되었고, 궁극적으로 인간의 도덕성의 근원으로까지 확대된 것이다. 다만 생명성과 도덕성의 문제가 연결 고리를 어떤 방향으로 이어 가느냐에 따라 천인 문제가 서로 갈라지게 된 것이다. 왕정상은 천은 천의 생명성과 도덕성을 지니고 인간은 인간의 생명성과 도덕성을 지니는 것으로 천과 인은 별개의 문제이고 단지 천과 인은 서로 이기려고 노력하는 도덕적 욕망과 생명력을 지닌 물질에 불과함을 강조한다. 이러한 사상이 나오게 된 것은 당시의 정치 사회적 환경과 불가분의 관계가 있었다.[28] 특히 그는 사상을 정립하는 데에 있어 실사實事를 중시하였고 과학에 지대한 관심을 지녔으며 정치 일선에서 개혁을 주도하였던 인물이었다. 이 역시 그가 천인교승을 주장한 것과 상관이 있다고 본다. 왕정상의 도덕 수양론에서 학學에 관한 논의가 있겠지만 천을 이기는 방법은 어려서부터 좋은 습관을 길러 꾸준히 학문하여 인간이 천을 잘 알아서 결국 천을 이긴다는 것으로 그의 우주관과 그의 천문학적 박식이 그 사상 안에 내포되어 있다. 천인교승은 훗날 왕부지가 천은 인간보다 부족한 물질이므로 인간이 천을 도와야 한다는 상천相天의 사상을 만드는 틀이 되기도 한다.

2. 무신론無神論

1) 형신관形神觀

형신은 형체와 정신을 말하는 것으로 형신관에서 신을 어떻게 보는가에 따라 사상에서 유신론을 주장할 수도 또 무신론을 주장할 수도 있다. 왕정상의 천인관에서 천과 인간은 별개의 작용을 하여 천이 인간을 주재한다는 생각에서 벗어나 있다. 그는 원기 본체론을 우주의 근본으로 삼아서 인간을 주재하는 주재자가 없다고 하며 천이 인간의 화복을 결정지을 권한을 부여하지 않는다. 왕정상은 형신形神 관계에서, 신神은 반드시 형기를 깔고 있는 것이고 형기가 없으면 신도 멸하는 것으로 본다. 신은 인간의 형기와 함께 부여받은 정신의 신이다. 그래서 형기와 신이 서로 생멸을 함께 하는 것이지 형기 밖의 신이란 있을 수 없다고 하며 전면적으로 유신론을 비판한다.

재이설과 견고설은 한대 동중서의 천인감응설에서 더 나아가서 천이 사람에게 주재적 위치에 있다고 여기고 왕이 정치를 잘하지 못하면 재이가 생기고 견고를 당하게 된다고 하며 왕을 위협하는 도구로 쓰였다. 이러한 설이 명대까지도 민간 생활 저변에 깔려있었다. 왕정상은 원기본체론에 근거하여 유신론을 아래와 같이 반박한다.

> 나는 원기 상에서는 물이 없는 것으로 여기는데 원기가 있으면 곧 원신元神이 있다. 원신이 있으면 운행할 수 있어서 음양이 된다. 음양이 있으면 천지 만물은 성性과 리가 갖추어진다. 원기 밖에 다른 물이 있어서 그것을 주재하는 것이 아니다.[29]

원기는 스스로 지니는 원신元神의 작용으로 음양의 기로 변화하게 되고 음양의 기가 다시 천지 만물을 만들어낸다. 원기에 있는 원신이 역할을 하여 변화한 음양의 기로 인해 만물이 생성되면 그 기는 인간의 형체[形]가 되고 정신[神]이 된다. 형신은 기로 인해 부여받은 육체와 정신일 따름이다. 이는 만물을 창제함에 귀신이나 하느님과 같은 상제가 관여하지 않는다는 뜻과 같다. 왕정상의 형신론은 곧 무신론적 사유를 이루는 중요한 부분이 된다.

그의 원기론에서 보면 형은 기의 모임[聚]으로 만들어진 형체이고 신은 형기의 작용과 주재를 담당하는 정신이다. 그래서 그는 원기를 주재하는 신은 원신이라 하고 인간을 주재하는 신은 정신이라고 했다. 이런 형신의 관계에서는 육체가 소멸되면 정신은 형기에서 빠져나가 모두 태허의 원기 상태로 돌아가 원신이 된다. 그래서 우주와 만물을 주재하는 것은 모두 기이고 기로 인해 만물이 만들어지면 거기에 리가 따라온다. 즉, 리는 우주에 독자적으로 있는 것이 아니고 음양의 기가 만물을 생성할 때 그 기를 타고 생기는 것이다. 그는 신神을 형기의 묘용[30]이라고 하였다. 신은 유신론에서 말하는 귀신이나 주재자가 아니고 형기의 신묘한 작용을 하는 것이 신이라고 다음과 같이 말한다.

> 기는 형기를 통과하여 영명[靈]하게 된다. 사람과 사물이 생성되는 이유는 기의 작용이 멈추지 않기 때문이다. 작동이 붕괴하면 혼의 기가 흩어져 소멸한다. 어찌 영명한가! 사물에 부착하여 능함을 지니는 것은 또한 그 기의 작동에 올라타는 것이다. 얼마 후 또한 흩어져 소멸할 뿐이다. 그래서 귀鬼는 돌아가는 것인데 흩어져 소멸한다는 뜻이다.[31]

기가 형기를 만들고 난 후 기의 작용을 멈추는 것이 아니다. 기는 형기가 소멸할 때까지 작용한다. 즉 기가 작용하지 않으면 형기는 바로 소멸하게 된다. 또 형기는 영명하여 기와 함께 하여 기의 작용을 도와 운행원리를 일정하게 한다. 기의 생성과 화육化育, 소멸은 모두 기의 영명함 때문에 이루어지는 변화이다.

> 기의 영명함[靈]이 혼魂인데 질이 부착하여 얽어매지 않으면 혼은 흩어진다. 등불은 그 기름과 나무가 분리되어 빛이 소멸하는 데 이런 것이다. 질의 영명함[靈]은 백魄인데 기가 유통하지 않으면 사멸한다. 마치 손과 발이 마비되면 저리는 것과 같다. 기와 질은 서로 작용을 일으키는 데 서로 상대하여야 일체를 이룬다.[32]

기가 영명하여 형기에 혼魂을 지니게 한다. 인간의 정신이 혼이며 혼에 질이 부착해있다. 혼의 질은 영명하여 심성에서 성질, 기질, 재질로 드러나며 사람마다 다르게 지닌다. 형기는 백魄에 해당하는데 백의 기본 바탕 역시 질質이다. 형기의 질은 형질, 체질이라 부른다. 손과 발이 저리거나 아픈 것은 형기의 질에 손상이 생겨 기의 영명함이 깨우치는 것이다. 혼의 기가 약해지는 것은 기의 질이 쇠약해지는 것이고 기의 질이 쇠약하면 혼의 기도 쇠약해진다. 처음부터 몸이 허약한 것은 타고난 체질이 허약한 것이다. 영명함을 유지하려면 혼의 기질과 형의 체질이 모두 제 역할을 할 때 가능하다.

왕정상은 형기가 생겨날 때 질이 올라타고 정신을 받아서 기가 작용하면서 기의 묘용이 된다고 보기 때문에 정주리학에서 '기 밖에 신이 있다.'고 주장하는 것에 대해 아래와 같이 비판을 가한다.

> 유자들은 체백體魄과 혼기魂氣에 대해 모두 두 물건이라고 하고, 또한 백은 체에 붙어있고 혼은 기에 붙어있다고 한다. 이것은 기 밖에 신神이 있고, 기 밖에 성性이 있다는 논의이다. 내 생각으로 말한다면 특히 그렇지 않다. 체백과 혼기는 하나로 관통하는 도이다. 체가 영명한 것이 백이고 기가 영명한 것이 혼이다. 체가 있으면 백이 있고, 기가 있으면 혼이 있다. 기와 체 그 외에 별도로 혼백이 와서 붙는 것이 아니다. 장차 기가 있으면 태어나서 신이 있게 되기 때문에 체의 백은 역시 영험하고, 기가 흩어지면 신도 떠나가기 때문에 체가 있더라도 백은 또한 영험하지 못하다. 이 때문에 신기는 체백의 주인이니 어찌 하나로 관통하는 도가 아니겠는가?[33]

이 글은 왕정상이 '신은 형기의 묘용'이라는 관점을 근거로 하여 하백재何柏齋의 형신 이원론을 비판한 글이다. 하백재는 '체백體魄과 혼기魂氣에 대해 모두 두 물건으로 보고 혼백이 각각 몸과 정신에 붙어있다고 보았고 왕정상의 견해는 원기 중에는 만물이 다 갖추어져 있어서 원기만으로 만물을 생성하여 형신이 모두 갖추어진다고 보았다. 신은 기안에 있어 형기가 부여됨에 따르는 형신의 관계가 생길 뿐 기 밖에 있는 것이 아님을 주장하는 것이다. 그래서 그는 기는 형기의 신이고 형기는 기의 변화물이라고 한다. 신이 형기의 묘용이라는 왕정상의 관점에서 볼 때 인간의 길흉화복을 귀신이 주재한다는 것은 잘못된 생각이다. 그는 이러한 입장을 아래와 같이 말한다.

> 귀신은 하나의 도이며 모두 기의 영험함이니, 음양과 혼백으로 나눌
> 수 없다. 신은 곧 음양이 하는 바이고, 귀鬼도 또한 음양이 하는 바이다.
> 혼기魂氣가 없다면 귀신도 없어지고, 혼기가 흩어지면 백魄은 영험하지
> 못하니, 다만 이는 하나의 도인 것이다.[34]

귀신은 하나의 도이며 음양의 기이고 신神 안에 내재한 영험함인 것
이다. 귀신은 보려고 해도 보이지 않고 들으려 해도 들리지 않지만, 형
체에 붙어있다. 사람의 일[人事]에서 서로 감응하여 부른 것이고, 귀신
과는 관계가 없다.[35]고 보았다. 이는 왕정상이 인간의 길흉화복을 귀신
이 주재한다는 것을 단호하게 부정하는 것이다. 형신 관계에 있어 형과
신은 모두 기이며 신은 만물을 넘어서서 만물의 정신 실체를 주재하는
것이다.

2) 세속 미신 비판

왕정상의 형신 관계는 철저히 신체와 정신의 관계만 설명된다. 세상의
만물은 모두 기의 작용으로 형기에 신이 함께 부여되어 저절로 그러하게
생겨났으며 이는 자연계의 운행이다. 그가 바라본 천은 단지 자연천일
따름이기에 이전의 학자들이 의리천義理天이라고 하는 것은 그의 사유
에서 보면 잘못된 것이다. 이런 이유로 왕정상은 미신을 배척하며 무신
론을 주장했다. 당시 세속에서 미신이 대단히 성행하여 미신에 관한 서
적이 범람했기 때문에 사람들이 초자연적 주재를 믿는다거나 재이를
두려워하는 것을 바로잡아 주려고 한 것이다.

(1) 점성占星 비판

점성술은 하늘의 일식, 월식, 별들의 움직임을 관찰하여 인간의 길흉
·화복을 점치는 것이다. 당시 조정에서도 일식이 나타나는 것은 앞으로
나라에 흉사가 닥칠 것으로 믿었다. 왕정상은 풍부한 천문학 지식에 입
각하여 일식의 출현은 천체 운행의 자연적 현상일 뿐이라고 주장한다.

> '별들이 비처럼 떨어진다'는 말을 나는 일찍이 의심했었다. 지금 가정
> 12년 10월 7일 한밤중에 많은 별이 떨어졌는데 참으로 빗방울과 같았고,
> 새벽까지 끊이질 않았고 하였는데 『춘추春秋』에 기록된 '밤중에 별들이
> 비처럼 떨어졌다'고 한 것은 좌씨가 "별과 비가 함께 있는 것이다."라고
> 했는데 이는 그가 추측한 말이고, 직접 본 적이 없어서 별이 떨어지는
> 것이 참으로 비와 같다고 말하지는 못했다. 그렇다면 학자가 그 실적實跡
> 을 보지 못하고 의도意度로써 글을 해석한 것이니, 반성할 만하다. 떨어지
> 는 것은 별빛의 기운[光氣]이고 별의 몸체는 실제로 떨어지지 않는다.[36]

좌씨는 춘추시대 노나라 역사학자 좌구명이다. 그는 별이 비처럼 떨어
지는 것을 직접 보지 않았기 때문에 『춘추』의 '별들이 비처럼 떨어진다'
는 말을 해석하며 떨어질 때 별과 비가 함께 있었다고 풀이하였다. 왕정
상은 이런 일은 과학적으로 절대로 있을 수 없는 일이라고 여겼고 춘추
시대 당시에는 과학에 대한 이해가 적었고 당연히 직접 본 것이 아니기
에 그렇게 적었을 것이라고 말한다. 하지만 『춘추』의 내용으로 인해 명
나라에서도 하늘에서 별이 떨어졌다고 하여 장래에 불길한 조짐이 있을
것을 불안하게 여겼으니 그가 이러한 일을 비판한 것이다. 왕정상은 '인
도人道에 밝은 자는 이런 부류에 미혹되지 않는다'[37]고 하여 점성술은
자신의 학문이나 사상과는 다른 부류이며 미혹되어서는 안 된다고 주장
한다. 『춘추』에 비조와 자산의 점성술에 관한 이야기가 있다.

비조가 정자산에게 내 말대로 하지 않으면 불이 날 것이다. 하니 정나라 사람이 그 말대로 할 것을 청하였다. 하지만 자산은 안 된다고 하였다. 자태숙이 보배는 백성을 보호하기 위해서 있는 것이다. 만약 불이 난다면 나라는 거의 망할 것이다. 망함에서 구할 수 있는데 그대는 무엇을 아까워하는가? 하니 자산이 말했다; 천도는 멀고 인도는 가까워 미치는 바가 아니니 어떻게 알겠는가? 비조가 어떻게 천도를 알겠는가? 이것은 또한 말이 많이 하니 어떤 것이 믿게 된 것이 아니겠는가? 자산은 끝내 보배를 주지 않았는데 정나라에 아직까지 불이 나지도 않았다.[38]

『춘추』에 정나라 대부였던 자산이 세간에 떠도는 미신을 믿지 않고 천도와 인도의 일을 구분하여 끝까지 자신의 지식에 의지하여 바른 생각을 하였다는 고사를 적고 있다. 다른 나라에서 불이 난 경우를 들어 비조가 미리 준비할 것을 알렸으나 자산은 여러 일 중 우연히 하나가 맞아떨어진 것이지 미신이 어느 곳에나 적용하여 다 맞을 수 없음을 알고 있었기에 듣지 않았고 또 아무런 일도 일어나지 않았다. 정자산은 미신을 믿지 않고 우연성偶然性을 믿었고 왕정상 역시 우연성을 주장한다.

춘추시대에도 정자산과 같은 인물이 있었고 이런 예를 글로 적었는데 거의 이천 년이 지난 명나라에 점성술을 적은 많은 위서[39]가 세상에 돌아다녔다. 이 때문에 각종 경서를 통달하고 천문학과 과학에 달통한 왕정상으로는 비조와 자산의 고사가 자신의 사상을 피력하기에 좋은 예가 될 수 있다. 점성술은 '천인감응설'에 기초하였다. 왕충의 『논형』에 다음과 같은 고사가 적혀있다.

송나라 경공 때 화성이 심수心宿 부근에 머물렀다. 경공이 두려워하여 태사인 자위를 불러 묻기를 "화성이 분야지방을 관장하는 별자리에 들었으니 무엇 때문인가?" 하니 자위가 "화성의 출현은 천벌의 예고입니다. 심수는 송의 분야지방에 해당하므로 화가 주군에게 미칠 것입니다. 그러나 재상에게 전가할 수 있습니다."라고 하였다. 경공이 "재상은 국가를 다스리는 관리다. 죽음을 재상에게 전가하는 일은 옳지 못하다."하니 자위가 "백성에게 전가할 수 있습니다." 하니 경공이 "백성이 죽는다면 과인은 장차 누구의 군주이겠는가? 차라리 혼자 죽는 것이 낫다." 하였다. ······ 자위가 경공에게 "신은 외람되게 축하드립니다. 하늘은 높은 곳에 있어도 땅에서 일어나는 일을 압니다. 주군께서 군주로서 백성을 위하시니 하늘은 주군께 상을 내릴 것입니다.[40]

경공과 태사 자위의 대화이다. 태사는 천인감응설로 왕을 가르치고 있는데 마침 왕은 화성이 심수에 머문 것을 두려워하지 않고 자신이 더욱 낮은 자세로 취하여 재상이나 백성을 대신하여 자신이 죽음을 택하겠다고 하였다. 만약 왕의 성정이 좋지 않아 악행을 저질렀을 때 태사가 그렇게 말한다고 왕이 그의 말을 들어 주었겠는가? 어차피 듣지 않았을 것이다. 때마침 이웃 나라가 침범하거나 만약 천재가 생기면 모두 왕의 잘못이 된다. 이 역시 우연일 뿐이다. 어찌 하늘이 둘의 말을 듣고 감응하여 상을 내린다고 할 수 있겠는가? 과학과는 전혀 관계가 없다. 왕정상은 일체의 미신을 믿지 않았는데 사실을 과학과 천문에 근거하여 논증된 이론만을 취하였다.

왕정상은 인사와 자연 현상은 우연히 일어나 합치된 일이라고 보았다. 일식이나 월식은 해와 달의 일정한 움직임이다. 그래서 사람들이 미신을 믿는 이유는 우연성 때문이다. 누군가 믿음을 인정하고 나면 그것이 필연성이 되어 버리는 문제점을 지니게 된다. 이는 인간의 마음에서 작용하는 것일 뿐이고 자연 현상을 운행의 법칙을 따라 움직일 뿐이다.

(2) 복서卜筮 비판

점성술과 함께 복서도 유행했는데, 복서는 상나라 시대 유행했던 점성술이었다. 복서는 시귀蓍龜라고도 한다. 복서라는 말은 『시경』에 보인다.[41) 복卜은 주로 거북의 등껍질이나 동물의 뼈를 태워서 그 균열이 생기는 모양으로 길흉을 알아보는 점치는 법이며, 서筮는 산가지[算木]와 서죽筮竹을 이용해 그 숫자의 결합에 따라 괘卦를 세우는 방법이다. 그 방법이 『역경』에 근거한다고 말한 것에 대해 왕정상은 다음과 같이 말했다.

> 『역경』은 성인이 백성을 가르친 글이고, 복서卜筮는 그 도를 신묘하게 하여 백성이 믿는 것이다. 선한 자는 길하고, 선하지 않은 자는 흉한 것은 이치가 저절로 그렇다. 만약 선하지 않으면 복서가 무슨 이익이겠는가? 형세에 어긋난 바가 있으면 때에 행할 수 없다. 때가 나에게 주어지지 않으니 행해도 무슨 이익이 있겠는가? '이정利貞', '정길貞吉', '정흉貞凶', '정려貞厲'라고 한 것은 미묘함이 깊은 것이다! 의심을 풀 뿐인데 얻은 것이겠는가?[42)

선한 자에게 하늘이 복을 내리는 것이 현실적으로 행해지면 모두 선한 행동을 할 것이다. 그렇지만 세상의 이치는 그렇지 않다. 나쁜 짓을 하고도 잘 살기도 하고 선한 자에게도 길하지 못한 일을 당할 때가 있다. 복서로 점을 치면 이정利貞', '정길貞吉', '정흉貞凶', '정려貞厲로 말하는데 여기서 정貞은 일이 올바름[正], 견고함[固]의 뜻이 있고 이정利貞은 인사人事에 관계하여 일을 맡아 처리하기에 마땅하다는 뜻이고 정길貞吉은 바른 일을 처리하고 결과가 길하다는 뜻이고 정흉貞凶은 비록 올바르다 하더라도 흉하다는 뜻이고 정려貞厲는 바르더라도 위태하다는 뜻이다. 모두 길흉을 표현한 말이다. 길흉은 형세에 따라 피할 수 없는 것도 있다. 때가 주어지지 않는데 점을 친다는 것은 아무 의미가 없다. 복서는 미신일 뿐이지 성인의 가르침이 아니다.

『역경』에 '신묘한 도는 가르침을 세운다.'라고 하였다. 왕정상이 성인은 천도의 신神을 보고 신도神道를 체화體化하여 설교하기 때문에 천하가 복종하지 않음이 없는 것이고 천도는 지극히 신묘하여 신도라 하였다고 하였다. 그래서 『역경』을 길흉을 전하는 책으로 인정하지 않는다. 그는 다만 감응을 묘하게 하여 변화를 이루는 것은 『역경』의 신神에서 살펴볼 수 있으니 신이라는 것은 학문의 극치라고 여긴다.[43]

> 『여씨월령呂氏月令』은 곧 견합부회牽合傅會한 책인데, …… 초겨울의 달에 "태사太史에게 명하여 희생의 피를 거북껍질과 시초[龜筴]에 발라 조짐을 점치게 하여 괘의 길흉을 살피게 한다"고 했는데 만약 다른 시기에 크게 의심난 일이 있었다면 점치려 하지 않겠는가? 그래서 "때를 기다려서 행해야 할 것은 공손히 인사人事를 받는 것이고, 때를 기다리지 않고 행해야 할 것은 이런 류가 그것이니, 대강 본받을 수 없다."고 한 것이다.[44]

태사는 신학에서 목사와 역할이 같다. 복서나 시초로 미래를 점치며 하늘과 인간 사이를 소통한다. 『여씨월령』은 네 개의 계절과 다섯 개의 방위를 목木·화火·토土·금金·수水와 배속시킨 것이다. 매번 계절마다 모두 그것과 상응히는 공간 방위와 덕이 존재하여 그것으로 길흉을 살피는 책이다.

(3) 점몽占夢 비판

점몽 미신은 고대에도 있었으나 명대에 대단히 성행하여 꿈으로 길흉을 점치는 직업인들이 많았으며 많은 점몽에 관한 서적이 세상에 나돌았다.[45] 사람들은 점몽이 길흉화복의 징조라고 여기며 전날 꾼 꿈을 가지고 해몽 전문가들을 찾아다니며 앞으로 닥칠 일에 대해 기대하거나 불안해했다. 이 때문에 왕정상은 꿈에서 생긴 일들은 세상에 사는 일에서 있었던 일이 연결되어 나타나는 것임을 분명히 하여 점몽을 비판하였다.

왕정상이 생각건대, 꿈은 주로 잠들기 전에 있었던 생각의 연속이다. 혹 그 일과 전혀 무관한 꿈을 꾸는 것은 과거의 인연에 의한 일이 꿈에 나타나는 것이다. 왕정상이 점몽을 비판하며 무신론으로 세운 학설 중 알려진 것은 형형색색의 괴이한 꿈이 만들어져 그대로 답습하여 널리 퍼져 다니는 인연[因衍]에 대해 과학적 해석을 내놓은 것이다. 왕정상은 과학적 관점에 비추어 다음과 같이 말한다.

> 꿈에 두 가지 이론이 있는데 백식魄識의 감응이 있고 사념思念의 감응이 있다. 어째서 백식의 감응이라 하는가? 오장백해五臟百骸는 모두 지각知覺을 갖추었기 때문에 기氣가 맑으면 퍼져서 천유天遊하고 비대하여 막히면 탁한 몸이 날아오르다가 다시 추락한다. 마음이 열려서 깨끗하면 끝없이 넓은[廣漠] 들에서 노닐고 마음이 번거롭고 촉박하면 두려워하며 굽신굽신한다. 뱀으로 착각한 것이 나를 어지럽히는 것은 허리띠가 이어진 것이고, 천둥소리가 귀를 진동하는 것은 북소리가 들어온 것이다. 배고프면 취하고 배부르면 나눠주고, 더운 것은 불 때문이고 추운 것은 물 때문이다. 이런 종류로 추론해보면 오장백식五臟魄識의 감응이 드러난다.[46]

꿈은 몸의 지각상태와 생각 두 가지가 원인이 되어 생긴다. 백식은 몸의 지각에 감응하여 꿈이 생기고 사념은 생각에서 감응하여 생긴다. 몸은 오장과 백해로 모두 지각 작용을 갖추었다. 그래서 몸에 기가 맑으면 천상에서 노니는 꿈을 꾸고 몸이 비대해지거나 힘들면 천상으로 날아오르지 못하고 추락하는 꿈을 꾼다. 꿈은 길흉을 점치는 미신이 아니고 몸의 상태와 직접 연결된다. 그뿐만 아니라 꿈에 뱀을 보았다고 말하는 것은 사실 꿈에 허리띠를 본 것일 수 있고 꿈에 천둥소리 들었던 것은 생시에 북소리 들은 것과 섞여서 생각한 것이다. 몸 상태 외에 또 생각이 그대로 연결되는 경우에 대해 다음과 같이 말한다.

> 어찌 사념의 감응이라 하는가? 도는 지인至人이 아니면 생각의 어지러
> 움을 끊을 수 없기에 전체[首尾]의 한 사건을 잠자기 전에 생각했으면
> 이미 잠든 후에 곧 꿈을 꾸게 된다. 이 때문에 꿈은 곧 생각이고 생각은
> 곧 꿈이다. 대개 예전에 했던 일이나 낮에 행했던 것이 꿈으로 들어오는
> 것은 연습緣習의 감응 때문이다. 대개 일찍이 본적이 없었던 것과 일찍이
> 들은 적이 없던 것이 꿈으로 들어오는 것은 인연因衍의 감응 때문이다.
> 괴변怪變을 말하면 귀신과 망상罔象이 일어나고 대사臺榭를 보면 천궐天
> 闕과 궁실宮至이 이르고 두꺼비를 죽인 것은 가지[茄]를 밟은 착각이었고
> 여자를 만난 것은 해골을 묻어준 은혜였고, 반복하여 변화하여 갑자기
> 물고기가 되었다가 갑자기 사람이 되고 잠에서 깨어나서도 둘 다 잊지
> 못하니 꿈속에서 꿈을 이야기하는 것이다. 이런 종류로 미루어 보건대
> 인심과 사념의 감응이 드러난 것이다."[47)]

사람은 생각의 고리를 완전히 끊기 쉽지 않다. 꿈은 깨어 있을 때 생각이 꿈에 나타난다고 보았고 본적이 없었던 것과 들은 적이 없던 것이 꿈에 나타나는 것은 인연因衍의 감응 때문으로 여겼다. 꿈속의 일과 실제 생활에서 일어날 수 있는 일을 억지로 비교하면 우연히 맞아떨어지는 일이며 꿈 중에서는 일의 실마리가 분명하지 않고 흐리멍덩하게 표현되어 훗날 나타날 실제 생활과 합치시키기 어렵다. 꿈으로 인연因衍을 알 수 있는 예를 보면, 대사臺榭를 보면 천궐天闕과 궁실宮至이 이르고 두꺼비를 죽인 것은 가지[茄]를 밟은 착각이었고 여자를 만난 것은 해골을 묻어준 은혜였고, 반복하여 변화하여 갑자기 물고기가 되었다가 갑자기 사람이 되고 잠에서 깨어나서도 둘 다 잊지 못하니 꿈속에서 꿈을 이야기하는 것이다. 이는 『장자』의 우화 '호접몽'에 잘 드러나 있다.

장자는 호접몽胡蝶夢의 우화에서 꿈에 나비가 되어 훨훨 날아다니고 꿈에서 깨면 장자로 돌아온다고 하였다.[48] 인간도 평소에 하고 싶었던 일과 만나고 싶었던 사람을 꿈속에서 하게 되거나 만나곤 하는데 사람이 아닌 나비가 되는 등 다른 물物이 되기도 한다. 이를 물화物化라고 하였다. 꿈에 즐겁게 지내다가도 깨면 친지의 초상을 당해 울기도 하고 꿈에 울다가도 깨어나 즐겁게 사냥을 나가기도 한다. 이는 생활의 연속이며 생각이 이어져서 일어나는 현상이라는 것이 그의 이론이다. 물화는 길흉을 나타내는 미신이 될 수 없다. 기분이 좋아 꿈에 나비가 되어 훨훨 날아다닌 것이다.

(3) 오행五行 술수 비판

그가 주장한 기氣 일원의 이론은 만사에 현실성을 지니며 실용적이고 적극적이다. 그의 현실적인 사유는 그의 자연 과학관에 미치는 영향 또한 크다. 그는 오행을 자연의 운행으로 여겼고 오행을 술수로 여기는 사람들은 성인의 마음에 어긋난 재이災異의 이론을 퍼뜨리는 자라고 비판했다. 그의 철학서 『신언』에 「오행」편이 있는데, "오행五行은 위인緯人이 개인의 지혜로서 억지로 합치시킨 것이고, 성인이 실증한 논의가 아니다."[49]고 하여 그의 과학적 사유로 오행 술수를 비판하였다.

한나라 이후 위인緯人과 위서緯書가 세간에 존재했는데 명대에도 변함이 없었다. 위緯는 씨실로 날실인 경經에 상대되는 개념이다. 위서는 화복·길흉·상서·예언을 기록한 책으로 『시위詩緯』·『역위易緯』·『서위書緯』·『예위禮緯』·『악위樂緯』·『춘추위春秋緯』·『효경위孝經緯』가 있었는데 이 책들은 전한 말기의 위작僞作이었다. 위인緯人은 이런 저서를 짓거나 이 책으로 길흉을 점치는 술사를 말하는데 근본을 버리고 말단에 힘쓰는 자들이다. 왕정상은 술사들에 대해 다음과 같이 비판한다.

알 수 없는 것을 빌려다가 두렵게 하는데, 이는 근본을 버리고 말단에 힘쓰는 것이다. 오래되면 감응이 없게 되고, 장차 스스로 그 술수를 상실하게 될 것이니 어떻게 선善이 좋을 수 있겠는가? 부처가 사람을 어리석게 하는 것에 가깝다. 이 때문에 성인은 성명性命의 근본에 통달하고 중정中正의 길에 서서, 비록 신도神道로서 가르침을 세웠지만, 천지를 존중하면서 업신여기지 않고, 귀신을 공경하면서 멀리하고 경經을 지키고 사물을 바르게 이해하고, 황탄 괴이함으로 꾸미지 않는다면, 풍속이 동일하게 되어 백가百家가 소멸할 것이다.[50]

공자는 귀신을 가까이 여기지 말라고 하였다.[51] 왕정상 역시 귀신에 제사 지내 음사淫祀를 쫓아내어 귀신과 감응하는 것은 바르지 않다고 보았으며 이는 요도妖道를 배격한 것이고 천인天人의 화복을 믿는 것이며 근본을 열어 잘못으로 흘러감을 막고자 한 것이라고 설명하였다.[52] 경전의 음양을 위서에서 술수로 가져다 쓰는 것은 성명性命의 근본에서 어긋나는 것이며 괴이함으로 꾸민 것이다. 전국시대 이후 백가들이 세상에 나와 다양한 목소리를 냈는데 이들은 경經을 지키지 않고 또 사물을 바르게 이해하지 못한 자들이었다.

『서경』에 오행의 개념은 백성을 이롭게 하고, 팔주八疇의 근본은 백성들의 씀이 풍족한 이후에 정치가 흥할 수 있는 것임을 말한 것이다.[53] 또 '옛적에 곤鯀이 홍수를 막아 오행을 어지럽게 늘어놓으니 상제가 진노하였다.'[54]라고 하였는데 여기서 오행을 어지럽혔다 함은 홍수를 막은 것이 자연의 순리를 거역했다는 것이다. 곤의 치수 방법은 흐르는 물을 틀어막는 수래토엄水來土掩이었다. 이는 물길을 막는 것이라 자연의 순리인 오행을 어지럽혔다고 한 것이다. 음양과 오행은 천도로 하늘의 운행 법칙이다. 하지만 고대 음양 오행가들은 운행 법칙을 견강부회하며 권세를 누리고 임금을 현혹되게 하였다. 이 때문에 왕정상은 '음양에 빠진 자는 반드시 천도를 몹시 왜곡하고, 오행에 부회傅會된 자는 반드시 임금의 경청을 현혹되게 할 것이다.'55)고 하였다.

(4) 도교 신선설 비판

당시 명대 왕실에서도 사회에서 성행하던 도가의 연단법이 성행하고 황제가 신선이 되고자 하여 도교의 도사나 진인眞人들을 왕실로 끌어들였다. 그 때문에 그는 도교신선설을 강하게 비판한다. 명대 황제 중 태조는 장도릉56)의 42세 손인 장정상張正常에게 정일교의 후계자 진인으로 추대하고 '정일사교진인正一嗣敎眞人'이라고 적힌 인장과 2품의 품계를 내렸으며 친히 『도덕경』에 주석을 달고 『주전선전周顚仙傳』을 제작했다.57) 또 왕정상이 마지막으로 정치 일선에서 모셨던 세종까지도 왕실에서 도교를 숭상하여 널리 방사를 구했고 진인에게 높은 품계를 주어 곁에 두고 도교 연단술을 따랐으며 그들에게 인장, 금, 관대, 법복 등을 하사하였다. 이로 인해 사회 전반적으로 도교가 성행하였다.

연단으로 신선이 되고자 하는 것은 도교의 중심사상이다. 당시 신선이 된다는 것은 반드시 천상의 신선이 되지 않고서도 속세에서 신선들 삶의 방법을 따르며 오래도록 살겠다는 의미로 해석되었다. 왕정상은 오래 살고자 하는 것은 사람이면 누구나 지니는 욕망임을 긍정하여 오래 살 수 있는 다른 방법으로 진기眞氣를 가득 채워 성하게 할 수 있으면 신명이 힘차고 정력이 강해진다고 주장하였다. 그렇게 되면 만 가지 병이 다 사라지니 저절로 장수 할 수 있다고 하며 가정제 이후 왕들이 도교의 연단鍊丹을 써서 신선이 되고자 하는 것을 강력히 비판하였다.

왕정상은 도교에서 과욕명심寡欲冥心하여 수명을 오래갈 수 있게 몸을 보양해야 한다는 점은 인정하고 동의하나 연단의 방법으로 신선이 되는 것은 미신이라고 주장한다. 즉 모래를 걸러서 납을 제련하고 그 납을 금석으로 변하게 하는 것이니 절대로 그렇게 될 수 없다고 하며 이는 과학적 사실과 멀리 떨어진 것[58]임을 주장하였다. 그는 도교에서 말하는 '황백지술黃白之述'을 믿지 않으며, 금단을 복용하여 신선이 된다는 말은 장수하는 것에 도움이 되는 것이 아니라 사람의 생명을 위협하는 터무니없는 말이라고 강력하게 황제에게 건의하기도 했다.[59] 그는 '욕심을 적게 하고 마음을 조용히 안정시키고 보양하여 장수하는 것이 자연스러운 실제 이치이다. 금석을 변하게 하는 것은 도가 크게 다르다.'[60]고 하였다. 그는 도교의 황백지술을 비판하며 다음과 같은 시를 지었다.

> 도 외에 특별히 세속의 마음을 전하는데 한층 한 알갱이가 황금으로 변할 수 있다네. 갈홍이 산 위에서 진인이 되었거늘 흐르는 물에 떠 있는 복사꽃 깊고도 깊네.[61]

그는 세속에 도가 아닌 다른 일들이 서로 통하고 있다고 여겼는데 그것이 황백지술이다. 광동성 혜주惠州에 위치하는 나부산에서 이 연단법을 만든 갈홍[62]이 자신이 만든 연단을 복용하고 산 위에서 진인이 되었다고 하는데, 이백이 지은 〈산중문답〉의 '복사꽃이 흐르는 물에 아득히 떠내려가니 이는 인간 세상이 아니라 별천지이네.'[63]라고 노래한 것에 비유하여 황백지술도 인간 세상의 일이 아닌 다른 세상의 일이라고 하였다.

그는 도교의 양생 전반을 부정한 것이 아니다. 금단법이나 현실적이지 못하고 미신적인 사유 등을 강력히 부정하였고 양생이라는 측면은 긍정하였다. 그는 개혁적 정치가로서 정치 사회 안에서 발생하는 문제들을 반드시 현실적이고 실증적인 사유에 따라 고쳐 나갈 것을 주장하였다. 그래서 그는 도가의 성행을 우려하고 황제가 연단법을 이용하여 장수하는 데에 정신을 팔고 있는 점을 우려하여 양생의 핵심을 다음과 같이 설명한다.

생명을 양성하는 것은 절제하는 법이고, 기를 양성하는 것은 術이다. 무엇을 말하는가? 사람은 태어나면서 원기元氣를 받았는데 각자 장단長短이 있다. 스스로 깨달은 이래 탐애貪愛에 의해 가혹하게 침해당하고, 포려暴戾에 의해 좀 먹혔기[蠹蝕] 때문에 긴 것은 짧아지고 짧은 것은 촉박해져서 천년天年을 다하고서 생을 마칠 수 없다. 이 때문에 성지聖智를 지닌 사람에게 양생의 논의가 있게 되었는데 대요大要는 조금도 근심을 내지 말고 기욕嗜欲을 줄이고 음식을 절제하고 기거起居를 신중히 하고 시후時候에 순응하고 기체氣體를 조화롭게 하고 관절關節을 이롭게 하라는 것일 뿐이다.64)

그가 주장하는 양생의 핵심은 지나치게 근심하지 말고, 욕심을 줄이고 음식을 절제하고 거처함에 늘 신중하고 때에 순응하고 기를 조화롭게 하고 오관과 뼈마디를 건강하게 하는 것이다. 이런 부분에 신경을 쓰면 기가 상하지 않게 되어 질병이 생기지 않는다. 생명을 양성하는 것은 절제하는 것이 방법이고, 기를 양성하는 것은 하나의 기술이다. 사람의 생명은 정기에 근본이 있고 기는 호흡과 관련이 있다. 이 호흡법을 術述이라 한다. 그 술은 '숨을 들이켜 쉬면 기가 올라가고 마음껏 끌어당겨서 극상極上에서 쏟아낸다. 숨을 내쉬면 마음껏 끌어당겨서 극하極下에서 쏟아낸다. 오래 계속하면 극상에는 수해髓海가 차서 넘쳐 여러 뼈에 두루 도달한다. 극하에는 기해氣海가 충만하여 여러 맥脈에 통하게 된다.65) 이것이 왕정상이 주장하는 양생이다.

주석

1) 천天이 경전에 사용된 다양한 의미는 ① 일반적으로 하늘을 가리키는 의미로 쓰고 있지만, ② 저절로 그러한 현상[自然]이나 천성 혹은 태생이라는 의미로 쓰인 경우, 『순자』에 "장자는 저절로 그러함[天]에 가려져 인간을 알지 못하였

다."라고 쓰였고 유종원의 『종수곽탁타전』에 "저는 나무가 장수하거나 쑥쑥 자라게 할 수는 없고 나무의 천성[天]에 순종하여 본성을 다하도록 할 뿐입니다."라고 하여 타고나며 지닌 품성의 의미로 적었다. ③ 고대에는 인간들이 만사에 주재자[天]가 있다고 여겼는데 그 주재자 혹은 신神으로 쓰인 경우, 『시경』에 "누추하고 가난한데, 내 어려움 알아주는 이 없네. 그만두어라, 주재자가 하시는 일, 말해서 무엇하리."라고 하여 세상일이 내 뜻대로 되지 않고 천신이나 주재자의 능력에 달려있음을 나타냈다. ④ 천명이나 운명을 뜻하는 경우, 『논어』에 "생사는 운명에 달려있고, 부귀는 천명에 달려있다."고 하여 명과 천을 함께 천명의 의미로 썼다. ⑤ 의존하거나 기대는 곳으로 쓰는 경우, 『한서』에 "왕이 된 자는 백성을 근본[天]으로 여기고, 백성은 먹거리를 근본[天]으로 여긴다."고 하였으니 근본으로 삼거나 의지하는 곳이 천이 된다. ⑥ 날씨[天氣]나 계절의 의미로 쓰인 경우, 『사기』에 "고조가 몸소 군사를 이끌고 가서 토벌에 나섰다. 마침 날씨[天]가 추워서 병사들 열에 두셋이 손가락이 얼어서 떨어져 나가자 결국 평성平城으로 물러났다."라고 하여 날씨가 추운 것을 천한天寒이라고 썼다. 계절로 쓰인 경우는 두보의 〈춘일억이백〉 시에 "이곳 위수 북쪽엔 나무의 봄빛[春天]이 싱그러운데, 당신은 그곳 강동에서 해 저문 구름을 보고 계시겠지요."라고 하여 사계절에도 천을 붙였다. 흔히 이는 현대 중국어에서 날씨와 계절에 반드시 천을 붙여 사용하고 있다. 그 외에도 형벌의 의미로 쓰여 두려운 존재가 천이었다.

2) 『서경』, 「商書·湯告」: 天道福善禍淫, 降災于夏, 以彰厥罪.[하늘의 도道는 착한 사람에게 복福을 주고 나쁜 사람에게 화禍를 내리는 것이다. 그렇기에 하늘은 하夏나라에 재앙災殃을 내려 그 죄罪를 밝힌 것이다.]

3) 『논어』, 「顔淵」: 齊景公, 問政於孔子. 孔子對曰, 君君臣臣父父子子. B.C. 6세기경 중국 제齊나라의 왕 경공景公이 공자에게 정치에 대해 묻자 공자가 대답한 말이다.

4) 『논어』, 「述而」: 子不語怪力亂神. 주자 주: 怪異勇力, 悖亂之事, 非理之正, 固聖人所不語. 鬼神, 造化之迹, 雖非不正. 然非窮理之至, 有未易明者. 故亦不輕以語人也.[괴이한 일, 힘 쓰는 일, 세상을 거스르고 어지럽히는 일은 이치의 바름이 아니니 진실로 성인이 말씀하지 아니하는 바이고, 귀신은 조화의 자취이니 비록 바르지 않은 것이 아니나, 이치의 지극함을 궁구하지 아니하면 쉽게 밝히지 못하므로 또한 가벼이 사람들에게 말하지 못하느니라.] 당시 혼란한 사회 상황에서 영험靈驗함을 보인다고 하여 귀신이나 도깨비 등을 찾아 섬기고 제사 지내는 괴이한 행위들이 있었기에 공자가 그렇게 말씀하셨다. 여기서 공자의 합리적 사유를 알 수 있다.

5) 『논어』, 「雍也」: 樊遲問知, 子曰, "務民之義, 敬鬼神而遠之, 可謂知矣." 번지가 지혜에 대해서 여쭙자, 공자께서 말씀하셨다. "사람이 지켜야 할 도의에 힘쓰고, 귀신은 공경하되 멀리하면 지혜롭다 할 수 있다."

6) 『맹자』, 「盡心 上」: 孟子曰, 盡其心者, 知其性也. 知其性, 則知天矣.

7) 董仲舒, 『春秋繁露』, 「陰陽義」: 與天同者大治, 與天異者大亂. 故爲人主之道, 莫明於在身之與天同者而用之, 使 喜怒必當義而出. 如寒暑之必當其時乃發也.

8) 『순자』, 「天論」: 天職既立, 天功既成, 形具而神生, 好惡喜怒哀樂臧焉, 夫是之謂天情. 耳目鼻口形能各有接而不相能也, 夫是之謂天官. 心居中虛, 以治五官, 夫是之謂天君.

9) 『순자』, 「天論」: 天行有常, 不爲堯存, 不爲桀亡. 應之以治則吉, 應之以亂則凶.

10) 『순자』, 「天論」: 彊本而節用, 則天不能貧. 養備而動時, 則天不能病. 脩道而不貳, 則天不能禍. 故水旱不能使之飢, 寒暑不能使之疾, 祅怪不能使之凶. …… 受時與治世同, 而殃禍與治世異, 不可以怨天, 其道然也.

11) 『순자』, 「儒效」: 分不亂於上, 能不窮於下, 治辯之極也.

12) 『순자』, 「非相」: 故人道莫不有辨, 辨莫大於分, 分莫大於禮, 禮莫大於聖王.

13) 『신언』, 「道體」: 天者, 太虛氣化之先物也.

14) 『신언』, 「道體」: 天地之始, 靜而無擾, 故氣化行焉. 化生之後, 動而有匹, 故種類相生焉.

15) 『신언』, 「道體」: 有太虛之氣而後有天地, 有天地而後有氣化, 有氣化而後有牝牡, 有牝牡而後有夫婦, 有夫婦而後有父子, 有父子而後有君臣, 有君臣而後名教立焉.

16) 『신언』, 「五行」: 雨暘時若, 風霆流行, 天地之德化也. 世有風雷之師, 雲雨之巫, 是人握其權矣; 土主木偶, 行禱求應, 是鬼司其機矣, 然乎! 儒者假借而罔正於道, 傷造化之大倫, 邪誣之俗, 誰其責哉!

17) 『순자』, 「天論」: 天行有常, 不爲堯存, 不爲桀亡.

18) 『신언』, 「五行」: 國家之興替, 人事之善否也.

19) 『아술 상』: 盡民事之實卽災自消.

20) 『아술 상』: 吉凶, 人事之常; 斗噪, 物性之感, 皆實事也.

21) 『순자』, 「天論」: 大天而思之, 孰與物畜而制之! 從天而頌之, 孰與制天命而用之.

22) 劉禹錫, 『天論』: 天之能, 人固不能也. 人之能, 天亦有所不能也.

23) 馮禹, 김갑수 역, 『中國의 天人關係論』(서울, 논형, 2008): 292~298쪽 참조.

24) 유우석, 『天論』: 防害用濡, 禁焚用光.

25) 유우석, 『天論』: 天非務勝乎人者也, 何哉. 人不宰則歸乎天也. 何哉. 故人可務乎勝也.

26) 『신언』, 「五行」: 堯有水, 湯有旱, 天地之道適然爾, 堯湯奈何哉? 天定勝人者, 此也. 堯盡治水之政, 雖九年之波, 而民罔魚鱉; 湯修救荒之政, 雖七年之亢, 而野無餓殍, 人定亦能勝天者, 此也, 水旱何爲乎哉! 故國家之有災沴, 要之君臣德政足以勝之, 上也.

27) 馮禹, 김갑수 역, 『中國의 天人關係論』(서울, 논형, 2008): 297쪽 참조.

28) 宋昌基, 『明淸 儒家 天論』, 328쪽 참조.

29) 『왕씨가장집』 卷28: 余嘗以爲元氣之上無物, 有元氣卽有元神, 有元神卽能運行而陰陽, 有陰陽卽天地萬物之性理備矣, 非元氣之外又有物以主宰之也.

30) 『내태집』: 神者形氣之妙用.

31) 『신언』, 「道體」: 氣通乎形而靈. 人物之所以生, 氣機不息也. 機壞則魂氣散滅矣, 惡乎! 靈, 有附物而能者, 亦乘其氣機者也. 頃亦散滅而已矣. 故鬼者, 歸也, 散滅之義也.

32) 『신언』, 「道體」: 氣之靈爲魂, 無質以附麗之則散. 燈火離其膏木而光滅是矣. 質之靈爲魄, 無氣以流通之則死. 手足不仁, 而爲痿痹是矣. 二者相須以爲用, 相待而一體也.

33) 『아술 상』: 諸儒於體魄, 魂氣, 皆云兩物, 又謂魄附於體, 魂附於氣. 此卽氣外有神, 氣外有性之論. 以愚言之, 殊不然. 體魄, 魂氣, 一貫之道也. 體之靈爲魄, 氣之靈爲魂. 有體卽有魄, 有氣卽有魂. 非氣體之外別有魂魄來附之也. 且氣在則生而有神, 故體之魄亦靈; 氣散則神去, 體雖在而魄亦不靈矣. 是神氣者又體魄之主, 豈非一貫之道乎?

34) 『아술 상』: 鬼神一道, 皆氣之靈也, 不可分陰陽魂魄. 神乃陰陽之所爲, 鬼亦陰陽之所爲; 無魂氣則鬼神滅, 魂氣散則魄不靈, 直是一道.

35) 『신언』, 「五行」: 人事之相感招也, 而鬼神不與焉.

36) 『아술 하』: 星隕如雨, 予嘗疑之. 今嘉靖十二年十月七日夜半, 衆星隕落, 眞如雨點, 至曉不絶, 始知春秋所書夜中星隕如雨, 當作如似之義, 而左氏乃謂星與雨偕, 蓋亦揣度之言, 不曾親見, 而不敢謂星之落眞如雨也. 然則學者未見其實跡, 而以意度解書者, 可以省矣. 所隕者, 星之光氣, 星之體實未隕也.

37) 『아술 하』: 明于人之道者, 不惑于非類.

38) 『춘추좌씨전』,「召公 18年」: 裨竈曰, 不用吾言, 鄭又將火. 鄭人請用之, 子産
不可. 子大叔曰, 實以保民也. 若有火, 國幾亡. 可以救亡, 子何愛焉. 子産
曰, 天道遠, 人道邇, 非所及也. 何以知之, 竈焉知天道, 是亦多言矣. 豈不
或信. 遂不與, 亦不復火.

39) 『명사』,「藝文志」에 복서卜筮에 관해 기록된 책 저자와 명칭: 馬貴, 『周易雜
占』; 季本, 『著法別傳』, 2권; 周瑞, 『文公斷易奇書』, 3권; 王宇, 『周易占林』,
4권; 錢春, 『五行類應』, 8권; 劉均, 『卜筮全書』, 8권; 趙際隆, 『卜筮全書』,
14권; 蔡士順, 『皇極秘數占驗』, 鮑栗之, 『麻衣相法』, 7권; 李廷相, 『人相
編』, 12권; 劉翔, 『奇門遁甲兵機書』, 20권; 鮑世彦, 『奇門征義』, 4권, 『奇門
陽遁』, 1권, 『陽遁』, 1권 등 당시 사회에 나돌던 복서를 적은 책에 관해 기록하
고 있다.

40) 『논형』,「變虛」: 宋景公之時, 熒惑守心, 公懼, 召子韋而問之曰: "熒惑在心,
何也?" 子韋曰: "熒惑, 天罰也, 心, 宋分野也, 禍當君. 雖然, 可移於宰相."
公曰: "宰相所使治國家也, 而移死焉, 不祥." 子韋曰: "可移於民." 公曰: "民
死, 寡人將誰爲也? 寧獨死耳." …… 子韋退走, 北面再拜曰: "臣敢賀君. 天
之處高而耳卑, 君有君人之言三, 天必三賞君.

41) 『시경』,「魏風·氓」: 爾卜爾筮, 體無咎言, 以爾車來, 以我賄遷. [거북점 치고
시초점 쳐서 점괘에 나쁜 말 없으면 그대 수레 몰고와서 나의 혼수감 옮겨가세
요.] 시의 일부임

42) 『신언』,「文王」: 易者, 聖人敎民之書也; 筮者, 神其道, 民信也. 善者吉, 不善
凶, 理自然也. 苟不善焉, 筮之何益. 勢有所軋, 時不可爲也. 時不我與, 爲
之何益. 謂之 "利貞"、"貞吉"、"貞凶"、"貞厲", 微乎深哉! 決疑而已, 得乎.

43) 『아술 하』: 觀易之神. 神也者, 學之極致也夫.

44) 『아술 하』: 呂氏月令乃牽合傅會之書, …… 孟冬之月, 命太史釁 龜筴占兆,
審卦吉凶, 使他時有大疑大事, 將不得占邪. 故曰: 有俟時而行之者, 敬授
人事者也; 有不俟時而行之者, 此類是也, 不可以概擬也.

45) 陳士元, 『占夢逸旨』, 8卷; 張幹山, 『古今應夢異夢全書』, 4卷; 童軒, 『紀夢
要覽』, 3卷; 張鳳翼, 『夢占類考』, 12卷; 陳士元, 『夢林元解』, 34卷 등등. 高
令印·樂愛國, 『王廷相評傳』(南京: 南京大學出版社, 2011), 119쪽 참조.

46) 『아술 하』: 夢之說二, 有感於魄識者, 有感於思念者. 何謂魄識之感? 五髒百
骸皆具知覺, 故氣淸而暢則天遊, 肥滯而濁則身欲飛揚也而復墜; 心豁淨
則遊廣漠之野, 心煩迫則局蹐冥竇; 而迷蛇之擾我也以帶系, 雷之震耳也以
鼓入; 饑則取, 飽則與; 熱則火; 寒則水. 推此類也, 五臟魄識之感著矣.

47) 『아술 하』: 何謂思念之感? 道非至人, 思擾莫能絶也, 故首尾一事, 在未寐 之前則爲思, 旣寐之後卽爲夢, 是夢卽思也, 思卽夢也. 凡舊之所履, 晝之 所爲, 入夢也則爲緣習之感; 凡未嘗所見, 未嘗所聞, 入夢也則爲因衍之感; 談怪變而鬼神罔象作, 見臺榭而天闕王宮至, 殲蟾蜍也以踏茄之誤, 遇女 子也以瘞骼之恩, 反復變化, 忽魚忽人, 寐覺兩忘, 夢中說夢. 推此類也, 人 心思念之感著矣.

48) 『장자』, 「齊物論」: 昔者莊周夢爲胡蝶, 栩栩然胡蝶也, 自喩適志與! 不知周 也. 俄然覺, 則蘧蘧然周也. 不知周之夢爲胡蝶, 胡蝶之夢爲周與? 周與胡 蝶, 則必有分矣. 此之謂物化.

49) 『신언』, 「五行」: 王子曰, 緯人私智强合, 非聖人實正之論也.

50) 『신언』, 「五行」: 假不可知者而恐懼之, 是舍本而務末也. 久而無應, 將自喪 其術, 何善之能趨, 幾於佛氏之愚人矣. 是故聖人通於性命之本, 立於中正 之途, 雖以神道設敎也, 尊天地而不瀆, 敬鬼神而遠之, 守經正物, 不飾妖 誕, 則風俗同而百家息矣.

51) 『논어』, 「雍也」: 敬鬼神而遠之.[귀신을 공경하되 멀리하라.] 귀신을 공경함은 조상을 받드는 것이다. 귀신을 가까이하면 경經을 존중하지 않고 백가에 가깝게 된다.

52) 『신언』, 「五行」: 日祛淫祀也, 而瀆鬼神之感應; 日擊妖道也, 而信天人之休 咎, 是啓源而欲塞流矣.

53) 『서경』, 「周書·洪範」: 五行利民, 八疇之本, 言民用足而後政可興也.

54) 『서경』, 「周書·洪範」: 在昔鯀陻洪水, 汨陳其五行, 帝乃震怒.

55) 『신언』, 「五行」: 淫僻於陰陽者, 必厚誣天道; 傅會於五行者, 必熒惑主聽.

56) 장도릉張道陵(34~156)은 장수江蘇 풍현豐縣 사람으로 중국 도교의 일파인 오두 미도五斗米道의 창시자이다. 당시 도교에 들어오려는 자는 쌀 다섯 말을 내야 했기에 오두미도五斗米道라 불렸다. 오두미교는 아들인 장형張衡, 손자인 장로 張魯에게로 전해지고 증손인 장성張盛이 용호산으로 이주하여, 도교 중의 일파 인 정일교가 되었다. 그들은 시조인 장도릉張道陵을 '천사天師'라고 불렀다.

57) 『명사』卷52, 「紀事本末」: 명대 황제들이 진인眞人을 대우한 내용이 적혀 있다.

58) 『왕씨가장집』卷27, 「答吳宿威太守」: 王廷相以否定的口氣指出: "寡欲冥 心, 以頤壽算, 此自實理. 煉鉛養沙, 以變金石, 道殊不然.

59) 당시 가정제가 도가를 숭상하여 '연단성선練丹成仙'의 미신적 사유가 모든 사회 에 만연되어 있었다. 또 세종은 온 정신을 연단으로 신선이 되는[練丹成仙]에 쏟아 정사를 돌보지 않아서 왕정상은 미신타파를 더욱 강하게 주장하게 되었을

것으로 본다.

60) 『왕씨가장집』卷27,「答吳宿威太守」: 寡欲冥心, 以頤壽算, 此自實理. 煉鉛養沙, 以變金石, 道殊不然.

61) 『내태집』卷2,〈遣興〉: 道外別傳出世心, 更能一粒變黃金. 葛洪山上眞人在, 流水桃花深復深.

62) 갈홍葛洪은 중국 동진東晉 때의 문학가이자, 도교 이론가·의학가·연단술가煉丹術家로 유학에 뜻을 두는 한편으로 신선 양생술을 좋아했고, 의학에도 정통했다.

63) 이백,〈山中問答〉: 問余何事棲碧山, 笑而不答心自閑. 桃花流水杳然去, 別有天地非人間.[나더러 무슨 일로 푸른 산에 사느냐고 물으니 웃으며 대답하지 않으니 마음이 스스로 한가롭네. 복사꽃이 흐르는 물에 아득히 떠내려가니 인간 세상이 아니라 별천지이구나.]

64) 『아술 하』: 養生者節制之常也, 鍊氣則術也. 何以言之? 人生元氣所稟, 各有長短. 自有知以來, 爲貪愛侵剝, 暴戾蠹蝕, 故長者短, 短者促, 不得盡天年而終. 是以聖智之人有養生之論, 大要不出少思慮, 寡嗜欲, 節飲食, 慎起居, 順時候, 和氣體, 利關節而已矣.

65) 『아술 하』: 故吸則氣升, 遂以意引之, 注於極上; 呼則氣降, 遂以意引之, 注於極下. 久之, 極上則髓海盈溢, 遍達於諸骸; 極下則氣海充滿, 透徹於諸脈.

제6장

성론性論

성은 인간이 원기로 형체를 받고 형체에 함께 부여받는 본성을 말한다. 이 본성은 성질性質, 성품性品, 성격性格, 성향性向 등으로 나타난다. 맹자와 주자는 하늘로부터 품수받은 본성이 선하다고 주장하나 기론자들은 기로 인해 받은 사람의 성은 사람마다 다르게 지니고 타고나 성에 선도 있고 악도 있다고 주장한다. 기와 성의 관계에서는 기즉성氣卽性이라고 하고, 성은 태허에 있는 원기로부터 생겨나서 생과 함께하고 서로 의지하여 떨어지지 않는다고 하여 성의 자연주의를 표명하였다. 이 장에서는 성과 기의 상관성과 자연주의 성론에 대해 살펴본다.

1. 성性과 기氣의 관계

1) 성과 기의 상관성[性氣相資]

왕정상의 성론은 정주리학의 심성이원론1)을 비판하며 원기실체에 근원하여 생겨난다. 왕정상은 만물은 기에서 생겨나며 기에서 성이 생겨난다[性生於氣]는 주장을 하였다. 그는 본체론적으로 기가 우주 실체가 되며 리는 기에 속해 있으며 기가 없으면 당연히 리도 없기에 성과 기는 서로 밑거름으로 삼고 서로 떨어지지 않는다고 하여 성기상자性氣相資를 표명한다. 왕정상은 인간의 본성은 기로 인해 생긴다고 아래와 같이 말한다.

> 성은 기에서 생겨나며 만물 또한 그러하다. 송유들은 단지 맹자의 성선만을 억지로 받아들인 까닭에 기를 떠나서 성을 논하여 성의 내용이 후세에 분명하게 드러나지 못하였고 오히려 여러 학자의 논의만 일으켰으니 누구의 잘못인가?[2]

왕정상의 성론에 대한 기본 관점은 '성이 기에서 생겨난다'는 것이다. 정주리학에서는 본성은 맹자의 성선을 받아들이고 「중용」의 '천명지위성天命之謂性'의 관점에 따라서 성이 바로 천명이다. 천명은 인간에게 천리로서 천성을 부여한다. 그래서 성과 리의 관계는 '성이 바로 리이다.[性卽理]' 주희는 성은 바로 천리이기 때문에 선善한 것이고 심은 기가 원인하고 정이 개입되어 악도 있다고 보았다. 주희는 인간의 심에 있는 선악의 문제를 해결하기 위해서 성과 심을 나누어 이원화시켰다. 『설문해자』에 성性은 사람의 양기로 선한 것이고 정情은 사람의 음기로 욕欲을 지닌 것이다.[3]하여 성은 천명으로 순선純善의 의미를 부여하고 정은 후천적으로 생겨난 욕의 일종으로 바라보았다. 성의 해석은 학자들이 천을 인격화하여 도덕관을 주입하는가 아니면 천을 그대로 자연천으로 해석하는가에 따라 다른 성론이 나오게 된다.

공자는 자공이 성과 천도에 관해 묻자, '잘 모르겠다.'[4]고 답했지만 사실상 공자는 습성의 중요함과 상지上智와 하우下愚를 구분하여 타고난 본성의 다름을 지적하였으니 성에 대한 논의는 전통유가에서부터 중시되었다. 북송의 장재에 와서는 '태허즉기太虛卽氣'라는 천관을 제시하면서 태허의 기에 순선純善한 도덕관을 넣어 인간의 본성이 되었다. 장재는 성과 천도에 대해 아래와 같이 말한다.

a. 태허로 말미암아 천의 이름이 있고 기화로 말미암아 도의 이름이 있으며 허와 기를 합하여 성의 이름이 있고 성과 지각을 합하여 심의 이름이 있다.[5]

b. 천지의 기는 비록 모이고 흩어지며 물리치고 취하는 작용이 온갖 과정으로 되지만 그 이치의 성격은 순조롭고 망령되지 않다. 기가 만물이 됨은 흩어져 형태가 없는 상태로 들어가도 본질적 상태를 유지하며 모여서 형상화되는 경우에도 본래의 항상성을 잃지 않는다. 태허에는 기가 없을 수 없고 기는 모여서 만물이 되지 않을 수 없고 만물은 흩어져 태허로 되지 않을 수 없다.[6]

장재의 인성론에서는 허와 기가 합한 것[合虛與氣]이 성이 되고 성과 지각이 합해져서 심이 된다. 장재 인성론에서 성은 둘로 나뉜다. 허는 태허의 기이고 기는 기질이기 때문에 허에서 순수한 기로 받은 '천명의 성'과 기氣만으로써 지각과 합쳐지기 쉬운 '기질의 성'으로 분리되며 천명의 성은 모두 같이 부여받지만, 기질의 성은 만물이 각기 다르게 얻게된다. 또 태허의 기가 지니는 특징은 형태가 없고 맑게 통하여 막히는 것이 없으며 그래서 신령하다.[7] 그런데 때때로 맑음이 반대로 되면 흐려지고 흐리면 막히게 되며 막히면 형태를 지니게 된다.[8] 이 때문에 그는 흐리고 막힐 수 있는 기질지성을 따로 설정하였다. 장재 인성론에서 성은 두 측면을 합한 것이다. 천명의 성과 기질의 성으로 나누는 것은 장재와 정호·정이 형제의 성론이고 주희는 천명의 성만을 성이라 하고 기질은 정으로 나타나며 심에 있는 것으로 말하고 천명의 성을 형이상의 것으로 기질의 심을 형이하의 것으로 설정한다. 송대 학자들이 본성과 기질을 두 개의 다른 물로 본 것에 대해 왕정상은 아래와 같이 강하게 비판한다.

(장재가 말하길) "성과 기는 원래 두 개의 물이다. 기가 비록 존망存亡이 있다 하더라도 성은 기 밖에서 탁월하게 자립한다. 기의 취산 때문에 존망하는 것이 아니다." …… (왕정상이 말하길) "인의예지가 유자들이 성이라고 말하는 바인데 지금으로부터 그것을 논하면 마치 심이 사랑함에서 나와서 인이 되고 심이 마땅함에서 나와서 의가 되고 심이 공경함에서 나와 예가 되고 심이 아는 바에서 나와 지가 된 것처럼 모든 사람의 지각운동이 이루어진 후에 인의예지가 이루어진다. 만일 사람이 없다면 심이 없다. 심이 없다면 인의예지는 어디서 나올 것인가? 이 때문에 생이 있으면 성을 말할 수 있고 생이 없으면 성 또한 멸한다. 어디에서 취했다고 말하겠는가? 답은 성의 유무는 기의 취산에 달려있다는 것이다.[9]

장재가 기를 우주 본체로 보면서도 인간이 지닌 성을 천명으로 본 것에 대해 왕정상은 비판하였다. 본성의 인의예지仁義禮智는 사람만이 지니는 것이기 때문에 사람이 생겨나지 않았을 때는 그것이 있을 수 없다. 즉, 사람이 사랑하는 감정이 생기면 인이 생기는 것이고 마땅함의 일이 생기면 의가 발생하며 공경할 대상이 있어야 예가 발생하고 아는 바가 생겨야 지가 생기는 것이라고 주장한다. 그는 공허한 우주의 실체에 인의예지의 도덕적 가치를 부여하는 것은 추상적이고 이성적인 것일 뿐 현실과는 괴리가 있다고 판단하고 사람도 하나의 물物이기 때문에 기의 취산聚散작용에 따른 유무有無에 불과하다고 하였다. 왕정상은 성과 기의 관계에서 성의 선악에 관한 견해를 다음과 같이 말한다.

기氣는 천지의 중심이 될 수 없으나 사람은 천지의 중심이 될 수 있다.

160

사람은 음양 두 기가 잘 조화된 것을 받았기 때문에 만물과 다르다. 성性은 사람의 중심이 될 수 없으나 선善은 사람의 중심이 될 수 있다. 기는 치우침과 어긋남이 있으나 선은 성이 중화中和한 것이다. 이 때문에 눈이 색에 대해, 귀가 소리에 대해, 코가 냄새에 대해, 입이 맛에 대해, 사지가 편안함에 대한 것을 맹자가 성이라고 말하지 않은 것은 그것이 기에서 나오기 때문이었다.[10]

천지의 중심은 사람이고 사람의 도덕 중심은 선善이다. 인간의 본성은 기로 받은 것이기 때문에 눈이 색에 대해, 귀가 소리에 대해, 코가 냄새에 대해, 입이 맛에 대해 좋은 것을 바라고 사지가 편안하기를 원한다. 이런 욕망은 성이 지닌 악이 아니고 자연스러움이다. 그러나 기로 받은 성은 욕망으로 치우침이 강하다. 인간은 좋고 편안한 것을 좋아하고 귀찮고 힘들고 어려운 것을 싫어하는 본성을 지니고 타고 난다. 이런 것을 악이라고 할 수 없다. 단지 본성이 지닌 자연스러움이다. 만약 본성이 천리의 순선만 지니고 타고 난다면 인간에게 본래적으로 지닌 이런 자연스러움은 설명할 수 없다. 왕정상의 이러한 사유는 천과 인간을 분리하여 본 것이고 인간의 성을 자연주의적 성으로 본 것이다. 주희도 이런 폐단을 알고 있었기 때문에 기질의 성이라 하지 않고 기질의 심이라고 설정하여 천이 부여한 성에는 욕이 없고 순선하지만 심이 이런 정욕을 지닌 것으로 말한다.

왕정상 철학에서 성은 기에서 생겨난다[性生于氣]고 하였다. 이 때문에 성은 태어남[生]과 함께 오는 것이다. 즉, 생이 있어야 성이 있다고 말할 수 있고 생이 없으면 성도 함께 멸한다고 하며 생이 기의 취산으로 생겨남을 다음과 같이 말한다.

기는 형形과 상통하여 영명함[靈]을 지니게 된다. 사람과 사물이 생성되는 이유는 기의 작동이 멈추지 않기 때문이다. 작동이 붕괴하면 혼魂의 기가 흩어져 소멸한다. 어떻게 영명함이 생겨나는 것인가! 사물에 부착하여 능함이 있더라도 또한 그 기의 작동에 올라타는 것이다. 얼마 후 또한 흩어져 소멸할 뿐이다. 그래서 귀鬼는 돌아가는 것인데 흩어져 소멸한다는 뜻이다.[11]

왕정상은 만물의 생성과 소멸을 기의 취산작용이라고 하였다. 그는 생성과 화육에 관여하는 기를 취기聚氣와 유기遊氣라고 부른다. 취기는 취산 작용의 때를 찾아 작용하고 유기는 변화하여 화육하는 작용을 한다. 이 두 기가 쉬지 않고 작용하기 때문에 우주는 영원하게 운동하고 변화하는 것이다. 그뿐만 아니라 기가 형태를 이루면 기가 영명함을 발하여 취기와 유기를 쉬지 않고 작용하게 도와주고 있다. 이런 기의 작용으로 생生이 이루어지고 생과 함께 성도 자연스럽게 생겨난다. 즉, 생이 생기면 성은 저절로 따라 생기는 것이다. 그 때문에 성과 기는 두 개의 다른 물이 될 수 없다.

왕정상은 맹자와 주희가 본성으로 지닌다고 말한 '인의예지'는 사람들이 지각운동을 일으킨 후에 나타나는 결과라고 한다. 그는 "사람이 죽고 없어지면 지각운동을 하는 심이 없기에 성도 없게 된다. 인간의 본성은 그 기질로 드러나는데 인의예지는 인심이 모두 가지고 있는 것이지만 지각운동을 하여서 밖으로 드러나는 것이기 때문에 심을 떠나서는 존재하지 않는다. 심은 기로 생겨난 인간의 형기의 일부이다."[12] 라는 논지로 그들의 잘못을 지적한다.

왕정상은 기가 모여서 만물이 되었을 때 성을 논할 수 있다고 보았다. 정명도 역시 생을 성으로 보았기 때문에 성을 기로 논했다. 정명도의 성론은 '성즉기性則氣'이고 '기즉성'이다. 그가 성을 논하면서 기를 논하지 않는 것은 갖추어지지 않은 것이고 기를 논하면서 성을 논하지 않는 것은 분명하지 않은 것[13]이라 하였듯이 성은 태어남과 동시에 기로서 부여되었다. 기가 성이 되면 인간의 성은 행위로 자연스럽게 나타나서 기질이 된다. 그래서 왕정상은 인의예지의 성 역시 심이 지니고 있으며 지각운동으로 인해 밖으로 드러난다고 하였다. 그렇다고 심을 떠나지는 않는다. 성과 기가 서로 의존하듯이 성과 심도 서로 의존하고 떠나지 않는 것이라고 하였으니 성과 심은 둘이 될 수 없는 하나의 통일체로 본 것이다.

왕정상의 성과 기에 대한 사유는 '성이 기에서 생겨난다.[性生于氣]'의 사유에서 시작하여 '성과 기는 서로 밑바탕으로 삼는다[性氣相資]'는 것이 중심이 되어 성과 심을 하나로 보았다.

2) 성性과 도道에 대한 비판

왕정상의 '성기상자性氣相資' 사상은 정주리학자들이 성을 리로서[性卽理] 말하고 또 성을 천지지성과 기질지성으로 이원화시키는 데에 대한 비판에서 비롯되었다. 정이천과 주희는 우주의 생성에 대해 '태극은 흩어져서 만물이 되고 만물은 각기 하나의 태극을 갖추고 있다.'14)고 하고 또 개별자에게는 각각 하나의 태극이 있다.15)라고 하였다. 왕정상은 만물이 각기 태극의 한 기를 가지고 태어난다는 말은 되지만 각기 하나의 태극을 지니고 태어난다면 만물은 다름이 있을 수 없어야 맞다.16)고 설명하며 정주의 '태극이 리'이고 '리가 곧 성'이라는 이론을 다음과 같이 비판한다.

노자와 장자는 도가 천지를 낳았다고 했고, 송유宋儒는 천지의 이전에는 단지, 리가 있다고 했다. 이는 곧 면목을 바꾸어서 논의를 세운 것일 뿐이니, 노자와 장자의 뜻과 무엇이 다르겠는가? 나는 천지가 생기기 전에는 다만 원기元氣가 있었다고 여긴다. 원기가 갖추어지자 조화造化와 인물人物의 도리는 이로써 있게 되었기 때문에 원기 이전에는 물物도 없고, 도道도 없고, 리無도 없었다.17)

노장이 도가 만물을 낳은 것이나 송유宋儒들이 천지 이전에 리가 있었다 하는 것은 모두 천지 만물의 본원으로 도와 리를 말한 것이다. 이에 대해 왕정상은 사람과 사물을 조화하는 도리가 원기 속에 존재할 뿐이며 원기를 떠나서는 따로 있을 수 없다고 그들의 말을 비평한다. 우주의 변화는 도와 기에 의존하는 것이라는 점을 다음과 같이 말한다.

원기元氣는 곧 도체道體이다. 허虛가 있으면 곧 기氣가 있고 기가 있으면 곧 도道가 있다. 기에 변화가 있는데 이 때문에 도에 변화가 있다. 기는 곧, 도이고 도는 곧, 기이니 분리와 합치로써 논할 수 없다. 어떤 사람이 말하기를 "기에 변화가 있지만 도는 한결같이 변하지 않는다"고 한다. 도는 자체가 도이고, 기는 자체가 기로서 갈라져 있는 두 사물이므로 하나로 관통하는 미묘한 것이 아니다.18)

원기가 도의 본체임을 밝히고 있다. 도는 변하지 않고 기화로 만물이 변화하는 과정과 덕화하는 데에 관여한다. 기가 만물을 조화하는 데에 도가 작용한다. 그는 원기본체론에서 도외에 리의 역할에 대해 다음과 같이 말한다.

천지 사이에 하나의 기氣가 낳고 낳아[生生] 항상되면서 변화하고 만 가지 존재물이 같지 않기 때문에 기가 하나이면 리도 하나이고 기가 만萬이면 리도 만이다. 세상의 유자들이 오로지 리는 하나이면서 만을 남긴다고 말하는 것은 치우친 견해이다. 하늘에는 하늘의 리가 있고, 땅에는 땅의 리가 있고, 사람에게는 사람의 리가 있고 사물에는 사물의 리가 있고 어둠[幽]에는 어둠의 리가 있고, 밝음[明]에는 밝음의 리가 있고 각각 차별이 있다. 총괄하여 말한다면 모두 기의 변화이고, 대덕大德이 돈후敦厚하고 처음부터 한 근원이다. 나누어 말한다면 기에는 백창百昌이 있고 소덕小德이 천류川流하고 각각 성명性命을 바르게 한다. 만약 "하늘은 하늘이고, 내 마음도 또한 하늘이고, 신神은 신이고, 내 마음도 또한 신이다."라고 한다면 비유로써 취하는 것은 가능할 것이다. 곧 사람을 하늘과 신으로 삼는다면 작은 것과 큰 것은 짝이 아니고, 영명靈明은 각기 다르고 실리實理에서 징험한다면 끝내 서로 같지 않나 싶다.[19]

그의 기론에서는 기가 하나이면 해당하는 리도 하나이고 기가 만 가지이면 리도 만 가지이어야 한다. 왕정상은 원기가 변화하여 만물이 되고 만물은 각기 원기를 받아서 태어나는데 원기가 이미 종자를 지니고 있기에 혹은 사람으로 혹은 물로 태어난다고 하고 또 미오美惡, 편전偏全, 대소大小, 장단長短의 차이를 각기 다르게 지니고 태어난다고 한다. 이 때문에 성이 천리가 된다는 성즉리 사유와 심이 천리가 된다는 심즉리 사유를 아래와 같이 비판한다.

(1) 성즉리性卽理 비판

정주리학의 리는 옛날이나 지금이나 항상 불멸의 물질에 함께 존재한다. 물질은 생멸을 계속하나 리의 생멸은 없다고 주장하였다. 그래서 왕정상이 반박하기를 "천지간에 만물은 모두 시들고 어그러지고 결국 멸하게 되는데 유독 리만이 홀로 시들지 않으니 이는 어리석은 말이다. 리는 형질이 없는데 어찌 얻어서 어그러지겠는가?"[20]라 하였다. 세상이 변하면 그 시대에 합당한 이치가 바뀔 수 있다. 리가 고금을 통해 절대적 불변의 이치라면 고금의 도는 변해서는 안 된다. 즉, 도의 변화는 기의 변화이다.

주희가 리와 도를 형이상자로 설정한 것은 그가 말하는 도체가 결국

'존재하지만 활동하지 않는[只存有而不活動]' 것[21])이기 때문이고 왕정상이 도체가 원기라는 것은 존재하면서 활동을 하는 것[存有而活動]으로 말한 것이다. 왕정상의 리는 기의 변화에 따라 그때의 마땅함에 이르는 것이며 기와 함께 항상 변화하는 것이다. 반대로 주희의 리는 절대로 변하지 않는 것이고 기가 변화를 있게 하는 것이다. 이 때문에 왕정상은 기가 이미 흩어지는 것은 이미 흩어져 물질이 없는 것이다. 만약 리에 근거하여 생겨났다면 마땅히 무궁해야 한다고 하였다.

왕정상은 주희의 이론에서 두 가지 잘못된 점을 지적한다. 하나는 기는 리에 근본해서 생기는 것이 아니고, 둘은 기는 있고 없음으로 돌아가는 것이 아니다. 물질이 생겨나도 기는 있고 소멸해도 기는 있다. 성과 기에 관한 주희의 생각에 대해 왕정상이 비판한 부분을 다음에서 보자.

> 주희가 채원정[22])에게 답하기를 "사람이 태어남은 성과 기가 합했을 뿐이다. 그 이미 합한 것을 분석하여 말하자면 성은 리를 주관하며 형태가 없고, 기는 형태를 주관하며 기질이 있다"라고 했다. 이런 말들은 선생이 성을 논한 처음과 차이가 있음을 보인다. 사람은 형기를 갖춘 후에 성이 나온다고 했는데, 지금은 "성과 기의 합함"이라고 하니, 이는 성은 별개의 한 사물이며 기를 따라서 나오지 않고, 사람에게 태어남이 있고 난 후에 각자 와서 부합했을 뿐이라고 했다. 이 이치가 옳은 것인가? 사람에게 생기가 있으면 성이 존재하고 생기가 없으면 성은 없어진다. 일관된 도는 분리하여 논할 수 없다. 귀는 들을 수 있고, 눈은 볼 수 있고, 마음은 생각할 수 있는 것은 모두 귀와 눈과 마음의 고유한 것들인데 귀와 눈이 없고 마음이 없다면 시청과 생각이 여전히 존재할 수 있겠는가?[23])

주희는 인간의 태어남에서 성과 기가 합하여[性與氣合]진다고 한다. 성은 천리를 받고 기는 기질을 심에 부여하니 천리의 성과 기질의 심이 합해진 것으로 여긴다. 왕정상은 이러한 그의 견해에 대해 비판한다. 그는 성性의 문제에 있어서는, 송대 유학자들 대다수가 고자의 '생지위성'을 비평하고 리로서 성을 말하는 것[性卽理]을 따랐기 때문에 성의 실체가 분명하게 밝혀지지 않았다. 그런데 그 성즉리의 사유가 명대에까지 전해 내려와 사람들이 따르고 있는 것에 대해 그는 걱정하여 다음과 같이 말하였다.

> 혹자는 말하기를 그대가 태어남의 리로서 성을 해석하는 것은 저 유자들과 다르지 않겠는가? 대답하기를, 저 유자들은 고자의 설을 피하여 리로서 성을 말하는 데에 그쳤다. 성의 실제는 천하에서 분명하지 않은데 후세에서 분변하여 역시 그들이 그것을 만든 것이다. 묻기를 어떤 다른 점이 있습니까? 대답하길 근거로 삼는 바가 있을 따름이다.[24]

『맹자』에 등장하는 고자는 자연적인 성론을 취하였고 그 성론은 자연성의 우주에서 기로 받았기 때문에 선·불선을 구분할 수 없다는 것이다. 이는 물이 흐르는 것에서 동서로 고정되어 있지 않은 것과 마찬가지다. 즉 태어나며 선인과 악인이 있는 것이 아니고 선한 환경에 자라면 선한 사람이 되고 열악하고 험악한 환경에서 자라면 악인이 될 수도 있다. 고자는 인간의 성을 마치 물을 동쪽으로 터주면 동쪽으로 흐르고 서쪽으로 터주면 서쪽으로 흐르는 이치와 같다고 설명한다. 송대 유학자들은 고자의 설명으로는 맹자의 성선을 증명할 수 없기에 태극의 개념을 가지고 와서 리의 개념을 설정해낸 것이다. 왕정상의 사상과 고자의 사상은 우주론적 자연주의적 관점에서 서로 통하기 때문에 리로서 성을 말하는 것을 아래와 같이 비판한다.

> 왕정상은 『역경』에 '궁리진성'[25]이라고 했는데 리를 다하는 것이 가능한 것인가? 『효경』에 '훼불멸성'[26]이라 했는데 리를 멸하지 않는 것이

가능한 것인가? 정명도의 『정성서定性書』에서 말한 '정리定理'가 가능한 것인가? 그래서 기의 영명[靈能]함이 생의 이치이고, 인의예지는 성이 형성해낸 이름일 뿐이라고 한 것이다."라고 했다.27)

주자의 리는 천이 지닌 원리원칙이다. 이 천리를 인간이 부여받아서 본성에 리를 갖추게 된다. 리는 인의예지의 도덕일 뿐만 아니라 삼라만상의 모든 이치가 다 리이다. 왕정상이 인간이 리를 다하는 것이 가능한가? 묻고는 자신의 물음에 대해 인간은 다만 리에 합당하려고 애쓸 뿐이라고 스스로 답한다. 또 『효경』에 '어려움에 처했을 때 몸은 상하더라도 성을 멸하지는 말라'고 하였다. 이는 죽음에 임하더라도 의와 예에 맞지 않으면 행하지 말라는 말과 통한다. 리에 맞지 않는 언행을 할 바에는 마땅히 죽음을 택하라는 경고인데 그러려면 리는 동서고금을 통해 다름이 없어야 한다. 그러나 시대가 변하면 생활 방식, 예와 법이 변한다. 또 지금 동서양의 교류가 활발한데도 서로 간의 예는 상당히 다르다. 시대에 따라 나라마다 때에 적합한 법을 새로이 정하고 오래되고 낡은 법은 없앤다. 왕정상은 다시 묻는다. 리는 천리이기 때문에 바뀔 수 없으며 또 소멸하는 것이 아닌데 어찌 리를 멸하지 않는다고 말할 수 있는가? 주자의 성이 곧 리라면 효경에서 공자의 말씀은 잘못된 것이다. 또 정명도가 장재에게 보낸 편지 「정성서定性書」에서 '외물의 유혹에서도 어떻게 성을 안정시킬 수 있는가?'에 대해 방법을 논하고 있는데 왕정상은 성을 리로 말하면 리를 안정하게 한다고 말하는 것이 이치에 맞는지를 되묻는다. 성즉리라면 아무리 외물이 유혹해도 리는 항상 변하지 않고 흔들리지 않는 확고한 리로 인간의 성안에 자리 잡고 있어야 한다. 왕정상은 「정성서」에 나타나는 리와 성은 두 개의 다른 개념이라고 여긴다. 그래서 성과 리는 각자 지닌 뜻이 있어 서로 바꾸어 쓸 수 없다고 하였다.

그는 『중용』의 '천명지위성 솔성지위도'로 성과 리의 관계를 설명한다. 우선 '솔성지위도'에 대해 그는 "'천명지위성天命之謂性'은 성이 생에서 연유하고, '솔성지위도率性之謂道'는 도가 성에서 연유하며 '수도지위교修道之謂教'는 가르침이 도에서 연유한다."28)라는 뜻으로 해석하였다. 그리고 자신의 이런 해석은 순임금과 공자를 따른 것이라고 한다.29) 순임금이 사람은 본래 인심은 늘 가까이 있어서 위태하고 도심은 미미하게 지니고 있어 잘 드러나지 않는다고 하였고, 공자가 "사람의 천성은 서로 비슷하게 태어나지만, 후천적 습관에 의해 지닌 성이 차이가 나게 된다."30)고 하였다. 왕정상 역시 천성이 순선한 것이 아니고 천성은 사람마다 다르며 사람은 태어나며 인심과 도심을 같이 지니게 된다. 하지만 선천적으로 선한 본성은 미비하여 잘 드러나지 않으니 후천적 습성을 잘 길러야 한다고 하였다. 그는 공자에게서 성의 근원을 찾아 성은 기의 생리31)라고 하며 본성보다 습성을 중시하였다.

『중용』에 "천명天命를 성性이라 하고, 성을 따르는 것을 도라고 한다"고 했는데 이는 성은 생生에서 비롯되고, 도는 성에서 비롯된다는 것으로 분명하게 드러냈다. 다만 사람의 타고난 품성은 같지 않고, 성에는 선부善否가 있고, 도에는 시비是非가 있는데 각각 그 성에 맡겨서 시행한다면 천하를 평정하여 다스릴 수 없다. 그래서 성인은 그것을 근심하고 도를 닦아 가르침을 세우고 생민을 위한 법으로 삼았다. 착한 자에게는 지니고 따를 바가 있게 하여 들어오게 하고, 착하지 않은 자에게는 징계할 바가 있게 하여 변하게 하니, 이는 재성보상32)의 대유大猷이다. 만약 "인성은 모두 선하고 악이 없는데 성인은 어찌 노자와 장자처럼 청정淸淨을 지키고 자연에 맡기지 못하는가? 어찌 괴롭게 순순히 도를 닦아 교훈을 남기는가?"라고 하는 것은 송유가 정감精鑒이 적고 신해神解에 어둡고 성선의 설에 묶여서 변별하지 못한 것이다. 세상의 유자들도 또한 다시 옛 자취를 지키고서 왜곡하여 논찬을 하니 어찌 후세를 크게 그르친 것이 아니겠는가?33)

주희는 사람과 물건이 태어남에 각각 부여받은 바의 리를 얻음으로 인하여 건순·오상의 덕을 삼는다 하였다. 왕정상은 부여받은 리는 누구나 꼭 같이 지니는 것이기 때문에 인간의 다름과 선악의 구분을 설명할 수 없어서 천명지위성을 천명이 바로 생기기 때문에 성은 생을 따르고 도는 성에서 나온다.[34]라고 해석한다. 그는 『중용』에 주석을 달아 인간이 생래적으로 타고난 성에는 본래 도道도 있고 또 생장하면서 성에 도를 깃들게 할 수 있다고 한다.

> 명命은 명령과 같고 성性은 바로 리理이다. 하늘이 음양·오행으로 만물을 화생할 적에 기로써 형체를 이루고 리 또한 부여하니 명령함과 같다. 이에 사람과 물건이 태어남에 각각 부여받은 바의 리를 얻음으로 인하여 건순·오상의 덕을 삼으니 이른바 성이라는 것이다. 솔은 따르는 것이고 도는 길과 같다. 사람과 물건이 각각 그 성의 자연을 따르면 항상 생활하는 사이에 각각 마땅히 행해야 할 길이 있지 않음이 없으니 이것이 곧 도라는 것이다.[35]

그가 말하는 선악은 성과 도가 합해지면 선이 되는 것이고 성과 도가 서로 합쳐지지 않으면 악이 된다는 것이다. 장재가 성을 천지의 성과 기질의 성으로 구분하여 성을 이원화하였고, 주희는 성즉리를 앞세워 천지의 성인 리와 기질의 심인 기로 형이상의 성과 리, 형이하의 심과 기로 구분하여 이원화했다. 장재의 천지지성은 태허의 기로부터 이루어진 것이고 주희의 천지지성은 리를 가리켜서 말한 것이니 두 학자의 천지지성에도 차이가 있다. 하지만 왕정상은 성을 천지지성과 기질지성으로 보는 관점이나 천지지성과 기질지심으로 보는 관점은 둘 다 크게 미혹된 것이라고 여겼다. 그것은 그가 『중용』의 천명이 생을 의미하고 생은 기에 기인하며 기가 바로 성이 된다고 보기 때문이다.

(2) 심즉리心卽理 비판

양명철학 역시 천지만물은 기의 운용과 음양의 작용에서 이루어짐을 밝히고 있다.[36] 왕수인은 생지위성의 생生은 바로 기氣를 의미하니 '기즉성, 성즉기'라고 한다.[37] 기가 바로 성과 같다고 본 것이다. 그래서 그 역시 본연적인 성과 기질의 심을 논하는 주희의 심성론은 반대한다.

왕수인은 측은, 수오, 사양, 시비는 천리가 아니고 역시 기라고 말하니 타고난 성은 자연적인 기이며 이 성이 바로 심이고 정이 된다. 여기까지의 왕수인의 심성과 왕정상의 심성에는 크게 어긋나는 점이 없으나 왕양명의 심에서는 기를 양지良知로 받아 지니고 있다고 보기 때문에 일반적 자연의 기가 성으로 된다는 관점을 지니는 왕정상의 생각과는 상반된다. 왕수인의 심성은 천리를 따르는 것이기 때문에 인간의 심성에 천이 부여한 도덕관념을 지니게 한다.

왕정상은 기를 떠나서는 성이 없다[離氣無性]고 하기 때문에 인간의 성에 도덕관념을 부여하지 않는다. 그는 우주 자연의 기는 그 자체가 하나의 물질일 따름인데 특별히 기 가운데 양지의 기가 있어 심에 깃들어 인간이 바르게 되도록 조정한다는 것은 주희가 천에 도덕적 가치를 둔 것과 같다고 말한다. 왕정상은 왕수인이 기를 따르면서 또 천리를 따르는 것에 대해, 정명도가 "본성을 논하고 기질을 논하지 않으면 완비되지 않고 기질을 논하고 본성을 논하지 않으면 밝지 못하다."[38]라는 사상을 빌려다 "기질과 본성은 따로 논할 수 없다."[39]며 왕수인의 사상을 비판한다. 왕정상은 왕수인이 기질 또한 본성이고 본성 또한 기질이다.[40]한 것은 맞는 말이나 본성을 따로 설정하지 않고 본성이 바로 심이라고 말하면서 심에 천리의 양지를 지니도록 한 점의 잘못을 지적하였다.

왕수인은 기로 타고난 심을 우주 본체의 천리로 보아 귀주성 용장에서 오랜 고심 끝에 양지를 굳게 믿고 '심즉리' 사상을 펴게 된다. 즉 심의 본체를 모두 양지라고 본 것이다. 양지는 기의 운용인데 양지가 바로 태극이고 천리이다. 그렇다면 양지본체는 기이면서 리인 셈이다. 그러면서도 왕수인은 기가 주가 되고 리를 기의 조리條理로 볼 따름이다.[41]라고 말하고 있다. 이에 대해 왕정상은 "기는 반드시 리를 지니고 있고"[42] 리는 기가 없이 독자적으로 존재할 수 없는 것이라고 비평한다.

왕수인은 우주에는 기가 있고 기가 음양으로 분화하여 만물이 생성된다고 보지만 만물의 생성에는 역시 천리인 양지가 관여한다고 한다. 양지가 지니는 작용의 근원은 무엇이지 아래에서 살펴보자.

> 원신元神 · 원기元氣 · 원정元精은 반드시 각기 의탁하여 갈무리를 발생하는 곳이 있으며 또 진음지정眞陰之精」과 진양지기眞陽之氣가 있다. …… 무릇 양지는 하나다. 그것의 오묘한 작용으로 말하면 신이라 하고 유행으로 말하면 기라고 하고 응취로 발하면 정이라 한다. 어찌 형상과 장소를 구분 할 수 있겠는가? 진음지정은 진양지기의 어미이며 진양지기는 진음지정의 아비이다. 음은 양에 뿌리를 두고 양은 음에 뿌리를 두니 또한 두 가지가 있는 것이 아니다.[43]

양명 철학에서는 도가에서 말하는 정精 · 기氣 · 신神의 세 가지 근원을 모두 양지 하나로 보는 것이다. 정은 기가 모이는 것[凝聚]이며 기는 원기이고 신은 기의 묘용이다. 이는 도가에서 정은 백魄으로, 기가 응취한 물질이며 기는 혼魂이 되고 신은 묘용[靈]이라고 하는 것과 다름이 없으나 왕수인은 정 · 기 · 신을 모두 양지 안에 내재하게 하였다. 이 정 · 기 · 신에 대해 왕정상은 아래와 같이 설명한다.

> 기는 물질의 근원이고 리는 기가 갖추고 있는 것이고 기器는 기氣가 이룬 것이다. …… 신과 성은 기가 원래 지닌 것이다. …… 하늘은 태허가 기화되기 이전의 물질로서 땅은 하늘과 함께 나란히 열거될 수 없었다. 천체가 형성되자 기의 변화는 하늘에 귀속되었다. 사람에 비유하자면 변

화하여 생성된 후에 형체를 스스로 전수하는 것과 같다. 이런 까닭에 태허 진양의 기는 태허 진음의 기와 감응하여 한편으로는 변화하여 해와 별과 천둥과 번개가 되고, 또 다른 한편으로는 변화하여 달과 구름과 비와 이슬이 되니, 물과 불의 종자가 갖추어졌다.[44]

왕정상은 인간의 성에 정·기·신을 도입하지 않는다. 단지 기의 작용에 신神의 영명함[靈]이 있다는 점을 분명히 한다. 그는 기의 응취로 사물을 만들 때 태허에 있는 양의 기와 음의 기가 먼저 감응하여 화火와 수水가 만들고 후에 목·금·토가 만들어지는 변화의 과정을 거친다. 기변화가 기화氣化이고 이 기화에 의해 천지도 만들어지고 해와 달, 천둥, 번개도 만들어진다. 이들은 다섯 가지 종자로 변화한 이후에 이것이 물체를 만들어낸다. 그는 만물이 생성하는 것은 기의 작용만 있을 뿐이라고 주장한다.

왕수인의 원기는 음양에 뿌리를 두고 있되 이는 다 양지 하나로 표현한다. 왕수인은 정精·기氣·신神을 모두 지닌 양지가 바로 심안에 자리하고 있게 되어 심이 천리가 된다는 '심즉리'를 주장한다. '심이 바로 리이다.'라는 것은 본성을 따로 설정하지 않고 하늘의 천리를 심안에 묻어 성과 심을 하나로 묶는다. 그 때문에 측은惻隱·수오羞惡·시비是非·사양辭讓 사단의 심은 마땅히 심이 지니게 되고 기로 받은 심이기 때문에 칠정 또한 심안에 들어있게 된다. 이것은 주자가 성과 심을 이원화하여 사단은 성에 부여하고 칠정은 심에 부여했던 것을 왕수인은 인간에게 심과 성은 둘이 따로 있을 수 없다고 비판하면서 심에 사단과 칠정을 모두 포함한다. 그래서 양명 철학에서 양지는 성·심·정을 모두 하나가 되게 한다.

왕정상은 원기를 세계적 본원으로 삼았다. 원기는 태허를 가득 채운 질량을 지닌 물질이고 불멸하는 것이다. 태허의 원기는 순수하지만, 음양의 기로써 만물을 형성함에서 선악이 혼재할 수밖에 없다. 또 기가 있고 나서 리가 있게 된다. 그는 왕수인이 천리를 양지로 보고 누구나 양지를 지니고 있기에 쉽게 성인이 될 수 있다고 보는 것은 잘못이라고 여기는데 그 이유는 성인은 영험한 기를 다른 사람에 비해 많이 지니고 태어난 경우에 성인이 된다고 보기 때문이다. 그는 왕수인이 모두 양지를 지니고 태어났다고 하는 데에 대해 다음과 같이 말한다.

> 도척과 양호도 마음이 고요할 때면 선할 수 있다고 말하는데, 걸핏하면 악을 저지르니 또한 어떤 변화로써 갑자기 고요해지겠는가? 다만 악의 형상이 드러나지 않았을 뿐으로 악의 근원이 마음에 있는데 태연한 상태로서 감응하면 즉시 악을 이룬다. 역대의 유자들이 고요함으로써 성선을 징험할 수 있다고 한 것은 대략 성인과 현인의 성으로써 체험한 것이다. 자신으로써 논하고 대중으로써 논하지 않은 것은 달통한 논의가 아니다.45)

인간이 누구나 양지를 지니고 있다면 고요할 때나 움직일 때의 구분 없이 양지는 발현할 수 있다. 왕정상은 도척과 양호의 경우는 정靜·동動의 상태에 관계없이 악행을 저지르니 이들에게도 과연 양지가 있는 것일까? 하는 의문을 지니게 되었다. 왕정상이 그들의 악행은 이미 선천적 욕을 남보다 많이 지니고 태어났으며 살면서 수양하지 않고 오히려 악습이 계속되었기 때문이라고 주장한다.

2. 자연주의적 성론

1) 생지위성生之爲性의 의미와 특징

왕정상은 앞 절의 성론에서 "사람이 생래적으로 기를 지니면 성이 존재하고 생래적으로 기가 없으면 성도 없다"고 하였다. 이는 원기 실체론에 근거하여 제기된 성론이다. 먼저 생으로 성을 말한 이는 『맹자』에 나오는 고자이다. 고자는 '타고난 것을 성[生之謂性]'이라고 말하며 성을 버드나무[杞柳]와 여울물[湍水]에 비유한다.[46] 기류는 그릇을 만드는 재료이고 단수는 흐르는 물이다. 기류로 그릇을 만들면 그릇이 되고 배를 만들면 배가 되며, 단수를 동쪽으로 터주면 동쪽으로 흐르고 서쪽으로 터주면 서쪽으로 흐른다. 성을 재료인 기류와 단수에 비유하는 것은 성性이 후천적으로 쓰는 사람에 따라 다르게 만들어진다는 것을 설명하기 위함이다. 고자는 타고나면서 자연적으로 지니는 것을 성이라 한 것이고 인성을 생리본능, 지각운동, 욕망, 정서 등의 자연적인 본성으로 본 것이며 천을 자연천으로 바라보는 자연주의적 사유를 한 것이다. 자연주의적 사유란 성을 인격화하거나 도덕심을 주입하지 않고 자연의 운행원칙에 따라 기의 작용으로 인간이 태어나고 그 기에서 자연스럽게 본성이 만들어지는 것을 말한다.

성性은 생生자에서 파생된 글자이다. 갑골문이나 금문에서는 '生'자는 있는데 '性'자는 나오지 않는다. 『설문해자』에 "'生'은 옛 '性'자다. 책에서 자주 같이 쓰였다."[47]고 한다. 고자가 성을 기유와 단수에 비유한 것은 형체를 가진 생명체의 생장, 발전, 변화하는 과정과 추세의 관점에서 성을 논한 것이다. 즉, 고자는 생으로써 성을 말한 것이다. 이는 생이 있으면 성이 있고 성은 생에서 말미암는다."[48]라고 한 것이다. 고자의 '생지위성'이라는 표현은 성을 생과 함께 형성되는 것으로 본 것이라 지극히 자연적이며 현실적인 사유이다.

현대 학자인 시푸관徐復觀도 "성은 사람이 살아가는 것의 의미로 즉, 사람이 태어나서 지니게 되는 욕망과 능력 등으로 말하고 있고 이를 오늘날 본능의 의미"[49]라고 하였다. 이는 고자의 식색食色과 유사한 사유이다. 탕쥔이唐君毅 역시 "형체를 갖춘 한 생명체는 생장하고 변화하고 발전하는데 그 생장하고 변화하고 발전하는 것은 반드시 지향하는 곳이 있다. 이 지향하는 바가 있는 곳이 바로 생명의 성이 존재하는 곳이다."50)라 하였다. 탕쥔이 말에 따르면 생명체를 지닌 인간은 태어나면서부터 생장하며 경험한 사실에 근거하여 변하고 발전하게 된다고 한 것이다. 이때 변화하여 발전한 것이 바로 본성이다. 성은 인간의 본질이고 능력이다. 키우면 발전하고 경험이 없으면 발전하지 못한다. 그들은 고대의 '생'자가 성의 의미를 포함하고 있었던 것으로 해석하여 생지위성生之謂性의 사유를 한다고 볼 수 있다.

생지위성의 사유가 자연주의적 사유라면 그 반대 사유는 도덕주의적 사유라 할 수 있다. 성을 자연주의적으로 바라보는가 도덕주의적으로 바라보는가의 문제는 천을 어떻게 보는가의 문제에 달려있다. 특히 인간의 심성 문제는 천을 어떻게 바라보느냐에 따라 학파를 나누게 된다. 그만큼 인간의 본성을 알기 위해서는 천을 어떻게 바라보는가에 중요한 의미가 있다. 유학에서 천과 성의 관계는 도덕성의 문제와 직결된다.

천에 관한 입장은 시대에 따라 학자들에 따라 다르게 표명하고 있다. 이를 지금의 학자들이 중국철학사를 고대로부터 짚어보면서 분류하고 있는데 학자마다 약간의 차이가 있으나 펑요란은 『중국철학사』에서 천에게 인격적 도덕을 부여하느냐 그렇지않느냐에 따라 天의 역할을 다섯 가지로 나누고 있다.51) 고대에는 천이 상징하는 대부분은 인격적인 상제上帝를 의미한다. 그래서 천은 절대적인 권능을 가진 존재로서 임금의 존폐뿐만 아니라 인간의 운명을 주재한다고 믿었으며 인간에게는 경외의 대상이었다.52) 이것은 유가 사상에서 인간이 하늘의 명을 두려워하여 늘 조심하고 삼가하여 도덕심을 회복하도록 노력해야 한다는 도덕주의로 표현되고, 정치적으로는 하늘이 만민을 낳고 그 통치자로서 덕이 있는 자를 천자로 명하지만, 천자도 하늘의 명령을 어기면 그 지위가 박탈된다는 천명관을 표방하게 된다.

천명으로서의 천은 공자의 사상에서도 필연성과 인간의 자각을 주로 표시하여 천과 명으로 함께 표현하고 있으며[53] 맹자 사상에서는 완전한 도와 덕의 모습으로 드러나 의리의 천으로 나타난다. 맹자가 인간의 본성을 하늘이 부여한 것으로 규정하기 때문에 본성에는 하늘의 의지가 담겨있다고 본 것이다. 그 때문에 맹자는 인간이 하늘로부터 인의예지라는 순선의 실마리를 받아 태어난다는 성선性善의 학설을 내놓게 된다. 의리천은 인간에게 선의 실마리를 주기 때문에 인간을 주재하는 절대자로서 또 도덕의 근원으로서 직접적으로 성이 본래적으로 선하다는 학설을 형성하는 데에 결정적 영향을 미쳤다.

정명도程明道 역시 고자가 주장했던 '생지위성生之謂性'을 주장한다. 하지만 정명도의 생지위성은 고자의 생지위성과는 다르다. 고자의 생지위성에서는 선善을 유도할 수 없다. 정명도가 생지위성이라고 말함은 어떤 하나의 사물이 개체로 존재할 때라야 비로소 성이라고 말할 수 있다. 정명도는 만물이 개체로 존재하게 되면 "만물이 모두 내게 갖추어져 있게 된다. 이는 유독 사람에게만 해당하는 것이 아니고 모든 물物은 다 그렇다."[54]고 하였다. 태어나는 만물은 모두 리를 갖추고 생겨난다는 것이다. 그가 말하는 성은 고요하여 움직임이 없지만[寂然不動], 만물과 접하면 감응하는 진정한 요체[眞幾]이고 창조의 근원이며, 우주의 생성과 변화 혹은 도덕 창조를 가능하게 한다. 또 그의 생지위성은 생 자체가 성이긴 한데 생에는 리가 구비되어 있다[生則俱理]고 하여 모든 만물이 함께 창조의 진기眞幾, 활동하는 리, 심원하여 그침이 없는 체를 구비하게 한다. 그의 우주 생성과 변화라는 기의 측면에서 말하면, 생지위성은 실연實然의 자연이며, 자연의 인과율에 복종하는 것이다. 그러나 창조의 근원이라는 면에서 말하면, 그것은 응연應然이며, 의지의 인과율에 복종하는 것이다.[55]

또 정명도는 만물에 갖추어진 것을 모든 사물의 성으로 삼는다. 단지 사람은 자각적으로 자신의 성을 실현할 수 있고 사물은 잠재해 있을 뿐 실현할 수 없다는 점에 차이가 있다. 모종산牟宗三은 고자의 생지위성과 정명도의 그것을 구분하여 정명도의 것은 본체 우주론적 직관 순성 구조 [直觀順成模式]라 칭하고 고자의 것은 경험주의 혹은 자연주의 서술구조 [描述模式]라고 하였다.56) 정명도의 생지위성은 본체론적으로 완전하게 갖추어져 있다는 의미와 도덕실천으로 드러난다는 의미를 동시에 지닌다. 하지만 고자의 생지위성은 자연적인 의미만 부여하고 있다는 뜻이다. 그래서 성의 선악을 논할 수 없다. 정명도는 태어남과 함께 자연스런 성을 부여하면서 그 안에 도덕성을 부여하였다. 그래서 그는 천에게 의리천의 역할을 준 것이다.

의리천은 후대 리를 중심으로 하는 정주리학자57)들이 인간의 문제를 중심과제로 삼는 곳에 다시 적용된다. 인간은 생활하고 있는 객관적 환경과 조건인 자연계를 떠날 수 없음으로 인간의 문제는 반드시 자연계와의 관계에서 해결해야 하는 것이었다.58) 그래서 그들은 의리천이 부여한 본성이 바로 천리라는 사유를 내세워 천리는 사람이 지향해야 할 절대적 진리이며, 천명은 사람이 반드시 따라야 할 필연성으로 귀결시킨다. 천의 절대적 진리와 필연성에 대한 통념은 천의 형이상학적 특성과 결부되면서 인간의 본성을 천지지성과 기질지성으로 구분하게 된다. 이 구분을 처음 만든 학자는 장재이고 주희는 형이상의 천리인 성과 형이하의 기질인 심으로 구분한 것이다.

의리천에서 생겨난 두 층차의 심성론을 부정하는 이론이 천을 자연천으로 보는 관점인데 고대에서는 순자의 성론이 자연천에서 비롯한다. 순자의 성 역시 생지위성이다. 원래 우주론은 만물생성 변화의 이론을 말한다. 생지위성은 바로 우주론적 각도에서 생성하고 변화하는 천에 기인하여 생을 해석하는 것이다. 이와 같은 자연천에 입각한 '생지위성'으로 우주론적 사유를 한 학자가 명대에 와서는 왕정상이다.

2) 자연주의적 성의 특징

왕정상의 우주론에서 원기가 지닌 자연주의적 특성은 우주에 원기가 실제로 존재한다는 것이다. 이 학설을 '원기실체론'이라 하는데 원기는 물질성의 실체이다. 우주론의 관점에서 왕정상이 원기실체를 주장하는 것은 우주 본체에 리를 상정해 인격적 도덕 가치를 부여하는 허구에 반대하는 실제성을 지닌다고 볼 수 있다. 기는 볼 수 없고 만질 수 없지만, 입으로 들어 마실 수 있고 느낌으로 감지할 수 있는 실제로 우주에 존재하는 물질임이 틀림없다. 그는 이러한 원기가 만물을 생성할 때 인간은 원기가 지닌 특성을 그대로 성性으로 부여받는다고 한다.

왕정상 사상에서 자연주의적 성의 특성을 세 가지로 살펴보면, 첫째는 기를 떠나서 성이 없다[離氣無性]는 것이다. 기로 성을 말함은 그가 성을 존재론적 개념에서 본 것이다. 이는 고자의 생지위성에서 성을 말하는 것과 같으며 송대 리학자들이 성을 본연의 성과 기질의 성으로 나누고 있는 점에 대해 왕정상이 기 외에 다른 본연의 성은 없다고 강조한 것이다. 또 그는 성에 존재적 가치만을 부여할 뿐 관념적이거나 도덕적 가치를 인정하지 않는다. 단지 성은 생의 리이다.59)는 점을 강조한다. 생은 기이기 때문에 '기의 리'라고도 할 수 있다. 만물이 화생하는 과정 중에 갖추게 되는 규율, 준칙이 성이고 사람에게 말하자면 사람이 생기가 있으면 성이 존재하고 생기가 없으면 성이 없어진다.60) 생기는 활성화하여 살아 움직이는 기를 말한다. 생기가 있으면 살아있음이고 생기가 없으면 죽은 것이 되어 기는 원래의 태허로 돌아가서 다시 원기가 된다. 성은 기가 생기로서 존재하여 생명이 있을 때만 존재하는 것이다. 이러한 자연주의적 특징은 정명도 역시 가지고 있다. 그래서 왕정상은 아래와 같이 말한다.

명도明道 선생이 말하기를 "성性은 기氣이고 기는 성이라고 하는 것은 생生을 말한 것이다."라고 하고, 또 말하기를 "성을 논하는데 기를 논하지 않으면 갖춰지지 않는 것이고, 기를 논하는데 성을 논하지 않는 것은 분명하지 못하다. 두 가지로 취급하는 것은 곧 옳지 않다."라고 하고, 또 "악惡도 역시 성이라고 하지 않을 수 없다."라고 했다. 이 세 가지를 말한 것은 성에 대하여 지극히 전부 밝힌 것이다.61)

왕정상이 생生의 시각에서 성을 논한 점은 정명도 역시 그랬다. 정명도의 '성性은 기氣이고 기가 성이라고 하는 것은 생을 말한 것[生之謂性]이다.'62)의 이론과 '성을 논하는데 기를 논하지 않으면 갖춰지지 않는 것[論性不論氣不備]63)이다.'라는 이론은 왕정상의 자연주의 성론과 일치한다. 왕정상은 정명도 역시 본성과 기질 둘을 다르게 구분하지 않고 '성기일체性氣一切'의 사상을 지녔다고 보았다. 왕정상은 자신이 리학의 선구자인 정명도를 따르고 있다는 시각에서 그를 숭상하는 시와 글을 많이 썼다. 하지만 사실상 정명도가 바라본 생生은 후대 학자들에 의해 순수한 기화로 인한 자연 발생적 생이 아니고 다른 방향으로 해석된다. 그의 생은 『주역』에서 말하는 '생생지도生生之道64)'의 생이다. '생생지도'은 우주 만물이 끊임없이 생성·순환되는 천도의 무궁한 변화상을 가리키는 말로 도덕 창생의 의미를 지니고 있다. 정명도는 직접적으로 인仁을 가지고 생을 말하고 있다는 점에서 왕정상과 같은 선상에서 기와 성을 논할 수 없는 한계점이 있다.65)

둘째, 성은 자연적 기로 받기 때문에 개별자마다 다르게 특수성을 지니고 태어난다는 점이다. 이는 성과 기가 모두 물질이라는 관점에서 본 유물론적 사유이다. 이는 송유들의 천지에 리가 먼저 있었다고 보는 유리唯理·유심唯心주의 세계관에 대립하는 관점이다. 송유宋儒가 성이 리라고 하는 것은 인간은 누구나 천리의 순선한 본성을 지니기 때문에 만물일체의 사상은 말할 수 있으나 특수성은 없다. 오히려 주자는 공자가 성이 서로 가깝다고 말한 것을 잘못이라 평한다. 왕정상이 보기에, 정주리학에서 본성은 인간이라면 다 같아야 한다. 천리가 다름이 없기 때문이다. 반면 기론자들의 사유는 모두 개별자가 다름을 지닌다고 본다. 한대 기학자들은 기의 정미함과 조잡함, 양의 많고 적음, 두텁고 얇음에 따라 특수성을 지닌다고 했다. 왕정상은 그들과 달리 개별자의 다름을 종자설로 설명한다. 종자설은 원기가 태극 내 있으면서 천차만별의 형체에 따른 개별자의 정신을 모두 종자로 지니고 있다. 우주진화의 과정에서 사람의 형체와 종자의 정신이 합해져서 영민하고 우수한 동물이 되어 태어난다. 그 때문에 태어나면 모두 다름을 지닌다.

셋째, 왕정상은 자연주의적 성의 특성으로 자연이연自然而然과 무심이위공無心而爲公을 든다. 왕정상이 생지위성의 생은 성의 근원 문제에 있어 만물생성의 자연적 과정을 표현하는 것임을 다음과 같이 말한다.

> 인물은 조화造化에서 태어나는데 한 가지일 뿐이다. 대소大小가 없고 영리하고 어리석음[靈蠢]이 없고, 오래 살고 요절함[壽夭]이 없고 각기 기氣가 품부한 바에 따라 태어나는데 이는 천지의 조화는 무심하게 공정함을 이루기 때문에 "각기 성명性命을 바르게 한다"고 한 것이다. 다만 사람은 사물보다 영험하고, 그 지력智力과 기교機巧는 만물을 죽여서 제압할 수 있고, 혹은 쫓아내어 멀리 피하게 할 수 있고, 혹은 붙잡아 묶어서 일을 시킬 수 있고, 혹은 죽여서 고기를 먹을 수 있는데 하늘의 뜻이 어찌 이와 같이 하고자 하겠는가? 사물의 형세가 스스로 그러할 뿐이다. 그래서 강한 것은 약한 것을 능멸하고, 무리는 소수를 해치고, 지혜로운 자는 어리석은 자를 죽이는 것이 만물을 통하여 모두 그러한데 비록 하늘일지라도 또한 어찌할 수가 없을 것이다![66)

사람과 사물은 기로 인해 생겨나는데 하늘이 사심이 없기 때문에 무심한 상태에서 자연스럽게 성을 품수 받는다. 천은 자연의 천이고 품수 받은 성도 자연의 성이다. 성은 천으로부터 '자연적으로 그러함[自然而然]'의 준칙에 의해 품수 받으며 천지가 만물을 화생하는 과정에는 '무심하여 공평하게 됨[無心而爲公]'의 준칙을 따른다. '자연이연'은 천지가 만물을 화생할 때 어떠한 의도도 없이 조금도 한쪽으로 치우치지 않고 저절로 그러한 그대로를 말하며 '무심이위공'은 사사로움이 전혀 없이 공평하고 평등하다는 의미를 지닌다. 즉, 왕정상의 자연주의적 성의 특징은 만물의 평등성이라고 말할 수 있다. 하지만 인간과 만물은 평등하지 못한 곳이 있다. 만물의 생활상에서 약육강식의 부등식이 성립되고 있는데 그는 이러한 경우를 천의 사심도 불평등도 아니고 형세의 그러함이라고 한다.

　왕정상의 자연주의 성론은 노장의 사상과 뜻을 같이하는 측면이 있다. 『노자』에 '천지는 불인不仁하여 만물을 추구와 같이 여긴다.'67)는 구절이 있다. '불인하다'는 것은 무친無親이라는 개념과 같다. 특히 친함이 없고 특별히 높이 치는 것도 없이 만물을 다 들에 핀 풀처럼 여긴다. 이는 천지가 무심하다는 뜻이고 공평하다는 뜻도 내포한다. 『장자』에서 인仁의 경지는 '지인무친至仁無親68)이라 하였다. 유가에서의 '인'의 경지는 '최고선'의 경지이고 노장사상에서는 인애仁愛의 경지를 넘어서서 아무런 친함도 없는 경지가 인의 경지이고 무친의 경지이다. 이 경지는 바로 만물이 평등하다는 의미를 내포한다. 그 때문에 노장의 만물평등사상과 왕정상의 그것에 비슷한 측면이 있다.

　그의 자연주의적 성의 특성을 정리하면 다음과 같다. 첫째, 성의 유무有無는 기의 취산聚散에 근거하는 것이기 때문에 성은 기의 작용으로 존재하는 존재론적 특성을 지니는 동시에 자연의 운행을 있는 그대로 보는 실제성을 지닌다. 둘째, 우주 만물의 본체론으로 말하면 성은 기에서 생겨나고 만물이 다 그러하다.69) 사람과 만물은 모두 기화에 의해 생겨난다는 것이다. 기화에 의해 생긴 만물은 나름대로의 특수성을 지닌다. 셋째는 성은 천으로부터 '자연이연[自然而然]'의 준칙에 의해 품수 받으며 천지가 만물을 화생하는 과정에는 '무심이위공[無心而爲公]'의 준칙을 따른다. 이는 만물의 평등성으로 말할 수 있다.

3) 습성習性

왕정상의 기론에서는 사람은 천天으로부터 기를 받아 태어나면서 선과 악의 천성을 모두 지닌다고 한다. 공동체 사회에서 악인과 선인이 함께 사는 것은 천성이 다른 이유도 있지만, 습성으로 인해 선과 악의 정도가 더 커지기 때문이다. 공자가 일찍이 사람의 본성에는 선과 악이 서로 약간의 차이가 있으나 습성으로 인해 서로 많은 차이를 지니게 한다[性相近, 習相遠]고 하였다. 사람이 선하고 선하지 않은 것은 본성과 습성이 합해져 이룬 결과이다. 인성은 선천적으로 기로 품수한 것을 받아서 정해지는 것만이 아니고 습성이 함께 중요하다. 습성은 후천적 생활환경과 교육의 결과물이다. 본성의 선한 것을 잘 수양하면 선인으로 살게 되지만 정욕을 따라 이익만을 좇게 되면 본성에 지닌 선함마저도 사라지고 점점 악인으로 바뀌게 된다. 왕정상은 고대에도 많은 경전에서 습성에 대해 다루고 있음을 다음과 같이 나열하였다.

> 기질을 변화하여 성性을 이룬 것은 『서경』의 손학遜學에서 본다. 선을 선하다 하고 악을 악하다 한 것은 『시경』의 무사無邪에서 본다. 예禮는 엄격하고 법은 너그러운 것은 『춘추』의 공公에서 본다. 천지를 편안히 하고 인물을 따르는 것은 『예기』의 경敬에서 본다. 감응을 묘하게 하여 변화를 이루는 것은 『역경』의 신神에서 본다. 신이라는 것은 학문의 극치 이구나![70]

『서경』에 '오직 배움은 뜻을 겸손하게 하고 언제나 민첩하면 그 닦여짐이 비로소 다가올 것이니, 진실로 이에 대해 마음을 쓰면 도道가 그 몸에 쌓일 것이다.'71)라고 하였다. 배움을 통해 공손해짐을 볼 수 있으니 후천적으로 기질을 변화하여 본성을 이루는 것이다. 또 『논어』에 '『시경』에 있는 삼백 편의 시를 한마디로 말하자면, 생각에 사악함이 없다.'72)라고 하였다. 생각에 사악함이 없다는 것은 선과 악을 구분한 것으로 『시경』을 공부하여 후천적으로 악함이 없어지도록 해야 한다고 가르치는 것이다. 『춘추』는 공자가 인물들의 공적功績을 논한 책이다. 다른 사람의 공적을 알면 좋은 일을 하려고 노력하게 되니 후천적인 선을 학습하는 것이 된다. 또 『예기』는 인간이 지녀야 하는 경건한 마음을 적은 책이다. 마음공부가 바로 후천적인 습성으로 선을 기르는 한 방법이다. 그는 성을 이룸에 대해 다음과 같이 말한다.

　　성을 이룸에 관해 물으니, 왕자王子가 말하기를 "사람이 태어남은 성품이 같지 않아서 성인이 그 성품 중의 선한 것을 취해다가 가르침으로 세운 이후에 선악의 표준이 있게 되었다. 그래서 그 가르침에 따라 행하는 것은 모두 천성이 지극히 선한 것이다. 정밀하게 하고 오로지하여 그 중심을 잡는 노력을 하면 이루어진다. 이루어지면 선에 이르지 않은 곳이 없다.73)

윗글의 왕자는 왕정상이다. 그는 인간이 지닌 천성은 각기 다르나 성인이 그 성품 중의 선한 것을 취해다가 가르침을 주고 또 그 가르침에 따라 행하게 되면 모두 천성이 지극히 선하게 된다고 하였으니 학습으로 생긴 습성이 중요하다고 한 것이다. 성인의 가르침은 그들이 전하는 경전을 통해 학습하여 외부의 정情에 이끌리고 외물에 미혹되지 않도록 조심하고 경계하는 것이다. 『서경』에 '인심은 위태롭고 도심은 희미하니 오직 정밀하게 하고 전적으로 힘써서 진실로 중을 잡으라'고 하였다. 도심은 현인이나 성인의 길이고 인심은 소인배의 길이니 중을 지키는 일은 군자의 길이라고 볼 수 있다. 군자는 정으로 인해 욕망에 이끌리지 않도록 중심을 잡아야 한다. 중은 악으로 흘러가지 못하도록 이끄는 인의예지仁義禮智의 실마리이다. 실마리를 지녔다는 것은 미완성의 선善을 지닌 것이라 습성으로 인의예지의 선을 완성시켜 나가야 한다. 그래서 습성의 중요함을 다음과 같이 말한다.

> 천지조화가 사람을 낳는 것이 고금에서 다른가? 하늘이 부여한 것은 서로 가까운데 어찌 너무 멀어지는가? 습성이 날로 달라졌을 뿐이다. 옛사람은 순박했는데 지금 사람은 날로 꾸미고, 옛사람은 정직했는데 지금 날로 교묘하다. 신이 천착하여 영명함이 흩어진 지가 오래이다. 새 둥지 속의 알을 어떻게 찾아서 취할 것인가? 『육경』의 가르침은 그 습성이 날로 적어짐을 구할 뿐이다.[74]

왕정상 역시 본성 외에 습성이 중요함을 주장하기 때문에 선의 실마리를 타고난 인간은 『육경』을 공부하여 잘못된 습성을 적게 한다면 신의 영명함을 고스란히 간직하게 되니 순박하고 정직함을 지닐 수 있게 된다. 인간의 성은 본성의 선함도 중요하지만 날마다 생활하는 습성이 인간을 선인과 악인으로 갈라지게 한다.

주석

1) 정주리학程朱理學에서는 본성을 천리로부터 부여받은 본연지성과 기로 받은 기질지성으로 이원화하여 말한다. 훗날 주희는 성과 심을 이원화하여 천지지성天地之性과 기질지심氣質之心으로 말한다.
2) 『아술 상』: 性生於氣, 萬物皆然. 宋儒只爲强成孟子性善之說, 故離氣而論

性, 使性之實不明於後世, 而起諸儒之紛辯, 是誰之過哉?

3) 『설문해자』: 人之陰氣有欲者 情. 人之陰氣性, 善者也.

4) 『논어』, 「公冶長」: 子貢曰, 夫子之文章, 可得而聞也 ; 夫子之言性與天道, 不可得而聞也.

5) 『정몽』: 由太虛, 有天之名. 由氣化, 有道之名. 合虛與氣, 有性之名. 合性與知覺, 有心之名.

6) 『정몽』: 天地之氣, 雖聚散攻取百塗, 然其爲理也順而不妄. 氣之爲物, 散入無形, 適得吾體. 聚爲有象, 不失吾常. 太虛不能無氣, 氣不能不聚而爲萬物, 萬物不能不散而爲太虛. 循是出入, 是皆不得已而然也. 然則盡道其閒, 兼體而不累者, 存神其至矣. 彼語寂滅者, 往而不反, 徇生執有者, 物而不化. 二者雖有閒矣, 以言乎失道則均焉.

7) 『정몽』: 太虛爲淸, 淸則無礙,. 無礙故神.

8) 『정몽』: 反淸爲濁, 濁則礙, 礙則形.

9) 『왕씨가장집』 卷33 「橫渠理氣辨」: "性與氣原是二物, 氣雖有存亡, 而性之在氣外者卓然自立, 不以氣之聚散而爲存亡也." …… 且夫仁義禮智, 儒者之所謂性也, 自今論之, 如出于心之愛爲仁, 出于心之宜爲義, 出于心之敬爲禮, 出于心之知爲智, 皆人之知覺運動爲之而後成也. 苟無人焉, 則無心矣. 無心則性滅矣. 安得取而言之? 是性之有無, 緣于氣之聚散.

10) 『신언』, 「問成性」: 氣不可爲天地之中, 人可爲天地之中. 以人受二氣之沖和也, 與萬物殊矣. 性不可爲人之中, 善可爲人之中. 氣有偏駁, 而善則性之中和者也. 是故目之於色, 耳之於聲, 鼻之於臭, 口之於味, 四肢之於安逸, 孟子不謂之性, 以其氣故也.

11) 『신언』, 「道體」: 氣通乎形而靈. 人物之所以生, 氣機不息也. 機壞則魂氣散滅矣, 惡乎! 靈, 有附物而能者, 亦乘其氣機者也. 頃亦散滅而已矣. 故鬼者, 歸也, 散滅之義也.

12) 『왕씨가장집』 卷33 「橫渠理氣辨」: 性與氣原是二物, 氣雖有存亡, 而性之在氣外者卓然自立, 不以氣之聚散而爲存亡也. …… 且夫仁義禮智, 儒者之所謂性也, 自今論之, 如出于心之愛爲仁, 出于心之宜爲義, 出于心之敬爲禮, 出于心之知爲智, 皆人之知覺運動爲之而後成也. 苟無人焉, 則無心矣. 無心則性滅矣. 安得取而言之? 是性之有無, 緣于氣之聚散.

13) 『이정집』: 論性不論氣, 不備. 論氣不論性, 不明.

14) 『주자어류』 卷1: 在天地言, 則天地中有太極, 在萬物言, 則萬物中各有太極.

15) 『주자어류』 卷94: 物物有一太極.

186

16) 『아술 상』: 儒者說, 太極散而為萬物, 萬物各具一太極, 斯言誤矣. 何也?元氣化為萬物, 萬物各受元氣而生, 有美惡, 有偏全, 或人或物, 或大或小, 萬萬不齊, 謂之各得太極一氣則可, 謂之各具一太極則不可.

17) 『아술 상』: 老, 莊謂道生天地, 宋儒謂天地之先只有此理, 此乃改易面目立論耳, 與老, 莊之旨何殊? 愚謂天地未生, 只有元氣, 元氣具, 則造化人物之道理卽此而在, 故元氣之上無物, 無道, 無理.

18) 『아술 상』: 元氣卽道體. 有虛卽有氣, 有氣卽有道. 氣有變化, 是道有變化. 氣卽道, 道卽氣, 不得以離合論者. 或謂氣有變, 道一而不變, 是道自道, 氣自氣, 岐然二物, 非一貫之妙也.

19) 『아술 상』: 天地之間, 一氣生生, 而常而變, 萬有不齊, 故氣一則理一, 氣萬則理萬. 世儒專言理一而遺萬, 偏矣. 天有天之理, 地有地之理, 人有人之理, 物有物之理, 幽有幽之理, 明有明之理, 各各差別. 統而言之, 皆氣之化, 大德敦厚, 本始一源也; 分而言之, 氣有百昌, 小德川流, 各正性命也. 若曰天乃天, 吾心亦天, 神乃神, 吾心亦神, 以之取喻可矣. 卽以人爲天, 爲神, 則小大非倫, 靈明各異, 徵諸實理, 恐終不相類矣.

20) 『아술 상』: 儒者曰, 天地間萬形皆有敝, 惟理獨不朽, 此殆類痴言也. 理無形質, 安得而朽!

21) 林月惠, 『陽明「內聖之學」硏究』(臺北, 花木蘭文化出版社, 2009); 15쪽 참조.

22) 채원정蔡元定은 송나라 건양建陽 사람으로 자는 이통季通이며, 호는 서산西山으로, 흔히 서산선생이라고 부른다. 처음에는 가학家學을 이어받았다가 장성해서 주희에게 종유從遊하였는데, 주희가 제자로 여기지 않고 노우老友로 대우하면서 함께 학문에 대해서 논하였다. 한탁주韓侂胄 등에게 핍박을 받아서 도주道州로 폄직되었는데, 용릉舂陵에 이르자 원근의 학자들 가운데 와서 배우는 자가 날로 불어났다. 저서로는 『율려신서律呂新書』, 『팔진도설八陣圖說』, 『홍범해洪範解』 등이 있다.

23) 『아술 상』: 朱子答蔡季通云, 人之有生, 性與氣合而已. 卽其已合而析言之, 則性主於理而無形, 氣主於形 而有質. 卽此數言, 見先生論性關頭就差. 人具形氣而後性出焉, 今曰性與氣合, 是性別是一物, 不從氣出, 人有生之後各相來附合耳, 此理然乎? 人有生氣則性存, 無生氣則性滅矣, 一貫之道, 不可離而論者也. 如耳之能聽, 目之能視, 心之能思, 皆耳目心之固有者, 無耳目, 無心, 則視聽與思尚能存乎?

24) 『신언』, 「問成性」: 或曰: "子以生之理釋性, 不亦異諸儒乎? 曰: "諸儒避告子之說, 止以理言性, 使性之實不明於天下, 而分辨於後世, 亦夫人啓之也.

曰: 子何以異? 曰: "吾有所據焉爾.

25) 『역경』, 「說卦」 1장: 窮理盡性以至于命. 리를 궁구하고 성을 다하는 것으로서 죽음에 이르다.

26) 친상親喪을 당하여 너무 슬퍼하다가 목숨을 잃어서는 안 된다는 말이다. 『효경』, 「상친장喪親章」에 "친상을 당한 뒤에 삼일이 지나면 음식을 들게 해서 어버이의 죽음 때문에 자기의 목숨까지 상하게 하지 않도록 백성들을 가르쳐야 한다. 지나친 슬픔 때문에 목숨을 잃게 하지 않는 이것이 바로 성인의 다스림이다.〔三日而食 教民無以死傷生 毀不滅性 此聖人之政也〕"라는 말이 나온다.

27) 『신언』, 「問成性」: 易曰, '窮理盡性', 謂盡理可乎? 『孝經』曰, '毀不滅性', 謂不滅理可乎? 明道, 『定性書』之云, 謂定理可乎? 故曰, : 氣之靈能, 而生之理也; 仁義禮智, 性所成之名而已矣.

28) 『신언』, 「問成性」: 性者緣乎生者也, 道者緣乎性者也, 教者緣乎道者也.

29) 『신언』, 「問成性」: 性之本然, 吾從大舜焉, 人心惟危, 道心惟微而已. 並其才而言之, 吾從仲尼焉, 性相近也, 習相遠也而已.

30) 『논어』, 「陽貨」: 性相近習相遠.

31) 『答薛君采論性書』: 性也者, 乃氣之生理.

32) 재성보상裁成輔相: 裁成은 財成으로도 쓴다. 『주역』 「泰卦」象에서 "하늘과 땅이 사귐이 태泰이니, 임금이 이것을 보고, 천지의 도道를 재성財成하고 천지의 의宜를 보상輔相하여 백성을 돕는다." 하였다. 재성은 임금이 천지가 교태交泰하는 도를 체득하여 잘 마름질하여 통치의 방법을 완성한다는 뜻이고, 보상은 임금이 천지가 만물을 화육하는 일을 보조한다는 뜻이다.

33) 『아슬 상』: 中庸曰: 「天命之謂性, 率性之謂道. 是性由於生, 道由於性, 明且著矣. 但人生稟不齊, 性有善否, 道有是非, 各任其性行之, 不足以平治天下, 故聖人憂之, 修道以立教, 而為生民准. 使善者有所持循而入, 不善者有所懲戒而變, 此裁成輔相之大猷也. 若曰人性皆善而無惡, 聖人豈不能如老莊守清淨任自然乎? 何苦於諄諄修道以垂訓? 宋儒寡精鑒, 昧神解, 梏於性善之説而不知辯, 世儒又復持守舊轍, 曲為論贊, 豈不大誤後世?

34) 『신언』 「問成性」: 道者緣乎性者也.

35) 『中庸集註』, 朱子註: 命, 猶令也. 性, 即理也. 天以陰陽五行化生萬物, 氣以成形, 而理亦賦焉, 猶命令也. 於是人物之生, 因各得其所賦之理, 以為健順五常之德, 所謂性也. 率, 循也. 道, 猶路也. 人物各循其性之自然, 則其日用事物之間, 莫不各有當行之路, 是則所謂道也.

36) 『전습록』, 150條目: '生之謂性', 生字即是氣字, 猶言 '氣即是性' 也: 氣即是

性; 生而靜, 以上不容說, 才說 '氣卽是性', 卽已落在一邊, 不是性之本原矣. 孟子性善, 是從本原上說. 然性善之端, 須在氣上始見得, 若無氣亦無可見矣. 惻隱, 羞惡, 辭讓, 是非卽是氣. 程子謂 '論性不論氣, 不備 ; 論氣不論性, 不明.' 亦是爲學者各認一邊, 只得如此說. 若見得自性明白時, 氣卽是性, 性卽是氣, 原無性, 氣之可分也.『傳習錄』, 242條目: 問, '生之謂性', 告子亦說得是, 孟子如何非之? 先生曰, 固是性, 但告子認得一邊去了, 不曉得頭腦; 若曉得頭腦, 如此說亦是. 孟子亦曰: '形色, 天性也', 這也是指氣說. 又曰, 凡人信口說, 任意行, 皆說此是依我心性出來, 此是所謂生之謂性: 然卻要有過差.

37) 王陽明, 정인재·한정길 역,『전습록』(서울: 청계, 2001), 33조목: 氣卽是性, 性卽是氣.『傳習錄』, 150條目: '生之謂性', 生字卽是氣字, 猶言 '氣卽是性' 也: 氣卽是性.

38)『二程遺書』卷6, 2下: 論性不論氣, 不備, 論氣不論性, 不明.

39)『신언』「道體」: 或曰: 子以生之理釋性, 不亦異諸儒乎? 曰: 諸儒避告子之說, 止以理言性, 使性之實不明於天下, 而分辨於後世, 亦夫人啟之也. 曰: 子何以異? 曰: 吾有所據焉爾. 易曰: '窮理盡性.

40)『전습록』, 242條目: 氣亦性也, 性亦氣也.

41)『전습록』, 153條目: 理者, 氣之條理, 氣者, 理之運用.

42)『신언』,「道體」: 理, 氣之具也.

43)『전습록』, 154조목: 元神, 元氣 元精必各有寄藏發生之處, 又有眞陰之精, 眞陽之氣, …… 夫良知一也, 以其妙用而言謂之神, 以其流行而言謂之氣, 以其凝聚而壬呈田之精, 安可形象方斫求哉? 眞陰之精, 卽眞陽之氣之母, 眞陽之氣, 卽眞陰之精之父: 陰根陽, 陽根陰, 亦非有二也.『傳習錄』,

44)『신언』,「道體」: 氣, 物之原也. 理, 氣之具也; 器, 氣之成也. …… 神與性乃氣所固有者. …… 天者, 太虛氣化之先物也, 地不得而並焉. 天體成則氣化屬之天矣; 譬人化生之後, 形自相禪也. 是故太虛真陽之氣感於太虛真陰之氣, 一化而爲曰, 星, 雷, 電, 一化而爲月, 雲, 雨, 露, 則水火之種具矣.

45)『신언』,「問成性」: 謂蹠也, 虎也, 心靜而能善, 則動而爲惡, 又何變之遽夫靜也? 但惡之象未形爾, 惡之根乎中者自若也, 感即惡矣. 諸儒以靜而驗性善者, 類以聖賢成性體之也. 以己而不以眾, 非通議矣.

46)『맹자』,「告子 上」: 告子曰 性, 猶杞柳也, 告子曰 性猶湍水也.

47)『說文解字』: 生, 古性字, 書傳往往互用.

48)『中國哲學原論』,「原性」(北京, 中國社會科學出版社, 2005): 6쪽 인용.

49) 徐復觀, 『中國人性論史, 先秦』(上海, 上海三聯書店, 2001): 6쪽 참조.

50) 唐君毅, 『中國哲學原論』, 「原性」(北京, 中國社會科學出版社, 2005): 6쪽 참조.

51) 馮友蘭, 박성규 역, 『중국철학사』(서울, 까치글방, 2009), 61쪽 참조. 첫째, 단순히 땅과 상대되는 개념의 하늘을 물질천物質天이라 부르고 둘째, 상제上帝로서 인격을 대신하는 천을 주재천主宰天이라 부른다. 셋째, 사시를 운행하고 우주 만물의 생성에 관여하는 자연천自然天이다. 도가사상에서의 천과 『순자』가 「天論」에서 말한 천이 자연천이다. 넷째, 우리 삶 가운데 어찌할 도리가 없는 대상을 지칭할 때는 운명천運命天이라 한다. 다섯째, 천에게 완벽함을 부여하는 개념을 의리천義理天이라 한다.

52) 고대 초기의 경향은 풍속과 관습적으로 도덕, 정치 혹은 사회관에 천天을 '인격천人格天'으로 인정한다. 고대 『詩經』, 『書經』, 『左傳』, 『國語』등에서는 천天과 제帝를 언급하는 곳이 매우 많다. 이때 천이 상징하는 대부분은 인격적인 상제上帝를 의미하고 있다. 『서경』에 "임금도 하늘의 명령을 어기면 그 지위가 박탈된다."라고 한 것이나 "하늘은 편애하지 않고 오직 덕이 있는 사람을 돕는다는 것에서 보면 정권 흥폐의 주재로 표현된다. 즉, 천은 절대적인 권능을 가진 존재로서 임금의 존폐뿐만 아니라 인간의 운명을 주재한다고 믿었으며 인간에게는 경외의 대상이었다. 또 천은 인간의 운명을 좌우하는 주재천主宰天의 의미에 더하여 도덕의 근원으로 인식하게 된다. 그리하여 인간은 천을 성심으로 공경하고 그 뜻을 따라야 하며 천의 의지는 도덕에 있다는 주周의 천명사상이 자리하게 되는 것이다.

53) 노사광, 『중국철학사』(북경, 화세출판사, 1975): 335쪽 참조. 天이 내리는 命에는 여러 종류가 있다. 知命, 立命, 求命, 安命, 制命과 같은 이론이 있다.

54) 「二程遺書」, 卷2: 萬物皆備於我, 不獨人爾, 物皆然.

55) 牟宗三, 전병술 외, 『心體와 性體 3권』(서울, 소명출판, 2012): 184쪽 참조. 모종삼은 實然과 應然이라는 용어를 사용한다. 실연은 실제로 그러한 것이고 응연은 당연히 그래야 하는 것으로 당위성이 포함된다.

56) 牟宗三, 전병술 외, 『心體와 性體 1권』(서울, 소명출판, 2012): 148쪽 참조.

57) 정주학파程朱學派는 정호 정이 형제와 주희의 이름을 따서 정주학파라 한다. 이들은 성즉리의 사상을 중심으로 하기 때문에 송대 리학 혹은 성리학이라고 불리고 있다.

58) 노사광, 『중국철학사』(북경, 화세출판사, 1975): 420쪽 참조.

59) 『왕씨가장집』, 「薛君采論性書」: 夫性, 生之理也.

60) 『아술 상』: 人有生氣則性存, 無生氣則性滅矣.

61) 『아술 상』: 明道先生曰, "性則氣, 氣則性, 生之謂也", 又曰: : 論性不論氣, 不備; 論氣不論性, 不明. 二之, 便不是."又曰:"惡不可不謂之性."此三言者, 于性極爲明盡.

62) 『程氏遺書』卷24: 生之謂性, 止訓所禀受也. 天命之謂性, 此言性之理也.

63) 『정씨유서』卷5: 程夫子之言曰: "論性不論氣不備, 論氣不論性不明. 二之 則不是.[정자가 말하기를 "성을 논함에 있어 기를 논하지 않으면 완벽한 이론이 라 할 수 없으며, 기를 논함에 있어 성을 논하지 않으면 밝은 이론이라 할 수 없다. 기와 성을 둘로 갈라놓으면 잘못이라고 했다]

64) 『주역』, 「繫辭傳」: 생생지도生生之道는 우주 만물이 끊임없이 생성生成·순환 循環되는 천도天道의 무궁한 변화상을 가리키는 말이다.

65) 牟宗三, 전병술 외 역, 『心體와 性體』(서울, 소명출판, 2012): 263-287쪽 참조. 책 내용에서 보면, 정명도의 생지위성生之謂性의 생은 '생생지위역生生之謂易' 에서 따온 것으로 끊임없이 생성한다는 의미를 지닌다. 하늘은 이 낳음을 도로 삼는다. 이때 생은 창조능력을 갖춘 도로서 생성의 진기眞幾라고 하고 생도生道 혹은 생리生理라고 한다. 정명도는 주역에 근거하여 성을 세 가지로 해석한다. 1, 성취하는 것이 성이다.[成之者性] 2, 만물이 도를 갖추고 있는 것이 성이다.[物 生則有性而各具斯道也] 3, 선을 계승하는 것이 선이다.[繼之者善]이다. 정명도 의 생지위성의 생은 고자의 생과는 다르게 오목불이於穆不二한 진기眞幾를 성 명으로 삼은 생성이다. 이는 개체의 완성을 말하고 개체의 완성은 곧 우주론적 완성이 되고 각각의 성명의 올바름을 말하여 우주론적 올바름이 되게 한 것이다. 올바름은 곧 완성을 뜻한다. 이는 곧 천도와 성명이 서로 관통되어 있음을 밝히 는 것이다. 정명도의 생지위성은 천지의 큰 덕이 생이기 때문에 천도와 인간을 하나로 묶기 위하여 내놓은 이론이고 고자의 생지위성은 자연스럽게 타고난 것 을 성이라고 한 것이다. 두 사람의 생지위성은 같지 않다.

66) 『아술 상』: 人物之生于造化, 一而已矣. 無大小, 無靈蠢, 無壽夭, 各隨氣之 所禀而爲生, 此天地之化所以無心而爲公也, 故曰, '各正性命'. 但人靈于 物, 其智力機巧足以盡萬物而制之. 或驅逐而遠避, 或拘繫而役使, 或戕殺 而肉食, 天之意豈欲如是哉! 物勢之自然耳. 故强凌弱, 衆暴寡, 智戕愚, 通 萬物而皆然, 雖天亦無如之何矣!

67) 『노자』, 5章: 天地不仁, 而萬物爲芻狗.

68) 「장자』, 「天運」: 至仁無親 …… 至仁尙矣.

69) 『아술 상』: 性生於氣, 萬物皆然.

70) 『신언』, 「文王」: 變質成性, 觀『書』之遜學; 善善惡惡, 觀『詩』之無邪; 禮嚴而

法恕, 觀『春秋』之公; 安天地, 遂人物, 觀『禮』之敬; 妙感應, 成變化, 觀『易』之神. 神也者, 學之極致也夫!

71) 『서경』, 「說命」: 惟學遜志多時敏. 厥修乃來, 允懷于茲, 道積于厥躬.

72) 『논어』, 「爲政」: 『詩』三百, 一言以蔽之, 曰思無邪.

73) 『신언』, 「問成性」: 問成性? 王子曰: "人之生也, 性稟不齊, 聖人取其性之善者以立教, 而後善惡准焉, 故循其教而行者, 皆天性之至善也. 極精一執中之功則成矣. 成則無適而非善也.

74) 『신언』, 「問成性」: 造化生人, 古今異乎? 曰: 天賦相近, 何太遠哉? 習性之日殊爾. 古也朴, 今也日文; 古也直, 今也日巧. 神鑿而靈散也久矣, 鳥巢之卵, 焉得探而取之? 『六經』之教, 求其習之日降而已矣.

제7장

심론心論

심心은 성性과 달리 사유기관에 속한다. 심에는 주체 의식이 있어 외물과 직접 관여한다. 특히 왕정상 철학에서 심은 인식 주체로 작용하는데 심 안에는 인식 능력을 지닌 신神이 깃들어 있기 때문이다. 신은 실재의 물질이 아니다. 다만 심이 작용하는 원동력이 되는 주관 정신이다. 즉, 심의 본체는 기의 허령함이며 그 안에 신이 깃들어 지각 작용을 하고 그 지각 작용으로 인하여 사유할 수 있게 된다. 이 장에서는 인식 주체로서의 심과 주관 정신으로서의 신이 각기 지닌 역할을 살펴보기로 한다.

1. 인식 주체로서의 심

고대로부터 근대에 이르기까지 선대 철학자들이 심의 의미 범주를 다양하게 설정[1]하였으나 근대의 학자들은 심이 지니는 의미를 지知, 정情, 의意로 정의한다. 지는 지각이고 정은 감정을 뜻하며 의는 의도나 지향을 뜻한다. 또 심은 신身의 주재자가 되고 주관적 정신, 의념[2]을 가리키기도 한다. 고대의 심은 심장을 지적하여 지각 기관으로 여겼으나 명대 이후부터 사유기관은 뇌에 있다고 말하기 시작하였다.[3]

왕정상은 "지각이 심의 작용이고 허령虛靈이 심의 본체"[4]라고 하면서 심을 인식론 범주에서 논하고 있다. '심의 본체가 허령하다.'라고 말하는 것은 심이 비어있으면서도 영적인 요소를 지닌다는 것이다. 그의 우주론에서는 천지가 있기 전에 기가 있었으며 기 가운데에는 음양이 있고[5] 그 음양이 운동하고 변화하여 형이상의 것은 정기精氣가 된다고 보았다. 정기는 신명神明과 영명靈明으로 표현되어 신 또는 신령으로 말해진다. 이 신은 기화가 일어나기 전 원기에 있는 것이고 원기가 만물을 만들 때 인간의 심에 깃들게 된다. 그래서 이 신은 원기에 있을 때 그대로의 아무것도 없는 상태로 영명함[虛靈]만 부여되어 심의 체가 된다. 즉 신은 바로 심에 내재한 영명함이다.[6] 신의 영명함이 심에 내재해 있다는 것은 기의 정기로서 심의 영명함을 만들어내는 것이고 그 때문에 심에 의식이 있게 되어 심이 지각하고 사유할 수 있게 된다. 이는 물질적 기로서 존재적 심을 생성하는 것이 되며 지각 능력은 심의 작용이 되고 허령함은 심의 본체가 된다.

심의 영명함과 인식론적인 지知는 모두 기에서 비롯된다. 이를 영지靈知라고 한다. 천지간에는 기가 아닌 것이 없기에 심도 기이고 심의 영명함도 기로 인한 것이다.[7] 기는 천지 사이에 존재하는 최소의 단위이며 기의 변화는 신神으로 표현된다. 신은 귀신을 뜻하는 것이 아니라 영명한 작용을 말하는 것이며 정신 작용을 말하는 것이기도 하다.

선진 시대 맹자는 심을 의식 기관으로 여기어 '심의 기관이 바로 사유[心之官卽思]'라고 하였다. 이는 심에 인식과 사유의 기능을 함께 부여한 것이다. 맹자의 사유는 목적이 있다. 그는 심을 다하는 진심盡心을 중시한다. 이 진심을 주희가 "심은 사람의 신명이니 모든 리를 갖추고 있고 만사에 응하는 것이다.[8]"라 해석하여 심은 리를 궁구하여 온전한 순선의 심을 지닐 수 있도록 하는 것이라고 하였다. 맹자는 진심이 본성을 알게 하고[知性], 천의 이치를 알게 하는[知天] 것으로 연결하여 잃어버린 본래의 심을 찾아[求放心] 도덕적 완선完善을 이루게 하는 것을 수양의 방법으로 사유하게 한다. 순자는 심을 정신적 사유 활동으로써 신체기관을 주재하는 것으로 인정하여 '천군天君'이라 부른다. 천군은 신체 내 오관을 다스리는 통치권자의 힘이 부여된 것이다. 심은 신체의 오관을 지배할 뿐만 아니라 정신 활동도 담당하여 독립적으로 사고하고 판단하여 결정할 수 있는 능력이 있다. 그래서 순자는 심을 다음과 같이 말한다.

> 심은 형체의 군주이고 신명의 주인이며 스스로 명령을 내리고 명령을 받지는 않는다. 스스로 금지하고 스스로 부리고 스스로 빼앗고 스스로 취하고 스스로 행동하고 스스로 중지한다. 그 때문에 입을 억박질러서 다물게도 하고 말을 하도록 하며 형체를 억박질러서 구부리기도 하고 펴기도 하게 시킬 수 있지만, 마음은 억박질러서 뜻을 바꾸게 할 수는 없으며 마음이 옳으면 받아들이고 그르다고 여기면 사양하는 것이다. 그래서 마음은 선택하여 수용한다고 말한다.9)

순자 유학에서 심은 외부 사물에서 옳고 그름을 판단하여 받아들이고 사양하는 것을 선택할 수 있는 사유 활동의 주체이기 때문에 독립성, 자주성을 지닌다. 그러나 송대 신유학에서 심은 독립성이나 자주성을 갖기보다 윤리 도덕성을 강조한다. 신유학이 중시하는 본체적 도론道論은 세 분파로 갈리게 된다. 그 하나는 장재에 의한 기론이고 둘은 정이에 의한 리론이며 셋은 육상산에 의한 심론이다. 그 후 리론은 주희에 의해서 심론은 왕양명에 의해서 기론은 왕정상에 의해 각기 다른 심론이 확립된다. 리론에서의 심론은 모두 윤리 도덕성을 강조하는 이론이고 기론에서 심론은 독립성, 자주성을 갖는 이론이다.

왕정상은 장재의 기론을 새롭게 확립했지만 심의 본체에 관한 사유는 순자의 인식적 주체성의 각도에서 많은 부분을 이어받았다. 그는 심의 본체와 작용을 다음과 같이 설명한다.

지각은 심의 작용이고 허령은 심의 본체이기 때문에 심에 막힘이 없으면 사물에 따라 감통하고 일에 따라 살펴 체득하여 깨달을 수 있다. 이 때문에 깨달음은 지智의 근원이고 생각하여 살피는 곳이 도에 합하는 것은 지智의 덕이다.10)

위에서 심의 본체는 비어있고 신령한 기이다. 허령은 심이 구체적인 인식이 이루어지기 전의 의식 상태이다. 단 외물에 의해 감응하여 움직이게 된다. 허령의 주체는 기이고 기는 심에 신을 깃들게 한다. 신은 반드시 형기가 생겨나는 것을 기반으로 삼아 생겨난다.11) 태허의 원기가 인간을 만들 때 먼저 형기를 부여하고 아울러 신을 심에 깃들게 한다. 신은 물질이 아니라 심이라는 물질 안에 깃들어 작용만 한다. 신은 외물에 감촉하면 그 외물에 응하여 지각 작용을 한다. 왕정상의 심론에서 심과 신의 관계는 본체와 작용의 관계이다. 즉, 심은 허령한 기의 본체이고 신은 그 작용이다. 그 때문에 심과 신은 늘 체용 관계를 이룬다.

2. 신神의 본질

1) 신神의 의미 – 신즉기神則機

고대 중국 철학에서 신神은 천과 인간을 구별하는 경계를 의미했다. 즉, 신은 주로 천신天神의 의미였다. 또 신은 신령함을 뜻하는 명사이기도 하고 정신을 뜻하기도 하나 미묘한 변화를 뜻하기도 한다. 『주역』,

「계사전」의 "음양은 그것을 추측할 수 없어서 신이라고 한다."[12], "신은 방소가 없고 역은 형체가 없다."[13] 또 「설괘전」의 "신은 만물을 묘용하여 말로 삼는 것이다."[14] 등의 표현에서 보이는 신은 모두 음양의 변화가 묘용하여 추측할 수 없음을 말하는 것이다.

그 후 중국 철학에서 신의 의미는 「계사전」에 보이는 신의 의미를 보완하여 다양하게 쓰고 있다. 왕정상은 신을 심의 본체에 깃든 정신의 개념으로 쓰고 있는데 왕정상 철학에서 신과 기의 관계는 장재 기학에서 비롯된 것이다. 장재는 우주 변화를 중시하여 "기화로 말미암아 도의 이름이 있게 되었다."[15]라고 하였다. 장재는 기화를 두 가지로 나누는데 하나는 물리적 변화의 변變이고 다른 하나는 화학적 변화의 화化이다. 그 변과 화가 기대는 것은 "허실, 동정의 기틀[機]이다."[16]라 했는데 여기서 기틀이란 변과 화가 이루어지기 위한 내재적 조직이나 체계를 말한다. 또 "궤도에 따라 주행하는 운동체는 움직임에 반드시 기틀이 있다. 이미 그것을 기틀이라고 한 이상 운동은 외부로부터 오는 것이 아니다."[17]라고 하고 또 "신神이란 태허가 묘하게 응하는 것을 지목하였다."[18]라고도 하니 장재는 변화의 내적 요인을 기틀로 쓰기도 하고 신으로도 표현한다. 장재는 신과 기틀을 거의 같은 의미로 쓰고 있다. 이것은 신의 의미가 움직임이 있게 하는 조직, 체계 혹은 힘이나 능력을 가리키는 것으로 볼 수 있다.

『장자』에서도 "만물은 모두 기틀에서 나와서 모두 기틀로 들어간다."[19] 하였다. 당唐 성현영은 이글을 "기틀[機]은 움직임[動]을 일으키는 것으로 조화라고 말한다. 조화는 알 수 없는 능력이나 힘을 일컫는다."라고 해석하였다. 장자가 말한 기틀은 생사의 조화를 말하는 것이다. 왕정상 철학에서 기틀 개념이 장자의 기틀 개념과 같다는 것을 다음에서 잘 알 수 있다.

장자가 말하기를 "온갖 만물은 모두 흙에서 생겨나고 모두 흙으로 돌아간다. 흙은 만물을 발생시키고 만물을 끝나게 하기 때문이다."라고 했다. 훌륭한 말이지만 완벽하지는 못하다. 사물 중에는 흙에서 생겨나지 않는 것이 있으니, 기氣가 더 중요하다고 말하는 것보다 못하다. "기機에서 나와서 기機로 들어간다."라는 말은 참으로 적절하지 않은가! 20)

장자가 "모두 기틀에서 나와서 모두 기틀로 들어간다[皆出於機, 皆入於機]"라고 한 것은 생사의 조화로 인해 만물이 변화하는 것을 설명하고 있으니 장재와 왕정상의 만물 생성론 역시 모두 장자의 영향을 받은 것으로 보인다. 왕정상의 기, 변화, 신의 의미를 아래에서 보자.

a. 기氣는 형과 상통하여 영명[靈]하다. 사람과 사물이 생성되는 이유는 기의 작동[氣機]이 멈추지 않기 때문이다. 작동[機]이 붕괴되면 혼의 기氣가 흩어져 소멸된다. 어떻게 영靈이 생겨나는 것인가! 사물에 부착하여 능함이 있더라도 또한 그 기의 작동[氣機]에 올라타는 것이다. 얼마 후 또한 흩어져 소멸될 뿐이다. 그래서 귀鬼는 돌아가는 것인데 흩어져 소멸한다는 뜻이다.21)

b. 음양은 기氣이고 변화는 기機이다. 기機가 바로 신神이다. 이 때문에 천지는 만물의 대순환이다.22)

왕정상은 영靈과 신神에 대해서 거의 비슷하게 접근하고 있다. 신의 본체가 허령이기 때문에 사실상 영과 신은 자리를 바꾸어 쓰더라도 의미가 전달된다. 필자가 a.에서는 기機를 작동으로 번역하고 b.에서는 변화로 번역했다. 둘의 의미가 달라서 그렇게 한 것이 아니고 기機가 미묘하면서도 하나로 찾기 어려운 다양한 힘을 지녔다고 보았기 때문이다. 기기氣機는 생사生死에 관여하는 힘이다. b.에서는 기가 음양으로서 변화하는 것이 기틀이고 그 기틀이 바로 신이라고 하니 음양의 조화는 신이 있기에 가능해진다고 볼 수 있다. 기틀과 신은 둘 다 기의 작용인 것이다. 그는 기의 작용에 관해 다음과 같이 말하고 있다.

> 어떤 사람이 태어남[生]의 유래를 질문하여서 "그것은 기의 작용[氣機]이다"라고 대답했다. 또 죽음[死]에 대해 질문하여서 "그것은 기의 작용[氣機]이다"라고 대답했다. "누가 기기를 작동하는가?"라고 물어서, 대답하기를 "큰 변화의 호흡일 뿐이다. 사물이 변화를 구하지 않아도 변화가 이르기 때문에 변화는 있지만 자임하지는 않는다."[23]

기機를 변화라고 말하기는 너무나 큰 힘이 작동하기 때문에 여러 말을 빌렸고 이는 바로 신神이라고 말하면 더 쉽게 다가온다. 신 역시 미묘한 힘을 지니고 변화에 가담하여 작동하기 때문이다. 그래서 체용으로 말하면 기氣는 체體가 되고 신神은 용用이 된다. 그 때문에 기는 심으로 변화하고 그 심의 본체는 허령이 되며 신이 심의 용이 되는 것이다.

2) 신神과 식識의 관계

왕정상은 심론을 정精·기氣·신神으로 논하였는데 이는 『관자』, 「내업內業」에 처음 나온다. 기의 삼 요소로 분할하여 부른 명칭이다. 「내업」에서 "심은 정기가 머무르는 곳이고 정이란 기의 알맹이다"[24]라고 하고 "기는 도를 얻어 생명을 낳고 생명이 있으면 생각함이 있고 생각함이 있으면 알게 되고 앎이 있으면 지극한 선에 머문다"[25]고 하였다. 왕정상의 정·기·신도 관자의 정·기·신과 비슷한 의미로 쓰이고 있으나 관자는 덕을 이루고 지극한 선善에 이르는 것을 목적으로 정과 신을 도입한다. 하지만 왕정상의 경우 정과 신은 식識과 연관성이 있다. 왕정상은 정·기·신에 대해 다음과 같이 말한다.

정精이라는 것은 질質이 왕성하면 엉기는데, 기는 힘과 일치하는 것으로서 질이 쇠하면 느슨해져서 정력이 감소한다. 신神이란 것은 기가 왕성하면 굳건해진다. 질과 식識은 일치하는 것으로서 기가 쇠하면 허약해져서 신이 아는 것[神識]이 보잘 것 없어진다. 이런 까닭에 기와 질이 합하여 응고된 것은 생명이 탄생하는 근원이고, 기와 질이 결합하여 영명함[靈]을 지니는 것은 성性이 생성되는 근원이다.[26]

왕정상은 정은 정력精力으로서 내재적인 신체의 역량을 말하고 있고 신은 신식神識으로서 심에 내재된 지식의 역량을 말하고 있다. 또 정이란 기질이 합하여 엉겨 붙어서 생명의 기초가 되는 것이고 신은 기질이 합해져서 영명하게 되는 것이다. 이는 인성의 기초가 된다. 정과 신은 절대로 대립할 수 없고 이 둘 다 기의 범주에 속한다. 또 정은 질이 왕성해야 엉긴다고 하는데 그는 질質의 의미를 다음과 같이 말한다.

기는 습기를 얻어서 질質을 변화하여 생성하는데 이것이 만물을 생성하는 과정이다. 만물이 모두 그러하다. 기의 영명함[靈]이 혼魂인데 물질이 부착하여 연결되지 않으면 혼은 흩어진다. 마치 등불이 그 기름과 나무에서 분리되면 빛이 소멸하는 것과 같다. 물질의 영명함[靈]은 백魄인데 기가 유통하지 않으면 사멸한다. 마치 손과 발이 마비되면 저리는 것과 같다. 기와 질은 서로 작용을 일으키는데 서로 상대하여야 일체를 이룬다.[27]

기와 질이 습기를 매개로 달라붙게 되면 물질이 만들어진다. 나뭇잎이 습기가 있으면 달라붙듯이 기도 습해야 달라붙게 되며 달라붙는 곳이 질이다. 질은 동일하지 않다. 기가 인간의 질에 달라붙어 엉기면 인간이 되고 동물의 질에 달라붙으면 동물이 된다. 기의 영명함이 혼이고 질의 영명함이 백인데 둘이 달라붙어 혼백이 하나가 되면 물질이 완성된다하니 질은 형체를 만들기 위해 바탕이 되는 자료이다. 그래서 체질이라고 부를 수 있다. 기에 있는 신은 심이 외물과 감응했을 때 선악과 시비를 판단하고 사려 할 수 있는 능력을 주는 것이다. 기질이나 체질은 형체에서 밖으로 드러나는 힘의 강약을 말함이고, 성질은 기와 질이 결합하여 생긴 본성에 지닌 개개인의 내면적 성향을 말한다. 왕정상은 정과 신, 혼과 백의 관계를 다음과 같이 말한다.

> 기氣는 신神이고 정精은 영령靈이고, 혼魂은 양陽이고 백魄은 음陰이다. 신이 발양하면 식識이 원대해지는 것은 기가 맑기 때문이다. 영감이 발하면 기억이 오래가는 것은 정이 순수하기 때문이다. 이는 혼과 백의 본성이고 생명의 도이다. 기가 쇠하면 백을 실을 수 없고, 형이 무너지면 혼을 응집할 수 없는데 이는 정과 신의 분리이고 죽음의 도이다.[28]

정精은 질과 기를 엉기게 하는 영험한 힘이며 기에 있는 신神이 깃들시에도 정기가 작용하여 정신이 된다. 기가 기화하면서 음양으로 분화하는데 양기는 혼이 되고 음기는 백이 되어 정신과 형체로 된다. 정기가 맑고 순수하면 영감도 잘 발할 수 있고 기억력도 좋게 태어난다. 이 기억력이나 영감 등이 식識이다. 왕정상이 주장하는 신神은 식을 가지고 있다고 볼 수 있다. 인간은 심에 신이 깃들어 있고 그 신은 식의 능력을 지녔다. 식은 모든 것을 아는 것이 아니라 자신이 공부했을 때 사려하고 판단하고 기억하고 창작할 수 있는 능력이다. 심에 깃든 신은 식을 지니고 있기에 지식의 근원이 된다. 그 때문에 그가 논한 신과 식은 그의 지식론과 밀접한 관계가 있음을 잘 말해준다.

3) 형신形神 관계

중국 철학에서 기론을 주장하는 학자들은 신이 형기에서 결정되는 것으로 여긴다. 『관자』에 "무릇 인간의 태어남은 하늘이 정기精氣를 내보내고 땅이 형기形氣를 내보내어 이것이 합해져서 사람이 된다."[29]라고 하였다. 이는 형과 신을 분리하여 말하고 있으니 형신이원론으로 볼 수 있다. 그러나 대부분 기학자들은 형신을 하나로 묶어서 말한다. 그 예로 순자는 "형기가 갖추어지고 신이 생긴다."[30]하고 왕충은 "형체는 반드시 기가 이루고 기가 모름지기 형체가 있게 되면서 앎이 있게 된다. 천하에 홀로 불을 지필 수 없으며 세간에도 어찌 형체가 없는데 앎의 정기가 있을 수 있겠는가?"[31]라 하였고 북송의 주돈이도 "형체가 이미 생겨나고 신이 앎을 발한다."[32]하였다. 이들은 형과 신을 따로 분리하지 않고 하나로 말한 것이다.

왕정상은 후자들의 형신 관계를 좇아서 "신은 반드시 형기를 바탕에 깔고 있게 되는 것이고 형기가 없어지면 신도 멸한다."[33]고 한다. 신은 생명의 신령이고 기가 지니는 고유한 것이다. 기가 없으면 신도 생겨날 수 없다. 이 때문에 신이 형기에 의지하여 생겨나는 것이고 인간의 형기와 신은 둘이 합치될 때 생명이 주어지는 것이다. 그의 이러한 사유가 바로 형신 일원론이다. 왕정상은 벗 하당과 『주역』의 문구 '역에는 태극이 있는데 이것이 양의를 낳는다[易有太極, 是生兩儀]'는 것을 두고 형신이 일원적 관계인지 이원적 관계인지에 대한 논쟁[34]을 여러 차례 한다.

왕정상의 원기 본체론에서 원기가 기화되지 않았을 때는 형形, 기氣, 신神이 모두 갖추어져 있게 된다. 원기가 기화를 시작하면 형·기·신 셋은 각기 하나의 통일체가 되어 형체를 이루게 된다. 그는 "형기는 기의 한 종류이고 형체는 기의 변화이다. 한번은 허하고 한번은 가득 채우는데 이것들이 모두 기인 것이다. 신이라는 것은 형기의 신묘한 작용이고 성은 자연스럽게 생기며 형·기·신 셋의 일관된 도다."[35]라고 하였다. 또 형신의 관계에 대해 다음과 같이 말한다.

기의 영명함[靈]이 혼魂인데 물질이 부착하여 연결되지 않으면 혼은 흩어진다. 마치 등불이 그 기름과 나무에서 분리되면 빛이 소멸하는 것과 같다. 물질의 영명함[靈]은 백魄인데 기가 유통하지 않으면 사멸한다. 마치 손과 발이 마비되면 저리는 것과 같다. 기와 체질은 서로 작용을 일으키는데 서로 상대하여야 일체를 이룬다. 정精이라는 것은 질이 왕성하면 응고되는데, 기는 역力과 일치하는 것으로서 질이 쇠하면 느슨해져서 정력이 감소한다. 신神이란 것은 기가 왕성하면 굳건해진다. 질과 식識은 일치하는 것으로서 기가 쇠하면 허약해져서 신식神識이 곤핍해진다.[36]

인간의 혼魂, 백魄, 정精, 신神은 모두 형기의 신묘한 작용[妙用]이다. 체용으로 말하면, 형기는 체이고 신은 용에 속한다. 형은 물질이고 신은 형체가 없는 것이라 서로 다른 것이라고 할 수 있으나, 형기와 신이 체용 관계를 지니기 때문에 신은 형기를 떠나서 독자적으로 존재할 수 없다. 사람들의 정신적 현상은 모두 형기의 묘용이라고 할 수 있으며 형기를 떠나서 독자적으로 존재할 수 없기 때문에 왕정상은 인간의 형신 관계를 '신은 형기의 묘용[神者, 形氣之妙用]'이라고 말한다. 신이 형기의 묘용이라는 관점은 앞에서 설명한 '신은 반드시 형기를 밑바탕으로 하여 생긴다[神必藉形氣而有]'의 관점보다 한 걸음 더 나아간 사유라고 볼 수 있다. 이 두 주장은 왕정상이 형신을 체용 관계로 보고 또 일원론적으로 설명하는 근거가 된다.

3. 외물外物과 심

1) 외물과 심의 관계

왕정상은 원기본체론에 근거하여 기의 운동 변화로 인해 형기가 생김과 동시에 심이 생겨난다고 한다. 이때 기는 원래 가지고 있던 정기가 심에 깃들어 신神과 영靈으로 표현된다. 신은 사실상 영명함이 내재된 정신을 의미한다.[37] 그 때문에 그는 '심의 본체는 신神'이라고 하였다.

그는 천지간에 기가 없는 곳이 없고 기는 반드시 변화하고 변화 작용은 신령한 것이기 때문에 지각知覺하지 않을 수 없다고 말한다.[38] 이 지각은 신령함에서 근원하기 때문에 영지靈知라고 불린다. 왕정상이 말하고 있는 신, 변화와 영지의 상관관계는 기로 인한 변화와 정신의 통일이다. 그의 심론에서는 기외에 다른 영명함과 앎은 없고 정신성의 영지는 물질성의 기에서 나온다는 것이 인식의 중심 사유가 된다.

그는 심 안에 신만이 깃들어 있기에 심은 외물에서 말미암아 생겨난다[心緣外物而起]고 한다. 심은 허령한 정신만이 깃든 곳이라 그 안에 아무것도 존재하지 않는다. 그러나 심은 내부에 깃들어 있는 신에 의해 지각 능력과 사유 능력을 지니기 때문에 외물의 인식이 가능하다. 인식은 심이 먼저 다가가 움직이지 않고 외물이 다가왔을 때만 움직인다. 즉, 심은 고요한데 외물이 심을 움직이게 한다고 아래와 같이 동정動靜으로 설명한다.

> 비어있고 광활하여 조짐이 없고, 만상이 빽빽하게 이미 갖추어졌는데 이 고요함을 느끼지 못하는 것은 인심과 조화의 근본이 모두 그러하다. 만일 외부의 감응을 없게 하면 움직임에 무엇이 있겠는가? 그래서 움직이는 것은 외부에서 말미암아 일어나는 것이다. 응함은 고요한 상태로 있고, 작용은 외부에 달려있다. 이미 감응하면 고요함은 스스로 예전과 같은데 움직임이 고요함을 흔든다고 말한다면 옳지만, 움직임이 고요함에서 생긴다고 한다면 옳지 않은데 하물며 고요함이 움직임에서 생긴다고 하겠는가?[39]

심이 외물을 감지하지 않았을 때는 고요한 본연의 상태[靜]로 존재한다. 외물이 비록 보잘것없이 작더라도 심에 의해 감지되면 심은 바로 움직임[動]의 상태로 바뀐다. 사람의 심 안에 사물이 있으면 이 사물로서 주체로 삼는다.[40] 정주리학에서는 외물外物의 주체가 리理가 되어 외물이 리에 합당한 것인가의 문제가 중시되고, 양명학에서는 주체가 심이 되어 심이 외물에 대해 동動했을 때만 외물도 동하여 인지하게 되고 심이 동하지 않는 외물은 나와 아무런 상관이 없다고 주장한다. 하지만 왕정상의 심론에서는 외물이 주체가 되는 것이지 심이 주가 되는 것이 아니라고 한다. 즉 외물이 심을 동하게 해야만 심이 동하는 것이고 스스로 외물을 보고 동하는 것이 아니다. 심과 물은 서로 떨어질 수가 없다. 이는 심이 외물을 감지하고 반응하지 않을 수 없기 때문이다. 심은 외물에 대한 객관 존재일 따름이다. 이러한 견해의 다름 때문에 리학과 심학과 기학에서 외물에 대한 동정 문제를 논하는 데에 있어 큰 차이를 드러낸다.

왕정상은 심이 외물로 말미암아 움직이는 이론을 가지고 불교의 유심론, 정주리학, 양명심학에 대해 각각 별도의 비판을 가한다. 왕정상이 주장하는 심은 외부로 말미암아 내부와 접촉하고 외물로 말미암아 심에 닿게 되는 인식으로서, '안이 먼저고 바깥이 나중이 되다[先內後外]'고 하는 정주의 이론과, '내 마음의 양지를 사사물물에 이르게 한다.'[41]하여 안에 있는 것으로 밖의 것을 인식하는 왕수인의 선험인식론의 폐단을 바로잡는 데에 사상적 의의를 두고 있다. 불가에서는 심법으로써 천지를 멸하고 물질의 실제 존재함을 인정하지 않는다. 그래서 그는 불가는 '천지를 헛된 것으로 여겨서 선정禪靜에 들어 응함이 없다.'라고 하는 것을 다음과 같이 비판한다.

이단의 학문에는 외물이 없고, 정적靜寂하고 허멸虛滅하다. 우리 유자들의 학문이 위주로 하는 것은 안정되면서 감촉하고 감촉하면 응하는데 안정되면서 생각하지 않는다면 무슨 해가 있겠는가?[42]

불가의 학문은 외물을 차단하여 듣고 보는 것을 막고 정적에 들게 한다. 인간은 만물과 더불어 세상을 살면서 외물을 접하지 않을 수 없다. 그 때문에 그는 외물에 접했을 때 안정될 수 있는 학문을 해야 한다는 주장을 한다. 왕정상은 심의 동정을 동심과 응심으로 표현하여 다음과 같이 말한다.

> 먼저 내부에서 외부를 조종하는 것을 동심動心이라 하는데 동심은 있을 수 없다. 외부로부터 내부를 촉발하는 것을 응심應心이라 하는데 응심은 없을 수 없다. 없어서는 안 되는 것이 아니라 없을 수 없다. 거울의 밝음에서 비추는 것을 찾을 수 없는 데 오는 것에 응한다. 응할 수 있는 것은 자취를 남겨두지 않는다. 『역』에 "생각이 없다."라고 한 것은 무위無爲인데 동심이 어찌 있겠는가? "감응하여 마침내 천하의 일과 통한다."라고 한 것은 참으로 응심이 없을 수 없다. 기쁨과 분노[喜怒]는 외부로부터 촉발된 것이다. 기쁨에 지나치면 방탕해지고, 분노에 지나치면 격발되어 심기心氣가 그 평정을 잃으니 잘 양성하는 것이 아니다.[43]

왕정상의 인식론에서는 움직이는 심[動心]은 없고 단지 응하는 심[應心]만이 있다. 외물과 감응하여 본격적인 움직임을 개시하게 된다. 예를 들면 거울이 외물을 찾아 응하는 것이 아니고 외물이 거울 앞에 서서 거울이 응하는 것이 응심이다. 왕정상 심론의 동정 문제는 외물에 달려 있다고 할 수 있다. 심의 동정에 대한 그의 이론은 심 자체는 언제나 정의 상태를 지니고 있을 뿐이고 응심하는 물체 때문에 심이 동의 상태로 바뀐다.

2) 인심 · 도심

인심 · 도심의 이론은 송명 리학자들의 심론 중의 한 분야이다.[44] 인심

·도심은 『서경』에 "인심은 위태롭고 도심은 미묘하니 정밀하게 살피고 한결같이 지켜야 진실로 중도를 잡을 수 있다."45)라고 한 데서부터 비롯된다. 이 인심·도심설은 요임금이 순임금에게 선위할 때 백성들의 마음을 잘 헤아려 중도의 정치를 행하라고 당부하는 글이다. 고대에도 이미 인간이 한결같은 마음과 흔들리는 마음의 갈등상태를 지닌 것에 대해 주시하고 있었다. 여기서 인심과 도심은 대립적 관계를 유지한다. 주희는 인심·도심을 다음과 같이 말한다. 먼저 리학에서 인심·도심설을 살펴보면, 주희는 다음과 같이 말한다.

> 마음의 허령 지각은 하나뿐인데 인심과 도심의 다름이 있다고 한 것은 혹은 형기의 사사로움에서 생겨나고 혹은 성명의 바름에서 근원하여 지각하는 것이 똑같지 않기 때문이다. 그래서 혹은 인심은 위태로워 편안하지 못하고 도심은 미묘하여 보기가 어려울 뿐이며 상지上智의 자라도 인심은 있고 하우下愚의 자라도 도심이 있으니 두 마음이 섞여버려서 다스릴 방도를 찾지 못하면 인심은 더욱 위태해지고 도심은 더욱 미묘해지니 천리의 공이 인욕의 사를 이길 수 없게 된다.46)

주희는 도심은 주체 의식으로부터 발동하는 도덕심이고 인심은 인간 개인의 생리적 욕망으로 본다. 주희 이전에 정이천이 이미 인심은 위태로운 것으로 인욕이고 도심은 미묘한 것으로 천리이다.47)라고 하고 인심은 사사로운 욕심이기 때문에 위태하고 도심은 천리이기 때문에 정미한 것48)이라 하여 심을 인욕의 심과 천리의 심으로 구분하였다. 이러한 천리·인욕의 구분은 도심과 인심이 모두 인간의 심에 갖추어져 있으나 반드시 도덕심이 주체가 되어서 천리로서 인욕을 주도하고 도덕성으로서 자연성을 규제해야 한다고 주장한다.

주희의 심은 성과 구분되는 별개의 하나이다. 그의 사유에서 성은 천리이기 때문에 순수하고 온전한 데 비해 심은 그렇지 않다. 심은 다시금 인심과 도심을 별도로 지니게 된다. 인심은 혈기에서 생겨나고 도심은 의리에서 생겨난다. 춥고 배고프고 아프고 가려운 것은 인심이고 측은, 수오, 시비, 겸양은 도심이기 때문에 도심은 본연의 성이 지닌 그대로 심에 발현된 것이고 그렇지 않으면 인심으로 드러나는 것이다. 그는 본연의 성인 도심을 보관하는 곳과 또 인심으로서의 심이 두 개의 다른 공간으로 나뉘어있다고 본 것이다. 이는 마치 관자가 심 안에 심이 있다49)라고 한, 심은 하나이지만 두 부분의 공간으로 나누어 말하는 것과 비교해 볼 수 있다.

심이 양지라고 말하는 왕수인은 심 안에 양지로 보관된 도심과 밖으로부터 받아들이는 인심을 함께 둔다. 그 때문에 사람들은 늘 조심하고 경계하여 인욕에 의해 양지가 가려지지 않도록 해야 한다. 만약 양지가 먼저 발동하여 치양지 실현을 위해 노력하지 않으면 인욕에 가려져서 양지로서의 심의 기능을 하지 못하게 된다. 왕수인은 마치 구름에 태양이 가려져 비추어지지 않는 것처럼 인욕이 천리의 양지를 가리게 되어 양지가 발현될 수 없음을 걱정한다. 반면에 왕정상은 인심·도심에 대해 다음과 같이 말한다.

> a. 인심이라고 말한 것은 그 정욕情欲이 발한 것을 말한 것이고, 도심이라고 말한 것은 그 도덕이 발한 것을 말한 것이다. 두 가지는 인성이 반드시 갖춘 바이다.50)

> b. 측은지심은 정이 슬퍼할 만한 것을 슬퍼하는 것이고, 수오지심은 이마에 땀이 나는 것과 같이 부끄러울 만한 것인데 맹자가 말한 양심의 단서이며 순이 말한 도심이다. "입과 맛, 귀와 소리, 눈과 색, 코와 냄새, 사지와 안일 등의 관계"는 맹자가 말한 천성의 욕망이고, 순이 말한 인심이다. 이것으로 보면 이 두 가지는 성인과 우매한 자가 함께 부여받은 것이다.51)

위의 두 글에서 왕정상은 인심·도심 모두 사람이면 다 지닌 것이며 성인이나 우인愚人이나 다 함께 부여받은 것이라고 말한다. 그는 사람의 심에는 인심과 도심이 혼재해 있다고 한다. 이는 기가 인간의 생멸에 관여하였기 때문이다. 기론에서 인간은 각기 다른 특수한 기질을 지니고 태어난다. 그래서 공자의 사유와 같이 타고난 성인이 있고 타고난 열등의 인간이 있다고 본 것이다. 그는 인심의 폐단에 대해 다음과 같이 말한다.

> 인심·도심은 모두 하늘이 부여한 것이다. 사람이 오직 인심을 따라서 행하면 배운 자와 힘 있는 자와 무리 지은 자는 그 바라는 바를 얻게 된다. 어리석고 무리가 적고 약한 자는 반드시 곤궁하여 바라는 것을 이루지 못한다.52)

왕정상이 인심과 도심은 모두 천으로부터 부여받아 태어나면서 다 같이 지니는 선천성의 것으로 보는데, 이는 '성은 기에서 생겨난다.[性生於氣]'는 전제에서 말할 수 있는 이론이다. 인간은 오직 인심만 좇고자 하는 욕망을 누구나 다 지니고 있다. 그러나 그의 인심·도심은 주희가 말한 천리의 공公·인욕의 사私와는 다른 바가 있다. 도심은 천리의 공이 아니라 기로 받은 선한 마음이 있는 것이고 인심은 인욕이 아니고 형기의 욕일 따름이다. 욕은 사사로움의 인욕과 육체적 욕구인 형기의 욕이 다르다. 형기의 욕은 바로 요임금이 말한 인심과도 같다. 배가 고프면 먹고 싶고 추우면 옷을 입고 싶은 욕망이다. 이렇듯 형기의 사私는 성인이라도 지닌 욕망이다. 다만 후천적으로 외물과 만나게 되면 사사로움의 욕망인 욕심이 생겨난다. 이 욕심이 바로 명예욕, 물질욕 같은 사사로움의 인욕인 것이다.

왕정상 심론에서 인심과 도심은 태어나면서 함께 부여받아 심 안에 저장된다. 당시 정치 사회적 현실에서 보면 공부만 하고 생각하지 않는 자는 지혜의 힘을 믿고 욕을 얻고자 하고, 힘을 기른 자는 힘을 믿고 욕을 좇는다. 그 무리가 모여 힘이 약한 자들을 해치는 일을 서슴지 않고 자신의 욕을 얻기 위해서 분주했다. 궁극에 그들이 학문을 익히고 물질을 모아서 바라는 바를 얻게 되어 사회는 학문을 한 자들과 사사로이 부를 축적한 부호들이 왕의 권력을 등에 업고 무리를 만들어 활보하는 세상이 되고 말았다. 그는 힘없는 백성들이 바라는 것이 있어도 이루지 못하고 즐거워하지도 못하고 살아가는 것을 안타까워했다. 그는 인심과 도심에 대해 또다시 다음과 같이 말한다.

성의 본연은 내가 대순을 따르는 것이니 인심은 욕망이 점점 커지는 것을 제어할 수 없어 위태하고 도심이 생기는 것은 은미하고 미묘하다. 아울러 그 재주로 말하면 나는 공자의 말을 따르겠다. 성性은 서로 가까우나 습習이 서로 멀게 할 따름이다.53) 측은지심은 정이 슬퍼할 만한 것을 슬퍼하는 것이고, 수오지심은 이마에 땀이 나는 것과 같이 부끄러울 만한 것이다. 맹자 양심의 단서이고 바로 순의 도심이다. 입의 맛에 대한 것, 귀의 소리에 대한 것, 눈의 색에 대한 것, 코의 냄새에 대한 것, 사지의 편안함에 대한 것은 맹자가 말한 천이 부여한 성의 욕망이며 순임금이 지적한 인심이다. 여기에 기인하면 인심과 도심은 성인과 우인이 다같이 부여받은 것임을 알 수 있다. 서로 비슷하다고 말하지 않겠는가? 인심으로서 비유하면 어리석은 자와 불초한 자가 하나로 돌아가는 것이니 같은 것이다. 도심이 정미한 것은 성인과 현인이 같이 가는 길이니 인심과 도심의 차이는 서로 멀다고 하지 않겠는가?54)

인심·도심은 성으로 타고난 것이다. 이는 기의 혼탁에 의한 것이며 하늘이 인간에게 부여한 특수성이다. 공자가 이미 상지上智와 하우下愚를 구분하여, 타고난 하우는 노력해도 상지가 될 수 없음을 말했듯이55) 왕정상 역시 기로 받은 본성에는 사람마다 특수성을 지니고 있다고 한다. 그렇지만 태어날 때는 성질이 크게 차이가 없어서 누구나 다 같이 지닌 인심이지만 성인으로 타고나면 미묘한 도심을 좇아서 외물의 욕망을 제어할 수 있고, 우인愚人으로 타고나면 제어하지 못하고 욕망만을 좇아 추구하니 인심과 도심의 거리는 점점 멀어진다고 설명한다. 그는 도심에 대해 다음과 같이 말한다.

> 도덕교화가 아직 확립되기 전 나는 참으로 백성에게 인심이 많다는 것을 아는데 도심도 또한 생과 더불어 본래부터 있는 것이다. 호랑이가 자식을 아끼고, 까마귀가 부모를 먹이고, 닭이 먹이를 찾아놓고 서로 부르고, 표범이 짐승에게 제사를 올리는 것을 보면 알 수 있다. 도덕교화가 이미 확립된 후 나는 참으로 백성에게 도심이 많다는 것을 아는데 인심도 또한 생과 더불어 항상 존재한다. 음식과 남녀를 보면 모두 사람들이 함께 바라는 것이고, 빈천과 요절과 병은 사람들이 함께 싫어하는 것임을 알 수 있다. 물욕에 가려지기 때문에 그 본성이 아니라고 하는데, 그렇다면 빈천과 요절과 병은 사람이 원하는 것이던가?[56]

인간뿐만 아니라 짐승에게도 도심이 있다. 호랑이가 자식을 아끼고, 까마귀가 부모를 먹이고, 닭이 먹이를 찾아놓고 서로 부르고, 표범이 짐승에게 제사를 올리는 것은 짐승들의 도심이다. 그러나 늘 먹을 것을 얻어야 살 수 있고 자식도 기를 수 있기에 자기보다 힘없는 짐승과 새들을 공격한다. 이는 그들이 선천적으로 받은 자연성의 인심인 것이다. 이렇듯 도심과 인심은 선악의 문제가 아니다. 인심에 속하는 약육강식과 적자생존의 원리는 생태계의 먹이사슬로서 생태계가 잘 보존되는 자연적 이치이기도 한 것이다. 도심에 해당하는 부모와 자식 간의 친애[仁]하는 것, 형제간의 의義를 지키는 것, 친구 간에 신信을 지키는 것, 사회에서 만나는 사람 사이에서 예禮를 지키는 것, 백성들이 모두 즐거워하는 것들도 타고난 것이며, 먹고 입고 마시고 남녀가 서로 함께하고 싶은 것 등 『맹자』에서 음식 남녀로 불리는 것이 인심으로 타고난 것이다. 왕정상은 선악이 심에 내재하는 것이 아니고 태어난 후 밖으로부터 말미암아 생겨나는 것이며 밖의 선악을 받아들이는 정도는 타고난 특수성에 따라 다르다는 점을 강조한다. 그리고 인심은 나약하고 불완전하기에 인간이 물욕을 좇지 않도록 늘 공부하여 심을 교화시켜야 한다는 것이 그가 주장하는 인심·도심의 설이다.

4. 심心·성性·정情의 관계

1) 심과 성의 관계

왕정상은 심·성·정이 일관된 관계를 유지한다고 하였다. 왕정상의 기론에서 성은 주희가 주장하는 성과 완연히 다르다. 왕정상은 주희가 주장하는 성에 대해 문중자文中子와 순열荀悅의 말을 빌려 다음과 같이 비판한다.

> 문중자가 말하기를 "성性은 오상五常의 근본이다"라고 했는데 대체로 성은 하나이다. 감응으로 인하여 움직여서 다섯이 된 것인데 이 오상은 성이 이룬 것이다. 만약 "성은 곧 리理"라고 한다면 무감無感, 무동無動, 무응無應하여 하나의 사국死局일 뿐인데 성의 진실을 자세히 징험하여도 끝내 서로 같지 않으니, 문중자의 견해는 마땅히 우려된다. 순열이 말하기를 "정의情意와 심지心志는 모두 성동性動의 별명別名이다"라고 했는데 동동하면 성性에 기발機發이 있다는 의미를 말한 것이다. 만약 '리理'라고 한다면 어떻게 동할 수 있겠는가? 진부한 유자의 견해는 마땅히 잘못이다.57)

정명도가 『정성서定性書』에서 정리定理라 하여 리의 개념을 만들었고,

정이천은 그 리를 가지고 '성즉리' 설을 세웠으며, 주희가 그 설을 이었는데, 왕정상은 그들의 리에 대한 설에 대해 '성性이 리理라면 성의 본체는 절대 동動할 수 없고 언제나 변하지 않는 정靜의 상태여야 한다고 하였다. 주희는 성의 본체가 리이기 때문에 오상을 이루며 '고요해서 움직이지 않다가[寂然未感] 감응하여 천하의 연고緣故를 통하는[感而遂通] 것'이라 하였는데 왕정상이 보기에 만약 성이 곧 리라면 성은 움직일 수 없다. 그래서 '감이수통'할 수 없어야 맞는 것이라고 하였다. 왕정상은 기의 영명한 능력이 생의 이치이고 인의예지는 성이 만들어낸 이름일 뿐이라고 주희의 리 사유를 비판한다.

왕정상은 성性과 심心을 동일한 관계로 설정한다. 오히려 심은 타고나면서 신神이 깃들어 있어 지각할 수 있는 능력을 지니지만 성은 허령한 본체일 뿐이다. 자라면서 배우고 익히고 깨달아서 성을 가꾸어 가는 것이다. 주희는 심을 성과 같은 층위에 두지 않고 성을 상위에, 심을 하위에 두었는데 이는 맹자의 "성은 사람이 천으로부터 품수 받은 리이며 완전한 선에 이르고 악은 전혀 개입할 수 없다."에서 성과 천리의 개념을 가져왔기 때문이다.[58] 주희가 주장하는 심과 성에서는, 심은 지각할 수 있으나 성은 곧 리이기 때문에 지각할 수 없다. 인간이 추구하는 선은 순수하고 무악의 천리라고 하지만 왕정상의 관점에서 이것은 내재적 능력이 아니라 외재적 행위규범이다.

심과 성에 관해 주희는 『맹자』에서 "그 심을 다하는 자는 그 성을 알고 그 성을 안다는 것은 곧 천을 아는 것이다."[59]에서 출발하여 '성이 천리[性卽理]'라고 말하고 있다. 그러나 맹자는 심과 성을 층위를 두지 않고 심과 성과 천리를 동일한 선상의 개념으로 말하고 있다. 맹자가 심성을 천리와 같은 층위에 둔 것은 인간이 현실적 도덕 본능과 주체적 도덕 자각을 본래 지니고 있음을 주장한 것이다. 맹자는 도덕 실천의 원동력이 주체의 내부에 깃들어 있다고 하여 인간이 내재적 도덕 신념을 지니도록 했다. 주희는 맹자처럼 심과 성을 나란히 둘 경우, 인간에게 생기는 악의 문제를 해결하기 어렵기 때문에 성은 천리로 두고 심을 하위에 두어 형이상과 형이하의 사유로 이끌어 간다. 오히려 왕수인의 심학에서 맹자의 생각을 그대로 받아들여 심과 성과 천리를 하나로 보고 도덕의식의 선천성을 주장한다. 왕정상은 맹자의 견해를 천인합일의 도에 근거한 사유라고 다음과 같이 평한다.

사람의 성은 순수일 뿐이고 하늘의 도는 지성至誠일 뿐이다. 『시경』에 "하늘의 명은 심원하여 그치지 않으니, 아 어찌 드러나지 않겠는가? 문왕의 덕은 순수하구나"라고 했다. 이는 천인이 합일한 도이기 때문에 "성을 아는 것은 하늘을 아는 것이다"고 한 것이다.[60]

왕정상은 심성을 천리와 관계지어 보지 않는다. 천은 태허가 기화氣化하기 이전의 물체일 뿐이고 천과 인간은 합일될 수 있는 관계가 아니다. 천과 인간은 각기 자기의 직분을 지닌 별개의 물질이다. 이런 사유 아래에서는 심과 성의 층위를 구분하지 않는다. 그는 "기는 리를 싣고 있고 리는 기에서 나와서 일관되고 떨어질 수 없다."[61]라고 한다. 그는 리기 관계에서, "기는 물질의 근원이고 리는 기가 갖추고 있는 것"[62]이라 하였으니 리는 기에 실려 있는 것이고 기는 리를 위한 근본이 된다. 심성 관계에서는, 성은 심에서 생겨나고 심이 있으면 바야흐로 성도 있게 된다고 주장한다. 그는 성과 심, 기와 리를 형이상과 형이하로 구분하지 않고 같은 층위에 두었음을 알 수 있다. 오히려 유무 관계로 순서를 정하면 심선성후心先性後라고 할 수 있다.

2) 심통성정心統性情

심통성정의 관점은 장재로부터 나온 개념이다. 장재 기본론氣本論의 철학에서 성은 태허의 기화로 생긴 것이기 때문에 규율이나 이치에 해당하고 심은 지각의 주체이다. 그래서 그는 심에 포함되는 성은 천지지성과 기질지성 두 종류라고 한다. 또 심·성·정의 관계에 있어서 장재는 "허는 기와 합해져서 성의 이름이 있게 되고 성이 지각과 합해져서 심이라는 이름이 있게 된다.63)고 하였다. 성은 허와 기가 하나로 된 것이고 심은 성과 지각이 하나로 된 것이다. 그 때문에 심이 성과 정을 통섭한다고 말한다. 장재는 "심통성정이라는 것은 형태가 있으면 본체가 있고 성이 있으면 정이 있기에 성에서 발하면 정에서 보고, 정에서 발하면 그 표정에서 보니 한 가지로 응하는 것이다."64)라고 하였다. 장재에 앞서 맹자가 "군자의 본성은 인의예지가 마음속에서 근본으로 삼아 그 얼굴빛에 완연히 드러난다"65)라고 하였으니, 장재나 맹자가 말하는 성과 정은 모두 심이 지닌 것이다. 주희가 "횡거의 심통성정의 이론을 정말 좋다고 하면서 성은 고요하고 정은 움직임이 있는 것이다. 심은 동정動靜을 겸하여 말하니 본체를 가리키기도 하고 작용을 가리키기도 한다."라고 장재의 심통성정에 주석을 가했다.

정명도는 장재의 말을 보완하여 성이 저절로 그러한 것이 천天이라 부르고 성性이 형체를 가지게 되면 그것을 심心이라 한다. 또 성이 움직임이 있게 되면 그것을 정情이라 한다. 그 수는 하나이다.66)라고 하였다. 또 심과 성과 천은 똑같은 '리'이다. 리의 입장에서 천이라 부르고 품수한 입장에서 성이라 하고 사람에게 보존된 입장에서 심이라 일컫는다.67)고 한다.

주희는 '정이천의 성즉리와 장재의 심통성정은 절대로 번복할 수 없는 객관 사실이다.'라고 규정한다. 성즉리는 정이천이 인성과 천도의 관계를 설명한 것이고 장재의 심통성정은 사람의 본성과 의식 활동, 성과 심의 관계를 잘 명시하고 있다. 주희는 이 두 가지 설을 잘 절충하고 장재의 심통성정 개념을 빌려서 자신의 심통성정을 만들었다. 주희의

심통성정에서는 성이 본체가 되어 고요함[靜]이 되고 정은 작용[用]이
되어 움직임[動]이 된다. 심은 성과 정을 거느리고 꿰뚫는 모든 것이 된
다. 그래서 심은 성과 정을 통섭한다고 한다. 하지만 왕정상은 장재의
'심통성정' 사상을 아래와 같이 비판하며 말한다.

> 마치 심이 사랑하는 것에서 나와서 인仁이 되고 심이 마땅해하는 데에
> 서 나와서 의義가 되고 심이 공경함에서 나와서 예禮가 되고 심이 같음에
> 서 나와서 지智가 되니 모두 사람의 지각 운동이 그렇게 된 후에 이루어
> 지는 것과 같다. 진실로 사람이 없다면 심이 없고 심이 없으면 인의예지
> 가 어디에서 나오겠는가?68)

왕정상의 심통성정은 본체론적 관점에 입각해 있다. 심은 인간이 타고
나면서 기로 받은 본체이며 지각 작용을 지니게 된다. 그는 심에 사랑하
는 마음과 마땅해하는 마음, 공경함 그리고 시비를 판단하는 기능을 지
닌 것이 아니고, 인간의 심이 인식작용을 지니기 때문에 그 심이 외물과
응하여 앎을 키워 인의예지를 지니게 된다고 한다. 또한 심의 범주는
정靜보다 동動을 강조한다. 그는 심통정성의 본체에 대해 다음과 같이
말한다.

> 심을 본체로써 말한 것이 있는데 "심의 기능은 생각하는 것이다[心之
> 官則思]"라고 한 것과 "심은 성정을 통섭한다.[心統性情]"는 것이 그것이
> 다. 운용運用으로써 말한 것이 있는데 "출입에 때가 없고, 그 방향을 알
> 수 없다[出入無時 莫知其鄉]"라고 한 것과 "그 방심을 거두어야 한다[收
> 其放心]"고 한 것이 그것이다.69)

왕정상은 심을 기능으로는 생각하는 기관으로 이해하고, 운용으로는
인식 주체의 의식 작용으로 이해하여 심·성·정이 기능과 운용 양 방면

에서 다른 역할을 하지만 사실상 일관된 도라고 한다. 그 때문에 심·성·정 셋은 서로 뗄 수 없는 관계이다. 단지 인간의 심은 형체에서 중시하고 성은 허령한 점을 중시하며 정은 외물과 응한다는 점을 중시한다. 심의 본체는 허령의 기이고 심의 작용은 지각이다. 지각과 외물이 접촉하면, 정에서 마음이 움직인다. 지각하고 사려하여 성이 만들어진다. 이것은 모두 심의 기능이다. 이 때문에 그는 심이 정과 성을 통섭한다고 한다. 심과 성·정의 구별을 왕정상은 다음과 같이 말한다.

> 심과 성정性情은 그 경상景象의 정해진 위치가 또한 스스로 구별되니, 심이 형체의 경상에 붙는다고 하고, 성性은 사람이 태어나면서 허령경상虛靈景象에 붙는다고 하고, 정情이 응물應物의 바깥 경상에 붙는다고 하는데 위치는 비록 같지 않지만, 그 실제는 하나로 관통하는 도[一貫之道]이다.70)

왕정상은 심·성·정이 물체가 아니기에 경상이라고 표현하여 공간을 설정하고 위치를 정해준다. 심은 몸 내부에, 성은 심과 다른 내부의 장소에, 정은 물에 응함과 관련되기 때문에 바깥쪽에 위치하는 것으로 설정하였으나 심·성·정은 모두 다 같이 하나의 본체가 된다. 즉, 각자의 경상을 지니고 그 경상의 위치가 다를 뿐이고 실상은 모두 하나이다. 즉, 심은 성이 형체가 있는 것과 정이 심의 움직임[動]인 것을 포함하고 있다.

왕정상은 성이 허령의 기라고 여기고 정이천은 성이 천리라고 말하는 부분에서는 사유가 서로 다르지만, 나머지 것은 서로 일치한다. 성이 허령의 기라고 여기는 것은 장재가 허와 기가 합해서 성이라는 이름이 있게 된 것과 같다. 즉, 왕정상은 기론의 사유에서는 장재의 성과 기의 관계를 동일시하고 심·성·정의 관계에 있어서는 정이천의 생각과 다름이 없으니 두 사람의 사상을 잘 수정하고 보완하여 심통성정의 사상을 완성하였다.

왕정상은 인의예지도 마음에서 생겨난 정에 의해 발현되는 외적 행위라고 한다. 그는 '성인은 심이 허령함을 갖추고 있어서 외물에 응하게 되면 칠정七情이 저절로 발하게 되는 것'[71]이라고 하니 심은 사실상 성과 정을 모두 포함한다. 또 심의 지각운동은 성과 정에서 생겨난다. 이것이 바로 심이 성과 정을 통섭하는[心統性情] 것이다.

주석

1) 張立文, 김교빈 외 역, 『氣』(서울, 예문서원, 2012) 1-4쪽 참조. 장리원은 심의 의미를 시대적으로 철학사가 변천함에 따라 7개 방면으로 설명한다. 1. 심은 심장이며 사유기관이다. 이는 고대의 사유였다. 2. 심은 주체의식이다. 이는 공맹과 관자의 사유이다. 3. 심은 천심이다. 이는 한대에 동중서에 의해 완성되었고 심과 천이 합쳐져서 주체정신의 절대자유를 가져오게 했다. 4. 심은 유가 되고 무가 된다. 이는 위진시대 현학가들에 의해 주장되었다. 5. 심은 유식唯識, 유심唯心이다. 그래서 수당 불교에서 '일체유심조一切唯心造'를 주장했다. 6. 심은 이치이다. 심즉리는 정주학에서 리를 가지고 성즉리라 하고 형이상학의 본체로 삼은 것을 육왕이 심이 바로 리다. 라고 심에 리의 본체적 성질을 가지게 했다. 7. 심은 지知·정情·의意. 근대 무술시기 서양의 문물이 중국 전통 철학 범주에 들어오게 되면서 서양의 심의 개념이 섞였다.
2) 張立文, 김교빈 외 역, 『氣』(서울, 예문서원, 2012) 4-6쪽 참조. 장리원은 심의 범주를 1. 주체의식, 2. 천지만물의 본원 혹은 본체, 3. 심리활동 혹은 심리상태, 4. 도덕 윤리관념 방면의 네 가지로 정의하였다.
3) 명대 저명 의학가 이시진以時珍은 뇌가 원신이 머무는 곳집이다.[腦爲元神之府] 하고 명말 철학자 방이지方以智는 사람의 지혜는 뇌의 청탁과 관계하고 있다[人之智愚系腦之淸濁]고 하였다. 이전에 심을 인식기관으로 여겼던 것을 이 두 사람은 뇌를 인간의 의식활동 기관으로 본 것이다.
4) 『아술 상』: 知覺者, 心之用. 虛靈者, 心之體.
5) 『왕씨가장집』卷 27,「答何粹夫」: 天地未判之前只有一氣而已, 一氣中卽有陰陽.

6) 『아술 상』: 神者在內之靈.

7) 『왕씨가장집』,「答何柏齊造化論」: 夫天地之間, 何虛非氣, 何氣不化, 何化
非神, 安可謂無靈, 又安可謂無知?

8) 『맹자집주』,「盡心章句上」, 朱子註: 心者, 人之神明, 所以具衆理而應萬事
者也.

9) 『순자』,「解蔽」: 心者, 形之君也, 而神明之主也, 出令而無所受令. 自禁也,
自使也, 自奪也, 自取也, 自行也, 自止也. 故口可劫而使墨云, 形可劫而使
詘申, 心不可劫而使易意, 是之則受, 非之則辭. 故曰, 心容其擇也.

10) 『아술 상』: 知覺者心之用, 虛靈者心之體, 故心無窒塞, 則隨物感通, 因事
省悟而能覺. 是覺者智之原, 而思慮察處以合乎道者, 智之德也.

11) 『아술 상』: 神必藉形氣而有.

12) 『주역』,「繫辭傳」: 陰陽不測之謂神.

13) 『주역』,「繫辭傳」: 神無方而易無體.

14) 『주역』,「說卦傳」: 神也者, 妙萬物而爲言者也.

15) 『정몽』,「太和」: 由氣化, 有道之名.

16) 『정몽』,「太和」: 此虛實動靜之機.

17) 『정몽』,「參兩」: 凡圜轉之物, 動必有機; 旣謂之動, 則動非自外也.

18) 『정몽』,「太和」: 神者, 太虛妙應之目.

19) 『장자』,「至樂」: 萬物皆出於機, 皆入於機.

20) 『신언』,「道體」: 莊子曰, 百昌皆生於土, 皆歸於土, 土者所以始萬物而終萬
物也. 得矣, 而未盡焉. 物有不生於土者矣 ; 不如氣焉, 出於機, 入於機, 至
矣哉!

21) 『신언』,「道體」: 氣通乎形而靈. 人物之所以生, 氣機不息也. 機壞則魂氣散
滅矣, 惡乎! 靈, 有附物而能者, 亦乘其氣機者也. 頃亦散滅而已矣. 故鬼
者、歸也, 散滅之義也.

22) 『신언』,「道體」: 陰陽氣也, 變化機也, 機則神, 是天地者萬物之大圜也.

23) 『신언』,「作聖」: 或問生, 曰氣機也. 問死, 曰氣機也. 孰機之? 曰大化呼吸之
爾. 物不求化而化至, 故物生而不感 ; 化不爲物而物成, 故化存而不任.

24) 『관자』,「內業」: 定心在中, 耳目聰明, 四肢堅固, 可以爲精舍. 精也者, 氣之
精者也.

25) 『관자』,「內業」: 氣, 道乃生, 生乃思, 思乃知, 知乃止矣.

26) 『신언』,「道體」: 精也者, 質盛而凝, 氣與力同科也, 質衰則踈弛而精力減矣.
神也者, 氣盛而攝, 質與識同科也, 氣衰則虛弱而神識困矣. 是故氣質合而

凝者, 生之所由得也 ; 氣質合而靈者, 性之所由得也.

27) 『신언』, 「道體」: 氣得濕而化質, 生物之塗也, 百昌皆然矣. 氣之靈爲魂, 無質以附麗之則散. 燈火離其膏木而光滅是矣. 質之靈爲魄, 無氣以流通之則死. 手足不仁, 而爲痿痺是矣. 二者相須以爲用, 相待而一體也.

28) 『신언』, 「問成聖」: 氣神而精靈, 魂陽而魄陰也. 神發而識之遠者, 氣之淸也. 靈感而記之久者, 精之純也. 此魂魄之性, 生之道也. 氣衰不足以載魄, 形壞不足以凝魂, 此精神之離, 死之道也.

29) 『관자』, 「內業」: 凡人之生也, 天出其精, 地出其形, 合此以爲人.

30) 『순자』, 「天論」: 形具而神生.

31) 『논형』, 「論死」: 形須氣而成, 氣須形而知. 天下無獨燃之火, 世間安得有無體獨知之精.

32) 『태극도설』: 形旣生矣, 神發知矣.

33) 『내태집』, 「答何柏齊造化論」: 神必藉形氣而有者, 無形氣則神滅矣.

34) 1526년에 하당이 『음양관견陰陽管見』 한 권을 찬술했다. 왕정상이 그것을 읽어본 후에 지은 『답하수부答何粹夫』 중의 한 문장에서 다른 의견을 제시했다. 하당은 '형신이원론形神二元論'으로부터 출발했는데, 장재의 '태허즉기太虛卽氣'라는 명제를 지적하여 "의견이 엿보아 추측하였기 때문에 아직 이르지 않은 것이다[以意見窺測而未至者也]"고 했다. 왕정상이 반박하며 "『정몽』에 '太虛不得不聚而爲萬物, 萬物不得不散而爲太虛.'라고 했는데 이는 저절로 온전한 것이다. 라고 하니 하당이 "爲其續以離明得施, 不得施之說, 則自爲滯礙, 亦不可以此而棄其至論也."라는 설로 이었는데 왕정상은 스스로 응체가 되니, 또한 이로써 그 지론을 버릴 수 없다고 했다. 그는 하당의 '음과 양은 서로 떨어져 있다.[陰陽相離]'의 형이상학 관점에 대하여 '음과 양을 서로 따른다[陰陽相須]'의 변증법적 명제를 각각 제시하며 의론을 서로 주고받았다.

35) 『내태집』「答何柏齊造和論」: 氣者形之種, 而形者氣之化, 一虛一實, 皆氣也. 神者, 形氣之妙用, 性之不得已者也. 三者, 一貫之道也.

36) 『신언』, 「道體」: 氣之靈爲魂, 無質以附麗之則散. 燈火離其膏木而光滅是矣. 質之靈爲魄, 無氣以流通之則死. 手足不仁, 而爲痿痺是矣. 二者相須以爲用, 相待而一體也. 精也者, 質盛而凝, 氣與力同科也, 質衰則踈弛而精力減矣. 神也者, 氣盛而攝, 質與識同科也, 氣衰則虛弱而神識困矣.

37) 『아술 상』: 故神者內在之靈.

38) 『내태집』「答何柏齊造和論」: 夫天地之間, 何虛非氣, 何氣不化, 何化非神, 安可謂無靈, 又安可謂無知?

39) 『아술 상』: 沖漠無朕, 萬象森然已具, 此靜而未感也, 人心與造化之體皆然. 使無外感, 何有於動?故動者緣外而起者也. 應在靜也, 機在外也. 已應矣, 靜自如故, 謂動以擾靜則可, 謂動生於靜則不可, 而況靜生於動乎?

40) 『신언』, 「潛心」: 人心有物, 則以所物爲主.

41) 『전습록 中』: 致吾心之良知于事事物物.

42) 『신언』, 「潛心」: 異端之學無物, 靜而寂, 寂而滅, 吾儒之學有主, 靜而感, 感而應, 靜而不思何害?

43) 『아술 상』: 先內以操外, 此謂之動心, 動心不可有, 由外以觸內, 此謂之應心, 應心不可無. 非不可無, 不能無也. 鑒之明, 不索照也, 來者應之矣, 能應矣, 未嘗留跡焉. 易曰: 無思也, 無爲也動心何有乎? 感而遂通天下之故, 固應心之不能無也. 喜怒者, 由外觸者也. 過於喜則蕩, 過於怒則激, 心氣之失其平, 非善養者也.

44) '人心惟危, 道心惟微, 惟精惟一, 允執厥中'의 16글자는 송명 리학자들이 매우 중시하여 「십육자심전十六字心傳」이라 칭한다. 주희는 이 16자를 堯·舜·禹 임금이 서로 전한 밀지로 여겼을 뿐 아니라 유학 도통道統과 유학 정신이 깃든 말이라고 받든다. 그래서 인심·도심의 문제는 주희 철학 중에서도 특수한 지위와 의의를 지닌다.

45) 『서경』, 「대우모」: 人心惟危, 道心惟微, 惟精惟一, 允執厥中.

46) 성백효 역, 『심경부주』(서울: 전통문화연구회, 2010) 37쪽: 心之虛靈知覺, 一而已矣. 而以爲有人心道心之異者, 以其或生於形氣之私, 或原於性命之正, 而所以爲知覺者不同. 是以或危殆而不安, 或微妙而難見爾. 然人莫不有是形. 故雖上智, 不能無人心, 亦莫不有是性. 故雖下愚, 不能無道心, 二者雜於方寸之間, 而不知所以治之, 則危者愈危, 微者愈微, 而天理之公, 卒無以勝夫人欲之私矣.

47) 『이정유서』 卷11: 人心惟危, 人欲也. 道心惟微, 天理也.

48) 『이정유서』 卷24: 人心, 私欲, 故危殆. 道心, 天理, 故精微.

49) 『관자』, 「內業」: 心以藏心. …… 心之中又有心. 김필수 외 3인 역, 『관자』(서울, 소나무, 2006): 610쪽 참조.

50) 『아술 상』: 謂之人心者, 自其情欲之發言之也; 謂之道心者, 自其道德之發言之也. 二者, 人性所必具者.

51) 『신언』, 「問成性」: 惻隱之心, 怵惕於情之可怛; 羞惡之心, 泚顙於事之可愧, 孟子良心之端也, 即舜之道心也. 口之於味, 耳之於聲, 目之於色, 鼻之於嗅, 四肢之於安逸, 孟子天性之欲也, 即舜之人心也. 由是觀之, 二者聖愚

之所同賦也.

52) 『신언』,「御民」: 人心, 道心皆天賦也, 人惟循人心而行, 則智者, 力者, 衆者無不得其欲矣. 愚而寡弱者, 必困窮不遂者矣.

1) 『논어』,「陽貨」: 性相近也, 習相遠也.의 원문에 근거한다.

54) 『신언』,「問成性」: 性之本然, 吾從大舜焉, 人心惟危, 道心惟微而已. 並其才而言之, 吾從仲尼焉, 性相近也, 習相遠也而已. 惻隱之心, 怵惕於情之可怛 ; 羞惡之心, 泚顙於事之可愧, 孟子良心之端也, 即舜之道心也. 口之於味, 耳之於聲, 目之於色, 鼻之於嗅, 四肢之於安逸, 孟子天性之欲也, 即舜之人心也. 由是觀之, 二者聖愚之所同賦也, 不謂相近乎? 由人心而辟焉, 愚不肯同歸也 ; 由道心而精焉, 聖賢同塗也, 不爲遠乎. 夫是道之擬議也, 會准於三才, 參合於萬物, 聖人復起, 不易吾言矣.

55) 『논어』,「陽貨」: 唯上知與下愚不移.

56) 『신언』,「問成性」: 道化來立, 我固知民之多夫人心也, 道心亦與生而固有. 觀夫虎之負子, 烏之反哺, 雞之呼 食, 豺之祭獸, 可知矣. 道化既立, 我固知民之多夫道心也, 人心亦與生而恒存. 觀夫飲食男女, 人所同欲 ; 貧賤夭病, 人所同惡, 可知矣. 謂物欲蔽之, 非其本性, 然則貧賤夭病, 人所願乎哉!

57) 『아술 상』: 文中子曰: 性者五常之本. 蓋性一也, 因感而動爲五, 是五常皆性爲之也. 若曰 性卽是理, 則無感, 無動無應, 一死局耳, 細驗性真, 終不相似, 而文中子之見當爲優. 荀悅曰: 情意心志皆性動之別名. 言動則性有機發之義, 若曰 理, 安能動乎?陳儒之見當爲誤.

58) 『맹자』,「騰文公 上」: 性者, 人所稟於天以生之理也, 渾然至善, 未嘗有惡.

59) 『맹자』,「盡心 上」: 盡其心者知其性也, 知其性則知天矣.

60) 『신언』,「道體」: 人之性, 純而已 ; 天之道, 誠而已. "維天之命, 於穆不已, 於乎不顯, 文王之德之純", 此天人合一之道, 故曰 "知性斯知天".

61) 『왕정상집』,「太極辯」: 氣載乎理, 理出于氣, 一貫而不可離絶言之者也.

62) 『신언』,「道體」: 氣, 物之原也 ; 理, 氣之具也.

63) 『정몽』,「太和」: 合虛與氣, 有性之名, 合性與知覺, 有心之名.

64) 『장재집』,「拾遺」: 心統性情者也. 有形則有體, 有性則有情, 發于性則見于情, 發于情則見子色, 以類而應也.

65) 『맹자』,「盡心 上」: 君子所性, 仁義禮智根於心, 其生色也, 睟然見於面.

66) 『이정유서』 卷25: 性之自然者, 謂之天, 性之有形者, 謂之心, 性之有動者, 謂之情, 凡此數者, 皆一也.

67) 『맹자』,「盡心上」, 朱子註: 程子曰, 心也, 性也, 天也, 一理也. 自理而言, 謂

之天. 自稟受而言, 謂之性. 自存諸人而言, 謂之心.

68) 『왕정상집』,「横渠理氣辯」: 如出於心之愛謂仁, 出於心之宜謂義, 出於心之敬謂禮, 出於心之如謂智, 皆人之知覺運動爲之而後成也. 苟無人焉, 則無心矣, 無心則仁義禮智出於何所乎?

69) 『아술 상』: 心有以本體言者, 心之官則思. 與夫心統性情, 是也; 有以運用言者, 出入無時, 莫知其鄕, 與夫收其放心, 是也.

70) 『아술 상』: 大率心與性情, 其景象定位亦自別, 說心便沾形體景象, 說性便沾人生虛靈景象, 說情便沾應物於外景象, 位雖不同, 其實一貫之道也. 學者當察其義之所主, 得矣.

71) 『아술 상』: 惟聖人虛心以應物, 而淡然平中焉.

제8장

인식론

인식론은 지식의 근원을 알아보는 것이다. 즉, 인간은 어떻게 만물 만사를 인식할 수 있는가? 인식한다는 것은 무엇인가? 등 인식의 근원과 인식 과정을 탐구하는 학문이다. 지식은 견문을 통해서 가장 먼저 인식하게 되고 인식 과정은 격물치지를 통한다. 왕정상의 인식론에서 격물과 치지는 사물에 대한 궁리가 아니고 실천과 실증을 통해 물의 이치를 파악하며 사려를 통해 진지를 지니게 된다. 왕정상은 실천하여 얻은 지식이 내 심心에 있는 신神의 작용으로 사려를 한 이후에 얻어진 것만을 진지眞知로 여긴다.

1. 인식의 근원[見聞]과 인식 과정[思慮]

1) 견문과 사려

왕정상은 인식의 문제에 있어 세 가지를 중시한다. 첫째, 인식 능력

문제에 있어 인식은 신神의 작용이라고 한다. 앞 절에서 살펴보았듯이 신은 바로 자신이나 사물을 인식하는 작용인 의식意識이고 의식은 심으로부터 나오는 것이다. 심은 신이 깃드는 집이다. 그래서 심은 일종의 물질이고 신은 인간의 심에 내재하여 식識을 분명하게 하는 신령함의 원천이다. 둘째, 인식의 근원은 견문見聞으로부터 생겨난다. 견문의 대상은 나의 밖에 있기에 인식의 외적 자원이 된다. 셋째, 인식 과정의 문제에서는, 감각 기관에서 사려를 해야 한다. 견문에서 더 나아가 사려를 동반해야 감성 인식을 이성 인식으로 끌어올릴 수 있다. 인식론의 완성은 내외가 서로 따르는[內外相須] 것이다. 이는 외부에서 얻은 견문의 지식과 내부의 사려가 더해져서 이룰 수 있으며 사고와 감각의 결합이다.

왕정상은 인간의 천부적 앎을 인정하지 않는다. 그는 인간의 본성마저도 견문의 인식에서 만들어지는 것으로 여기고 인간이 외부 사물과 심이 만나 견문으로 얻은 지식을 익히고 사려하여 인식하는 것을 진정한 인식 과정이라고 한다. 그래서 견문은 인식의 근원이 되고 인식의 근원인 견문은 이목 등의 감각 기관과 외물의 만남에서 비롯되어 만들어지기 때문에 감성 인식이 된다.

견문이 지식이 되기 때문에 견문에서 옳은 것을 받아들여 지식이 되면 선용하게 되어 마음이 넓어지고 옳지 못한 것을 받아들여 지식으로 삼으면 마음이 협소해진다. 그는 인식에서 견문이 무엇보다 중요한 역할을 한다고 다음과 같이 말한다.

> 이목이 듣고 보는 것은 선용하면 그 마음을 넓힐 수 있고, 선용하지 못하면 그 마음을 협소하게 만든다. 그 넓히는 것과 협소하게 하는 구분은 서로의 거리가 멀지 않기 때문에 그 이치의 유무를 궁구하는데 달려 있을 뿐이다.[1]

먼저 견문으로 인식하고 인식된 것을 사려를 통해 이치를 궁구한 후에 지식으로 삼아야 한다. 견문으로 인식된 것을 지식으로 삼으면 그 지식을 선용할 수도 있지만 잘못 인식하여 마음을 협소하게 할 수도 있다. 이에 대해 왕정상이 '지식은 사려와 견문의 모임[思與見聞之會]'이라고 표현하였다. 인식의 방법에 있어서 옛 성현들 모두 사려를 중시하였다. 『서경』에 '생각하면 슬기롭고 슬기로우면 성인[聖]이 된다.'[2]고 했으니, 사려란 것은 사람에게 있어서 그 쓰임이 지극한 것이라 할 수 있다. 『논어』에는 "제대로 알지도 못하고 창작하는 사람이 있는데 나는 이런 일이 없다. 많이 들은 것 중에서 좋은 것을 선택해서 따르며 많이 본 것 중에서 아는 것은 지식의 다음 단계이다."[3]라고 했다. 공자는 '지식은 듣고 생각하여 가장 적합한 것을 가려서 지식으로 삼고 그다음 본인이 체득하여 얻는 것'이라고 하였고 사려가 중요함을 구사九思를 들어 논했다. 사려는 지식 외에 행동이나 처세에도 해당한다. 구사는 '만물을 보는 것은 밝게 볼 것을 생각하고, 들을 때는 분명하게 들으려고 생각하고, 얼굴빛은 온화하게 보일 것을 생각하며, 용모는 공손함을 생각하고, 말은 정성을 다할 것을 생각하고, 일을 대하면 경건하게 할 것을 생각하고, 의심되는 것이 있으면 물어볼 것을 생각하고, 화를 낼 때는 나중에 생길 수도 있는 환란을 생각하며, 얻어지는 것은 의로움에 맞는지를 생각해야 한다'[4]는 것으로 공자가 중시하는 아홉 가지 사려이다. 공자의 구사는 감성을 조절하는 장치이고 바른 삶을 위해 필요한 도구이다.

맹자는 외물을 눈으로 직접 보게 되고 귀로 듣게 되면 욕심이 진심을 가리게 되어 옳고 그름의 판단을 흐리게 됨을 염려하였다. 『맹자』에 "눈과 귀의 기관은 생각하지 못하여 외물에 가려지니 외물이 눈에 보이거나 귀에 들리게 되면 거기에 끌릴 따름이다. 마음의 기능은 생각하는 것이고, 생각하면 얻을 수 있고, 생각하지 않으면 얻지 못한다"[5]라고 했다. 인간의 마음에는 생각하는 기능을 지니고 있으니 외물에 대해 보고 들으면 반드시 그 견문의 사실에 대해 옳고 그름을 생각하여 판단하고 나서 지식으로 삼아야 한다고 하였다.

왕정상은 보는 것[見]을 듣는 것[聞]보다 중시한다. 사물의 실질을 직접 보거나 분명한 사실을 적은 글을 보는 것이 분명한 지식이 될 수 있고 전해 들은 것은 의혹을 남기기 때문에 들어서 아는 것은 반드시 사려와 합해져야 참된 지식[眞知]이 될 수 있다고 하였다. 물론 공자가 이미 사려의 중요성을 말한 바 있다. 『논어·위정』에 '배우고 생각하고, 생각하고 또 배운다'[6]라고 한 것을 남송의 주희가 '배우기만 하고 생각하지 않으면 세상살이에 어두워 남에게 속임 당하게 되고 생각만 하고 배우지 않으면 의심하여 자신을 믿지 못하게 된다'[7]고 풀이하여 배우는 것과 생각하는 것을 함께하지 않으면 삶에 어려움이 있음을 일깨웠다. 왕정상 역시 배움과 생각을 함께해야 참된 지식이 된다며 다음과 같이 말한다.

마음[心]은 정신[神]을 깃들게 하는 집이고, 정신은 지식의 근본이고, 생각[思]은 정신[神]과 지식[識]의 묘용妙用이다. 성인 이하는 반드시 이를 기다린 후에야 깨닫는다. 그래서 정신은 내부에 있는 영靈이고 견문은 외부에 있는 자료이다. 물리物理는 볼 수 없고 들을 수 없기에 비록 성철 聖哲일지라도 또한 찾아서 알 수 없다. 만약 영아嬰兒가 어릴 때 닫힌 깊은 방에서 사물을 접하지 못하게 하고 성장하여 내어놓으면 일용하는 사물도 변별하지 못할 것이다. 하물며 천지의 고원高遠함과 귀신의 유명 幽冥과 천하의 고금 사변事變은 아득하여 실마리가 없는데 얻어서 알 수 있겠는가? 저 신성神性이 비록 영험하더라도 반드시 견문과 사려[思]를 통하여 알 수 있다. 지식을 쌓은 것이 오래되면 유추하여 관통하게 된다.[8]

성철聖哲일지라도 사려는 중요하다고 하니 그렇지 못한 자들은 반드시 견문에다 사려[思]를 더하여 함께 지식으로 삼아야 한다. 사려는 내 정신이 지닌 묘용과 영명함을 가지고 밖에서 받아들인 자료를 검토하는 작업이다. 왕정상은 인간의 심이 외물을 만나거나 책을 통해서 얻은 지식, 강학을 통해서 보고 듣고 배워서 익힌 지식, 깨달음에 의한 지식, 경험으로 알게 된 지식을 진지眞知라고 여긴다. 진지는 사회생활 안에서 익숙해진 인습因習, 스스로 깨치게 된 인오因悟, 경험으로 알게 된 인과 因過, 그리고 의심하여 얻게 된 인의因疑의 과정을 통해서 생겨나는 것만을 말한다. 이 중 인습은 견문에서 생겨나는 것이고 인습이 진지가 되는 밑거름이 된다. 뒷날 청대 왕부지는 '형태, 신, 물질 셋은 서로 만나 지각이 생긴다[形也, 神也, 物也, 三遇而知覺乃發]'라는 인식론을 내놓게 되는데 이 이론은 왕정상의 인식 사유를 근거하여 생겨난 것이다.

왕정상은 감성 인식과 이성 인식을 나란히 중시하는데, 눈과 귀 등 감각 기관과 외물이 결합하여 생겨난 것이 감성 인식이고 심에 내재한 신의 영명함으로 사유하는 것은 이성 인식이다. 즉, 견문이 감성이라면 사려는 이성이다. 마음에 내재한 신이 신령하고 영명하더라도 감각 기관을 통한 견문이 먼저 있고 나서 작용을 하니 감성과 이성은 동시에 작용하여[內外相須] 지식이 되고 그 지식이 마음에 신식神識으로 쌓이면 매사에 관통하여 우주의 일에서 세사世事에까지 세밀하고 정밀하게 알 수 있다. 이것이 인식의 완성이다.

2) 견문지見聞知와 응심應心

견문으로 인한 인식이 견문지로 이름 붙여진 것은 장재로부터 비롯되었다. 장재는 지식을 보고 들어서 얻은 지식인 견문지見聞知와 하늘이 부여한 덕성으로 인해 아는 지식인 덕성지德性知로 인식의 논리를 전개하였다. 장재는 "성性과 명命으로 아는 것은 하늘의 덕으로 본래부터 아는 것이고 듣고 보아서 아는 작은 지식이 아니다."[9] 라고 하여 본성에 앎이 있음을 강조하였다. 그는 덕성지를 대지大知, 견문지를 소지小知로 간주한다. 그는 덕성지와 견문지가 서로 다른 과정으로 형성됨을 설명하였지만, 이 둘의 관계와 상호 작용에 대한 언급은 없었다. 이와 관련하여 정이천도 '덕성의 지식은 보고 들음을 빌리지 않는다.'고 말하였는데 이는 덕성지를 얻음에 있어서 견문지의 역할이나 영향이 없음을 뜻한다.

성리학이나 장재의 사유에서 덕성지는 절대 진리이다. 이것은 감각 기관이 초래하는 욕망에서 벗어나 인간이 선을 추구하도록 만드는 것이다. 이는 『대학』에서 지극한 선에서 그침[止於至善]의 가르침에 따라 유학의 최대 목표인 최고선[至善]을 이루게 하는 것이다. 덕성지는 인간이 최고선을 이루기 위한 도덕성을 천생으로 부여받은 지식이다. 왕정상 역시 도덕적으로 최고선을 지향하지만, 지식의 문제에서는 선악의 문제와 결부하여 선한 것만 옳다고 할 수 없으며 선한 것만 지식이라고 할 수 없고 악한 것 역시 올바른 지식이고 반드시 알아야 할 지식이라고 여기는 점이 그들과 근본적으로 다르다.

왕정상의 인식론이 정이천이나 장재와 다른 이유는 우주론이 서로 다르기 때문이다. 왕정상의 우주론에서는 '원기가 천지 만물의 근원이 된다. 원기가 있으면 태어남이 있게 되고, 태어남이 있으면 도가 드러난다. 기가 바로 도의 체體이고 도는 기가 갖추어진 것이다.'[10] 원기가 변화하여 만물이 되고 만물은 각각 원기를 받아서 태어나는데 사람과 물로 나누어지고 다시 미추, 대소 등으로 나누어진다. 또 만물은 각기 그 재질을 달리 받아 성색, 취미 등 그 성을 다르게 받는다. 그래서 왕정상은 그것을 기종氣種이라 부른다. 기종이 물의 형태와 품질을 각기 다르게 만드는 근원이 된다. 천지의 항상된 도의 실질이 바로 다름을 구별하는 것[分殊]인데, 그 분수는 유일한 진리이다. 때문에 생래적 덕성지는 부정하고 견문지만을 필요로 하는 것이다.

왕정상은 인식 과정에서 인식하는 작용에 있어 견문을 대단히 중시하지만, 감성의 국한성에 기초하여 감성을 감성 단계에서만 머무르게 할 수 없고 반드시 이성의 단계로 끌어 올려야 한다고 하며 그 이유를 다음과 같이 말한다.

견문이 인식을 제한시키는 것이 많다. 그 주요한 것에 세 가지가 있는데 괴탄怪誕은 중정中正한 인식을 제한시키고, 견강부회[牽合傅會]하는 것은 진실한[至誠] 인식을 제한시키고, 선철先哲을 돈독히 지키는 것은 스스로 터득한 인식을 제한시킨다. 세 가지 인식이 제한을 당하면 성인의 도를 벗어나게 한다. 그래서 군자의 학문은 조화에서 마음을 노닐어야 하고, 만물의 실질을 체득하여 연구해야 하고, 중립하고 지성스러운 이치를 구하여 잡아야 한다. 듣는 것, 보는 것, 선철 등은 뒤섞여 있을 뿐이다.[11]

감성 인식은 객관 사물의 현상에 대해서 외부에서 연관되는 것을 반영시킬 수 있기에 국한성이 많다. 첫째, 견문으로서만 익힌 지식은 옳고 그름을 문제 삼지 않고 보이고 들리는 것을 모두 받아들이기 때문에 시비의 판단에 있어 문제가 되지 않을 수 없다. 견문의 관점은 보는 것이 듣는 것보다 훨씬 실제에 가까운 것이다. 특히 듣는 것은 다른 사람이 아는 것을 전해 듣는 것이라 의혹이 있을 수밖에 없다. 보는 것은 사유하여 자신이 지닌 생각을 첨가할 수 있으나 들은 것은 사유하여 생각을 첨가해서는 안 된다. 둘째, 사리를 직접 보지 않고 또 시비를 깊이 생각하지 않고 기문記聞에 의지하면 잘못된 지식이 고정 관념으로 자리하게 되어 편협된 사유를 할 수 있다. 셋째, 강설講說에 의지한 지식도 역시 실행에서 터득하지 않으면 천박할 수 있다. 이는 이미 공자가 "학문은 많이 듣고 의심나는 것은 없애고, 그 나머지를 조심해서 말하면 실수가 적을 것이다. 많이 보아서 불완전한 것은 버리고, 그 나머지를 조심해서 행하면 후회하는 일이 적을 것이다. 말에 허물이 적고 행동에 후회가 적으면 녹봉이 그중에 있다. …… 배우기만 하고 생각하지 않으면 남는 것이 없고, 생각하기만 하고 배우지 않으면 위태롭다."[12)]라고 하였듯이 왕정상은 전대의 학자들이 듣기만 하고 보지는 않으며 서적에만 의지하고 심령心靈은 버리고 강설에만 맡기고 실행을 소홀히 하는 것은 잘못된 지식이라고 지적하며 견문으로 받은 지식이 다 옳은 것인가 하는 시비의 문제에 중점을 둘 때 견문이 인식을 제한하는 세 가지 경우가 있다고 하였다.

그 하나는 괴탄怪誕이고 그 둘은 견합부회牽合傅會이며 그 셋은 독수선철篤守先哲이다. 괴탄은 터무니없이 황당한 것을 들어서 바른 인식을 흐리게 만드는 것으로 독행獨行과 같은 의미를 지니는 것이며 대중을 떠들썩하게 만들 수 있는 폐단이 있어 올바른中正 인식을 속박한다. 견합부회는 진실을 왜곡한 채 의견이 합해져서 하나의 이론으로 성립되어 오히려 진실한 인식을 막아버려 진실한 인식을 속박한다. 이는 비록 독행은 아니나 교류를 중시하는 것으로 내가 지닌 진실한 지식마저 묻혀버릴 수도 있다. 물론 교류를 쌓아서 세상을 믿게 하여 명예를 살 수는 있지만, 도를 지닌 자에게는 그런 행위는 부끄러운 짓이 된다. 독수선철은 유독 선철들의 글에서 얻은 지식만을 옳다고 보고 그 속에서 헤어나오지 못하는 것이다. 이는 인간이 사는 사회가 시시때때로 바뀌어 필요한 지식 역시 그때의 상황에 따라 다를 수밖에 없는데 자칫 선철을 중시하여 현실을 직시하지 못하여 자득의 인식을 속박할 수 있는 폐단을 우려한 것이다. 이 세 가지는 견문이 인식을 막아 올바른 지식을 지닐 수 없게 만드는 경우이다.

장재의 인식론에 속하는 덕성의 지식과 견문의 지식 둘은 서로 독립적으로 상호 작용이 없다. 우리가 궁극적으로 깨우치고자 하는 것이 절대 진리인 덕성지라고 한다면, 군이 견문지를 얻기 위해 노력할 필요가 없을 것이다. 그래서 주희는 장재의 덕성지와 견문지에 수정을 가하여 덕성지만을 우위에 두지 않고 견문지의 소용 가치도 있음을 함께 말한다. 주희는 "우선 견문을 통해 공부한 후에 후련하게 관통된다."13)하여 내면의 덕성지를 깨치기 위해서 견문지를 먼저 익혀야 한다고 본 것이다. 그렇지만 그의 논지에서도 견문지는 자체적으로 소용 가치를 갖기보다는 덕성지를 깨치는 데 필요한 수단에 불과하다.

주희의 인식론은 먼저 천리를 내 안에 갖추고 외물과 접촉하는 '선내후외先內後外'의 개념을 가지고 있다. 그것은 주희가 리는 선천적으로 내재한 것이지만 지각을 할 수 없고 만물에 응할 수 없으며 외물이 지닌 리를 궁구해야 물을 바르게 할 수 있다는 생각에서 나온 것이기 때문에 '고요한 것은 오직 리고 감응하여 통하여 흩어져서 만사가 된다.'14)고 하였다.

왕정상의 인식 경로는 외부로부터 내부로 접촉하고 물로부터 심으로 반영하는 것이다. 그는 주희의 '선내후외'의 사유에 대해 "적연하며 움직이지 않을 때 온갖 리가 심에 있다는 것은 심을 하나로 일컫는 것은 가능하나 리가 하나라고 할 수는 없다. 리가 하나인 것이 어찌 만사에 응할 수 있겠는가?"15)라고 반문한다. 또 그는 리는 '정이적연靜而寂然'할 당시에는 본체로서 하나이지만 '감이수통感而遂通'한 뒤에는 리 하나가 만 가지 다른 것으로 나누어지는데 만물은 모두 리가 드러내는 것이라고 보는 것이 잘못되었다고 비판한다. 그의 의견은 심체는 본래 고요하고 심은 지각할 수 있어서 물과 감응하여 움직이게 되는 것이다. 리는 지각하지 못해서 만물에 응할 수가 없다. 그래서 그는 '정이적연'할 때는 하나의 심이 있다고는 말할 수 있어도 하나의 리가 있다고 할 수 없으며, 심은 지각이 있고 리는 지각이 없어서 심은 만물에 응할 수 있으나 리는 만물에 응할 수 없는 것이라고 하며 정주 철학에서의 덕성지를 비판했다.

왕수인은 맹자의 '양지良知 양능良能' 사상16)과 선종의 '일체유심조一切唯心造' 사상을 결합하여, 심 밖에는 리가 없고 심 밖에는 물도 없다는17) 이론으로부터 우주관을 발전시켜 양지가 바로 내 마음 본연의 지라고 여긴다. 그는 부친을 보고 자연스럽게 효를 알고, 형을 보고 자연스럽게 아우 됨을 알며, 유자입정孺子入井18)의 상황에서 자연스럽게 측은의 마음이 느껴지는 것이 양지라고 하였는데 이때 양지가 바로 덕성지가 된다. 왕수인은 내 안에 양지가 있기에 외물의 이치를 궁구하지 않아도 양지가 저절로 작동하여 마땅히 행해야 할 규범이나 준칙所當人之則을 직관적으로 깨닫게 된다고 주장한다. 그래서 밖에서 지知를 구하고 리를 구하는 것을 반대한다. 그는 사람들이 정좌와 궁리하게 하는 대신 사사물물에 양지를 이르게 하는 치양지致良知를 통하여 지극한 선에 머물도록[止於至善] 한다. 그의 치양지는 실질적으로 마음의 지로부터 물에 이르는 과정을 지니는 것으로 유심적 인식이다. 왕정상은 덕성의 지에 대해 다음과 같이 말한다.

영아가 태 안에 있을 때는 스스로 마시고 먹을 수가 있고, 태 밖으로 나오면 곧 보고 들을 수 있는데 이는 천성天性의 지知로서 천성이 신묘하여 멈추는 것을 허용하지 않는다. 나머지는 습성으로 인하여 알고, 깨달아서 알고, 과실을 저지르고 알고, 의심하여 아는데 모두 인도人道의 지知이다. 부모 형제와 친한 것도 또한 습관이 쌓여 익숙해져서 그런 것일 뿐이다. 무엇 때문인가? 만일 부모가 낳아서 어린애를 다른 사람에게 양육하도록 한다면 자라서 오직 양육해 준 사람을 친하게 여길 뿐이다. 길에서 낳아준 부모를 만난다 하더라도 그 부모 보기를 일반인을 대하는 것처럼 할 것이니, 업신여길 수 있고, 욕을 할 수도 있는데 이것을 천성의 지라고 할 수 있겠는가? 부자간의 친애함으로써 보건대 여러 만물과 만사萬事의 지는 모두 습관과 깨달음과 과실과 의심으로 인하여 그런 것이다. 사람은 하늘이 아니다.19)

234

양명 철학에서 부친이기 때문에 효孝를 알고 형제이기 때문에 공경함[敬]을 안다 하니, 양지는 배움의 학을 행하지 않고도 아는 것이고 사려를 통하지 않고도 본래 아는 것이다. 하지만 왕정상은 효와 경은 함께 지낸 부형父兄에 대한 익숙함에서 오는 것이라 한다. 만일 부모가 그들과 함께 살지 않고 먼 훗날 우연히 만났을 때 과연 자식이 부친을 알아보고 효의 마음이 저절로 생기겠는가? 그렇지 않다. 오히려 부모가 낳기만 하고 버려 다른 부모에 의해 길러졌는데 낳아준 부모를 친부모라는 이유만으로 효를 행하겠는가? 역시 아니다. 그는 어린아이가 태아일 때 먹고 마실 줄 알다가 엄마의 몸 밖으로 나오면 보고 들어서 만사 만물을 알게 되는데 어찌 배움이 필요치 않겠으며 사려가 필요하지 않겠느냐고 다시 묻는다. 만물 만사는 모두 견문과 사려의 과정을 거쳐 인습, 인오, 인과, 인의에 의해 익숙하게 되는 것으로 본연의 지가 아니라 인도人道의 지이다. 이 때문에 왕정상은 외물의 운동 변화가 심에서 생겨난다고 하는 왕수인의 견해에도 반대한다.

왕수인의 '남진관화南鎭觀花'라는 일화가 있다. 왕수인은 꽃이 화려하게 피어있어도 내가 그 꽃을 보지 않았을 때는 그 꽃과 마음은 적막에 머물러 있게 되고 다만 직접 꽃을 보았을 때만 마음이 동하여 그 꽃의 색이 드러나게 된다는 사실을 친구에게 설명한다. 이는 천하에 '마음의 밖에는 아무런 사물도 존재하지 않는다는 것을 밝히는 일화이다.[20] 이는 심이 주가 되고 외물은 마음에서 인연이 되어 끌려오는 것이라는 외연심이기外緣心而起의 사유이고 심에서 바깥 외물을 조정한다는 선내이조외先內以操外의 사유이다.

왕정상은 이러한 심 중심의 관점을 비판하고 이와는 반대의 사유를 한다. 그의 심과 물의 관계는 심이 주가 되는 것이 아니고, 물이 주가 되어 심을 움직이게 하는 것이기 때문에 '심연외이기心緣外而起'의 사유다. 이는 기를 중심으로 하는 사유로 심보다 사물이 중심이 되어 왕수인의 심 중심 사유와 확연하게 구별되는 부분이다. 그는 또 왕수인이 주장한 '내 마음의 양지를 사사물물[事事物物]에 실현한다.' 하는 선험인식론의 사유는 심이 양지의 상태로 선천적으로 내재하고 있어서 사물에 응하여 그것을 실현해야만 사물을 인식할 수 있는 폐단을 지녔다고 본다.

왕수인이 주장하는 심에서 외물을 조정한다는 것은 심이 먼저 움직여야 하는 동심動心이 되는데, 왕정상은 밖으로부터 안에 접촉하여 외물이 심에 응하는 것이기 때문에 동심이 아니라 응심應心이 된다[21]고 한다. 그는 동심이란 외물이 만들어낸 심의 산물이기에 심이 외물로 인하여 움직이는 것은 모순이 된다고 주장한다. 따라서 왕정상이 주장한 외물로 인해 심이 움직인다는 '응심'과 '심연외이기'의 사상은 주자와 왕수인의 잘못된 생각을 바로잡은 것으로 중요한 학문적 가치를 지닌다.

장재, 정이, 주희, 왕양명에 이르기까지 송대 유학자들의 인식론의 체계는 형이상학적인 덕성지와 형이하학적인 견문지의 층하적 관계를 설정하고, 덕성지는 자연의 이법과 인간 사회의 준칙을 담고 있는 절대 진리로서 대지大知이고 견문지는 이러한 덕성지와 무관하거나 이에 이르기 위한 수단으로서 소지小知로 여겼는데, 왕정상은 이와 같은 송대 유학자들의 지식론 전반을 비판하고 덕성지의 존재 자체를 다음과 같이 부정한다.

송대 유학자들은 사려와 견문이 지식을 지닌 것으로 여기면서 그것으로 지식에 이르는 것이 부족하여 별도로 덕성의 지를 내세워 무지無知라 하고, 대지大知라고 이르고 있구나, 아! 이는 불교의 선이 아니겠는가? 정말로 사려 하지 않음이 심하다. 특히 사려와 견문이 반드시 내 마음의 신神으로 말미암는 것을 모르는 것이다. 이것이 내외가 서로 결합한 자연스러움이다. 덕성의 지는 결국 외물과 접촉하지 않고 유폐된 어린아이에 가깝지 않겠는가? 선학이 사람을 미혹되게 하는 것이 항상 이와 같다.[22]

왕정상이 보건대, 덕성지라는 것은 그 실체가 불분명하여 유심론적 지식인 불교의 선禪과 다름없기에 지식으로 인정할 수 없다는 것이다. 왕정상은 인도人道와 천도天道를 분리하여 영아가 배 속에서 먹을 것을 어머니로부터 받아먹는 것, 세상에 나와 시청을 할 수 있는 감각적인 것, 선악을 구분하는 것 등은 천성의 지로서 이를 천도라 하고 또 본능으로 여긴다. 하지만 세유世儒들이 본성으로 여기는 친친親親의 문제는 인습因習으로 여긴다. 습은 생활하면서 익숙해져 있는 것이고 익숙함은 견문으로 생겨난 지식에 의한 것이다.

맹자는 인의예지를 인간이 타고난 본성으로 여기어 인간은 본래 선한 마음을 지녔다고 하였다. 특히 인의예지 중에서 인仁과 의義를 선善의 극치로 여긴다. 하지만 『맹자』에 "군자는 물에 대해서는 아끼기만 하고 인하지 않으며 사람에게는 인하기만 하고 친하지 않으며 친한 사람을 친하게 대한다. 백성에게는 인하게 하고 물은 아끼는 것이다."23)라 하였다. 이는 인仁보다 더 높은 곳에 친親이 있다는 뜻이 된다. 맹자의 인 개념을 애愛·인仁·친親의 세 단계로 두었는데, 애愛는 물物에 해당하여 아껴주는 대상에게 행하는 것이고, 인仁은 모든 인간에게 행하는 것이며, 친親은 나와 친한 관계를 맺은 사람에게 행하는 것이다. 맹자가 말하고 있는 세 단계의 인은 모두 천이 부여하여 인간이 선천적으로 선하다는 것을 말해주고 있다. 이 이론이 송대 리학과 양명학에도 그대로 답습되어 송명리학의 학자들은 인간의 인을 하늘이 부여한 덕성의 지라고 여긴다.

하지만 왕정상은 친한 사람을 친하게 여기는 친친親親마저도 덕성지로 보지 않는다. 그 이유는 비록 친자라도 아이를 낳고 형편에 따라 아이를 버리고 떠나는 부모가 있는데 그 아이는 자라면서 자기를 키워준 부모를 부모로 여긴다. 그 아이가 성장한 후 지나가다 우연히 낳아준 부모를 마주치게 되어도 서로 알지 못하며 혹 가까이에 있게 되어도 자기

부모인 줄 모르고 욕하고 마음대로 대하기도 한다. 형제 또한 그러하다. 같이 자라지 않은 형제를 형제라고 하면 내가 그를 아낌이 내 이웃을 아끼는 것과 다를 수 있겠는가? 그뿐만 아니라 부부의 경우 서로 아끼다가도 헤어지면 이웃보다 못하게 되는데 그렇다면 이런 것들이 천성일수 있겠는가? 하고 반문한다. 그는 부자, 부부, 형제, 군신, 붕우의 관계는 늘 함께 지내며 익숙해진 관계일 따름이라고 본다. 천이 주는 본성으로 여기는 부모와 자식 간의 효孝의 문제, 형제간의 애愛 문제, 친구 간의 우友 문제, 군신 간의 충忠 문제는 인습因習으로 서로 아끼는 관계가된다. 그러다가 세勢에 의해 관계가 끊어지기도 한다.

왕정상은 인간이 세상에 태어나기 전 어머니의 배 속에 있을 때는암흑세계에 살고 있기에 바깥 세계의 외부 사물과 접촉이 전혀 없어서아는 것이 하나도 없는 백치의 상태이지만 세상으로 나와 자라면서 눈과귀가 외부 사물을 접하게 되면서 지식이 생겨난다고 하였다. 그의 견지에서 지식이 생겨나는 발단은 외부 사물과 접촉하기 시작하고 또 사회생활을 하기 시작하면서부터이다. 귀를 통해서 듣고 눈을 통해 보는 것이바로 지식을 얻는 과정이기 때문에 태어나더라도 사회생활에서 이탈하여 산속이나 동굴 속으로 들어가서 살게 되면 지식이 생겨날 수 없다고보았다.

장재는 '물이 있으면 감응이 있다.'라고 하고 "이목의 기관으로 견문한 것이 그 마음을 번거롭게 하여 마음을 다하는데 힘쓸 수 없다는 점이사람들의 병통"[24]이라고 한다. 이에 대해 왕정상은 장재가 맹자의 진심ㆍ지성ㆍ지천[25]에서의 진심을 지나치게 강조한 것이며 감성과 이성 사이의 변증법을 이해하지 못한 것이라고 비판한다. 장재는 또 귀와 눈 등감각 기관의 한계 밖에서 안과 밖을 합할 줄 알아야 한다[26]는 인식론을제시했는데, 이는 감각 기관을 거치지 않고 도덕 수양을 통하여 주체와객체의 통일적 인식에 도달할 수 있다는 의미가 된다. 장재는 이를 덕성지라고 칭했다. 즉, 견문의 지는 물과 교류하여 알게 되는 것이고 덕성의 지는 견문에서 싹트지 않는다.[27]라고 한 것이 장재의 주장이다.

정이천이 장재의 선험론을 가지고 덕성지와 견문지 두 종류의 지知로 나누어 '견문의 지는 물과 물이 만나서 앎이 생기는데 이는 내면의 것이 아니고 그냥 많이 아는 자일뿐이다. 덕성의 지는 견문을 빌리지 않는 다.'[28]라고 한 것에 대해 왕정상은 덕성지의 선험론적 사유를 다음과 같이 비판한다.

> 근세의 유자들 힘써 높은 논의를 좋아하여 별도로 덕성의 지知를 내어서 지극한 지知로 삼고서 박학, 심문審問, 신사愼思, 명변明辯의 지를 부족하다고 여기고, 성인이 비록 생지生知일지라도 오직 성선性善이 도에 가까운 두 가지일 뿐이라는 것을 모른다. 익힘因習과 깨달음因悟과 과실因過과 의심因疑으로 인해 알게 된 지는 사람과 대동大同한데 하물며 예악禮樂의 명물名物과 고금의 사변事變도 역시 반드시 배운 후에야 알 수 있다![29]

여기서 왕정상은 비록 성인이 전통적 개념으로서의 성선性善, 근도近道, 생지生知를 지니고 있음은 인정한다고 해도 그들이 덕성지는 성인만 지니고 태어나는 것이 아니고 인간은 모두 덕성지를 지니고 태어난다고 보기 때문에 옳다고 인정하지 않는다. 그는 덕성지에 대한 기존의 유학자들 사유가 심에 지닌 신으로 말미암은 견문과 사려가 결합해 있음을 몰랐기 때문에 인간의 선을 선험적인 덕성을 빌어 표현하게 된 것이고 이는 잘못이라는 것이다. 왕정상은 장재의 내외지합內外之合의 유물론적 사유를 계승하였으나 그가 주장하는 덕성지의 유심주의적 사유는 잘못되었기에 버렸다.

왕정상의 인식론에서는, 인습, 인오, 인과, 인의로 인해 얻은 지식만을 진지로 여긴다. 심이 외물과 상관하게 됨으로써 활동을 하는 것인데, 심은 고요한 가운데에서 응하게 되며 그 작용은 외부에서 일어나는 것이다. 또 동정動靜을 논함에 있어서, 동에서 정이 생기는 것이지 정에서 바로 동이 생기는 것이 아니라고 본다. 동은 정한 상태의 심을 외물이 어지럽게 했을 때 일어나는 것이다. 즉, 심은 외부의 사事나 물物을 감지하지 않았을 때는 본연의 정의 상태에 머무르는 것이고 외물이 심에 의해 감지되었을 때 비로소 동의 상태가 된다는 것이 그의 동정의 변이다. 그가 말하는 심은 주관 정신이며 실제로 존재하는 물체가 아니다. 그는 심의 허령虛靈은 기의 정미함[精]에서 나오는 것으로 보며 기로서 심이 존재하는 근거로 삼을30) 따름이다. 그래서 그는 마음을 가라앉히어 생각을 모음으로써 정미함을 구한다31)고 하며 잠심潛心을 강조한다. 그의 인식은 견문에서 시작된 것이며 인습, 인오, 인과, 인의를 통해 밝고 명확하게 얻은 지식만이 진지가 된다. 이러한 진지가 신식神識에 쌓여있으면 외물이 응심應心 하게 될 때 분명한 이성적 판단이 가능해진다.

3) 박약博約 통일

왕정상은 학문과 사려를 통해 익힌 지식을 축적하는 데에는 박약이 중요하다고 주장한다. 박博은 박학으로 다양하고 폭넓게 공부하는 것이고 약約은 축약, 요약의 의미로 넓게 공부한 것을 사려로 핵심을 찾아내는 것이다. 그는 박약의 중요성을 4가지로 설명한다. 1) '군자는 배움을 통해 지식을 모은다.'라고 하였는데 이는 그 실질을 넓히는 것이다. 2) '묻는 것으로 분명하게 밝힌다.'라고 한 것은 마음에서 요약한다는 것이다. 3) '관대함으로 거한다.'라고 한 것은 넓게 자기를 지키는 것이다. 4) '인仁으로써 행한다.'라고 한 것은 사물에 대하여 공평하고 너그럽게 한다는 것이다.32) 이는 곧 박과 약의 통일을 중시한 것이다. 박과 약의 통일은 견문과 사려의 회합과 같은 의미이며 감성 인식이 이성 인식과 함께하지 않았을 때 사물의 본질을 제대로 인식하기 어렵다는 것을 말하고 있다.

공자는 군자가 정치할 때 박학博學과 약례約禮가 중요하다고 하여 널리 글을 배우고 예법으로 자기를 단속하라.[33]고 가르쳤다. 군자는 수신이 된 자이기에 반드시 두루 공부하여 공동체 간에 질서를 지킬 수 있는 자이다. 맹자도 널리 배우고 상세히 설명하는 것은 장차 돌이켜 간략하게 설명하기 위해서이다"[34]고 했으니 고대 유학의 인식론에서 이미 박약을 중시했다. 왕정상은 '박학은 거칠고 요약은 정밀하고, 박학은 확정이 없으나 요약은 그 요점을 잡고, 박학은 허물이 있어도 바로잡지 못하지만, 요약은 적중하니 박약은 학문을 이루고 도를 이루는 천고의 심법心法이다'[35]라고 하였다. 그는 박학의 범위에 대해 다음과 같이 말한다.

> 박학博學은 고금古今, 상변常變, 인혁因革, 치란治亂, 유명幽明, 상하上下의 도에 대하여 끝까지 탐구하지 않음이 없고, 그 시비와 사정邪正을 논하지 않음이 없고 겸하여 거두고 널리 취하는 것이다. 그래서 옛사람의 학문은 해박該博하다고 하는데 후인의 학문은 박잡博雜할 뿐이다.[36]

학문은 마음을 닦고 성性을 양성하는 것을 우선한다. 만약 성정性情이 도에 합치하지 않는다면 아무리 박학해도 삶에 중용中庸의 도道를 잃게 될 것이다. 다양하고 폭넓게 공부하되 예와 지금, 일정한 것들과 변하는 일들, 전통과 개혁, 다스려지는 상황과 환난의 국면 등 서로 양단의 끝을 잡고 비교하며 현실적인 학문을 추구하는 것이 해박이 된다. 생각하지 않고 취한 학문은 잡다하게 많이 알 뿐 중용의 도에 어긋난다. 왕정상이 주장하는 중용의 도는 다음과 같다.

> 고원함을 힘써 구하면서 실천하는 인仁을 결핍되게 하니 그 폐단이 광망狂妄한 것이고, 옛것을 고집하기를 힘쓰면서 널리 보는 지혜가 없다면 그 폐단은 우곡迂曲한 것이다. 광망한 것은 정밀하고 실제적인 학문으

로 구제할 수 있고, 우곡한 것은 달통達通하고 변화 있는 학문으로 구제
할 수 있다.37)

공자가 중도中道를 실천하는 사람과 함께 할 수 없다면 반드시 꿈이
큰 사람인 광자狂者나 지조가 있는 사람인 견자狷者와 함께 하리라! 꿈
이 큰사람은 진취적이고, 지조가 있는 사람은 하지 않는 바가 있기 때문
이다."38)라고 하였다. 광狂의 의미는 뜻만 크고 실제는 다 이루지 못하는
것을 말하니 생각만 고원한 곳에 두고 실천하지 못함을 광망이라고 말하
였다. 또 공자가 후세後世에는 지름길로 다니지 않는 자가 있으면 사람
들이 반드시 우迂하다고 할 것이다."39)라고 하였는데 우迂는 우활迂闊,
우원迂遠, 우곡迂曲으로 실제와 관련이 멀고, 구부러져 있으며 비현실적
인 것을 말한다. 왕정상은 선철들의 학문만을 공부하여 옛것을 고집하면
우곡해지고 우활해진다고 하며 진정한 지식은 현재 자기의 일에서 실질
적 공부를 통해 자득自得해야 한다고 주장한다. 또 왕정상은 너무 크고
먼 것을 바라고 계획하면 인仁이 결핍될 수가 있으니 실질적 학문으로
구제해야 한다고 하였다. 그래서 박학을 하되 사려로서 얻은 지식이 자
득이며 자득이 귀하다는 것을 다음과 같이 말한다.

> 널리 아는 것은 반드시 모두 합당한 것은 아니고, 사려하여 자득한
> 것이 진실이다. 광범위한 강론은 반드시 부합되는 것은 아니고, 학습이
> 순숙한 것이 묘한 것이다. 이 때문에 군자의 학습은 외면으로는 널리 하
> 면서 내면으로는 정밀한 것을 더욱 귀하게 여기며, 사리를 토론하면서
> 실제에 도달하는 것을 더욱 귀하게 여긴다.40)

널리 아는 것은 견문에 의한 것이고 사려가 합해서 이룬 지식은 자득
이다. 자득自得은 스스로 생각하고 깨달아서 앎에 이르는 것이다. 예로
부터 학자들은 스스로 터득하는 공부를 중요시하였다. 맹자는 '자득의

경지가 되어야 사는 것이 안정되고 일상이 편안하다.[41]'고 하였다. 여기서 자득自得의 경지는 어떤 상황에서도 흔들리지 않는 마음을 갖고 사는 것이고 스스로 완전한 마음의 평정을 찾고 지혜롭게 조절할 수 있는 경지를 말한다. 주희는 맹자의 자득에 대해 '자득이란 사색하여 그 이치가 저절로 드러나는 것이지 홀로만 아는 것이 아니다.'라고 하였다. 왕정상은 자득하는 것에 마음을 고요히 가라앉히는 잠심潛心이 필요하다고 다음과 같이 말한다.

> 마음을 가라앉히고 생각을 쌓음[潛心積慮]으로써 정미함을 구한다. 일에 따라 체험하고 관찰하여[隨事體察] 서로 통하는 것을 징험한다. 유유자적하게 함양하여 자득自得에 이른다. 너무 조급하면 서로 계합하여 들어가지 못하고, 끝없이 넓으면 지나치게 높고 실질이 없다. 이것이 학자의 큰 병통이다.[42]

자득은 체득하고 살피는 과정[體察]을 통해 얻게 되며, 자득만을 지식으로 인식했는데, 자득으로 이룬 지식을 진지眞知라 하였다. 진지는 사색하여 자득한 것과 순숙하게 학습한 것, 이치를 토론하여 일에 통달한 것의 세 가지가 여기에 속한다.

군자의 학은 밖에서 널리 구하여 알고[博于外] 안에서 정밀하게 하는 것[精于內]이라고 하여 군자는 이 두 가지를 공부 방법으로 삼았다. '박우외博于外'는 이목 기관에 의해 광범위하게 외부 사물과 접촉하여 다량의 감성 자료를 획득하는 것으로 그는 광식廣識이라고 표현하고 있다. 광식은 반드시 자연현상이나 사회역사 등 사실을 익히는 것이다. 하지만 광식도 자칫 오랫동안 쌓이게 되면 인식 과정에서 돌연변이 현상이 생길 수 있다. 박과 약이 지식의 조잡함과 정밀함으로 나뉠 수 있다. 박에서 조잡함이 생기고 약에서 정밀함이 생긴다. 그 때문에 반드시 '정우내精

于內'를 함께 해야 한다. '정우내'는 심을 고요히 하고 깊이 사려하여 정미함을 구하는[43] 것이다.

이 '정우내'가 사유의 추상 능력으로써 신이 지닌 '모든 것들에 관통함[以類貫通]'을 운용하여 이치를 궁구하는 목적에 도달하게 된다. 그는 광범위한 인식을 바탕으로 삼아 판단하고 추리하는 과정을 더하여 이성 인식에까지 상승하게 되는 것을 인식 과정으로 삼는다. 왕정상의 인식은 '사려와 견문이 만난다'라는 원칙을 지켜야 하고 인식방법으로 '박우외'와 '정우내'를 겸해야 한다고 주장하였다. 또 박을 우선시하고 그다음 약을 해야 한다고 다음과 같이 말한다.

> 학습은 넓어진 이후에 요약할 수 있고, 일은 겪은 이후에 요점을 알 수 있고, 성性은 완전히 숙련된 후에 예를 편안히 여길 수 있다. 그래서 성인은 사람을 가르치는데, 학문을 강론하고, 힘써 실행하는 것을 함께 하여 오래 쌓아서 그것이 성취되어야 했다. 그래서 도는 천박한 자가 의론할 수 있는 것이 아니다.[44]

그는 역행力行과 궁행躬行을 강조하였다. 역행은 힘써 실천하는 것이고, 궁행은 몸소 행하는 것이다. 이 모두는 일의 현장에서 오랫동안 경험을 쌓아서 생기는 자득이다. 널리 아는 것이 반드시 모두 합당한 것은 아니고, 실천에서 사색하며 자득한 것이 진지眞知이다. 자칫 박학이 박잡으로 혹은 천박으로 될 수 있는 것은 역행과 궁행의 과정이 없이 박학에만 주력하였기 때문이다. 그래서 예부터 군자의 학습은 외면으로는 널리 두루 배우면서 내면으로는 정밀하게 한 것을 더욱 귀하게 여긴다. 즉, 이치를 토론하면서 일에 통달하는 것을 더욱 귀하게 여긴다. 그래서 왕정상은 반드시 박학하되 사려를 한 뒤 요약하는 것과 통일이 되어야 도에 어긋나지 않게 된다는 점을 강조하였다.

4) 격물치지格物致知

『대학』에서 지를 얻는 방법은 격물과 치지라고 하였다. 중국철학에서 도덕과 지식의 관계는 고대로부터 상관성을 지녔는데 고대의 지는 인을 얻기 위한 한 방법이었다. 공자가 이미 인仁과 용勇과 지知를 중시하면서 '인'은 함양으로 '지知'는 치지로서 서로 촉진해야 하는 관계로 말한 바 있다. 공자는 "어진 이는 인을 편안하게 여기고 지혜로운 자는 인을 이롭게 한다"[45]라고 하여 "지知가 아니면 어찌 인을 얻겠는가?"[46]라고 묻는다. 공자가 추구하는 최고선은 인이고, 지知는 인을 행하는 데에 있어 중요한 작용을 하고 있다. 그래서 인과 지知는 서로 뗄 수 없는 관계인 것이다.

(1) 치지

수양은 마음을 바로잡는 것이고 그 시작은 치지致知에서 비롯된다. 지식에 이르는 치지致知는 격물과 함께 『대학』의 팔조목[47]에서 가장 기초가 되는 것이다. 또한, 성리학에서 중시하는 인식론의 문제이기도 하다. 성리학에서 격물치지의 '격格'은 '이르다', '닿다'의 '지至'와 같으며 치지의 '치'는 '궁구한다'는 의미를 지니고 '지'는 '인식認識'을 뜻한다. 격물치지는 물에 나아가 그 이치를 궁구하는 것이다. 성리학의 인식론이 바로 격물치지이다. 격물格物은 사물에 다가가 직접 관찰하는 것이고 치지致知는 앎을 투철하게 하는 것이다. 앎이 투철해야 생각이 진실해지고, 생각이 진실해져야 마음을 바르게 가진다. 마음을 외물로 인하여 흔들리지 않게 바르게 지니도록 하는 것이 수신修身이다.

『중용』에서 도덕과 지식의 관계를 존덕성尊德性과 도문학道問學으로 말하고 군자라면 도덕과 지식을 겸비해야 함을 지적했다. 송대에 정이程頤는 도덕의 함양涵養은 경敬을 필수로 하고 학學에 나아가려면 반드시 치지致知를 해야 한다고 하였으며, 주희 역시 존덕성과 도문학을 중시하여 "함양과 치지 둘은 어느 하나도 폐할 수 없다. 마치 수레의 두 바퀴와 같고 새의 양 날개의 역할과 같다."[48]라고 하며 치지와 함양 두 가지는 덕을 수양하고 도를 응집하는 필수 조건임을 주장하였다.

주희는 격물치지의 방법으로 탐구와 학습을 하는 도문학道問學을 중시한다. 또 동시에 존덕성尊德性도 중시한다. 존덕성은 정좌 또는 묵좌를 하여 본심을 간직하는[存心] 것이다. 단 주희는 도덕 수양 과정에 치지와 함양의 선후를 중요하게 여겨 치지를 우선으로 하고 그 후에 함양하는 것[49]이 필요하다고 하였다. 이는 지식이 도덕보다 우선으로 여긴 것이다. 주희가 『대학』의 보망장補亡章[50]에서 치지는 격물에 있다고 하며 치지는 만물에 직접 다가가서 만물의 이치를 규명해서 얻는 지식으로 즉물궁리即物窮理를 주장하였으니 치지는 경험을 통한 체득이 중요하다고 본 것이다.

명나라 초기 지도적 위치에 있던 유학자들도 도덕은 외부로부터 익히거나 학을 통해 교육으로 주입되는 것이 아니라고 여겼다. 도덕적 행위는 자신을 훈련하여서 만드는 것이고 그 출발점은 자기 내부에 있다고 보았다. 이 점에 대해 주희가 다음과 같이 말하였다.

사람이 태어남이 있게 되는 것은 천이 진실로 사람에게 인의예지의 본성을 부여하고 군신과 부자간의 천륜을 가르쳐서 사물의 당연한 규범을 제정하였다. 사람은 기질에 치우침이 있고 사물에 대한 욕망에 가려짐이 있다. 이 때문에 자신의 본성을 흐리게 하고 천륜을 어지럽힌다. 그 규범을 망가트리고 제자리로 돌아올 줄을 모른다. 반드시 학으로서 그것을 개도해야 한다. 그런 후 마음을 바로잡는 방법으로 자신을 닦음이 있고 가정을 가지런히 하는 것이 나라를 다스리는 근본이 된다.[51]

성리학은 천에 '리理'를 설정하여 인간과 천을 연결하였다. 리는 사물의 현상적 이치이고 도덕 규범이다. 또 리는 인간의 본성이며 인간이 결국 궁극에 돌아가야 할 최고선이다. 이 리가 수신, 제가, 치국에 모두 핵심이 된다. 결국, 신유학자들의 학문은 돌아가야 할 곳을 안내해 주는 길잡이이며 인간의 자신 안에 있는 내면적인 것을 찾아내어 밖으로 드러내는 것이다. 또 정심正心이 수신의 근본이라는 것은 학문의 핵심이 바로 심의 수양인 것이다. 그들에게 학문은 기질로 받은 심을 통제하기 위해서 자신을 훈련하는 과정이라고 말할 수 있다.

왕정상의 철학에서는 객관적이고 과학적인 격물론이 제시되고 있다. 그의 철학적 관점에서는 생生, 성性, 심心, 도道는 모두 천명天命으로 가르침이 없이는 완성할 수 없다.52) 심은 생의 초기에 선과 악이 혼재해 있는 자연스러운 본성과 같고 성도 심과 같이 후천적 앎에 의해 이루어지는데, 후천적으로 학문을 통해 인식되면 그것을 심에서 사려를 통하여 습성習性이 된다. 습성으로 인해 악은 제거하고 선은 잘 보존하여 심을 다듬어 본래의 심과 다른 심으로 바뀐다. 성과 심은 생과 함께 천명으로 생기나 반드시 후천적으로 학문과 수양을 통해 완성될 수 있다. 그의 철학에서 학문은 바로 수양의 방법이다. 그러나 왕정상의 학문은 성리학에서 요구되는 학문과는 다르다는 것을 다음과 같이 말한다.

> 스스로 터득한 학學은 종신토록 사용할 수 있다. 기술記述과 듣는 것으로 얻은 것은 노쇠하면 잊게 되는데 마음의 깨달음에서 나온 것이 아니기 때문이다. 그래서 군자의 학습은 깊은 곳에 이르고 실질을 배양하여, 그로써 자득에 이르는 것을 귀하게 여기는 것이다.53)

그가 '군자는 학문함이 함양보다 귀하다.'라고 한 것은 수양하는 방법 중에서 학문을 익히는 것을 가장 중요하게 여긴 것이다. 주희가 주장하는 학문은 경전을 익히는 것을 중시하는 반면, 왕정상이 주장하는 학문은 경전에 의존하지 않고 각자 맡은 일 가운데에 자득自得함으로부터 생겨난 것을 중시한다. 자득이란 자신이 세상에서 직접 살아가며 알게 되어 익힌 학문이다. 그는 또 내성內聖을 이루기 위해 정靜이나 경敬을 실천하는 편중된 수양을 부정한다. 그는 주자가 도문학과 존덕성으로 분리하는 것과는 다르게 그의 수양은 학문만이 바로 수양이고 학문에 의해서 덕이 형성된다고 다음과 같이 말한다.

> 널리 아는 것은 반드시 모두 합당한 것은 아니고, 사색하여 자득한 것이 진실이다. 광범위한 강론은 반드시 부합되는 것은 아니고, 학습이 순숙純熟한 것이 묘한 것이다. 이 때문에 군자의 학습은 외면으로는 널리 하면서 내면으로는 정밀한 것을 더욱 귀하게 여기며, 사리를 토론하면서 실제에 도달하는 것을 더욱 귀하게 여긴다.54)

그는 학문이 두루 아는 데에 그쳐서는 안 된다고 생각하고, 익혀서 실제의 일[實事]에서 행할 때 능숙함이 있어야 하기에 견문과 사려의 융합을 중시하지만, 사리를 토론하며 실제와 부합하도록 지식이 투철함에 이르게 하는 것이 더욱 중요하다고 한다. 그는 행위로 드러나는 것은 일상생활에서부터 사회에서까지 적용되어야 하기에 학문의 대요를 다음과 같이 세 가지로 말한다.

> 학學의 대요에는 세 가지가 있다. 부자, 군신, 부부, 형제, 붕우 등은 성과 의에 속하고, 동정, 언어, 기거, 음식, 휴식 등은 예와 칙에 속하고, 진퇴, 취사, 사생, 화복 등은 의와 명에 속하는데 학이 성취되면 도리가 갖추어진다. 성인이 성을 다하고, 도를 넓히는 것도 또한 이것에 불과하다.55)

그가 말하는 학문의 요지는, 첫째 가까운 사이에서는 진실한[誠] 뜻을 잃지 않고 보존하는 것을 배우고, 둘째 일상생활에서 예禮와 법칙[則]이 어긋나지 않게 하는 것을 배우며, 셋째 노력으로 어떻게 할 수 없는 일은 억지로 하려고 하지 말고 자연의 순리에 순응하는 것을 배우는 것이다. 이 세 가지가 학문의 기본이고 배운 것을 실천함으로써 도가 온전해진다고 하였다. 그는 인간이 타고나면서 마음에 선과 악을 혼재하여 지니기 때문에 어려서부터 학문에 열중함으로써 좋은 생활 습관을 길러주고 선을 가꾸어 가야 한다고 주장한다. 그는 학문을 중요하게 여기지만, 경전을 읽는 것은 공허하기만 할 뿐 실용적이지 못하다고 권장하지 않는다. 학습은 오히려 야외에 직접 나가 현장에서 필요한 것을 널리 보고 익히는 것을 권장한다. 학교나 가정에서뿐만 아니라 사회에서 만물 만사와 두루 접촉하여 실질적 학습을 해야 진정한 학문이고 이것이 바로 치지이다.

(2) 격물치지의 해석

격물은 치지의 방법인데 왕수인은 주희와 격물치지에 대해 다른 견해를 지닌다. 정주리학에서 격물치지는 수양을 위한 방법론이지만 양명학에서는 격물치지를 중시하지 않고 정심과 성의를 수양의 핵심으로 삼는다. 주희의 사상에서 격물은 사물의 이치를 궁리하는 것이고 치지는 앎이 분명해짐에 이른다는 뜻이지만, 왕수인의 사상에서 물은 마음[心]이고 격은 바로잡는다[正]로 해석한다. 그래서 격물은 마음[心]을 바로잡는다[正心]는 뜻이고, 치지는 치양지致良知로 해석하여 공부로 앎에 이르는 것이 아니고 앎은 이미 양지로 인간의 심에 본래 지닌 것이며 그 양지를 일에 실현하면 바로 올바른 지식에 이른다고 주장한다.

왕수인은 주희의 격물치지 이론에 따라 젊은 시절 대나무 아래에서 며칠이나 머물며 대나무의 이치를 궁구하다가 결국 병을 얻게 되었다. 또 훗날 귀주성 용장으로 귀양 가서는 낮과 밤을 가리지 않고 바르게 앉아 묵좌[澄默]하며 고요함을 한결같이[靜一] 하였다. 그런 후 그가 깨우친 것은 모든 것이 심에서 연유한다는 것이며 성의誠意의 공부가 격물이고 성의의 궁극은 선에 이르는 것[至善]이 되고, 지선의 방법은 바로 치지致知라는 것이다. 곧, 지선이 마음의 본체이고 치지의 지는 양지良知이며 양지 역시 마음의 본체이기 때문에 인간은 앎의 능력을 잃은 적이 없다. 그래서 왕수인의 인식론에서는 견문의 노력을 빌릴 필요가 없다.

왕정상의 치지와 주희의 치지는 모두 학문의 범주에 속한다는 점에서 같은 의미를 지닌다. 왕정상의 치지는, 첫째 널리 배우고 힘써 기억하는 것[博文强記]으로써 바탕삼으며, 둘째 자세하고 묻고 분명하게 말함[審問明辯]으로써 회동을 구하고, 셋째 사고를 세밀하게 하고 연구하여[精思硏究] 스스로 깨치는 경지[自得]에 이르는 것이다.56) 자득에 이르면 도를 밝히게 된다. 다만 정주리학에서 처럼 정좌나 묵좌를 필요로 하지 않는다. 함양은 실제의 일[履事]에서 자득이 되면 저절로 도의 경지에 이르게 된다. 그 때문에 주희의 치지는 인식론의 범주에 속하지만, 왕정상의 치지는 수양론의 범주에 속한다.

왕정상의 격물은 오히려 왕수인의 생각과 같이 바로잡는다는 '정正'의 의미를 지닌다. 왕수인의 '격格'과 다른 점은 그 바로잡는 대상이 심이 아니고 '물物'이라는 점이다. 왕정상의 격물은 물을 바로잡는 것이며 이에 대해 다음과 같이 말한다.

> 격물은 사물을 바르게 하는 것인데 사물이 각자 그 당연한 실질을 얻으면[各得其當然之實] 바르게 된다. 사물마다 바르게 할 수 있다면 앎이 어찌 이르지 않겠는가! 앎이 이르면 보는 이치가 참되고 간절해져서 마음에 구차하고 헛된 근심이 없게 되니 뜻이 어찌 성실하지 않겠는가? 뜻이 성실하면 마음이 주재하는 바가 모두 선하고 악함이 없게 되고, 사특하고 치우치는 병폐가 없어지게 되니 마음에 어찌 부정함이 있겠는가! 학습이 마음의 바름에 이르면 도의 큰 근본이 수립되고, 가정과 국가와 천하에 대해서도 이것으로써 미루어 가는 것이 가능해진다.57)

주희는 격물의 격格이 물에 다가가는 것[卽物]이지만, 왕수인과 왕정상의 격格은 둘 다 같이 바로잡는다[正]는 의미로 쓰인다. 다만 바로잡는 대상이 왕수인의 경우는 마음[心]이고 왕정상의 경우는 사물[物]이다. 모든 사물을 바르게 이해할 수 있다면 그것이 만물을 바르게 아는 것이 된다. 그 때문에 격물에서 치지에 이르게 된다. 왕정상과 왕수인은 각기 『대학』의 팔조목을 다르게 사유하는데 『대학』에서 말하는 팔조목은 다음과 같다.

> 천하에서 밝은 덕을 밝히려는 자는 먼저 그 국가를 다스리고 그 국가를 다스리고자 하는 자는 먼저 그 가정을 다스리고, 그 가정을 다스리고자 하는 자는 먼저 자기 자신을 수양한다. 자기 몸을 수양하려면 마음을 바르게 하고, 마음을 바르게 하고자 하는 자는 그 뜻을 진실하게 하고 그 뜻을 진실하게 하고자 하는 자는 먼저 지식을 충분히 갖추어야 하며 지식이 수준에 이르려면 격물해야 한다.58)

팔조목 중 심정心正의 경우, 왕정상은 학문이 심이 바른 곳에서 만들어진다는 의미로 심정을 인식론적인 관점으로 보고, 왕수인은 정심이 심을 바르게 한다는 것으로 이는 심 본래의 양지로 복귀하는 것으로 보았다. 그래서 정심 또한 치양지가 되는 것이다. 이런 내용에 대해 왕수인이 다음과 같이 말한다.

> 학문의 요체를 말하자면 수신修身 두 글자로 충분한데 어찌 정심을 말하고 정심 두 글자로도 충분한데 어찌 또 성의를 말하고 성의 두 글자만으로도 충분한데 어찌 또 치지를 말하고 격물을 말하는 건가? 이 모두가 하나이다.59)

왕수인은 수신이 바로 격물치지 하는 것이고, 그것이 바로 치양지 하는 것이라 본 것이다. 그래서 자연스럽게 '천리를 보존하고 인욕을 없앤다[存天理 遏人欲]'는 경지에 이르게 된다. 왕수인의 격물치지는 자기가 맡은 일을 행하는 가운데에서 자연스럽게 이루어진다. 제후의 국國을 다스리거나[治國] 대부의 가家를 다스리기[治家]를 원하는 자는 일정한 지식을 갖추어 과거제도를 통하여 관리로 등용된 다음 그 맡은 일 안에서 바로 격물치지가 가능해지니 팔조목의 중간 과정을 모두 생략할 수 있게 된다. 왕수인의 사유 내에서는 양지 하나로 '치양지' 하는 것이 바로 격물이다. 그래서 격물 이후 정심하고 성의하고 수신하는 과정은 필요하지 않다. 그의 수양은 실제 일에서 갈고 닦는 사상마련事上磨鍊을 하는 것이고 그렇게 되면 저절로 양지에 이르게 되니 그것이 치양지이다. 그래서 누구나 치양지 하여 성인이 될 수 있게 된다.

왕정상의 격물은 물을 바로잡는다[正物]는 것인데 사물이 각자 그 당연한 실질을 얻으면[各得其當然之實] 바르게 된다는 뜻이다. 또 격물은 치지에서 가능하게 되며 치지는 실제의 일에서 행하는 이사履事로서 이루어진다고 하니 왕정상의 격물 역시 격물 이후 정심, 정심 이후 성의, 성의 이후 수신의 과정이 필요하지 않다. 이사에서 격물치지 하는 것이 바로 함양이다. 그 때문에 치지와 함양을 따로 놓고 볼 수 없다. 이사에서 치지와 함양이 겸비하여 도덕 수양도 완성할 수 있게 된다. 궁극적으로 왕정상의 격물치지는 이사에서 실천하며 수양하여 그 부분의 전문가가 되면서도 성인의 모습을 갖추어 미래의 기미를 예측하고 세를 판단하여 민생을 위하는 치인治人이 되는 실질적 학문이다. 그러나 왕수인이 사상마련에서 치양지 하는 것은 자기 자신의 도덕 수양을 하여 성인이 되는 것에 더욱 치중하는 것이라 사상마련과 이사가 겉모양새는 같으나 최후에 얻게 되는 결과는 궁극적으로 다르다.

왕정상의 격물은 사물이 마땅한 실질을 얻어 매사를 바르게 행하는 것이니 이는 먼저 학문[學]과 습관[習]을 통해서 얻는다. 학과 습은 경전을 통해서 익히는 것이 아니라 일상생활부터 자연과 우주에서까지 무엇이든 가능하다. 즉, 학은 자기가 태어난 고장의 일을 잘 익히는 것도 해당하고, 또 자연계의 이치를 아는 것도 해당한다. 즉, 천의 운행은 무엇이 작용하여 땅이 떠 있는 데도 어떻게 사물을 실으며, 달의 밝음이 어떻게 하여 차고 기울어지는 것인지, 산의 돌이 어떻게 기울어져 있는지, 하늘의 별자리는 왜 옮겨가지 않는지, 바다는 모든 하천의 물을 모아들이는데 왜 넘치지 않는지 등등[60] 세상에서 생각에 근거할 수 없는 것들까지 모두 포함한다. 그래서 이런 종류의 학은 익히거나 살펴서 알 수 없고 그 이치의 실제를 근거하여 가르침을 받는 것이다. 이것이 바로 치지의 학이다. 그래서 그는 격물은 외부 세계의 사물을 바르게 이해하는 것이고 치지는 자연계 사물을 연구하고 배우는 것이라고 하였다. 그는 배우는 제자들에게 많은 자연 현상의 문제에 관계된 의문을 제기하고 천문을 조사하여 그 사실을 설명할 것을 요구했다. 그는 잘못된 학의 폐단을 다음과 같이 말한다.

옛사람의 학문은 안과 밖이 한결같은 도다. 치적治績에 통달한 것은 학술이 쌓인 것이다. 문사文詞를 수정하는 것은 품행을 지키는 것의 나머지 일이다. 지금의 유자들은 학문과 일을 언제나 둘로 본다. 때문에, 본성은 그 기질을 변하게 할 수 없다고 강론한다. 명命을 논하는 것은 의로움에서 요점을 알지 못하는 것이 있는데, 인의를 닦는 것은 공리의 매개이고 경술을 밝히는 것은 형법의 바탕이 되니 이는 모두 학술의 병폐이다. 그래서 자기에게 익숙하게 하여도 일에 통달할 수 없는 자는 부유라 하는데 그 죄는 적다. 경전을 빌려서 성인을 취하여 때에 따라 이익을 따르는 것은 속유라 하는데 그 죄는 크다.[61]

공자의 학문은 육예를 익힘으로써 그 과정에서 인을 실천하고 예를 익혔다. 이러한 학문은 도덕 실천과 기질 변화를 함께 하는 것이며 내외의 도를 쌓는 것이다. 그러나 송대 성리학자들은 함양과 치지를 선차적으로 구분하여 '먼저 알게 된 후에 함양하는 것[先致知後涵養]'을 옳다고 주장한다. 그뿐만 아니라 실사에서 학습하지 않고 문사文詞를 익히거나 경전의 힘을 빌려 학문을 했다. 왕정상은 이것이 학문하는 데 있어서의 폐단이라고 비판한다. 그는 문사를 주로 하는 학자들을 부유腐儒와 속유俗儒로 부르며 학문이 공리의 수단으로 쓰여서는 안 된다는 것을 엄히 경계한다. 적당히 속세에 타협하여 이익이 있는 쪽으로 기우는 속유의 죄가 열심히 살지 않은 부유의 죄보다 크다고 하였다.

치지와 격물의 해석을 보면 왕정상의 사상이 현실적이고 과학적이라는 것이 입증된다. 격물은 세상의 모든 것을 올바르게 하는 것이고 치지는 오늘날 우리가 학교에서 배우는 언어, 수학, 역사, 지리, 과학 등을 공부하는 것이다. 그의 해석대로라면 요즈음 학생들은 학교에서 가정에서 사회에서 격물치지하고 있다고 말할 수 있을 만큼 그의 격물치지는 현실적이고 과학적이다. 왕정상의 이사履事나 왕수인의 사상마련事上磨鍊은 실사에서 바로 격물이 되고 치지가 되는 것이다. 그 때문에 왕정상이 주장한 이사履事에서 격물치지와 왕수인이 주장한 사상마련에서 치양지는 둘 다 실천적 실학이라는 공통점을 지니지만, 실학의 쓰임에 있어서 왕수인의 실학은 자신의 마음을 다스려 성인이 되기 위한 학문[爲己之學]이고 왕정상의 실학은 실질적이고 경세치민을 위해 쓰이며 세상을 다스리는 학문[爲人之學]이라는 점에서 서로 다르다.

2. 지행관 - 실천진지

1) 진지眞知의 의미

왕정상이 주장하는 바른 지식을 구하는 것은 공자가 말한 지식 얻기를 좋아하는 붕우들이 뜻을 같이한다고 멀리서도 찾아올 수 있을 만큼[62]의 진실한 지식을 추구해야 한다. 또 그는 공자가 말한 "묵묵히 배운 것을 마음에 새기고 싫증을 내지 않으니 나에게 또 다른 무엇이 있겠는가?"[63]라고 하는 것에서처럼 배우고 익히고 사유하는 것이 진정한 지식이다. 그래서 그는 다음과 같이 말한다.

> 세간의 학자가 들어가는 길은 두 가지이다. 영민한 자는 깨달음이 쉽고, 항상 도에 일치한다. 때문에, 본성을 종주로 삼고 학문을 밑천으로 삼는다. 돈후[篤厚]한 자는 서적을 밑천으로 삼으니 시작에서 도에 정통해지기 때문에 학문을 종주로 삼고 순수함을 밑천으로 삼는다. 남긴 것이 다르다. 때문에, 항상 서로 헐뜯는다. 그러나 모두 잘못이다. 공자가 말하기를 "묵묵히 배운 것을 마음에 새기고 배우면서 싫어하지 않으니 나에게 무엇이 있겠는가!"라고 했다. 나에게 지닌 것이 없는데 또한 어찌 남을 헐뜯겠는가?[64]

학자가 되는 두 갈래 길이 있다. 영민함을 타고난 자는 매사에 쉽게 깨치니 늘 도에 일치한다. 영민하게 타고 나지 못한 자는 다만 서적을 밑천으로 삼아 깊이 있게 학문에 열중하여 도에 정통해진다. 이들은 서로 자기가 옳은 방법이라고 주장하지만, 사실은 둘 다 진지眞知라고 할 수 없다. 남과 교제할 때 남에게 굽히는 것은 하나는 겸양을 배우는 것이고 둘은 횡역橫逆을 만나 스스로 반성하며 나를 키워 나가는 것이다. 이것이 일의 현장에서 실천하며 알게 되는 진지眞知이다. 즉 행동은 지식을 얻어서 알게 되는 것이 아니고 직접 행하고 겪으며 두터워지고 완성된다.

왕정상은 아는 것과 행동하는 것[知行]의 문제에 있어 한 가지 일을 배워 얻으면 즉시 한 가지 일을 행하고, 한 가지 일을 행하면 즉시 한

가지 일을 깨친다는 뜻의 행득일사즉지일사行得一事卽知一事의 관점을
중시한다.[65] 왕정상은 실제 하는 일에서 행위를 거듭한 후 깨치게 된다
고 보고 지식[知]은 행위[行]에서 이루어진다고 했다. 지식은 원기본체론
에서 출발하여 인식론의 관점으로 설명되고 행위는 실천처에서 지식을
동반하여 이루어진다. '행득일사즉지일사'는 실천에서 시작하여 수양으
로 옮겨가는 과정을 설명하고 있어서 자신의 학문이 경세론에서 실천진
지론을 낳았다는 점을 강조한 것이다. 진지眞知는 행위에서부터 만들어
지고, 행위는 일의 실천처에서 힘써 일하는[力行] 과정이며, 진지는 행위
를 거듭[重行]하여 깨우친 앎이다. 그래서 그의 지식론은 실천적 행위가
핵심이 된다. 물론 그는 인식이 감각기관에서 발생하고 외물과 접촉으로
인하여 얻어지는 것이기 때문에 견문에서 얻는 것이라고 한다. 만약 주
체와 인식 대상이 서로 만날 수 없다면, 영아가 엄마 배 속에 있을 때처
럼 일상생활의 상식조차도 알지 못한다. 그러나 인식에만 기대게 되면
괴탄, 견강부회, 독수선철의 폐단이 있게 된다고 4장의 인식론에서 말한
바 있다. 이 때문에 견문에만 의지하면 사물의 객관 규율을 파악할 수
없다.

　왕정상이 중시하는 것은 실천처에서 역행하는 것인데 그는 그것이 실
천 진지를 얻게 되는 길이라고 여긴다. 실천처에서 역행으로서 치지가
가능하고 거듭하여 행한다는 중행重行으로 익숙하게 되며 그 결과로 진
지가 생겨난다는 것이다. 매번 한 가지 일을 할 때마다 한 가지의 깨달음
이 생겨나는데 그것이 바로 실천 진지이다. 하지만 책을 통해서 얻는
지식도 그 배운 것을 실천처에서 독행篤行으로 실천한다면 진지가 될
수 있다. 실천은 진지를 획득하기 위한 수단이다. 왕정상 철학에서 지행
을 진지로 설명하는 데에는 선후가 없다.

　성리학에서 지식이 먼저이고 행위는 알고 난 후에 하는 것으로 '선지
후행先知後行'을 주장하였지만, 왕정상은 역사적 시대적 상황에 따른 변

화를 중시했다. 그는 정치 사회 철학 전반에 현실적 사유를 하였기에 '선지후행'은 시대성에 맞지 않는 것으로 여겼다. 그는 반드시 일에서 자신이 체험하고 살펴보고 연구한[體察] 후에 진지가 된다고 주장한다. 체찰體察의 과정이 없이 경전을 통해 얻은 지식은 쉽게 잊어버리게 되어 완전히 자기 것이 될 수 없으며, 일에 적용했을 때에도 반드시 옳다고 할 수 없어서 진지가 되기 어렵다고 하며 체찰의 중요성을 다음과 같이 말한다.

> 학자는 도리에 대하여 정심精心으로 성찰하는 것을 귀하게 여기고, 하늘과 사람에게서 징험하고, 일의 기회를 참작하고, 힘써 그 실질을 얻어 실행하는데 이른바 자득일 뿐이다. 만일 나의 권도權度를 운행하지 못하고 근근이 오직 전언前言만 믿고, 과일을 주어서 맛보기를 바란다면 그 맛을 알 수 있겠는가!(66)

왕정상은 자신이 직접 일에 임하여 행위와 동시에 성찰하고 징험하여 실질을 얻은 지식만이 자득의 지식이라고 여겨서 이를 진지라 칭한다. 그의 지식론은 자못 경험주의라고도 할 수 있다. 경험하지 않고 얻은 지식을 완전하다고 믿지 않기 때문이다. 그는 사과의 맛을 들어 자득과 진지를 설명한다. 사과의 맛은 말이나 글로 설명하여 분명하게 알 수 없으며 맛의 경우는 수십 인이 단 정도와 신 정도를 설명해도 자신이 직접 먹어보는 것처럼 분명하지 않다. 물론 한번 먹어본 것이 전체 사과의 맛을 대표할 수 없다. 다양하게 먹어보고 비교 분석하는 사려를 통해야 진정한 맛의 다름을 알게 된다. 이것이 자득이며 자득한 지식이 진지이다.

자득이 중시된 기원은 『맹자』에서부터이다. 맹자가 "군자가 올바른 도로써 사물의 이치에 깊이 도달하려는 것은 자득하기 위해서이다. 자득하게 되면 편안히 머물 수 있게 된다. 사물의 이치에 편안히 머물 수 있게 되면 그 이해가 축적되어 더욱 깊어진다. 그 이해의 축적이 깊으면 손쉽게 사물의 이치를 취하므로 본질을 만날 수 있게 된다. 그러므로 군자는 마땅히 사물의 이치를 자득하기를 바라는 것이다."67)라 하였다. 장자도 자득을 중시했다. 「외물」에 "통발은 물고기를 잡기 위한 도구인지라 물고기를 잡으면 통발은 잊어버리며, 올가미는 토끼를 잡기 위한 도구인지라 토끼를 잡으면 올가미는 잊어버린다. 말은 뜻을 알기 위한 도구인지라 뜻을 알고 나면 말을 잊어버린다."68)고 하였다. 통발이나 올가미가 중요한 것이 아니라 단지 그 도구를 이용하여 고기 잡고 토끼 잡는 방법과 그 과정을 스스로 찾아 자득을 이루어낸 것을 중하게 여긴 것이다. 왕정상은 자득이 진지라는 것을 다음과 같이 말한다.

'자득自得'이라는 것은 심신에서 깨닫지 못한다면 능히 이룰 수 없고, '심조深造'라는 것은 어찌 한낱 널리 강설講說을 이루고, 그 마음을 헛되이 지키면서 시기時機에 맞추지 못하면서 구할 수 있겠는가? '좌우봉원左右逢原'이라는 것은 자기에게서 실제 체험하지 못한다면 어찌 이것에 신묘하게 응대할 수 있겠는가?69)

왕정상이 진지라 하는 것은 직접 일에서 체험하여 자득한 지식을 말하며 이는 실천과 실증에 의한 지식이다. 그는 몸소 경험, 체험, 성찰, 비교 검증을 통한 실천적이고 실증적인 사실을 중시한다. 좌우봉원左右逢原의 의미는 사람들이 좌우 주위에서 맞닥뜨린 모든 사건과 현상들이 내겐 스승이 되고 수양의 원천이 된다는 것이다. 내가 몸소 겪고 체험한 일은 모두 진지가 되고 그 진지는 다른 곳에서 신묘하게 응대할 수 있게 된다. 그래서 '일의 과정에서 한 가지의 일을 배우게 되며 그 일을 행하고 한 가지 일을 행할 수 있으면 한 가지 일을 알게 된다[行得一事卽知一

事]'고 한 것이다. 이때의 앎이 바로 진지이다.

그의 지행론에서는, 사실상 지보다 행이 중시되고 있다. 처음 배웠을 때의 앎은 진정한 앎이 아니고 행을 거쳐서 자득해야 진정한 앎이 되기 때문이다. 그는 진지에 대해 다음과 같이 말한다.

> 단지 배우고 행동에 옮기지 않으면 일이 닥쳤을 때 마침내 현혹됨이 있게 된다. 이는 마치 사람들이 남쪽에서 있으며 월 땅을 안다고 하는 것인데 어찌 가서 직접 보지 않고 월 땅의 강산, 풍토, 도로, 성역 등을 상세히 알 수 있겠는가?[70)]

왕정상의 지식론에서는 강학에서 배워서 알고 책을 읽고 아는 것은 초기 단계의 지식이며 감각기관을 통해 보고 들어서 아는 단계를 거쳐야 한다. 하지만 이는 견문지에 지나지 않는다. 물론 지식에 있어 이 견문지는 꼭 필요한 것이나 경험으로 직접 실천하고 실증해 보지 않으면 진지가 될 수 없고 완전한 나의 지식이 될 수 없다. 백 번 들어서 아는 것이 한번 보고 아는 것만 못하다.[百聞而不如一見]라는 말이 있듯이 경험한 것만이 진지이기 때문에 왕정상의 인식론은 '실천진지론'이라고 불린다.

2) 이사履事와 역행力行

왕정상 철학의 한 개념어인 이사履事는 직접 일하고 있는 현장[實踐處]에서 궁리하고 치지를 한다는 것이다. 이런 점에서 이사는 왕수인의 사상마련事上磨鍊과 다를 것이 없지만 실질적 의미에서는 다소 차이가 있다. 왕수인이 사상마련에서 이룬 치양지는 바로 격물치지와 같은 의미를 지닌다. 왕양명의 격물은 궁리가 아니고 마음을 바로잡는 정심正心이기에 다른 의미를 지니게 된다. 왕수인은 주희의 정좌 공부법은 정靜할 때는 사욕을 모두 물리칠 수 있으나 동動하여 외물과 만났을 때는 흔들리는 마음을 잡기에 부족하다고 여겨 현실적 상황에서 정심으로 자기를 연마해야만 동할 때의 마음을 잡을 수 있고 마음 안의 양지를 실현할 수 있다고 주장했다. 왕수인은 자신의 강학을 들은 관리가 질문한 적이 있는데, 그의 대답에서 그가 주장하는 격물치지와 사상마련을 이해할 수 있다.

> 공문서를 다루는 한 관리가 "이 학문은 매우 좋기는 하지만 공문서를 관리하고 소송을 처리하는 일이 번잡하여 학문할 수가 없습니다."라고 말하자 선생은 "소송을 판결하는 일에서 지나치게 화를 내거나 기뻐하지 않고, 자의적 판단이나 주변 사람의 비방과 모해에 흔들리지 않고 공평하게 처리하는 것 등이 모두 치양지 하는 학습 방법이라는 것이다. 이 수많은 생각은 모두 사사로운 것이며 오직 이 마음에 털끝만큼의 치우침과 기울어짐이라도 있어서 타인의 시비를 왜곡시킬까 두려워해야 한다. 이 것이 바로 격물치지이다. 공문서를 관리하고 소송을 처리하는 일들은 실학이 아닌 것이 없다. 만약 사물을 떠나서 학문 한다면 도리어 공허한 데 집착하는 것이다."라 하셨다.[71]

왕수인의 사상마련은 바로 실사에서 격물치지하는 것이다. 격물치지는 반드시 마음을 바로잡는 정심正心과 뜻을 참되게 하는 성의誠意가 따르기 때문에 자연스럽게 치양지가 가능하다. '치양지'하는 것을 구체적인 일에서 실천하는 실학으로 풀이하여 정인재는 양지 실학이라 명명한다.[72] 양지 실학에 있어 지식의 궁극적 목적은 천리를 보존하고 인욕을 없애는[存天理遏人欲] 것이다. 마음의 본체인 양지는 바로 천리이기 때문에 양지를 실사에서 실현함은 '존천리存天理'를 하는 것이고 닦고 연마하는 것[磨鍊]은 '알인욕遏人欲'을 하는 것이다.

왕정상의 이사履事는 실사에서 체득하는 것이라는 점에서 사상마련과 같으나 사상마련은 실사에서 양지를 끌어내어 적용하는 과정을 통해 수련하는 것이고, 이를 통해 지식을 습득하는 것은 아니기에 실사구시적이라고 보기 어렵다. 따라서 왕수인의 사상마련은 현실에 바탕을 두었다는 점에서 광의의 실학 범주에 들어갈 수는 있으나 양지라는 틀을 벗어나지 못한 점에서 실학이라고 하기에는 부족함이 있다. 그러나 왕정상의 이사는 실천처實踐處에서 다양한 체험의 과정에서 거듭 행하여 진위를 검증하고 옳은 것만을 선별하여 지식으로 받아들인다는 점에서 실천·실증주의적이라고 말할 수 있으니 실학이 되기에 충분하다.

왕정상은 견문으로 익혀서 얻은 인습因習, 사유하여 얻는 인오因悟, 경험에서 얻은 인과因過, 의심하여 밝혀낸 인의因疑에 의해 자득한 것만을 지식이라고73) 하였지만, 체험이란 것은 극히 개인적이면서도 보편성의 지식을 끌어내는 것이라고 하였다. 그는 지식이 갖추어야 할 보편성에 대하여, 진지는 대중이 동조하고 이런 지식이 쌓이면 진리가 되며 진리의 도가 생겨나면 친구가 많아진다고 하며 '옛사람들은 스승을 존중했지만, 지금의 사람들은 스승보다 벗을 중시하여야 한다.'74)고 하였다. 이는 살아가며 스승이나 부모 못지않게 가까이 있는 사람은 벗이기 때문에 벗에게서 보고 배움을 이사에서의 자득으로 여겨 중시한 것이다. 또 벗이 많다는 의미는 그가 지닌 지식이 누구나 동조할 수 있는 진지를 지녔다는 뜻이다. 여기서 대중의 동조를 진지의 조건으로 내세운 의미는 나뿐만 아니라 많은 이들이 동일하게 체득해야만 지식으로 인정할 수 있다는 것으로, 지식의 보편 타당성을 시사한다. 지식이 쌓이면 진리가 된다고 함은 다양한 지식이 모여 만든 지식의 총화로서 세상의 이치를 담고 있다는 의미로 해석되고, 친구가 많아진다 함은 이것이 진리라면 추종하는 이들이 자연히 늘게 된다는 것을 뜻한다.

역행力行은 이사를 거듭하여 행하는 것이다. 왕정상은 역행을 인식론의 범주로 독행실천篤行實踐의 개념으로 사용했다. 역행은 강의만 듣고 행위로 실천하지 않는 것에 상반되는 개념이다. 이사와 역행은 모두 실천을 뜻한다. 왕정상이 이사를 설명하며 "말한 것이 한 가지 일이면 행하는 것도 한 가지이어야 하고 또 행한 것이 한 가지 일이면 아는 것도 한 가지 일이다."75)라 하였듯이 이것이 이사에서 알게 되는 진지이다. 만약 말만 해놓고 행하지 않는다면 일을 당하면 현혹됨이 있게 된다. 예를 들어 사람들이 월 땅이 남쪽에 있다고 아는 것은 견문지이고 직접 자신이 월 땅에 가서 월 땅의 강산, 풍토, 도로, 성의 경계, 건축양식이 어떠한지 또 그곳의 생활상, 사회상을 자세히 보는 것은 이사를 통한 앎이다. 만약 여러 번 가 본다면 더 분명해질 것이며 이것이 역행이다. 책에서 읽은 내용 혹은 다른 사람에게서 전해 들은 사실은 진실이 아닐 수도 있고 내용이 덧붙여졌거나 빠졌을 수도 있으며 한두 번 다녀온 것은 빠지거나 보지 못한 곳도 있기에 진지는 틀림이 없으나 보편성을 띠기 어렵다. 한 예를 더 들자면, '사과가 시다'라고 들어서 알고 있고 직접 사과를 먹어보지 않으면 사과에 단맛도 있다는 것을 알지 못한다. 먹어보더라도 한두 개만 먹었다면 그것이 진정한 앎이 될 수 없다. 하지만 다양한 사과를 계속해서 먹어보게 되면 사과의 맛에 대해 다름이 다양해지고 생각이 분명해진다. 그래서 사과의 맛을 논할 때는 반드시 여러 종류의 사과를 먹어보고 그 맛을 체험한 후에 말을 하면, 그것이 실행에 옮겨진 진지가 되는 것이다. 이때 먹어보는 것이 이사라면 여러 종류의 사과를 여러 번 먹어보는 것이 역행이다. 이사만으로 진지가 되나 역행하면 독행실천이 되어 보편적 진리에 이른다. 역행하여 많은 사람과 뜻을 같이하는 진지를 얻게 되는 것은 도와 덕의 완성이다.

3) 지행겸거知行兼擧

왕정상은 사회를 바라보는 눈이 몹시 냉철하고 분명한 정치가였다.

그가 앎과 행위의 문제를 '지행겸거'로 주장한 원인은 당시의 사회상과 관련이 있다. 그 사회적 배경의 하나는 사회적 기풍이 많이 파괴되고 도덕 수준이 떨어지고 있었다는 현실적 문제이고 둘은 각지에서 일어나는 농민들의 봉기로 인해 어려움이 많았다는 점이다. 사상적 배경은 정주리학이 지와 행을 두 가지의 다른 일로 나누어, 치지를 먼저 하고 난 이후에 행위를 하라고 주장하는 데에 대한 비판 정신에 있다. 왕정상은 치지를 하는 데에는 많은 시간을 들이면서 사실상 행해야 할 때 행하지 못하고 공리공담에 시간을 허비하고 있는 선비들을 안타깝게 여긴 것이다. 이는 왕수인이 지행합일을 주장한 원인도 왕정상의 경우와 같다.[76]

지행관을 신유학의 삼정三鼎인 리학, 심학, 기학에서 차이가 나는 원인을 살펴 보면, 먼저 정주리학에서는 지와 행에 관해 '앎이 먼저이고 행함이 나중이다[知先行後]'라는 관점을 가지고 있다. 정이천은 "사람이 행하는 것에 힘쓰는 것은 먼저 그것에 대해 알고 난 후에 가능해진다"[77] 라고 하였고 주희는 정이천의 견해를 보충하여 "지와 행은 서로 따르는 것인데 마치 눈이 없으면 갈 수 없는데 눈에 발이 없어서 걷지 못하고 발에 눈이 없어서 보지 못하는 것과 같다. 선후先後를 논하면 아는 것이 먼저가 되고 경중輕重으로 논하자면 행위가 중요한 것이 된다."[78]라고 하였다. 다만 주희는 정이천처럼 선지후행先知後行이라고 단언하여 논하지는 않았다.

반면에 왕수인은 지행합일을 주장한다. 지와 행은 어느 것이 먼저라고 말할 수 없고 동시에 생겨나는 것이다. 그의 지는 양지이기에 굳이 먼저 궁리하여 알 필요가 없어서 지행합일이 가능하다. 그는 "앎이 진실하고 독실한 곳이 바로 행이며 행이 밝게 깨닫고 정밀하게 살피는 곳이 바로 앎이다. 앎과 행위의 공부는 본래 떨어질 수 없다."[79]라 하였다. 또 그는 행의 시작은 지가 아니라 의향[意]이다. 즉, "가고자 하는 의향이 생기면 가고, 먹고 싶은 의향이 생기면 먹는다. 가 본 다음에 그 길의 상태를 알게 되고 먹어 본 후에 그 맛을 알게 된다."80)라는 것이다. 또 왕수인은 성인의 가르침인 정심, 성의 등은 모두 양지 본체를 회복하기 위한 것이라고 여긴다. 양지 본체를 회복하는 노력은 경전을 읽거나 정좌를 하여 이루어지는 것이 아니고 실제 일에서 노력하여 생기는 것이기에 독실하게 행하고 몸소 겪어야 한다. 이것을 왕수인도 역행이라고 하였다. 왕수인은 일을 행하는 중에 많은 방해 요소가 있을 수 있다고 보았다. 그래서 반드시 이런 요소가 생기는 것을 정밀하게 관찰하며 행해야 한다고 주장한다. 즉, 그는 지행합일에 대해 "지는 바로 행하는 것이며 행하는 것이 부족하면 지라고 말할 수 없다."81) 또 "지가 분명하고 충실한 곳이 바로 행이고 행이 밝게 드러나 정밀하게 관찰하는 곳이 지이다."82)라고도 하였다. 이는 지식과 행위가 따로 분리되지 않고 지는 곧 행이라는 의미를 지닌다.

왕정상은 학문의 방법을 치지와 이사 두 가지라고 앞에서 언급하였다. 이 둘은 따로 행하여 선후가 있는 것이 아니라 같이 겸하는 것임을 강조한다. 왕수인의 지행합일과 왕정상의 지행겸거는 모두 지와 행을 같이 한다는 것이며, 이는 이론적 지식보다 실제적 지식을 높이 두는 것이고 현실적 실천을 중시하는 것이다. 왕정상은 지知는 치지로 행行은 이사로 설명하여 지행의 이론을 펼쳤다. 그는 지행겸거를 다음과 같이 설명한다.

> 학문의 방법에는 두 가지가 있는 데 치지致知와 이사履事이다. 두 가지를 겸한 것이 최상이다. 성인이 간 길을 살펴보고, 옛 규범을 숙지하는 것은 박문博文의 효력이다. 백성의 감정에 노련하고, 일의 기미에 달통한 것은 일을 체득한 공력이다. 그러나 자신의 마음을 스승으로 삼아 혼자서 알고 은연중에 도와 부합하는 것은 또한 널리 배우지 않은 자에게도 있다. 그렇지만 인의의 방법에 정밀하여 요순의 경지에 들어갈 만한 것은 반드시 지와 행은 겸하여 행하는 자가 가능하다."라고 했다.83)

왕정상이 주장하는 학문을 하는 방법은 치지와 이사이다. 치지는 실천처에서 사건이나 사물마다 그 마땅한 실질을 바르게 하는 것이고 이사는 실천처에서 직접 일을 행하면서 행동을 바르게 하는 것이다. 사실상 학의 방법이 두 가지라고 나누어 말하지만 이사와 치지를 둘로 구분하지는 않는다. 즉, 이사履事에서 또 격물치지格物致知를 겸하는 것이다. 이사와 더불어 치지를 하게 되면 실천처에서 반복되는 행위[重行]를 통해 앎이 확실해진다. 그 때문에 앎과 행은 시간적 선후를 논할 수 없고 단지 겸비하여 생겨나는 것이다. 그래서 왕정상은 실천처에서 지와 행이 겸비하는 것을 '지행겸거'라고 표현한다.

왕정상은 독서나 명변明辯도 치지의 중요한 과정이지만 실천처에서 역행하는 것과 일에서 체험하는 것이 진지이기 때문에 이 두 가지는 반드시 겸하여야 진지로써 효력을 지닌다고 보았다. 왕정상은 행함도 '하나의 일을 얻어서 하나의 일을 알게 된다'는 것을 주장하여 지행겸거의 이론을 세웠다. 그의 지행의 사유는 원기본체론을 낳는 계기가 된다. 그의 철학은 경세에서 실천적 진지가 생겨나며 이론의 형성에 있어 경세론에서 심성론으로 또 심성론에서 본체론으로 옮겨가는 층위를 가지고 있다.

왕정상의 지행겸거와 왕수인의 지행합일은 이사와 사상마련의 토대 위에서 세워진 이론으로, 이사나 사상마련은 실제 자신이 맡은 일 안에서 지식을 쌓음과 동시에 일을 진행하는 것이기에 이것이 둘의 지행 이론에서 같은 점이다. 하지만 왕수인의 지행관은 인간에게 양지를 본래적으로 지니게 하여 치지와 함양의 과정을 생략하고 있다고 하니 왕정상의 지행관과 그 내포된 의미에는 차이가 있으나 두 학자가 주장하는 역행은 모두 실천처에서 역행을 의미하는 것이다.

지행의 문제에 있어 왕수인의 이론이 왕정상 이론과 다른 점이 생긴 원인은 왕수인이 '사람이 천지 만물의 심이고, 심은 천지 만물의 주가 된다.'고 하여 '사람이 바로 천[心卽天]'이라고 본 것이다. 여기서 천은 천리를 대신하니 바로 '심즉리'이며 그 때문에 군자의 학은 심에서 구하여 얻는 것이라는 주장을 한다. 왕수인의 지행합일은 심즉리에서 발전하여 생겨난 것이다. 심이 천리天理이기 때문에 심이 시키는 대로 행하면 바로 리理에 맞게 된다는 이론이다. 왕정상은 군자의 학문함에 대해 왕수인과 확연하게 다른 견해를 다음과 같이 설명한다.

군자의 학은 널리 배워서 강하게 기억하는 것으로 바탕 삼는다. 자세하고 묻고 분명하게 말함으로써 회동을 구한다. 사고를 세밀하게 하고 연구하여 스스로 깨치는 경지에 이르는 것이다. 이 세 가지가 다하는 것이 치지의 도이다.[84]

왕정상은 두루 배우고[博學], 자세하게 묻고[審問], 신중하게 생각하고[愼思], 분명하게 말하는 [明辯]이 치지의 도라고 말한다. 그의 학에 대한 견해 중 일부는 공자에게서 가져온 것으로 보인다. 즉, "학에서 두루 배우며[博學] 뜻을 돈독하게 하고[篤志], 배운 바를 깊이 살피고[切問], 자기와 관련 있는 것들을 정성으로 깊이 생각하면[近思] 자연스럽게 인덕을 세울 수 있다"[85]고 하였다. 단지 그는 공자의 사유와 같은 치지를 말하되 동시에 힘써서 행할 것[力行]을 같이 강조한다. 그는 역행을 중시하여 다음과 같이 말한다.

사물의 실질은 보는 데서 핵실覈實한데 전해들은 것을 믿는 것은 의혹을 낳는다. 사리의 정세함은 사유에 합치되어야 하는데 기문記問에만 의지하는 것은 조악하다. 일에서 기미의 신묘함은 실행에서 터득해야 하는데 한낱 강설만 하는 것은 천박하다. 공자의 학문은 많이 듣고 선택을 하며, 많이 보고서 아는 것이며, 사고하면서 배움을 폐하지 않고, 배우면서 사고를 폐하지 않으며, 문자를 사람처럼 여기고, 몸소 실행하여 터득하지 못한 것을 부족한 것으로 여긴다. 훗날의 학자들은 듣기만 하고 보지는 않으며, 서적에만 의지하고 심령心靈은 버리고, 강설에만 맡기고 실행은 소홀히 하니, 박잡함이 날로 자라나서 그 길을 덮어버리는 것이 괴이하지 않다.[86)]

그는 격물을 귀에 맡기는 것, 실린 글에 맡기는 것, 강설에 맡기는 것을 반대하고 견見, 사思, 행行을 강조한다. 특히 행을 가장 중시하여 행에 힘쓸[力行] 것을 힘주어 말하고 있다. 역행은 지행의 행이기보다는 앎의 문제로, 일을 하는 실천처에서의 앎이라고 말할 수 있다. 그래서 치지와 역행은 모두 앎의 문제이다. 행위의 문제에서는 이사를 중시한다. 왕정상은 이사에서 힘써야 할 덕목에 대해 다음과 같이 말한다.

> 깊고 세밀하게 살핌으로써 선악의 기미를 살핀다. 행위를 돈독하게 하여 실천하는 것으로서 의리의 마음을 지킨다. 잘못을 고치고 의를 옮겨서 도덕의 실질을 극진하게 한다. 세 가지 모두 힘써 행하여 도가 얻어지는 것이다.[87)]

왕정상은 역행力行하고 이사하는 것은 기미를 알기 위한 것으로 여긴다. 기미를 아는 것이 이사이고 이사는 선악이 생겨날 기미, 자연재해가 생겨날 기미를 미리 알아서 예방하는 것이다. 이는 실사적實事的이고 현실적이며 경세제민의 사유이다. 기미를 알려면 세勢를 파악해야 한다. 세는 일의 현장 상황에 따라 다르고 시간, 공간에 따라 다르다. 왕정상은 기미를 살피고[察幾] 현장에서 실천實踐하며 잘못된 점을 고치는[改過] 세 가지를 인간이 실제적 행위인 이사에서 힘써야 할 덕목으로 여긴다. 이렇게 치지·역행과 찰기·실천·개과하는 것은 치지와 이사를 겸하는 것으로 지행겸거의 수단이다.

왕정상 지행론에서는 치지와 역행이 지에 해당하고 이사가 행에 해당한다. 그는 치지와 이사를 겸하는 것이 학을 위한 최상의 방법이라고 지행겸거를 중시한다. 지행겸거는 왕수인의 지행합일과 다르게 아주 짧지만 약간의 시차를 지닌다. 행동으로 옮기기 전에 일단 지에 근거하여 기미를 엿본 후에 행동으로 옮기는 것이다. 왕양명의 지행합일의 경우 배가 고프면 바로 먹는 것과 같이 의향과 행위가 동시에 일어나지만, 왕정상의 지행겸거는 의향이 생겨도 먹어도 될지의 가부를 처한 세勢를 감안하여 기미를 살핀 다음 행동에 옮기는 것이다. 배가 고파도 때가 아니거나 형편이 되지 않으면 먹지 않을 수도 있다. 그 때문에 왕정상은 옛 성인이나 앞선 사람들의 행위를 공부하는 치지의 과정과 실제 일의 형편과 시세를 아는 이사를 겸해야 기미를 살필 수가 있게 된다고 보았다. 이것이 왕정상 지행겸거와 왕수인 지행합일의 다른 점이다. 왕정상의 지행겸거는 왕수인의 지행합일보다 더 현실적이고 경험적이며 백성들의 부민을 염두에 둔 경세사상에 기반을 둔 것이 된다.

왕정상이 주장하는 실천처에서의 거듭된 실천인 중행重行, 역행力行은 진지를 위한 최적의 수단이 된다. 왕정상의 실천처는 일의 현장이다. 실천처에서 역행하는 것이 이사履事이다. 누구라도 자기가 일하고 있는 실천처가 실천 진지를 얻을 수 있는 현장이고 이사에서 거듭하여 행해 보고 깨달음이 생기는 것이 바로 심성의 수양이 된다. 만약 이사에서 진지를 구하지 않으면 행하기만 하고 알지 못하며 아는 것도 행하지 못하게 된다. 이사履事함과 동시에 깨닫게 되는 것은 지행이 겸하여 이루어지는 것이다.

그는 정주학자들이 허정虛靜으로 심을 수양하는 것에 대해 심을 지키기만 하면 작용의 묘용을 전혀 알 수 없다고 비판한다. 작용은 경세의 달용과 같다. 그들이 공적으로 본체의 천리만 지키려고 한다면 성인은 될 수 있을지 모르나 외왕은 될 수 없다. 즉 그들은 체體만 중시하고 용用을 버린 것이다. 그래서 정주학은 실천을 외면한 공적과실空寂寡實의 학이라고 한다. 공적과실의 학은 다변하는 사회에서 실제적 문제에 부딪히면 많은 실수와 착오를 가져오게 된다. 그 이유는 작용의 묘용을 살리지 못하기 때문이다. 왕정상이 살았던 시기는 정치 사회적 위기에 놓여 있어서 새로운 사상적 변화가 필요한 시기였다. 그는 시대적 요청에 부응하여 실제적 실천을 중시하여 '지행겸거' 이론을 내놓게 되었다.

4) 기미[幾]의 인식과 세의 변화

왕정상은 정치의 중요한 요소로 자연의 움직임[幾]에 대한 인식과 세勢의 포착을 들고 있다. 자연의 움직임은 일이 발생하기 전에 미리 아는 것이고 이는 기미幾微이다. 세는 어떤 일을 당한 형국을 말한다. 왕정상은 기미와 세에 대해 다음과 같이 말한다.

> 위험과 혼란은 기미幾微가 있다. 미리 잘 살펴서 위란을 돌이킬 수 있다. 인심을 확고히 하여 변치 않도록 하는 사람이 정치를 잘하는 사람이다. 세勢가 이미 위란에 이르렀을 때는 평소에 절의를 지키고 혼란을 바로잡을 만한 재주를 가진 사람이 아니면 돌이키지 못한다. 변란이 닥쳐서야 인심을 잡으려 하는 사람은 어리석은 학자이다.[88]

움직임을 인식한다는 것은 위험이나 혼란이 닥치기 전에 그 시작을 예견하는 것이다. 예견은 시기가 중요하다. 『주역』 수需괘에 '정성껏 때를 기다리면 일은 대성하고, 불가능하다고 여겨지던 어려운 일도 능히 돌파하리라고 보는 것이다.'[89]고 하였다. 일의 시기를 포착하는 것이 중요한 것은 어려운 일을 돌파하고 나면 당연히 커다란 이익이 있고 또한 차원 높은 경지에 도달할 수 있기 때문이다. 결단의 시기에 결단을 내리지 못하면 더욱 큰 어려움이 닥칠 것이다. 그뿐만 아니라 움직임의 포착 능력이 없는 사람은 미래에 대한 불확실, 현실의 변화에 대해 불안감 때문에 주저하게 되고 결국, 우유부단함으로 인해 시기를 놓치고 만다. 『주역』은 인간이 난관을 장애물이 아니라 오히려 도약할 대로로 생각해야 함을 말하면서 정치가는 반드시 예견할 수 있는 능력을 지녀야 한다고 하였다. 기미에 대해서는 소옹의 선천학先天學90)에서 그 내용을 자세히 볼 수 있다. 소옹의 선천은 한번 동動하고 한번 정靜한 사이의 마음을 미리 읽어내는 것이다. 왕정상은 기미가 정치술에서 쓰이고 있음을 다음과 같이 말한다.

> 지금 국가의 대사가 둘이 있는데 지금 시기에만 오직 할 수 있다. 시간이 지나버리면 인심을 바꿀 수 없고 일의 형국을 돌이킬 수도 없으며 힘은 많이 들면서도 성공하기 어렵게 된다.91)

왕정상이 정치하던 시기의 상황은 북쪽 오랑캐들이 변방을 침입하고 도적들이 창궐하고 백성들은 부세賦稅로 인해 힘들어하고 세력가들은 사치가 심하여 풍속이 어지러워지고 나라의 곳간은 비어있는 실정이어서 우선 백성의 마음을 바꾸어 농사에 힘쓰게 하는 일과 정치적으로 혼란한 형세를 안정적으로 돌려놓는 것이 중요했다. 그래서 시기를 잘 택해 일을 진행함이 중요하다고 본 것이다. 이것이 나라의 위기를 극복하고 백성들이 부유해져서 즐겁게 지낼 수 있게 하는 방책이었다. 그는 "천하의 일을 구제하려는 것은 응당 때와 형편을 살피는 것을 마땅하게 하여 바르게 행해야 치우쳐서 거동하는 폐단이 없다. 때문에 『기미를 살피다審幾』를 지어 미리 계획을 세운다. 제재하여 그것을 행하는 것은 법에 달려있고 신이 그것을 밝히는 것은 사람에 달려있다. 때문에 『사람을 얻다[得人]』을 지어 계획을 세운다."92)라고 밝히고 심기審幾와 득인得人 두 편의 글을 지어 정치의 방법론을 제시했다.

세는 정세政勢, 가세家勢, 형세形勢, 지세地勢, 산세山勢, 전세戰勢 등으로 다양하게 쓰인다. 일의 상황이나 형편을 의미한다. 인간이 아무리 진지眞知를 지니고 있어도 예견치 못한 일이 생길 수 있다. 이는 '세勢' 때문이다. 왕정상은 '세'에 대해 다음과 같이 말한다.

천하에는 돌이킬 수 없는 형세가 있기에 행할 수 없는 때가 있다. 기미는 사람에게 달려있기 때문에 성현도 또한 어찌할 것인가? 맹자의 도는 전국戰國에서 행할 수 없었는데 어찌 모두 제齊나라와 양梁나라의 죄이겠는가? 또한, 그 형세가 그러했을 뿐이다. 당시에 진秦나라는 부강한 나라였고, 그 백성은 전투에 용감했고, 산동山東의 나라를 보기를 겨우 그 10분의 2로 여겼다. 6국의 합종合從은 또한 아마 그 형세를 얻었을 뿐이던가? 만일 진나라가 휴전하고 덕을 닦아 이웃과 화목하고 천하의 백성들과 함께 생을 즐겼다면 6국의 임금도 또한 덕을 닦고 인仁을 행하고, 백성을 양육하고 현인을 구하고, 시기를 타고 스스로 다스렸을 것이다. 그러나 진나라는 이같이 하지 않았고, 그 병력을 믿고 날로 삼진三晉과 형초荊楚의 지역을 잠식했다. 자기의 나라를 공격하자 부득불 군대로써 대응한 것이다. 자기의 동맹국을 공격하면 또한 부득불 군대로써 대응하였다. 진나라 사람들이 한 번 출동하자, 6국의 사람들이 모두 동원되었다. 당시 백성들은 사망과 곤고困苦를 면하려고 했으나 그럴 수 없었다. 비록 성왕의 차마 할 수 없는 마음과 인의의 정치가 있었다 해도 어떻게 좇아서 시행할 수 있었겠는가? 그래서 형세가 할 수 없다고 말한 것이다.93)

도道로써 행하는 정치라 하더라도 세에 따라 상황이 바뀔 수 있다. 이 세는 하늘에 달린 것이 아니라 사람에 달린 일이기 때문이다. 사람이 물길을 돌려놓고 굴을 파서 산세를 바꾸고 전쟁에 관한 연구를 하여 남의 나라를 선제공격하니 이 세를 잘 알고 판단할 수 있는 것이 기미를 아는 능력보다 더 어렵다. 그 때문에 성인이라도 기미는 알 수 있지만 세는 어쩔 수 없는 절박한 상황이다. 정치 하는 자는 이런 상황이 있을 수 있다는 점을 고려해야 한다. 그는 천지가 기화로 물을 생성함역시 세勢 때문이라고 다음과 같이 말한다.

천지가 물을 생성함은 세勢가 저절로 그렇게 하는 것이다. 천이 무슨 마음이겠는가? 강한 것은 약한 것을 잡아먹고 큰 것은 작은 것을 해치고 꾀가 있는 자는 우둔한 자를 무너뜨리고 물의 세가 어쩔 수 없이 그러한 것이지 천이 또 무슨 마음이겠는가?[94]

그는 자연적인 현상을 '세勢'로 설명한다. 세의 의미는 설명할 수 없음을 내포한다. '형세가 그러하고' '시세가 그러하다.'라고 하듯이 그때그때의 형편이라고 할 수 있다. 그것은 천심을 부정하는 것이다. 강자가 약자를 이기는 것이 천심일 수 없다. 그렇다면 천과 인의 관계가 합일하거나 감응의 상태에서 이 세를 어떻게 해석할 수 있겠는가? 천지가 만물을 기화로 생성하는 것 또한 세의 그러함일 뿐이지 천이 그렇게 하고자하는 마음이 있지 않다. 그는 세의 부득이함으로써 송대 유학자들이 말하는 천인합일의 관점을 다음과 같이 비판한다.

천지가 만물을 생성하는 것은 형세가 어쩔 수 없이 그런 것이지, 하늘이 어찌 마음을 썼겠는가? 강자가 약자를 먹어치우고, 큰 것이 적은 것을 해치고, 지혜로운 자가 어리석은 자를 해치는 것은 사물의 형세가 부득불 그런 것이지 하늘이 또한 어찌 마음을 썼겠는가? 세속의 유자가 말하기를 천지가 사물을 낳은 것은 사람을 위한 것일 뿐이라고 한다. 아! 이는 우매할 뿐이다. 오곡은 먹을 수 있지만, 창자를 끊고 배를 찢는 풀이 또한 장차 사람에게 먹게 하겠는가? 닭과 돼지는 먹을 수 있지만 도룡용, 살무사, 전갈 등을 또한 장차 사람에게 먹게 하겠는가? 사람이 사물을 먹으니, 참으로 하늘이 사람을 위하여 사물을 낳았다고 말하는데, 그렇다면 호랑이와 이리가 사람을 잡아 먹으니 하늘이 호랑이와 이리를 위해 사람을

낳았다고 하는 것이 옳겠는가? 가깝고 작은 것에 가려져서 큰 관찰에 이르지 못한 것이다.95)

만물의 탄생은 하늘의 의도가 아닌데 유학자들은 '하늘이 사람을 위해서 만물을 만들었다.'라고 하니 이는 틀린 말이다. 사람도 사나운 짐승에게 물려 죽을 수 있기 때문이다. 천지에 만물이 있는 것은 세勢 때문이고, 만물의 약육강식弱肉强食 논리도 역시 세 때문이다. 그는 천은 무엇을 하고자 하는 목적과 의지가 없기에 사람들이 곡식과 짐승을 키워서 먹는 것은 '세勢'의 그러함인 것일 뿐 천과는 무관하다고 여긴다. 천이 어떤 목적이 있어서 사람이 자라게 한 것을 사람이 먹게끔 명하였다면 사람을 잡아먹는 호랑이와 이리는 그것들이 사람을 키워야 함이 마땅하다. 그는 이것이 천에게 의지를 부여하고 목적을 부여한 선유先儒의 잘못이라고 신랄하게 비판한다. 또한, 그는 경세란 늘 하늘의 뜻에 따라 좋은 일만 있는 것이 아니고 치세에도 어려움이 있기 마련이고 난세에도 좋은 일이 있다고 하였다.96) 그는 천의 일은 인간의 일과 무관하고 단지 천은 단순하게 자연천일 뿐임을 다음과 같이 말한다.

하늘은 하나이고 천하의 나라가 어찌 천백뿐이겠는가? 비유하자면 부모는 자식에 대하여 비록 재주가 있든 재주가 없든 간에 그 사랑은 오직 균등하다. 천상의 변화는 모두 중국의 군주를 위하여 잘못을 꾸짖어 알린다고 한 것은 치우친 말이다. 천백의 나라가 모두 거기에 응한다면, 나라의 군주가 행하는 정치의 선악은 또한 반드시 동일한 때에 서로 같지 않을 것이다. 곧고 올바른 보편적인 도리로 말하자면 아득하게 합치됨이 없다. 사사로운 수술數術에 영향을 받아서 성심聖心에 어긋난 것은 반드시 재이災異의 학술로부터 시작된다.97)

그는 한 나라의 정치가 하늘에 달린 것이 아니라 통치자에게 달렸음을 주장한다. 그래서 군주가 실정하면 하늘이 재해를 내린다는 견해에 대해 부정한다. 해나 달의 움직임은 천의 자연적인 운행이지 군주의 정치와는 무관한 것이다. 그는 자연계에서 일정함에 어긋나는 일이 사람의 일에 영향을 받지는 않은 것이고, 자연계 내에서의 이변도 천의 항상됨[常]에서 오는 것이라고 한다. 천은 재이를 주거나 복을 주는 대상이 아니고 화복은 인간의 일에서 나타나는 현상이다. 사람들이 먼저 우주 자연의 움직임을 파악하여 그 운행 법칙에 따르고 또 기미를 알아서 미리 준비하고 세 때문에 일어나는 일은 그대로 받아들여야 한다는 것이 그의 기미와 세에 관한 이론이다.

주석

1) 『신언』, 「見聞」: 耳目之聞見, 善用之足以廣其心; 不善用之適以狹其心. 其廣與狹之分, 相去不遠焉, 在究其理之有無而已矣!

2) 『서경』, 「洪範」: 五事, 一曰貌, 二曰言, 三曰視, 四曰聽, 五曰思, 貌曰恭, 言曰從, 視曰明, 應曰聰, 思曰睿, 恭作肅, 從作乂, 明作哲, 聰作謀, 睿作聖.

3) 『논어』, 「述而」: 子曰, 蓋有不知而作之者, 我無是也. 多聞, 擇其善者而從之; 多見而識之, 知之次也.

4) 『논어』, 「季氏」: 孔子曰, 君子有九思. 視思明, 聽思聰, 色思溫, 貌思恭, 言思忠, 事思敬, 疑思問, 忿思難, 見得思義.

5) 『맹자』, 「公孫丑 上」: 耳目之官, 不思而蔽於物, 物交物, 則引之而已矣. 心之官則思, 思則得之, 不思則不得也.

6) 『논어』, 「爲政」: 學而思 思而學.

7) 『논어집주』, 「爲政」: 學而不思則罔, 思而不學則殆. 罔, 昏而見欺. 殆, 疑而不信於己.

8) 『아술 상』: 心者棲神之舍, 神者知識之本, 思者神識之妙用也. 自聖人以下, 必待此而後知. 故神者在內之靈, 見聞者在外之資. 物理不見不聞, 雖聖哲亦不能索而知之. 使嬰兒孩提之時, 卽閉之幽室, 不接物焉, 長而出之, 則日用之物不能辨矣, 而況天地之高遠, 鬼神之幽冥, 天下古今事變, 杳無端

274

倪, 可得而知之乎? 夫神性雖靈, 必藉見聞思慮而知. 積知之久, 以類貫通.

9) 『정몽』, 「誠明」: 誠明所知, 乃天德良知, 非聞見小知而已.

10) 『신언』, 「五行」: 元氣者, 天地萬物之宗統. 有元氣則生, 有生則道顯. 故氣
也自者 道之體也; 道也者, 氣之其也.

11) 『신언』, 「見聞」: 見聞梏其識者多矣. 其大有三: 怪誕, 梏中正之識; 牽合傅
會, 梏至誠之識; 篤守先哲, 梏自得之識. 三識梏而聖人之道離矣. 故君子
之學, 遊心於造化之上, 體究乎萬物之實, 求中立至誠之理而執之. 聞也,
見也, 先哲也, 參伍之而已矣.

12) 『논어』, 「爲政」: 子曰, 多聞闕疑, 愼言其餘, 則寡尤, 多見闕殆, 愼行其餘,
則寡悔. 言寡尤, 行寡悔, 祿在其中矣. …… 學而不思則罔, 思而不學則殆.

13) 『주자어류』 卷98: 先是於見聞上做功夫, 到然後脫然貫通.

14) 朱熹, 『太極圖說解』: 靜而寂然, 惟是一理, 感而遂通, 乃散爲萬事.

15) 『아술 하』: 寂然而不動之時, 萬理皆會于心, 此謂之一心則可. 謂之一理則
不可. 一理安可以應萬事?

16) 『맹자』, 「盡心 上」: 孟子曰, 人之所不學而能者, 其良能也; 所不慮而知者,
其良知也.

17) 『전습록』 3條目: 心外無物, 心外無理.

18) 『맹자』, 「公孫丑 上」: 所以謂人皆有不忍人之心者, 今人乍見孺子, 將入於
井, 皆有怵惕惻隱之心. 非所以內交於孺子之父母也, 非所以要譽於鄉黨
朋友也, 非惡其聲而然也.[사람들은 누구나 차마 남의 고통을 외면하지 못하는
마음이 있다고 하는 까닭은 지금 어떤 사람이 갑자기 한 어린아이가 우물 속으
로 빠지게 되는 것을 보게 되면 누구나 깜짝 놀라며 측은하게 여기는 마음을
가지게 된다. 그렇게 되는 것은 어린아이의 부모와 교분을 맺기 위해서가 아니
고, 마을 사람과 친구들로부터 어린아이를 구했다는 칭찬을 듣기 위해서도 아니
며, 어린아이의 울부짖는 소리가 싫어서 그렇게 한 것이 아니다.] 맹자는 이를
良知라고 하였다.

19) 『아술 상』: 嬰兒在胞中自能飮食, 出胞時便能視聽, 此天性之知, 神化之不
容已者. 自餘因習而知, 因悟而知, 因過而知, 因疑而知, 皆人道之知也. 父
母兄弟之親, 亦積習稔熟然耳. 何以故?使父母生之, 孩提而乞諸他人養之,
長而惟知所養者爲親耳. 塗而遇諸父母, 視之則常人焉耳, 可以侮, 可以詈
也, 此可謂天性之知乎?由父子之親觀之, 則諸凡萬物萬事之知, 皆因習因
悟因過因疑而然, 人也, 非天也.

20) 『전습록』, 275條目: 先生遊南鎭, 一友指巖中花樹問曰, 天下無心, 外之物:

如此花樹, 在深山中自開自落, 於我心亦何相關. 先生曰, 你未看此花時, 此花與汝心同歸於寂: 你來看此花時, 則此花顏色一時明白起來: 便知此花不在你的心外.

21) 『아술 상』: 說有動靜, 保住了心, 物皆爲各具主體性者. 說無動靜, 肯定了心, 物皆以一氣生生爲本質. 先內以操外, 此謂動心, 動心不可有; 由外以觸內, 此謂應心, 應心不可無.

22) 『아술 상』: 世之儒者乃曰思慮見聞爲有知, 不足爲知之至, 別出德性之知爲無知, 以爲大知. 嗟乎! 其禪乎! 不思甚矣, 殊不知思與見聞必由吾心之神, 此內外相須之自然也, 德性之知, 其不爲幽閉之孩提者幾希矣. 禪學之惑人每如此.

23) 『맹자』, 「盡心 上」: 孟子曰: 君子之於物也, 愛之而弗仁; 於民也, 仁之而弗親. 親親而仁民, 仁民而愛物.

24) 『정몽』, 「大心」: 人病其以耳目見聞累其心, 而不務盡其心.

25) 『맹자』, 「盡心」: 孟子曰, 盡其心者, 知其性也. 知其性, 則知天矣.

26) 『정몽』, 「大心」: 知合內外於耳目之外.

27) 『정몽』, 「大心」: 見聞之知, 乃物交而知, 非德性所知, 德性所知, 不萌於見聞.

28) 『하남정씨유서』 卷25: 見聞之知, 非德性之知. 物交物則知之, 非內也. 今之所謂博物多能者也. 德性之知, 不假見聞.

29) 『아술 상』: 近世儒者務爲好高之論, 別出德性之知, 以爲知之至, 而淺博學, 審問慎思明辯之知爲不足, 而不知聖人雖生知, 惟性善近道二者而已, 其因習因悟因過因疑之知, 與人大同, 況禮樂名物, 古今事變, 亦必待學而後知哉!

30) 『내태집』: 昇而上者, 氣之精也. 降而下者, 氣之迹也. 精則爲神, 爲生, 爲明靈.

31) 『신언』, 「潛心」: 潛心潛心積慮, 以求精微.

32) 『아술 상』: 君子學以聚之, 博極其實也; 問以辨之, 求約於中也; 寬以居之, 廣大自守也; 仁以行之, 公恕應物也.

33) 『논어』, 「雍也」: 子曰, "君子博學於文, 約之以禮, 亦可以弗畔矣夫!"

34) 『맹자』, 「離婁 下」: 博學而詳說之, 將以反說約也.

35) 『아술 상』: 蓋博粗而約精, 博無定而約執其要, 博有過不及而約適中也. 此爲學爲道, 千古心法.

36) 『아술 상』: 博學, 是於古今, 常變, 因革, 治亂, 幽明, 上下之道無不究極也, 非不論其是非邪正, 兼收而博取之. 故古人之學謂之該博, 後人之學不過博雜而已.

37) 『신언』,「見聞」: 務高遠而乏實踐之仁, 其弊也狂; 務執古而無泛觀之智, 其弊也迂. 狂則精實之學可以救之; 迂則達變之學可以救之.

38) 『논어』,「子路」: 不得中行而與之 必也狂狷乎 狂者 進取 狷者 有所不爲也.

39) 『논어』,「雍也」: 後世, 有不由徑者, 人必以爲迂,

40) 『신언』,「潛心」: 廣識未必皆當, 而思之自得者眞; 泛講未必脗合, 而習之純熟者妙. 是故君子之學, 博於外而尤貴精於內; 討諸理而尤貴達於事.

41) 『맹자』,「離婁 下」: 君子深造之以道欲其自得之也, 自得之則, 居之安.

42) 『신언』,「潛心」: 潛心積慮, 以求精微; 隨事體察, 以驗會通; 優遊涵養, 以致自得. 苦急則不相契而入, 曠蕩則過高而無實, 學者之大病.

43) 『신언』,「潛心」: 潛心積慮, 以求精微.

44) 『신언』,「見聞」: 學博而後可約, 事歷而後知要, 性純熟而後安禮, 故聖人教人, 講學·力行並擧, 積久而要其成焉. 故道非淺迫者所可議也.

45) 『논어』,「里仁」: 仁者安仁, 知者利仁.

46) 『논어』,「公冶長」: 未知, 焉得仁?

47) 『대학』8條目은 격물格物·치지致知·성의誠意·정심正心·수신修身·제가齊家·치국治國·평천하平天下이다.

48) 『주자어류』卷9: 涵養, 致知, 二者不可廢一, 如車兩輪, 如鳥兩翼.

49) 『주자어류』卷9: 須先致知, 而後涵養.

50) 『대학장구』에서 주희는 격물치지에 관한 현존의 『대학』 본문에 불충분한 점이 있다고 보고 자신이 128자를 보충하였다. 이를 '격물치지 보망장格物致知 補亡章'이라고 부른다.

51) 『주자어류』卷14(1194, 上疏文): 人之有是生也, 天固與之以仁義禮智之性, 而敎其君臣父子之倫, 制其事物當然之則矣. 以其氣質之有偏, 物欲之有蔽也, 是以或昧其性以亂其倫, 敗其則不知反, 必其學以開之, 然後有以正心修身, 而爲齊家治國之本.

52) 『아술 상』: 生也, 性也, 道也, 皆天命也, 無敎則不能成.

53) 『신언』,「潛心」: 自得之學, 可以終身用之. 記聞而有得者, 衰則忘之矣, 不出於心悟故也, 故君子之學, 貴於深造實養, 以致其自得焉.

54) 『신언』,「潛心」: 廣識未必皆當, 而思之自得者眞; 泛講未必脗合, 而習之純熟者妙. 是故君子之學, 博於外而尤貴精於內; 討諸理而尤貴達於事.

55) 『신언』,「潛心」: 學之大要有三: 父子, 君臣, 夫婦, 兄弟, 朋友, 存乎性義焉; 動靜, 云爲, 起居, 食息, 存乎禮則焉; 進退, 取舍, 死生, 禍福, 存乎義命焉, 學成而道全矣. 聖人盡性弘道, 亦不過此.

56) 『신언』, 「潛心」: 君子之學, 博文強記, 以爲資藉也 ; 審問明辯, 以求會同也 ; 精思硏究, 以致自得也, 三者盡而致知之道矣

57) 『신언』, 「潛心」: 格物者, 正物也, 物各得其當然之實則正矣, 物物而能正之, 知豈有不至乎! 知至則見理眞切, 心無苟且妄動之患, 意豈有不誠乎? 意誠則心之存主皆善而無惡, 邪僻偏倚之病亡矣, 心豈有不正乎! 學造於心正, 道之大本立矣, 而家而國而天下, 以此推之可也.

58) 『대학』: 古之欲明明德於天下者, 先治其國 ; 欲治其國者, 先齊其家 ; 欲齊其家者, 先修其身 ; 欲修其身者, 先正其心 ; 欲正其心者, 先誠其意 ; 欲誠其意者, 先致其知 ; 致知在格物.

59) 「전습록」174條目: 若語其要, 則修身二字亦足矣! 何必又言正心. 正心二字亦足矣, 何必又言誠意, 誠意二字亦足矣, 何必又言致知, 又言格物, 惟其工夫之詳密, 而要之只是一事.

60) 『왕씨가장집』 卷30, 「제문第問」: 諸士積學待叩久矣, 試以物理疑而未釋者議之, 可乎? 天之運, 何以機之? 地之浮, 何以載之? 月之光, 何以盈缺, 山之石, 何以攲側? 經星在天, 何以不移, 海納百川, 何以不益?

61) 『신언』, 「潛心」: 古人之學, 內外一道, 達於治績者, 即其學術之蘊 ; 修於文詞者, 即其操行之餘. 今之儒者, 學與事恒二之, 故講性者有不能變其質矣 ; 論命者有不知要於義矣 ; 修仁義者, 功利之媒矣 ; 明經術者, 刑法之資矣, 皆蔽也. 故習於己, 而不能達於事者, 謂之腐儒, 厥罪小 ; 援聖假經, 而循利於時者, 謂之俗儒, 厥罪大.

62) 『논어』, 「學而」: 有朋自遠方來不亦悅乎!

63) 『논어』, 「學而」: 默而識之, 學而不厭, 何有於我!

64) 『신언』, 「見聞」: 世之學者所入之塗二 ; 穎敏者易解悟, 每暗合於道, 故以性爲宗, 以學爲資 ; 篤厚者待資藉, 始會通於道, 故以學爲宗, 以純爲資. 由所遺異, 故常相詆焉. 皆非也. 孔子曰: "默而識之, 學而不厭, 何有於我!" 於己也不有焉, 又何詆人也歟?

65) 『왕씨가장집』 卷33, 「石龍書院學辯」: 講得一事卽行一事, 行得一事卽知一事.

66) 『신언』, 「見聞」: 學者於道, 貴精心以察之, 驗諸天人, 參諸事會, 務得其實而行之, 所謂自得也已. 使不運吾之權度, 逐逐焉惟前言之是信, 幾於拾果核而啖之者也, 能知味也乎哉!

67) 『맹자』, 「離婁 下」: 孟子曰, 君子深造之以道, 欲其自得之也. 自得之, 則居之安 ; 居之安, 則資之深 ; 資之深, 則取之左右逢其原, 故君子欲其自得之也.

68) 『장자』, 「外物」: 筌者所以在魚, 得魚而忘筌. 蹄者所以在兔, 得兔而忘蹄.

言者所以在意, 得意而忘言. 吾安得夫忘言之人而與之言哉!

69) 『왕씨가장집』 卷27, 「與薛君採」: 謂之自得, 非契會于身心者不能, 謂之深造, 豈徒泛爲講說, 虛守其心, 而不于事會以求之哉? 謂之'左右逢原', 非實體諸己, 惡能有與是妙應?

70) 『왕씨가장집』 卷27, 「與薛君採」: 徒講而不行, 則遇事終有眩惑. 如人之知越在南, 必親至越而後知越之故, 江山, 風土, 道路, 城域可以指掌而說.

71) 『전습록』 下 218條目: 有一屬官, 因久聽講先生之學, 曰: 此學甚好, 只是簿書訟獄繁難, 不得爲學. 先生聞之, 曰: 我何嘗敎爾離了簿書訟獄懸空去講學?爾旣有官司之事, 便從官司的事上爲學, 纔是眞格物. 如問一詞訟, 不可因其應對無狀, 起箇怒心: 不可因他言語圓轉, 生箇喜心: 不可惡其囑託, 加意治之: 不可因其請求, 屈意從之: 不可因自己事務煩冗, 隨意苟且斷之; 不可因旁人譖毁羅織, 隨人意思處之: 這許多意思皆私, 只爾自知, 須精細省察克治, 惟恐此心有一毫偏倚, 杜人是非, 這便是格物致知. 簿書訟獄之閒, 無非實學. 若離了事物爲學, 卻是著空.

72) 정인재, 『양명학의 정신』(서울, 세창출판사, 2014) 246쪽 참조.

73) 『아술 상』, 自餘因習而知, 因悟而知, 因過而知, 因疑而知, 皆人道之知也.

74) 『신언』, 「見聞」: 古人之學也尊師, 故道德之成也足以裕己而成化. 今之人於友不親焉, 況師乎!

75) 『왕씨가장집』 卷27, 「與辪君采」: 講得一事卽行一事, 行得 壹事卽知一事.

76) 王守仁, 『王陽明全集』, 478쪽 참조.

77) 『이정유서』 卷18: 人力行, 先修要知.

78) 『주자어류』 卷9, 「學三」: 知行常相須, 如目無足不行, 足無目不見, 論先後, 知爲先, 論輕重, 行爲重.

79) 『전습록』, 「答顧東橋書」: 133조목: 知之眞切篤實處, 卽是行. 行之明覺精察處, 卽是知. 知行工夫, 本不可離.

80) 『전습록』, 「答顧東橋書」: 132조목: 不能無先後之差, 如知食乃食, 知湯乃飮, 知路乃行, 未有不見是物, 先有是事.

81) 『왕양명전집』, 42쪽 참조.

82) 『왕양명전집』, 52쪽 참조.

83) 『신언』, 「小宗」: 學之術二: 曰致知, 曰履事, 兼之者上也. 察於聖途, 諳於往範, 博文之力也; 練於群情, 達於事幾, 體事之功也. 然而師心獨見, 暗與道合, 亦有不博文者也. 雖然, 精於仁義之術, 優入堯舜之域, 必知行兼擧者能之矣.

84) 『신언』,「潛心」: 君子之學, 博文強記, 以爲資藉也. 審問明辯, 以求會同也. 精思硏究, 以致自得也, 三者盡而致知之道矣.

85) 『논어』,「子張」: 子夏曰 博學而篤志 切問而近思 仁在其中矣.

86) 『신언』,「見聞」: 事物之實覈於見, 信傳聞者惑, 事理之精契於思, 憑記問者粗, 事機之妙得於行, 徒講說者淺, 孔門之學, 多聞有擇, 多見而識也. 思不廢學, 學不廢思也. 文猶乎人, 而歉躬行之未得也. 後之儒者, 任耳而棄目, 任載籍而棄心靈, 任講說而略行事, 無怪乎駁雜日長而蔽其塗矣.

87) 『신언』,「潛心」: 深省密察, 以審善惡之幾也; 篤行實踐, 以守義理之中也; 改過徙義, 以極道德之實也, 三者盡而力行之道得矣.

88) 『아술 하』: 夫危亂有幾, 豫見而能返之. 使人心固結而不變, 此善致治者也. 勢已抵於危亂, 非素負節義, 才足撥亂者, 不能返. 及變而始正人心, 儒之迂者乎.

89) 『주역』, 需卦: 需, 有孚, 光亨, 貞吉. 利涉大川.

90) 소옹邵雍은 『역경』의 논리에 기초를 둔 특색 있는 선천심학先天心學을 논한 학자다. 그에 의하면 현상계現象界의 구조는 결국 음양陰陽의 대대對待요, 그와 같이 되어있는 궁극의 자기 원인은 일기一氣이며, 천지의 '중中'이며 일동일정一動一靜의 '간間'이다. 그리고 이와 같은 간이나 중은 바로 사람의 마음 작용이기 때문에 천지인天地人 3자가 이 세계 구조의 전체를 나타내는 상응체계相應體系이다. 선천 이론은 선천 단계에서 천의 뜻을 파악하려는 이론이다. 즉 이는 기미의 인식이론이다.

91) 『아술 하』: 今國家之大者有二, 及今時猶可爲, 久則人心不易改, 事勢不易回, 用力多而成功難也.

92) 『왕씨가장집』 卷26: 濟天下之事者, 當察時勢之宜則政行, 而無偏擧之弊, 故議 『審幾』 制而行之在乎法, 神而明之存乎人, 職任不可不稱也, 故議 『得人』.

93) 『신언』,「保傅」: 天下有不可返之勢, 故有不可爲之時. 機在人也, 聖賢且奈何哉? 孟子之道不得行於戰國, 豈皆齊、梁之君之罪哉? 亦其勢然爾. 當是時, 秦爲富强之國, 其民勇於戰鬪, 視山東之國, 不啻什之二矣. 六國之合從, 亦豈其勢之得已哉? 使爲秦者休兵自緝, 修德睦隣, 與天下之民樂生, 則六國之君亦得以修德行仁, 養民求賢, 乘時以自治矣. 然而秦不如是也, 恃其兵力, 日蠶食乎三晉、荊楚之域. 攻己國也. 不得不以兵應之; 攻與國也, 不得不以兵應之; 秦人一出, 而六國之人皆動. 當是時也, 民求免於死亡困苦, 不可得矣. 雖有聖王不忍之心, 仁義之政, 安所從而施之? 故曰勢

之不可爲也.

94) 『신언』, 「五行」: 天地之生物, 勢不得不然也, 天何心哉!强食弱, 大賊小, 智殘愚, 物之勢不得不然也, 天又何心哉!

95) 『신언』, 「五行」: 天地之生物, 勢不得不然也, 天何心哉! 强食弱, 大賊小, 智殘愚, 物之勢不得不然也, 天又何心哉! 世儒曰, 天地生物爲人耳. 嗟乎! 斯其昧也已. 五穀似也 ; 斷腸裂腹之草, 亦將食人乎! 雞豚似也 ; 蚖蜒蝮蠍之屬, 亦將爲人乎! 夫人之食夫物, 固曰天之爲, 夫人之生之也, 然則虎狼攫人而食, 謂天爲虎狼生人可乎! 蔽於近小而不致大觀也矣.

96) 『신언』, 「五行」: 或問治世之有災沴, 君德不協於天而譴告之乎? 曰: 非然也, 亂世之有瑞.

97) 『신언』, 「五行」: 天, 一也, 天下之國何啻千百: 譬父之於子, 雖有才不才, 厥愛惟均也. 天象之變, 皆爲中國之君譴告之, 偏矣. 以爲千百國皆應之, 而國君行政之善惡, 又未必一日月而均齊也, 參之中正普大之道, 茫然未之有合. 蕩於私數, 戾於聖心, 必自災異之學始.

제9장

수양론

수양론은 인간이 타고나며 온전한 선을 갖추지 못했기 때문에 후천적 수양으로 선만을 지닌 완성된 인간으로 가꾸어야 한다는 전제에서 이루어진 이론이다. 유가의 수양은 도덕적 삶을 위한 각성과 성장을 통해 바람직한 인간상을 형성하고 궁극에는 성인이 되는 것을 목적으로 삼는다. 성인이 되는 것은 학파에 따라 쉽게 될 수 있다고 하기도 하고 부단히 힘써도 쉽게 되지 않는다고도 한다. 유가에서 어떤 사람을 성인이라 하는지 성인이 되려면 어떻게 수양을 해야 하는지 성인이 사는 세상은 수양이 되지 않은 사람이 사는 세상과 어떻게 다른지를 살펴보기로 한다.

1. 수양의 목적

왕정상은 천리와 인간의 본성을 연결하여 이론화하지 않기 때문에 성리학자들과 수양론에서도 생각이 다르다. 성리학에서는 인간의 본성이 바로 천리이기 때문에 세사世事에서의 욕망을 버리고 욕망 때문에 잃어버린 본성을 다시 찾아서 그대로 보존하는 것[存天理去人欲]이 수양이나, 기론에서는 인간이 태어날 때 순수함 뿐만 아니라 욕구와 욕망의 정감까지 자연스럽게 지니고 태어난다고 한다. 성性은 바로 생生에서 기인하고 도는 곧 성에서 기인하기에 사람은 태어나면서 품수 받은 것이 잘 정돈되지 않아 성에는 선악이 혼재되고 도는 시비가 혼재되어 있다. 이 때문에 수양을 통해서 바로 잡아 선으로 향할 수 있게 해야 하고 또 살아가며 욕망을 적게 가지고 선을 찾으려고 부단히 노력해야 한다.

1) 성인 되기[作聖]

유학에서 추구하는 완성된 인간은 태어나며 본성에 선善을 지녔거나 악惡을 지녔거나 상관없이 후천적 수양을 통해 성인이 되는 것이며, 성인 되기가 인간다운 삶의 궁극적 목적이다. 왕정상은 '성인이 되는 길[作聖]은 생각을 맑게 하고 욕심을 적게 하고 밝은 지혜에 도달하는 것[澄思寡欲]과 허물을 보완하고 의로움을 따르는 것[補過從義]으로써 매일 새롭게 하는 것이다.'[1]라고 하였다. 즉, 그는 징사과욕과 보과종의 두 가지를 성인 되기의 핵심으로 삼는다. 우선 고대 유학에서 궁극적으로 이루어야 하는 성인의 의미가 무엇인지를 알아보고 왕정상의 성인이 되는 길에 대해 살펴보고자 한다.

(1) 공자의 작성

공자는 성인이 된다는 것을 자신의 덕을 닦아서[修己] 백성을 편안히 하는 것[安百姓]이라고 했다. 공자는 자신을 수양하고 백성을 편안하게 하는 두 단계를 다 이룬 자만을 성인이라 불렀고 스스로 성인이 되고자 하여 하夏나라 요왕·순왕·우왕, 은殷나라 탕왕, 주周나라 문왕·무왕과 어린 왕을 잘 보필하고 훌륭한 정치를 이루어낸 주공을 성인으로 받들고 그들을 닮으려고 노력했다. 필자가 보기에는 공자는 분명 수기와 안백성을 이루어 성인이 되고자 한 듯한데, 한 제자가 스승님은 성인이시다고 하니 공자가 자신은 성인이 아니라고 하며 '자신은 성인이 되려고 꿈을 꾸지 못하고 믿음직한 사람 혹은 진실한 사람이 되려고 한 것뿐이며 사람들이 자기 할 일만 꾸준히 해가고 낮은 관리의 자리에서 차차 높은 벼슬로 올라가면서 자기의 견해를 넓혀가기를 바랐을 뿐이었다'라고 술회하였다.

공자는 전해져 내려오는 성인들의 저술들을 모아 편집하고 엮어서 체계적으로 서술하여 『시경』, 『주역』, 『춘추』 등을 펴냈다. 그래서 자신을 일컬어 '서술하는 자이지 만들어내는 자가 아니다[述而不作]'라고 하였다. 이 또한 필자가 보기에 자신의 업적이나 덕은 성인이 될 만하다고 스스로 인정한 듯하나, 자신이 백성을 통치하는 자리에 있지 못했기 때문에 스스로 성인은 아니라고 하였다. 하지만 한漢나라 때 동중서가 공자를 신격화하고 송宋나라 때 주자학이 생겨나 사서四書를 중시하면서 유가의 사상은 공자의 사상으로 더욱 확고하게 자리를 잡게 되었고 공자는 성인으로 불리게 되었다.

공자도 스스로 성인임을 부정했듯이 성인이 되는 것은 쉬운 일이 아니다. 지금까지 우리가 알고 있는 성인은 손가락으로 꼽을 수 있을 만큼의 숫자에 불과하다. 『논어』에서 공자가 인정했던 제자 안연顏淵이 스승인 공자를 가리키며 '이미 내 힘을 다했으나 여전히 높은 곳에 서 계시는구나! 비록 좇아가려 하나 말미암을 곳이 없다'라는 말로 공자의 경지에 오르기가 어려움을 토로하였다. 공자는 성인의 반열에 오를 수 있는 인간은 본래적本來的으로 타고나야 한다고 하였다. 그래서 '인간이 본래부터 성인의 자질을 가지고 태어난 사람이 있는데 이들을 '생이지지자生而知之者'라 하였고, 학문을 통해 배우고 깨달아 군자가 된 사람도 있는데 이들을 '학이지지자學而知之者'라 했으며, 타고나면서 노력해도 그 경지에 이를 수 없는 사람도 있어서 이들을 '곤이학지자困而學之者'라고 하였으며, 타고 나지도 못했고 노력도 하지 않는 부류의 사람도 있으니 이를 '곤이불학자困而不學者'라 했다. 공자는 태어날 때부터 성인의 도를 알았거나, 학을 통해서 도를 알게 되었거나 수신하고 백성을 편안하게 다스린 자를 성인의 경지라고 보았다. 하지만 맹자의 견해는 달랐다.

(2) 맹자의 작성

공자와 그의 제자 안연은 성인 되는 것이 어렵다고 했지만, 맹자는 "사람은 누구나 요·순이 될 수 있다."[2]고 하였다. 인간은 누구나 성인이 될 자질을 가지고 태어났는데, 지니고 태어난 성인의 자질을 살아가며 욕심 때문에 놓아버리게 되어 성인의 삶을 살지 못한다고 하였다. 그래서 놓아버린 성인의 마음을 찾아 제자리에 돌려놓기만 하면[求放心] 누구나 요·순과 같은 성인이 될 수 있다고 한다. 이는 공자의 성인 되기와는 완연한 차이가 있다. 또 공자는 수신하고 군주가 되어야 성인이라고 했으나 맹자는 성인과 성왕을 분리해서 접근하여, 요·순과 같은 군주는 성왕에 해당하고 공자는 성인으로 일컫는다. 맹자는 공자 외에도 백이伯夷, 이윤伊尹, 유하혜柳下惠 네 사람을 성인이라 불렀다.

맹자는 '공자의 경우는 빨리할 때는 빨리하고 더디게 할 때는 더디게 하고 머물러 있을 때는 머물고 벼슬할 때는 벼슬을 하여 성인 가운데 시의적절한 자라 성지시자聖之時者라 했고, 백이는 나쁜 정치를 보지 않으며 바르지 않은 소리는 듣지 않았고 군자다운 임금이 아니면 섬기지 않았으며 충실한 백성이 아니면 쓰지 않았으며 정치가 올바르면 나아가서 벼슬을 하고 정치가 어지러우면 벼슬에서 물러났다. 그래서 그를 성인 가운데 깨끗한 자라 성지청자聖之淸者라 하였으며, 이윤은 정치가 잘 다스려질 때 벼슬에 나아갔고 정치가 어지러우면 벼슬에서 물러났다. 또 천하의 백성들 가운데서 한 지아비와 한 지어미라도 요순의 혜택을 입지 못한 자가 있으면 마치 자기가 구렁텅이 속으로 밀어 넣은 것과 같이 생각하였으며, 천하의 중대한 책임을 자신의 임무로 여겼다. 그래서 그를 성인 가운데 자임한 자 성지임자聖之任者라고 하고, 유하혜는 보잘것없는 비열한 임금을 부끄러워하지 않았고 낮은 벼슬도 사양하지 않았다. 또 임금에게 버림을 받아도 원망하지 않았고 곤궁한 처지에 놓여도 근심하지 않았기 때문에 성인 가운데 화합을 잘한 자 성지화자聖之和者이다.'라고 하였다. 맹자는 공자나 백이처럼 '수기修己'만 하고 '안백성安百姓'을 실행하지 않은 자 하더라도 때를 적절히 운용하거나 청렴하거나 책임을 질 수 있거나 화합할 수 있는 자도 성인의 반열에 올렸으니, 성인의 개념이 공자의 사유보다 접근하기 쉽게 설정된 것이다.

　맹자는 성인이 오백 년에 한 번 정도 나온다고 하며 자신의 세대가 공자 이후 오백 년이 흘렀다3)고 하였다. 그는 누군가 성인이 나올 시기에 이르렀으니 자신이 성인의 반열에 들 수 있지 않을까 하고 기대했을 것이다. 그는 삼백 년인 열 세대가 지나도록 사람들이 그를 통해 배우는 스승이 되면 그를 성인이라고 여겼다. 그래서 그는 백이와 유하혜를 성인이라 하였는데, 백이의 풍도를 들은 자는 완악한 지아비가 청렴해지고 나약한 지아비가 뜻을 세우게 되고 유하혜의 풍도를 들은 자는 경박한 지아비가 돈후해지고 비루한 지아비가 너그러워지니 이들은 백 세대를 넘어서도 스승이 될 만하여 그들을 성인이라 불렀다4)고 한다. 그러나 후대 사람들은 그들을 성인은 물론 아성 반열에도 넣지 않는다. 하지만 맹자의 가르침은 지금까지도 후학들이 배우고 익히니 아성이라 불리는 것은 당연하다.

(3) 성리학에서 작성

송대에는 성인되기가 쉬워졌다. 송나라 사대부들은 성인이 되는 것을 삶의 목적으로 삼았다. 공자처럼 군자나 현인이 되겠다고 하지 않고 곧바로 성인이 되고자 하였다. 이는 당시 사회에 만연해 있던 불교의 성불成佛 사상 영향이 컸을 것으로 보인다. 송대 학자들이 이룬 성리학性理學은 성인이 되고자 하고 하늘을 본받고자 하는 사상이다. 성리학은 송대 사대부들에게 삶의 자세를 제시해 주었고 사회와 정치에 질서와 안정을 가져다주는 이념체계를 확립하였다. 그래서 성리학에서의 성인관은 '이념적 성인관'이라고 할 수 있다.

당나라 말 한유는 '고대의 성인은 예악 등을 만든 사람이라는 의미와 인의 도덕의 체현자, 혹은 완벽한 인격체로서의 면모를 지닌 사람이었다.'라고 했으나 북송의 주돈이는 '선비는 현인이 되고자 하고 현인은 성인이 되고자 하고 성인은 하늘을 본받고자 한다.'고 하였으며, 성리학의 태두인 북송의 정이천은 '도를 완전히 체득한 자가 성인이다'라고 하며 '사람들은 마음에 어두움이 있는데, 성인은 학문으로 세상의 이치를 깨달아 통하니 환하게 밝다.'고 하였다. 성리학의 집대성자인 남송의 주희는 '성인은 자기가 성인이라는 것을 알지 못하지만, 성인은 마음이 천리天理를 즐거워하고 천명天命을 아는 것은 평상적인 것이고 세상을 걱정하는 마음은 일을 맞닿은 후에 드러나는 것이다.' 하였다. 이렇듯 성인관이 '완벽한 인격체'에서 '이념적 성인'으로 바뀌어 갔다.

이념적 성인이란 범중엄이 행한 '나라와 백성의 근심에 대해 자신의 근심보다 먼저 근심하고 나라와 백성의 즐거움에는 자신의 즐거움보다 먼저 즐거워한다.[先憂後樂]'는 정신을 지닌 사람이며, 현실적이고 적극적인 자이다. 성리학에서 성인의 일은 군주를 바로잡아 잘못된 정치를 개선하고 사회에 만연된 사회풍속을 교화하는 데에 있었기 때문에 성인은 총명해야 하고, 덕을 지니고 있어야 했으며, 어디에도 능하지 않은 곳이 없으며, 어떤 일도 잘 해내는 자였다.

특히 "성인은 학을 통해 성취될 수 있다."라는 믿음을 바탕으로 하는 주희의 성인관은 유가의 도를 잇는다는 도통론道統論과 연계하였다. 그래서 성리학은 개인의 도덕 수양과 경세를 위한 치인治人의 두 가지를 동시에 달성하는 것이 목표인 공부론에 의해 실천적으로 완성된다. 특히 주희는 객관 사물에 실재하는 도리를 궁구하고[格物] 또 앎에 이르는[致知] 경지를 중시하였다. 그는 돈오頓悟와 같이 깨치는 방법론을 경계하였으며, 지속적인 공부를 통해 아래에서 차근차근 밟아 올라가는 '하학이상달下學而上達' 공부법을 제시하였다. 또 과거시험을 위한 공부는 '위인지학爲人之學'이라 하여 지양하였고, 자기의 내성을 위한 공부를 '위기지학爲己之學'이라 하여 강조하였다.

명대의 왕수인의 철학에서는 성인 되기는 훨씬 쉬워졌다. 길가는 사람들도 누구라도 자기가 원래 가지고 있는 것을 자기 일을 하면서 그대로 반영하면 성인이 된다는 것이다. 이렇듯 시대를 지남으로써 성인되는 것이 차츰 쉬워졌으나 왕정상은 성인 되기가 그다지 쉬운 일로 보지는 않는다.

(4) 왕정상의 작성

공자가 인간은 타고 나면서 인격이 다르다고 판단했듯이 왕정상도 사람마다 지니고 태어난 것이 다름을 주장하였다. 우선 공자의 선천적 다름에 준하여 선천적 도덕관을 4단계로 나눈다. 도덕심을 선천적으로 타고난 사람이 상이고, 태어난 후에 배우면 잘 알 수 있는 자를 그다음으로, 배우려고 하는데도 잘 안되는 자를 그다음으로, 타고 날 때도 본래 아는 것이 없는데 배우려고도 하지 않는 자가 가장 하등의 인간이라고 하였다.[5] 이들은 당연히 수양 방법도 달리해야 한다. 공자가 하등으로 타고난 자는 아무리 수양해도 상등의 인간이 될 수 없다[6]고 잘라 말했다.

우리는 수천 년의 역사에서 동양의 공자와 부처, 예수를 서양의 소크라 테스와 함께 겨우 4명을 성인이라 부른다. 유학의 궁극적 목적이 성인이 되는 것인데 성인이 되는 것은 쉬운 일이 아니라는 점이다. 후대 사람은 이들에게는 못 미치나 성인에 버금가는 이들에게 아성이라는 이름을 붙여 주었다. 아성의 대표적 인물은 안회라고 보았고 공자가 안회의 도덕성을 가장 칭찬한 내용을 들어 왕정상은 다음과 같이 아성의 등급을 말했다.

"안연의 사생활을 살펴보니, 충분히 계발할 만했다"고 한 것은 도의 기미를 밝힌 것이다. "남에게 화를 옮기지 않고 같은 잘못을 두 번 저지 르지 않는다."고 한 것은 덕의 길로 나아간 것이다. "기용되면 자신의 뜻을 행하고, 기용되지 못하면 자신의 재능을 감춘다."고 한 것은 시기를 살펴서 행동한다는 것이다. "가난한 동네에서 가난하게 살더라도 도를 즐거워하는 것을 고치지 않았다."고 한 것은 천명에 순수하게 의지한다 는 것이다. 이 때문에 안자顔子는 아성亞聖이다.[7]

공자가 안회의 도덕성을 여러 번 칭찬했는데, 그중 한 번은 공자가 안회顔回와 더불어 종일 이야기를 나누었는데, 처음에는 안회가 공자가 한 말을 조금도 어기지 않아 어리석은 사람이 아닐까 하고 의심했다가 그와 있지 않을 때 안회의 행동을 관찰하고 나서 그가 진정으로 도덕적 인 인간이라는 것을 확인했다고 말했다.[8] 이에 대해 왕정상은 안회의 사생활에서 도의 기미가 보였음을 말한 것이라고 했다. 두 번째는 안회 가 배우기를 좋아함에 대해 칭찬하였다. 공자가 안회는 노여움을 남에게 옮기지 않고 같은 잘못을 두 번 저지르지 않았다[9]고 하였으니, 이는 안 회가 덕의 길로 들어섰음을 말한 것으로 보았다. 세 번째는 안회의 사회 적 행동에 대해, 자신을 기용해 주면 도를 천하에 행하고, 기용하지 않으 면 자신의 재능을 감추고 드러내지 않았다[10]고 칭찬했고 또 이러한 일은 공자와 안회 둘만이 시기를 살필 줄 안다고 하였다. 이 때문에 후에 맹자가 공자를 성인 중에서 '시기를 살필 줄 아는 성인[聖之時者]'이라고 했다. 네 번째 공자는 안회를 현인이라고 불렀다. 안회는 한 주발의 밥과 한 바가지의 물을 먹고 가난한 동네에서 가난하게 살더라도 도를 즐거워하는 것을 고치지 않았다[11]고 칭찬했다. 공자가 안회를 현인이라고 한 것은 그가 수기하여 내성을 갖추었다고 해도 지도자로서 역할을 다 하지 못했으니 현인이라 한 것이고, 왕정상은 그가 행한 안빈락도安貧樂道의 모습을 천명에 순수하게 의지한 것으로 판단하여 이러한 모습이 성인의 모습이라고 보았으나 공자를 성인이라고 여기고 안회는 맹자와 함께 아성의 등급에 넣었다. 성인의 지기志氣는 신神과 같은 것이고 배워서 아는 것이 아니고 선천적으로 본질에서 지기[生質之美]를 지니느냐 아니냐의 문제에 차이가 있다. 하지만 같은 아성인 둘 사이에도 차이가 있음을 다음과 같이 표명했다.

안자顔子는 성인의 자질에 가깝고, 맹자孟子는 성인의 재능에 가까운데 공자孔子는 그것을 겸비하여 돈독하고 순수했다.[12]

공자는 자질도 재질도 모두 지니고 타고난 생이지지자生而知之者이다. 질질은 선천적으로 지닌 것이다. 체질, 성질, 기질, 재질 등은 모두 몸과 마음에 타고난 것이며 마음에 질이 도덕적으로 올바른 질을 가지고 태어나면 성인이라고 하였다. 안회는 성인의 질을 선천적으로 타고나진 않았으나 공자로부터 배워서 성인의 태도와 용모를 갖추었으니 아성이라 한 것이다. 공자가 '문질빈빈文質彬彬해야 군자가 될 수 있다.'[13]고 했듯이 안회는 본바탕인 질質에 학문으로 꾸며[文飾] 조화를 이루어 아성이 된 것이다. 왕정상은 성인이 지녀야 용모와 태도에 대해 다음과 같이 말한다.

온화하여 포악하지 않으며 선량하여 악독하지 않으며 공경하여 방자하지 않고 검약하여 많은 욕심을 부리지 않고 겸양하여 남을 이기는 것을 좋아하지 않는 것이 성인聖人의 성덕盛德이다.14)

왕정상은 성인의 용모는 온화, 선량하고 삶의 태도는 공경, 검약을 성인의 덕으로 규정하였다. 이러한 덕을 지녀야 사회 지도자로서 화합과 단결을 이루는 데 기여할 수 있다. 사회 지도자가 되려면 먼저 자신의 사리사욕을 없애야 한다. 사리사욕은 왜 생기는가? 그는 이상적 인격을 지닌 존재를 성인으로 칭한다. "성인은 사람의 도리의 지극함이다. 궁리, 진성, 지성으로서 천의 신과 합해진다."15)라고 하며 그는 성인을 비롯하여 도덕적으로 수양이 된 인간을 아래와 같이 네 부류로 나눈다.

성인은 도덕의 으뜸이니 인·의·예·악이 주관하여 다스리는데 세상에서 참으로 볼 수 없다. 그다음은 아성亞聖을 얻는 것인데, 도의 참됨에 계합하여 한 시대를 명령한다. 그다음은 대현大賢을 얻는 것인데, 도를 지키는데 엄격하고 이단의 구류九流에 현혹되지 않고 도의 참됨을 다스린다. 이 아래는 세파를 따르고 세속을 좇고 사사로운 지혜로서 바른 이치를 해치는 자인데 순수와 하자가 서로 섞여서, 나는 그가 도에 유익한 것인지 알지 못한다.16)

왕정상은 인간에게 도덕적 기준에 따라 네 등급의 서열을 부여했다. 첫째는 성인, 둘째는 아성, 셋째는 현인이며 넷째는 세인이다. 성인은 실로 세상에서 보기 쉽지 않은 사람이다. 유학자들은 인간이 수신하는 궁극적인 목적을 성인 되기에 두고 성인에게서 배우려고 하고 그들을 닮으려고 했다. 왕정상 역시 성인을 모델로 삼았으나 수양을 통해 성인이 되는 것은 어렵다고 한다. 공자가 성인으로 칭한 사람들은 모두 내성과 외왕을 동시에 이룬 사람들이다. 후대 맹자가 공자를 성인이라 칭했지만, 공자와 맹자는 외왕의 뜻을 이루지 못하고 결국 내성에만 그친 인물이다. 그 이후에 주자는 경전 집필에 몰두하였고 왕양명도 중간에 정치를 그만두고 강학에 열중하였다. 그들은 학문적 성취는 있었어도 그들 역시 성인이었다고 할 수 없다. 왕정상은 '성인은 범인과 다른 맑은 기를 지니고 타고난 자'라고 하였다. 이는 성인 되는 것[作聖]이 쉽지 않음을 밝힌 것이다.

성인과 아성은 둘 다 성인이나 차등이 있고 현인은 성인과 다른 점이 있다. 그는 '성인의 말은 간략하지만, 그 이치는 번다하고, 현인의 말은 번다하지만, 그 이치는 변통辯通하다.'[17]고 하여 성인과 현인의 차이를 말하는 능력으로 구분하였다. 성인이 적게 말하나 그 안에 많은 의미를 내포하고 현인은 말을 변론하듯 하여 뜻을 분명하게 한다. 성인은 못 되었어도 그다음의 아성은 도와 뜻이 통하여 한 세대를 명령할 수 있는 사람이다. 도와 뜻이 통한 자는 맹자와 안회를 들 수 있다. 왕정상은 맹자는 자신이 지닌 도를 다른 사람에게 전하여 한 세대를 교육에 힘썼으니 성인에 가까운 재능을 지녔다고 했고, 안회는 스스로 성인에 가까운 자질을 지녔다고 했다.

현인은 도를 지키는 데 엄격하여 이단의 부류에 유혹되지 않는 사람인지라 세상에서 가끔 볼 수 있는 부류이고, 세인은 동서고금에 몇몇 인물을 빼고는 모두가 이에 속한다. 세속의 사람들은 물결치는 대로 세속을 좇으며 개인적으로 똑똑하여 바름을 해치는 자이다. 물론 이들 사이에서도 도를 좇으려고 힘쓰는 자도 있고 완전히 도와는 거리가 먼 곳에서 사는 사람도 있다. 이 네 부류의 사람은 도를 잘 지니는가 아닌가와 도를 지녔어도 잘 부릴 수 있는지의 가부에서 차이를 지닌다.

성인의 도는 자신을 안으로 단속하고 밖으로 천하를 공평하게 하는 것이다. 성인이 자신을 안으로 단속하는 단계의 마지막 단계는 무아無我이다. 무아의 개념은 도가의 사상에서 비롯된 개념이다. 무아無我는 감정이 없는 상태를 말한다. 즉, 기쁨도 없고[無喜], 노여움도 없고[無怒], 원망함도 없고[無怨], 얻는 것도 없고[無得], 잃는 것도 없고[無喪], 아는 것도 없고[無知], 공적도 없는[無功] 경지이다. 이런 경지에 들면 결국 의도함이 없이 노닐고 담박하여 화락하는 자가 된다.[18] 이는 장자의 성인관인 무아의 경지를 그대로 표방하고 있다. 왕정상은 무아를 다음과 같이 말한다.

> 무아는 성인이 되는 학문의 극치이다. 학문의 시작은 극기와 과욕에 있을 따름이다. 사욕을 적게 하고 적게 하여 무에 이르면 사람들과 대동하여 자기 자신이 없을 수 있게 된다. 비록 천지의 법도라도 이것에 불과할 것이다.[19]

왕정상은 무아를 감정의 중절 상태로 말한다. 즉, 심이 허한 상태와 같다. 성인이 되려면 무아의 경지에 들어가야 하는데 무아는 기쁜 일이 내 앞에 닥쳐도 기뻐하지 않고 슬픈 일이 닥쳐도 슬퍼하지 않아서 희·노·애·락 모두를 중절할 수 있어야 하며 이는 성인만이 가능한 것이다. 왕정상도 『순자』와 『관자』에서 '심은 허정하다'고 한 것과 불가에서의 '공하다'라는 표현을 함께 써서 원래 심은 사물과 접촉하지 않을 때는 비어있고 고요하다[虛靜]고 한다. 이는 성인이나 범인이나 모두 다 같다. 단지 외물이나 어떤 일과 마주치게 되었을 때 차이가 난다. 범인凡人들은 심 안에 원래 희·노·애·락의 감정이 있는 것이 아니고 밖에서 즐거운 일이 생기면 희락의 감정이 생겨나고 화가 날 만한 일이 생기면 분노하는 감정이 발생한다. 하지만 성인은 일과 부딪혀도 감정을 중절하여 아무 일도 없는 것 같고 그 일이 없어지면 감정도 저절로 없어진다. 마음은 허와 공의 상태로 돌아가는 것이다. 그래서 무아의 경지에 들 수 있다. 이는 이미 정명도가 "성인의 감정은 여러 가지의 일을 따르는 것이지 감정이란 없다"20)라고 한 것과 같다.

『대학』에서 자신의 몸을 닦는 수양은 결국 마음을 바르게 하는 것[正
心]이다. 그래서 사람이 마음에 분노하고 두려워하고 좋아하고 걱정하는
것이 있으면 마음이 바르지 않기 때문에 수신할 수 없다고 한다. 정심正
心이 수신修身하는 방법이고 정심이 되지 않으면 수신은 불가능하다. 왕
정상이 성인은 수신이 필요 없는 '천지동체天地同體'라고 하면서 다음과
같이 말한다.

> 천지는 받아들이지 않음이 없기에 크다. 성인은 사물과 비교하지 않기
> 때문에 천지와 동체이다. 21)

성인과 천지가 한 몸이라는 것은 성인의 덕과 천지가 덕으로 여기는
것이 같다고 본 것이다. 왕정상은 성인은 타고나기 때문에 수신의 과정
이 없어도 항상 덕을 지니고 있다. 하지만 왕양명이 말하는 성인은 인간
모두가 성인이 될 수 있는 양지를 지니고 타고 났기 때문에 성인이 될
수 있고 성인도 태양이 구름에 가려지듯이 선한 심이 욕에 가려지면 성
인의 도를 잃을 수 있다고 했다.

왕정상이 말하는 성인의 덕은 "온화하고 난폭하지 않으며[溫] 선하고
잔인하지 않으며[良] 공경하고 경거망동하지 않으며[恭] 검약하고 욕을
많이 가지지 않으며[儉] 겸양하여 이기기를 좋아하지 않는[讓] 것"22)이
다. 세인이 성인과 같은 덕을 이루려면 온·양·공·검·양을 매일 일상생
활에서 실천하여야 한다. 왕정상은 수신하는 방법을 다음과 같이 말한다.

> 성인聖人이 되는 길은 그 요점이 두 가지일 뿐이다. 생각을 맑게 하고
> 욕심을 적게 하고[澄思寡欲] 밝은 지혜에 도달하는 것과 허물을 보완하고
> 의로움을 따르며[補過徙義] 매일 새롭게 되는 것이다. 마침내 그것을 성
> 취하면 이를 성誠이라 한다.23)

타고난 성인이 아니고 세인으로 태어나 성인이 되는 길은 '징사과욕澄思寡欲'과 '보과사의補過徙義' 두 가지를 실천하여 성誠의 경지에 이르는 것이다. 징사의 징澄은 고요함의 정靜을 의미하고 심에 있는 기가 맑은 것이다. 본성의 욕을 없애고 마음을 고요하게 하며[澄思] 욕을 적게 하는 것[寡欲]은 밝은 지혜를 얻기 위함이고 허물을 보완하고[補過] 의로움을 따르는 것[徙義]은 자신을 날마다 새롭게 하는[自己日新] 것이다. 성인이 되려면 이 두 방법으로 부단히 노력하여 진실함[誠]을 지녀야 한다. 이 성誠은 『중용』에서 주자가 "진실하며 망령됨이 없는 것"24)이라고 풀이하였듯이 왕정상의 성도 진실함을 근본으로 삼았다.

수신하기 위해서 과욕을 주장한다는 것은 사람들이 대체로 욕을 너무 많이 지니고 있기 때문이다. 좀 더 이익이 되는 쪽을 취하고자 하는 마음은 인간의 본성에서 주어진 것이다. 그뿐만 아니라 선을 행하고자 하는 마음 역시 본성에 지니고 있다. 인간이 다양한 욕을 마음에 지니고서 인을 행하거나 의를 행할 수는 없다. '과욕'의 길로 수양을 해야 성인도 될 수 있고 사회 질서도 바로잡히게 된다. 그 때문에 그는 '징사무욕'을 강조하여 다음과 같이 말한다.

사람의 마음이 담연하여 욕망이 없기 때문에 외물이 그 마음을 동요시키기 부족하고, 외물이 그 마음을 동요시킬 수 없으면 일이 간략해지고, 일이 간략하면 마음이 맑아지고, 마음이 맑으면 신神에 가깝게 된다. 그래서 "감응하면 천하의 연고에 통하게 된다"고 했다. 이 때문에 무욕이 성인이 되는 요점이다.25)

왕정상은 욕심을 줄이는 것을 단계별로 설명한다. 과욕에서 무욕으로 또 무아로 차츰차츰 옮겨 가며 수양하여 인간이 이루어야 하는 궁극의 목적은 대동大同이다. 대동은 자기自己라는 사유 자체를 버려야 이룰 수 있다. 인간은 타고나면서 각자 다른 재능을 부여받아 특수성을 가지고 태어난다. 그래서 어려서부터 노력하여 각기 자기 능력에 맞는 일을 얻게 되는데 이것이 각득기소各得其所이고 일의 현장에서 치지와 함양을 겸하는 수양을 하여 욕심을 적게 하면 무아의 경지로 들어가게 된다. 무아의 경지는 『장자』에서 '내가 나를 의식조차 하지 않는 무아의 경지'와는 다르다.

왕정상의 수양론에서 무아는 마음에 욕심이 없어서 외물이 다가와도 별다른 감정이 생기지 않는 것이고 또 사사로움이 없는 경지이다. 대동은 군주와 관리, 그리고 백성들 모두가 각득기소를 행하여 그 안에서 자기의 사사로움은 없애고 공공의 마음을 키워나가야 이룰 수 있는 경지이다.

인간의 심은 비어있다. 그래서 외물과 접촉하게 되면 외물이 먼저 와서 닿게 된다. 그래서 인간에게서 욕을 완전히 배제할 수는 없다. 단지 어지러운 외물을 생각에서 배제하고 그에 대한 욕심을 줄여 가는 것이 그가 주장하는 도덕 수양이다. 맹자는 도덕 수양에서 과욕이 중요함을 아래와 같이 주장하였다.

마음을 수양하는 것은 욕심을 적게 하는 것보다 더 좋은 방법이 없으니 그 사람됨이 욕심이 적으면 비록 보존되지 못함이 있더라도 적을 것이요. 사람됨이 욕심이 많으면 비록 보존됨이 있더라도 적을 것이다.[26]

맹자도 욕이란 입과 코와 귀와 눈 그리고 사지의 욕망이기 때문에 사람에게 없을 수 없는 것이라고 말하였다. 맹자도 본성의 욕을 긍정하고 있다. 결국, 맹자도 본성이 선한 부분을 강조하기 위해서 선의 단서를 지니고 태어났다고 하는 것이지[27] 성에 욕이 없다고 말하지는 않았다. 노자는 욕심이 생기지 않게 무지무욕無知無欲을 해야 한다고 주장[28]하고 장자는 상아喪我, 무아無我, 무기無己를 주장29)하였다. 송대 주돈이는 멸욕滅欲을 주장하고, 정이천 역시 멸욕에서 한 걸음 더 나아가 멸사욕을 주장하여 '멸사욕즉천리자명滅私欲則天理自明'30)이라 하였으며 주희는 존천리存天理, 멸인욕滅人欲을 주장하였고 왕수인은 존천리存天理, 거인욕去人欲을 주장하였다. 모두 한결같이 주장하는 바가 과욕, 절욕, 멸욕, 거욕, 무욕이다.

왕정상 역시 무욕할 수 있는 자를 성인이라고 말한다. 그러나 그는 사실상 맑고 순수한 기로써 성인의 자질을 선천적으로 지니고 태어나지 않고 후천적으로 수양하여 무욕을 행하는 자가 되기는 쉽지 않다고 본다. 단지 그는 사람들이 욕을 적게 하여 자기 마음이 외물에 대한 움직임을 적게 하는 것이 성인을 닮을 방법이라고 말한다. 인간의 마음은 본래 외물에서 이익이 되는 쪽으로 움직이려는 뜻이 있기 때문이다.

안회 같은 아성은 누항에 살면서 단사표음簞食瓢飮31)하면서도 도를 지키는 안빈락도安貧樂道의 생활이 가능하지만, 범인은 죽음보다는 삶, 빈천보다는 부귀, 화보다는 복을 좋아하고 남에게 지기보다 이기는 것을 더 좋아한다. 안회가 도심을 지닌 것이라면 범인의 마음이 인심이다. 왕정상은 인간이 지닌 욕을 인정하기 때문에 과욕으로부터 시작하여 점차적 무욕을 행하고 다시 무아로 옮겨가게 한다.

심을 맑고 고요하게 유지하면 깃들어 있는 신의 작용이 활발하게 되어 천하의 사리를 알게 된다. 왕정상의 심론에서는 심에 깃든 신의 작용이 중요한 역할을 한다. 마음에 있는 신이 매우 영명靈明하여 잘못을 바로잡는다. 이것이 신의 작용이다. 인간이 심을 수양하는 것은 신을 작용하게 하여 성내고[忿懥], 즐거움만 좇고[好樂], 걱정하고[憂患], 미혹되고[迷惑], 두려워하는[恐懼] 마음을 없게 하는 것이다. 그리하여 중용의 상태에 도달하게 되면 바로 성인의 마음이 된다. 중용은 어느 한 편으로 치우치거나 기대지 않고 중심을 잡는 상태이며 용은 그 상태가 변하지 않고 항상 일정한 것을 말한다.[32] 무욕을 지키면 천하의 일이 할 수 없는 것이 없다고 하니 이는 노자가 무위하면서도 이루지 못하는 것이 없는 것[無不爲]과 같다. 왕정상은 과욕과 무불위에 대해 다음과 같이 말한다.

a. 심은 도의 주재자다. 심은 수양할 수 없는 것이 없어서 도와 합해질 수 있다. 또 과욕할 수 없는 것이 없어서 심을 수양할 수 있다.[33]

b. 학자가 빈천과 부귀에서 그 마음을 움직이지 않으며 사생화복에 그 지킴을 변하지 않는다면 천하의 일이 할 수 없는 것이 없다.[34]

일의 실천에서 온溫·양良·공恭·검儉·양讓을 행하면 덕이 생기고 그 덕으로 인해 도가 깃들게 된다. 자기 일을 성실히 하는 자는 사생死生에 관한 관심도 부귀富貴에 관한 관심도 없다. 성실함이 거듭되는 가운데 천하의 일이 저절로 이루어지게 된다. 그는 각자 자기가 맡은 일에서 열심히 수양하면 자연히 무불위無不爲가 되며 또 대동도 가능하다고 보았다. 『예기』에 '대동大同의 도는 각자 자기 일을 행하여 사회 질서가 잘 잡힌 상태를 말한다. 이는 고대 정치적 이상 개념이기도 하다. 『예기』에서 고대 유학에서 대동의 도를 다음과 같이 말한다.

큰 도가 행해진 세상에서 천하는 공공을 위한 것이다. 사람들은 현자와 능자를 선출하여 관직에 임하게 하고 온갖 수단을 다하여 상호 간의 신뢰와 친목을 두텁게 하였다. 그러므로 사람들은 각자의 부모만을 부모로 여기지 않았고 각자 자기 자식만을 자식으로 여기지 아니하여 노인에게는 그의 생애를 편안히 마치게 하였으며 장정에게는 충분한 일을 시켰고 어린아이에게는 마음껏 성장할 수 있게 하였으며, 과부·고아·불구자 등에게는 고생 없는 생활을 하게 했고, 성년 남자에게는 직분을 주었으며 여자에게는 그에 합당한 남편을 가지게 하였다. 재화가 헛되이 낭비하는 것은 싫어했으나 반드시 자기만 지니려고 하지 않는다. 힘은 자기 몸에서 나오지 않는 것을 싫어하나 반드시 자신만을 위해서 쓰지는 않는다. 그 때문에 모략하지 않고 절도나 폭력도 없으며 아무도 문을 잠그는 일이 없다. 이것을 대동의 세상이라고 한다.[35]

이미 고대 유학에서 도가 행해지는 세상은 천하가 공공의 것이 되고 사회 질서가 잘 잡혀서 백성들이 맡은 바에 힘쓰며 함께 어울려 사는 사회이며 이것이 대동의 사회라고 하였다. 인간에게 욕망과 가치의 충돌이 일어날 때 도는 이를 중재하여 욕을 없애고 가치를 높이는 역할을 한다. 반대로 사회 질서가 어지러운 것은 세상에 도가 없어진 것이다. 인간은 도가 없어지면 남보다 내가 먼저이고 내 욕을 먼저 채우려고 힘쓰게 된다. 그렇게 되면 사회 질서는 무너지고 예와 제도는 무의미해지며 법은 더욱 엄중해진다. 그 때문에 왕정상은 사회 질서 유지를 위해서는 형벌보다 도가 우선하는 사회를 만들어야 한다고 한다고 주장하며 「어민」편에서 아래와 같이 말한다.

백성을 기술로서가 아니라 도로써 다스린다. 나의 바름을 지켜서 감복하게 하는 것이지 강제로 요구하지 않고 백성에게 득실을 넘겨주는 것이다. 술수는 오래갈 수 없다. 백성은 우롱할 수 없다. 비록 잠시는 다스림을 얻을 수 있더라도 결국에는 반드시 잃는다. 백성은 나로 인해 성실하지 않게 되니 때문에 성인이 왕의 도를 지닌다.[36]

통치자가 백성들을 상대로 욕을 얻고자 하면 백성들 역시 각자 자신의 욕을 얻는 것에 힘쓰게 된다. 부민을 기본 전제로 부국을 이룰 때 진정한 부국이 이루어지는 것이지 나라의 이익을 백성들과 함께 나누지 않는다면 백성들도 각자 자신의 이익만을 찾게 된다. 마음의 수양은 욕심을 버리는 데에서 시작한다.

2) 천리와 인욕

송대 철학에 리理의 사유가 생겨났는데 리는 이치의 의미를 지니고 천과 인人을 결합하는 개념어가 되었다. 리 개념을 가장 먼저 사용한 정이천은 리가 천에서는 천도, 천리가 되고 인간에게서는 성性이라고 된다고 하여 '성이 바로 리이다.[性卽理]'고 하는 성리학을 사상으로 내놓았다. 성리학의 리는 천리天理로서 유일하고 순선純善하며, 모든 존재는 천으로부터 리를 부여받고 있다. 그래서 성리학은 인간의 본성이 도덕적으로 완전한 선을 지니고 태어났다는 성선설性善說을 바탕으로 출발하는 학문이다.

유학에서 사람의 욕망[人欲]은 천리와 상반되는 개념이다. 왕정상은 천은 그대로 일월성신이 빛나는 광대한 공간일 뿐이며 천리는 있을 수 없다고 한다. 다만 천이라는 공간에는 원기가 가득하다. 기는 우주에 충만하여 운동하는 유기체적 생명력이자 모든 물질의 기초이며 물질성의 기이니 순선 하지 않다. 즉 기에는 맑은 기와 탁한 기가 있다. 맑은 기는 원래의 리를 있는 그대로 드러내지만 탁한 기는 리를 흐리게 한다. 이 중에서 리가 흐려진 자가 바로 욕망에 강한 사람이 된다. 왕정상은 인욕人欲이란 사람이 부귀, 공명, 문장, 안일을 추구하는 것이라고 다음과 같이 말한다.

> 욕망은 여러 길인데, 공功을 좋아하고, 명성을 좋아하고, 문장을 좋아하고, 안일을 좋아하는 것은 모두 그런 부류이고 부귀만 좋아하는 것뿐이 아니다.[37]

특별히 좋아하는 것이 있게 되면 정신에 깃든 신지神志가 맑지 못하게 되고 득실의 문제에 마주치면 마음이 움직이게 된다. 이는 자칫 자신에게 큰 허물이 될 수 있다. 천天을 중시한 유가 사상가들은 인간의 성性이 지닌 욕欲을 부정하고 하늘이 부여한 본성은 선善하다고 보았다. 그래서 본성은 곧 천리이며 인성이 천리에 어긋나는 것은 인욕 때문이라고 여겼다. 하지만 인간은 본성이 선하든 악하든, 또 본성에 욕이 있든 없든 간에 태어나서 외적 사물에 감응하면 욕이 생겨나기 때문에 성에 있는 욕의 강도가 덕德의 기준이고 선善의 잣대가 된다. 그 때문에 인욕은 제거의 대상이 되었고 신유학에서 '존천리存天理 거인욕去人欲'은 인간이 선善을 이루기 위한 수양 방법이 되었다.

천리와 인욕은 심론에서 거론한 인심과 도심과 관계가 있다. 왕정상은 심의 양면성을 주장하여 인간은 누구나 인욕과 천리를 모두 지니고 있다고 보았다. 즉, 인간의 마음에 정욕이 생기면 이것이 인심이 되고 또 인욕이 되며, 도덕심이 발하면 도심이 되고 또 천리와 합당해진다. 천리와 인욕은 마음에 항상 공존하되 동시에 밖으로 드러내지는 않는다. 어떤 때는 천리의 도심이 발현하고 어떤 때는 인욕의 인심이 밖으로 드러난다. 그는 사사로운 이익과 욕망은 지혜를 어둡게 하여 마음의 인심을 드러내게 되어 도의를 해치고 인仁을 잃어버리게 한다[38]고 하였다.

공자가 부귀는 누구나 갖고 싶은 것이라고 했고 순자가 인간은 누구나 욕망과 욕구를 가지고 태어난다고 했다. 그들의 사유에서 볼 때, 본래 지닌 욕망을 제거하는 것이 도덕 수양의 한 영역이 된다. 왕정상 역시 마음에 선천적으로 있는 인심이 욕欲으로 드러나지 않도록 하는 것을 수양으로 삼았다.

왕정상이 바라보는 천리와 인욕은 서로 대립하는 관계지만 마음 안에 함께 들어있어 선과 악의 전화轉化 가능성을 존재하게 한다. 만약 마음의 천리로서 인욕을 이기게 되면 선이 날마다 자라나서 군자가 되며, 마음에 있는 인욕이 천리를 이기게 되면 악이 날마다 자라게 되니 결국 소인이 된다. 그래서 왕정상은 군자와 소인의 관계로 천리와 인욕을 다음과 같이 설명하고 있다.

군자는 덕성을 존중하기 때문에 득실에서 내면을 중시한다. 내면을 중시하면 본성의 선善이 날로 자라난다. 소인은 정욕을 멋대로 행하기 때문에 득실에서 외면을 중시한다. 외면을 중시하면 악惡이 날로 자라난다. 이 때문에 남을 관찰하는 것은 그 중시하는 것을 관찰하게 되는데 군자와 소인을 구별할 수 있다.39)

주자는 존덕성尊德性과 도문학道問學을 수양법으로 내놓았다. 존덕성은 군자가 되기 위한 수양 방법이며 덕성을 높게 하는 것은 정좌를 통해서 하고 도문학은 공부에서 오는 것이라 하였다. 왕정상도 수양법으로 존덕성을 들었는데, 내면의 마음에서 덕을 기르는 수양이 꼭 필요하다고 하였다. 단지 덕을 기르는 방법으로 과화존신過化存神, 징사과욕澄思寡欲, 함양涵養과 치지致知, 존양存養과 성찰省察 등을 제시하였다.

2. 수양 방법

왕정상의 수양 방법은 '과화존신'과 '징사과욕'을 하는 것이다. 과화존신은 쉽지 않아서 징사과욕을 먼저 해야 하는데 징사과욕은 치지致知와 함양涵養을 통하여 가능하다. 치지와 함양은 일의 실천처[履事]에서 앎과 행위가 겸하여 이루어지는 것이다.

1) 징사과욕澄思寡欲

인간이 욕을 지니게 된 원인이 선천적인지 후천적인지에 대해서는 유학자라도 학파에 따라 의견의 차이가 있다. 하지만 인간이면 누구나 선천적이든 후천적이든 욕을 지니고 있다는 점과 지닌 욕을 제거해야 한다는 점은 모두 같은 생각을 한다. 그 때문에 수신修身이 중요하다. 단 불가에서만은 욕의 실상이 공空임을 깨닫고 세상과 단절함으로써 욕이 나에게 접근하기 전 단계에서 차단해버리기 때문에 유가의 사유와는 다르다고 하겠다. 유가의 관점에서 보면 불가에서 욕을 단절하는 것은 정치적 사회적 책임을 회피하는 것이기 때문에 비판의 대상이 된다.

성인이 되는 수신 방법의 하나는 '징사과욕澄思寡欲'하는 것이다. '징사'는 맑게 사유하는 것이고 '과욕'은 순전히 개인의 이익에만 치중하는 '다욕多欲'의 상대되는 말로, 욕심을 완전히 제거하는 것이 아니고 적게하는 것이다. 왕정상은 징사과욕을 다음과 같이 말한다.

> 사람의 마음이 담연하여 욕망이 없기 때문에 외물이 그 마음을 동요시키기 부족하고, 외물이 그 마음을 동요시킬 수 없으면 일이 간략해지고, 일이 간략하면 마음이 맑아지고, 마음이 맑으면 신神에 가깝게 된다. 그래서 "감응하면 천하의 연고에 통하게 된다"고 했다. 이 때문에 무욕無欲이 성인이 되는 요점이다.[40)

평소 마음을 담연하게 가지면 욕망이 일지 않는다. 외물에 감응해도 욕망이 생기지 않게 되면 천하의 이치를 다 알게 된다. 그래서 왕정상은 성인이 되는 요점으로 무욕無欲과 절욕節慾을 하라고 하지만 범인에게 수양은 과욕寡欲을 권한다. 인간이 타고날 때 성인의 기를 받지 않았는데 수양만으로 성인 되기는 쉽지 않기 때문이다. 하지만 성인을 닮으려고 노력하는 것이 중요하다. 위 본문에서 맑음은 고요함[靜]과 통한다. 심이 고요하고 맑은데 사사로운 욕심이 끼어들 공간이 있을 리 없다. 그래서 '징사'하면 과욕이 이루어진다. 또 과욕해야만 '부동심不動心'이 생긴다. 부동심은 쉽게 흔들리지 않는 굳건한 마음이다. 자기의 심이 물질적 이익에 자극을 받아도 유혹당하지 않아야 하기에 심心을 맑게 하여야 신神이 작용하여 천하의 일을 잘 알 수 있게 된다. 이 때문에 무욕은 성인이 행하는 것이고 과욕은 성인을 닮으려고 하는 수신의 한 방법이다.

왕정상이 보는 선악善惡의 원인은 두 가지이다. 하나는 기의 청탁으로 인한 본래적 선악이 혼재함을 긍정하는 것이고, 둘은 후천적으로 외물과 접해서 생겨난 욕에서 비롯된다고 보는 것이다. 인간의 심에 있는 욕은 단지 자연적 욕망만이 잠재해 있는데 그 자연적 욕망이 외물과 만나 탐욕貪欲으로 발전하면 심은 악으로 가득하게 되고, 과욕寡欲하게 되면 심이 맑아져서 심이 선으로 가득하게 된다. 즉 탐욕은 악의 근본이고 과욕은 선의 기초가 된다. 과욕을 통해서만이 심에 불선不善이 생기지 않게 할 수 있다. 단 태어날 때 맑고 순수한 기만을 받아 그 본성 자체가 무욕할 수 있으면 바로 성인으로 타고난 것이다. 그러나 성인으로 타고난 사람은 수천 년 역사를 통해서 불과 손꼽을 정도로 몇 명이 되지 않는다.

왕정상은 공자 한 사람만을 성인이라 할 수 있다 하니 타고나는 성인은 앞으로도 기대하기 힘들다. 이 때문에 범인들이 성인을 배우기가 쉽지 않다. 또 공자처럼 타고난 성인일지라도 본성을 잃지 않도록 무욕을 실천해야 한다. 즉, 성인이 성인으로 살아가려면 진심지성盡心至性을 실천해야 성인의 삶을 사는 것이 가능하다. 범인이 '과화존신'의 방법으로 수양하기는 쉽지 않다. 주위에서 쉽게 성인을 만날 수 없기 때문이다. 다만 후천적으로 노력하여 징사과욕을 행하여 수신하는 방법밖에 없다. 왕정상은 또 다른 욕을 줄이는 수양법으로 치지와 함양을 겸할 것을 주장한다.

송명 리학에서는 과욕寡欲하기 위한 수양으로 그 첫 번째는 쇄소응대灑掃應對하는 데서부터 정의입신精義入神까지 학문하는 것이고 두 번째는 치지와 함양을 하는 것이다. 쇄소응대란 물 뿌리고 마당을 쓸고 상대방에 응답하는 것이며 정의입신은 미묘한 의리를 정밀히 연구하여 신묘한 경지에 들어가는 것을 말한다. 즉 누구나 할 수 있는 사소한 일상의 일에서부터 최고 도의 경지에 이르기까지의 모든 것을 포괄하는 말이다.

왕정상 역시 수양론은 정주의 이론과 비슷한 사유를 한다. 하지만 치지와 함양의 방법이 다르다. 주희의 치지는 도문학으로 경전을 공부하는 것이고 왕정상의 치지는 실질적 공부를 광범위하게 익히는 치지이며 주희의 함양은 정좌로서 경敬을 이루는 훈련이고 왕정상의 함양은 이사履事에서 경을 실천하는 것이다.

2) 과화존신過化存神

『맹자』에 '백성이 매일 선함으로 옮겨가나 그렇게 하는 사실을 알지 못한다. 대체로 군자가 지나가는 곳의 사람은 교화되고[過化存神], 머무르는 곳의 일은 신묘해진다.'[41]고 하였다. 과화존신은 성인이 가까이 있기만 하여도 저절로 교화된다는 뜻이다. 주희가 머물던 무이정사武夷精舍는 시장통과 작은 문 하나로 경계가 지워졌다. 그 문 위에 '과화존신'이라고 한자로 써 있다. 시장 사람들도 그 문을 넘어 서원 구역에 들어오기만 하면 저절로 옷깃을 여미고 행동을 삼갔다고 한다. 과화존신은 수신의 다른 한 가지 방법이다.

기론을 주장하는 장자의 경우는 본성을 바꾸려는 노력 없이 자연에 순응하여 자기라는 의식을 없애는 무아無我 · 무기無己의 방법을 권한다. 또 순자의 경우는 본성의 욕을 제거하기 위해서 인위적인 방법을 취하여 본성을 변화시키는 방법[化性起僞]을 권한다. 왕정상은 순자와 같이 본성적으로는 자연성을 인정하고 궁극적 도달점인 선을 추구하기에 그의 심성 철학에서도 수양론은 중시되지 않을 수 없다. 하지만 방법론에서는 순자와 완연히 다르다.

왕정상은 인간은 생래적으로 많은 욕을 가졌다고 보았다. 인간은 누구나 예쁘고 좋은 것을 좋아하고 밉고 나쁜 것을 싫어한다. 예를 들면, 공적을 좋아하나 벌이나 책망을 싫어하고, 부귀를 좋아하고 빈천을 싫어하며, 명성을 좋아하고, 좋은 문장을 좋아하고, 안일하고 편안함을 좋아하는 것 등이다. 이러한 욕은 생래적으로 지니기도 했지만, 후천적으로 외물에 의해서 생겨나기도 한다. 생래적이든 후천적이든 간에 마음에 지닌 욕을 없애는 방법에 관한 이론이 수양론이다. 즉, 수양론은 결국 무욕과 과욕寡欲의 방법을 연구하는 것이다. 유학에서 수신이 된 자는 성인이다. 왕정상 역시 무욕이 가능한 인간을 성인이라고 불렀고 성인을 이상적 인격의 소유자로 삼았다. 왕정상은 성인이 어떤 사람인지 그리고 수양이 왜 필요한지를 아래와 같이 말한다.

a. 성인은 만물에 대하여, 즐거움도 없고 노여움도 없고 좋아함도 없고 원망도 없고 얻는 것도 없고 잃는 것도 없으며 지혜도 없고 공적도 없다.[42] …… 성인의 지기志氣는 신神과 같은데 이는 태어나면서 지니는 바탕의 아름다움이다. "정밀하게 이치를 따지고 신묘한 경지로 들어간다[精義入神]"는 것은 성性을 다함의 극치이다.[43]

b. 성인의 마음에는 신神이 있어서 처하는 곳마다 통연洞然히 밝기 때문에 "소리가 마음으로 들어와 통한다"고 한 것이다. 성인의 마음에는 도리가 있어서 처하는 곳마다 감응하기 때문에 "좌우에서 그 원천을 만난다."고 한 것이다.[44]

왕정상은 인간이 희·노·애·락·애·오·구의 칠정을 인심으로 받았기 때문에 자연스럽게 드러나는 것이 정情이고 선을 좋아하고 악을 싫어하는 심도 칠정 중의 하나라고 여긴다. 『대학』에서 사람은 분치忿懥, 공구恐懼, 호오好惡, 우환憂患 등의 심에 지닌 정을 가지고 있다면 심이 그 바름을 얻을 수 없고 심을 바르게 할 수 없으면 수신修身할 수 없다고 하였다. 그는 타고난 성인에게도 이러한 정은 지니고 있다고 여긴다. 단지 성인은 모든 사물의 이치를 알고 있어서 신묘하게 대처할 수도 있고 그 어려움 다음에 올 행복함의 기미를 미리 파악할 수 있어서 그다지 기쁜 일도 그다지 슬픈 일도 없다고 여길 따름이다. 왕정상은 성인이 지닌 심 안의 신神은 기의 순수함으로 인해 영험함이 뛰어나 외물과 만나서 자연스럽게 정이 드러나는 과정에서 편안하게 대처할 수 있다고 하고 성인이 감정을 숨기고 밖으로 드러내지 않는 것이 아니라 그 감정에 대해 큰 의미를 부여하지 않기 때문에 정이 밖으로 드러나지 않는다고 말한다.

정情은 심중에서 드러나지 않는 하나의 물질이고 허명하고 고요하고 안정되어 있다. 그 때문에 성인에게는 이러한 정이 이미 존재하는데 다만 밖으로 드러나지 않는 것이다. 그 이유는 성인의 지기志氣가 신神과 같아서 그러한데[45] 성인은 이미 태어날 때 본바탕이 아름다워서 범인과 다르게 타고 났기 때문이다. 인간은 모두 마음에 신神이 있지만, 기氣의 맑기의 정도에 따라 신의 영험함에 차이가 있다. 왕정상은 성인의 마음에 깃든 신은 영험하니 성인의 심은 외물과 감응할 때 그 이치를 쉽게 파악하여 대처하고 다음 일어날 일에 대한 기미를 파악하게 된다고 설명한다.

왕정상은 성인은 태어날 때 이미 범인과 다른 기를 지녔기 때문에 범인은 단지 성인을 배워서 수신해야 한다고 한다. 그는 '과화존신過化存神'[46]에 의한 수신을 중시한다. 일의 기미를 명백하게 하여 천하의 일을 예견하는데 남김이 없다. 그래서 '존신存神'이라 하고 지극한 정성으로 본성을 다하여 널리 만물의 정을 따라서 사사롭지 않기 때문에 '과화過化'라고 하였다. '과화존신'은 성인을 닮으려고 하는 수신의 한 방법이다. 하지만 세상에 성인이 흔하지 않아 가까이에서 성인을 만날 기회가 없다는 점이 아쉽다.

3) 수양과 실천

왕정상은 수양을 치지致知와 함양涵養을 겸하라고 말하는데 치지는 주희가 집대성한 리학의 치지 개념에서, 함양은 송대 심론을 주장한 육구연의 생각에서 비롯되었다고 볼 수 있다. 치지는 도를 밝히기 위한 것이고 함양은 도의 체인體認 방법이다. 수양 방법에서 치지와 함양은 학자들 간에 선후에 따른 다름이 있으며 방법의 차이가 있다. 공자는 학을 하려면 먼저 마음을 수양하고 도에 뜻을 둔 다음에 덕을 굳게 지키어 인을 행하며 또 육예를 두루 공부하는 것이다.47)라고 하였으니 함양이 된 자만이 뜻을 세우고 공부를 할 수가 있다고 하였다. 공자는 사실상 '선함양先涵養 후치지後致知'를 주장하였다고 볼 수 있다. 송명리학자들은 수양의 선후에서 치지를 먼저하고 후에 함양[先致知 後涵養] 할 것을 강조했다. 왕정상은 치지와 함양에 대해서 리학자와 다른 견해를 지니고 다음과 같이 말한다.

> 도를 밝히는 것은 치지致知가 가장 좋고 도의 체인體認은 함양涵養이 가장 좋다. 그 지극함을 구하니 내외가 서로 이루는 도를 지니게 된다. 강론과 연구하는 것이 앎이라고 여기는 것뿐만 아니라 인사에서 서로 응대하여 그 오묘함을 얻는 것이 치지의 실제이다. 비단 고요함이 젖어들게 하여 기르는 것으로 여길 뿐만 아니라 언행을 점검하고 제어하여 그 준칙에 맞도록 하는 것이 실제로 함양에 이르게 하는 능숙한 방법이다.48)

치지로서 도를 밝히고 함양으로 도를 체인하는 것이 수양법이다. 치지致知는 강론과 연구로 아는 지식 이외에 사람과 사이에서 서로 응대하는 것도 해당한다. 함양涵養은 언행을 점검하고 제한하는 것이 중요하다. 왕정상 수양론에서 함양은 별도로 시간과 공을 들여서 행하는 것이 아니다. 일상생활에서 또는 자기의 일터인 실천처에서 언행이 온화하고 난폭하지 않으며, 선하고 잔인하지 않으며, 공경하고 경거망동하지 않으며, 검약하고 욕을 많이 가지지 않으며, 겸양하여 이기기를 좋아하지 않도록 힘쓰고 감정은 성내고, 즐거움만 좇고, 걱정하고, 미혹되고, 두려워하는 마음을 없게 하는 것이다. 그는 심을 다스리는 방법으로 온溫·량良·공恭·검儉·양讓을 모두 경敬으로 보았다. '온'은 조화롭고 포악하지 않은 것이고 '량'은 선량하여 독하거나 교활하지 않은 것이며 '공'은 공경하면서 방자하거나 무례하지 않은 것이고 '검'은 검약하고 사치하거나 욕심 부리지 않은 것이며 '양'은 겸양하여 남을 이기려고 하지 않고 자신을 낮추는 것을 말한다.49) 그가 배움은 온·량·공·검·양을 통해 심을 닦고 성을 양성하는 것을 우선으로 삼는다50)고 하였는데, 이것이 치심양성治心養性의 함양이다.

그는 함양과 치지는 선후를 두고 하는 것이 아니라 병행하는 것이라고 하고 경을 확립하여 성을 이루게 된다고 하였다. 그는 경敬과 성誠과의 관계에 대해 다음과 같이 말한다.

> 학자學者가 처음 열심히 공부할 때는 반드시 주경존성主敬存誠으로써 그 뜻을 유지한 후에 진보가 있다. 오래되어 순숙純熟하면 동정動靜과 도가 하나가 되는데 성경誠敬의 양성을 기다리지 않아도 절로 존재하고 뜻도 또한 지니기를 기다리지 않아도 저절로 정해진다.51)

'치심양성'의 방법은 첫째 경을 확립하여 성을 간직해야[立敬存性] 한다. 심성을 먼저 수양하는 것이 마땅하다. 심성의 수양이 안 된 상태에서 책을 읽으면 판단함이 한쪽으로 기울게 되고 자기 것만을 고집하게 되며, 학문만을 이루고 세상에 나아가게 되면 본성적으로 이기는 것을 좋아하기 때문에 다른 사람과 함께 할 수 없다. 어릴 때부터 치지와 함양은

늘 함께 하는 것이다. 이로써 왕정상은 함양과 치지에 대해 다음과 같이
말한다.

옛사람의 학문은 먼저 의리로써 그 마음을 수양하여 도에 뜻을 두고,
덕에 근거하고, 인에 근거해야 한다. 다시 예악으로써 그 몸을 수양하고,
성음聲音으로 귀를 수양하고, 채색으로 눈을 수양하고, 무도舞蹈로 혈맥
을 수양하고, 위의威儀로 동작을 수양한다. 안과 밖을 모두 수양하면 덕
성이 곧 성취되고, 이로부터 행동이 천칙天則에 부합되고 도와 더불어
하나가 된다. 지금 사람은 밖으로 수양한 바가 없어서 기가 조비粗鄙한
자가 많고, 안으로 수양한 바가 없어서 마음이 화순和順한 자가 적다.
성현이 많이 보이지 않는 것은 괴이하지 않다.[52]

심의 수양은 먼저 이목구비를 수양하여 밖으로부터 사물을 받아들일
때 바른 시각으로 접근할 수 있도록 하는 것이다. 리학에서의 치지를
먼저하고 나중에 함양하는[先致知後涵養] 방법은 이목구비의 활동인 시
각, 청각, 후각, 촉각으로 분명하게 알기 전에 이론을 통하여 아는 것으
로, 심에 도덕에 대한 진지가 있기 전에 고정 관념이 먼저 가득 차 있게
된다. 치지를 선행하고 후에 함양하면 이러한 잘못된 선입견을 없애려고
힘써야 하는 폐단이 있다. 이는 사물의 시시비비가 각기 다른 시각으로
물을 판단하기 때문에 생기는 결과이다. 그래서 왕정상은 사물을 판단하
기 전에 소리와 음정으로 귀를 수양하고 채색으로 눈을 수양하고 춤으로
혈맥을 수양하고 거동과 예절 동작을 수양하여야 내외가 서로 수양이
되고 덕성이 생기게 되어 행동이 자연의 법칙과 합해지게 된다고 하였
다. 그래서 왕정상은 내외·동정, 함양·치지는 모두 겸해야 하고 서로
키워주어야 하는 관계에 있는 것으로 보았다. 그는 도를 어떻게 이루는
지에 대해 다음과 같이 말한다.

어떤 사람이 "문도聞道"에 대해 질문하여, 답하기를 "언어로써 들을 수 있는 것이 아니다"고 했다. "득도"에 대하여 질문하여, "견문으로써 얻을 수 없다. 일에 통달하고 마음에 회통하는 것을 '문聞'이라 하고, 마음에서 함양하고 밖에서 창달하는 것을 '득得'이라 한다"고 대답했다.53)

왕정상의 치지와 함양은 선후가 없다. 도를 알려면 먼저 일을 통달한 다음에 심으로 이해하는 것이고 도를 얻는 것은 심이 높은 경지에 오른 것이다. 실사에서 역행力行하여 통달하면 심의 수양에도 이를 수 있다. 이는 지행의 문제와도 관계된다. 지식과 도덕 두 가지는 필수로 겸비해야 하지만, 실천에서는 문도聞道를 중시한다. 실천처에서 치지는 학과 역행을 겸비하는 것이며 실제의 일에서 거듭 행하여[重行] 오묘함을 얻어내는 것이 치지이다. 함양은 치지와 함께 따라오게 된다. 치지는 내면적 실을 구하는 것이고 함양은 외면적으로 드러나는 행위를 바르게 하는 것이다. 득도의 득은 내면에서 문도한 것이 밖으로 드러나는 것이다. 그래서 치지가 되면 '문도'했다 하고 함양이 되면 '득도'했다고 하였다. 그 때문에 도는 내외에서 함께 나타나게 된다.

왕정상은 주희와 육상산陸象山 사이에 아호 논쟁54)을 벌였던 도문학과 존덕성의 문제55)의 경우에 둘을 따로 떨어뜨려서 말할 수 없는 것이며 병행해서 같이 행해질 때 비로소 도가 깃들고 덕을 실천하게 된다고 하였다. 그의 수양론은 결국 실천처實踐處에서 함양과 치지를 겸비하는 것으로 마음공부와 실천 공부를 분리하지 않는다. 실천 속에서 도덕 수양이 가능하며 실천을 통한 도덕 수양이 결국 득도를 이루어 낼 수 있게 된다. 함양은 치지를 겸비해야 하는데 함양하는 방법은 존심 양성하고 성찰하는 것으로 서로 키워주어야 한다. 이것이 왕정상이 주장하는 실천을 통한 수양이다.

3. 동정動靜의 관계

리학과 심학에서는 도덕 수양론으로 '존천리거인욕存天理去人欲'을 주장한다. 리학에서 '존천리거인욕'의 방법은 주돈이가 정을 위주로 하는[主靜]56) 이론에서 세워진 것이다. 왕정상의 동과 정의 이론은 존양과 성찰로서 설명하며 동정교양을 핵심으로 삼는다.

1) 존양과 성찰

주돈이의 주정설主靜說은 노장老莊이 허虛와 정靜을 중시한 것에서 유가의 사상으로 흘러들어왔다. 주돈이가 "성인이 중정中正과 인의仁義를 바르게 정하여, 고요함을 주로 해서[主靜] 사람으로서의 지극함[人極] 즉, 사람의 태극을 세우셨도다"57)라 말하여 주정설이 되었다. 또 주돈이는 "움직이는 것이 지극해서 고요하며 고요해서 음을 낳고 고요함이 지극하면 다시 움직이니 한번 움직이고 한번 고요한 것이 서로 그 뿌리가 된다"58)라 하여 움직임[動]의 근원을 고요함[靜]으로 삼았다. 리학에서도 그의 이론을 이어 주정을 주경主敬으로 바꾸어 해석하였다. '주경'은 정이천이 "경敬이 서면 안이 곧아지고 의義가 드러나면 밖이 방정해지니 의는 밖으로 나타나는 것이요 밖에 있는 것은 아니다."59)라고 하여 이를 주희가 '주경'이라고 칭했고 주경을 행하면 저절로 천리가 밝아진다고 하였다. 왕정상은 주돈이의 주정설과 정이천의 주경설을 모두 비판하면서 동정 교양의 수양법을 주장한다. 왕정상은 주돈이의 주정설에 대해 다음과 같이 비판한다.

주자周子가 창도하기를 "정靜을 위주로 하고 인극人極을 세운다"는 설은 잘못이다. 저 동정動靜은 서로 양성해야 그 도가 이루어지는데 정을 위주로 한다면 도는 한쪽으로 치우치게 되고, 음은 있는데 양은 없고, 양성은 있는데 시행은 없게 되니, 어찌 인극이 세워질 수 있겠는가? 이로 인하여 후학 소생小生들은 오로지 정좌리회靜坐理會에 힘써서 선씨禪氏에 빠져도 스스로 알지 못하는 것은 모두 선생이 그것을 연 것이다.[60]

왕정상은 주돈이의 주정설主靜說에 근거해 수행하면 후학들이 정좌에 전념하여 힘쓰게 되니 이는 마치 선불교에서 정좌靜坐하여 공허에 드는 수련법을 행하게 될 수 있다고 비난한다. 주정主靜은 선불교에서 심을 밝혀 성을 들여다본다는 명심견성明心見性의 이론과 같다고 할 수 있다. 그는 존양과 성찰 공부법을 다음과 같이 말한다.

> 존양存養은 사려 이전에 있지 않고, 성찰省察은 사기事機가 바야흐로 숨어있을 때 있게 된다. 『대학』에 '마음에는 성내는 바가 있고, 즐거워하는 바가 있고, 두려워하는 바가 있고, 근심하는 바가 있는 것은 모두 그 바름을 얻지 못한 것이다.'라고 했는데 이는 사람에게 고요히 존양할 것을 가르친 공功이다. 이같이 할 수 있다면 중심이 비어서 한 가지 사물도 존재하지 않으니, 확연廓然히 대공大公의 체體를 세울 수 있다. 『논어』에 예가 아니면 보지 말고, 예가 아니면 듣지 말고, 예가 아니면 말하지 말고, 예가 아니면 행동하지 말라고 했는데 이는 사람에게 행동하면서 성찰할 것을 가르친 공이다. 이처럼 할 수 있다면 스스로 극복하고 한 가지 사사로움도 행하지 않으니, 묘물妙物이 와서 순응하는 작용을 할 수 있다.[61]

맹자의 존양은 존심存心 양성養性이다. 『맹자』에 자신의 마음을 남김없이 실현하는 자는 자신의 본성을 이해하게 되고 자신의 본성을 이해하면 하늘을 이해하게 되며 자신의 마음을 간직하고 자신의 본성을 기르는 것은 하늘을 섬기는 방법이다.[62]고 하여 존심과 양성을 중시하였다. 『대학』에서 '심이 분노하는 바가 있고 호락好樂하는 바가 있고 두려워하는 바가 있고 걱정하는 바가 있다면 그 바름을 얻을 수 없다.'63)라고 한 것도 존심 양성의 공부로 정靜을 가르치는 것이다. 『논어』에서 '예가 아니면 보지 말고, 예가 아니면 듣지 말고, 예가 아니면 말하지 말고 예가 아니면 행동하지 말라'64)는 것은 행동을 가르치는 것으로 성찰 공부이며 동動의 공부이다.

왕정상은 정과 동의 공부인 존양과 성찰이 교대하며 길러야 심이 바르게 될 수 있다고 주장한다. 정靜은 사려가 있기 전의 허정한 상태이다. 그래서 성냄[忿懥]도 즐거움[好樂]도 두려운[恐懼]도 걱정됨[憂患]도 없는 상태를 정靜의 상태라고 한다. 이는 바로 무욕의 상태이며 외물이 심을 움직이게 할 수 없는 상태이다. 이 상태에서 외물에 접근하면 사사로움이 없이 넓고 크게 공평할 수 있다. 왕정상은 존양과 성찰에 대해 다음과 같이 말한다.

"무엇을 존양이라고 부르는가?" "마음이 사물에 미치지 않았을 때 비어있으면 사물이 없고, 밝으면 깨달음이 있는데 사물이 미혹하여 어지럽힐까 두려워하는 것이다." "무엇을 성찰이라 부르는가?" "일의 기미가 바야흐로 마음 안에 있을 때 의로우면 행하고 의롭지 않으면 행하지 않는다. 살얼음을 걷듯 신중해야 하는데 일념이라도 의롭지 못하면 소인의 길로 가는 것이 두렵다."65)

정靜은 일이 미치지 않았을 때의 허虛한 상태이고 동動은 일의 기미가 사려에 막 생겨날 때의 성찰이다. 존양과 성찰은 모두 인간의 내성 공부이다. 도덕 수양에 있어 왕정상은 주희가 말한 미발未發의 정과 이발已發의 동에 대해 감응의 작용은 단서가 없어서 동과 정에도 일정함이 없고 성性이 부득이하여 생겨난 것이라고66) 반박한다. 즉, 그의 이론은 미발의 상태에서도 정이 있고 동이 있으나 동이 드러나지 않는 것이고 이

발의 상태 역시 정이 있고 동이 있으나 정이 드러나지 않는 것이다. 존양과 성찰은 동정으로 달리 드러나지만 모두 내성 공부로 선을 추구한 것이다. 그런데 왜 행하기 어려운가에 관해 왕정상은 다음과 같이 말한다.

> "존양과 성찰은 선善인데 또한 행할 수 없는 것이 있는 것은 어째서인가?"라고 하니, "간혹 시세時勢의 다름으로 처음에 궁리가 지극하지 않은 때는 중지하여서 계획을 바꿀 수 있으니 또한 선을 행하는데 해롭지 않을 것이다. 그래서 '선에는 일정한 주인이 없다.'고 한 것이고, 이것이 일의 근본을 헤아려지는 공부이다"라고 하였다.67)

성리학의 존양성찰存養省察은 양심을 보존하고 본성을 함양하면서 나쁜 마음이 스며들지 않도록 잘 살펴 단호히 물리치는 것이다. 하지만 왕정상 철학에서 존양存養은 외물과 접하지 않아 정이 발하지 않은 미발의 시기에 하는 것이고 성찰省察은 외물과 접할 기미가 보일 때 마음 안의 도와 맞추어 의로우면 행하고 의롭지 않다면 행하지 않는 것이다. 존양은 미발의 때에 행하는 것이라 미혹될까 두려움이 있게 되고 성찰은 이발의 때에 행하니 신중하지 못해 조금이라도 의롭지 못하게 될까 염려한다. 성찰은 일의 기틀이 바야흐로 깨어날 무렵에 행해야 하기에 의義와 예禮를 준칙으로 삼아 나아가서 잘 판단하여 극기克己로서 사사로움을 제거해야 한다. 먼저 의로움에 대해 다음과 같이 말한다.

> 어떤 사람이 질문하기를 "기를 기르는 데에 조장助長하는 폐해는 어떤 것인가?"라고 했다. 대답하기를 "의義가 모이면 기를 낳을 수 있고, 마음에 부끄러움이 없으면 행할 수 없는 곳이 없다. 의가 이르지 않았는데 다만 그 기를 왕성하게만 하면 위행危行도 도를 밝힐 수 없고, 격론激論도 덕을 이룰 수 없고, 밖으로는 막히고 동요하고, 안으로는 소실되고 후회하는 것이 많다. 그러니 거의 기를 해치지 않겠는가?"라고 했다.68)

316

『맹자』에 반드시 의로운 일이 있으면 그것을 그만두지 말고 마음에 잊지 말며 무리하게 조장하지 말라."라고 하였다. 의로움은 성찰 공부에 필요한 요소이지만 조장助長하여 행하는 것은 오히려 폐해를 불러온다. 왕정상은 의로움이 생기기도 전에 기가 왕성하면 행동이 위행危行이 된다고 한다. 위행은 행동이 고상하여 일상의 유행이나 풍속을 좇지 않는 것인데 기가 지나치게 왕성하면 자칫 무리한 조장을 하게 되는 데 이것이 위행이다. 의로움을 늘 행하여야 기를 해치지 않게 된다.

왕정상은 세상일을 구제하는 자는 재능이 반드시 도에 밝아야 한다. 도를 닦는 것은 덕이 반드시 예를 숭상해야 한다.[69]고 하였다. 덕德은 도를 따라 확실히 의지意志를 결정할 수 있는 인격적 능력이고 의무적 선善 행위이다. 그는 바른 행위로서 덕을 쌓는 것이 도를 닦는 것이고, 바른 행위를 함은 예禮를 숭상하여야 가능하며 성찰은 의와 예를 준칙으로 삼아야 한다고 주장하였다.

2) 동정교양動靜交養

왕정상이 동과 정은 언제 어디서든 항상 함께 존재한다고 하여 "정은 생生의 본질이나 동이 없으면 영험하지 못하고 동은 생의 덕성이나 정이 없으면 양성할 수 없다."[70]고 하였다. 그 때문에 동과 정은 서로 길러주는 관계가 된다. 그는 성리학에서 정에서는 고요하다가[寂然不動] 동에서 감응하여 통하니[感而遂通] 허정에서 양성해야 한다고 주장하는 것에 대해 다음과 같이 말한다.

정靜과 적寂은 감응하지 않고, 동動은 감응하여 마침내 통하는데 모두 성性의 체體이다. 성인聖人은 허虛로써 정靜을 양성하기 때문에 중심中心에 사물이 없고, 성인은 바름[直]으로써 동動을 신중히 하기에 순리대로

응하는데 이는 모두 성리학性理學의 부득이한 것이다.71)

성리학에서는 정은 고요하여 감응하지 않은 상태일 뿐이고 동이 감응하여 비로소 통한 상태가 된다. 정과 동은 모두 감각을 지니고 있어 성의 본체이다. 단지 성인의 본성만이 순수하기에 비움으로써 고요함을 기르고 바름으로써 행동을 삼가라고 한 성인은 북송의 주돈이다. 주돈이의 주정主靜설은 정한 상태에서 양성하라는 것인데 왕정상은 주정설에 대해 정의 상태는 양성할 필요가 없고 동의 상태에만 신중하면 된다고 하며 정靜을 양성해야 한다는 것은 천리를 성으로 보는 성학의 부득이함이라고 표현했다. 주돈이의 주정설은 성인에게만 해당하고 사실상 범인은 정과 동 어느 상태든지 모두 도덕 수양이 꼭 필요하다. 그래서 그는 정과 동의 상태에 함께 수양하여야 한다고 다음과 같이 말한다.

동動과 정靜은 내외를 합하여 하나로 하는 도이다. 마음은 고요하면서 감응이 없던 적은 없었고, 이치는 감응이 있으면서 응함이 없던 적은 없었다. 그래서 정은 본체이며 동은 발용發用이 된다.72)

유학은 결국 성인을 추구하는 학문이기에 단 한 사람의 성인이 있다고 하더라도 이 점은 간과할 수 없다. 그래서 왕정상은 부득이하다고 변명한다. 그는 고요하면서 움직이지 않으면 정체되고, 움직이면서 고요함이 없으면 소란하니 모두 오래 갈 수 없다73)고 하며 동정의 관계는, 고요할 때도 미비한 움직임이 있고 움직일 때도 순간순간 고요함은 있다고 하며 정이 본체가 되고 동이 발용이 되어 체용이 하나로 움직이듯 정과 동이 합해서 하나가 된다고 한다. 그 때문에 동과 정은 항상 함께하고 서로 길러주는 것이라고 다음과 같이 말한다.

성인은 고요함을 위주로 하여 먼저 그 본체를 수양할 뿐이다. "감응하여 통한다."와 "일상의 좌우에서 취해도 근원을 만난다."라는 것은 정의 유용을 말한 것이고, 본래 동을 싫어한 것이 아니다. 세상의 유자들은 동을 외물의 감응으로 여기고 오직 정을 중시하는데 이는 정은 옳고 동은 옳지 못하고, 정은 나의 진실이 되고 동은 외물의 거짓이라 하여 내외를 둘로 여기는 것인데 불교의 선종이 외물을 싫어하는 것에 가깝다.[74)]

『주역』, 「계사전」에 역易을 설명하며 역은 적연寂然 시에는 움직이지 않다가 감응하여 비로소 통한다고 '감이수통感而遂通'이라 표현하였는데, 주희는 고요함은 감응의 본체이고 감응하여 통하는 것은 고요함의 작용이다."라고 주석을 붙였다. 주희 철학에서 고요할 때 수양해야 하기에 수양은 정좌를 겸한다는 사유와 정명도 철학에서 "사람이 태어나서 고요한 것은 천의 본성이고 물에 감응하여 동이 되는 것은 성의 욕망이다"[75)]라고 한 것은 모두 정靜을 천성으로 동動을 인욕으로 본 것이다. 그는 정만을 우위에 두는 것이 마치 선불교에서 외물과 감응하는 것을 피해 고요하게 참선禪하는 것만을 중시하는 것과 같다고 한다.

왕정상은 주희·정명도와 달리 고요함도 천성이고 움직임 또한 천성으로 보았다. 일반인의 성은 사물로서 움직이는 것이 많으니 모두 다 천성일 수밖에 없다. 그래서 그는 만약 움직임이 욕이라면 성인의 움직임 역시 욕이 되는데 성인이 움직이는 것을 욕이라 할 수 있겠는가?[76)] 하고 반문한다. 정과 동은 모두 성이기 때문에 정靜할 때도 수양은 가능하고 동動할 때도 수양은 가능하다. 즉, 정은 본체가 되고 동은 발용이 되어 정과 동이 합해서 하나가 된다고 다음과 같이 말한다.

움직임을 천리天理로서 하는 자는 고요함도 반드시 이치로써 주관한다. 움직임을 사람의 욕망으로써 하는 자는 고요함도 반드시 욕망으로써 기반을 둔다. 고요함은 천성인데 움직임은 곧 사람의 욕망으로 들어간다면 이는 내외의 심적心跡이 서로 합한 하나가 아니다. 천하에 어찌 이런 이치가 있겠는가! 성인의 덕성이 양성되면 무욕無欲, 무위無爲하고, 지허 至虛, 지일至一 하니, 고요도 또한 천성으로써 하고, 움직임도 또한 천성 으로써 하고, 사물이 와서 응할 뿐인데 어찌 욕망이 있어서 장차 밖에서 맞이할 것인가?[77]

성리학에서 정을 천리로, 동을 인욕으로 보는 것은 사실상 정과 동을 쪼개어 나누는 것이며 성인의 도에서 벗어난 사유이다. 왕정상 역시 정을 귀하게 여기지만 인간이 움직이지 않고 살아가지는 않는다. 늘 움직이면서도 그 안에서 고요할 수 있고 고요한 가운데에서도 움직임이 있다. 고요함과 움직임이 서로 돌아가며 길러주는 것[靜動交養]이 수양이다. 왕정상의 원기본체론의 사유에서는 정도 천성에 속하고 동도 천성에 속한다. 이 천성이 바로 성이며 성은 동과 정이 합해져서 도가 된다. 즉, 성이 바로 도인 것이다. 성과 도는 천성이기 때문에 수양으로 연마하여 만들어가야 한다.

왕정상은 도덕적 수양의 중요한 작용으로서 정을 부정하는 것이 아니다. 단지 정만으로 도에 이르는 것이 부족하다고 여긴다. 그는 도덕적 수양을, 정에서 구하는 동시에 실천처에서 접하는 사람과 사람 사이의 동에서 구하는 것이니 동정교양으로 수양해야 한다고 주장한 것이다. 동정의 문제는 지행의 문제와도 연결된다. 이 때문에 그는 '아는 것과 행동하는 것 역시 따로 선후를 정하지 않고 같이 겸하여 이룬다고 하며 '지행겸거'를 해야 한다고 주장하였다.

그의 동정교양은 북송의 학자 주돈이의 주정설을 비판하며 생겨난 것으로 훗날 왕부지가 더 나아가 주장한 주동설主動說의 가교역할을 한다. 주돈이가 정만으로 수양을 말하는 주정主靜에서 왕정상이 정과 동의 시기에 서로 일깨워 준다는 정동교양靜動交養으로 또 청대의 왕부지는 동으로만 수양하는 주동主動으로 바뀌어 간다. 왕부지의 주동설은 모두 동에서만 이루어진다는 동정개동動靜皆動이라고 표현하였다. 명대의 왕 정상이 주장한 동정교양은 송과 청 사이 시대적으로 사이에 끼어 두 학 자 사이에서 중요한 디딤돌이 된 것이다.

주석

1) 『신언』,「作聖」: 作聖之塗, 其要也二端而已矣: 澄思寡欲以致睿也; 補過從 義以日新也.

2) 『맹자』,「告子」: 曹交問曰, 人皆可以爲堯舜. 有諸, 孟子曰, 然.

3) 『맹자』,「盡心 下」: 孟子曰, 由堯舜至於湯, 五百有餘歲, 若禹 皐陶, 則見而 知之; 若湯, 則聞而知之. 由湯至於文王, 五百有餘歲, 若伊尹, 萊朱則見而 知之; 若文王, 則聞而知之. 由文王至於孔子, 五百有餘歲, 若太公望 散宜 生, 則見而知之; 若孔子, 則聞而知之. 由孔子而來至於今, 百有餘歲, 去聖 人之世, 若此其未遠也; 近聖人之居, 若此其甚也, 然而無有乎爾, 則亦無 有乎爾.

4) 『맹자』,「盡心 下」: 孟子曰: 聖人, 百世之師也, 伯夷 柳下惠是也. 故聞伯夷 之風者, 頑夫廉, 懦夫有立志; 聞柳下惠之風者, 薄夫敦, 鄙夫寬. 奮乎百世 之上. 百世之下, 聞者莫不興起也. 非聖人而能若是乎, 而況於親炙之者乎?

5) 『논어』,「季氏」: 生而知之者上也, 學而知之者 次也, 困而學之 又其次也, 困而不學 民斯爲下矣.

6) 『논어』,「陽貨」: 唯上知與下愚不移.

7) 『신언』,「性善」: "省其私, 足以發", 明道之幾也. "不遷怒, 不貳過", 進德之 塗也. "用之則行, 舍之則藏", 動以時矣. "簞瓢陋巷, 不改其樂", 純乎天矣. 是故顔子亞聖.

8) 『논어』,「爲政」: 子曰, 吾與回言終日, 不違如愚. 退而省其私, 亦足以發, 回 也不愚.

9) 『논어』,「雍也」: 有顔回者好學, 不遷怒, 不貳過. 不幸短命死矣, 今也則亡, 未聞好學者也.

10) 『논어』,「述而」: 子謂顔淵曰, 用之則行, 舍之則藏.

11) 『논어』, 「雍也」: 子曰, 賢哉, 回也, 一簞食, 一瓢飮, 在陋巷, 人不堪其憂, 回
也不改其樂. 賢哉, 回也.

12) 『신언』, 「作聖」: 顔子近聖人之資, 孟子近聖人之才, 仲尼兼之而敦粹.

13) 『논어』, 「雍也」: 子曰, 質勝文則野, 文勝質則史. 文質彬彬, 然後君子.

14) 『아술 상』: 溫和而不暴戾, 良善而不險狠, 恭敬而不患肆, 儉約而不多欲,
謙讓而不好勝, 此聖人之盛德也. 學能體之, 則於人也無往而不感矣, 又何
以他學爲哉?

15) 『신언』, 「作聖」: 聖人者, 言乎人道之至也, 窮理盡性至命, 以合天之神者也.

16) 『신언』, 「作聖」: 聖人道德之宗正, 仁義禮樂之宰攝, 世固不獲見之矣. 其次,
莫如得亞聖者, 契道之真, 以命令於一世焉. 其次, 莫如得大賢, 嚴於守道,
不惑於異端九流, 以亂道真焉. 下此, 隨波徇俗, 私智害正者, 純疵交葛, 吾
不知其裨於道也.

17) 『신언』, 「性善」: 聖人之辭簡, 其理渾; 賢人之辭繁, 其理辯.

18) 『신언』, 「作聖」: 不任者, 順而應, 無意而遊, 澹而和樂者也, 天之道也. 是故
聖人之於物也, 無喜, 無怒, 無好, 無怨, 無得, 無喪, 無智, 無功.

19) 『신언』, 「作聖」: 無我者, 聖學之極致也. 學之始, 在克己寡欲而已矣. 寡之
又寡, 以至於無, 則能大同於人而不有已矣. 雖天地之度, 不過如此.

20) 『二程集』, 「定性書」: 夫天地之上, 以其心普萬物而無心, 聖人之常, 以其情
順萬事而無情, 故君子之學莫若廓然而大公, 物來而順應.

21) 『신언』, 「作聖」: 天地無所不容, 故大. 聖人與物無較, 故與天地同體.

22) 『아술 상』: 由于聖人, 無我與天地同體, 因此聖人, 溫和而不暴戾 良善而不
險狠, 恭敬而不患肆, 儉約而不多欲, 謙讓而不好勝, 具有至故高德性.

23) 『신언』, 「作聖」: 作聖之塗, 其要也二端而已矣: 澄思寡欲以致睿也; 補過從
義以日新也. 卒以成之, 曰誠.

24) 『중용』, 第16: 夫微之顯, 誠之不可揜, 如此夫.

25) 『신언』, 「見聞」: 人心澹然無欲, 故外物不足以動其心, 物不能動其心則事
簡, 事簡則心澄, 心澄則神, 故 "感而遂通天下之故". 是故無欲者, 作聖之
要也.

26) 『맹자』, 「盡心 下」: 養心莫善於寡欲. 其爲人也寡欲, 雖有不存焉者, 寡矣;
其爲人也多欲, 雖有存焉者, 寡矣.

27) 『맹자』, 「公孫丑 上」: 惻隱之心, 仁之端也. 羞惡之心, 義之端也. 辭讓之心,
禮之端也. 是非之心, 智之端也.

28) 『노자』, 3章: 不見可欲, 使民心不亂, 常使民無知無欲.

29) 『장자』, 「齊物論」: 南郭子綦隱机而坐, 仰天而噓, 苔焉似喪其耦. 顔成子游
立侍乎前, 曰:「何居乎? 形固可使如槁木, 而心固可使如死灰乎? 今之隱机
者, 非昔之隱机者也. 子綦曰: "偃, 不亦善乎? 而問之也! 今者吾喪我, 汝知
之乎?"

30) 『이정유서』: 人心私欲, 故危殆; 道心天理, 故精微. 滅私欲則天理自明矣.

31) 『논어』, 「顔淵」: 一簞食, 一瓢飮, 回也不改其樂.

32) 『중용장구』: 中庸, 中者, 不偏不倚, 無過不及之名. 庸, 平常也.

33) 『신언』, 「見聞」: 心爲道主, 未有不能養心而能合道者, 未有不能寡欲而心
得養者.

34) 『신언』, 「見聞」: 學者於貧賤富貴不動其心, 死生禍福不變其守, 則天下之
事無不可爲矣.

35) 『예기』, 「禮運」: 大道之行也, 天下为公. 选贤与能, 讲信修睦, 故人不独亲
其亲, 不独子其子; 使老有所终, 壮有所用, 幼有所长, 矜, 寡, 孤, 独, 废疾
者皆有所养, 男有分, 女有归. 货, 恶其弃于地也, 不必藏于己. 力, 恶其不
出于身也, 不必为己. 是故谋闭而不兴, 盗窃乱贼而不作. 故外户而不闭,
是谓大同.

36) 『신언』, 「御民」: 禦民以道不以術, 守我之正而感服不計焉, 付得失於民爾.
術不可久, 民不可愚, 雖暫得之, 終必失之, 民以我非誠也, 故聖人王道.

37) 『아술 상』: 欲多塗; 好功、好名、好文章、好安逸、好諸非性分者皆是也, 不直
好富貴耳. 夫有所好, 神志不得淸泰, 必動心於得失之際, 豈不累於所好哉?

38) 『신언』, 「小宗」: 利欲昏智, 敗義, 喪仁.

39) 『신언』, 「君子」: 君子尊德性, 故得喪重乎內, 重乎內, 則善日長; 小人恣情
欲, 故得喪重乎外, 重乎外, 則惡日長. 是故觀人者, 觀其所重, 而君子小人
可知矣.

40) 『신언』, 「見聞」: 人心淡然無欲, 則外物不能使其動心, 因而事情簡而不繁,
事簡則心中澄靜, 心靜則近于神, 所以說 "感而遂通天下之故. 是故無欲者,
作聖之要也.

41) 『맹자』, 「盡心」: 民日遷善而不知爲之者. 夫君子所過者化, 所存者神.

42) 『신언』, 「作聖」: 聖人之於物也, 無喜, 無怒, 無好, 無怨, 無得, 無喪, 無智,
無功.

43) 『신언』, 「作聖」: 聖人志氣如神, 生質之美也; '精義入神', 盡性之極也.

44) 『신언』, 「作聖」: 聖人心有是神, 則觸處洞然, 故曰聲入心通. 聖人心有是理,
則隨感而應, 故曰左右逢原.

45) 지기여신志氣如神은 『예기』, 「仲尼閑居」편의 '德明在躬 志氣如神'에서 온 표현이며, 성인의 지기志氣가 크고 높으며 변화가 신묘神妙함이 마치 신神과 같다는 말이다.

46) 『맹자』, 「盡心 上」: 君子, 所過者化, 所存者神.이라 하여 과화존신過化存神이라 한다. 과화존신은 군자가 지나가는 곳에서는 백성들이 교화되며 군자를 마음에 두면 신묘해진다는 뜻이다.

47) 『논어』, 「述而」: 志於道, 據於德, 依於仁, 游于藝.

48) 『신언』, 「潛心」: 明道莫善於致知, 體道莫先於涵養. 求其極, 有內外交致之道. 不徒講究以爲知也, 而人事酬應得其妙焉, 斯致知之實地也. 不徒靜涵以爲養也, 而言行檢制中其則焉, 實致養之熟塗也. 必從格物致知始, 則無憑虛泛妄之私, 必從灑掃應對始, 則無過高獵等之病. 上達則存乎熟矣.

49) 『아술 상』: 溫, 和而不暴戾, 良善而不險狠, 恭敬而不患肆, 儉約而不多欲, 謙讓而不好勝.

50) 『아술 상』: 爲學不先治心養性, 決無入處.

51) 『아술 상』: 學者始而用功, 必須立敬存性, 以持其志, 而後有進; 久而純熟, 動靜與遂爲一, 則誠敬不待養而自存, 志亦不持于持而自定矣.

52) 『신언』, 「君子」: 古人之學, 先以義理養其心, 志於道, 據於德, 依於仁是也. 復以禮樂養其體, 聲音養耳, 彩色養目, 舞蹈養血脈, 威儀養動作是也. 內外交養, 德性乃成, 由是動合天則, 而與道爲一矣. 今人外無所養, 而氣之粗鄙者多; 內無所養, 而心之和順者寡. 無怪乎聖賢之不多見矣.

53) 『신언』, 「潛心」: 或問聞道曰: 非言語也. 得道曰: 非見聞也. 遂於事而會於心, 斯謂之聞; 養於中而暢於外, 斯謂之得.

54) 아호논쟁鵝湖論爭은 주희(1130~1200)·여조겸(1137~1181)과 육상산(1139~1193) 형제 외에도 강서의 여러 학자가 아호사鵝湖寺에 모여 학문의 방법과 수양에 관한 논쟁을 한 것을 말한다. 아호모임에서의 논의는 도문학과 존덕성의 문제로, 주희는 사람이 널리 보고 넓게 관찰하게 한 후에 요약해야 한다고 하였고, 이육二陸(陸九齡과 陸象山)은 먼저 사람의 본심을 드러낸 후에 널리 보게 해야 한다고 하였다. 주희는 육상산의 가르치는 방법이 너무 간이簡易하다고 여겼고 선생은 주희의 가르치는 방법이 너무 지리支離하다고 여겼으니, 이 점이 합치되지 못하였다.

55) 『주자어류』 卷49: 尊德性與道問學, 二者修德凝道之大端.

56) 주정설主靜說은 송유宋儒인 염계濂溪 주돈이周敦頤가 수창한 수양법에 대한 설. 주정이란 망상을 버리고 마음을 청정淸靜하게 갖는다는 것이다. 주돈이, 『태

극도설」: 聖人定之 以中正仁義而主靜立人極焉[사람을 논하면서 하늘에 바탕 하지 아니하면 도는 근본이 없어지므로 주자周子가 주정설을 만들고 인극을 세웠다]에서 주돈이가 주정설을 세운 것으로 나온다.

57) 『태극도설』: 聖人定之以中正仁義 而主靜立人極焉.

58) 『태극도설』: 動極而靜, 靜而生陰, 靜極復動, 一動一靜互爲其根.

59) 『이정집』,「二先生粹言」, 卷40: 敬也, 心主於一也.『近思錄』: 伊川先生曰, 敬立而直內, 義形而外方, 義形於外, 非在外也.

60) 『아술 상』: 周子倡爲 "主靜入人極"之說, 誤矣. 夫動靜交養, 厥道乃成, 主于靜則道涉一偏, 有陰無陽, 有養無施, 何人極之能立? 緣此, 後學小生專務靜坐理會, 流于禪氏而不自知, 皆先生啓之也.

61) 『아술 상』: 存養在未有思慮之前, 省察在事機方蒙之際.『大學』心有所忿懥, 有所好樂, 有所恐懼, 有所憂患, 則皆不得其正, 是敎人靜而存養之功也. 能如是, 則中虛而一物不存, 可以立廓然大公之體矣.『論語』非禮勿視, 非禮勿聽, 非禮勿言, 非禮勿動, 以克去已私, 是敎人動而省察之功也. 能如是, 則己克而一私不行, 可以妙物來順應之用矣.

62) 『맹자』,「盡心 下」: 存其心, 養其性, 所以事天也.

63) 『대학』, 7章: 所謂修身在正其心者, 身有所忿懥, 則不得其正 ; 有所恐懼, 則不得其正 ; 有所好樂, 則不得其正 ; 有所憂患, 則不得其正.

64) 『논어』,「顏淵」: 非禮勿視, 非禮勿聽, 非禮勿言, 非禮勿動.

65) 『신언』,「潛心」: 夫何以謂存養? 曰: "心未涉於事也, 虛而無物, 明而有覺, 恐恐焉若或汩之也."夫何以謂省察? 曰: "事幾方蒙於念也, 義則行之, 不義則否. 履冰其愼也, 恐一念不義, 蹈於小人之途也.

66) 『아술 상』: 感應之機無端, 故動靜無常, 皆性之不得已而然也.

67) 『신언』,「潛心」: 曰: "存, 省善矣, 亦有不可行者, 何也?"曰: "或時勢之殊, 始而窮理未至也, 能中止以改圖, 亦不害其爲善. 故曰: '善無常主', 此既事體量之學也."

68) 『신언』,「潛心」: 或問: "養氣助長之害如之何?" 曰: "義集生氣, 則心無愧怍無往而不可行. 義未至而徒盛其氣焉, 危行不足以明道, 激論不足以成德, 外阻撓而中消悔者多矣, 不幾於害氣乎哉?"

69) 『신언』,「潛心」: 濟務者, 才必明於道; 修道者, 德必崇於禮.

70) 『신언』,「見聞」: 靜, 生之質也, 非動弗靈. 動, 生之德也, 非靜弗養.

71) 『아술 상』: 靜, 寂而未感也. 動, 感而遂通也. 皆性之體也. 聖人養靜以虛, 故中心無物, 聖人愼動以直, 故順理而應, 此皆性學之不得已者.

72) 『신언』, 「見聞」: 動靜者, 合內外而一之道也. 心未有寂而不感者, 理未有感
而不應者, 故靜爲本體, 而動爲發用.

73) 『신언』, 「見聞」: 靜而無動則滯, 動而無靜則擾, 皆不可久.

74) 『신언』, 「見聞」: 聖人主靜, 先其本體養之云爾. 感而遂通, 左右逢原, 則靜
爲有用, 非固惡夫動也. 世儒以動爲客感而惟重乎靜, 是靜是而動非, 靜爲
我眞而動爲客假, 以內外爲二, 近佛氏之禪以厭外矣.

75) 『이정유서』, 「識仁」: 人生而靜, 天之性也. 感于物而動, 性之欲也.

76) 『아술 상』: 靜屬天性, 動亦天性, 但常人之性動以物者多, 不能盡皆天耳.
今曰動乃性之欲, 然則聖人之動亦皆欲而非天邪?

77) 『아술 상』: 動以天理者, 靜必有理以主之. 動以人欲者, 靜必有欲以基之.
靜爲天性, 而動卽逐於人欲, 是內外心跡不相合一矣. 天下豈有是理, 聖人
德性養成, 無欲無爲, 至虛至一. 靜亦以天, 動亦以天, 物來應之而已. 夫何
有欲以將迎於外?

제10장
경세론經世論

경세론은 세상을 다스리고 경영하는 일에 관한 이론이며 경세는 정치
와 경제 사회적으로 백성을 구제하는 제민과 합해져서 말해진다. 이 장
에서는 왕정상의 경세론을 정치, 사회, 경제의 관점에서 살펴본다. 정치
적 측면에서는 강한 군주제로 정치적 안정을 꾀하고 민본을 근본으로
민락民樂에 힘쓰고 경제적 측면에서는 농본을 근거로 구황救荒과 비황
備荒에 중점을 두었다. 사회적 측면에서 법과 질서를 바로잡고 사회 질
서 유지를 위해 힘쓰며 불합리한 제도의 개혁과 계몽을 앞세운다. 하지
만 농민운동에는 철저히 맞선다.

1. 경세와 정치

고대 유학에서 정치관의 변천을 보면, 공자가 정치에 관한 개념과 중
요성을 제시했고 맹자가 민본을 강조하였다. 민본은 왕정상이 정치사상
의 핵심으로 삼았다. 민본은 도로서 정치를 행할 때 백성이 행복하고

즐거워하게 된다. 왕정상은 자신이 평생 정치를 하며 백성이 중심이 되는 민본 사상을 실천하기 위해 많은 상소를 올려 민심을 따를 것을 주청하였고 동시에 백성들에게 인의, 예악, 형법 등을 알리고 교화시키려고 힘썼다. 그는 또 변방의 이민족을 다스리는 데에 자신의 견해를 실현하려 했고 항상 도처到處에서 인재를 등용해야 함을 강조했다.

1) 정치 주체

경세의 시작은 요순시대로부터 행해졌으나 공자가 자기 자신을 다스리는 수기修己와 백성들을 다스리는 안백성安百姓을 분류하면서 도덕과 정치의식이 생활과 불가분의 관계를 갖게 되었다. 공자의 사상은 곧 정치인의 도덕성 문제와 연관을 맺게 된다. 공자의 '수기 안백성'의 사상은 송대에 '내성외왕內聖外王' 사상으로 명칭이 바뀌면서 중시하는 정도에 따라 경세론이 내성적 경세론과 외왕적 경세론으로 분류되었다. 내성적 경세론은 도덕이 우선시 되어 내성이 된 자들이 정치하는 것이고, 외왕적 경세론은 정치 전문가가 정치하며 내성을 이루는 것이다. 내성과 외왕을 함께 이루는 것에서는 의미가 같으나 순서에서 차이가 있다.

경세라는 개념은 『장자』에서 처음 찾아볼 수 있는데, 「제물론」에서 '『춘추』에 삼황오제의 뜻에 따라 나라를 다스린다.'[1]라고 표현하였다. 이는 장자가 공자의 뜻을 전한 것일 뿐 직접 경세를 말하지는 않았다. 유가에서 경세는 주로 옛 임금들이 나라를 다스리면서 그들이 행한 일을 뜻한다.

왕정상의 경세는 실학에서 경세의 의미와 같다. 명·청대 실학자들이 말하는 경세는 몇 가지 기본 개념을 지닌다. 첫째는 입세入世적 인간의 가치를 지향해야 한다. 경세는 반드시 외왕적 경세를 중시하고 정치를 근본으로 하는 사유를 해야 한다. 둘째는 치본治本이어야 한다. 수신에

만 그치는 유학은 경세를 말할 수 없고 반드시 안백성을 중시해야 한다. 셋째는 법이 기초가 되어야 한다. 법은 나라를 경영하고 백성을 다스리는 도구이다. 인재 등용, 조세, 운송, 치수, 병제 등 각종 분야에 다스리는 법을 실제 시대적 사회 환경에 적합하도록 제정하는 것이 경세의 기본이 된다. 역사적으로 볼 때 사회적으로 불안하거나 백성들이 우환의식이 있게 되는 난세에는 내성內聖형 경세 실학 쪽으로 기울거나 외왕外王형 경세 실학 쪽으로 기울게 되어 정치가들이 중간을 택하려는 전환을 시도했었다. 이렇게 두 종류의 철학으로 기울고 또 전환하려고 하는 과정에서 사회역사와 문화 배경에 따라 경세관도 달라진다.

경세는 주체자의 역량이 중요하다. 공자가 인간은 '태어나면서 잘 아는 자도 있고 배워서 아는 자도 있으며 잘 몰라서 열심히 공부하는 자가 있는데 잘 모르는데 배우려고 하지 않는 자도 있다'[2]고 했듯이 인간은 타고난 본바탕의 능력인 질質이 서로 다르다. 왕정상은 질은 성질, 기질, 재질 등으로 인간은 각기 다르게 지니고 태어난다. 왕정상은 정치 주체자가 되려면 타고난 역량이 갖추어져 있어야 하고 또 후천적으로 학문을 익히고 또 도덕심을 키워야 한다. 그런 후 각자 자신이 키운 능력에 맞는 일을 찾게 된다. 각자 능력에 맞는 일을 찾게 되면 실제로 각자 맡은 일에서 자기의 자리를 얻게 되는 각득기소各得其所가 이루어진다고 하였다. 또 사람들이 각자의 일터에서 맡은 바의 전문적 지식을 익혀서 전문가가 되고 또 자기 일을 하는 가운데 온화·선량·공손·검소·겸양 등을 익히면 정에 이끌리지 않고 욕에 휩쓸리지 않게 된다고 하였으니, 그는 외왕형 경세를 표명한 것이고 실천 중심의 경세를 중시한 것이다.

『중용』에 "혹은 나면서부터 알기도 하고, 혹은 배워서 알기도 하고, 혹은 애써서 알기도 하는데, 그 앎에 이르러서는 똑같다. 혹은 편안히 행하기도 하고, 혹은 이롭게 여겨 행하기도 하고, 혹은 힘써서 행하기도 하는데, 그 성공함에 이르러서는 똑같다."[3]라고 하였다. 또 『중용』에서는 인간의 앎은 어떻게 알게 되든지 앎이란 점에서는 같다. 또 어떻게 그 앎을 실천하든지 간에 성공이란 점에서 똑같다. 선천적 조건에 약간의 차이가 있다고 해도 학문과 수양을 통해 성誠의 영역에 도달하는 것은 결국 같다고 하였다. 이는 타고날 때부터 역량을 지닌 자에게 주체자로서 기회를 부여하는 공자의 생각과 다르다. 송대 경세의 주체는 먼저 수양이 된 자에게 기회가 주어졌다. 왕정상은 경세 분야에서 후천적으로 공부해서 전문적 지식을 지닌 자를 경세 주체로 삼았다. 즉, 시대와 사상에 따라 요구되는 정치 주체자에 대한 견해가 달랐다.

왕정상이 인간은 누구라도 학문에 의해 치지를 이루기도 하지만 진정한 앎은 행위를 하는 과정에서 함양과 함께 이룬다고 보았다. 또 치지와 함양하는 과정에서 각자 자기가 맡은 일에 충실하면 결국에는 각득기소가 되어 대동大同을 이루게 된다고 하였다. 하지만 선천적으로 성인으로 태어난 '생이지지자'가 아닌데도 경세의 주체 자리를 타고난 자가 있는데, 왕의 아들로 타고난 자다. 그는 타고날 때부터 각득기소가 이미 결정되었고 자신이 세자世子가 될 세勢를 지니고 타고 났으나 타고난 성인은 아니기에 그에게 어려서부터 인의예지를 가르치고 주위에서 덕이 있는 자와 머물게 하여 '과화존신'이 될 수 있도록 환경을 조성해 주어야 한다. 습관과 품성은 양성되는 것이기 때문이다. 그래서 왕정상이 왕자의 품성과 교육에 대해 아래와 같이 말한다.

후세의 임금은 태자에게 가르치지 않은 것은 아니지만 삼대의 유법을 따르지는 않았다. 사師와 보保의 관직을 설립하지 않은 것은 아니지만 다만 도술을 지닌 자는 두지 않았다. 좌우의 사람을 비교하여 선발하지 않은 것은 아니지만 함께 거처하고 출입하지는 않았다. 심궁深宮의 깊고 외부인의 출입이 금지된 곳에서 부인이 함께 장난치며 놀았고, 친근하게 휴식할 때는 엄수閹豎(어린 태감)가 함께 인도하고 부축했다. 저들이 어찌 인효예의를 지녀서 묵묵히 교화했을 것인가? 이에 습관과 성품이 양성되어, 교음광탕驕淫狂蕩하지 않으면 곧 경만비설輕慢鄙褻하게 된다. 이로부터 바른말을 들어도 광대가 귀를 어지럽힌 것 같이 여기고, 바른 사람을 보아도 까끄라기가 등에 있는 것처럼 여긴다. 이것이 어찌 천하의 복이겠는가?[4]

왕의 아들로 태어난 자는 어렸을 때부터 실지로 거처하는 현장에서 교육이 행해지지 않으면 자라서 덕을 지닌 왕으로 경세에 임하게 될 수 없다. 요·순·우 삼황은 세자에게 예악으로 가르쳤다. 음악은 내면을 수양하기 위한 것이고 예절은 외면을 수양하기 위해서 가르쳤다. 이는 『예기』에 "삼왕三王이 세자를 가르치는 것은 반드시 예악을 사용하였다. 악은 내면을 수양하기 때문이고, 예는 외면을 수양하기 때문이다. 예악이 마음속에 뒤섞이면 밖으로 표현되는데 이 때문에 가르침의 완성이 즐겁고, 공경하며 온화하고 예의 바르다[溫文]"[5]라고 한 것에서 기인한다. 그뿐만 아니라 왕자는 일상의 일, 농사를 짓는 일, 치수 사업에 관한 일까지 다양한 지식을 소유하여야 한다. 게다가 세자로 태어나면 도덕적으로도 그 자질과 덕성이 훗날 자라서 왕의 역량에 맞도록 키워져야 한다. 그가 한갓 농사를 지으며 이웃과 화목하게 지내려면 거기에 맞을 만큼의 도를 지니는 것으로 만족하고 그 도를 즐거워할 수 있으나 세자로 타고난 이상 제왕의 도를 익히지 않으면 결국 하·은의 걸왕이나 주왕과 같이 백성에 의해 버림받게 된다. 그 때문에 왕이 될 처지에 있는 자는 치지와 함양을 거쳐 다양한 지식과 경세의 주체가 될 수 있는 역량을 키워야 한다.

인간이 도덕심을 기르는 것은 곧 욕심을 적게 하는 과욕寡欲을 위함이고 일에 있어 사사로움을 제거하기 위한 것이다. 왕이 될 자는 공명정대하고 공평무사해야 한다. 왕정상은 정치 지도자의 도에 대해 다음과 같이 말한다.

왕자가 겸양하면 군신이 화목하고, 경대부가 겸양하면 국정이 화합하고, 국정이 화합하면 백성이 안정된다. 그래서 화합은 다스림의 문이다. "겸양이란 무엇인가?" "스스로 크다고 여기지 않는 것이다. 스스로 크다고 여기지 않으면 오만하지 않고, 오만하지 않으면 자신을 옳다고 여기지 않고, 자신을 옳다고 여기지 않으면 심정이 평온해지고, 심정이 평온하면 화순해진다." "겸양의 유래는 무엇인가?" "무욕이다." "무욕의 유래는 무엇인가?" "안으로 만족하는 것이다."6)

경세에 있어 기본은 왕이 백성들과 즐거움을 나누어야 한다는 점이다. 즐거움은 마음에서 만족스러운 상태의 감정이다. 마음의 만족을 위해서 왕자 시절에 겸양을 쌓고 지식을 쌓아야 그가 왕이 되었을 때 만족할 수 있어서 군신 간에 화목이 유지되고, 화목하여 화합하게 되면 다스림도 쉬워진다. 겸양은 바로 자신을 낮추는 것이고 욕심을 부리지 않는 것이다. 자기 내면에 욕심이 없다는 것은 자신의 상태에 만족하는 것이고, 그런 상태가 되면 감정 중에서 즐거움만 밖으로 드러내며 공평하게 되고 사사로움이 없게 된다. 또 왕이 즐거우면 신하가 즐겁고 백성도 따라서 즐거워하니 이것이 대동으로 가는 지름길이 된다. 군주가 사사로움이 없이 공평하게 나라를 다스린다면 백성들도 각자 자기 자리를 찾아가게 되고 또 맡은 일에서 즐거움을 찾는다. 그는 즐거움에 대해 다음과 같이 말한다.

처한 곳마다 편안히 여기는 것을 '안토安土'라고 하고, 하는 일마다 편안히 여기는 것을 '낙천樂天'이라 한다. 중니仲尼는 노魯나라에 있을 때 봉액縫掖7)을 입었고, 송宋나라에 있을 때는 장보관章甫冠8)을 썼는데 안토를 말한 것이다. 공자는 양화陽貨를 만나고 남자南子를 만났는데 낙천을 말한 것이다.9)

왕정상은 각자 자신의 실천처에서 편하게 여기는 것을 안토安土라고 하고, 그 일을 즐기는 것을 낙천樂天이라 했다. 안토와 낙천이 되려면 각기 자기 능력에 맞는 일을 해야 하고, 그 일에 처하여서는 일을 즐기고 일에 있어 전문가가 되고, 일터에서 사람들과 관계 맺음에 있어 공경과 겸양을 익히도록 노력해야 한다. 결국, 사람마다 합당한 자리를 얻어[各得其所] 안토와 낙천이 이루어지면 이것이 성인聖人이 되는 것이고 또 대동大同을 이루는 것이 된다.

그가 말하는 대동은 다수의 이익을 찾아가는 공리주의가 아니고 누구나 같은 위치의 대동 역시 아니다. 온 백성이 각자 맡은 바의 자리에서 일하며 즐거워하는 것이 대동을 이루는 것이다. 그는 대동에 대해 다음과 같이 말한다.

> 모든 것이 각자 자신의 자리를 얻는 것을 대동이라 한다. 대동은 교화의 극치이다. 백성이 매일 생활하면서 알지 못하는 것은 일상에 편안한 것[安常]이라고 한다. 안상이라는 것은 신묘함이 지극한 것이다.[10)]

사람들이 즐거움[樂]의 감정을 지니면 일상이 편안한 안상安常의 경지에 들어갈 수 있고 어떤 욕망도 사라진다. 안상은 욕심이 없는 마음의 만족이고 '락樂'의 경지인데 왕정상은 이를 낙천樂天이라 했다. 백성이 모두 낙천하는 경지에 이르면 대동이 이루어지고, 낙천의 경지에 이르려면 각자 자기의 자리를 얻어 그 안에서 편안하게 여길 수 있어야 한다. 이 경지가 바로 무욕의 경지이며 신묘함의 극치이고 성인의 교화가 이른 경지이다. 즉 대동은 통치자가 사사로움 없는 공공의 마음에서 비롯되니 경세를 담당하는 주체자의 역량에 따라 백성의 삶이 크게 달라진다.

2) 경전을 통해 본 고대 정치관

유학에 있어 경세관은 고대로부터 전해왔다. 『서경』의 「대우모」편에 요임금이 순임금에게 선위하면서 "인심은 위태롭고 도심은 미약하여 항상 정성을 들여서 이리저리 흔들리지 말고 중심을 꽉 잡아야 한다."[11)는 말을 남겼다. 통치자의 수양이 중요함을 알리는 말이다. 「주서」편에는 주공이 조카 성왕에게 안일安逸에 빠지지 말고 군주가 밭을 갈고 농사짓는 노동을 알고 그다음에 편안함을 취해야 한다는 '무일無逸'로 훈계하였다[12).

고대 경전은 통치자를 교화하기 위한 서책이다. 『서경』은 정치에 관한 글을, 『역경』은 신神에 관한 글을, 『시경』은 성정性情에 관한 글을, 『춘추』는 법에 관한 글을, 『예기』는 가르침에 관한 글이 적혀있다. 왕정상은 정치서인 『서경』을 중시하고 그중에서 '「홍범」을 경세의 대법'[13)이라고 말한다. 또 한대漢代 사마광의 『자치통감』과 부국강병을 표명하는 『상군서』 등에도 통치자가 지녀야 하는 강령이 전해진다. 특히 전통 유학에서 통치자의 덕목은 수신修身에 기인함을 강조한다.

『서경』은 중국 역사상 처음 등장한 정치 강령의 책이다. 특히 하늘이 우왕禹王에게 내려주었다는 「홍범구주」[14)는 하늘이 인간에게 내려준 혜택과 응징에 관한 것으로, 하늘과 인간을 묶어 인간이 하늘을 두려워하게 하는 정치 강령이다.

『논어』는 본성에 대한 이론을 확립하지는 않았지만, 그는 성性을 사람마다 다르게 부여받아 배우고 익히면서 갖추어가는 것[15)이라고 여겼다. 『논어』에서 나 자신이 부여받은 본성이 부족하더라도 배워서 알게 됨[學而知之]을 중시하여 학을 통해서 성을 선善으로 만들어가야 한다고 하였다. 공자는 학문을 통하여 수신하는 것은 백성을 편안하게 하고자 함이라고 하였으며 이는 학의 목적이 수기修己에 그치지 않고 치인治人을 하기 위함인 것을 나타내고 있다.16) 수기는 심성론의 관점이고 치인은 경세론의 관점으로 심성을 논하는 목적에는 경세가 원인이 됨을 말한 것이다. 수기는 내성을 이루기 위한 것이기 때문에 자신을 학문[學]과 익힘[習]으로 수양하여 군자의 양상을 갖추면 나 한 사람의 수양이 내 가족에게, 내 이웃에게, 또 내 공동체에, 마지막에는 사회와 국가에까지 미치게 된다.17) 결국, 수기가 치인에 이르기까지 큰 영향을 미친다는 의미이다.

공자의 제자가 스승님이 정치하신다면 무엇을 가장 먼저 하겠느냐고 묻자, 공자는 "반드시 이름을 바로잡겠다[正名]"18)라고 대답하였고, 또한 "정치란 바로 잡는 것이다"19)라고도 하여 정치에 있어서 정명正名의 중요함을 피력하였다. 정명은 인간의 내면적 덕에 대응하는 명분의 의미이며 이는 인간의 덕과 그 명분을 일치시킨다는 뜻으로 즉, "임금은 임금답고, 신하는 신하다우며, 어버이는 어버이답고, 자식은 자식다워야 한다"20)는 것이다. 명분名分, 귀천貴賤, 선악善惡을 구별한다는 것은 윤리적 도덕 가치 판단인데 공자는 이름과 실질에 부합하는 정명을 정치의 근간으로 삼은 것이다. 정명은 사회 구성원 각자가 명분에 맞는 덕을 실현함으로써 올바른 사회 질서를 형성하는 것을 말한다. 사회 구성원 각자가 자기 명분에 해당하는 덕을 실현한다면 결국 올바른 국가 질서가 완성된다는 것이 공자의 정치관이다.

공자가 군주는 지도자로서 군주다움만을 지키면 국가 질서는 바로 설 것이라고 보았는데 맹자는 공자의 정명론을 발전시켜 '혁명론'을 전개한다. 그는 정치적으로 '임금이 임금답지 못할 때 역성혁명을 통해 임금도 내쫓을 수 있다'21)라 하였다. 정명은 사물이 지닌 이름이 사물의 내용과 부합함으로써 다수의 군중인 국민이 소통하고 편리해져서 살기 좋게 된다는 뜻으로 혼란한 시대에 조명받는 사상이다. 사실의 실제가 명실상부하게 되어야 이에 파생된 관념에 의존하는 실상과 학문은 제대로 판단이

설 수 있다. 그 때문에 정명은 고대로부터 경세론에서 중요한 가치 척도로 쓰이게 되었고 동서양을 막론하고 정치에 있어 중요한 명제이다. 왕정상도 정명을 경세 사상의 중심에 두었다. 그의 정명은 '각득기소各得其所'를 말한다. 각득기소는 각자가 주어진 자리에서 자기가 맡은 일에 최선을 다하는 것이다.

3) 민본사상의 근원

민본사상은 춘추전국 시기 이전에 이미 형성되었다. 『서경』에 '백성은 나라의 근본이다.'22)하고 또 '백성이 나라의 근본이니 백성들의 근본이 견고해야 나라가 평안하다.'23)라 하여 백성이 나라의 근본임을 말했다.

공자의 제자인 자공子貢이 '나라를 다스리는데 가장 중요한 것이 무엇입니까? 하고 물으니 공자가 첫째는 먹는 것[足食] 즉 경제이고, 둘째는 자위력[足兵] 즉 군대이며, 셋째는 백성들의 신뢰[民信之]를 얻는 것이다.'라고 답했다. 자공이 다시 묻기를 그중에서 부득이 하나를 뺀다면 어떤 것을 먼저 빼야 합니까? 하니 공자는 먼저 족병足兵을 빼라고 하였고, 또다시 다음에 무엇을 빼야 하는지 물으니 족식足食을 빼라고 하였다.24) 공자는 백성들의 신뢰가 없으면 조직의 존립이 불가능한 것으로 여겼기에 정치에서 가장 중요한 요소는 백성의 신뢰임을 분명히 했다. 공자는 백성이 정치의 중심이라 덕치로 백성을 다스릴 것을 강조한다.25) 공자는 '백성을 법령으로 다스리고, 형벌로 규제하면 백성들은 구차하게 형벌을 면하면서 부끄러워할 줄 모르게 된다.'26)하였다.

『논어』는 첫 장이 「학이」편으로 학문을 말하여 수신하는 것을 먼저 말하고, 다음 장으로 「위정」장을 두어 정치를 말한다. 공자가 전하려 했던 것은 수신하여 정치에 나서는 것으로 '수기치인'의 도를 말하고 있는데 도의 근본은 수기이지만 공자 자신도 백성을 위한 정치에 나서고 싶었다. 그래서 공자는 "정치를 담당한 자가 자신의 심성에 덕을 쌓아 정치를 행하면 백성들이 명령하지 않아도 스스로 알아서 행동하니 사회질서가 안정되고 그렇게 되면 백성들은 모두 즐거워하게 되고 이웃 나라에서도 그 군주와 더불어 살겠다고 모여들게 된다. 하지만 왕 자신의 심성이 바르지 않으면 비록 명령을 내려도 아무도 따르려고 하지 않는다."27)고 하며 민본 정치의 구현을 강조했다.

『맹자』의 기본 정치사상은 민본이다. 『맹자』에서 「양혜왕」, 「공손추」, 「등문공」편에서는 맹자가 각국의 제후를 만나 민본에 기본을 둔 정치를 실현할 것을 주장하며 열띤 토론을 한다. 또 「이루」, 「만장」, 「고자」편에서도 고향으로 돌아와 제자들과 정치에 관한 토론을 한 내용이 있다. 맹자는 '백성이 없으면 국가가 없고, 국가가 없으면 임금도 없다.'28)고 한다. 그의 전반적 민본사상은 백성과 함께 기쁨을 나누는 '여민동락與民同樂'29)이 중심이 된다. 백성과 더불어 하지 않는 군주의 즐거움은 결국 파탄과 붕괴를 초래하게 된다. 맹자가 제선왕에게 『시경』에 나오는 문왕이 영대靈臺를 만드는데 백성들이 달려와 돕는 장면30)을 가지고 문왕의 '백성과 즐거움을 같이하는[與民同樂]' 정치를 설명하며 군주는 반드시 여민동락해야 함을 강조한다. 문왕처럼 백성과 함께 즐거움을 나누는 것이 민본의 근본이다.

맹자는 민본을 주장하며 민부民富와 민락民樂이 이루어지면 백성은 자연히 군주를 따르게 되고 따라서 군주는 민심을 얻게 된다고 하였다. 올바른 민본 정치의 핵심이 민락이다. 맹자는 '백성이 가장 귀하고 사직이 그다음이고 군주가 가장 가벼운 존재이다.'31)라고 하여 군주라면 민심을 먼저 헤아려 선정을 펼쳐야 함을 강조한 것이다. 훗날 역사에는, 주周의 문왕이 여민동락하였기 때문에 다른 나라를 찬탈하고도 칭송받았고 하나라 걸왕과 은나라 주왕은 자신의 향락을 위해 백성들을 돌보지 않아 그 자리를 빼앗겼다. 그들의 즐거움은 오직 자신만을 위한 환락이었기 때문에 자신뿐 아니라 결국 나라를 잃는 지경으로 이끌게 된 것이다. 그래서 맹자는 국가 구성에 있어 민, 사직, 군주의 순서로 중요하게 삼았다.

『순자』 역시 군주와 백성의 관계를 배와 물로 비유하여 "물은 배를 실을 수 있고 배를 전복시킬 수도 있다"[32] 하였다. 이는 군주의 욕망을 경계하는 말로 민民이 군주를 바꿀 수 있다는 『맹자』의 혁명론과 같다. 『관자』에도 '치국의 도는 반드시 부민이 우선한다.'[33]라고 하였다. 관자는 백성이 부유해야 다스리기 쉽고 백성이 가난하면 다스리기 어렵다고 하여 부민부국富民富國이 되고 난 후 부국강병富國強兵이 따라온다고 하였다.

고대 유학에서 많은 사상가가 민본의 정치를 강조하였지만, 공자와 맹자 그리고 순자는 직접 정치 일선인 사事에서 수기와 치인을 겸한 인물은 아니고 단지 수기만을 이룬 인물이었다고 할 수 있다. 공자는 요·순·우·탕·문·무·주공 7인을 성왕聖王으로 모셨는데 그들이 행한 것은 사실상 '수기치인'의 도였다. 그 때문에 공자는 그들을 성인으로 추앙했다. 고대 유학에서 수기와 치인은 송대에 내성과 외왕의 사유로 바뀌고 이는 사상이 되며 심성론과 경세론의 사유로 발전하고 명·청대 실학에서는 실학과 달용의 사유로 전환된다. 왕정상은 고대 유학자들의 정치사상인 민본이 무엇보다 중요함을 정치 현장에서 몸소 체현하고 민본 정치를 실천하며 실학과 달용을 동시에 이루어 낸 정치가이며 사상가이다.

2. 왕정상의 정치관

왕정상의 정치관은 사회 모순을 개혁하고자 하는 데에서 비롯되어 이루어졌다. 그는 당시 지주 계급과 농민계급의 모순, 명 왕조와 소수민족의 모순, 중앙 행정과 지방 행정 사이의 모순을 몸소 체험하고 이 모순들을 바로 잡고자 개혁을 추진했다. 개혁의 방향은 경국제민經國濟民을 향했고 경국제민을 강조하는 정치관의 필요성은 필연적이었다. 그의 정치관의 핵심은 민본사상이다.

1) 민본[以民爲本]

앞에서 주지한 바와 같이 왕정상의 정치사상에서 주가 되는 민본의 유래는 이미 춘추전국시대 이전부터 형성되었다. 하지만 그가 유독 민본을 주장한 것은 시대적이고 역사적인 문제와 맞물려있다. 명 중기는 주원장이 명조를 세우고 나서부터 생겨난 각종 사회 모순이 더욱 극심해진 시기였다. 왕정상이 정치하던 시기는 주로 11대 무종武宗(재위 1505~1521)과 12대 세종世宗(재위 1521~1567) 때였는데 이 시기는 거의 정치적 위기를 맞고 있었다고 할 수 있다. 무종의 시기에는 유근劉瑾을 비롯한 8명의 환관으로 구성된 팔호八虎34)들의 난립으로 인해 군신의 관계가 최악의 상황이었고 세종은 정치 말기에 성정이 흐려서 군신 관계가 신의를 저버리게 되었다. 이때 왕정상은 민본을 중심으로 굳건한 정치관을 확립하고 군신 관계 개선에 앞장선다.

그는 혼탁한 정치의 중심에 있으며 권력의 남용으로 백성들이 힘들게 사는 모습을 몸소 체험하여 정치는 백성을 근본으로 삼아야 한다[以民爲本]고 주장하게 되었다. 물론 왕정상의 민본사상은 공·맹·순의 사상을 이어 발전한 것이다. 하지만 그는 직접 정치에 참여하여 민본을 실천한 인물이다. 그의 정치관에는 공·맹·순에서 확장하여 이론보다 정치 경험에서 비롯된 현실성과 시대성이 내재해 있다. 왕정상은 백성을 잘 살도록[富民] 힘쓰는 것을 민본의 핵심이라고 여겼다. 나라 전체에서 부민이 이루어지면 백성들은 걱정이 없어져서 저절로 화평해지고 즐거워하게 된다. 그리하면 군주는 자연스럽게 민심을 얻게 되는 것이다. 그는 군주가 부민을 이루어 민심을 얻게 되더라도 반드시 민심을 중시하고 따라야 한다고 충언한다. 그는 부민富民와 민락民樂에 대해 다음과 같이 말한다.

> 천하의 순조로운 다스림은 백성들의 부[富民]에 달려있고, 천하의 화평과 안정은 백성들의 즐거움[民樂]에 달려있고, 천하의 흥성은 백성들이 정의를 따르는 데 달려있다.35)

그는 정치의 중심에 있으면서, 민락과 민부를 이루게 해야 한다는 생각을 강하게 하였다. 먼저 백성들이 살아가는 데 있어 최상의 성취는 즐거움이라고 여겼다. 백성이 즐거우면 정치를 잘한 것이고 마치 노자가 무위하면서도 다 이루어지게 하는[無爲而無不爲]' 정치와 같아진다. 즐거움[樂]은 원래 『예기』에 희喜·노怒·애哀·락樂·애愛·오惡·욕欲의 칠정七情 중 하나이며 '배우지 않아도 능한 사람의 감정'36)이다. 『논어』의 첫머리에서 "뜻을 같이하는 벗이 멀리서 나를 찾아오니 즐겁지 아니한가?"37) 하고 또다시 무엇이든 "그것을 좋아하는 자와 열심히 하는 자일지라도 즐기는 자를 따를 수가 없다."38)고 하였다. 공자가 삶의 가치에서 즐거움을 최상의 위치에 놓은 것이다.

왕정상은 심성의 근본을 '인·의·예·락'이라 하였고 치국의 근본이 백성이 즐거워하는 것[民樂]이라 하였으니 인간의 삶에서 최고의 가치는 즐거움에 있고 '락'은 감정으로써의 가치뿐만 아니라 도덕적 가치를 지님을 알 수 있다. '락'의 감정은 무엇이든 잘할 수 있게 하고 더 누릴 수 없는 최고 정점인 희열의 감정인 동시에 도덕성의 완성이기도 하다. 유교에서는 지극한 선에 이르는 지어지선止於至善으로 도덕적 완성을 말하나 왕정상은 즐거움의 '락'을 지선至善이며 도덕적 완성이라고 보았다. 왕정상은 인간이 지니는 도덕심으로 '인·의·예·락'을 다음과 같이 말한다.

인·의·예·락은 성왕이 참으로 세상을 공고히 한 방도인데 비록 가까운 공적은 적었지만 먼 효과가 있었다. 세상에 걸桀과 주紂의 악행이 없었다면 여전히 남아있었을 것이다. 진秦나라 사람은 예의를 버리고 공리를 숭상했는데 비록 신속하게 얻었으나 반드시 신속하게 잃고 말았다.[39]

인·의·예·락은 모든 사람의 이익을 신속하게 발생하게 하는 공리적인 것은 아니지만, 지니고 있으면 오랫동안 편안함을 누릴 수 있는 바탕이 된다. '락'은 인간의 삶에서 최고의 행복 조건이고 '락'의 존재 여부에 따라 행·불행이 갈라지고 백성의 '락'은 나라의 안위를 좌우한다. 걸·주왕의 경우 자신은 즐거움을 찾았으나 즐거움을 백성과 함께 나누지 않아 나라가 무너졌고 진시황제는 공리를 숭상했으나 즐거움이 너무 급하게 이루어져 천하를 통일한 지 15년 만에 나라를 잃었다. 왕정상은 군자의 즐거움에 대해 다음과 같이 말한다.

어떤 사람이 군자의 즐거움에 관해 물었다. "순리대로 행하고, 머무는 곳에 따라 편안하고, 얻는 것도 없고 잃은 것도 없고, 도로써 다스리니 어찌 즐겁지 않겠는가!" "남들은 어찌 즐거움이 적은가?" "안에 소득이 있는 것은 외물을 가볍게 여겼기 때문인데, 외물을 중시하면 그 안을 잃게 된다. 사람이 이미 외물을 중시하면 이해, 화복, 궁통窮通, 득상得喪 등이 매일 앞에서 어지러워서 마음을 써서 도모하게 되는데 근심해도 장차 미칠 수 없는데 하물며 즐거움이겠는가!"[40]

왕정상이 군자의 즐거움은 외물을 가볍게 여기고 이해득실을 잊고 도

道로서 백성을 다스리는 것이다. 이는 정치를 순리대로 행하는 자연스러움이고 편안함이다. 인간은 평소 도덕심을 함양하여 즐거움을 심에 지니게 해야 하지만, 외물을 지나치게 따르게 되면 이해관계가 생겨나고 화복의 갈림길에 서게 되어 얻고 잃음 앞에 늘 희비가 교차하게 된다. '락은' 도에 존재하는 것이고 도덕적인 것이다. 왕정상이 도에 존재하는 즐거움의 감정을 다음과 같이 말한다.

> 사람이 천명을 즐기는 마음이 없으면 도에 감정을 수용할 수 없다. 그 때문에 욕망을 지니지 않을 수 없다. 욕망이 있으면 사치를 탐하고, 사치를 탐하면 참람해지고, 참람해지면 어지러워진다.[41]

그가 말하는 즐거움이 도덕심이라는 점에서는, 왕수인이 주장하는 양지의 본체인 '락'과 다름이 없으나 왕수인이 주장하는 '락'은 선천적으로 지닌 도덕심이고 왕정상의 '락'은 사람들이 각자 맡은 일에서 만족하여 얻게 되는 후천적 감정 상태이다. 그가 락을 자신의 사상에 부각하는 이유는 그 뜻이 도덕심에 있지 않고 민락을 이루기 위한 정치에 있고 정치적 민본을 이루려면 '민락'이 우선해야 하기 때문이다. 민락은 부민에서 가능하지만, 민락을 위해 예악을 제정해 주는 것 역시 중요하다. 그는 민락의 중요성과 민락을 이루기 위한 음악의 필요성을 다음과 같이 말한다.

> 음악이란 것은 도에 존재하는 것으로서 억양절주抑揚節奏의 묘함이 총명聰明에 존재하여 이루어진 것이다. 안정화창安靜和暢의 체體가 실제의 덕에 존재하여 형상화한 것이다.[42]

왕정상이 '락'은 위정자가 정치함에 욕망을 줄이고 사치를 탐하지 않으며 순리대로 행하는 자연스러움이고 편안함이라고 하였다. 이는 위정자의 즐거움이고 백성들의 즐거움을 위해서는 군주가 예악을 제정해 주는 것이 중요하다. 예악의 악은 음악을 뜻하고 '락'을 지니기 위한 도구이다. 왕정상이 '악은 도에 존재한다.'라는 것은 '락'의 본체가 덕에 있고 '락'의 감정이 도에 존재한다는 것이다. 사람의 평온하고 화평한 마음은 '락'에서 기인하고 '락'은 가락을 높이고 낮추는[抑揚節奏] 음악에서 근원이 된다. 그래서 민락을 위해 고대 주나라 주공은 '예악 전장제도'를 만들어 예악을 시행함으로써 백성이 즐거워[民樂]하도록 힘썼다. 왕정상은 예악禮樂에 대한 물음에 답하며 "질서이고, 화해이다. 이를 버리면 교화를 형성할 수 없다"43)고 하였다. 예악은 민락을 위한 것이고 민락은 나라를 잘 다스리는 데 목적이 있다. 그래서 왕정상은 직접 음률에 대한 저서를 집필한다.44)

민락을 위한 정치를 하면 백성들은 편안해지고 그들은 정치에 관심조차 가지지 않는다. 왕정상이 논하는 음악은 바로 정치와 통한다. 그 이유 역시 음악은 '락'을 위해 있는 것이고 정치의 근본은 민본이고 민본의 핵심은 민락이기 때문이다. 음악을 통해 민락이 이루어지면 민심은 군주에게로 옮겨지고 정치는 안정될 수밖에 없다.

백성들이 잘살게 하기 위해서는 그들이 열심히 농사에 전념할 수 있도록 나랏일에 동원하지 않아야 하고 부민으로 부국이 이루어졌다 하여도 군주의 절약이 있지 않으면 나라가 평안할 수 없다. 그래서 그는 군주의 근검절약이 부국을 위해 중요하다는 것에 대해 다음과 같이 말한다.

  a. 임금이 절약하고 검소하면 백성에게 적게 취하여 부유해지고, 임금이 간이하면 백성을 동원하는 것이 적어서 안락하게 되고, 임금이 성인에게 도를 구하면 백성들은 이술異術에 현혹되지 않고 정의를 따르게 된다.45)

  b. 삼황은 풀 옷을 입고 나무 열매나 뿌리를 먹었는데, 사람들이 시대가 그러했다고 말한다. 왕정상이 말하기를 "성인이 검약으로써 풍속을

따른 것이다."라고 했다. 요와 순은 띠집과 흙 계단의 집에 살았는데 사람들이 "시대가 그러했다."라고 했다. 왕정상이 말하기를 "성인이 검약하여 꾸밈에 힘쓰지 않은 것이다. 이는 천하의 큰 즐거움이다. 지금 시대는 정치는 번거롭고, 풍속은 사치하고, 백성은 수고롭고, 재물은 곤핍하고, 생계는 촉박하니, 천하의 큰 재앙이다. 상위에 있는 사람이 생각하여 반성하지 않으니, 서로 함께 빠져 죽는 방도이던가! 이를 버리고 하고자 하는 바가 있다면 그 행하는 다스림은 또한 다를 것이다."라고 했다.[46]

c. 군주가 절약하고 검소하면 백성에게 취하는 것이 적기 때문에 백성은 축적을 풍족하게 하여 즐겁게 양생하고, 일이 있으면 이웃 마을의 친척들이 지켜보며 서로 도우니, 누가 그 안일함을 기꺼이 버리고 다른 곳으로 가려고 하겠는가? 군주가 사치스럽게 소비하면서 절도가 없으면 정해진 세금[常賦]으로 충당할 수 없기에 반드시 가혹한 징수를 더 거두게 되니, 백성의 축적은 소모되고 생계는 미약하게 된다.[47]

삼황이 풀 옷을 입고 나무 열매나 뿌리를 먹은 것은 성인이 검약으로써 풍속을 따른 것이고 요와 순이 띠집과 흙 계단의 집에 살았던 것은 성인이 검약하여 꾸밈에 힘쓰지 않은 것이라고 하였으니 삼황 시절에서부터 위정자의 검약은 중시되었고 하나의 풍속으로 남아있었다. 군주가 절약하고 검소하면 백성에게서 적게 취하게 되고 그렇게 되면 백성이 부유해진다. 또 군주가 간단하고 쉬운 정치를 하면 백성을 동원하는 일이 적어져서 백성이 편안하게 된다. 그는 백성의 부富와 락樂이 군주의 검소함과 쉬운 정치에서 비롯된다고 본 것이다.

그는 나라를 안정되게 다스릴 군주의 덕목으로 세 가지를 꼽는다. 첫째, 군주가 근검절약해야 하고 둘째, 백성들을 나랏일에 동원하는 일이 적어야 하고 셋째, 성인에게서 도를 구해야 한다고 한 것이다. 그는 군주가 세 가지 덕목을 갖추고 정치를 잘 이행하였을 때 백성에게 생기는 일에 대해 다음과 말한다.

다스림이 편안한 나라는 그 사무가 간편하고, 그 부세가 가볍고, 그 정치가 공평하고, 그 기분이 화평하고, 그 백성이 즐거워하고, 재이災異가 구적寇賊들을 경고해 주고, 간악한 도적이 틈을 타고 일어남이 없고, 이적이 그 다스림을 우러러보고 귀순하여 교화되고, 그래서 상서로움이 참여하지 않는다. 위급하고 어지러운 국가는 그 사무가 번거롭고, 그 부세가 과중하고, 그 정치가 편벽되고 어긋나고, 그 기분이 괴리된다. 그 백성들이 두려워하고 원망하기 때문에 상서로움이 가버리고 구적은 날뛰며 간악한 도적이 몰래 일어나고, 이적이 그 폐해를 틈타고 소란을 피우는데 재이가 경고해 주지 않는다.[48]

민락을 이루려면 위정자가 나라의 일을 간편하게 하여 백성들의 부역을 줄이고 백성들에게 세금을 적게 거두어야 한다. 백성들의 세금과 부역이 적게 되면 온 나라에 감도는 기운이 온화하며 백성들이 즐거워하고 이웃의 이적夷狄도 그 다스림을 우러러보아 저절로 순화되니 나라가 편안할 수밖에 없다. 그가 민본을 실천하기 위해 중요하게 생각하는 것은 일을 간소화하는 사간事簡과 세금을 가볍게 하는 부경賦輕이다. '사간'과 '부경'은 백성들의 부담을 덜어주는 것이고 반대의 용어인 '사번事煩'과 '부중賦重'은 백성의 부담을 증가시키는 것이다.

왕정상은 직접 정치에 참여하고 현실을 직시하여 부민의 중요성을 알았기 때문에 부국富國에 선행된 부민을 이루어야 한다고 주장한다. 예를 들어 어느 해에 남경에 공물을 바치는 쾌선의 수량을 줄이자는 상소를 임금에게 올렸다.[49] 공물을 바치는 배의 수량을 엄격하게 규정할 것을 건의하여 관리직을 많이 배치하는 것을 금지했다. 그뿐 아니라 다음 해에는 배를 사용하는 것이 법도가 없고 관리들이 출장 가는 일이 빈번하여 소갑[50]들이 고통이 심한 지경에 이르는 등의 폐단에 대하여 조정을 향해 임금에게 상소를 올렸다.[51] 이는 모두 백성의 힘을 덜 들게 하고 국가에서 쓰는 비용을 절약하기 위해서였다. 또 개인적인 일로 부갑을 찾아가서 대면하고 술자리를 마련하고 은을 주는 것 등을 금지하여 가능한 범위에서 재원을 아꼈고, 백성을 고난에서 벗어나게 해야 한다고 소를 올렸으며, 국가가 자원을 관리하고 소금과 철에 대해 국영 관리함으로써 안정된 국가재원을 마련하고자 했으며 경제 정책에서도 대외를 개방하여 국부를 증진하고자 하였다.52)

또 다른 예를 들자면, 『결혁내외수비점수초장은제본』을 써서 올렸는데 나라의 세금을 풍족하게 하고 말에 대한 행정을 돕게 하기 위해서였다. 그는 가정제의 명을 받고 남경의 목마초장의 은으로 내는 세금에 대한 거짓의 유무에 대한 안건을 조사했다. 왕정상은 분명하게 밝혀냈는데, 임지 안에 수비 태감 양기와 복춘 등이 사사로이 은으로 세금을 징수하고 무도하게 남용하며 상납하는 자금을 마련하는데 근거하여 수량을 속이는 일이 많고 기만죄를 저질렀다고 보고하였고 조정에서 법에 근거하여 처단할 것을 건의했다.53)

왕정상의 민본사상은 백성이 부유해야 하고 백성이 즐거워해야 하며 통치자는 단지 백성을 따라야 한다는 생각에서 비롯되었다. 이것이 치인治人을 위한 치국治國의 요점이다. 민본사상은 또 부민富民을 이루어야 하는데 이를 위해서 부국富國이 우선되어야 한다. 하지만 부국을 이룬다 하여도 통치자가 검소하지 않으면 부민으로 이어질 수 없다. 즉, 임금이 청렴하고 절약하여야 백성에게서 취하는 것이 적어 백성들이 잘 살게 된다.

2) 군신君臣 관계와 전제군주제

왕정상은 군주의 막강한 힘을 위해서 많은 정치적 주장을 한다. 그의 주장들을 보면 우선 권력의 집중 문제를 들 수 있다. 권력은 한곳에 모여 막중한 힘을 발휘해야만[居重以馭輕]54) 정치가 제대로 이루어진다고 보고 정치 권력을 중앙 집권으로 유지하자고 주장한다. 그는 나라를 일으키는 방책을 다음과 같이 제시한다.

> 권력은 국세를 운용하는 것이고, 기강은 국맥을 잇는 것이고, 인재는 국명을 주관하는 것이다. 그래서 국가가 망하지 않는 것이 세 가지가 있다. 권력이 아래로 이동하지 않으면 국가가 망하지 않고, 기강이 무너지지 않으면 국가가 망하지 않고, 소인을 기용하여 국가를 관리하지 않으면 국가가 망하지 않는다.[55]

왕정상은 권력을 유지하는 방법으로 세 가지 방책을 제시한다. 첫째, 권력이 아래로 옮겨가지 않아야 하고 둘째, 기강이 무너지지 말아야 하며 셋째, 소인배를 나라에 기용하지 말아야 한다는 것이다. 그가 정치하던 시대에는 왕이 권력을 아래 사람들에게 모두 내려주어 환관들과 간신들이 정치를 마음대로 전횡했고, 기강은 이미 무너져 법의 집행과 세금의 부과 등에 올바른 법도가 없었다. 또 임금 아래에서 환관들이 권력을 장악하고 뇌물을 받아서 간신배, 소인배 등을 기용하여 나라가 망할 지경에 이르렀기 때문에 바른말을 하려면 목숨을 걸어야만 했다. 그는 과감하게 이 세 가지를 시행할 것을 상소하였고 중앙 집권으로 황권의 강화를 주장했으며 기강이 중요함을 주장하여 다음과 같이 말하였다.

> 무엇을 강기라고 하는가? 중후하게 처신하여 경박함을 다스리고, 내부를 바로잡아 외부를 제압하고, 변방의 오랑캐를 유순하게 하여 나라를 안정시키는 것이다. 이 때문에 육관六官이 권속을 거느리고, 성과 도에서 정치를 실행하고, 군과 현에서 나누어서 다스리고, 왕의 사신이 몰래 시찰[廉察]하고, 변방의 진에서 방어하고, 잘 따르는 이민족은 변방의 번국藩國으로 삼는다[56]. 이상의 6가지는 총괄하여 강綱이라고 하고, 나누어서 기紀라고 하는데 봉건이 행해지지 않는 것은 세가 용납하지 않는 것이다.[57]

이미 한대에 반고班固(32~92)가 편찬한 『백호통의』에 천하를 편안하게 하려면 무엇보다 먼저 기강을 세워야 함을 주장하고 '강綱'과 '기紀'에 대한 설명을 "삼강三綱은, 아버지는 아들의 강이요, 임금은 신하의 강이요, 지아비는 아내의 강인데, 큰 것이 강이고 작은 것은 기로서 그것은 위와 아래를 포괄해서 다스리고 인간 질서를 확립하는 데 필요한 것이다.'58)라고 하였다. 왕정상 역시 왕의 업무는 강이고, 기의 업무는 이부, 호부, 예부, 형부, 병부, 공부의 여섯 관료가 분리하여 지니는데, 왕과 신하의 기강이 확립되면 사방의 오랑캐들도 저절로 굽히고 받들게 된다고 하였다. 기강의 확립은 중앙 집권적 전제 정치를 뒷받침하는 정치 요령이다. 이는 곧 왕이 모든 권력을 내부에서 잡고 아래로 명령을 하달하는 방법으로 정치를 해야 한다는 것이다.

그는 권력이 중앙에 있으려면 명교名教가 중요하다고 보았다. 명교는 사람이 지켜야 할 도리를 밝혀 가르치는 것이다. 왕정상은 '명교는 치세의 핵심이다.'59)라고 하며 명교를 위한 정명正名의 중요성을 다음과 같이 말한다.

천하를 안정시키고 백성의 마음을 잃지 않는 것은 당연하다. 현자賢者와 지자智者가 지위에 있으면 호걸들이 있을 곳을 얻는데 더욱 그것은 급하게 할 일이다. 이러한 사람은 한 시대의 표준이 되므로 왕자가 모두 거두어 둔다면 천하의 변화가 나에게 달려있게 될 것이다. 불행하게 난세에 거역하는 자가 있다면 모두 어리석고 그릇된 사람들일 뿐이다.60)

그는 현인과 지식인, 영웅호걸이 각기 제 자리를 얻어 각자의 맡은 바 임무에 충실하고 왕이 모두를 관리하고 있을 때 정치는 민본의 정치가 된다고 주장한다. 그는 기강의 확립과 함께 군주와 신하와의 관계도 중요하게 생각하였다. 그는 신하라면 원칙적으로 군주를 거역할 수는 없으나 예외가 있을 수 있음을 맹자의 혁명론을 가지고 다음과 같이 말한다.

걸傑과 주紂를 독부獨夫라고 하는데 민중이 배반하고 친척들이 배반하여 그의 곁을 떠나 임금과 함께하지 않음을 말한 것이다. 군주에게 걸과 주의 악행이 있지 않는다면 백성은 반드시 차마 버리지 못할 것이다. 비록 강력한 넓은 계책을 지녔더라도 요행으로서 의롭지 않다면 반드시 이룰 수 없을 것이다.[61]

왕정상은 강한 왕권을 주장하긴 했지만 일체 모두를 왕에게 순종해서도 안 되고, 군주가 여민동락하지 않고 자신의 향락을 우선시하고 백성을 돌보지 않으면, 맹자의 역성 혁명론이 주장하는 바와 같이 왕에게 강하게 맞서야 한다고 한다. 그는 걸왕이나 주왕과 같이 악행을 저지른 군주를 독부라 하고, 독부는 친척들도 등을 돌릴 수밖에 없기에 신하라도 군주를 제거할 수 있다고 주장한다. 이는 나라의 안위를 위해서는 신하의 역할도 중요함을 말하고 있으며 신하에게도 등급이 있음을 다음과 같이 말한다.

도덕에서 명을 받고 예악에서 모이고 상하에서 변화하며 유래를 알 수 없는데 이를 성신聖臣이라 한다. 도를 지키고 자신을 바르게 하고, 사물의 위협을 당하지 않고, 고아를 위탁하고 명을 맡길만한 자는 순후한 신하[淳臣]라고 한다. 법도에 따라 신중히 실행하고, 재능이 남을 구제할 수 있고, 겸양하여 자리에 있지 않은 자는 명신名臣이라 한다. 논의가 인정을 막지 않고, 화평하여 사물을 잃지 않고, 두려워하며 그 시기에 따르는 자는 구신具臣이라 한다.[62]

신하는 신하로서 자질을 갖추어야 한다. 임금의 말이 무서워 벌벌 떨기만 하거나 늘 조심하여 따르기만 하는 신하는 바람직한 신하가 아니다. 바른 정치를 위해서는 덕을 갖추고 자신을 바르게 하고 군주 앞에서는 겸겸[謙謙]해야 한다. 겸은 신하가 갖추어야 할 덕인데 자신을 낮추는 것으로 겸손의 뜻과 자신을 속이지 않는 '자겸自謙'의 뜻이 모두 들어있다. 겸은 최우선시되어야 할 신하로서의 덕목이다. 『대학』에서 자겸의 의미를 다음과 같이 말한다.

이른바 뜻을 성실히 한다는 것은 스스로 속이지 않는 것이니 (악을 미워하기를) 악취를 싫어하는 것 같이하고 (선을 좋아하기를) 호색을 좋아하는 것 같이하여야 하니 이것을 자겸自謙이라고 한다.[63]

'겸'은 뜻을 성실히 한다는 의미인데 선을 좋아하고 악을 싫어하며 자신의 마음을 속이지 않는 것이다. 신하는 '겸겸'해야 하니 자신을 낮추고 절대로 자신을 속여서는 안 된다. 황제에게 공손하되 필요한 말은 반드시 하는 것이 뜻을 속이지 않고 '겸겸'하는 것이다. 그는 정치에 나서는 사람이면 군주든 신하든 반드시 갖추어야 할 덕목을 '겸'이라고 여겼다. 그는 군주와 신하가 지녀야 할 겸겸에 대해 다음과 같이 말한다.

왕이 겸하면 군신이 화목하고, 경대부가 겸하면 국정이 화합하고, 국정이 화합하면 백성이 안정된다. 그래서 화합은 다스림의 문이다. "겸이란 무엇인가?" "스스로 크다고 여기지 않는 것이다. 스스로 크다고 여기지 않으면 오만하지 않고, 오만하지 않으면 자신을 옳다고 여기지 않고, 자신을 옳다고 여기지 않으면 심정이 평온해지고, 심정이 평온하면 화순해진다." "겸의 유래는 무엇인가?" "무욕이다." "무욕의 유래는 무엇인가?" "안으로 만족하는 것이다."[64]

인간은 욕망으로 인해 자신을 낮추기가 쉽지 않다. 특히 백성을 다스리는 자는 명예와 자리를 차지하려는 욕심 때문에 겸을 실행하기가 어렵다. '겸'은 바로 무욕에서 가능해지는 것이고 무욕하려면 때[時]와 형편[勢]에 따르고 스스로 만족해야 한다. 마음속에서 자기가 지닌 정도에서 만족할 수 있으면 스스로 낮출 수 있게 된다. 신하가 지녀야 할 덕목은 '겸'이고 군신 간의 관계에 있어서 중요한 것은 '화합[和]'이다. 그는 군신 간에 화합이 이루어지면 나라를 다스리는 일이 쉬워진다고 보았다. 물론 화합은 겸에서 출발하여 생겨나는 것이라 신하의 덕목과 함께 천자의 덕목도 함께 필요하다. 왕정상은 천자의 덕목에 대해 다음과 같이 말한다.

> 황극의 건립에는 그 대요가 다섯 조항이다. 첫째는 심지를 맑게 하는 것이고, 둘째는 기강을 정하는 것이고, 셋째는 예교를 바르게 하는 것이고, 넷째는 현재賢才를 구하는 것이고, 다섯째는 명실을 확인하는 것이다. 심지가 맑으면 그릇된 도에 현혹되지 않고, 황극의 근본이 확립된다. 기강이 정해지면 강유綱維가 공고해지고 국가의 형세가 높아진다. 예교가 바르면 상도常道가 흥하고 풍속이 사악함에 현혹되지 않는다. 현철이 기용되면 직임이 적합한 사람을 얻게 되고 다스림의 교화가 넓게 된다. 명실名實이 밝혀지면 상하가 기만하지 않고 구차하고 속이고 은폐하는 기풍이 멀어지게 된다.[65]

황극皇極은 황제가 나라를 다스리는 표준이 될 만한 법이고 한쪽으로 치우치지 않는 바른 법이다. 황극을 세우는 일은 정치의 기본이다. 정치의 기본 요소 다섯 가지에서 첫째, 군주가 심지를 맑게 함은 군주가 수신修身하여 사사롭지 않고 공정하기 위함이다. 둘째, 군주가 기강을 세워야 함은 질서를 바로잡기 위함이다. 셋째, 군주가 예교를 바로잡음은 백성을 교화하여 민락의 풍토를 만들기 위함이다. 넷째, 군주가 어진 인재를 등용하는 것은 군신 간에 언로를 열어놓기 위함이며, 정치 함에 있어 기미를 살필 수 있기 때문이다. 다섯째, 군주가 명실을 분명히 하는 것은 군주는 공평무사하고 백성은 '각득기소'하여 민락을 이루고 대동을 이루고자 함이다. 이 다섯 가지를 바로잡고 나면 군신 간, 군민 간의 화합은 자연스럽게 이루어지게 된다. 왕정상은 정치하는 데에 '겸'과 '화'가 중요하지만, 그다음으로 기미[幾]를 중요하게 여긴다. 그는 기미機微와 신식神識에 대해 다음과 같이 말한다.

성인의 다스림은 국가 형세의 기미를 미리 조정하는데 기미가 잠복하여 볼 수 없을 때 의론하면 일이 발생하지 않을 듯하고, 처리할 때는 그 일이 없는 듯하다. 그 기회를 한 번 잃어버리면 가벼운 것은 떠오르고, 무거운 것은 억누르고, 강한 것은 더욱 강해지고, 약한 것은 더욱 미약해지고, 일이 지나가면 행할 수가 없다. 그래서 옛것을 고집하는 자는 시의를 잃게 되고, 세속을 따르는 자는 비루함에 갇히게 되고, 법을 지키는 자는 개혁을 두려워하는데, 이들 모두는 기미를 논할 수 없다. 먼 견해를 밝게 비추는 것은 아마 오직 신식의 기능뿐이던가!66)

기미는 앞으로 생길 일을 과거의 경험에 미루어 예견하는 것이다. 기미를 아는 자는 성인에 가깝다고 할 수 있다. 그래서 기미를 아는 자는 옛것을 고집하지 않고 세속을 따르려 하지 않고 과감히 개혁을 주도할 수 있다. 정치를 잘 하려면 때[時機]와 일의 실마리[事機]를 잘 파악해야 승기乘機를 잡을 수 있게 된다. 왕정상은 성인이 기미를 잘 파악할 수 있는 이유는 신식神識 때문이라고 하면서, 기미를 예견하지 못하는 자는 한 번도 경험하지 못했거나 미래를 두려워하는 자라고 하였다. 신식은 태어나면서 심에 깃든 신적 능력을 말한다. 성인은 신식이 범인에 비해 남다르게 타고난 사람이다. 그는 사세와 형세를 잘 살펴서 기미를 예견하는 것에 대해 다음과 같이 말한다.

일의 형세에는 경중이 있고, 정치의 실행에는 적당한 기미幾微가 있다. 반드시 크게 개혁시킨 이후에 그 적폐를 구제하는 것이 중요하고, 점차 개혁시켜 또한 그 미진한 것을 돌이키는 것은 가볍다. 시행이 그 적당한

기미를 잃으면 근심을 낳아 격발하여 난리를 일으키지 않은 적이 없었으
니, 요컨대 기미를 살피는 것을 귀하게 여겨야 한다.[67]

그는 정치에 있어 개혁의 중요성을 피력한다. 정치하면서 시기를 잘
잡는 자는 이루고자 하는 것을 이루게 되나 시기를 놓치면 이룰 수 있는
것도 놓치고 만다. 일에 있어 형세의 경중을 살피고 정치에 있어 시기를
놓치지 않으려고 늘 살펴서 사전에 예견하여 준비를 잘해야 어려움을
줄일 수 있다. 그는 자신이 정치개혁을 함에 있어, 권간權奸들의 말에
흔들리지 않는 강한 왕권이 뒷받침되어야 한다고 믿고 전제군주제를 주
장하였다.

3) 이민족[異族] 정책

왕정상이 정치하던 시기는 두 차례의 번왕의 반란이 있었고 소수민족
들이 여러 차례 봉기를 일으켰다. 그는 직접 민중봉기 진압에 참여하고
전쟁의 필요성을 강하게 주장하였다. 그는 "군대 동원은 백성들에게 위
험하지만, 반란이 있을 시에는 부득이한 것이다. 군대를 동원하여 위엄
을 세우되 남용하지 말아야 한다."[68]고 하며 반란을 진압하려면 전쟁은
절대로 피할 수 없으나, 현장에서 여러 정황을 살펴본 뒤 폭동의 원인이
무엇인지, 이민족 폭동을 제압하는 방법이 무엇일지에 관해 고심하여
근본적 원인을 해결하는 것이 무엇보다 중요하다고 여겼다. 그는 특히
한족이 아닌 다른 민족[異族]의 분열을 막고 민족 통일을 하기 위해 부
단히 노력했다. 그가 민족 통일을 위해 다음과 같이 말한다.

중국과 이민족을 통일하는 것을 대통大統이라고 하는데 그러나 정상
이 있고 변동이 있다. 중국에 있으면서 통일이 사이四夷에 미치는 것은

순응이면서 정상적이다. 삼대, 한漢, 당唐, 본조本朝(明)가 모두 이와 같다. 중국에 들어와서 통일이 사이에 미치는 것은 역행이며 변동이 아니겠는가? 원元나라가 이와 같다. 중국을 통일하는데 완전히 하지 못하고 이적夷狄과 함께 오래 있는 것은 소정통小正統이라 하는 것이 옳다. 송宋나라가 그러하다. 춘추시대 오吳나라와 초楚나라는 오랫동안 중국에서 맹주국이 되었는데 그 유래는 요원하다. 성인은 비록 이적으로 여겼으나 끝내 그들이 제후들의 맹주였다는 사실을 없앨 수 없다. 원나라는 비록 변통으로써 예를 들었지만, 또한 그들이 천하를 대통일을 했다는 사실은 없앨 수 없다. 나누어서 통일하고 서로 군신이 되지 않은 것은 삼국三國과 남북조南北朝가 이와 같다. 먼저 한번 통일한 후에 동이와 북적에 의해 분열된 것은 동진東晉이 이와 같지만, 군주와 신하들은 옛날과 같았으니, 마땅히 정통의 대통으로서 마친 것이다.69)

한漢, 당唐, 명明은 중국에서 한족이 온전히 통일을 이룬 나라였다. 나머지 조정은 나누어졌거나 이민족이 다스렸으니 대통을 이루지 못했다. 원나라와 청나라는 대통은 이루었으나 이민족이 중국을 다스린 경우이고, 송나라는 일부는 이민족인 금나라에 넘겨주고 일부만 다스렸는데 이는 소정통小正統이라고 했다. 진晉은 서진西晉(265~317)과 동진東晉(317~420)의 두 시기로 나뉜다. 진이 통일은 이루었으나 동진東晉은 남북조, 송宋·제齊·양梁·진陳과 함께 여섯 왕조가 이어졌던 소위 육조六朝 시대였다. 서진 말기 흉노족과 기타 북방의 유목민족들이 중앙정부의 권력이 불안정한 틈을 타서 변경지역을 공격하여 311년 흉노족은 진의 수도인 낙양洛陽을 약탈하고 황제를 죽였다. 진의 수도였던 낙양과 장안이 이민족에게 함락되어 파괴되었으나 317년 사마씨 가문의 황족인 사마예司馬睿가 남경南京에 왕조를 세웠는데, 이 나라가 동진이며 6조 중한 나라가 되었다. 하지만 동진은 서진의 대통을 그대로 잇고 있었으니 대종통大宗統으로 볼 수 있다고 하며 역사를 통한 대일통大一統의 국가 통일론을 폈다.

나라 밖에는 한족이 아닌 이민족이 살았는데 북의 이민족을 적狄이라 하고 남은 만蠻, 서는 융戎, 동은 이夷라 불렀다. 이들은 끊임없이 중원으로 침략을 일삼았고 왕정상은 이들에 대한 대책이 필요함을 느끼고 남만과 북적에 대한 정책을 내놓았다.

(1) 남만南蠻에 대한 정책

왕정상은 명을 받들어 군사를 이끌고 사천성 남부 망부芒部와 사보沙保에서 일어난 폭동을 정벌했다. 종천從川, 귀양貴陽이 있는 사천과 귀주 두 성으로부터 관군 2만여 명을 이동시켰다. 정치상에서는 분화정책을 취하고 군사상에서는 그 기를 빼앗고, 협공하고 매복하며 기이한 계책 등의 전술을 취하여 폭동을 일으킨 소수민족의 기의起義를 진압했다. 임금이 기뻐하여 금과 비단을 하사하여 그 노고에 보답했다. 청렴하고 실상을 제대로 바라볼 줄 아는 진보적 정치가였던 그는 봉기를 진압하는 과정에서 봉기의 원인을 분석하고 이민족을 제압할 방법을 제시했다. 중국에 거주하는 사이四夷의 이민족을 단결 통일하는 것을 목표로 삼고 소수민족의 폭동에 관해 다음과 같이 언급했다.

한·당 이후 중국은 멀리 이민족을 기다리며 늘 무리가 따르는 추장을 세워 다스리게 하고 반드시 정국으로 속하기를 요구하지 않고 나중에 받아들였다. 대체로 이민족으로 이민족을 다스리게 하였으니 회유하는 외교 방법[羈縻]이 이와 같았을 뿐이다. 마치 우리 중국의 법처럼 어찌 지류와 파벌 혹은 친하고 소원함을 논했겠는가?[70]

이적夷狄은 동쪽과 북쪽에 있는 이민족을 말하는데, 당시 중앙에서는 그곳 백성들이 따르는 자를 추장으로 세우고 자치권을 부여했었다. 촉

땅의 남부는 남만의 이민족이 거주했는데 그는 만족蠻族의 봉기에 관한 정책을 제시하였다. 이민족 봉기 진압 방책을 내놓은 것이 바로 이이치 이以夷治夷이다. 그는 이이치이에 대해 다음과 같이 말한다.

> 한·당 이후 그곳에 군현을 두었다. 정부는 이민족으로 이민족을 다스리게 하도록 군현에 현지 관리인 토관土官을 두고 토관이 군위도 겸하게 해야 한다. 실제로는 중국의 번간藩干이다.[71)]

한나라와 당나라 이후로 계속 현지 관리인 토관을 두었으나 명에서는 토관을 두지 않고 중앙정부에 내려보낸 유관流官을 두었다. 유관이 다스리는 것이 오래되면 이민족들이 자신들의 지역을 자신들을 대표할 수 있는 자가 다스리게 되기를 바란다. 그래서 이민족이 중앙정부에 대항하여 봉기를 일으킨다. 그가 현장에서 직접 조사한 봉기 이유는 그들이 자치하고자 하는 것이지 독립하기 위한 것이 아니었다. 그래서 왕정상은 이민족들에게 스스로 자치하게 하는 것이 그들의 불만을 없애는 것으로 판단하여 옛 관습대로 토관을 회복하고 유관을 두지 말 것을 요구하는 상소를 여러 차례 올려 중앙정부에 건의하였다. 이것이 이민족으로 이민족을 다스린다는 이이치이以夷治夷이다.

(2) 서융西戎에 대한 정책

사천 서부 송반의 티벳 백성들이 폭동을 일으켰다. 남부 아양阿漾과 유민 사문의謝文義 등이 무장하여 봉기를 일으켰다. 왕정상은 방어보다 싸움을 택했고 폭동을 제압하기 위한 다양한 방법을 글로 지어 상소를 올렸다. 그가 올린 상소는 다음과 같다.

> 이민족이 사천성 서부를 침략한 것은 다스리지 않을 수 없다고 여겼

다. 그래서 『정번靖番』을 올렸다. 중국은 도가 있다. 차라리 네 오랑캐가 있을망정 북쪽 오랑캐가 우리 남부를 어지럽히면 불가불 도모하지 않을 수 없다.'라고 하며 『제이制夷』를 지어 의론하였다. '훈련받은 병사 삼만이 천하를 횡행하여 적을 두렵게 하고자 하니 훈련을 시키지 않을 수 없다고 하여 『훈병訓兵』을 지어 의논했다. 출병한 군대 10만이 하루에 천금을 소비하니 또한 군량을 먼저 준비하는 것이다.' 하며 『저향儲餉』에서 의론하였다. 국가의 이로운 것은 뺏길 수 없다. 차가 바로 이민족이 반드시 얻고자 하니 실로 중국에서 이로운 것이다.'라고 『엄차嚴茶』를 지어 의론하였다. 천하의 일을 구제하려는 것은 응당 때와 형편을 살피는 것이 마땅하게 되면 바르게 행하고 치우쳐서 거동하는 폐단이 없다. 하여 『심기審幾』를 지어 의론하였고 '제재하여 그것을 행하는 것은 법에 달려 있고 신이 그것을 밝히는 것은 사람에 달려있다.' 해서 『득인得人』을 지어 의론했다." 72)

그는 이민족을 다스리는 일, 오랑캐를 누르는 일, 병사를 훈련하는 일, 군량을 모으고 준비하는 일, 이민족들을 상대로 차를 엄격하게 관리하는 일, 기미를 살피는 일, 인재를 얻는 일에까지 이민족들의 폭동을 근본적으로 차단할 방법을 낱낱이 상소로 아뢰었다.

또 북부 몽고의 봉건 귀족이 수차례 침범하여 소요를 일으켜 변방 백성들의 생명을 위협하고 재산에 큰 손실을 입혔다. 그는 직접 변방을 살피고 성보城堡의 보수를 감독하며 적극적으로 적과 맞서야 함을 피력했다. 이 정책을 그는 '비변어융備邊禦戎'이라 했다. 주변을 잘 준비하여 융족을 막아내겠다는 의미를 지닌다. 융족은 북서에 살고 있던 이민족이다.

변방을 방비하는[備邊]의 방법은 군사 외에도 경제나 인재 등용에 대해서도 개혁 방안을 다섯 가지 제시하였다. 그가 제시한 비책을 살펴보면 첫째, 군량을 비축해야 한다. 군사를 일으켜 대이동을 하는 데는 많은 식량과 비용이 필요하다. 쌓아둔 군량이 부족하면 군사들이 지치고 배고프게 되니 변방에까지 가서 전투하게 되면 앉은 채로 패하게 된다. 그래서 군사를 거느리는데 군량 비축을 최우선으로 여겨야 한다.[73] 하며 변방으로 전투할 때 군량을 계획하려면 창고를 빌려 1년의 식량이 준비하고 관원을 파견하여 잘 분배하도록 하며 그해 물품으로 납부할 조세를 돈으로 환산하여 걷어 변방의 자금으로 충당한다는 것과 지금 이후 세력가들이 정하던 소금 유통가격을 국가가 정해 그들이 취하던 이익을 국가가 취하고 이를 위배하는 자는 중형으로 다스리게 해야 한다고 제안하였다.[74] 군량과 군비가 준비되었으면 군대의 사기를 진작시켜야 한다. 둘째, 인재 등용에 있어 재주 있는 자를 발탁하여 군대의 기본을 세운다. 대신들의 추천으로 장군이 되는 요행을 막고 능력 있는 장군을 기용하며 셋째, 황제가 상벌을 세워 군사들 사기를 높인다. 넷째, 황제가 전적으로 장군에게 책임을 주고 대신들로 감독하게 한다. 대장이 전권을 지니면 군대에 분열이 없고 사기가 진작된다. 다섯째, 적을 꺾고 사로잡기 위해 전면전을 편다. 그의 비책은 그가 변방의 군사들을 돌아보고 꼭 필요한 사항을 제시한 것이다.

그는 요동정변을 심의하여 처벌하였다. 당시 요동은 서융이 살던 곳이다. 그는 먼저 요동 정변에 대해 도찰원에서 의논한 처분에 맡겼으나 후에 증선曾銑이 상주하여 이름 붙인 '격변지죄激變之罪'는 병부의 회의에서는 증선이 말한 것이 모두 옳다고 판결하였지만, 그가 정상을 살피고 법률을 참고해보니 증선의 말이 합당하지 않다고 여겨져 결국 그가 심의한 것으로 처벌하였다.[75] 그는 나라 안의 폭동에 대해서는 단호하게 진압해야 한다는 견해를 가졌고 다시 재발하지 못하도록 확실하게 무찔러 통일국가로 기반을 튼튼히 하고자 하였던 강인한 정치인이었다. 그는 변방 진압에 대한 자신의 강한 의지를 다음과 같이 말한다.

변방 지역에는 반드시 쟁투가 있고, 태평 시절이 오래되면 반드시 반역이 있게 되고, 인구가 많으면 요민妖民이 있게 된다. 귀방鬼方의 정벌은 변방 지역의 전쟁이었고, 회서淮西의 정벌은 반역을 평정한 것이었고, 황건黃巾에 대한 정벌은 요민과의 전쟁이었다. 위 세 가지는 모두 형세가 반드시 이르게 한 것이다. 무력으로써 경계하여 대비하는 것은 그만둘 수 없는 정치이다. 담병談兵을 비루하게 여기는 것은 우활하여 나라를 진작시키지 못한다. 군대를 쇠퇴시키는 것은 어리석다.76)

『주역』에 '고종이 귀방鬼方을 정벌하러 가서 3년 만에 이겼다.'라고 하였다. 귀방은 고대에도 전투가 있었던 곳으로 내몽고 자치구 서부에 있다. 융족들과의 전투였고, 회서淮西의 정벌은 당나라 시기의 오원재吳元濟가 난을 일으켰던 곳으로 자주 침범이 있었던 곳이다. 황건黃巾과의 전투는 한나라 말기 황건적이 일으킨 난이었다. 중국은 예부터 이토록 변방 융족의 침입을 자주 받아왔고 명에서도 훗날 반드시 일어날 일이라 여겼다. 그 때문에 그는 미리 군사정책을 세워 나라의 안정을 찾고 민족 대통일을 이루어야 한다고 소수민족과의 전쟁 대비책에 관한 문장을 지어 자주 상소했다.

4) 인재등용

인재를 등용하는 일은 어느 시대 어느 정권에서나 정치의 기본이다. 그 역시 정치를 잘 하는 요소는 현재賢才를 임용하는 것보다 더 중요한 것이 없다.77)고 하며 인재 등용은 국가를 다스리는 중대사임을 다음과 같이 말했다.

권력은 국가의 형세를 운용하는 것이고, 기강은 국가의 명맥을 잇는 것이고, 인재는 국가의 운명을 주관하는 것이다. 그래서 국가가 망하지 않는 것이 세 가지가 있다. 권력이 아래로 이동하지 않으면 국가가 망하지 않고, 기강이 무너지지 않으면 국가가 망하지 않고, 소인을 기용하여 국가를 관리하지 않으면 국가가 망하지 않는다.[78]

맹자는 '하·은·주 삼대가 천하를 얻은 것은 인仁했기 때문이요. 삼대가 천하를 잃어버린 것은 불인했기 때문이다. 나라가 폐하고 흥하고 보존하고 망하는 것도 다 그와 마찬가지라고 하여 황제가 어질어야 나라가 흥한다.'[79]고 하였다. 왕정상은 나라가 흥하려면 왕권이 확고해야 하고 기강이 서야 하며 바른 인재를 등용해야 하며 그중에서도 현재를 등용하는 일은 국가의 흥망성쇠와 직결되어 있다고 하였다. 그가 주장하는 핵심은 인재가 국가의 운명을 주관한다[人才主國命]는 것이다. 그가 주장한 국가가 망하지 않는 세 가지는 후대 학자들도 자신의 학설에 이용하게 된다. 그는 나라에 인재의 중요성을 또 다음과 같이 말한다.

천하를 안정시키니 백성의 마음을 잃지 않는 것은 당연하다. 현자와 지자가 지위에 있으면 호걸들이 있을 곳을 얻는데 더욱 그것은 급하게 할 일이다.[80]

맹자는 천하를 안정시키니 농사짓는 백성을 잃지 않는다."라고 하였다. 백성의 마음을 잃지 않으면 그들은 나라를 떠나지 않고 농사지으며 즐겁게 지낸다. 왕정상은 백성이 즐겁게 지내려면 나라에 현명한 자와 지식인이 정치해야 한다고 하였는데 인재가 중요하다는 것은 그가 정치 경험에서 절실하게 느꼈던 점이다. 황제가 정치하는 데에 좌우에 현자가 필요하다는 것에 대해 다음과 같이 말한다.

황극의 건립에는 그 대요가 다섯 조항이다. 첫째는 심지를 맑게 하는 것이고, 둘째는 기강을 정하는 것이고, 셋째는 예교禮敎를 바르게 하는 것이고, 넷째는 현재賢才를 구하는 것이고, 다섯째는 명실을 밝히

는 것이다. 심지가 맑으면 그릇된 도에 현혹되지 않고, 황극의 근본이 확립된다.[81]

황극은 한쪽으로 치우치지 않는 올바른 법이다. 즉 황제가 나라를 다스리는 표준이 될 만한 정치 규범을 말한다. 황극을 세우려면 다섯 가지가 필요한데 황제의 수신 외에 외부적 요인으로 어진 인재를 구하는 것이 대요가 된다. 현재는 인仁한 자만을 말하지 않는다. 맡은 임무에 적합한 사람을 구하는 것이 중요하다. 그는 현철을 기용하면 직임이 적합한 사람을 얻게 되고 다스림의 교화가 넓게 된다고 하였다. 그는 '맑고 분명한 조정에는 그 신하가 몹시 청렴하고, 혼탁하고 어지러운 조정에는 그 신하가 몹시 탐욕스러운데 형세가 그렇게 된 것이다. 왕이 덕을 지니면 덕이 아래로 내려가 덕이 좀 부족한 신하도 청렴하려고 노력하지만, 왕이 부덕하고 사사로이 욕심이 많으면 덕이 있던 신하라도 사람이 갑자기 변하여 간교함이 절로 심어져서 시대와 함께 부침하게 된다.'[82]고 한다. 또 현철을 등용하는 문제는 선발 과정을 신중히 하여 남의 권력을 훔치는 것을 방지해야 하고 현철과 국가를 잘 다스려 후손에게 남겨줄 계책을 세워야 한다고 다음과 같이 말하였다.

오직 어진 자만이 임금을 부모처럼 여기고 국가를 집안처럼 여겨서 부지런히 매일 그 잘못됨을 두려워하기 때문에 임금이 안일해도 국가는 또한 다스려진다. 이러한 사람은 주공周公과 소공召公과 같은 사람일 뿐으로 세상에서 또 한 드물다! 그러한 사람이 아니면 위험하지 않겠는가! 이 때문에 사람을 임용하는 선발을 신중히 하고 권력을 점차 훔쳐가는 것을 방지하고 후손에게 남겨줄 계책을 세워야 아마 이루어지지 않겠는가![83]

인재의 표준에 대해 왕정상은 덕과 재능과 지식을 겸비하는 것이 가장 좋으며 지닌 덕으로 자신의 재능을 운용하고 전문적 지식으로 해결하는 것이 가장 바람직하다고 하였다. 덕이 중시되는 이유는 어진 자만이 국가 경영을 자기 가정을 경영하듯 항상 잘못되지 않도록 경계하는데 역대 정치인 중 이를 실천 한 자는 주나라 무왕의 동생인 주공과 소공뿐이었다. 신하에게 재능과 지식이 필요한 이유는 국가를 위해서 백성을 위해서 공헌할 수 있도록 하기 위함이다. 그는 인재를 잘못 기용하여 나라가 망했던 경우를 다음과 같이 예를 들어 말한다.

오吳나라 재상 백비伯嚭는 월越나라와 개인적으로 통했는데 구천勾踐이 오나라를 멸망시킨 후 백비를 죽이고, 그가 주군에 불충하고 자신을 주周에 비유했다고 했다. 이는 한고조漢高祖가 정공丁公을 죽인 것과 같다. 그렇다면 적에게 나라를 판 자는 심사숙고해야 할 것이다.[84]

춘추 시기 오나라 장군이었던 백비는 훌륭한 장군이었으나 사사로이 월나라와 내통하여 월왕 구천을 풀어주자고 오왕에게 청하여 훗날 월이 오를 침공하는 빌미를 주었고 결국 오나라는 망하게 하였다. 백비는 사사로이 뇌물을 받고 적에게 나라를 판 것이다. 이런 인재는 재능은 지녔어도 덕이 부족하니 인재의 자질이 국가의 흥망성쇠와 직결됨을 설명한 예이다. 재능과 덕이 함께 중요함을 또 다음과 같이 말한다.

옛날에는 40살에 비로소 벼슬에 나갔는데 경력은 많고, 함양涵養은 깊고 식견은 정밀하고, 의리는 순수하여서 천하의 일을 헤아려서 운행함을 장악할 수 있었다. 이와 같은 사람에게 나라를 다스리게 한다면 그 다스림에 무엇이 있겠는가? 지금의 사류士類는 문사文辭로서 기용되는데, 소년 시절 덕성德性은 완성되지 못했고, 의리의 양성에도 이르지 못했고, 이해에는 두려워하고, 의심에는 미혹되고, 비록 재질才質을 이루었더라도 실패가 많을 것이니, 이런 것을 망재罔材라고 한다.[85]

명대에는 과거에 합격한 자에게 등용의 문을 열어주었으니 왕정상은 어린 나이에 관리로 기용되어 나랏일을 보기에는 덕과 경륜이 부족한 인재가 있어 애석해하였다. 그는 비록 재질이 있다 하더라도 반드시 덕을 겸비한 현재를 기용하는 것이 중요하다고 여겼다. 하지만 '예부터 맑고 밝은 조정에는 그 신하[86]가 몹시 청렴하고, 혼탁하고 어지러운 조정에는 그 신하가 몹시 탐욕스러운데 그는 그 이유를 형세가 그렇게 된 것이라고 한다. 왕이 덕을 지니면 덕이 아래로 내려가게 되어 신하가 덕이 좀 부족하더라도 청렴하려고 노력한다. 왕이 부덕하고 사사로이 욕심이 많으면 덕이 있던 신하일지라도 사람이 갑자기 변하여 간교함이 절로 심어져서 시대와 함께 부침浮沈하게 된다. 하지만 인재 등용은 지닌 덕보다 정치적 역량이 우선되어야 한다. 덕을 겸비하더라도 정치적 역량이 없으면 기용되어서는 안 된다는 것을 다음과 같이 말한다.

> 양한에서 현량賢良과 문학과 대책對策에 근거하여 등용하였는데, 대개 이미 그 현명하고 그 말을 잘하는 재능을 살펴서 등용하였다. 그것은 바로 낙읍에서 덕으로써 도와 예술을 행하고 현자가 할 수 있는 의지를 등용한 것이다. 그 효렴孝廉을 천거한 것은 그 덕행을 취하고 그 어떤 이론도 살피지 않은 것인데 사람이 비록 순수한 행실이 있더라도 정사政事를 추진하여 행할 재능이 없으면 또한 국가에 무익하다.[87]

양한兩漢은 전한과 후한이고 당시 현량함, 문학 능력, 일에 대처하는 능력을 지닌 인재를 추천받아 등용하였다. 당시 과거제도가 없었기에 현량한 사람을 심사하는 것은 어려워서 추천자의 말만 들었고 문학과 대책 심사는 말을 잘 하는 것으로 가능했다. 신하의 등용은 주로 효를 행하고 청렴결백한 것을 덕으로 삼고 덕만으로 천거 대상이 되었기에 그 사람이 정사를 잘 추진할 수 있는지는 알 길이 없었다. 왕정상이 '세상의 사람들을 보면 선한 자는 한두 명 정도이고, 선하지 않은 자는 수천명이 된다. 일을 행하는 데에 있어 도에 합하는 것은 보통 한두 가지인데 도에 합하지 않는 것은 수천 가지이다. 밝은 곳에서는 비록 덕행에 힘쓸지라도 어두운 곳에서는 나태한 자를 다 셀 수가 없다. 학문하여 지식을 쌓아서 도를 아는 자는 오히려 염치가 있어서 그릇된 일을 저지르지 않는다.'88)고 하며 정치하는 데에 필요한 전문적 지식을 익히며 그 과정에서 덕도 함께 쌓는 자가 정치해야 한다고 하였다. 윗글은 한(漢)대의 실정을 빗대어 인재 등용의 문제점을 지적한 것이다. 공자도 학문의 중요성을 다음과 같이 강조하였다.

덕을 좋아하면서 배우기를 좋아하지 않으면 그 폐단은 쉽게 우롱당하는 것이고, 지혜를 존중해도 배우기를 좋아하지 않으면 그 폐단은 방탕하게 되는 것이고, 신의를 존중해도 배우기를 좋아하지 않으면 그 폐단은 남에게 쉽게 이용당해 마음에 상처를 입는 것이고 정직하기만 하고 배우기를 좋아하지 않으면 그 폐단은 강박해지는 것이고, 용감하기만 하고 배우기를 좋아하지 않으면 그 폐단은 주의에 폐를 끼치게 되는 것이고, 굳세기만 하고 배우기를 좋아하지 않으면 그 폐단이 무모해지는 것이다.89)

공자가 학문을 배우는 자들이 높은 것을 좋아하여 동작과 언어로써 성인을 구하는 데 이는 말단이라 말하는 것은 지나치다고 여기며 말을 하지 않으려 하였다.90) 이는 문인門人들이 말로써 도를 구하여 언어의 학문으로 떨어져서 여러 실행을 실천하지 않을까를 두려워했기 때문이다. 왕정상도 학문은 말 잘하는 것을 배우는 것이 아니고 실천하는 것을 배우는 것이고 인재는 덕과 지식을 겸비해야 한다고 하지만 인재는 지닌 덕보다 축적된 지식이 우선되어야 한다고 하였다.

3. 사회관·경제관

1) 사회 질서 유지 – 도道·법法

왕정상이 사회 질서는 '도'와 '법'으로써 안정적으로 유지될 수 있다고 하였다. 이는 노장이 주장하는 사회와 대조적이다. 노자는 적은 인구의 사회, 집중과 통일보다는 분산과 해체를 강조하고, 사회적 발전보다는 기계화되지 않은 원시 사회로 돌아가서 법이나 예로 인한 구속을 멀리해야 한다고 하면서 자율과 자유를 중시했다. 그러나 당시 명나라 사회에서는 국가를 책임지고 있는 군주가 거대 국가를 지향하고 있고 거대 국가의 질서를 유지하기 위해서 법과 제도는 필수적 도구였다.

유학자들은 예법과 도덕을 전면에 내세웠고 그들 중에서도 어디 쪽에 치중하느냐에 따라 서로 이념을 달리해 왔다. '도'는 예와 제도의 정신적 가치를 논하는 기준이다. 이는 도덕을 인성에 합쳐서 가치를 높이는 것이다. 그래서 도는 중국 철학에서 가장 숭고한 개념이다.

공자는 "사람들을 법이나 명령으로써 이끌려고 하고 사회 질서를 형벌로써 잡으려 하면 백성들은 형벌을 면할 것만 생각하고 죄짓는 것을 부끄러워하지 않는다."[91]고 하여 법보다 덕德을 중시하였다. 반면에 순자는 법과 예로 어지러운 사회 질서를 잡아야 한다고 주장하였다. 주나라 전국戰國이 진시황제에 의해 통일되었을 때는 이미 국가 자체가 거대 국가로 변해 법으로 질서를 잡을 수밖에 없는 사회적 여건이 조성되었다. 그래서 법이 중심이 되는 법치 사회로 전환된다. 훗날 송대에 신유학적 흐름에 의해 다시 도덕을 사회 질서 유지의 근본으로 삼게 되는데 이는 역사성에 따라 사회 이념을 달리한 것이다.

왕정상은 '정치술로 정치를 하면 일시적이고 오래 가지 못하며 도를 가지고서 정치를 할 때 백성들이 감복하고 따른다.'[92]고 하였다. 군주가 정치를 도로써 행하지 않고 자기 욕망에 따라 백성을 강제로 부리려고 한다면 백성들도 마음대로 행동하게 되어 아무리 군주라도 사회 질서를 바로잡을 수 없다. 이때는 마치 물이 배를 전복시킬 수 있는 것과 같이 백성도 군주를 자리에서 끌어내릴 수 있다.

군주의 왕도王道란 유가의 정치적 주장인데 이 왕도는 인정仁政을 베풀 것을 요구한다. 『맹자』에 "덕행이 어진 자가 왕이 된다"[93]라던가, "덕으로서 사람을 감복시키는 자는 상대방이 충심으로 기뻐하여 진실로 복종하는 것이다"[94]라고 하였다. 왕도는 덕치로 인정을 베풀 것을 요구한 것에서 비롯하였다. 그가 성인이 도에 기인하여 백성을 교화한다고 한다. 왕정상도 정치는 도로써 다스리는 것이 백성을 교화시키는 가장 좋은 방법이고 군주가 도로써 다스리면 백성은 반드시 따른다고 하며 도에 근거한 정치를 삼황오제 시절의 '도'와 비유하여 다음과 같이 말한다.

> 삼황三皇 때의 무위無爲는 백성의 뜻을 따른 것이고, 오제五帝 때의 유위有爲는 간이하여 공적을 자랑하지 않았는데 무위와 같았다. 삼대 때의 변혁은 부득이한 것이었다. 진나라 한나라 이후는 유위로써 다스렸는데 도를 위배하지 않아서 오히려 볼만한 곳이 있었다. 아! 천하의 형세가 변하여 돌이킬 도리가 없는데 선왕의 치적을 돌이킬 수 있겠는가? 그래서 성인은 도를 지켜서 시세를 다스리고, 형세로 인하여 다스림을 구한다.[95]

도는 그때의 정치적·사회적 형세에 따라 다르게 작용한다. 삼황오제 시기에도 도를 중시했는데, 삼황은 무위無爲하면서도 도가 통했고 오제 때는 유위有爲하면서도 도가 통했다고 하였다. 삼황과 오제는 중국 역사 이전의 전설적 인물로 문명의 시조이면서 이상적인 제왕의 상으로 추앙되었다.

일반적으로 나라가 멸망할 때는 도가 사라지기 마련인데, 하·은·주에서는 나라의 통치자가 바뀌는 형세에 도가 통했다. 왕정상은 당시의 상황을 부득이했던 세勢라고 표현한다. 세는 미리 기미조차 알 수 없기에 부득이한 것이다. 그래서 사회 질서를 바로잡는 데에 도를 이용해야 하지만, 성인이 그 시대가 처한 형세를 잘 알아서 도를 지켜야 한다. 왕정상 역시 유가적 도덕을 따르고 도로써 다스리는 것을 구하려 하지만 성인의 이상과 합해져야 함을 강조한다. 세의 변화는 성인만이 알 수 있고 도덕적 이상은 반드시 시세의 변화를 주시해야 하기 때문이다.

도로써 다스려도 되지 않는 경우가 있다. 왕정상은 그 이유를 그때그때의 형세가 다르기 때문이고 또 사람의 성품에도 생래적으로 부득이한 것이 있다고 보았다. 예를 들면 도를 지닌 순임금의 동생과 어머니는 순임금이 성인이었음에도 전혀 교화되지 않았고 오히려 함께할 수 없는 사람들이었다. 맹자도 인간이 생래적으로 인의예지의 마음을 가지고 태어났다고 주장하면서도 인간이 다 같지 않고 가르쳐도 안 되는 사람이 있다고 하였다. 맹자는 그들을 자포자自暴者, 자기자自棄者로 부르고 자포자와는 더불어서 서로 대화할 수 없으며 자기자와는 더불어서 일을 할 수 없다[96]고 하였다. 그는 사회란 이런 자들까지도 함께해야 하는 공동체이기 때문에 반드시 법이 제정되어야 한다고 주장한다.

모든 사회 구성원이 더불어 살면서 행복할 수 있는 길은 각자가 욕欲을 버려야 한다. 만약 욕을 버리지 못한다면 인간이 지닌 욕망은 사회악으로 나타날 수 있다. 그래서 사회 질서를 유지하기 위해서 반드시 법이 필요했으나 법은 구속을 위한 것이 아니라 백성이 편안하게 살게 하고자 하는 것이었기에 법은 반드시 공정해야 한다. 그는 공평한 법에 대해 다음과 같이 말한다.

바르고 크며 넓고 먼 견식으로써 법을 세우고, 공평하고 밝고 관대한 도로써 법을 운용해야 한다. 바르지 않으면 도에 어긋나고, 크지 않으면 작용이 작고, 넓지 않으면 한 곳에 치우치게 되고, 멀지 않으면 시행하는 것이 오래 가지 못한다. 공평하면 사람들이 승복하고, 운용이 명백하면 인정을 획득하고, 운용이 관대하면 법이 행해지고 사물이 감복하는데 요컨대 인으로써 근본 삼아야 한다.[97)]

그는 도덕으로 교화가 되지 않는 자들이 있더라도 그들이 양민들의 행복을 짓밟지 않도록 하려면 반드시 법이 필요하다고 주장한다. 사회 질서를 안정시키기 위해서 반드시 법이 필요하지만, 법이 만고의 진리는 아니다. 단 법은 집행되는 과정에서 엄정할 때만 사회 질서가 유지된다. 그는 공정하고 엄중한 법과 명령이 제정되어 사회 질서가 유지되고 있더라도 사물은 쉬지 않고 변화하기 때문에 변화에 따라 때에 맞는 적절한 법을 새롭게 제정해야 함을 주장한다. 법은 시대에 따라 국가의 형편에 따라 형세에 따라 다르게 적용된다. 법이 공평하려면 그때의 시세를 잘 파악하여 꼭 필요한 법을 수정하고 새롭게 제정해야 한다. 당시에는 관리들이 현장에서 보고 겪은 것을 상소 올려 새로운 법을 제정하게 하는 제도가 있었다.

왕정상은 많은 법을 제정하여 국가 기강을 바로잡는 데에 공헌했다. 그중 몇 가지 예를 들면, 사회의 질서를 어지럽히는 도적과 관리들이 결탁하는 폐단을 없애기 위해서 근본을 다스리는 다섯 가지 법의 제정을 제시했다. 그 첫째는 태창 병비 부사를 회복시켜 해상의 모든 병비 업무를 정돈하는 것이고, 둘째는 연안에 있는 일부 대부호가 개인의 배를 건조하는 것을 금지하며, 셋째는 장강 양쪽 연안에 중요 항구에 순찰선을 다시 갖추어 순찰을 더욱 강행하여 깨끗하게 한다는 것, 넷째는 남경에서 강을 장악한 대신이 강과 바다에 약탈을 일삼는 해적을 살펴서 잡는 것을 책임지고 하도록 명령을 내린 것, 마지막은 소금 금지법을 의논하고 그날 이후 150근 이하를 실은 배는 사염[98)]으로 지목하여 함부로 체포할 수 없게 한다[99)]라는 법이다. 이런 법의 제정은 당시의 실정을 그 현장에서 조사한 관리만이 새로운 법 제정의 필요성을 느끼고 중앙 부서에 요청하여 가능케 할 수 있었다.

왕정상은 또 『천변자진소』를 지어 임금에게 올렸다. 그는 엄고嚴嵩 등의 탐관오리들과 분경奔競[100)]의 풍조를 엄하게 꾸짖어 물리쳤다. 분경은 출세를 위해 권간權奸에게 줄을 대어 찾아다니는 형태이다. 그는 "엄고는 권세를 장악하고 뇌물을 공공연히 받았고 분경이 지나치게 성하여 조정의 사대부는 모두 입을 다물고 감히 아무런 말도 하지 못한다. 오늘날 탐관오리의 풍조가 크게 성행하다. 일단 현장 관리에 임하는 권리를 얻으면 바로 영리를 도모하기 위해서 뇌물 받는 통로를 크게 열어 사적인 통로로 재화를 모으고 단지 안팎에서 남몰래 암호로 서로 내통하는 것이 두루 행해져 마음에 들지 않는다. 요즈음 바치는 뇌물을 수락하는 것은 공공연하게 행하여 거리낌이 없다. 이런 일이 수천에 이르고 혹 만의 수에 이른다"[101)]라고 직언하였다.

사회 질서를 어지럽히는 이런 사회악은 강직한 관리와 엄격한 법이 있어야 통제할 수 있다. 사회 질서 유지에 가장 필요한 것이 '법'이고 그다음이 '예'라고 하여 그는 예보다 법을 우선시하였다.

2) 경제관 – 절검

(1) 농본農本과 공정한 조세租稅

왕정상은 정치적으로는 민본[以民爲本]을 주장하고 경제적으로는 농본[以農爲本]을 주장한다. 농업은 고대로부터 중국에서 중시해 온 경제 정책이다. 그는 농업이 중요한 이유를 다음과 같이 말한다.

농민이 궁핍하면 곳간이 비고, 곳간이 비면 병사들이 피로하니, 이는 근심할 만하다. 물고기를 잘 기르는 자는 못물을 세게 하지 않고, 농사를 잘 짓는 자는 훼목卉木을 없애지 않아서 그 이익을 축적한 것이 깊다. 농부의 궁핍은 국가의 큰 병이니, 고려하여 근심하지 않겠는가! 무익한 일을 만들고, 토목을 숭상하고, 재화를 소모하는 것은 근본을 해치는 것이라 하겠다.[102]

인간의 욕欲은 타고나는 것인데 누구나 지니는 것이다. 배고프면 먹어야 하고 추우면 입어야 하는 것이 타고난 욕이다. 백성들에게 근본적 욕구를 채워주려면 자연재해와 맞서서 이겨야 한다. 이길 수 없다면 농사기술을 익혀 재해와 맞서거나 재해가 없는 해에 미리 많은 양의 농산물을 비축해야 한다. 『맹자』에 '백성들이 사는 방도는 일정한 생업이 있는 자라야[有恒産者] 일정한 마음이 있고[有恒心], 일정한 생활이 없으면 일정한 마음이 없다.'[103]라고 하였다. 맹자는 일정한 수입이 늘 일정한 마음을 지니게 하기에 치국의 도는 부민富民에 있다고 하였다. 농업이 국가의 대본인 사회에서 부민은 바로 부농과 통했고 농민의 궁핍은 군사들의 굶주림과 연계되니 부국과 강병은 하나로 이어져 농민의 빈부가 국가의 존망과도 직결된다.

그는 농민들이 농사에서 많은 수확을 얻기 위해서 일정한 기술과 상식을 갖추어야 한다는 생각에서 『제민요술齊民要術』을 지어 농사에 관한 교육을 한다. 씨를 선택하고 씨를 기르는 법, 토양과 사료에 관한 정보, 과수나 채소를 재배하는 법, 가축 기르는 법, 물고기 기르는 법 등을 적고 있다. 이 책은 농업의 과학기술서이다. 그는 『제민요술』의 서문에서 다음과 같이 말한다.

군자가 백성을 돌보는 정사는 다섯 가지가 있다. 정사를 세우는 근본은 농사를 살피는 것이다. 예악을 제정하는 것은 교화를 펴는 것이고, 법령을 엄격히 하는 것은 형벌을 분명히 하는 것이고, 십오什伍를 비교하는 것은 병사를 다스리는 것이고, 근력勤力을 조사하는 것은 공인工人에게 세금을 매기는 것이고, 밭갈이와 잠상[耕桑]을 권하는 것은 농사를 감독하는 것이다. 만일 농사가 닦이지 않으면 파종과 수확[稼穡]이 무너지고, 파종과 수확이 무너지면 꼴과 곡식[芻粟]이 감소한다. 꼴과 곡식이 감소하면 곳간이 비게 된다. 이로 말미암아 자제子弟는 의지할 것이 적어지고 가르침을 따를 수 없다. 거짓이 날로 성행하여 형벌이 남용된다. 군량[饋餉]을 공급하지 못하면 병융兵戎이 떨쳐나지 못한다. 무역貿易이 통하지 못하면 농업과 상업이 자본을 잃게 된다. 그래서 "백성을 돌보는 정사는 다섯 가지인데 정사를 세우는 근본은 농사를 살피는 것이다"라고 한 것이다. 이 때문에 농사를 가르치는 것은 유사有司의 실정實政이다.[104]

백성을 돌보는 정치는 바로 백성이 농사짓는 일을 살펴 도와주는 것이다. 이것이 농본 정치이고 민본 정치의 핵심이다. 때문에 『제민요술』의 서문에서 민본을 이루는 다섯 가지 중요한 것을 언급한다. 첫째로 예악을 제정해 주는 것이고, 둘째로 법을 엄히 정해 주는 것이며, 셋째는 군사에서 대오를 만들어 주는 것이고, 넷째는 공과를 따지는 것이며, 다섯째는 농사법을 가르치는 일이다.

국가가 바로 서려면 농사를 근본으로 삼아서 백성들이 굶주리지 않도록 보살펴야 한다. 백성들에게 농사짓는 법을 가르치는 것은 국가의 대사 중의 하나인데 농업 생산을 늘려 창고에 비축해 둘 수 있는 능력이 국가의 군사적 역량과 관계가 있기에 결국 국가의 흥망에도 관계가 있다. 왕정상은 농사를 지휘 감독하고 농사짓는 법을 가르치는 것은 자신과 같은 유사들이 실제로 해야 하는 정사로 여겼다. 그의 농본정책은 부국강병을 위해서도 중요한 일이었다. 공자가 "나는 농사짓는 일은 배우지 않아서 잘 모르겠다."[105]고 했는데 왕정상이 이 말은 세상을 경영해 보겠다는 포부를 지닌 성인으로서 잘못임을 다음과 같이 비판한다.

학문은 인의를 구하기 위한 것이다. 정치는 곧 백성을 몰아서 정치를 행하여 나의 인의를 젖어 들게 하는 것이다. 경전에 역시 있는데 "오묘에 뽕나무를 심고 백묘를 받는다."라고 하였다. 노인들과 어린아이들이 춥고 배고픔을 없게 하는 것은 반드시 선왕의 자력이 아니고 정치를 함에서 시행하여 그들이 스스로 기르게 할 따름이다. 반드시 농사와 채소 가꾸기를 안 후에 정치해야 한다.106)

정치하는 사람은 백성이 춥고 배고프지 않게 농사를 정치의 근본으로 삼고 반드시 자신도 농사일에 통달하여 백성들이 많은 수확을 할 수 있도록 농사법을 가르쳐야 한다. 공자가 농사에 직접 관여하지는 않았지만, 유가가 시행하는 인의仁義는 사실상 농본의 내용을 포함하고 있다. 맹자는 백성들에게 자신들의 재산을 만들어[制民之産] 주는 것을 어진 정치로 삼았다.107) 맹자는 '제민지산'이 마련되어 부모 봉양과 처자 양육이 가능하고 종신토록 배불리 먹고 즐겁게 살게 하며 흉년에도 죽음을 면할 수 있게 된 다음 백성을 이끄는 것이 인정仁政이라고 하였다. 맹자가 '제민지산'을 이루기 위해서 정전제井田制108) 시행을 적극적으로 추진했고, 송宋 대에도 이구李覯와 장재, 주희가 이 제도를 부활할 것을 주장109)한 적이 있었다. 왕정상은 명나라 토지 제도 개혁의 문제를 두고 어떤 사람이 토지를 회수하여 정전제를 회복시키자는 의견에 대해 강력하게 반대하고, 다음과 같이 세 가지 이유를 들어 정전제는 공평한 제도가 아님을 주장하였다

밭을 정전井田으로 구획할 수 없는 이유는 세 가지가 있다. 산곡의 낮고 오목한 곳은 정전으로 구획할 수 없는데, 옹雍, 기冀, 양梁, 익益, 형荊, 양揚 등의 구역은 평야 중에서 정전할 수 있는 곳이 얼마이던가? 이것이 한 가지 이유이다. 대하大河와 대륙의 구역은 물길이 회합하여 모두 머물지 않는데 이것이 두 번째 이유이다. 한 사람 당 백묘의 밭인데

부자의 밭을 강탈한 것이 많은 것이 세 번째 이유이다. 성인은 무익한 일을 일으키지 않고, 그 처음을 따르고 인정에 따라서 다스림으로 귀속시킬 뿐이다. 반드시 정전해야 한다고 말하는 것은 우활한 유자가 옛날의 제도를 연모하는 것이다. 형세가 끝내 그럴 수 없는데 부질없이 요란만 낳을 뿐이다.110)

『상서』에 '하나라를 세운 우임금이 중국 땅을 9등분 하여 구주九州라 하였는데 이는 옹雍, 기冀, 양梁, 익益, 형荊, 양揚, 예豫, 청青, 서徐이다.' 라고 하였다. 왕정상은 당시에도 구주의 토지를 함께 논하여 정전할 수 있는 토지가 많지 않다고 지적하였고 물길로 인해 구획을 나누는 문제점과 가장을 중심으로 땅을 나누면 부자가 같이 살지 않고 분가를 하는 폐단도 있었다. 그 때문에 이는 모두 무익한 일이 된다고 보았다.

왕정상은 정전법을 회복하자는 것이 맹자를 사모함에서 나온 발상일 뿐, 공상적이고 현실에 부합할 수 없는 제도라고 판단하였다. 송 대에도 소순蘇洵이 정전법을 회복해야 한다는 주장에 비판하여 "이미 정전은 시행해 보았지만, 반드시 수로를 정비해야 한다. 정전제는 일만 가구에 32리 반 정도의 토지를 각각 나누어 주었는데 그 토지가 중간의 길이 되거나 천이 되거나 논길이 되며 밭 두둑이 되고 큰길이 되었으니 정전이 공정할 수 없다."111)고 하였는데, 왕정상도 소순의 전제田制를 계승하고 진일보 한 주장을 내놓았다.

그는 봉건 지주제를 이행하되 겸병을 억제112)하는 것이 진정한 방법이 될 수 있다고 여겼다. 그는 단지 세금을 걷는 것에 중점을 두지 않고 백성들에게 공평한 것이 무엇인가에 중점을 두고 고민했다. 또 그 당시는 전쟁이 막 끝난 시점이어서 백성들의 피곤이 극심하여 그들이 쉴 수 있도록 해 주고자 했다. 그는 왕안석의 방전균세법方田均稅法을 계승하고 주희가 주장한 장토지丈土地·균전세均田稅의 사유를 계승 발전시켰다. 그래서 부호들을 억제하고 호적을 조사하여 바른 조세가 시행하게 하는 법을 제정해야 한다고 아래와 같이 말한다.

논밭 길을 열면 겸병兼幷이 발생한다. 부호들을 억누르고, 호적을 살피고, 조세를 바르게 하는 법이 최선이다. 전지를 점유하는 것을 제한하는 것은 억제하기 위함이다. 강계疆界를 기록하는 것은 살펴보기 위함이다. 조세를 일정하게 하는 것은 바르게 하기 위함이다. 억제하면 농업이 널리 퍼지고, 살피면 전지를 감춘 것이 적어지고, 바르게 하면 가난한 사람의 식량이 풍족해진다. 관리와 백성의 이익과 가난한 자와 부유한 자의 바람이 이로 인하여 균등해질 수 있으니 최선이 아니겠는가?[113]

그가 주장하는 조세 대책은 부호를 억제하고[抑豪], 토지의 기록을 조사하며[稽籍], 공정한 세금을 부과하는[正租] 세 가지이다. 명대 중기에는 토지 겸병[114]의 풍속이 대단히 성행하여 많은 부호가 생겨났다. 겸병은 부호, 대가들이 농민들의 토지를 점령하는 것이다. 그 때문에 국가의 조세가 감소하였다. 또한, 빈부의 격차가 커져서 계층 간의 모순이 첨예하게 드러나게 되었다. 부호와 농민들 사이에는 서로 화합할 수 없는 갈등이 생겨나고 결국 노동력의 핵심인 농민들은 폭력적 혁명을 통해서 자기들의 토지를 되찾고자 하였다. 그들은 봉건 토지 소유제를 농민 소유제로 바꾸는 '점전占田투쟁'을 계속했다. 그래서 일부 지주 계급을 대표하는 자들은 농민들이 점전을 요구하는 부분에 대해 토지를 반환해 주자고 하였다.[115] 그러나 지주 계급 중 보수파들은 토지 겸병을 끝까지 견지한다. 이들의 중재를 위해 왕정상은 부호들의 겸병을 억제하는 방책 세 가지를 내놓게 된다. 첫째 위세를 이용해서 땅을 뺏은 자 중에서 세력가에게는 중죄를 내리고 그 땅은 인근 군대에 귀속할 것, 둘째 귀족 군주의 장원을 지닌 자가 겸병한 토지는 환급하게 하거나 빼앗아 본래의 마을에서 땅이 없는 백성에게 나누어 줄 것, 셋째 산림, 개천, 호수, 못 등을 넓혀서 얻은 토지를 공유지로 하는 것[116]이다.

왕정상은 먼저 계적稽籍을 시행했는데, 계적은 토지의 소유자와 그 넓이 등의 기록을 조사하는 것이다. 당시는 조세와 토지 분할 등의 제도가 공평하지 않았다. 특히 많은 부호가 농토와 밭을 같이 점유하여 재산 증식을 계속하였기 때문에 농민들의 어려움이 점점 커지고 있었다. 그는 호구가 제대로 기록되지 않아 조세가 공정하지 않다고 보았기 때문에 이를 조사하여 조세가 공정하게[正租] 이루어지도록 하는 법을 제정할 것을 조정에 요구하였다. 왕정상은 억호抑豪, 계적稽籍, 정조正租의 방법으로 부호들의 토지 겸병 문제를 해결하고자 했다.

그가 주장한 내용은 단지 부호들의 토지 겸병을 막아서 국가 재정 수입을 늘리자는 것이고 봉건 지주 소유제의 토지 제도 변경이나 농민 개인의 이익을 고려한 것은 아니었다.[117] 당시 명 중기 무종 재임 기간에는 조정의 간신들에게 붙어 부를 착취한 부호들이 상당히 많았다. 그 때문에 그의 요구는 대지주와 대관료 집단의 토지 겸병을 제한해야 한다는 주장으로 간신 권력자들에 맞선 것이었고 조정에 대한 정면 대결이었다. 그는 부국과 부민을 위해 굽히지 않고 그들에 맞서 투쟁했다.

3) 민생정책 - 구황과 비황

명 중기 정치 부패로 인한 생산력 저하와 매년 흉년으로 기근이 든 농민들의 투쟁으로 인하여 구황의 문제가 두드러진 사회 문제로 등장하였다. 많은 지주 계급의 정치가, 사상가들이 이 문제를 해결하려고 애썼다. 왕정상은 민간의 질곡과 사회 문제 해결에 앞장섰던 용감한 정치가였기에 구황에 지대한 관심을 가졌다. 정덕 16년(1521) 그가 사천성에서 임직 기간에 흉년이 들어 천북川北 지방에서 관할하는 보녕부와 순경부

등의 농민 중에 재난 때문에 타향에서 떠도는 백성들이 매우 많았다. 그때 그는 구황을 총괄한 경험을 바탕으로 8개 조항의 구황 정책을 내놓는다.[118] 그것은 ① 그들에게 부세를 감면해야 하고, ② 이력弛力, 사금舍禁, 거기去譏한다. 이력弛力은 힘을 비축하는 것으로 요역繇役을 쉽게 하는 것이다. 사금舍禁은 산에서 나무하거나 택지에서 고기 잡는 것을 금하지 않는 것이고 거기去譏는 관할 시장을 시찰하지 않는 것이다. 이는 모두 부세와 부역으로 힘든 것을 느슨하게 해 주는 것이다. ③ 당시 호족, 대가들이 그들을 돕도록 권유하는 법을 제정한다. 구황이 든 해에는 가난한 자는 식량이 부족하나 호족 대가댁에는 비축해 둔 곡물이 있다. 그들에게 인의를 베풀도록 장려한다. ④ 사재기를 금하지 말고 가격도 억제하지 않는다. 흉년이 든 곳은 곡식이 적은데 가격을 제대로 두면 상인과 서민들이 이익을 탐하여 가진 자든지 못 가진 자든지 곡식을 팔러 흉년이 든 땅으로 몰려올 것이다. 관리들이 곡식이 귀함을 악용해 상인들의 가격을 내리게 한다면 소문들은 상인들이 오지 않을 것이기에 곡식이 부족해 더 큰 기근을 겪게 된다. 가격을 내리지 않고 기다리면 가격이 오히려 안정된다. 즉, 상곡商穀의 증액을 허락하고, 감액은 불허해야 한다. ⑤ 풍년이 든 주에서 유민을 살게 하고 ⑥ 일체 공사의 빚을 거두어들이는 것을 정지한다. ⑦ 재능이 있는 관리를 뽑아 그에게 위임하여서 아이를 가지거나 구제에 관한 일을 주관하게 하고 ⑧ 송아지, 씨앗, 먹거리를 공급하여 생산을 발전시킨다는 등의 8조의 구황 조치를 시행하는 안[119]을 내어 백성 구제를 위해 몸소 앞장섰다.

호광湖廣에서는 연이어 홍수와 가뭄이 번갈아 있었는데 가정 2년 (1523)에는 더욱 심했다. 그 때문에 굶어 죽는 백성들이 생기고 또 먹을 것이 없어서 도적이 생겨났다. 도적들은 처음에는 산택山澤을 중심으로 활동했으나 점점 강호로 내려오게 되었을 정도로 사회가 혼란하게 되었다.[120] 왕정상은 도적을 다스리는 핵심은 우두머리를 섬멸하고 나머지

잔당을 풀어준다면 인심을 편안하게 할 뿐만 아니라 또한 장차 지방 일을 살필 수 있으니, 이것이 고금에서 바꿀 수 없는 방도라고 도적을 섬멸하는 방책을 지어 올렸다. 또 그는 '소굴을 막는 것을 확실히 책임 지우는' 것과 '광산 주위의 백성을 보호하고 관찰하는' 조처를 채택할 것을 주장했다.[121]

호광은 옛 초楚 땅으로 지금의 호북성湖北省과 호남성湖南省 일대이다. 호광 지역이 어려운 시기 여름에 왕정상은 호광 안찰사로 승진하여 호광에서 의심나는 송사를 많이 해결했다. 백성들은 "초 지역의 풍속은 완악하고 사기 치고 거칠게 송사를 하는데 왕정상의 판결은 흐르는 물과 같아서 오래된 옥사가 다 없어졌다."라고 그를 높이 평가하고 상수 지역의 백성들이 그를 '왕청천王青天'이라고 불렀다.[122] 이는 송대 청백리 관원 포청천包青天에 빗댄 말이다.

왕정상은 다시 병부 좌시랑으로 자리를 옮기게 되어 사천 등지에서 재해의 피해를 차례로 상소를 올려 임금에게 아뢰고 『걸행의창소乞行義倉疏』라는 창고법을 지어 올렸다. 그는 다음과 같이 건의하였다.

> 한 촌사의 거민은 대략 이삼십 가구인데 한 모임을 정하여 매월 두 번 거행하고, 각기 인호의 상중하의 등급에 따라서 쌀을 내고, 거두어서 한 장소에 저장하는데 여러 달을 저축하면, 저축한 것이 반드시 풍부해질 것이다. 흉년이 든 해를 만나면 백성들이 스스로 서로 계산하고 의론하여 나눈다면 관에서 두루 살펴야 하는 번거로움이 없을 것이고 또한 서리가 농간을 부리는 폐단이 없어질 것이다. 진휼을 위에서 수고하지 않아도 실로 은혜가 아래에 미칠 것이다. 설령 수해와 한해의 재앙이 있더라도 결코 고향을 버리고 떠도는 근심이 없을 것이니 백성을 살리는 법으로는 이보다 좋은 것이 없을 것이다[123]

그는 일시적으로 재난을 준비하고 백성들의 궁핍을 안타깝게 여기는 것은 나라의 대계가 아니라고 하고 구황을 위해 조정의 창고 외에도 촌사村社 단위로 창고를 세우고 쌀을 내어 비축해 두었다가 흉년이 들면 함께 나누는 방안을 구체적으로 제시했다. 그의 구황 정책은 비황備荒을 중시했다. 비황은 흉년이나 재액을 대비하여 미리 곡식을 축적해 두는 것이다. 평소에 저축하지 않고 갑자기 재난을 만나 황제가 백성을 애석하게 여겨 국가의 창고인 관창을 열고 세금을 면제하고 정벌을 중지하는 것은 일시적 방편일 뿐이기 때문이었다.

왕정상이 주장하는 비황은 우선 국가의 창고인 관창을 정돈하는 것이고 또 하나는 지방 창고인 사창社倉 혹은 의창義倉을 여러 곳에 설치하는 것이다. 그는 앞으로 몇 년간 자연재해로 농사를 망칠 경우를 대비하여 의창에 곡식을 쌓아두는 것이 필요하다고 여겨서 제도를 마련하였으나 농사에 대비한 근본 해결책은 과학적 지식을 탐구하여 자연을 알고 재해를 사전에 방비하는 것이라는 것을 알았다. 그는 사천 등 여러 곳에서 재해로 백성들이 어려움을 겪자 「걸행의창소乞行義倉疏」를 지어 황제에게 올렸다. 의창을 지어 풍년에 곡식을 저축하면 훗날 흉년이 들더라도 백성들이 스스로 서로 계산하고 의논하여 나누게 되니 관에서 두루 살펴야 하는 번거로움이 없을 것이고 또한 서리가 농간을 부리는 폐단이 없어질 것이다. 또 백성을 구휼救恤하기 위해 수고하지 않아도 은혜가 저절로 미칠 것이다. 이 때문에 의창을 짓고 운영하며 자연재해의 피해가 없을 때 농사법을 익혀 수확을 많이 하여야 한다고 상소에 적었다.

주석

1) 『장자』, 「齊物論」: 春秋經世先王之志. 「春秋」에 '경세는 삼황오제의 뜻에 따라 나라를 다스린다'는 의미이다. 여기서 경세는 '세상을 다스리다.'의 의미로 쓰인다.

2) 『논어』, 「季氏」: 生而知之者, 上也. 學而知之者, 次也. 困而學之, 又其次也. 困而不學, 民斯爲下矣.

3) 『중용』: 或生而知之, 或學而知之, 或困而知之, 及其知之, 一也. 或安而行之, 或利而行之, 或勉强而行之, 及其成功, 一也.

4) 『신언』, 「保傳」: 後世人主於太子非不敎也, 不循乎三代之遺法矣. 師保之官非不設也, 不惟其道術者有之矣. 左右之人非不比選也, 不得與之居處而出入矣. 深宮秘禁, 婦人與嬉遊也; 褻狎燕閑, 奄竪與誘掖也. 彼人也, 安有仁孝禮義以默化之哉? 習與性成, 不驕淫狂蕩, 則鄙褻惰慢. 由是聞正言, 若侏擒之亂耳; 見正人, 若芒刺之在背, 是豈天下之福也哉?

5) 『예기』, 「文王世子」: 凡三王敎世子, 必以禮樂. 樂所以修內也, 禮所以修外也. 禮樂交錯於中, 發形於外, 是故其成也懌, 恭敬而溫文.

6) 『신언』, 「保傳」: 王者謙則君臣和, 卿大夫謙則國政和, 國政和則民安, 故和者治之門. 問謙, 曰; 不自大. 不自大則不矜, 不矜則不自任, 不自任則情平, 情平則和. 問謙之縡, 曰: 無欲. 無欲之縡, 曰: 內足.

7) 봉액縫掖: 소매 밑에서부터 봉합縫合한 옷, 공자가 봉액한 옷을 입었다 하여 유복儒服을 그렇게 말한다.

8) 장보관章甫冠: 은殷나라 때의 관의 이름으로, 공자孔子가 이 관을 썼다 하여 흔히 유자儒者들이 쓰는 관을 지칭하기도 한다.

9) 『신언』, 「作聖」: 隨所處而安, 曰 "安土"; 隨所事而安, 曰 "樂天". 仲尼居魯縫掖, 居宋章甫, 安土之謂也; 見陽貨, 見南子, 樂天之謂也.

10) 『신언』, 「御民」: 物各得其所之謂大同. 大同者, 化之極也. 百姓曰用而不知, 是謂安常. 安常者, 神之至也.

11) 『서경』, 「虞書·大禹謨」: 帝曰, 人心惟危, 道心惟微, 惟精惟一, 允執厥中.

12) 『서경』, 「周書·無逸」: 周公曰, 嗚呼! 君子, 所其無逸.

13) 『신언』, 「文王」: 「洪範」, 經世之大法也.

14) 『서경』, 「洪範」: 洪範九疇는 9종류(五行, 五事, 八政, 五紀, 皇極, 三德, 稽疑, 庶徵, 五福)의 정치강령이다. 성백효 역, 『書經集傳下』(서울, 전통문화연구회, 2007): 55~56쪽의 번역에 의하면, 첫 번째는 오행五行이요, 두 번째는 공경하되 오사五事로써 함이요, 세 번째는 농사에 팔정八政을 씀이요, 네 번째는 합함을 오기五紀로써 함이요, 다섯 번째는 세움을 황극皇極으로써 함이요, 여섯 번째는 다스림을 삼덕三德으로써 함이요, 일곱 번째는 밝힘을 계의稽疑로써 함이요, 여덟 번째는 상고함을 서징庶徵으로써 함이요, 아홉 번째는 향함을 오복五福으로써 하고 위엄을 보임을 육극六極으로써 하는 것이다. 즉, 하늘에 있으면

오행五行이고 사람에 있으면 오사五事이니, 오사五事를 가지고 오행五行을 참고하면 하늘과 인간이 합한다. 팔정八政은 사람이 하늘에 원인한 것이고 오기五紀는 하늘이 사람에게 보여주는 것이다. 황극皇極은 군주가 극極을 세우는 것이고 삼덕三德은 다스림에 변變에 응하는 것이다. 계의稽疑는 사람으로 하늘에 들음이고 서징庶徵은 하늘을 미루어 사람에게 징험徵驗하는 것이다. 오복五福은 사람이 감동함에 하늘이 응하는 것이다. 『신언』, 「文王」에서 왕정상은 '홍범구주洪範九疇를 오행은 그 체용을 들어서 민용民用을 제시한 것이고, 오행가의 설이 아니다. 오사五事는 인군이 마땅히 닦아야 하는 덕을 제시한 것이고, 팔정八政은 국가에서 소유해야 할 일을 마땅히 거론한 것이다. 오기五紀는 백성에게 시기를 마땅히 알려준 것이다. 황극皇極은 임금이 마땅히 건립해야 할 극인데 백성을 위한 법칙이다. 삼덕三德은 임금이 마땅히 경經[상도常道]과 권權[권도權道]으로써 신하를 부리는 것이다. 계의稽疑는 신도神道의 가르침을 설치한 것인데 그 유래가 멀다. 서징庶徵은 임금의 덕이 마땅히 징험해야 할 하늘의 현상이다. 오복과 육극六極은 백성의 휴척休戚이 임금의 정치의 장부臧否에서 비롯된다는 것을 제시한 것이다. 아! 이로부터 거론하자면 치세의 요점이 구비된 것이다.'라고 하였다.

15) 『논어』, 「陽貨」: 성性에 대한 문구는 오직 "子曰 性相近 習相遠" 뿐이고, 타고 나면서 다름을 설명하는 것은 『논어』, 「季氏」에 "孔子曰 生而知之者 上也, 學而知之者 次也, 困而學之 又其次也, 困而不學 民斯爲下矣"라 하여 구분한다.

16) 『논어』, 「憲問」: 須己而安人, 須己而安百姓. 『논어』, 「學而」: 以德性仁者爲王.

17) 『논어』, 「學而」: 有子曰, 其爲人也孝弟, 而好犯上者, 鮮矣, 不好犯上, 而好作亂者, 未之有也. 이 부분은 효도孝道와 공경恭敬에서 친친親親의 개념이 되고 친친이 되면 윗사람을 범하지 않고 윗사람을 범하지 않는다는 난을 일으키기 좋아하지 않는다는 것이 친친에서 애물愛物에까지 이르는 마음을 설명한 것이다. 이를 程子는 "孝悌行於家而後, 仁愛及於物, 所謂親親而仁民"이라 하여 먼저 효와 제가 가정에서 이루어지고 친한 사람을 친하게 대할 수 있으면 인과 사랑이 남에게도 미치게 된다고 하였다. 후에 맹자는 "親親而仁民, 仁民而愛物"이라 하여 남에게 미치고 난 후에는 물에 다 미치게 된다고 말한다.

18) 『논어』, 「子路」: 必也正名乎.

19) 『논어』, 「子路」: 政者 正也.

20) 『논어』, 「顏淵」: 君君 臣臣 父父 子子.

21) 『맹자』, 「萬章 下」: 齊宣王 問卿 孟子曰 王何卿之問也 王曰 卿不同乎 曰

不同 有貴戚之卿 有異姓之卿 王曰 請問貴戚之卿 曰 君有大過則諫反覆
之而不聽 則易位 王勃然變乎色 曰王勿異也 王問臣 臣不敢不以正對 王
色定然後 請問異姓之卿 曰 君有過則諫反覆之而不聽 則去.

22) 『서경』, 「五子之歌」: 民惟邦本, 本固邦寧.

23) 『서경』, 「五子之歌」: 民惟邦本, 本固邦寧.

24) 『논어』, 「顏淵」: 子貢問政, 子曰, 足食足兵, 民信之矣. 子貢曰, 必不得已而
去, 於斯三者, 何先. 曰, 去兵. 子貢曰, 必不得已而去, 於斯二者, 何先. 曰,
去食. 自古皆有死, 民無信不立.

25) 『논어』, 「爲政」: 子曰 爲政以德 譬如北辰 居其所 而衆星共之. 德으로써 정
사를 하는 것은 비유를 하자면 북극성이 제자리에 있으면 여러 별들이 그 북극
성을 향하여 도는 것과 같다. 「爲政」 子曰 道之以政, 齊之以刑 民免而無恥.
道之以德, 齊之以禮, 有恥且格.

26) 『논어』, 「爲政」: 子曰, 爲政以德, 道之以政, 齊之以刑, 民免而無恥.

27) 정치에 관한 글은 『논어』에 많은 곳에 있다. 그 중에서 특히 심성과 정치를 곁들
이고 민본을 말하는 구절도 많다. 예를 들면, 『논어』, 「子路」: 子曰, 其身正,
不令而行, 其身不正, 雖令不從.[왕이 자기 자신이 심성이 바르면 명령하지
않아도 백성들이 저절로 알아서 이행한다. 하지만 왕의 심성이 바르지 않으면
명령을 하더라도 따르지 않는다.] 「子路」: 子曰, 苟正其身矣, 於從政乎, 何有.
不能正其身. 如正人何.[진실로 그 자신이 바르다면 정치하는데 무슨 어려움이
있겠는가. 그 자신을 바르게 하지 못한다면 어찌 남을 바르게 할 수 있겠는가.]
「子路」: 近者說, 遠者來.[내 백성들을 기쁘게 해주고 남의 백성들도 와서 살고
싶은 나라를 만든다.]

28) 맹자는 백성百姓이 가장 귀하고 국가國家가 그 다음이며 군주君主는 가벼운 것
이라고 하여, 군주가 군주답지 못하면 군주도 바꾸어야 한다는 민본주의民本主
義를 그의 정치적 이념으로 삼았다.

29) 『맹자』, 「梁惠王上」: 文王以民力爲臺爲沼, 而民歡樂之, 謂其臺曰靈臺, 謂其
沼曰靈沼, 樂其有麋鹿魚鼈. 古之人與民偕樂, 故能樂也. 與民同樂.

30) 「시경」, 「文王」: 經始靈臺, 經之營之, 庶民攻之, 不日成之. 經始勿亟, 庶民
子來.

31) 『맹자』, 「盡心下」: 民爲貴, 社稷次之, 君爲輕.

32) 『순자』, 「愛公」: 君者, 舟也, 庶人者, 水也. 水則載舟, 水則覆舟.

33) 『관자』, 「治國」: 凡治國之道, 必先富民.

34) 팔호八虎는 여덟 명의 막강한 환관 세력이었고 유근이 팔호의 리더였다. 이들은

환관 신분이었으나 호랑이에 비유되었으니 얼마만큼 이들이 방자하고 사납게
권력을 휘둘렀는지 알 수 있다. 팔호는 유근, 장영, 마영성, 고봉, 나상, 위빈,
구취, 곡대용이다.

35) 『신언』, 「御民」: 天下順治在民富, 天下和靜在民樂, 天下興行在民趨於正.

36) 『예기』, 「禮運」: 喜怒哀樂愛惡欲, 不學而能.

37) 『논어』, 「學而」: 有朋自遠方來 不亦樂乎!

38) 『논어』, 「學而」: 知之者 不如好之者 好之者 不如樂之者..

39) 『신언』, 「君子」: 仁, 義, 禮, 樂, 聖王固世之道也, 雖寡近功而有遠效, 世非
有桀紂之惡, 猶存也. 秦人棄禮義而尙功利, 雖速得之, 必速失之.

40) 『신언』, 「君子」: 或問君子之樂. 曰, 順理而行, 隨寓而安, 無得無喪, 以道禦
之, 何不樂! 人何以寡樂? 曰 得於內斯輕乎其外也, 重於外斯失乎其內也.
夫人也旣重於外也, 則夫利害禍福, 窮通得喪, 日交於前, 而勞心以圖之,
憂且不及矣, 而況於樂乎!

41) 『신언』, 「御民」: 人非樂天之心, 不能制情於道, 故莫不有欲. 欲則貪侈, 貪
侈則僭, 僭則亂.

42) 『신언』, 「文王」: 樂也者, 存乎道者也, 抑揚節奏之妙, 存乎聰明而爲之也,
安靜和暢之體, 存乎實德而象之也. 兩階之幹羽, 前徒之倒戈, 揖遜之雍容,
馴伐之猛厲, 不俟觀乎韶, 武而知之矣. 故道之所由行, 而樂之所由成也.

43) 『신언』, 「文王」: 或問禮樂, 曰: 序也, 和也, 捨是不足以成化矣.

44) 왕정상의 악서樂書는 『율려론律呂論』13首, 『율척고律尺考』, 『여한여절서與韓
汝節書』, 『답하수부答何粹夫』 등이 있다. 그는 중국 고대 전통악의 오음인 궁宮
·상商·각角·치徵·우羽를 토대로 6율은 궁·상·각·치·우·변궁變宮이며, 7율
은 궁·상·각·치·우·변궁, 변치變徵이며 12율은 황종黃鐘, 대려大呂, 태족太
簇, 협종夾鐘, 고세姑洗, 중려仲呂, 유빈蕤賓, 임종林鐘, 이칙夷則, 남려南呂, 무
사無射, 응종應鐘으로 발전시켰다.

45) 『신언』, 「御民」: 上節儉, 剛寡取於民而富矣, 上簡易, 則動於民者寡而樂矣.
上稽道於聖, 則民不惑於異術而趨於正矣.

46) 『신언』, 「御民」: 三皇草衣木食, 人曰時也. 王子曰: 聖人儉以順俗也. 堯舜
茅茨土階, 人曰時也. 王子曰: 聖人儉不務飾也. 此天下之大樂也. 今之時
政繁矣, 風侈矣, 民勞矣, 財困矣, 生促矣, 天下之大災也. 上之人乃不思而
返之, 其胥溺之道乎! 舍是而欲有爲, 其爲治也亦外矣.

47) 『아술 상』: 君上節儉, 則取於民者寡, 故民蓄積富足, 樂以養生, 有事則鄰
里親戚守望相助, 孰肯舍其安逸而他適? 人君侈費無度, 常賦不充, 必至加

斂暴征, 則民之蓄積耗而生計微.

48) 『신언』, 「御民」: 治安之國, 其事簡, 其賦輕, 其政平, 其氣和, 其民樂, 災異
足以警寇賊, 奸宄無釁以起, 夷狄仰其治而順化, 而祥瑞不與焉. 危亂之國,
其事繁, 其賦重, 其政僻以淫, 其氣乖. 其民畏以怨, 祥瑞適以肆寇賊, 奸宄
竊發, 夷狄乘其敝而擾, 而災異不與焉.

49) 『浚川奏議集』 卷七 「裁減南京進貢馬快船只題本」: 建議嚴格規定進貢船
只數目, 禁止多撥, 禁止索要夫甲見面酒席幫銀等, 以 節省財力, 蘇息民困.

50) 소갑小甲은 사료에 근거하면 명대에 치안을 관리하는 자이다. 소갑은 이갑里甲,
민병民兵, 보갑保甲의 셋으로 나뉘고 소갑은 이갑제里甲制에서 생겨났다. 그들
의 일은 밤에 마을을 순찰 돌고 방범, 화재, 도적을 조사하고 시체를 수렴하는
일등 번잡하고 중한 일을 맡아서 했다.

51) 『준천주의집』 卷五, 「節省快船冗費題本」: 王廷相針對 "先年用船無度, 差
使頻繁, 致使小甲困苦至極" 等弊端, 向朝廷呈上, 以紓民力和節省國用.

52) 『준천주의집』 卷五: 王廷相針對 "先年用船無度, 差使頻繁, 致使小甲困苦至
極" 等弊端, 向朝廷呈上 『節省快船冗費題本』, 以紓民力和節省國用.

53) 『준천주의집』 卷六, 「乞革內外守備占收草場銀題本」: 以足國課, 以裨馬政.
王廷相奉嘉靖皇帝命, 調查南京牧馬草場租銀有無侵欺案. 王廷相查明,
任內守備太監楊奇, 蔔春等人, 私征租銀, 濫用無度, 倚辦進貢, 冒破數多,
事涉侵欺, 建議朝廷依法提究. 外守備魏國公徐鵬擧, 貴膺世臣, 私占國利,
蹈襲宿弊, 不知改革, 雖無侵欺入己, 亦系浪費錢糧, 建議量加罰治, 以警
有位.

54) 『신언』, 「御民」: 聖人置天下於安平, 莫先於植綱紀. 何謂綱紀. 居重以馭輕,
督內以制外, 柔夷以綏夏也.

55) 『신언』, 「御民」: 權, 所以運國勢, 紀綱, 所以系國脈, 人才, 所以主國命. 故
國之不亡者三: 權不下移, 國不亡; 紀綱不墮, 國不亡; 不用小人長國, 國
不亡.

56) 기미한 이민족은 한폐를 한다[有羈縻之夷捍蔽]: 기미는 변방의 이민족에 대한
회유의 외교술를 말하는 것이고, 한폐는 중국을 방어하는 병번屏藩으로 삼는다
는 것이다.

57) 『신언』, 「御民」: 何謂綱紀. 居重以馭輕, 督內以制外, 柔夷以綏夏也. 是故
有六官率屬焉, 有省道敷政焉, 有郡縣分治焉, 有王使廉察焉, 有邊鎮防禦
焉, 有羈縻之夷捍蔽焉. 六者總之爲綱, 維之爲紀, 封建不行, 勢不容已之
道也.

58) 班固,『白虎通義』: 三綱, 父爲子綱. 君爲臣綱. 夫爲妻綱. 大者爲綱. 小者爲紀. 所以張理上下. 整齊人道也.

59) 『신언』, 「御民」: 名敎者, 治世之要也.

60) 『신언』, 「御民」: 安天下不失丘民之心, 固矣. 而賢智在位, 豪傑得所, 尤其所急焉. 夫是人也, 一世之標准也, 王者能盡畜而有之, 則天下之變在我. 不幸而有亂逆者, 皆愚謬之夫爾.

61) 『아술 상』: 傑紂謂之獨夫, 言衆叛親離, 不與爲君也. 人主非有傑紂之惡, 民必不忍棄之. 雖有强力廣謀, 以僥倖非義, 必不能得.

62) 『신언』, 「小宗」: 命於道德, 會於禮樂, 化乎上下而不知所由, 此之謂聖臣矣. 守道正躬, 不爲物劫, 可以託孤寄命者, 此之謂淳臣也. 順度愼行, 才以濟物, 謙謙而不居者, 此之謂名臣矣. 論不亢情, 和不失物, 惴焉隨其時者, 此之謂具臣矣.

63) 『대학』, 6章: 所謂誠其意者: 毋自欺也, 如惡惡臭, 如好好色, 此之謂自謙.

64) 『신언』, 「保傅」: 王者謙則君臣和, 卿大夫謙則國政和, 國政和則民安, 故和者治之門. 問謙, 曰; 不自大. 不自大則不矜, 不矜則不自任, 不自任則情平, 情平則和. 問謙之繇, 曰: 無欲. 無欲之繇, 曰: 內足.

65) 『신언』, 「保傅」: 皇極之建, 其大有五: 一曰淸心志, 二曰定紀綱, 三曰正禮敎, 四曰求賢才, 五曰核名實. 心志淸則不惑於非道, 而極之本立矣; 紀綱定則維信制固, 而國之勢奠矣; 禮敎正則常道興, 而俗尙不惑於邪矣; 賢哲用則職任得人, 而治化溥矣; 名實核則上下不罔, 而苟且欺蔽之風遠矣.

66) 『신언』, 「御民」: 聖人爲治, 豫調夫國勢之機, 機伏而不可見者, 議之若未然, 擧之若無所事. 一失厥會, 輕者浮, 重者壓, 强者甚, 弱者微, 事去而不可爲矣. 故執古者, 失於時宜; 徇俗者, 蔽於囚陋; 守法者, 憚於更革; 擧不足論機也. 通炤遠觀, 其惟神識之士乎!

67) 『신언』, 「御民」: 事勢有輕重, 爲政有幾宜. 必俟大有更革而後可救其積弊者, 重也; 漸次而變亦可以返其未極者, 輕也. 施之失其宜, 未有不養患而激亂者, 要之貴察於幾.

68) 『신언』, 「御民」: 是故兵也者, 危道也, 非得已者也, 可以威也, 不可以黷也; 可以戒也, 不可以去也.

69) 『신언』, 「保傅」: 統一華夷者, 謂之大統者也, 然有正有變焉. 居中國而統及四夷, 順也, 正也, 三代、漢、唐、本朝是也. 人中國而統及四夷, 逆也, 非變乎? 元是也. 統中國不盡, 而與夷狄幷長, 謂之小正統可也, 宋是已. 春秋吳、楚長盟中國, 其所由來遠矣, 聖人雖夷之, 終不能沒其主諸侯也. 元也,

雖義變統例之, 亦不能廢其大統天下之實矣. 有分統不相君臣者, 三國南北朝是已. 有先一統而後分裂於夷狄者, 東晋是已, 有君臣之舊焉, 宜以正統之大終之.

70) 『왕씨가장집』 卷29, 「與胡靜庵論芒部改流革土書」: 漢唐以來, 中國之待遠夷, 每每推其酋長爲衆所順服者立之, 亦未嘗必求其族屬之正而後授之也. 蓋以夷治夷, 羈縻之道當如是耳, 又何必論其枝派親疏, 如吾中國之法也哉?

71) 『왕씨가장집』 卷26, 「呈盛都憲公慮蜀七事·制夷」: 漢唐以來, 皆置郡縣. 我朝以夷治夷, 皆設土官, 兼以軍衛, 實華民之藩干也.

72) 『왕씨가장집』 卷26: 番之侵我西鄙, 不可不治也, 故靖番. 中國有道, 寧在四夷, 僰人之擾我南鄙, 不可不圖也. 故議制夷, 教士三萬, 橫行天下, 兵欲威敵, 不可不練也, 故議訓兵, 興師十萬, 日費千金, 而饋餉尤在所先也, 故議儲餉, 國之利器, 不可以倒持, 茶乃諸番必欲得者, 實中國之利器也, 故議嚴茶, 濟天下之事者, 當察時勢之宜則政行, 而無偏擧之弊, 故議審幾制而行之在乎法, 神而明之存乎人, 職任不可不稱也, 故議得人.

73) 『준천주의집』 卷1, 「擬輕略邊關事宜疏」: 欲治兵, 當先饋餉.

74) 『준천주의집』 卷1, 「擬輕略邊關事宜疏」: 阻壞鹽法, 與民爭利.

75) 『明通鑑』 卷五十八: 王廷相議處遼東兵變. 先是, 遼東兵變, 下都察院議處. 王廷相認爲曾銑奏稱呂經 "激變之罪", "原情參律, 殊爲欠合." 而兵部會議則以曾銑所言皆是, 決定 "以金都御史韓邦奇爲副都御史, 巡撫遼東, 召呂經還."

76) 『신언』, 「御民」: 有邊鄙必有爭, 承平久必有逆賊, 生齒繁必有妖民. 鬼方之役, 邊也; 淮西之役, 逆也; 黃巾之役, 妖也. 三者, 勢之所必至者乎! 武以戒備, 不可已之政也. 鄙談兵者, 迂不振者乎! 銷兵者, 遇乎!

77) 『준천주의집』 卷2, 「災異乞休疏」: 修政之要, 莫先于任賢.

78) 『신언』, 「御民」: 權, 所以運國勢, 紀綱, 所以系國脈, 人才, 所以主國命. 故國之不亡者三: 權不下移, 國不亡; 紀綱不隳, 國不亡; 不用小人長國, 國不亡.

79) 『맹자』, 「離婁 上」: 孟子曰三代之得天下也, 以仁. 其失天下也, 以不仁. 國之所以廢興存亡者, 亦然.

80) 『신언』, 「御民」: 安天下不失丘民之心, 固矣. 而賢智在位, 豪傑得所, 尤其所急焉.

81) 『신언』, 「保傅」: 皇極之建, 其大有五: 一曰清心志, 二曰定紀綱, 三曰正禮教, 四曰求賢才, 五曰覈名實. 心志清則不惑於非道, 而極之本立矣.

82) 『신언』, 「保傅」: 清明之朝, 其臣多廉; 濁亂之朝, 其臣多貪, 勢使然也. 一人

而邊變者, 奸巧自植, 與時浮沉也.

83) 『신언』,「保傅」: 惟賢者視君猶親, 視國猶家, 兢兢焉日恐其債也, 故君逸而國亦治. 斯人也, 周·召是已, 世亦鮮矣乎! 匪其人, 不亦危哉! 是故愼任之之選, 社竊權之漸, 遺厥孫謨, 其庶幾乎!

84) 『아술 하』: 吳宰嚭私于越, 勾踐滅吳而誅嚭, 謂其不忠於主而與己比周也, 此與漢高誅丁公同. 然則賣國於敵者可以三思乎哉.

85) 『아술 하』: 古者四十始仕, 經歷多, 涵養深, 識見精, 義理純, 天下之事可以數計而運之掌. 以若人而御國, 其於治也何有?今之士類以文辭舉之, 少年德性未成, 義養未至, 利害可以怵, 疑似可以惑, 雖才質有爲, 取敗多矣, 此謂之罔材.

86) 나라의 신하가 된 자에도 다양한 부류가 있다. 중책을 맡은 신하[重臣]는 충성된 신하[忠臣]·곧은 신하[直臣]·성신聖臣·순신淳臣·명신名臣이 있고, 조정에 도움이 안 되는 신하[具臣]는 권세를 부리는 신하[權臣]·간사한 신하[姦臣]·사악한 신하[邪臣]가 있다. 이는 조정에 도가 있고 없는 형세에 따라 사람의 마음이 변하여 형세가 그렇게 만들어진 것이다. 나라가 처한 세를 초월하여 명신이나 충신으로 계속 서기는 쉽지 않다.

87) 『아술 하』: 兩漢舉賢良文學對策, 蓋既舉其賢而又取其言, 以觀其才, 即成周以德行道藝與賢之遺意也. 其舉孝廉, 則取其德行而不察其謀論, 則人雖純行, 無推行政事之才, 亦無益於國矣.

88) 『아술 상』: 自世之人觀之, 善者常一二, 不善者常千百 ; 行事合道者常一二, 不合道者常千百. 昭昭雖勉於德行, 而惰於冥冥者不可勝計. 讀書知道者猶如廉恥而不爲非.

89) 『논어』,「陽貨」: 好仁不好學, 其蔽也愚. 好知不好學, 其蔽也蕩. 好信不好學, 其蔽也賊. 好直不好學, 其蔽也絞. 好勇不好學, 其蔽也亂. 好剛不好學, 其蔽也狂.

90) 『논어』,「陽貨」: 子曰, 予欲無言. 子貢曰, 子如不言, 則小子何述焉. 子曰, 天何言哉, 四時行焉, 百物生焉, 天何言哉.

91) 『논어』,「爲政」: 子曰, 道之以政, 齊之以刑, 民免而無恥.

92) 『신언』,「御民」: 御民以道不以術. 守我之正而感服不計焉, 付得失於民爾. 術不可久, 民不可愚, 雖暫得之, 終必失之.

93) 『맹자』,「公孫丑 上」: 以德行仁者王.

94) 『맹자』,「公孫丑 上」: 以德腹人者, 中心悅而誠腹也.

95) 『신언』,「御民」: 三皇無爲, 順民也. 五帝有爲矣, 易簡而不矜功, 若無爲也.

三代變革, 不得已也. 秦, 漢以還, 有爲而爲之, 不繆於道者猶可觀也. 嗚呼! 天下之勢, 變而不可返之道也, 先王之治跡顧可返之哉? 故聖人守道以御時, 因勢以求治.

96) 『맹자』, 「离婁」: 自暴者 不可與有言也, 自棄者不可與有爲也.

97) 『신언』, 「御民」: 正大廣遠, 以之立法; 公平明恕, 以之用法. 不正則戾道, 不大則用小, 不廣則偏於一, 不遠則所施不久. 公平則人服, 用明則情得, 用恕則法行而物感, 要終之仁也.

98) 사염私鹽: 당시의 수송경로는 물길을 이용하여 배로 수송하는 방법이 대부분이었다. 이때 소금은 국가사업이었는데 사사로이 사선私船으로 소금을 수송하여 팔고 사는 부호들이 있었다. 그것을 사염이라고 했다.

99) 『준천주의집』 卷三, 「請處置江洋捕盜事宜疏」: 爲了緝捕長江流域的盜賊, 王廷相提出. "治本五事": (一) 恢復太倉兵備副使, "整頓海上一應兵備事務", (二) 禁止沿海有等大家富室打造沙船 (三) 在長江兩岸的主要港口, 恢復巡船, 加強巡邏盤潔 (四) 責令南京操江大臣督捕 "江洋盜寇" (五) 議鹽禁. 今後, 凡裝載一百五十斤以下者, "不得指以私鹽, 妄行捕捉."

100) 분경(奔競)은 출세를 위하여 힘 있는 자를 찾아다니는 사람을 말한다.

101) 『준천주의집』 卷九, 「天變自陳疏」: 斥責嚴嵩等人的貪汙, 奔競之風. 時嚴嵩秉權, 貨賄公行, 奔競甚熾, "朝士大夫皆噤聲莫敢犯." 王廷相義正辭嚴地指出: 今日"貪汙之風大行. 一得任事之權, 便爲營利之計, 賄路大開, 私門貨積 但通關節, 周不如意." 今日"納賄受賂, 公行無忌", 動稱數千, 或及萬數矣.

102) 『신언』, 「保傅」: 農困則庾虛, 庾虛則兵疲, 玆用可憂矣. 善漁者不泄澤, 善田者不竭卉, 畜其利者深矣. 農困, 國之大疹也, 乃不思而憂之! 作無益, 崇土木, 耗貨財, 是謂剝本.

103) 『孟子』, 「梁惠王」: 民之爲道也. 有恒産者有恒心, 無恒産者無恒心.

104) 『왕씨가장집』 卷二十二 「刻齊民要術序」: 君子惠民之政五, 而立政之本則存乎農. 制禮樂者敷教, 嚴法令者明刑, 比什伍者治兵, 核勤力者課工, 勸耕桑者督農. 使農事不修, 則稼穡滅裂; 稼穡滅裂, 則芻粟減輸; 芻粟減輸, 則廩庾虛耗. 由之, 子弟寡賴而教不率矣, 詭僞日滋而刑罰濫矣, 饋餉弗給而兵戎不振矣, 貿易不通而農末失資矣. 故曰, 惠民之政五, 而立政之本則存乎農, 是故敎農者, 有司之實政也.

105) 『논어』, 「子路」: 樊遲請學稼, 曰五不如老農, 請學爲圃, 曰五不如老圃.

106) 『왕씨가장집』 卷29: 學, 所以敉仁義者也. 政, 則驅民而行之, 使沾被吾之仁

義者也. 傳亦有之: "五畝樹桑, 百畝授田." 使老稚之無飢寒, 非必先王之自
力也, 施于有政, 使之自養耳. 必農圃而後爲政.

107) 『맹자』,「梁惠王」: 明君制民之産, 必使仰足以事父母, 俯足以畜妻子, 樂歲
終身飽, 凶年免于死亡, 然後驅而之善, 故民之從之也輕.

108) 정전제井田制는 1리를 '정井'자로 나누어 9등분 해 중앙을 공전公田으로 하고
주위를 사전私田으로 하던 고대 중국의 토지 제도이다. 공동 경작한 공전의
생산물은 세금으로 내고 사전의 생산물로 생활한다. 한 가구당 100묘의 땅을
지급하니 한 정전은 900묘가 된다.

109) 張載, 『經學理窟』,「周禮」; 朱熹, 『文集』,卷68,「井田類說」; 『孟子集註』卷5;
『朱子語類』 등에 나타난다.

110) 『신언』,「保傅」: 田不可井者三, 山谷之坎壤, 不可以方制, 雍, 冀, 梁, 益, 荊,
揚之區, 平野之可井者能幾何哉? 一也. 大何大陸之區, 溝會具而水不潴, 二
也. 一夫百畝, 奪富人之田者多矣, 三也. 聖人不作無益, 順其治而緣人之情,
求歸於治而已矣. 必言可井者, 迂儒之慕古也. 勢終不能, 徒生擾揚爾.

111) 『嘉祐集』,「田制」: 北宋時, 蘇洵針對李覯, 張載的復井田的主張, 曾批評說:
"旣爲井田, 又必兼備溝洫. …… 井田之制, 萬夫之地, 盖三十二里半. 爲間爲
川爲路者一, 爲澮爲道者九, 爲洫爲涂者百, 爲溝爲畛者千, 爲遂爲徑者萬.

112) 겸병兼併은 둘 이상의 것을 한데 합치어 가짐의 뜻이다. 당시 부호들이 땅을
겸병하는 예가 생겨 왕정상이 겸병을 억제하는 법을 만들어 상소했다.

113) 『신언』,「保傅」: 阡陌開而兼併生. 抑豪, 稽籍, 正租之法善也. 佔田有限, 所
以抑也; 彊界有書, 所以稽也; 租稅有常, 所以正也. 抑則農之業普, 稽則田
之隱寡, 正則貧之食足. 官民之利, 貧富之願, 由之而可均也, 不亦善乎哉?

114) 겸병兼併은 명대明代에 성행盛行되던 토지 제도土地制度이다. 농업이 주 산업
이었던 시대에는 토지가 세금을 걷는 목적으로 사용되었다. 서주西周 시대에는
토지가 국유國有였고 천자가 각 귀족에게 토지를 나누어주었다. 전국시대에 백
성들에게는 정전제井田制를 시행하여 세금을 거두어들였다. 정전제는 토지를
9등분하여 8가구가 공동 경작하고 1/9의 분량을 세금으로 내는 조세법으로 이
때 토지는 사유제私有制였다. 공전公田은 귀족들이 나누어 가지고 사전私田은
평민들에게 나누어 주었다. 귀족은 대량의 생산량이 있었어도 세금을 내지 않
고 평민만 조세의무를 지녔다. 그 후 둔전제屯田制를 실시하고 북위에서 수당
시대에 이르기까지는 균전제均田制를 시행하였다. 균전제는 성인 남자를 대상
으로 토지를 지급하고 그 대신 조·용·조의 조세와 부병제의 군역을 담당했다.
균전제의 토지는 국유 개념이었다. 당 말 안사의 난 이후 장원제를 도입하여

토지의 사유화가 다시 시행되었고 송나라에 와서는 왕안석에 의해 신종의 전폭적인 지원 아래 청묘법靑苗法이 시행되었다. 1074년 심한 기근이 들자 조정의 보수 세력이 다시 변법을 강하게 비난했다. 그래서 지주전호제地主田戶制가 시행되었다. 이는 지주가 장원을 소작농을 시켜 경작하는 것으로 토지사유제를 실시한 것이다. 명대에 와서도 계속 이어졌고 봉건 지주 사회에서 토지의 사유는 피할 수 없었고 세금을 덜 내기 위해 지주들은 소작농을 착취하고 지주, 부호, 귀족 등은 각종 수단으로 토지를 겸병하고 토지를 은닉했다.

115) 『王文成公全書』, 「南贛鄕約」: 所占田産, 一律退還.,

116) 『왕씨가장집』 卷29 참조.

117) 葛榮晉, 『王廷相和 明代氣學』(北京, 中華書局, 1990): 28~29쪽 참조.

118) 葛榮晉, 『王廷相和 明代氣學』(北京, 中華書局, 1990): 30~32쪽 참조.

119) 『왕씨가장집』 卷29: 農民, 以災荒流落他鄕甚眾. 王廷相提出 "停免賦稅", "立勸諭之法", 商穀 "許增不許減", "處置流民於豐檜之州", 停止 "一切公私通債", "選委才能之官以主娠濟之事", 供給牛懼種子口食以發展生産 等 七條救荒措施.

120) 『준천공이집』 卷2, 「議留僉事楊守藝給由」참조.

121) 『왕씨가장집』 卷26, 「治盜議」참조.

122) 『王廷相年譜』, 嘉靖 2年, 『浚川王公行狀』: 是年王廷相在湖廣數決疑獄. 楚俗悍詐健訟, 公讞決如流, 滯獄一空, 湘民以青天呼之.

123) 『준천주의집』 卷3, 嘉靖 7年: 一村社居民, 大約二三十家, 定爲一會, 每月兩次擧行, 各以人戶上中下等則出米, 收貯一處, 積以數月, 所蓄必富. 遇有荒歉之年, 百姓自相計議而散, 既無官府編審之煩, 又無胥吏顛倒之弊, 賑恤不勞於上, 而實惠得沾於下, 縱有水旱之災, 決無流亡之患, 活民之法, 莫善於此.

제11장

과학·역사관

과학은 기후를 아는 데 중요하다. 하늘의 운행을 연구하여 절기를 파악하고 풍향을 아는 것은 농사를 짓거나 전쟁을 할 때 그 시기를 택하는 데 꼭 필요한 변수가 된다. 역사는 경세에 관여하는 자의 역사관에 따라 정치, 경제, 사회, 사상이 바뀔 수 있다. 고금을 보는 관점이나 인습과 개혁 중 어느 쪽을 중시하는지 또 변화와 항상 된 것 중에서 무엇을 우선하는지가 중요한 역사관이 된다.

1. 과학관

1) 천문관측

왕정상은 개혁적 정치가인 동시에 천문과학자이다. 원래 농사와 자연은 매우 밀접한 관계를 맺고 있다. 왕정상은 흉년으로 백성들이 한곳에 머물지 않고 옮겨 다니는 것을 보고 백성들을 진휼할 방법을 연구하고 농사 잘 짓는 법을 연구하다가 천체의 움직임을 관찰하고 연구하였다.

비, 우박, 서리, 눈 등이 내리는 것에 대한 자연 관측과 그가 이루어낸 천문 과학의 연구 성과는 대단히 많다. 그는 직접 천체를 관측하여 풍부하고 정밀한 천문학 이론을 확립하고 천문학 저서 『현혼고玄渾考』, 『세차고歲差考』, 『답천문答天問』 등을 지었다. 그는 오늘날 AI가 등장한 수준에는 절대적으로 못 미치나 명대의 과학으로는 상당히 앞선 이론을 정립했다. 그의 연구는 과학적 관점에서 볼 때 몇 가지 중요한 의의를 지닌다. 첫째, 자연 현상에 대한 그의 해석이 광범위하고 둘째, 체계적인 과학 실험과 관찰을 통해 이루어졌다는 점이다. 셋째, 고대의 음양오행의 관점을 과학적 연구를 통해서 합리적으로 해석해 냈다는 점 등이다.

그의 천문학 이론은 별과 해의 움직임을 관찰하고 서리, 이슬, 눈. 비 등의 현상과 변화를 살펴서 밤과 낮의 문제, 해와 지구의 문제, 하늘이 서북으로 기운 문제, 해는 북쪽은 비추지 않는다는 문제 등을 천체와 기상 관측으로 알아내고 농번기에 기상의 피해를 받지 않도록 미리 알아서 대비할 방법을 깊이 연구한다. 그는 한 대에 성행했던 개천설에 근거하여 천문 지리의 현상에 관한 연구를 하였다. 그 연구 중 밤낮의 문제에서, 중국은 북극에서 남쪽에 있고 천체는 중앙이 높으며 사방은 낮다. 해와 달은 사방에 돌며 움직이는데 그 빛은 밝기가 한계가 없다. 밝으면 낮이 되고 어두우면 밤이 되는데 그는 이것을 해가 지구에서 멀어지면 어두워지고 가까워지면 밝아지는 것1)이라고 하였다. 그는 사계절이나 추위와 더위가 생기는 원인을 다음과 같이 설명한다.

사계절과 추위와 더위는 그 작용이 해의 진퇴에서 말미암은 것으로서 기가 전담할 수 없다. 해가 남쪽에 이르면 추위가 심해지고, 북쪽에 이르면 더위가 심해지는데 쌓인 것이 이미 깊어지면 갑자기 변할 수 없다. 해가 떴는데도 기온이 서늘한 것은 밤의 음기가 쌓인 것이 미처 소멸하지 않았고, 햇빛도 널리 퍼지지 못한 것이다. 해가 중천에 있는데도 온난

한 것은 대낮의 양기가 왕성하게 쌓이고, 햇빛이 다시 치열하게 아래를 쏘는 것이다.[2]

이전에는 하늘의 이치를 기氣가 전담하였으나 왕정상은 과학적으로 사계절, 추위와 더위는 해의 진퇴가 원인이 됨을 밝혔다. 그는 이 원리를 바탕으로 "지구 동쪽에서 해가 나오고 지구 서쪽으로 해가 들어가는데 이는 해의 출입이다"라고 주장한 회남자의 이론을 잘못이라고 지적한다. 해는 항상 하늘에 떠 있는데 지구가 움직이면서 밤과 낮을 만들어낸다고 하였다. 천문에 대한 그의 지식은 현대의 천문학에 거의 가까이 가 있으며 일월성신 모든 부분에 자세히 연구하였다. 또 회남자가 일월성신은 모두 서북 방향으로 움직인다고 주장한 것[3]에 대해 그는 일월성신은 움직이지 않고 늘 하늘 위에 떠 있다고 주장한다.

북극성은 천체의 중심인데 북극성은 움직이지 않고 여러 별이 사면에서 돌며 두르는 것을 보면 알 수 있다. 중국은 북극 하늘의 남쪽에 있어서 해와 달의 빛에 제한이 있기에 빛이 비취는 곳은 낮이 되고 빛이 이르지 못한 곳은 밤이 된다. 밝음도 또한 차례차례 밝고 어둠도 또한 차례차례 어두워지는데 한곳에 있지 않으므로 천하가 모두 밝다. 그러나 또한 항상 하늘에 있고 지하로 들어가지 않는다. 해에서 멀면 춥고 해에 가까우면 더운데 사방이 그렇지 않음이 없다. 해가 극의 남쪽에 있을 때는 북쪽이 몹시 춥고 남쪽은 몹시 덥고, 극의 북쪽에 있을 때는 북쪽이 몹시 덥고 남쪽은 몹시 춥고, 극의 동쪽에 있을 때는 동쪽이 몹시 덥고 서쪽은 몹시 춥고, 극의 서쪽에 있을 때는 서쪽이 몹시 덥고 동쪽은 몹시 추운 것을 의심할 수 없다. 무엇 때문인가? 극은 회전하지 않고, 해는 일정한 궤도가 있어서 남쪽에서 세 방향으로 나아가는데 그 이치는 하나일 뿐이다.[4]

이것은 그가 천문을 연구한 내용 중의 일부이다. 이론적 연구 외에 직접 하늘을 관측하여 구름과 비, 번개와 천둥, 서리와 이슬, 눈과 우박,

황사 현상 등에 관한 연구에도 집중했다. 그의 이런 천문학의 연구는 현실적으로 농민들을 잘 살게 하고 국고를 튼튼하게 할 원동력인 농사를 잘 짓게 하기 위한 것이다. 그는 바람이 생기는 원인에 대해 다음과 같이 말한다.

> 음이 양을 막아 쌓임이 극에 이르면 전환하여 바람을 일으킨다. 크게 막으면 크게 불고 작게 막으면 작게 분다. 여름에 큰바람이 없는 것은 양의 왕성함이 극에 이르러 음이 그것을 막아낼 수 없다. 양은 음에 잠복해 있다가 터져 폭발 소리를 내는데 그 소리가 천둥이 된다. 그 소리가 느린 것은 잠복한 것이 얕고 그 소리가 빠른 것은 잠복한 것이 견고하다. 겨울에 천둥이 그 소리를 거두는 것은 음의 왕성함이 극에 이르러 양이 터질 수 없다. 때때로 천둥이 있는 것은 변이에 속하는 것이고 항상 그런 것은 아니다.[5]

우주에는 음과 양의 두 기운이 서로 작용하여 무궁한 변화를 일으키는데, 음이 양을 막아 음이 왕성하면 바람을 일으킨다. 또 양의 기운이 음에 가려져 있다가 터져 나오며 소리를 내는 것이 천둥이다. 그는 바람과 비가 다양하게 내리는 이유를 다음과 같이 말한다.

> 바람은 아래로부터 먼지를 일으키고, 몽우濛雨는 위로부터 떨어지는데 먼지와 합쳐지면 매우霾雨는 된다. 바람이 약하면 흩어지는 비가 될 수 없고 비가 약하면 먼지를 머금을 수 없다. 이것은 모두 음양의 느리고 약한 기운 때문이다.[6]

비가 내리는 형태는 음양의 기와 관계가 있다. 몽우濛雨는 가랑비이고 매우霾雨는 흙비이다. 비가 몽우가 되고 매우가 되는 것은 음양의 기 때문이다. 같은 이치로 우박에 대해서 다음과 같이 말한다.

우박의 시초는 비였는데 음기의 차가움에 감응하였기 때문에 돌며 응결되어서 점차 커졌을 뿐이다. 아마 그 음양이 탁하여 조화롭지 못함이 아니겠는가? 도마뱀이 행한 것이라고 하는 것이 어찌 가능하겠는가?[7]

주희의 귀신에 대한 담론 중에 우박의 생성은 도마뱀에 의한 것이라고 하여 '도마뱀 우박 생산설'을 주장하였는데 왕정상은 도마뱀이 용과 닮아서 생김새의 유사성 때문에 연결된 것 같다고 말하고 이러한 생각은 한 대에 유행했던 위서에서 비롯되었을 것으로 보았다. 한 대 학자들의 저서에 나타나는 비와 천둥 번개 등 자연 현상은 과학적이지 않다. 그냥 만들어진 이야기인 경우도 있다. 그런 경우를 그는 다음과 같이 말한다.

나는 물物이 하는 행위를 의심스러워 한 적이 있는데 구름과 비가 때에 따라 출몰하는 것은 어떤 때는 얽혀 합쳐지거나 교차하는 것이고 어떤 때는 서로 승부를 다투거나 우열을 다투는 것으로 다만 인간은 볼 수 있는 것이 아니다. 근년에 화음華陰과 무양舞陽 두 개 현에 기린이 들에 출몰했는데 그 소리가 천둥소리 같았고 불을 뿜는데 번개 같았다. 물物은 정말로 그러한 일이 있다. 지금 천둥의 소리로서 그 소리의 정도를 헤아려보면, 맹렬한 것은 마치 격노한 소리와 같았다. 큰 소리는 사납게 다투는 것 같고 작은 소리는 길게 끌며 은은하게 끊이질 않는데 평소 숨을 쉬는 소리이다. 옛날에 신룡神龍은 클 수도 작을 수도 있어 비가 내리면 정령을 아래 땅으로 되돌려 그것을 감춘다고 했는데 사람들은 알 수가 없다. 어떤 이는 그 소리가 용의 부류가 태어나는 소리 그쯤 되는 것이라 하는데 아쉽게도 용이 천둥소리를 내고 입으로 불을 뿜는지는 저 기린이 그렇지 않은 것처럼 알지 못한다. 어떤 다른 것이 하나의 물인가?[8]

왕정상은 이러한 위서에서 잘못된 생각들에 대해 낱낱이 과학적으로 접근하여 분명한 이론을 세운다. 내리는 눈에 관해서는 다음과 같이 말한다.

　　눈의 시초는 비인데 내려오며 한기를 만나서 곧 응결된 것이다. 눈꽃
은 반드시 꽃잎이 여섯 개로 나오는데 무슨 까닭인가? 기의 종류가 저절
로 그러한 것이다. 초목의 가지와 줄기, 꽃과 이파리, 사람의 이목구비,
동물의 발굽과 뿔, 깃털 등은 어찌하여 그런 것인가? 기가 각기 그 성명
性命을 바르게 하니 부득이하여 그런 것이다.9)

　왕정상은 기의 특징과 우주의 운행원리로 천체의 움직임을 연구했다.
첫째, 사물의 현상에는 주재자가 없고 저절로 그러한 우주의 운행 원리
일 뿐이라고 하며 기氣가 모두 성명性命을 바르게 하여 태어나도록 한
것으로 보았다. 성명이란 기가 본래 지닌 것으로 사물이 태어날 때 각기
바른 성명을 부여한다. 즉, 불교에서 업을 종자로 지니고 다시 태어나듯
조상의 씨앗을 간직하여 그대로 자손을 탄생시킨다. 이것이 기의 특징
이다.

　둘째, 그의 연구에서 드러난 것은 해는 들어오고 나가지 않는다는 것
이다. 그가 관측해보니 태양은 항상 하늘에 떠 있다. 땅으로 들어오지는
않는다. 우주의 운행에 관해 다음과 같이 적고 있다.

　　칠요七曜의 궤도는 극極의 외방外方을 두르고 한낮과 한밤 동안 돌며
일주一周한다. 극에 가까우면 해의 궤도가 천체의 고도高度에 당도하기
때문에 낮의 해가 삼면三面을 비추고 북면은 비추지 않는다. 극에서 멀면
해의 궤도가 천체의 저도低度에 당도하기 때문에 낮의 해가 남면南面을
비추고 삼면은 비추지 않는다. 비추지 않는 곳은 햇살이 지나가지 않는
것은 아니며, 해가 멀고 낮아서 사람들이 스스로 보지 못할 뿐이다.10)

　해와 달은 지구의 동쪽에서 나오고 서쪽으로 들어가지 않는다. 해는

항상 떠 있고 지구가 그 주위를 돌고 있으며 사람이 너무 멀리 있어 볼 수 없기에 마치 땅에 들어와 있는 것 같을 뿐11)이라고 하였다. 이는 달이 지구를 중심으로 돌고 있다고 지구와 달의 공전과 자전을 설명하고 있다.

셋째, 그는 하늘이 서북으로 기울어져 있다고 하였다. 『열자』와 『회남자』에 일월성신은 모두 서북 방향으로 움직인다고 주장하였고 『논형』에는 '하늘을 보면 땅에서 매우 높이 떨어져 있으며 옛 하늘과 다름이 없다. 키가 아무리 커도 하늘에 닿을 수 없으니 땅과 만물을 덮어주는 덮개와 같다.' 하여 개천설12)을 말하였다. 왕정상은 왕충의 개천설을 더 분명하게 표현하고 회남자가 별이 움직인다는 것에 대해 비판하여 "별은 움직이지 않으며 해가 비추는 빛은 한계가 있어 빛이 미치지 않으면 어둡게 된다. 어두우면 밤이 되고 밝으면 낮이 된다. 하지에는 한밤중에도 북쪽 하늘이 새벽과 같이 밝다."13)라고 하였다. 그는 하늘이 서북으로 기울어져 있기 때문이라고 설명한다. 또 같은 방법으로 개천의 부족한 점을 보충한 혼천설에 관해서 천문 지리 현상을 다음과 같이 말한다.

> 천체에는 비록 원근과 고저가 있지만, 운행은 일주一周이고, 원근의 모두가 일주인 것은 추樞에 관리되기 때문일 뿐이다. 해가 극에 가까울 때를 관찰하면 그림자의 이동이 더디고, 극에 멀 때는 그림자의 이동이 빠른 것을 헤아릴 수 있다. 마치 개미가 맷돌[磨盤]에 있는 것처럼 한번은 변邊에 있고 한번은 제臍(맷돌의 구멍)에 가까운데 비록 내외의 원근이 있지만 모두 맷돌이 일주하면 함께 이르는데 어찌 각후刻候가 같지 않겠는가? 이는 개천蓋天의 술術은 계산하기 어려워 반드시 전하지 못했다. 혼천법混天法은 농동혼취籠同渾取하여서 도리어 후세에 시행할 수 있으면 이론異論이 없을 것이다. 만약 만세萬世 후에 빼어난 이해력[神解]이 있는 인사가 나온다면 반드시 나의 의론을 타당하다고 여겨서 취할 것이다.14)

그는 개천蓋天의 술術을 따르면 우주의 움직임을 수로 환산하기 어렵기에 혼천의 술術을 따르는 것이 타당하다는 주장을 하며 병이나 항아리에 물을 담아두면 쏟아지지 않고 또 바닥에 붙어있지 않는데 땅은 붙어있다는 것을 알 수 있다. 땅은 산천에 구멍이 있고 구멍은 비어있어서 물을 담을 수 있다. 물에 병을 떨어뜨려도 뜨고 가라앉지 않는다. 마치 그것과 같다. 여덟 기둥이 서 있고 사람이 물을 건너가도 넘어지지 않는다.[15] 이것이 그의 혼천설을 실증하여 이론화한 것인데 훗날 18세기 중기에 와서 뉴턴이 세운 우주이론의 하나인 만유인력이다.

소옹이 '하늘과 땅은 서로 붙어있는데 하늘은 땅에 붙어있고 땅은 하늘에 붙어있다.'라고 하였던 것과 하늘은 쉬지 않고 운행한다는 것과 바다에 비가 많이 와도 넘치지 않는다는 것에 대해 과학적 이론을 바탕으로 합리적인 설명을 한다. 하늘에 있는 별들의 움직임에 대해 북극 주변의 삼원三垣과 목성 주위의 십이사성十二舍星, 항성들이 예로부터 변하지 않은 것은 하늘도 또한 일정한 체가 있다는 이론을 펴고 별이 땅으로 떨어지는 현상에 대해서 다음과 같이 말한다.[16]

별이 떨어지는 것은 광기光氣가 넘친 것이다. 본질은 애초에 없어진 적이 없는데 떨어진 것은 즉시 소멸한다. 하늘이 개벽한 후 지금에 이르기까지 경위의 형상이 모두 갖추어졌다. 떨어져서 흩어져 소멸한 것은 광기가 작은 것이다. 떨어져서 돌이 된 것은 지기地氣에 감응하여 응결된 것으로 음양이 묘하게 결합했다는 의미이다.[17]

과거에는 별이 땅에 떨어지는 것을 재앙으로 여겨 재이설災異說에 이용하였다. 그는 이것은 기의 작용인 음양의 결합에 따른 것으로, 재이설로 연결할 수 없다고 한다. 즉 하늘은 기의 작용을 타기 때문에 운행에 일정한 규칙이 있다. 하지만 별이 광기가 지나치면 땅에 떨어지고 떨어진 것은 돌이 되어 땅의 기로 감응한다는 것이다. 천지 만물은 기의 취산 聚散에서 벗어나지 않는다. 『회남자』에 '고개껍질은 달 아래서 물을 취 하는 데 사용했다.'[18]라고 하였고 『주례』에 '해 아래에서 불을 취하는데 요凹 모양의 동 거울을 사용했다.'[19]라고 하였다. 이에 대해 왕정상은 달을 향해 그 조개껍질[蛤]을 많이 문지르면 물이 생기는데 이를 방저方 諸라고 하고, 해를 향해 그 거울을 많이 문지르면 불이 생기는데 이를 부수夫遂라고 한다고 하며 과거 잘못된 자연 현상에 대한 이론들을 모두 새롭게 정리하였다.

2) 지리地理연구

그는 천문에 관한 연구를 했을 뿐만 아니라 지리와 지질에 관해서도 연구를 하였다. 지구는 어떻게 형성되었는가를 연구하였는데 중국 전통 의 연구는 "맑은 양기가 얇고 가벼운 것은 천이 되고 무겁고 탁한 것은 땅이 된다."[20]고 하였다. 왕정상은 태허에 있는 기에 대해 다음과 같이 말한다.

> 하늘은 태허가 기화되기 이전의 물질로서 땅은 하늘과 함께 나란히 열거될 수 없었다. 천체가 형성되자 기의 변화는 하늘에 귀속되었다. 사 람에 비유하자면 변화하여 생성된 후에 형체를 스스로 전수하는 것과 같다. 이런 까닭에 태허의 진양의 기는 태허의 진음의 기와 감응하여 한 편으로는 변화하여 해와 별과 천둥과 번개가 되고, 또 다른 한편으로는 변화하여 달과 구름과 비와 이슬이 되니, 물과 불의 종자가 구비되었 다.[21]

그는 우주 형성 과정에 있어 땅은 하늘과 동시에 형성된 것이 아니고 하늘이 먼저 있고 난 후에 땅이 형성되었다고 하였다. 또 이전에 말했듯이 땅은 무겁고 탁한 기가 아래로 내려가서 만들어진 것이 아니라는 사실을 설명한다. 그는 천지의 형성 외에도 산맥, 골짜기, 평원이 어떻게 형성되었는지에 대한 연구를 하였고 토양과 돌은 어떻게 생기는지, 광물은 무엇인지에 관해 그의 저서에 자세하게 설명하고 있다.

그는 또 물리학, 지질학, 광물학 등 방면에도 연구 업적을 많이 남겨서 과학 발전에 많은 공헌을 했을 뿐만 아니라 명대 농업 발전에 지대한 영향을 끼쳤다. 하늘의 형성 외에 땅의 형성에 대해서도 다음과 같이 말한다.

산석이 기울어 있는 것은 옛날 땅이 기울어 무너진 적이 있었던 것이고 산에 골짜기가 있는 것은 물길이 매일 아래로 쓸어 내려온 것이다. 땅에 평야가 있는 것은 물과 흙이 넘쳐 퍼진 것이고, 높이 솟은 곳은 날로 깎여지고, 낮고 평평한 곳에는 날로 쌓이고, 강과 하천이 날로 빠르게 흘러내리는 것은 모두 형세가 부득이 한 것이 아니겠는가![22]

왕정상은 천지가 생기기 이전의 것은 살펴서 고증하기가 어렵고, 천지가 생긴 이후는 기다려서 증명할 수 없다고 하며 땅에 생각할 수 없는 자연 현상이 생기는 것은 세의 부득이함이라고 한다. 세는 형세形勢, 지세地勢, 시세時勢, 전세戰勢 등 다양한 세가 존재하는데 이는 어찌할 수 없는 상황이다. 산이 생기고 골짜기가 생긴 것은 음양의 조화가 아니라 세의 부득이한 현상이다. 그는 기의 상태로 땅에 이슬과 서리가 내리는 현상을 다음과 같이 설명한다.

땅의 기운은 밤이 되면 침울하기 때문에 사물을 만나면 응결된다. 맑은 기가 번성하면 서리가 되고, 이슬이 된다. 탁한 기는 안개[煙霧]가 되고 가랑비가 되고, 빙화[木稼]가 된다. 해가 뜨면 흩어지고 바람이 세면 응결되지 않는 것은 양기에서 음화陰化된다는 뜻이다.[23]

기가 탁해서 안개가 되고 가랑비가 되며 서리가 된다. 빙화[木稼]는 나무나 풀에 내려 눈꽃처럼 만들어져 서리가 되는 현상이다. 바람이 세게 불어도 응결되지 않는 현상을 음화陰化라고 하는데 음화는 양기가 음기로 바뀐다는 뜻이다. 땅도 하늘과 같이 우주생성 과정 중에 형성되었다.

이미 오래전부터 하늘이 생성되고 난 후에 땅이 형성되었다고 보았기에 왕정상 역시 땅은 하늘이 만들었다고 한다. 그러나 땅은 혼탁한 기에 의해 생긴 것이 아니고 해와 달의 상호 작용으로 인해 물과 불이 생겼고 물과 불의 작용이 땅을 생겨나게 했다. 연기, 구름 등은 기의 일종으로 위로 올라가려는 속성이 있으니 하늘에 근본을 둔 것들이며 흙, 돌, 물, 쇠 등은 바탕이 되는 물질들인데, 아래로 가라앉으려 하니 땅에 근본을 둔 것들이다. 또 별이 떨어져 돌이 되는데 이는 지기地氣에 감응하여 응결된 것으로 이 역시 음양의 결합이다.[24] 땅은 산천의 중심으로 뚫려 있어서 떠 있지만 떨어지지 않는다. 이는 맷돌이 물속에서 도는 것은 작용이 밖에 있는 것이고, 바가지가 물에 뜨는 것은 빈 곳이 그 가운데 있는 것으로 알 수 있다. 땅과 하늘은 내면의 사물로서 의지할 수 있는 방도가 없기에 "하늘은 작용[機]으로써 움직이고, 땅은 뚫려있어서[竅] 뜬다."고 말하였다.[25] 이는 산이 패여 구릉과 골짜기를 이루고 또다시 패여 강과 하천을 이루니 땅에 많은 구멍이 생겨 물체가 떠 있게 한다는 것이다.

산은 원래 있던 것이 아니다. 산은 땅이 뭉쳐 쌓인 것이고 낮은 산의 돌을 보면 흙산으로 잔돌이 많은데 오래된 산은 산도 높아지고 돌들이 뭉쳐 큰 바위가 되며 후에 산 전체가 바위산이 된 곳도 많다. 그는 "산석이 기울어 있는 것은 옛날 땅이 기울어 무너진 적이 있었던 것"[26]이라고 했다. 그는 그 원인을 지각이 항상 운동하고 있기 때문이며 지각운동으로 땅이 낮은 곳은 점차 높아지고 높은 곳도 또 낮아지며 땅의 형태가 바뀐다고 하였다. 이는 땅의 변화를 지각구조 운동법칙에 근거한 것이다.

산에 골짜기가 있는 것은 물길이 매일 아래로 쓸어내려 온 것이다. 또 땅에 평야가 있는 것은 물과 흙이 넘쳐 퍼진 것이고, 높이 솟은 곳은 날로 깎여지고, 낮고 평평한 곳에는 날로 쌓이고, 강과 하천에서 물이 날로 빠르게 흘러내려 가는 것은 모두 형세가 부득이 한 것이다.[27] 하였다. 흙이나 모래가 물에 실려 내려야 쌓여서 충적沖積평원이 생기고 충적작용이 거듭되어 그 평원이 날로 광활해진다고 한 점에서 볼 때 그가 과학에 많은 관심을 가지고 현상을 직접 관측하고 궁리했다는 것을 잘 알 수 있다.

그는 토양의 형성은 물이 모여 흙이 생긴다고 한다.[28] 즉, 토양은 물이 흘러 침식작용으로 인해 점차 형성된다는 것이다. 또 토양이 백토白土, 흑토黑土, 청토靑土, 적토赤土, 황토黃土가 생기는데 이는 일반 흙, 무덤 흙, 진흙, 찰흙, 검은 흙 등 토질이 각각 토양의 색을 나누게 한다.[29]고 하였다. 그는 지질에 관해서도 깊게 연구하여 과학에서 천문뿐 아니라 지리 부분의 연구에도 큰 성과를 냈다.

2. 역사관

왕정상은 자연계의 사실을 설명하는 자연 철학자이면서, 인류 사회발전을 깊이 연구한 역사철학자이기도 하다. 역사가 변하면 도와 법도 그에 따라 변한다. 한 시대에 유행하던 도道가 시대가 바뀌면 무도無道가 될 수도 있다. 예를 들어 주자가 천리를 도와 함께 묶어두었다. 이것이 도리라는 것인데 당시 과부가 되어 굶어 죽어도 재가는 도리가 아니었다. 그러나 지금에 있어 그것은 도리가 될 수 없다. 이렇게 법, 도덕이 달리 해석되는 것은 고금에 따른 차이도 있지만, 계승과 개혁의 차이도 있고 그 시대의 형편인 세에 따른 차이도 있으며 변화에 따른 차이도 있다. 이런 것이 역사성이다. 중국 역사의 흐름을 볼 때 시대의 변천에 따라 역사관이 다를 수밖에 없었던 경우는 다양하게 나타난다.

1) 고금古今에서 본 역사관의 변천[道無定在]

그는 기화로서 우주관을 설명함과 동시에 "도는 고정되어 있지 않기 [道無定在] 때문에 성인은 시세에 맞추어[因時] 따른다"[30]라 하여 도는 고정되어 있지 않다는 주장을 한다. 도는 어느 시대에도 일정하지 않다는 주장이다. 이러한 사유는 역사 진화론이다. 역사는 진화하기 때문에 성인이라고 하더라도 그 시대적 상황에 맞추어 도를 적용해야 한다. 왕정상의 '도무정재' 관점은 사실상 천리가 변하지 않으니 도도 변하지 않는다고 말하는 도학자들을 비판하며 생겨난 것이다.

> 세상에 있는 도의 성쇠와 시세의 변화는 그침을 용납하지 않는다! 성현은 급급하게 시세에 따라서 도로써 구제하는 것을 어찌 그칠 수가 있겠는가?[31]

왕정상은 고대의 인류가 당시는 야만적이었으나 시대가 지나옴에 따라 문명적으로 되어왔으며 인류 사회발전은 야만에서 문명으로 부단히 진화의 과정을 거쳤다고 한다. 그는 이와 맥을 함께하여 인류 역사발전 역시 시대를 지나옴에 따라 거듭되었다고 하였다. 고대 사회 정치제도에서도 『주역·계사전』에서 "역은 시기를 살펴서 준비하는 도로서 때에 따라서 변화하는 것이 무궁하다. 그래서 태어나고 또 태어나는 것을 역이라고 한다[生生之易]"라고 말했듯이 『주역』에서 변역變易을 중시하는 이유도 역사적 측면에서 경세의 변화를 인지했기 때문이다. 그래서 경세를 담당하는 자는 그 시기를 잘 인식해야 한다.

왕정상은 '도무정재'의 관점을 정치, 경제, 혼인과 생활 등의 방면에서 서술하고 있다. 정치제도에서 보면 인류 사회의 정치제도는 고정되어 불변하는 것이 아니고 역사의 발전에 따라 같이 발전되어 온 것을 알 수 있다. 그 한 예로 황위 계승의 제도를 왕정상은 아래와 같이 말하고 있다.

> 요와 순은 선양하였고, 상나라 탕왕과 주나라 무왕은 정벌하였고, 태갑과 성왕은 계승했다. 그래서 성인도 또한 능하지 못한 것이 있다. 요와 순의 일은 복희와 황제도 행할 수 없었던 것이고, 삼대의 일은 요와 순도 행할 수 없었던 것이었다.[32]

고대 요·순·우의 시기에도 왕위 계승에 있어, 요와 순임금은 선위하였는데 이것은 그때의 한 가지 도이고. 우임금은 자식에게 계승했는데 성현이 언제나 나오는 것이 아니기에 이 또한 그 시기에 있어 하나의 도다. 그들은 시기를 잘 살펴서 황위를 선양할 것인지 계승할 것인지 하는 문제를 세에 따라 도에 어긋나지 않는 결정을 했었다. 그들이 선양과 계승을 결정하게 된 동기를 왕정상은 다음과 같이 말한다.

> 요와 순의 읍양揖讓은 마치 자기와 무관한 듯하다. 두 제왕 이후 이는 일종의 도리였다. 우禹가 왕위를 아들에게 전한 것은 성현이 항상 있지 않음을 두려워하여 혼란을 피하려고 한 것인데 이는 또한 일종의 도리이다. 탕왕은 걸왕을 쫓아냈는데 오히려 부끄러워하여 현인에게 선양하는 것을 자실自失한 듯했다. 무왕은 상나라를 대신하였는데 자신의 임무로 여겼다. 포악을 토벌하고 백성을 구제한 것이 오히려 부득이하여 그렇게 한 듯했다.[33]

읍양揖讓은 선양禪讓이다. 왕위를 자식에게 물러주지 않고 현자에게 물러주는 것이다. 『서경』에 "성탕이 걸을 남소에 추방하시고, 오직 부끄러운 덕을 지니셨다. 내 후세가 나로서 구실을 삼을까 두려워하노라."[34]라고 하였다. 탕이 걸을 친 것은 비록 하늘에 순하고 사람들에게 응한 것이나 스스로 부끄럽게 여겼다. 그래서 '자실한 듯하였다.'라고 표현하였다. 그는 계승의 논의를 또다시 다음과 같이 말한다.

> 제왕이 천하를 얻으면 천하의 대의가 보존된다. 요, 순, 우의 선양은 높아서 미칠 수 없다. 탕왕과 무왕이 이전의 왕을 정벌한 것은 하늘에 순응하고 사람들 뜻에 응한 것이지만 군신 관계에 있어서, 끝내 부끄러움이 있다. 한고제漢高帝와 우리 명나라 태조는 평민으로서 난리로 인하여 나라를 취한 것으로 부끄러움이 없다. 고제는 오히려 진나라의 정장亭長이었지만 우리 태조는 중국을 이적에게서 회복한 것으로서 아득하여 바랄 수가 없다. 당태종唐太宗은 의거를 빌려서 끝내 나라를 취했지만, 또한 상商나라와 주周나라만 못하였다. 그 나머지는 찬탈이었을 뿐이다.[35]

왕정상은 '도무정재'의 관점을 정치적인 면에서 요·순·우·탕·무와 한고제와 당태종 명태조까지의 사례를 가지고 왕들이 선위와 계승을 하고, 나라를 정복한 것은 찬탈이 아니고 역사적 시대적 부응이었음을 논하고 있다. 그는 통치방법에서 무위와 유위에 관한 논의를 다음과 같이 말한다.

> 삼황 때의 무위無爲는 백성의 뜻을 따른 것이고, 오제 때의 유위有爲는 간이하여 공적을 자랑하지 않았는데 무위와 같았다. 삼대 때의 변혁은 부득이한 것이었다. 진나라 한나라 이후는 유위로써 다스렸는데 도를 위배하지 않아서 오히려 볼만한 곳이 있었다. 아! 천하의 형세가 변하여 돌이킬 도리가 없는데 선왕의 치적을 돌이킬 수 있겠는가? 그래서 성인은 도를 지켜서 시세를 다스리고, 형세로 인하여 다스림을 구한다.[36]

고대 삼황의 무위와 오대의 유위는 큰 변화가 없었으나 진한秦漢 때의 유위는 꼭 필요한 것이었다. 나라는 커지고 시대가 바뀌었기 때문에 유위는 도에 위배 된 것이 아니고 형세에 따라 다스림의 방도가 바꿔야 하는 도이다. 이는 정치의 역사성이라고 할 수 있다. 사회상에서 법의 문제 역시 역사에 따라 바꿔어야 한다. 송宋나라 신종 때 왕안석은 역사 의 변천에 따라 신법을 제정하였고 그는 사회를 변혁시키는 과업에서 국가를 주도해 나갈 인물로 간주 되었지만, 반대파 학자들에 의해 논의 가 받아들여지지 않았다. 이는 그들이 변화의 급박함이 심하고 점진적으 로 바꾸지 않았기 때문이다.37) 송나라 초 왕안석의 신법은 역사성에 비 추어 볼 때 꼭 필요했고, 신종이 적극적으로 협조했던 개혁이었다. 신법 은 정치, 경제, 군사적 여러 면에서 송나라의 근대화를 추진할 수 있는 혁신적 법이었다.38) 그러나 기득권을 지닌 사람들의 반대로 또 도는 바 꿀 수 없다는 고정 관념을 지닌 학자들 때문에 신법은 쓸모없는 법으로 전락하였다. 왕정상은 이런 개혁의 법안이 만들어져 시행되는 것은 필연 적인 것이었으나 당시 시대적 상황에 맞게 점진적으로 시행하지 않았기 때문에 이 법이 성공하지 못했다는 점에서 몹시 안타까워한다.

그는 정치의 '도무정재'의 관점을 경제 제도에도 적용하였다. 경제 제 도 역시 정치 제도처럼 일정한 제도가 있는 것이 아니고 시대가 변함에 따라 세가 달라지는 것[時變勢殊]이다. 예를 들어 보면, 고대 정전제가 폐기된 지가 오래되었는데 토지 사유제를 인정하는 명 중기에 와서 부호 들의 토지 겸병이 심각할 때 일부에서 정전제를 부활하자는 목소리를 냈다. 왕정상은 역사 진화론적 입장에서 이는 역사적 후퇴라고 주장하며 아래와 같이 말한다.

"반드시 정전井田을 시행해야 한다고 말하는 것은 우활한 유자가 옛날 의 제도를 연모하는 것이다. 형세가 끝내 그럴 수 없는데 부질없이 요란

만 낳을 뿐이다." "천하가 처음 안정되었을 때 그 형세를 타고 시행한다
면 가능하지 않겠는가?" "전쟁이 막 끝났으니 힘써 백성을 쉬게 해야
한다. 임금이 비록 성姓을 바꾸고 명을 받더라도 백성의 생업은 옛날과
같다. 그 생업을 빼앗아 정전을 시행한다면 참으로 원망을 낳고 난리를
일으키게 될 것이니, 인자하고 지혜로운 자는 시행하지 않을 것이다."[39]

왕정상은 정전제도를 주장하는 유학자들에게 정전제가 공동 분배의
개념으로 백성들에게 도움이 될 수 있으나 사유제를 폐지한다는 것은
역사적 측면에서 볼 때 퇴보하는 것이기 때문에 옛것으로 돌아가는 것은
일시적 향수일 뿐 바람직하지 않다고 하였다. 이미 오랜 기간을 거쳐
발전해 온 것을 다시 돌아갈 수는 없다는 생각이었다. 토지 제도가 시대
에 부응하여 변화하였듯이 조세 제도도 변화한다. 왕정상은 당나라 조세
제도를 가지고 변화를 다음과 같이 설명하고 있다.

> 당唐나라 초에 민전民田을 주었는데 밭이 있으면 세금이 있었다. 후세
> 에 이르러 법이 폐단이 되자, 백성들은 전역轉易을 얻어서 밭을 소유했
> 다. 많고 적음이 같지 않고, 빈부貧富가 같지 않아서 전주田主가 도망하
> 여도 살펴볼 것이 없었는데, 어떻게 여전히 나라 초기의 밭을 주었던 법
> 으로써 세금을 거둘 수가 있겠는가? 그래서 양염楊炎은 두 가지 세금으
> 로 바꾸었는데 이른바 '호戶에는 주객主客이 없고, 거주를 보고 적籍을
> 만들고, 사람에는 정남丁男과 중남中男이 없고, 빈부로써 차별을 둔다.'라
> 는 것이 그것이다. 밭은 과할過割(토지대장의 명의 변경)하지 않으면 주
> 객을 구별하기 어렵고 빈부를 따지지 않으면 정남과 중남을 구분할 수
> 없는데 어떻게 바꾸지 않겠는가? 후세에 당唐나라 조租, 용庸, 조조調의 법
> 이 변하여 백성의 제양制壤을 취했다고 말하는 자가 있는데 그것은 그
> 시말始末의 사체事體를 살피지 못하고 함부로 말한 것이다.[40]

당나라 초에는 그 당시의 형세를 적응하여 균전제를 시행하였다. 균전

제의 실행을 바탕으로 조租·용庸·조調의 세법41)을 적용하였다. 이 세법은 왕정상이 보기에는 시세와 꼭 맞는 합리적인 제도였다. 당시 시대적 상황이 안사의 난이 있고 난 후라서 토지 겸병이 심해졌다. 그래서 당나라는 국가의 세수가 늘어나도록 식구 수를 기본으로 세를 받던 조·용·조 제도를 폐기하고 자산이 많고 적음에 따라 세금을 부과시키는 양세법을 시행했는데, 왕정상은 이를 역사적 진보라고 보았다. 그때에도 복고주의자들은 양세법을 비방하였는데 왕정상은 그들이 일의 근본에서 시작과 끝을 궁구하지도 않고 마음대로 말한 것이라고 지적했다.

생활 방식에서 보면, 왕정상은 우선 의식주와 도덕 방면에서 야만으로부터 문명으로 진화해야 함을 강조한다.

> 짐승을 털도 뽑지 않고 피도 씻지 않은 채 먹는 것은 오곡을 불로 익혀 먹는 것보다 못하고, 새 깃털을 잇고 풀을 엮어 입는 것은 의상이 몸에 적합한 것만 못하고, 나무 둥지나 동굴의 거처는 궁실의 편안한 거처보다 못하고, 표지標枝와 야록野鹿은 예의의 옹용雍容함만 못하다.42)

인류가 태고에는 물질도 부족하고 문명도 발달하지 못한 시대였다. 그러던 것이 역사를 거침에 따라 성인이 명교를 세워 문자도 등장하게 되었고 물질도 풍부해지고 문화생활의 양상도 다양해졌다. 인류에게 물질문명과 정신문명이 생겨난 것이다.

혼인 제도에 있어서 태고 시대에는 짐승들의 생활상과 다름이 없었다. 요순시대에 와서 남녀가 유별하다는 사유가 생겨났다. 당시는 5대 내의 친족은 혼인을 가능하게 했으며 한 지아비가 자매를 모두 부인으로 둘 수 있었다. 그 후 점점 세밀하게 규정을 두어 일부다처제였던 것이 일부일처제가 된다. 이 과정을 왕정상은 자세하게 설명하고 있다.

홍황鴻荒한 시대에는 금수禽獸와 같았다. 당우唐虞 시대에는 남녀의 구별이 있었으나 예제禮制는 오히려 소활疎闊했다. 은殷나라 사람은 오세五世 이외는 혼인을 허락했다. 주周나라 사람은 부인을 맞을 때 질제姪娣를 잉첩으로 보냈다. 지금으로써 보면 예를 범한 것이 심하다. 당시 성인이 잘못이라고 여기지 않은 것은 당시 제도의 상규에 편안하였기 때문이다. 이 때문에 남녀의 도는 고대에서는 오히려 소홀했으나 지금은 치밀한데 예가 인의를 좇아 점차 아름다워졌기 때문이다.[43]

한漢대 동중서가 '천이 변하지 않으니 도道 또한 변하지 않는다'고 하여 송대 학자들까지도 도는 변하지 않는 것으로 여겼다. 이러한 수구세력의 생각들은 사회가 발전하는데 장애가 되었다. 북송 왕안석의 변법을 반대한 수구파 사마광은 "천지가 다르지 않고 일월이 변하지 않으며 만물이 태연하다. 성정이 옛날과 같이 여전한데 도가 어찌 홀로 변하겠는가?"[44] 하였는데, 왕정상은 정주리학자들이 이 말에 고취되어 도는 하나이고 변하지 않는다는 오류를 범하고 있다고 그들을 비판하면서 다음과 같이 말한다.

기가 있으면 곧 도가 있다. 기에 변화가 있는데 이 때문에 도에 변화가 있다. 기는 곧 도이고, 도는 곧 기이니, 이합離合으로써 논할 수 없다. 어떤 사람이 말하기를 "기에 변화가 있지만 도는 하나이면서 변하지 않는다."고 한다. 도는 스스로 도이고, 기는 스스로 기로서 갈라져 있는 두 사물이므로 일관하는 묘용이 아니다. 또한 도는 천지의 변화보다 막대하고, 일월성신日月星辰에는 박식薄食과 혜패彗孛가 있고 뇌정풍우雷霆風雨에는 진격震擊과 표홀飄忽이 있고 산천해독山川海瀆에는 붕휴崩虧와 갈일竭溢이 있고 초목곤충草木昆蟲에는 영고榮枯와 생화生化가 있고 군연羣然히 변하여 일정하지 않고, 하물며 인사人事의 성쇠와 득실은 아득히 정해진 단서가 없는데 이에 도는 하나이고 변하지 않는다고 하면 옳겠는가? 기에는 일정함이 있고 일정하지 않음이 있다면 도에도 변화가

있고 변하지 않음이 있으니, 하나로서 변하지 않는다고 하는 것은 갖추어진 말이라 하기에는 부족하다.[45]

왕정상은 도의 변화는 천지의 변화보다 더 크다고 한다. 해와 달과 별은 서로 가까우면서도 서로 가림이 있게 되어 일식, 월식과 같은 식이 생긴다. 또 번개, 천둥, 비, 바람은 격동적으로 흔들리고 요동쳐서 변덕스럽고 산천은 무너져서 기울고 강과 바다는 마르고 넘치며 초목과 곤충도 말라 죽고 새로 태어나 자란다. 이런 변화는 일정함이 없다. 이런 자연의 변화도 반드시 일정함에 따라 이루어지지 않는데 인간의 일은 당연히 일정함이 없다. 이 때문에 도道 역시 역사에 근거하여 변화한다는 것이다. 왕정상은 자연계가 변하고 일정한 것이 없기 때문에 인류 사회도 일정한 것이 없다는 사실적 단서를 적용한다. 왕정상은 세상의 이치가 변화함을 아래와 같이 말한다.

바람과 비는 만물의 생성을 돕는 것이다. 추위와 더위는 만물을 낳고 죽이는 징후이다. 사물의 이치도 또한 그렇지 않은 것이 있는데 한 가지 의론만 고집할 수 없다. 비가 봄에 오면 비록 사물을 낳을 수 있지만 과다하면 또한 사물을 죽일 수 있다. 여러 사물은 가을이 되면 열매를 맺는데 이때의 비는 참으로 무익하다. 보리와 채소들은 또한 비의 도움으로 자라는데 어찌 가을비가 사물을 마르게 한다고 말하는가? 바람이 불면 봄에는 자라고, 가을에는 떨어진다. 물리가 스스로 자라고 스스로 떨어질 뿐이다. 소나무, 노송나무[檜], 계수나무, 측백나무는 겨울을 이겨내고 푸르게 울창한데 가을바람이 떨어뜨릴 수 있겠는가? 이로 보건대 모두 물리로 연유한 것이고 바람이 그렇게 하는 것이 아니다.[46]

왕정상은 복고주의자들과 더불어 도가 하나이고 불변한다는 주장을 하는 정주학자들을 '역사퇴화론자'라고 비판하며 법法도 예禮도 도道도

시대에 맞지 않으면 과감하게 폐하고 개혁을 단행해야 하여 변화를 추구해야 역사적으로 계속해서 진화할 수 있다고 한다.

2) 계승[因]과 개혁[革]

그는 변화란 후대에서 전대의 것을 완전히 버리는 것이 아니고 계승과 개혁의 대립을 통일하여 시대에 맞는 것을 추구하는 것이라고 하였다. 거롱진 교수는 왕정상을 '인혁통일론자'라고 부른다. 인因은 『논어』에서 공자가 하·상·주 삼대의 예와 제도 사이에서 계승[因]계통을 설명하는[47] 철학 범주이다. 혁革은 『주역·혁괘』에서 변혁을 설명하는[48] 철학 범주이다. 혁괘는 처음엔 의심스럽고 어려움을 동반하나 변혁을 하고 나서야 믿게 된다는 흐름을 지닌 괘이다. 탕왕과 무왕도 혁명을 시행하고 난 후에 백성들이 편안해지고 그들의 업적을 알게 되었다. 인과 혁은 한 대 양웅揚雄이 공자와 『주역』의 사상을 기초로 삼아 인과 혁을 정식으로 철학 개념으로 만들었다.[49] 구체적인 예로, 북송의 왕안석은 사마광이 인을 따르고 옛것을 지키려고 하였는데 대해, "30년 한 세대가 되면 계승한 바는 반드시 개혁해야 한다."[50]라고 주장한다. 왕정상은 왕안석의 개혁을 계승하고 자신의 역사 진화론 입장에서 인습과 개혁을 다음과 같이 말한다.

> a. '은나라는 하나라 예를 계승했고, 주나라는 은나라 예를 계승했다'라고 한 것은 당대의 예를 제정한 것은 모두 전대에 이미 그러했던 자취를 계승하여 행한 것을 말한 것이다. 그중에 오히려 손익이 있음을 면하지 못한다. 지금 이대二代의 예를 취하여 살펴보면 무엇이 손해가 되는 곳이고, 무엇이 이익되는 곳인지를 모두 알 수 있다. 주周나라를 계승한 왕자王者는 비록 천만세千萬世의 예일지라도 불과 이와 같을 뿐이다.[51]

b. 계승을 잘하는 자는 이전 시대를 따르기 때문에 손익이 있어도 백성들은 놀라지 않고, 개혁하는 바가 있어도 백성들은 서로 믿는다.[52]

a.에서는 은나라와 하나라 사이 예를 계승함은 필요성에서 비롯된 것이라는 논리를 펴고 b.에서는 계승을 잘 하는 자는 개혁을 하더라도 백성들의 신뢰를 얻는다는 논리이다. 그는 왕안석의 개혁 실패를 모델로 삼아서 갑작스러운 개혁은 백성들이 놀라고 따르는 자에게도 어려움이 있기에 계승의 일면과 개혁의 일면을 함께 시행하여 통일을 이루어야 한다고 주장하였다. 인습과 개혁은 역사 진화의 과정 중에 불가분의 두 부분이기 때문에 진행속도를 잘 조정해야 한다는 뜻이다. 명 중기 시대적 상황을 고려해보면 개혁은 불가피했다. 그의 경세관은 실천적 개혁을 중시했으며 역사 진화론에 근거한 것이다.

3) 변화[變]와 항상성[常]

한대의 학자 정현(鄭玄)[53]이 『주역』에 세 가지 의미를 부여하였다. 그것은 『주역』이 쉽고 간단하다는 이간易簡, 변화를 말하고 있다는 변역變易, 변하지 않는 항상성[常]의 불역不易 세 가지이다. 변역이란 천지에서의 자연적 현상과 인간 사회에서 생기는 모든 일이 끊임없이 변화한다는 뜻이고, 불역이란 변화하는 중에도 변하지 않는 부분이 있으며 변화하는 것이 '일음일양一陰一陽의 도道' 법칙에 따라 교대로 변화한다는 뜻이다. 이 때문에 송대의 주희도 『주역』을 교역交易과 변역으로 설명하였다. 변화와 항상성이 『주역』의 핵심임을 알 수 있다.

왕정상도 "역은 변화[變]와 불변[常]이 있다."[54] 하고 하늘은 양, 땅은 음, 해는 양, 달은 음, 강한 것은 양, 약한 것은 음, 높은 것은 양, 낮은 것은 음 등 상대되는 모든 사물과 현상들을 양·음 두 가지로 구분하고 그 위치나 생태에 따라 끊임없이 변화한다는 이론에서 개혁의 필요성을 주장한다. 그의 개혁은 지주 계급 중 개혁파의 입장에서부터 출발했고 도에 변화가 있다는 것은 세상에서 긴 세월 동안 사회제도와 정치 시책에 변화가 일어났으며 득실이 교대하여 생겨났다는 점에서 분명히 하였다. 그가 변법 시행에 앞장서면서도 불변의 항상성[常]을 주장한 것은 공자의 도에서 '만세불가역萬世不可易'이라고 한 점을 받아들였기 때문이다. 그는 다음과 같이 말하고 있다.

『육경』의 도는 공자가 뺄 것은 빼고 서술한 것이다. 넓으면서 요점이 있고, 크면서도 정밀하니 천하에 시행하면 중용이 광대할 것이니 만세萬世에서 바꿀 수 없다.[55]

왕정상은 달은 차면 다시 기울기 시작하고, 여름이 가면 다시 가을·겨울이 오는 현상은 끊임없이 변하나 그 원칙은 영원불변한 것이기에 이 원칙을 인간사에 적용하여 항상됨의 상常을 주장하였다. 그는 또 "공자가 태고 이래로 요, 순, 우, 탕, 문, 무, 주공에 이르기까지 치세의 도가 마련되었고 자신의 시대에 이르러서 『육경』을 서술하여 만세법萬世法으로 삼았기에 후에 치도의 완성을 이루었다."[56]라고 하였다. 그래서 후대 유학자들이 공자를 학식과 덕망이 높아 만세에 모범이 된다 하여 만세사표萬世師表라 부르거나 모든 왕의 본보기라고 '사표백왕師表百王'이라 부르며 지금까지도 그에게 제사 지내고 그의 뜻을 받들고 있다. 이는 과거에서 현재, 미래에도 영원히 변하지 않을 일이다. 이를 들어 상常을 설명하였다. 그는 상을 다음과 같이 말하였다.

헌원씨軒轅氏와 요堯가 천하를 다스릴 때부터 사람들의 기강이 비로소 세워졌다. 도는 근원을 열고 가르침은 곧은 길을 높였다. 계속하여 삼대三代가 차례로 일어나서 중화中和를 무성하게 세우니 빈빈彬彬한 문질文質이 백세百世에 펴져서 뒤섞여 행해졌다. 중니仲尼가 이를 보고 이에 제왕의 인의와 예악의 도를 저술하여 후세에 헌장을 드리우니, 그것을 경經이라 한다. 경은 상도常道이니, 항상 세상에 모범이 될 수 있기에 그것으로 말미암으면 다스려지고, 그것을 미혹하면 위험해지고, 그것을 제거하면 혼란해진다. 확고하게 지켜야 하고 어길 수 없다.57)

그는 공자가 제왕들의 인의와 예악의 도를 적은 것이 바로 『육경』이며 『육경』은 변하지 않는 상도常道에 의해 저술되었다고 보았다. 세상의 도는 시간이 지남에 따라 변하거나 고쳐지거나 사라지기도 했다. 하지만 공자의 도는 한 번도 변한 적이 없다. 그래서 그것으로 말미암으면 다스려지고, 그것을 미혹하면 위험해지고, 그것을 제거하면 혼란해진다. 그래서 육경은 확고하게 지켜야 하고 어길 수 없다고 한 것이다.

주석

1) 『왕씨가장집』 卷34, 「玄渾考」: 日近則明而爲晝, 日遠則暗而爲夜. 恒在天上, 未嘗入地, 但以人遠不見, 如入之耳.

2) 『신언』, 「乾運」: 四時寒暑, 其機由日之進退, 氣不得而專焉. 日南至而寒甚, 北至而暑甚, 所積既深, 不可驟變也. 日出而蒼涼, 夜陰之積未遽消, 光不甚於旁達也. 日中而暄熱, 晝陽之積盛, 光復燦於下射也.

3) 『회남자』, 「天文訓」: 天受日月星辰, 地受水潦塵埃. 昔者共工與顓頊爭爲帝. 怒而觸不周之山, 天柱折, 天傾西北, 故日月星辰移焉; 地不滿東南, 故水潦塵埃歸焉.

4) 『아술 하』: 北辰乃天體之中, 觀極星不動而眾星四面旋繞, 可知. 中國在天之南, 日月之光有限, 故光照之處則爲晝, 光不到處則爲夜. 明亦以次而明, 暗亦以次而暗, 非在一處而天下皆明也. 然亦常常在天, 非入地下. 其遠日而寒, 近日而暑, 四方無不然矣. 在極之南, 則北多寒而南多暑; 在極之北, 則北多暑 而南多寒; 在極之東, 則東多暑而西多寒; 在極之西, 則西多暑

而東多寒, 無疑矣. 何也. 極不運轉, 日有常次, 以南而推三方, 其理一爾.

5) 『신언』,「乾運」: 風者, 陽盛之極, 陰不能以遏之也. 陽伏於陰, 發之暴聲而爲雷. 其聲緩者, 厥伏淺; 其聲迅者, 厥伏固. 冬而雷收其聲者, 陰盛之極, 陽不得以發之也. 時有之者變也, 非常也.

6) 『신언』,「乾運」: 風揚塵土於下, 濛雨自上而降, 遇結而爲霾. 風之微不足以散雨, 雨之微不足以斂塵, 陰陽緩弱之氣也夫.

7) 『신언』,「乾運」: 雹之始雨也, 感於陰氣之冽, 故旋轉凝結以漸而大爾. 其陰陽之濁而不和者與? 謂蜥蜴所爲者, 得乎哉!

8) 『아술 하』: 余嘗疑其爲物之所爲, 乘雲雨之時而出, 或搆而交, 或爭而鬪, 但非人間可得而見者. 近歲華陰舞陽二縣, 麟生於野, 厥聲雷鳴, 厥口吐火, 火卽電也, 物誠有然者矣. 今以雷之聲度之, 迅者如激怒之聲, 大者如狼鬪之聲, 小而引長, 呼呼不絶者, 平息之聲也. 古謂神龍能大能小, 既雨則返其精靈於下土而藏之, 人亦不得而知之. 或者乃龍之類所爲乎. 惜不知龍能聲雷口火如彼麟否也, 或別是一物乎.

9) 『신언』,「乾運」: 雪之始雨也, 下遇寒氣乃結. 花必六出, 何也. 氣種之自然也. 草木枝幹花葉, 人耳目口鼻, 物蹄角羽毛, 胡爲而然耶. 氣各正其性命, 不得已而然爾.

10) 『아술 상』: 七曜之躔, 遶極外方, 一晝一夜, 旋轉一周. 近極則日躔當天體之高度, 故晝日照三面而北面不照; 遠極則日躔當天體之低度, 故晝日照南面而三面不照. 所不照者, 非日不歷也, 日遠而低, 人自不見耳.

11) 『왕씨가장집』 卷34,「玄渾考」: 太陽恒在天上, 未嘗入地. …… 以人遠不見, 如入地耳.

12) 『논형』,「說日」: 天地日月星辰都是物質实体. 天地都是平正的, 天与地上下相距六万里, 四方中央高下皆同.[천지와 일월성신은 모두 물질 실체이다. 천지는 모두 평평하며 하늘과 땅은 서로 멀어 거리가 6만 리나 되며 사방과 중앙에서 높낮이가 모두 한가지이다.]

13) 개천설蓋天說은 천지는 모두 곡면이며 북극 부분에 해당하는 곳이 높아서 삿갓과 같이 덮개가 있다고 생각하였다. 개천설은 혼천설의 일부가 되었다. 혼천설은 후한後漢의 천문학자인 장형(張衡)의 저서『혼천의주渾天儀註』에서 나온다.『진서』·『송서』·『수서』의 천문지天文志 등에 소개되어 있다. 혼천설은 "하늘은 계란과 같고 땅은 계란 속의 노른자위와 같아 따로 하늘 속에 있는데 하늘은 크고 땅은 작다. 하늘의 표면과 이면에는 물이 있으며 하늘과 땅은 각각 기氣를 타고서서 물을 싣고 운행한다."라고 하였다. 혼천설에는 개천설蓋天說 · 선야설宣夜

說·혼천설·안천설安天說·궁천설穹天說·혼천설昕天說 등이 있다.

14) 『아술 상』: 天體雖有遠近高低, 運行一周, 遠近擧皆一周, 管於樞故耳. 觀日近極之時, 則影移之遲, 遠極之時, 則影移之速, 可測矣. 如蟻在磨盤, 一在邊, 一在近臍, 雖有內外遠近, 皆磨一周而同至, 安得刻候不同. 此蓋天之術, 所以難算, 必至於失傳. 而混天之法籠同渾取, 反能行之後世而無議也. 使萬世之下有神解之士出, 必以吾之論爲當而取之矣.

15) 『왕씨가장집』 卷41,「答天問」: 地竅於山川, 故以虛而乘水. 瓶倒于水, 浮而不沉, 似之. 謂八柱奠之, 涉乎謬幽.

16) 『신언』,「乾運」: 三垣十二舍, 經星終古不移, 天亦有定體矣. 曰浮氣戴之, 寧無一之變動也乎.

17) 『신언』,「乾運」: 星之隕也, 光氣之溢也, 本質未始窮也, 隕而即滅也. 天之辟至於今, 經緯之象盡矣. 隕而散滅者, 光氣之微者也. 墮而爲石, 感地氣而凝也, 陰陽妙合之義也.

18) 『회남자』,「天文訓」: 蛤殼月下取水用.

19) 『주례』,「秋官司寇·司烜氏」: 日下取火的凹形銅鏡.

20) 『회남자』,「天文訓」: 淸陽者, 薄靡而爲天; 重濁者, 凝滯而爲地.

21) 『신언』,「道體」: 天者, 太虛氣化之先物也, 地不得而並焉. 天體成則氣化屬之天矣; 譬人化生之後, 形自相禪也. 是故太虛眞陽之氣感於太虛眞陰之氣, 一化而爲曰星雷電, 一化而爲月雲雨露, 則水火之種具矣.

22) 『신언』,「乾運」: 山石之欹側, 古地之曾傾墜也. 山有壑谷, 水道之蕩而日下也. 地有平曠, 水土之漫演也. 高峻者日以剝, 下平者日以益, 江河日趨而下, 咸勢之不得已也夫!

23) 『신언』,「乾運」: 地氣夜則鬱達, 故遇物而凝. 淸則氛氳, 爲霜, 爲露; 濁則烟霧, 爲濛, 爲木稼. 日高而散, 風冽而不凝者, 陰化於陽之義也.

24) 『신언』,「乾運」: 墮而爲石, 感地氣而凝也, 陰陽妙合之義也.

25) 『신언』,「乾運」: 地竅於山川, 故浮而不墜. 磑之轉於水, 機在外也; 匏之浮於水, 空在內也. 地, 天, 內之物, 無可倚之道. 故曰天以機動, 地以竅浮.

26) 『신언』,「乾運」: 山石之欹側, 古地之曾傾墜也.

27) 『신언』,「乾運」: 山有壑谷, 水道之蕩而日下也. 地有平曠, 水土之漫演也. 高峻者日以剝, 下平者日以益, 江河日趨而下, 咸勢之不得已也夫.

28) 『왕씨가장집』 卷37,「孟望之論愼言」: 水結而土生.

29) 『왕씨가장집』 卷41,「答天問」: 白黑赤靑黃, 把土質分爲, 壤墳泥埴壚五種.

30) 『신언』,「作聖」: 道無定在, 故聖人因時.

31) 『신언』, 「保傅」: 世道之高下, 時勢之變, 不容已者乎! 聖賢汲汲, 隨時以道救之, 又惡能已乎?

32) 『신언』, 「作聖」: 堯舜以禪授, 湯武以征伐, 太甲, 成王以繼序. 道無窮盡, 故聖人有不能. 堯舜之事, 有羲軒未能行者; 三代之事, 有堯舜未能行者.

33) 『신언』, 「保傅」: 堯舜揖讓, 若無與於己焉. 二宰已往, 一道也. 禹之傳子, 懼聖賢不恒有, 啓亂也, 斯又一道也. 湯則放桀矣, 猶慙而讓賢, 若自失焉; 武王代商, 則任之矣, 伐暴救民, 猶若不得已焉者.

34) 『서경』, 「商書·仲虺之誥」: 成湯放桀于南巢, 惟有慙德, 曰予恐來世, 以台爲口實.

35) 『신언』, 「保傅」: 帝王之得天下, 天地之大義存焉. 堯、舜、禹之揖讓, 嵬乎其不可及矣. 湯、武之放伐, 順乎天而應乎人, 君臣之際終有媿焉. 漢高帝、我太祖以布衣因亂而取之, 無媿焉者. 高帝猶曰秦之亭長也, 我太祖復中國於夷狄, 蓋邈乎無以尙之. 唐太宗假義而終取之, 又商、周之不若也. 其餘纂奪而已矣.

36) 『신언』, 「御民」: 三皇無爲, 順民也. 五帝有爲矣, 易簡而不矜功, 若無爲也. 三代變革, 不得已也. 秦, 漢以還, 有爲而爲之, 不繆於道者猶可觀也. 嗚呼! 天下之勢, 變而不可返之道也, 先王之治跡顧可返之哉? 故聖人守道以御時, 因勢以求治.

37) Peter K. Bol, 김영민 역, 『역사속의 성리학』(서울, 예문서원, 2011): 123~130쪽 참조.

38) 신법新法: 신종神宗은 왕안석王安石을 재상으로 등용하고 신법이라고 하는 청묘·모역·시역·보갑·보마법 등의 재정·군사 관제의 개혁을 강력히 추진하여 부국강병책을 시행하도록 하였다. 그의 정책은 1069~1074년에 걸쳐 시행되었다. 대상인과 대지주의 횡포를 막아 중소의 농민과 상인을 보호하여 세수稅收를 늘리고 관료 체제를 정비하여 중앙 집권中央集權을 강화하는 목적으로 시행하였다. 그가 제시한 부국강병책 중 청묘법은 농민들에게 낮은 이자로 자금을 빌려주어 지주들이 비싼 이잣돈을 얻어 쓰는 일이 없도록 한 정책으로 필요한 재원은 상평창에서 조달하였다. 균수법은 정부가 지방의 물자를 사들여 다른 지방에 팔아 이익을 얻음으로써 물자 유통을 원활히 하고 물건 값의 조절과 안정을 꾀하고자 한 정책이었다. 보갑법은 10가구를 1보로 하고 5보는 대보로 하고, 10대보는 도보로 편성하여 장정을 징집, 훈련하여 민병으로 삼아 평화 시에는 치안 임무를 시행하고 전쟁이 일어나면 관군을 돕게 한 정책이었다. 시역법은 자본이 적은 상인들에게 돈을 빌려주어 대상인들이 이익을 독차지하는 것을 막고 국가

수입을 늘이기 위한 정책이었다. 모역법은 노역이 면제되어 온 관리로부터 돈을 받아 실업자들에게 일을 시키고 품삯을 주어 노역의 형편을 맞추고자 하는 정책이었으며, 보마법은 백성에게 말을 기르게 하여 전쟁이 일어나면 군마로 쓰도록 한 정책이었다. 이런 왕안석의 정책은 국가와 일반 서민층인 농민, 중소 상인들에게는 이로웠으나 대상인, 대지주와 권력자 등의 기득권 세력에게는 엄청난 반발을 불러일으켰다. 많은 수의 사대부들이 대부분 그 계통 출신이었기 때문에 그들은 정치적으로 왕안석의 개혁에 관한 법을 반대하는 당파를 조직하였다. 그리하여 반대파를 사마광을 당수로 하여 구법파라하고 개혁에 찬성하는 파를 신법파라 하였다. 양 당파의 당쟁이 가속화되었다. 신종은 1076년 왕안석이 퇴관하자 스스로 개혁을 친정하였다. 그 결과 재정은 호전되었지만, 외정은 실패하였다. 교지(베트남)를 정벌한 결과는 손해였고, 요나라와의 싸움에서도 하동(산서성)의 경계지를 양보하였으며, 서하의 원정에서도 크게 패하자 실의 속에 죽었다. 신종의 정치는 급진적이어서 실패한 것도 많았으나 나라의 체제를 바로잡고 국가 권력의 확립에 기여하였다. Peter K. Bol, 김영민 역, 『역사속의 성리학』(서울, 예문서원, 2011) 참조.

39) 『신언』, 「保傅」: 必言可井者, 迂儒之慕古也. 勢終不能, 徒生擾揚爾." 曰: "天下初定, 乘其勢而爲之, 不亦可乎?" 曰: "戰爭方已, 務休民也. 上雖易姓受命, 而民之業自若也. 奪而井之, 寔生怨激亂, 仁智者之所不爲也..."

40) 『아술 하』: 唐初授民田, 有田有租 ; 迄後法弊, 民得轉易而有田矣. 多少不等, 貧富不齊, 田主逃亡, 靡所考稽, 安得猶以國初授田之法稅之? 故楊炎變爲兩稅, 所謂, 戶無主客, 以見居爲籍 ; 人無丁中, 以貧富爲差, 是也. 田不過割, 則主客難別 ; 不論貧富, 則丁中不分, 安得不變? 後世有謂唐租, 庸, 調法變而取民之制壞者, 蓋不究其始末事體而漫言者也.

41) 조租·용庸·조調의 세법: 조租는 세稅·조세租稅·공貢 등으로도 불렸다. 세금을 곡물로 부과하는 제도이다. 용庸은 역役으로 부역을 하는 것이며 조調는 그 지방의 특산물을 바치는 제도이다. 조租는 과세의 대상이 전결田結이어서 부과율이 일정하였으나, 부역의 용庸이나 호戶 대상의 조調는 실무 관리들의 착취 대상이 되어 세정 부패의 온상이 되기도 했다.

42) 『신언』, 「保傅」: 茹毛飮血, 不若五穀之火熟也; 綴羽被卉, 不若衣裳之適體也; 巢居穴處, 不若宮室之安居也; 標枝野麗, 不若禮義之雍容也. 표지標枝와 야록野鹿: 표지는 나무 끝에 있는 가지를 가리키는데, 이는 상고 시대의 위에 있는 임금이 아무런 하는 일 없이 담박하게 있었던 것을 비유한 말이고, 야록은 들판에 뛰노는 사슴을 가리키는데, 이는 상고 시대의 아래 백성들이 아무런 거리

낌 없이 양양 자득했던 것을 비유한 말이다.

43) 『신언』, 「文王」: 鴻荒之世, 猶夫禽獸也. 唐虞之際, 男女有別, 而禮制尚闊
也. 殷人五世之外許婚. 周人娶婦而姪娣往媵. 以今觀之, 犯禮甚矣. 當時
聖人不以爲非, 安於時制之常故爾. 是故男女之道, 在古尚疏, 於今爲密,
禮緣仁義以漸而美者也.

44) 『溫國文正司馬公文集』, 「迂書」, 辨庸: 天地不異也, 日月無變也, 萬物自若
也, 性情如故也, 道何爲而獨變哉.

45) 『아술 상』: 有氣卽有道. 氣有變化, 是道有變化. 氣卽道, 道卽氣, 不得以離
合論者. 或謂氣有變, 道一而不變, 是道自道, 氣自氣, 岐然二物, 非一貫之
妙也. 且夫道莫大於天地之化, 日月星辰有薄食彗孛, 雷霆風雨有震擊飄
忽, 山川海瀆有崩麢竭溢, 草木昆蟲有榮枯生化, 羣然變而不常矣, 況人事
之盛衰得喪, 杳無定端, 乃謂道一而不變, 得乎. 氣有常有不常, 則道有變
有不變, 一而不變, 不足以該之也.

46) 『아술 상』: 風雨者, 萬物生成之助也; 寒暖者, 萬物生殺之候也. 物理亦有
不然者, 不可執一論也. 雨在春雖能生物, 過多亦能殺物. 諸物至秋成實,
雨固無益, 諸麥諸菜亦藉雨而生, 安謂秋雨枯物風, 春則展, 秋則落, 物理
自展自落耳. 松檜柏凌冬蒼欝, 秋風能落之乎. 由是觀之, 皆由物理, 匪風
而然.

47) 『논어』, 「爲政」: 殷因於夏禮, 所損益, 可知也, 周因於殷禮, 所損益, 可知也.
其或繼周者, 雖百世, 可知也.[은나라는 하나라의 예를 인습하였으니 손해보
고 이익이 된 바를 알 수 있다. 주나라는 은나라의 예를 인습하였으니 손해보고
이익이 되는 바를 알 수 있다. 혹시라도 주나라를 계승하는 자가 있다면 비록
백 세대 뒤의 일이라도 알 수 있을 것이다.]

48) 『주역』, 「革卦」: 天地革而四時成, 湯武革命, 順乎天而應乎人, 革之時大矣
哉! 천지가 변혁하여 사계절이 이루어진다. 탕왕과 무왕이 혁명한 것을 하늘이
쫓아서 사람들에게 응했던 것이다.

49) 『法言』, 「問道」: 道有因無因乎. 曰, 可則因, 否則革.

50) 『周官新義』卷上, 「考工記」: 世必有革, 革不必世也.

51) 『아술 상』: 殷因于夏禮, 周因于殷禮, 言制當代之禮, 皆因襲前代已然之跡
爲之也. 其中未免猶有損益. 今取二代之禮觀之, 何者是損處. 何者是益處,
皆可知之. 則繼周而王者, 雖千萬世之禮, 不過如此而已矣.

52) 『신언』, 「御民」: 善繼政者因之, 故有所損益而民不駭, 有所變革而民相信.

53) 정현鄭玄(127~200)은 중국 후한後漢 말기의 재야 학자로 지낸 대표적 유학자이

다. 마융馬融 등에게 사사 받아 『역易』, 『서書』, 『춘추春秋』 등의 고전을 배웠으며 후에 제자들은 물론 일반인들에게서도 훈고학과 경학의 시조로 불렸다. 그는 뿐만 아니라 경학의 금문今文과 고문古文 외에 천문天文·역수曆數에 이르기까지 폭넓은 지식을 지녔다.

54) 『아술 상』: 道有變有不變.

55) 『신언』, 「文王」: 六經之道, 仲尼刪述焉, 博而有要, 閎而愈精, 施之天下, 中庸廣遠, 萬世不可易也.

56) 『왕씨가장집』卷30, 「策問」: 治世之道. 歷洪荒以來, 至堯舜禹湯文武周公, 始爲大備, 然猶未能統一也. 至于孔子, 刪述六經, 萬世法, 以後治道大成.

57) 『아술 상』: 夫自軒堯御宇, 人紀肇立, 道啓醇源, 教隆貞軌. 繼而三代迭興, 茂建中和, 彬彬文質, 衍百世而遆行. 仲尼有見於此, 乃述帝王仁義禮樂之道, 以垂憲後世, 而謂之經. 經者, 常道也, 可常以範世者也, 故由之則治, 迷之則危, 去之則亂, 確乎可守而不可畔也.

제12장
실학사상

실학이라는 용어가 처음 등장하게 된 것은 송대 이후부터이다. 실학의 개념은 역사상 시기에 따라 다르게 해석되고 같은 시기라 하더라도 학파에 따라 다르게 해석되기도 한다. 실학實學은 허학虛學에 상대되는 용어인데, 북송 시기 성리학이 생겨나며 자기 학문을 실학이라고 하였다. 하지만 근대학자들이 내놓은 실학의 개념은 의미가 한층 보충되었다. 왕정상이 정립한 경세 실학에 근대학자들이 내놓은 실학의 의미가 그대로 적용되고 있다.

1. 경세치용의 실학

실학은 사용되는 각도에 따라 실리론實理論, 실성론實性論, 실공론實功論, 실천론實踐論, 경세치용론經世致用論으로 다양하게 확장할 수 있다.[1] 그러나 경세 실학의 기본 정신은 경세치용이고 또 경세제민이다. 경세치용은 실천 정신, 비판 정신, 개혁 정신의 실천적 경세관, 과학적 실측을 중시하는 경세관, 개혁과 계몽 정신까지 합한 경세론이다. 하지만 실학이란 용어는 정주리학자들이 자신들의 학문을 실학이라 하였으니 실학의 시원과 의미에 대해 먼저 살펴본다.

1) 실학의 흐름

유학자들은 자신의 학문을 도덕과 정치 등의 측면에서 유용한 생활관을 제공하는 실제적 사상이라는 의미에서 실학이라고 불렀다.[2] 정주리학도 내성의 목적이 외왕에 있다는 이유로 실학이라 스스로 칭했다. 이는 공자의 사상인 수기치인에서 비롯되었던 것이니 그들의 학문이 실학이라면 공자의 사상 또한 실학이 되어야 한다. 하지만 런민대 거룽진葛榮晉 교수는 실학은 실체 달용의 학이 되어야 한다고 주장한다. 실체는 우주 실체와 심성 실체로 말해지고 달용은 경세치용의 학문이다.[3] 실체와 달용 양면을 지니면 실학이라는 용어를 쓴다. 유학은 역사의 흐름에 따라 수기치인修己治人에서 내성외왕內聖外王으로, 또 실체달용實體達用의 학문으로 변천했다고 볼 수 있다.

왕정상 실학에서 실체實體는 우주본체론의 근본인 실재하는 원기로서 우주 실체를 설명하고 이사에서 실천하는 도덕 실천에서 심성 실체를 설명한다. 달용達用은 정치·경제·사회에서 생기는 일을 처리하는 경국제민으로서의 경세, 중국 고대 과학에서 서양에서 수입된 근대 과학에 이르기까지의 실측, 농민들이 잘 살 수 있도록 농사법을 가르치고 구황·비황 운동을 적극적으로 펼치는 계몽의 실학적 요소를 모두 지닌다.

(1) 수기치인의 실학

공자가 창시한 고대 유학은 자신을 수양한 후에 백성을 평안하게 하는[修己安百姓] 것으로 자신의 수양에 해당하는 수기修己와 다른 사람을 다스리는 치인治人을 함께 중시하였다. 유학의 핵심인 수기와 치인은 송대에 신유학이 생겨나며 내성과 외왕으로 변천하게 된다. 수기와 치인, 내성과 외왕은 서로 상호 보완적이라기보다는 수기 이후에 치인해야 하는 관계였다. 즉 외왕이 되기 전에 내성이 선행되어야 하는 충차적 관계를 지니고 있었다.

기본적으로 유학에서 타고난 본성에 대한 사유는 각기 달리하고 있지만4) 인간이 완성해야 할 마지막 단계는 수기와 내성에 있다고 여겼으며, 수기의 목적은 치인이었고 내성의 목적은 외왕에 두었다. 대부분 유학자는 인간의 심성이 세상을 경영하는 데에 지대한 영향을 주고 있다고 보고 늘 인의예지仁義禮智를 자기 안에 가두어두도록 수기修己하여 내성內聖을 먼저 이루면, 그것이 저절로 밖으로 드러나게 되어 다른 사람들에게도 전이됨으로써 사회 질서가 정립되고 국가는 안정된다고 보았다. 특히 송대 이전의 유학은 대체로 치인을 행하기 위한 전제로 반드시 수기할 것을 주장한다. 특히 공자는 수기를 전제로 하는 '안백성安百姓'의 길을 제시하기 위해서 주유천하를 하면서 각 나라 통치자를 만나 담론을 펼치고 경전을 편집하는 데 심혈을 기울였다.

공자와 그 제자들이 실학이라는 개념을 직접 언급하지는 않았지만 이미 수기修己와 치인治人을 주장하여 수기하는 목적이 백성을 교화하고 구제하고자 한 것이기에 이 역시 세속의 어지러움을 다스리는 실학이라고 말할 수 있다. 『논어』뿐 아니라 경전은 모두 실학의 기본 사상을 지니기 때문에 왕정상은 실학의 근본은 경전에 들어있다고 하였다.

왕자가 대답하기를, "문文이라는 것은 도道의 그릇[器]이고, 실질[實]의 광채[華]이다. 육경에서 진술된 것은 모두 실행이 드러나는 것이고, 도가 깃든 바가 아님이 없다. 그래서 문文이 없다면 미래의 세상에 밝게 제시할 수 없어서 성인이 간직한 뜻을 볼 수 없다. 『상서』는 정치에 관한 것이고, 『역경』은 신神에 관한 것이고, 『시경』은 성정性情에 관한 것이고, 『춘추』는 법에 관한 것이고, 『예기』는 가르침에 관한 것이다. 성인이 간직한 뜻은 여기에서 볼 수 있지 않겠는가? 이 때문에 육경을 배워서 실행할 수 있다면 실질[實]이 된다.5)

왕정상은 『육경六經』이 실질을 배우는 경전임을 강조했다. 경전은 역대 제왕들이나 관료들이라면 반드시 공부해야 할 덕목으로, 인도人道 외에 치도治道를 배우는 학문이었다. 『시경』은 시를 읊고 있는데 그중에서 「국풍」은 선대 왕들이 백성을 교화하였던 책이고, 『상서』는 정치에 관한 책인데 그 내용 중 「홍범洪範」은 세상을 경영하는 대법이며, 『역경』은 변화에 관한 원리를 기술한 것이며, 복서卜筮는 그 도를 신묘하게 하여 백성이 믿는 것이다. 『춘추』는 역사서로 대의명분大義名分을 밝혀 천하의 질서를 세우려고 한 글이며, 『예기』와 『악경』은 사회의 질서를 바로잡고 백성을 화합하게 하는 글인데 예가 행해져 뜻이 정해지고 존비, 상하, 친소, 귀천 등이 각각 그 일정한 분수를 편안히 여기고 어지럽지 않고, 제후와 사이四夷는 그 직분을 편안히 여기고 강토를 지킨다고 하니 서로 간의 질서가 있으면 나라가 안정됨을 밝혔다. 이 경전들은 모두 인도와 치도를 적은 책으로 사회 질서를 잡기 위한 실질적 행동강령을 가르친다.

인간 중심의 도덕적 심성관과 성인관 등을 기본 사상으로 하는 유학은 모두 삶을 중시하고 현실을 기반으로 한 실학이라 할 수 있다. 고대 유학이나 성리학은 인도와 치도를 가르치는 학문이니 실학이 됨은 틀림없지만, 인도를 기반으로 하고 난 뒤에 치도를 이룸을 원칙으로 하니 실질보다 이상을 우위에 둔 학문이라 하겠다.

(2) 내성외왕의 실학

송대 이후 많은 철학자가 서로 자기의 사상은 실학이라 하고, 남의 사상은 허학이라고 비판하고 있다. 리학자들은 우주 만물에 실제로 존재하는 리가 깃들어 있다면서 리학 만이 실학이라고 주장한다. 그들은 노자가 무無를 우주 중심으로 삼거나[以無爲宗] 불교에서 공空을 우주 중심으로 삼으니[以空爲宗], 노자와 불교의 허와 공 이론은 허학이고, 리를 우주 본체로 여기는 정주학에서는 실리實理가 철학의 중심이 되니 실학이라고 할 수 있다고 주장한다. 하지만 북송의 실학은 리를 중심으로 실체를 밝히는 데 편중된 실학이라고 볼 수 있다. 실체는 우주 실체와 심성 실체로 나눌 수 있는데 우주 실체가 실이냐 허이냐 문제를 두고 도가는 무를 으뜸으로 삼고 불교는 공을 으뜸으로 삼기 때문에 리학자들은 노·불의 무·공의 설을 비판하며 리가 우주 본체가 되는 것이 실리實理를 말하는 것이고 허리虛理가 아니라고 주장한다. 주희는 정이천程伊川의 실리론을 「중용집주」에서 다음과 같이 말하고 있다.

> 하나의 리를 처음에 말하였고 중간에 흩어져서 만 가지 일이 되었으나 끝에는 다시 합해져 한 리가 되었으니 이것을 풀어 놓으면 우주에 가득하고 거두어들이면 물러가 은밀한데 감추어져서 그 맛이 무궁하니 모두 실학이다.[6]

여기서 정이천은 '리일분수理一分殊[7]'를 가지고 본체론의 각도에서 실학을 설명한다. 정이천과 주희는 리를 우주 만물의 근원으로서의 추상적 존재 개념으로 보는 것이 아니라 우주 만물 중에 깃들어 실재하는 리로 보기 때문에 그들은 실리實理라는 개념으로 실학을 설명하고 있다. 그들이 설명하는 실학은 단지 실체에 편중되어 있을 뿐 달용의 부분은 중시되지 않고 있다. 내성을 중시한 것은 명대 중기 왕수인의 경우에는 더욱 심했다.

양명학에서는 우주 본체가 바로 양지이고 양지는 우주 본체와 통하는 인식 주체이며 인간이 태생적으로 지니는 인식 능력으로 심에 실체로 존재하니 천도天道가 실리이고 인도人道는 실심實心이 된다고 주장하여 양명학이 실학임을 표명하였다. 오늘날 양명학자들은 심학을 양지 실학, 실심 실학이라고 부른다.8) 왕수인이 천리를 양지로 삼아 사상마련으로 덕성을 기르고 양지를 실현하여 성인이 되는 것으로 양명학을 이론화했는데, 양명학자들이 이런 이론은 양지 실체의 실학이 되며 실행 상의 공부를 중시하니 실공 실학이 된다고 하였다.

유학의 내성외왕의 원칙에 근거하여 송명 리학자와 심학자는 실체가 달용으로 전환하는 것을 말한다. 내성의 실체를 외왕의 달용으로 전환하는 것이다. 그들은 그렇게 되어야 진정한 성인이 되는 것으로 보고 이를 실학이라 불렀다.9) 양명심학 역시 정주리학과 마찬가지로 철학의 발전에 많은 기여가 있었으나, 정치적으로 명나라의 부국을 이루는 데에는 실패하였다. 정주리학과 양명심학은 허와 공을 중심으로 하는 노·불의 허학에 상대하여 실학이라고 주장했을 따름이다. 결국, 왕수인의 사상은 후학들에 의해 공리·공담에 치중하는 파벌 싸움10)을 불러왔다. 정주 리학과 명대의 양명 심학 역시 외왕보다 내성을 우선시한다. 정주학이 실학이라면, 공자의 사상이 실학의 시원이 된다. 하지만 경세치용의 실학은 내성보다 외왕을, 실체보다 달용을 우선한다는 점에서 공자와 주희의 철학과 실학을 논하는 근원이 다르다.

2) 왕정상 실학의 특징

근대학자들은 왕정상을 실학적, 유물주의적 사유를 했던 명 중기의 정치가이며 철학자로 인정한다. 왕정상은 정치적으로는 민본을 중시하고 정덕, 가정 연간에 잘못된 정치를 바로잡는 데에 앞장섰던 정치 개혁가였고, 경제적으로는 농본을 중시했으며, 사회적으로는 당시 현실과 맞지 않는 리학에 근거한 예와 법을 폐기하고 역사성, 현실성을 부여한 법과 예악을 새로이 제정하여 사회 질서 안정에 힘쓴 사회 개혁가였다. 또 그는 백성들의 질고에 큰 관심을 가지고 재난으로 인해 어려워진 백성들의 구황을 위해 힘쓰고, 농민운동을 억제했으며 변방의 침입에 앞장서 나아가 직접 나라를 지켰던 실천적인 계몽주의자였다. 그는 과학적으로 자연 과학, 천문학을 실측을 통해 각종 자연 현상을 세심히 관찰 연구하여 자연재해의 기미를 알아내어 사전에 대책을 세우고 과학, 농사기술 등을 직접 가르쳐서 백성이 잘살게 되어 즐거워할 방법을 늘 연구하였으며 과학적 측면에서 천문을 관측하고 자연 현상을 연구하여 농사와 연관해 자연재해에 대비했다. 역사적 측면에서 인습의 일면과 개혁의 일면을 잘 조화시켜 통일을 이룰 것을 주장하고 예와 법이 시대에 따라 달라야 한다는 점을 견지하였으며 정치, 경제, 생활, 관혼상제의 제도를 현실성 있게 수정하였다. 그는 모두가 자기가 맡은 일에서 치지와 함양을 통해 지행이 겸하여 행해지고, 모두 자신이 맡은 일 안에서 각득기소를 이루고 그 안에서 즐거움을 찾을 수 있게 되어 대동을 이루기를 꿈꾸었던 정치가였다. 그의 실천 정신, 비판 정신, 개혁 정신에서 볼 때 그는 실천적 경세관을 지닌 것이고, 그의 과학 정신에서 볼 때 실측실학적 경세관을 지녔으며, 그의 계몽 정신까지 합하여 실학적 경세론을 형성했음을 알 수 있다.

왕정상은 경세에 힘쓰면서 우주는 무엇이며 인간은 어떻게 생겨났는가에 대해 고뇌했다. 그 결과 그는 태극에 원기실체가 존재한다는 사유를 한다. 원기실체는 실재성, 형상성, 무한성, 항상성을 지닌 물질 실체이며 조화의 실체이다. 그는 이러한 원기실체로써 우주 본체를 설명하였다. 또 그는 우주 본체와 인간의 성을 기로 연결하여, 천에는 인격적,

도덕적 가치를 부여하지 않고 자연천 그대로 인식했으며 인간은 자연천으로부터 부여받은 자연주의적 성을 지닌다고 보았다. 그 때문에 인간의 성은 '생지위성'의 성이고, 기를 떠나서 성이 있을 수 없으며 성과 기는 서로 바탕으로 삼고 있다고 한다. 또 성은 개별 자마다 특수성을 지니며 저절로 그러하고 사사로움이 없고 공평하다. 하지만 원기가 종자를 지니고 있어 인간은 태어날 때 이미 성인의 종자와 범인의 종자로 다르게 태어나게 한다. 이러한 사유는 모두 왕정상의 원기실체론에서 생겨난 이론이다.

왕정상은 역사성을 바탕으로 민본의 정치를 하며 대동을 이루고자 하는 큰 뜻을 품고 과학적이고 현실적인 사유를 해내며 경세론에서 달용에 근거하여 원기실체와 자연주의 성론을 완성하였고 그를 토대로 심성, 지식, 수양론을 재정립하게 된 것이다. 그의 이런 사유는 인간을 도덕의 굴레에서 해방하게 했고 또 천의 두려움에서 해방하게 했다. 이는 지극히 인간 중심적이고 실천적 사유를 한 것이며 그의 우주론과 심성론은 유학사에 있어서 새로운 전환점을 가지고 온 것이다.

왕정상의 학문이 실학임에 관해서는 우주 본체가 원기실체라는 것만으로 보여주는 것이 아니고 경세치용과 계몽사상을 통해 실증으로 보여준다. 왕정상 기학은 정주리학의 리 사유로 인해 생겨난 공담空談의 심성론에 반기를 들어 일부분 수정 보완하여 생겨났을 뿐 반정주학은 아니다. 그는 당시 사회 정치적 근저에 깔려있던 리의 세계관을 기의 세계관으로 대체하여 리의 형이상적 개념을 부정하고 '기일원론氣一元論'을 완성한 철학자이며 실제적이고 과학적이며 자유주의적 성향을 띤 정치가였다. 그는 리를 숭상하는 선비들에게 전적으로 학문만을 숭상하고 실학을 숭상하지 않는다고 비판하고 '선비는 오로지 독행으로 백성을 구휼救恤하며 실학으로서 세상을 경영해야 한다.'11)고 하며 문인의 일과 무인이 갖추어야 할 일을 겸비하여 지니는 것이 경세의 학이라고 했다.12)

2. 기론과 실학의 관계

기를 중심으로 삼는 자연주의적 우주론은 장자에서 비롯되고 자연주의적 성론은 순자로부터 언급된다. 순자의 이론에서 천은 단지 자연의 천으로 천과 인간은 맡은 역할이 다르다고 여겨 천과 인간을 분리하여 각기 다른 직분[天人之分]을 부여한다. 즉 천은 자연의 운행 법칙대로 변함없이 움직이고 인간은 인간의 세상을 잘 다스리는 것이 중요하다고 여긴 것이다. 즉, 인간의 삶에 천을 배제하고 순수하게 인간의 능력을 중시한 것이다.

1) 기론의 실학적 요소

기는 끊임없이 운동하는 정미한 물질로 자연 만물의 근원이며 본체이다. 또 기는 운동 변화하는 가운데 취산聚散 · 인온絪縕하고 승강昇降 · 굴신屈伸하는 등의 동태 기능을 갖춘 객관 실체이다. 그 때문에 기는 추상적이거나 이념적이기보다 만물에 영향을 끼치는 현실적인 실체이다. 천리나 천명이 인간의 성명이 되지 않고 기가 인간의 성명이 되니 인간에게 일어나는 장수 · 요절, 선악, 빈부, 존귀 · 비천 등은 모두 기와 관련되어 있다.

송대 장재의 기학에서 유물론적 기학으로 정립한 학자는 명 중기 사상가였던 왕정상이 대표적이다. 왕정상의 사상에서 주목할 점은 정주 리학의 흐름에서부터 당시의 시대적 사회상과 융합하여 받아들일 것은 받아들이나 근본적으로 우주론의 사유인 리는 이론적이고 관념적인 공담일 뿐 실제로 정치 · 사회 질서를 바로잡고 잘못된 폐습을 개혁하는 데에는 전혀 도움이 되지 않는다고 여겼다. 그 때문에 그는 리의 사유를 기로 대체하여 원기본체적 우주론을 정립하게 된다.

그는 송명리학자들이 주장하는 '성즉리' 사유는 도덕적 가치를 절대화함으로써 인간의 존엄성을 경시하고 있다는 점을 지적하였다. 그는 만물을 보편적으로 보지 않고 차별적 특수성의 문제로 바라보았고 타고난 덕성의 지보다 실사의 학을 통하여 견문의 앎이 중요하다고 주장한다. 그 때문에 그는 주돈이와 장재의 태극론을 이어 태허에 있는 기를 원기로 보고 '성즉원기'라고 하였다. 또 리는 '기의 리'가 되어 리의 등급을 기의 아래로 내려놓았다. 이같이 왕정상의 사상과 정주리학 사이에는 기와 리 사이의 층차적 차이가 있음을 알 수 있으며 왕정상의 심성론은 리의 보편성보다 기로 나타나는 특수성과 다름의 철학을 전면에 내세운 이론이라 할 수 있다.

그는 학문한 자가 정치하는 것은 긍정하나 수신이 된 사람만을 정치에 참여시키는 송대 사대부들의 생각에는 반대한다. 정이천과 주희가 확립한 리의 세계관은 천에 인격을 부여한 천리의 '리'를 중심으로 하는 관념적 사유이다. 관념론觀念論은 마음, 정신 혹은 관념을 중시하여 객관적인 대상을 주관에 따라 그 가치를 결정하는 형이상학적 이론으로 실재론에 상반되는 개념이다. 즉, 리가 단지 이념이라면 기는 실재로 존재하는 물질이다.

왕정상은 기학을 우주본체론으로 삼고 사회 정치상에서 경세치용을 주장하며 '『정몽』이 장재의 실학이다.'13)라고 하며 장재를 이은 자신의 원기실체론이 바로 진정한 실학이라고 역설하였다. 그는 또한 "하늘의 내외가 모두 기이고 땅에도 모두 기가 차있고 물物이 비어있든 가득 차있든 모두 기이니 위와 아래 양 끝에서 모두 조화의 실체이다"14)라고 하며 원기실체로 실재론을 주장하여 한층 실학에 다가갔다. 그는 내외교양으로 덕성이 이루어지는데 실제 일을 하는 곳인 실천처에서 일을 행하면서[履事] 덕성을 길러야 한다고 실공實功·실천론을 주장한다. 그의 도덕 수양 이론은 몸소 실행하고 실천하는 공부이며 심성 실체는 이러한 실천을 중시하는 학설이다. 이때 실체는 우주 실체만을 말하지만, 정주리학자들은 우주의 이치를 천리라 하고 천리는 바로 인간의 성이 되니 우주 실체를 곧 심성 실체로 말하고 있다. 이 때문에 리학자들은 실천 도덕의 학을 실학이라 말하기도 하며 장재의 실학도 사실상 이에 속한다. 하지만 그 의견에 반대하는 리학자도 많았다.[15] 장재는 기론을 실체 중심으로 주장했지만, 왕정상은 실천을 인식론의 기본으로 삼는다. 즉, 달용으로써 심성 실체를 만들어갔다. 이점이 장재의 실학과 다른 점이다.

원기실체를 중심으로 경세치용에 적용한 학문이 근대 이후 학자들이 말하는 진정한 실학이다. 일생생활에 이용되는 경제학이나 의학 등의 이용후생의 학도 실학이 될 수 있으나 우주 본체나 도덕심을 논하지 않으니 이용후생의 학은 실학이 되기는 부족하다. 하지만 실학은 사실상 유학에서 갈라진 잔가지일 뿐 도덕심과 성인관 등 기본 사상에서 크게 벗어나지는 않는다. 다만 기를 중심으로 하는 세계관은 의식이나 정신 따위의 이상과 관념을 부정하고 현실성을 중시하고 우주 만물의 궁극적 실재는 물질이라고 바라본다. 우주에 실재하는 것은 기인데 기는 물物이라고 보니 왕정상 철학은 유물론적 사유라고 할 수 있다. 유물론은 물질이나 객관적 실재가 우선되고 관념론은 의식이나 정신이 물질에 우선된다. 하지만 왕정상 철학에서는 물질을 중심으로 세상을 바라보되 도덕성을 중시하고 있어 완전한 유물론으로 말하기보다 유물과 관념의 융합 정도로 말할 수 있다.

2) 서학과 융합

왕정상이 유학을 수정하고 변화를 주어 발전시켜 정립한 경세치용의 실학 기반에 서학이 합해져 실학이 완성된 것은 부인할 수 없는 사실이다. 이미 명 중기에 왕정상에 의해 실학적 기반이 마련되었고 명말 청초 서학과 함께 서양문물이 들어와 자리하며 서세동점西勢東漸의 시기를 맞고 있었다. 서학으로부터 받은 영향은 자연과학과 의학 그리고 군사학을 들 수 있다. 특히 서양의 병기는 부국강병을 이루기 위해 꼭 받아들여 연구해야만 했다. 그래서 명대 중기부터 청대에 이르기까지 서양에서 들여온 병학의 연구는 끊임없이 진행되었다. 또 서양의 의학이 들어와 중국 중의학이 발전하기 시작했고 실천정신과 실증정신이 더욱 강하게 생겨났다. 이는 청나라에 실학이 자리를 굳건히 하는 원인을 제공했고 왕정상이 확립한 실천·실증 경세 철학이 더욱 확고하게 되었다. 그뿐만 아니라 서방의 수학과 천문력, 그리고 지리학, 물리학, 건축학 등이 중국에 들어오며 중국의 관념주의 학문은 발붙일 곳이 없어지고 그 자리에 실학이 굳건하게 자리하게 된다.

사실상 서학은 중세 스콜라 철학에 기반을 둔 가톨릭 계통의 기독교 신학과 예수회 신부들이 절충해서 만든 르네상스 시기의 서양과학기술을 말한다. 16세기 전반 서양에서는 종교개혁운동에 의하여 개신교 교단이 북유럽에 이르자 이에 대항하여 카톨릭 교단도 일대 혁신운동을 일으켜 수도회를 설립하였다. 수도회 신도들은 해외로 진출하는 군주로부터 지원을 받아 새롭게 개척한 대륙과 식민지에서 포교활동을 하였다. 당시 마테오 리치Matteo Ricci(1552~1610)는 예수회 소속 신부였는데 그는 명말 많은 예수회 선교사들이 중국으로 넘어오면서 함께 들어와 중국 유학을 이해하고 『천주실의』를 지었는데, 기독교로 유교를 보완한다는 명분으로 보유론補儒論을 적어 넣었다. 마테오 리치는 천주의 내재적 형상形像인 영혼을 인간의 본체 또는 본성으로 해석하여 천인합일의 접점으로 제시하고 있다.[16] 서학이 중국학과 융합되어 성즉리를 비판하고, 또 이성적 의지인 영지靈志에 의한 습선習善을 강조하여 성선설을 비판하며 영혼인 성이 심과 정을 주재하는 구도 하에서 정을 심의 작용으로 심을 성의 작용으로 언급하여 성리학의 심·성·정의 체계에 대해서도 비판하고 있다.

청초에 송명리학과 양명학의 영향은 여전히 잔존하고 있었으나, 중국이 주체적으로 수용한 서학이 들어오면서 유학자들은 대다수가 기론자였다. 기론의 원류는 장재로부터 시작되었으나 실학으로 가는 길에 태두가 된 자는 명 중기 왕정상이다. 그의 개혁 사상이 서학과 융합되어 중국내에 봉건제도를 탈피하고 새롭게 개혁 개방하고자 하는 물결이 전 중국에 나돌았고 이 실학의 흐름은 조선에도 흘러들어와 영·정조 시기 많은 실학자가 등장하게 된다.

3. 심성론과 경세론 관계

왕정상은 경세실천을 통해 기론의 우주론과 심성론을 확립하고 치인을 수기로 내성을 이루는 것보다 먼저 해야 할 일로 여겼다. 이러한 사유에서 실학의 근원이었던 실천 실증의 달용을 심성 실체보다 중요하게 여겼다.

1) 심성론에서 경세론으로

고대로부터 심성과 경세는 층차적 관계를 지녀왔지만, 과거에는 심성이 경세에 비교하여 층상의 자리에 있었다. 신유학을 대변하던 리학과 심학은 심성心性을 중시한 철학이었다. 심성의 연구는 천과 직접적 관계를 하고 있어서 우주본체론의 연구를 배제할 수 없다. 유학은 대체로 인간이 천으로부터 받은 본성을 잘 보전하여 궁극에는 천과 인의 합일을 이루어낸다는 목적을 지닌다. 우주본체론적 심성론을 역사적으로 바라보면 선진 시대의 선천적·자연적 심성론과 한대의 도덕적 심리 작용에 입각한 심성론이 기본이 된다. 춘추전국시대에서 진을 거쳐 한·당(漢·唐)으로 옮겨오는 연결 고리는 바로 심의 인지 기능인 것이다.[17) 송대에서는 고대의 심성 사상을 그대로 표명하면서도 그 안에 지니는 내용은 전과 다르다는 공감대가 형성된다.

(1) 수기치인修己治人의 학

심성과 경세의 연결 구도는 『대학』에서 잘 설명하고 있다. 주자는 『대학』을 해석하며 큰 학문을 하는 까닭이 첫째, 밝은 덕을 밝게 하기 위함이고[明明德] 둘째, 백성을 새롭게 하는 데에 있으며[新民] 셋째, 지극한 선에서 그치는 데에[止於至善][18) 있다고 한다. 밝은 덕을 밝게 함은 자기를 닦는 것이고 수신이 되고 나면 나의 덕이 다른 사람에게 미쳐서 결국 온 백성을 새롭게 만드는 것이다. 이것으로 사회 질서 확립은 저절로 이루어진다. 그러나 통치자가 그쳐야 할 지점에서 그치지 않고 지나치게 되면 사회는 다시 혼란해지기에 가장 올바른 지점인 선善에서 그쳐야 함을 말한다. 그래서 공자와 맹자는 춘추와 전국의 왕들에게 덕치를 할 것을 강조한다. 왕이 덕을 밝히면 온 백성에게 미치는 효과는 훨씬 크기 때문이었다. 『대학』에서는 천하를 다스리려면 수기로부터 시작해야 한다는 생각에서 안인安人과 치인治人하는 과정을 다음과 같이 설명한다.

옛날에도 밝은 덕을 천하에 밝히고[平天下] 싶은 자는 먼저 그 나라를 다스리고[治國] 그 나라를 다스리고자 하는 자는 먼저 그 집안을 가지런히 하고[齊家] 그 집안을 가지런히 하고자 하는 자는 먼저 그 몸을 닦고[修身] 그 몸을 닦고자 하는 자는 먼저 그 마음을 바르게 하고[正心] 그 마음을 바르게 하고자 하는 자는 먼저 생각을 성실히 하고 [誠意] 그 생각을 성실히 하고자 하는 자는 그 앎에 이르러야 하니[致知] 앎에 이르려

면 사물의 이치를 궁구[格物]해야 한다.[19)]

여기서 격물, 치지, 성의, 정심은 수신을 근본으로 하는 내성의 공부이고 심성론이며 제가, 치국, 평천하는 외왕의 공부이고 경세론이다. 그래서 세상을 경영하려면 첫째로 격물치지의 공부를 하여 생각과 뜻을 성실하게 하고, 둘째로 마음을 바르게 하여 자기 자신의 수양을 먼저 하여, 셋째로 가정을 가지런히 하고 나서 나라를 다스리는 과정에 있어 층차를 지녀야 하였다. 『대학』에서는 내성과 외왕이 하나의 과정으로 연결되는데 이는 바로 심성에서 경세로의 연결을 말하고 있다.

이렇듯 고대 유학에서 이미 심성과 경세에 관한 상관성은 밝히고 있지만, 고대 유가에서 말하는 외왕의 일은 내성의 덕을 연장하여 발전해 나가는 것이었다.[20)] 공자가 '수기로서 다른 사람을 편안하게 하고[修己安人] 수기로서 백성을 편안하게 한다[修己安百姓]'[21)]고 했던 것과, '덕성이 인仁한 자가 왕이 된다'[22)]고 했던 것은 모두 도덕적 심을 중시하는데에서 기원하는 것이었다.

순자도 역시 내성과 외왕을 연결하여 인위人僞를 피력하며, 인위를 행하여 본성을 바꾼 후에 외왕이 될 수 있다고 하였다. 순자의 기론에서는 인간이 기에 근거한 자연주의적 성을 지니고 태어났기 때문에 생이 바로 성이 된다. 그래서 타고나면서 성에 욕과 악을 자연스럽게 지니게되니 살아가면서 인위를 행해서 바로 잡는 것[化性起僞]으로 수신의 과정을 설명한다.

순자의 기론이 경세에 미치는 바를 보면, 순자는 인간의 삶이 동물보다 우월한 이유 중 하나를 공동체[群] 형성에 둔다. 인간은 각자가 모든 일에 능할 수는 없기에 공동체에서 각자 맡은 직분에 맞는 인위人僞를 행하여 서로 협조하며 삶을 영위한다. 순자는 공동체에서 상생하고 화합하기 위해 내성의 중요성을 피력하였고 인위로서 이루어 낸 내성을 지닌 자는 곧 외왕이 된다고 한 것이다. 그는 왕이 된 자가 사물들의 이름을 제정하고 예와 법도를 제정하여 행위의 규범으로 삼아 공동체 사회 내에서 서로 지켜야 할 질서를 가지고 세상을 경영해야 한다는 경세론을 주장한다. 『순자』[23])에 심성과 경세의 연결 구도가 내성과 외왕의 형식으로 잘 드러나고 있다.

『맹자』에도 성선性善이 전체의 핵심이 되기보다 심성을 설명하는 단초로서 성선을 말하고 심성과 외왕을 연결하는 구도로 설명한다. 하지만 외왕보다 내성에 힘주어 논한 것으로 보인다. 『맹자』에서는 왕의 덕치를 주장하면서 내성을 힘주어 강조한다. 정주 철학에서 역시 외왕을 버리고 내성의 사대부를 군자로 보았으며 통치의 주체도 왕이 아닌 사대부로 보았다. 맹자와 정주의 철학은 외왕보다 내성을 중시한 사상이라고 볼 수 있다.

(2) 내성외왕의 학

정주리학자들은 천리의 개념을 '리'로 설정하여 만물의 리가 보편성을 지닌다고 보았다. 따라서 인간의 성에는 천리의 도덕성을 부여하고 만물에는 보편성을 부여한다. 이는 천에 인격을 부여하여 천이 완선完善하다고 보는 것이다. 정주리학뿐만 아니라 육왕의 심학에서도 천리를 인간의 심으로 설정하여 본래 지닌 도덕성을 강조한다. 그들 모두에게 수양해야 하는 핵심 과제는 도덕성의 함양이고 궁극에는 성인이 되는 것이었다. 그러나 도덕성에 관한 이론은 맹자의 사유를 이어받아 인간은 태어나며 본성으로 도덕성을 받았기에 학문을 통해 잘 보존하기만 하면 된다[求放心]고 한다.

정주리학자들에게 거경궁리居敬窮理의 학문은 본성을 지키기 위해 주요한 과제가 되고 그들에게 학문은 바로 정치로 연결된다. 이로 인해 정치가라면 중앙관리뿐만 아니라 지방관리까지도 등용하는 기준이 정치의 능력보다 도덕성이 우선되었다.[24] 그들은 천지의 원리를 이해하고 문명의 건설을 지도하는 것이 '심'이라고 여겼기 때문에 심에 지닌 덕성의 앎을 중시하였고 덕성을 키우는 것이 바로 그들의 수양론이었다. 그래서 치국治國을 위한 필수 조건은 수신修身이었다. 송·원대 역사가들도 당시의 정치 현실에 대해 도덕적 권위가 정치적인 것을 초월해 있다고 주장하였다.[25] 이는 내성이 무엇보다 중요함을 강조한 것이고 심성론을 경세론보다 중요한 위치에 올려놓았다.

그 때문에 송대에 정치가는 철학가를, 철학가는 정치가를 겸할 수밖에 없는 사회 풍조 안에서 경세론을 세우기 위해 인성론을 밝히는 사상적 흐름이 마련되었다. 송대의 정치는 하급 관리까지도 심성이 바른 자가 등용되었을 정도로 도덕이 우선시되는 사회였다. 그들은 천명이 통치자에서 올바른 학을 수행하는 자들에게로 옮겨 왔다고 여겼으며 그들에게 도덕적 권위는 정치적 권위를 초월해 있었다.[26] 주희가 올린 많은 부분의 상소는 제왕의 학문에 대한 것이며 통치자의 도덕적 권위에 관한 것이었다. 주희는 다음과 같이 말한다.

> 무릇 천하의 큰 근본은 폐하의 마음입니다. …… 신이 문득 폐하의 마음을 천하의 큰 근본이라고 한 까닭은 무엇이겠습니까? 천하의 일들은 천변만화하여 그 실마리가 무궁하지만 하나라도 임금의 마음에 근본을 두지 않는 것이 없으니 이것은 자연의 이치입니다. 그러므로 통치자의 마음이 바르면 천하의 모든 일은 바르게 될 것이고 통치자의 마음이 바르지 않으면 천하의 모든 일이 바르지 않게 될 것입니다.[27]

주희는 천하의 근본이 군주의 마음이고 이는 바로 자연의 이치라고 하여 군주의 마음이 바로 천리天理라고 했다. 그에 의하면 군주의 마음은 천리이기 때문에 군주의 명령은 천명이 되는 것이다. 그는 황제는 공평무사해야 한다고 주장하면서 군주에게 막강한 황권을 부여하였고, 통치자에게 정치적 역할뿐 아니라 도덕적 권위를 주장할 수 있는 근거를 부여하여 주었다. 그뿐 아니라 주희는 심성론에 사용되는 사변적이고 형이상학적 개념을 송대의 관직에 비유한다. 즉, 관직을 천명과 신체의 감각 기관에 비유하여 여러 개념을 설명한다. 그 예는 다음과 같이 말한다.

a. 천명은 임금의 명령과 같으며 성은 임금에게서 직무를 받는 것과 같고 기는 직책을 수행할 수 있고 없는 능력과 같다.[28]

b. 명은 고찰과 같고 성은 마땅히 수행해야 할 직무와 같으니 예를 들면 주부가 장부 정리를 맡고 현위가 순찰을 돌며 도적을 잡는 임무와 같다. 심은 관리와 같으며 기질은 관리가 몸에 익힌 것이 너그럽거나 사나운 것을 말한다. 정은 관청에서 사무를 처리하는 일이니 현위가 도적을 체포하는 일 같은 것이다.[29]

위의 예문 외에도 많은 곳에서 관직과 천명, 심, 성, 정, 기들을 비유하고 있다.[30] 후외려侯外廬(1903~1987)는 이 비유를 주희 철학 체계가 감추고 있는 봉건주의 본질을 드러낸 것이라고 비판하고[31] 모리모토 준이치로守本順一郎는 주자의 철학 체계가 절대 군주와 신하 사이의 계단식 상하 관계를 합리화해 주는 봉건적 이론 체계라고 하였다.[32] 필자는 주희가 봉건주의적이었는가의 문제를 중요하게 여기는 것이 아니라, 그가 심성론의 사변철학 용어를 정치적 개념을 설명하는 데 사용하고 있었다는 것에서 그의 정치관이 심성론에 대해 층하적 관계를 이루고 있다는 점에 치중하려는 것이다.

2) 경세론에서 심성론으로

왕정상은 자신이 관리로 일의 현장에 있으면서 정치하는 방법을 구체적으로 연구하였기 때문에 그의 경세론에는 경험을 바탕으로 하는 시대성과 경험성이 짙게 내포되어 있다. 또 일을 처리함이 구체적이고 과학적이라는 점에서, 지식과 도덕성을 함께 중시하는 심성론이 경세를 위주로 하고 있다는 점을 알 수 있다. 왕정상 철학에서 경세가 심성에 대한 상관관계는 유학 전반에서 걸쳐 형성된 상관관계에 반하는 층상적 관계라고 할 수 있다. 그의 심론에서는 인식론·지식론과 수양론을 따로 떼어서 볼 수 없다. 인식론·지식론과 수양론은 모두 이사에서 실천하며 일을 통달하고 기미를 아는 지식과 도덕의 완성을 함께 이루는 것이다. 즉, 그의 기론은 인식, 지식, 수양을 이루는 과정이 바로 경세를 통해서 이루어진다.

그는 송대에 정치가는 반드시 도덕적 완성을 선행해야 하는 것과는 반대의 사유를 한다. 오히려 자신의 일터에서 한 가지 일을 배워서 알게 되면 한 가지 일을 행하고 한 가지 일을 얻어 행하면 한 가지 일을 알게 된다는 점을 중시한다. 지식은 행위로부터 이루어지는 것인데 이는 실천에서 시작하여 수양으로 옮겨가는 과정이고, 진지는 반드시 행위에서부터 만들어진다. 행위는 일의 실천처에서 힘써 일하는[力行] 과정이고 진지眞知는 행위를 거듭 시행[重行]하여 깨우친 앎이다. 그의 심성론적 사유는 모두 경세와 연관되어 있으며 그의 철학에서 경세는 심성보다 높은 층위를 가진다.

이는 내성 외왕적 사유로 볼 때, 내성을 전제로 하는 외왕이 아니고 외왕의 역할을 배우고 익히는 과정에서 내성이 자연스럽게 이루어진다는 뜻이다. 역사상 왕정상 이전의 유학에서 내성보다 외왕이 우위에 있었던 적은 없었다. 또 그의 사유를 체용體用에서 볼 때 달용의 용을 중심으로 실체의 체가 형성된 것으로, 용이 핵심이고 체는 주변이 된다.

(1) 왕정상의 경세론

그의 경세론은 내성을 외왕이 되기 위한 과정으로 본다. 그는 『중용』의 '천명지위성天命之謂性, 솔성지위도率性之謂道, 수도지위교修道之謂敎'를 인간이 태어나 성에서부터 도로 이어져 내성을 이룩하고 교를 행하여 정치를 잘하는 외왕이 되는 과정으로 다음과 같이 해석한다.

성은 생에 기인하고 도는 성에 기인하며 교는 도에 기인한다. 성인은 백성에 기인하여 다스리는 자가 된다. 성을 닦아서 선한 자는 명교가 서고 선악이 확실해진다.[33]

이는 치인治人을 행하기 위한 과정을 설명하여 경세론과 심성론의 관계를 잘 설명해 준다. 첫째, 태어남에 기인하여 성이 생겨나고, 선악이 혼재한 성을 잘 닦아 도를 이루고, 그 도를 가르치는 것이 교이며, 그 도를 이루어 백성을 잘 다스릴 수 있는 성인이 될 수 있다는 것이다. 명교는 명분을 정하여 천하의 질서를 유지하는 것이다. 백성 개개인의 심이 바로잡힌 상태라야 온전한 치세가 이루어지는데 성인이 나와서 명교를 세워도 인간의 마음이 욕에 휘둘려서 바로잡기가 쉽지 않다. 군주나 백성 모두 욕은 반드시 바로잡아야 사회의 안정을 가져오게 된다. 그는 사람의 근본에 대해 다음과 같이 말한다.

a. 인의예악은 오직 세상의 기강이다. 풍속과 교화, 군주와 스승은 사람의 근본을 만든다. 군주와 스승이 풍속과 교화를 만드는 것은 풍과 교가 예와 악에 달하는 것이다. 예와 악은 인의를 펴고 인의는 군주와 스승의 마음이다. 여덟 가지가 갖추어 정치가 화합하고 평안하게 된다. 비록

그것을 요순이라 하는 것도 가능하다.[34]

경세의 요점은 세상의 기강을 잡고 사람의 근본을 세우는 것이다. 이로 인해 바른 정치가 가능해진다. 세상의 기강은 인·의·예·악이고 사람의 근본을 만드는 것은 풍·교·군·사라고 한다. 때문에 사회 질서가 유지되려면 이 8가지가 모두 필요하다. 풍속과 교화는 군주와 스승이 예악을 제정하여 세상에 인의를 펴는 것이고 군주나 스승이 지닌 내성으로 사회 질서를 바로잡는다. 그는 백성들의 심이 타고나면서 불초하여 그 심성이 밖으로 그대로 드러나 부모를 죽이거나 군주를 시해하는 등의 패륜이 일어날 수 있기에 반드시 군주와 스승이 예악을 제정하여 풍속과 교화를 이루어야 사회 질서가 유지한다고 말한다. 고대 주나라 설립 후 주공이 '예악전장제도'를 만들어 예악을 장려했던 것도 나라를 화합하고 질서를 바로잡아 창업한 주나라 정치를 바로 세우려는 목적이었다. 군주와 스승은 풍교와 예악의 기본적 틀을 만들어 주어야 사회 질서가 유지된다. 예가 정해지면 백성들이 분수를 알고 서로 다투지 않는다. 그는 명교를 주도하는 사람은 성인임을 다음과 같이 말한다.

성인이 있게 된 후에 명교가 서고 천명이 그것을 바르게 하면 망령되이 심이 (그것을) 멸한다. 예의로서 그것을 바르게 하면 심을 좇아서 없어진다. 법제로서 바르게 하면 심을 좇아 멀어진다. 이 때문에 명교는 치세의 요지이다.[35]

성인의 정치는 학문으로 성을 닦아 도를 이룬 후에 행하기 때문에 사회 질서를 안정시킬 수 있다. 내성을 지닌 성인이 외왕이 될 수 있는 덕목은 명교名教를 중시한다는 점이다. 명은 명분名分이고 교는 교화教化이며 유교 사상에서 중요하게 다루는 도덕관념이다. 그는 실천적 학문을 중시하면서도 유학의 도덕관념을 중심에 두었기 때문에 '치인을 행함에서 중요하게 생각하는 것은 선악의 분별이다.'라고 하였다. 그는 선악의 문제에 있어, 성이 선을 본래 지니는지에 대한 문제보다 후천적으로 선으로 옮겨갈 수 있는지를 중시한다. 결국, 후천적 선은 가르침[敎]으로 인해 생겨나기에 군주나 스승의 도덕적 수양은 중요하다. 그는 가르쳐서 선으로 옮겨가는 것에 대해 다음과 같이 말한다.

> 가르침에 힘쓰는 것은 사람의 선善이다. 가르침에서 벗어나는 것은 사람의 악惡이다. 악을 행하는 재능은 선한 자도 갖추고 있으며, 선을 행하는 재능은 악한 자들도 갖추고 있다. 그러나 명분을 멋대로 하는 것을 일단 익히게 되면 정욕을 좇게 된다. 성이 선한 자는 진실로 가르침을 기다리지 않고도 다스려진다. 성이 악한 자는 비로소 가르침이 없는 것이다. 각기 그 정에 근거하여 애증으로 삼는다. 그 때문에 서로 죽이고 해치는 장적이 되고 만다. 모두 이것으로 나오니 세상의 도는 다스리는 것에서 악하게 되고 성인은 근심이 없는 것에서 악하게 된다. 그 때문에 성을 취하는 것이 서로 생생하고, 서로 편안하며, 서로 간에 오래 갈 수 있다. 다스림에서 유익한 것은 후세를 가르쳐서 인의예악이 정해지는 것이다. 이것을 배반한다면 악명이 서게 된다. 즉, 태어나지 않으면 성이 보이지 않고 명교가 없으면 선악은 표준이 없게 된다.[36]

그는 자신이 아는 것을 다른 사람에게 가르치는 것을 선善이라 하고 자기만 알고 다른 사람에게 가르치지 않는 것을 악惡이라 하여 명분에 맞는 가르침으로 선악의 표준으로 삼고 있다. 이 때문에 먼저 알게 된 자가 가르치지 않아서 사회생활에서 명교가 서지 않으면 악의 사회가 된다고 하며 세상을 밝게 다스리기 위해서 선악에 대한 표준이 마련되어야 함을 강조한다. 그는 백성을 가르치는 방식으로 인·의·예·악과 형법을 함께 중시한다. 인·의·예·악과 형법이 서로 보완하여 실행될 때

나라가 잘 다스려진다는 것을 다음과 같이 말한다.

> 형법은 성왕이 부득이 심한 것을 바로잡는 것이다. 그 때문에 교화를
> 돕는다고 말한다. 덕을 닦아서 백성을 편안하게 하는 것을 성인이 하고
> 싶지 않겠는가? 교화가 되지 않은 자라면 선량한 백성을 해치게 된다.
> 형법이 아니고 어찌 그것을 가지런하게 할 것인가?[37]

그는 백성들이 인·의·예·악으로 교화가 된다면 형법이 필요하지 않
지만 단 몇 명이더라도 교화되지 않은 자들이 있기에 부득이 한 경우라
고 표현하여 보조 기능으로 형법이 필요하다고 한다. 교화는 사람을 얻
는 것이고 법은 실행하는 기구일 뿐이지만 형법이 인·의·예·악 만큼
중요한 까닭은 교화가 되지 않는 사람을 법 이외의 다른 방법으로 제한
할 수가 없기 때문이다. 그래서 법과 예 두 가지를 병행하는 것이 사회를
안정시키고 백성들을 편히 살 수 있게 한다고 보았다. 이는 노장의 무위
자연 사상과 완전히 대비되는 것이어서 그는 노장의 무위자연을 다음과
같이 비판한다.

> a. 노자의 도는 자연을 종지로 삼고 무위로서 작용으로 삼는다. 이 때
> 문에 백성을 추구로 삼는다.[38] 스스로 그러함에 맡기는 것이다.[39]
>
> b. "성을 끊고 지를 버리면 백성들의 이익이 백배나 되고"라 하니 무릇
> 민생의 이익은 세대를 지나며 성인과 지혜로운 사람이 그것을 전하는
> 것이다.[40]
>
> c. 유위는 성인이 부득이해서 행하는 것이다. 성인이 무위로써 백성을
> 책임지고자 하는 것은 큰 난을 일으키게 되는 도이다. "노자의 도는 그것
> 으로써 자신을 다스리면 생을 보존하지만, 그것으로써 나라를 다스리면
> 난을 오래가게 한다."[41]

a.에서 노자가 무위자연에 대하여 '백성을 추구로 삼는다'라고 하여 백성을 천지 우주 간에 텅 비어있는 짚으로 만든 개정도로 여기어 사사로이 사랑을 베풀지 않는다고 했지만, 왕정상은 천지가 백성을 추구로 삼음은 강한 것이 약한 것을 능멸하고 많은 것이 적은 것을 해치는 것이니 공평하지 않은 것이라 하였다. 하물며 당시의 시대적 상황은 이적夷狄이 번갈아 침입하는 시기였으니 더욱 유위가 필요하였다. 변방 지역에는 늘 투쟁이 있고, 태평 시절이 오래되면 반역이 있게 되고, 인구가 많으면 요민擾民이 있게 된다. 이 세 가지는 형세가 그렇게 되게 하는 것이다. 성인은 이 세를 미리 감지하고 그 기미를 미리 알아서 유위有爲로써 대비해야 하는데 이 유위라는 것은 성인도 어쩔 수 없다.

b.에서 노자처럼 성인을 끊고 지혜를 버리는 무위자연이 옳다면 요임금은 순을 얻을 수 없었고, 순임금은 우를 얻지 못했을 것이다. 또 황하의 범람이나 가뭄에도 아무런 방책이 없어서 백성들을 떠돌아다니게 했을 것이다. 또한, 성인이 무위無爲하면 후세에 도를 전하는 역할을 할 자가 없어 도가 끊기고 마는 현상이 일어나게 된다. 그는 노자의 도란 왕이 되어 스스로가 그 왕의 자리를 장구하게 지키고 생명을 연장하는 것에 그치는 것일 뿐이고, 사회를 바로잡고 천하를 다스리는 것과는 무관하다고 보았다. 그는 법을 동반하는 유위를 행해야만 백성을 편안하게 하고 또 천하가 편안해지는 것이라 했다.

왕정상의 유학이 이전의 유학과 다른 점은 치도가 우선하고 인도를 함께 익혀간다는 것이다. 송대에 수기修己된 사상가가 정치가가 되는 경우와 다르게 왕정상은 그 분야의 전문가가 직접 정치하며 그 과정에서 자연스럽게 인성도 갖추어져야 한다는 견해이다. 그 때문에 왕정상은 유학을 수기와 치인의 이론으로 실학이라 보기에는 부족하다고 하며 그 이유를 분명히 했다. 공자의 학문은 우주 실체에 관한 언급이 없으니 실학이 되기 부족하고 정주학에서 천리를 근본으로 삼는 것은 우주 실체인 기를 배제하였기 때문에 기를 말하지 않고 리를 말하였으니 이는 형체를 버리고 그림자만 말한 것이 된다. 이 때문에 정주학이 실학이 되기에 부족하다고 하였다.

왕정상의 실학은 경세 실학이 핵심이 되며 그 기본 정신은 경세치용經世致用에 있으면서도 도덕 실천을 중시했고 계몽실학을 앞세웠다. 그는 평생 정치 현장에 있으면서 경세론을 먼저 세우고 난 후에 심성론을 완성한다. 이 때문에 그의 경세론과 심성론 사이에는 선후의 층위 관계가 자연스럽게 이루어진다. 그의 경세론과 심성론에서는 원기실체론을 바탕으로 만물이 차등을 지닌 채로 태어나, 노력의 여부에 따라 후천적으로 각각 자신에게 맞는 일을 찾고, 그 일을 거듭 반복하여 전문가의 경지에 이르며, 그러면서 자연스럽게 함양涵養을 겸한다고 보았다.

그는 치지致知와 함께 제각기 자기가 하는 일 안에서 함양이 이루어질 때 결국에는 대동大同을 이루게 된다고 하였다. 그는 자기가 맡은 일 안에서 치지와 함양을 겸하여 실사에 의한 실천 진지론, 과학적 실측에 의한 역행 실사론, 자연주의 성론을 중심으로 하는 실학 경세론에서 실학사상을 이룩하였다. 그의 경세론과 심성론은 임지에서 백성들을 위한 정치를 실천하며 얻어낸 철학이고 그의 경세론은 원기실체에 근거한 우주본체론을 바탕으로 생겨났기에 더욱 현실적이고 공평무사하다는 특징을 지닌다.

그는 교육에서도, 문교文教를 계속 제창하고 사풍士風을 바꾸고 교육과 과학 제도를 개혁했으며 학자들이 공부에 전념하는 것은 마땅히 나라를 경영하고 세상을 구제하는 데에 목적을 두어야 한다고 강조하였다. 그래서 교사는 마땅히 자신이 남보다 먼저 실천하여 모범을 보인 다음 자신을 바르게 하고[以身作則] 백성을 편안하게 돌봐야 한다[正己安人]고 하였으니 실천적 교육을 제창한 것이다. 학문을 함[治學]에 있어서도 박학하여 그 학문을 요약하고[由博反約], 학문과 행위는 반드시 병행하는 것[学行并举]을 중시했다. 학습적 영향에 대한 사상 감정과 신구지식의 정확한 처리를 강조했으며 교육 관점과 교육방법의 갱신을 주장했다.

천인 관계에서, 천과 인간은 각기 처한 역할이 다르기에 천이 가끔 자연재해를 일으켜 인간이 굴복당하는 일이 생기기도 하지만 인간이 자연과학을 잘 공부하여 우주의 이치를 알게 되면 천의 재해도 극복할 수 있다는 '천인교승天人交勝'의 견해를 가졌다. 이런 천에 대한 견해는 한 대漢代로부터 내려온 천인 감응과 송대宋代의 정주 철학에서 중시되었던 천인합일에 대한 역설로 실측의 학이 중요함을 주장했다. 왕정상이 천을 자연의 천으로 보고 천의 운행에서 천지 기화가 자연 만물을 생성하는 것은 자연의 그러함[自然而然]이며 이 '자연이연'은 곧 세勢가 그러한 것으로 본 것이다. 그리고 운행 중의 세를 엿보아 그 기미[幾]를 미리 알아서 자연을 극복해야 한다는 것이다. 이것이 가능해지려면 좀 더 과학적이고 현실적이며 실증적인 사유가 필요하다고 인식한다.

(2) 경세치용 실학

학술사상으로 경세치용 학풍은 송명 교체기에 싹터서 명말 청초에 가장 성행하게 된다. 송명 교체기에는 섭적葉適(1150~1223)이 영가학파永嘉學派의 대표였고 진량陳亮(1143~1194)이 영강학파永康學派의 대표가 되어 사공事功의 학을 주장하며 정주리학에 정면으로 도전했다. 그들은 사공의 학과 경세치용의 학을 결합하여 정주리학의 천리를 동반한 심성이론이 논리의 공담임을 주장한다.

또 그들과 때를 같이하여 여조겸이 경세치용의 학을 들고나와 정치, 경제, 역사에 있어 용用을 중시할 것을 주장한다. 그들이 주장한 경세치용의 학문은 사회 전반에 정주 리학에 반대하고 새로운 이론을 요구하는 분위기를 조성했다. 경세치용의 학문은 자연스럽게 사회 조류가 되었고 왕정상이 이를 수렴하여 경세치용의 학을 분명하게 정립하였다. 그의 사상은 명말 청초 고염무에 의해 양지 심성 이론과 천리를 중심으로 하는 리학을 모두 공담의 학이라고 비판하였기에 청대에 경세치용의 학이 정치·사회 중심에 자리하게 된다. 왕정상은 학교에서 학문 함에 있어 폐단을 다음과 같이 말한다.

> 다양한 학문을 숭상하고 힘써 실학을 택해 숭상해야 한다. 윤리를 구하는 것은 스스로 실천하는 데에 우매하게 하니 성인이 도모하는 방책에 머무르면 체험에서 막히게 된다.[42)

그는 일의 현장에서 몸소 행하는 궁행躬行을 통하여 깨우치는 학문이 진정한 지식[眞知]이라고 했다. 도덕성에 얽매이기보다 전문적 지식을 익힐 것을 강조했다. 이는 시대적 부응이었고 당시의 사회 사조였다. 그는 궁행으로 익힌 진지를 유용지학有用之學이라 불렀다. 유용지학은 사회에 쓸모있는 학문이고 나라를 다스리고 세상 사람을 구제하는 데에 필요한 학문이다.

그는 유용지학의 공부법으로 4가지를 제시했다. 첫째, '천지 인물의 도를 공부하고 『대학』의 수신, 제가, 치국, 평천하의 이치를 연구해야 한다는 것이다. 수신, 제가, 치국, 평천하의 이치는 자신이 수신하여 밝게 지닌 덕을 세상에 밝히는 것이고 관리가 되어 백성들을 교화하는 것이며 자신이 멈추어야 할 곳에서 멈출 줄 알게 한다. 둘째, 두루 널리 공부하여 문사文事와 무예武藝를 장악해야 한다. 송대에는 문인 지식인은 정치 관료가 되고 무인武人은 아래의 지위를 부여했다. 이는 결국 송나라가 원나라에게 망하는 원인이 되었다. 셋째, 연구방법에 있어서, 충분한 경험을 해야 하고 인사에 통달해야 한다. 이를 그는 "지행병진知行竝進, 체용겸찰體用兼察"이라고 하였다. 지행병진은 아는 것과 행동하는 것이 아울러 같이 진행된다는 의미이며 체용겸찰은 본체와 실용에 대해 같이 살펴야 한다는 뜻이다. 본체에 관한 연구는 공담의 학문이고 실용을 익히는 학문은 유용지학이다. 넷째, 유용지학을 위해서는 반드시 치인지학 治人之學이 기초가 되어야 한다는 것이다. 이런 공부를 하면 내성외왕의 길로 이르게 된다. 그의 유용지학은 달용의 학이며 다른 사람들을 이롭게 하기 위한 공부이기에 실질적으로 경세치용의 학이다.

왕정상은 달용의 학을 세 가지 의미로 설명하고 있는데 첫 번째 경세의 학이다. 이는 '경국제민'으로서의 경세 실학이다. 이것은 정치, 경제, 사회에서 생기는 일을 처리하는 것이다. 구체적으로 예를 들면, 토지 제도, 수리 시설, 수로의 운송, 부세, 기근 구제 정책, 병제, 변방 문제, 관리의 공무 집행, 과거 제도, 각종 개혁 등 각 방면의 사회, 경제, 정치 문제가 이에 해당한다. 그는 "성실한 행동은 변화를 진작시킬 수 있고 실학은 세상을 경영할 수 있다"[43]라고 하며 "도를 밝히고 정사를 조사하고 천하에 뜻을 두는 것을 경세의 학"[44]이라고 하였다. 그는 또 글을 보고 일을 하며 무술을 겸비하여 갖추는 것도 유학자가 지니는 실학[45]이라고 하였다.

두 번째 실측의 학이다. 이는 중국 경세 실학의 과학적 내용으로 자연의 오묘함을 탐색하는 자연과학을 말한다. 중국 철학에서는 전자인 경세의 학을 실학의 의미로 보는 것이 기본이나 왕정상의 경세 실학은 경세의 학과 실측의 학 모두에 전념한다. 실측실학은 중국 고대 과학에서 서양에서 수입된 근대 과학에 이르기까지 모두를 포함한다. 즉, 천문, 역법, 수학, 음률, 지리, 농업, 수리, 생물 등이 포함된다.

세 번째 계몽의 학이다. 그는 농민들이 잘살 수 있도록 농사법을 가르치고 널리 구황, 비황備荒 운동을 펼쳤다. 또 그는 농민운동을 적극적으로 반대하며 농촌과 농민을 계몽하는 데에 힘썼다.

이 경세 실학을 실사에서 이용하여 이루어 낸 것이 원기실체 우주론과 도덕 실천의 심성론이다. 왕정상의 실학은 경세, 실측, 계몽을 중심으로 하는 달용에서부터 심성 실체를 만들어간다. 즉, 그의 실학은 달용에서 실체로 전환하는 과정을 지닌다. 그래서 경세치용의 학은 치도가 더 실증적이고 개혁적이며 과학적이다. 경세 실학은 그가 정치 일선에서 그대로 적용되어 전제田制, 수리水利, 조운漕運, 부세賦稅, 병제兵制, 흉년에 백성을 구하는 정치의 황정荒政, 국경을 지키는 변방邊防, 수령들을 다스리는 이치吏治, 과거 등의 방면에 나타나는 폐단들에 대해 계몽과 개혁을 단행하였다. 이로써 그는 경세의 학, 실측의 학, 계몽의 학의 중요성을 주장하며 널리 경세치용의 학문을 펼치는 데 힘썼다.

그가 세운 경세치용의 한 가지 정책의 예를 보면, 정덕 14년 그가 46세에 『변방을 살피다靖番』를 지어 계획을 세우고 『이민족을 누르다制夷』를 지어 계획을 세웠으며 『군사를 훈련하다訓兵』를 지어 군사 훈련 계획을 세우고 출병한 군대 10만이 하루에 천금을 소비하니 또한 군량을 먼저 준비하여 『음식을 쌓다儲餉』를 지어 올렸다. 또 이민족이 차를 얻고자 하니 이민족에게 뺏길 수 없다고 하며 『차를 엄격하게 관리하다嚴茶』를 지어 계획을 세운다. 천하의 일을 구제하기 위해 응당 때와 형편을 살피는 것이 마땅하다고 여기고 『기미를 살피다審幾』를 지어 계획을 세운다. 정치의 완성은 인재에 달려있다고 생각하여 『사람을 얻다得人』을 지어 계획을 세웠다.[46] 그는 정치 현안을 미리 알아차리고 방비하는 데에 중점을 두어 상소를 올렸다. 이것이 그가 행했던 경세치용의 방법이다.

학문은 시문학, 정치, 외교, 과학에 이르기까지 다양한 공부를 말하고 학문을 하여 과거제를 통해 등용되면 실천을 통해서 자신을 완성해야 한다는 것이 그의 주장이다. 그는 각자 자기 자리에서 가르침을 받고 도덕심을 함양하여 널리 대동을 이룰 수 있음을 다음과 같이 말한다.

모든 것이 각자 자신의 자리를 얻는 것을 대동이라 한다. 대동은 교화의 극치이다. 백성이 매일 쓰면서 알지 못하는 것은 편안하고 일상적[安常]이라고 한다. 안상安常이라는 것은 신묘함이 이른 것이다.[47]

왕정상의 경세관은 백성들의 심성이 선이 되도록 교화하여 그들이 모두 심이 각자 편안하고 항상됨을 지니게 한다. 지식인은 지식인에게 마땅한 자리에서, 또 성인은 성인의 역할을 하는 자리에서 맡은 업무를 열심히 하는 것을 각득기소各得其所라 하는데 이는 바로 대동大同을 이루는 요소라고 보았다. 대동은 노동자 농민과 통치자와 지식인이 모두 같다는 의미가 아니다. 각자 맡을 만한 사람이 맡아서 그 자리에서 열심히 행하면 그것으로 가능하게 된다는 것이다.

고대로부터 유학에서 천을 논하여 인간의 성을 논했고 또 인간의 성을 논함은 선악의 문제로 발전시켰다. 결국, 내 안에 있는 악을 제거하기 위해 자기 마음을 닦는 수양의 문제까지 다루었다. 자기를 닦는 수신은 나 한 사람으로부터 가정으로 이웃으로 번져나가 사회악이 제거되며 사회 질서를 안정시키는 역할을 하게 된다. 고대 유학에서도 세상을 경영하기 위해서 사회 질서를 확립하는 것이 우선시되었기 때문에 심성론과 경세관은 함께 논할 수밖에 없는 불가분의 관계가 되었다.

왕정상은 군주가 먼저 심성을 닦아서 인의를 실현하여 덕을 세우고, 백성을 자신의 덕으로 교화시키며 또 거국적으로 예악을 장려하여 백성을 교화하는 방법을 쓴다. 그리고 교화되지 않은 백성이 있으면 법을 제정해 법으로 사회악을 제거하는 두 방법의 실천으로 사회 질서를 바로 잡고자 하였다. 또 강한 군주를 세워 중앙 집권을 유지하고 나라의 일은 번잡하지 않게 간소화하여 백성들의 수고로움을 덜어야 한다는 것이 그의 경세관이다.

이런 경세관 중에서 특히 심성과 경세의 관계에 주목하는 이유는 공자와 맹자는 심성론을 먼저 세우고 왕들에게 덕치를 주장했으나 왕정상은 직접 정치 일선에서 느끼고 아팠던 것을 바탕으로 심성의 이론을 펴게 되었고 명대의 시대적 사회적 배경이 그가 경세치용과 실사구시의 실학적 사유를 지니게 하였기 때문이다.

심성과 경세의 연결은 과욕寡欲과 무욕無欲에서 대동을 이루는 것이다. 즉, 대동을 이루는 첫째 조건은 통치자부터 욕을 없애는 것이다. 백성을 먼저 생각하는 정치를 함으로써 백성들은 배우지 않아도 통치자를 믿고 그들에게서 배워 무욕의 경지로 들어간다. 대동의 근본은 과욕에서부터이고 결과는 공평무사한 것이다. 공평은 모든 것이 자신의 자리를 얻는다[各得其所]는 것이고 각자 맡은 바에 충실히 할 때 대동을 이룬다.

3) 왕정상의 현실 지향적 개혁

왕정상은 가치론적 입장에서 실학과 경세를 연결하여, "신사紳士는 오직 독실하게 행하는 것이 변화를 분발시킬 수 있으며 신사는 오직 오직 실학을 하는 것이 세상을 경영할 수 있다."48)라고 하였다. 그의 실학은 공담 실학이거나 앉아서 도를 논하는 학문이 아니고 실제의 일에서 실천하며 익히고 깨치고 자득으로 얻은 진지의 학이다. 이러한 학은 현실을 기초로 하고 가치 지향적인 학이다.

왕정상의 실학적 경세론은 그가 관리로서 일하며 개혁 실천을 주도했던 일에서 잘 드러난다. 그가 주도했던 개혁은 정치, 병제, 전제, 인재 등용 등의 모순된 구습의 예와 법, 잘못된 정치적 사회적 폐단 등을 혁신하고자 앞장섰다. 특히 인재 등용의 문제는 국가의 막중한 대사이기 때문에 개혁해야 할 과제 중에서도 가장 우선시하였다. 그는 군주가 재주와 현명함을 갖춘 인재를 육성해야 하고 인재를 등용할 때 정치를 도모하는 일에 중점을 두어야 한다고 한다. 그는 재능과 지식이 많은 자인 현자賢者와 지자智者를 함께 중시하였다. 현자와 지자가 되려면 책에 의한 공부를 하기보다 충분한 현장학습으로 어려움을 대처할 능력을 지녀야 했다. 그 때문에 군자는 학문할 때 세상을 구제하는 자질을 갖추는 것에 중점을 두어야 함을 강조한다. 즉 달용達用의 학을 가르쳐야만 경국제세經國濟世할 수 있는 자질을 지닌 인재를 육성할 수 있다고 하였다.

병제 방면의 개혁도 주장했는데 문관과 무관의 자질을 겸하여 지닐 것을 개혁의 원칙으로 삼았다. 당시는 변방의 침입, 내란, 사방의 도적 발생, 농민반란 등의 크고 작은 일들이 끊이지 않았다. 문무를 겸비하지 않고는 이 어려움을 진두지휘할 책임자가 될 수 없었다. 그의 주장은 문관은 태평 시대에 쓰임이 있고 무관은 환란이 일어났을 때 쓰임이 있는데 지금의 시대에는 문무를 겸하여 익히는 것이 바로 실학이라는 것이다.[49]

그는 병제에 있어 다섯 가지의 개혁을 실행하였다. 그 내용은 군대 안에서도 인재를 가려서 병사들의 본보기를 세우고, 공정하게 과거를 통하여 뽑아서 요행을 근절하며, 상벌을 분명하게 하여 군사들을 격려하고, 제한을 없애고 전적으로 통솔하는 것을 책임지게 하고, 공격에 힘써서 적의 사기를 꺾는다는 것이다. 그의 이 다섯 가지 개혁안을 실시하여 명조는 변방을 대비하였고 융적戎狄을 막아내는 실효를 거두었다. 그의 실제적, 실사적인 사유로 만들어진 각 분야의 개혁안은 조정에서 받아들여져서 실제적 효과를 보게 되었으니 그가 주장하는 학이 실학임에 틀림이 없다.

토지 제도에서도 당시의 극심한 토지 겸병의 폐단에 대해 부호들의 겸병을 억제하고 장부를 조사하고 세금을 바르게 하는 개혁을 주장한다. 그는 토지를 점유하는 것에는 한계가 있어야 하기에 겸병을 억제하는 것이고 토지의 경계가 장부에 적혀있기 때문에 조사하는 것이고 세금을 걷는 것은 원칙에 따른 일정함이 있어야 하고 항상 바르게 해야 한다고 주장한다. 그러나 당시의 부호들은 나라의 간신배들과 인맥을 가지고 있어 그들을 상대로 개혁하는 일은 결코 쉬운 일이 아니었다. 그러나 그는 겸병을 억제하는 것은 농민들의 일자리를 넓혀주는 것이고, 장부를 조사하는 것은 밭을 은밀히 숨기는 것을 막기 위함이고, 세금을 바르게 하는 것은 가난한 자들에게 먹을 것을 마련해 주는 것이라고 강하게 주장하였다. 그는 자신이 감당해야 할 현실의 어려움을 알면서도 농민들을 위해 가감하게 개혁에 앞장섰다. 당시 조정에서 그가 주장하던 개혁을 실행했으나 부호들의 토지 겸병 억제는 근본적인 문제가 해결되지 않았다. 하지만 그의 개혁은 첨예한 사회 모순을 조금씩 완화해 나갔다는 점에서 큰 의의가 있다.

이러한 개혁 사상을 통하여 보면 그가 주장하는 실학은 실천성에 있다고 할 수 있다. 그는 개혁안이 계획되면 어떠한 어려움 속에서도 바로 실천에 옮겼다. 그가 말하는 '실질을 얻으면 그것을 행하는 데에 힘쓴다.'라는 원칙을 언제나 실천했다는 것이 그의 실학적 사유이고 개혁 정신이다. 그는 실천처에서 힘쓰는 것을 중시하였는데 이것이 바로 그가 실학사상의 실천자임을 보여주고 있다.

4) 청대 실학으로 발전

왕정상의 사상은 명말 청초에 와서 유종주, 고염무, 왕부지 등 많은 학자에 의해 새롭게 조명되고 청대 대진에 의해 발전적으로 계승되면서 청대 실학사상과 훈고학의 바탕이 되었고 훗날 중국 근대 철학의 발판을 만들었다고 볼 수 있다.

유학의 흐름을 공맹유학에서 출발하여 한대의 훈고학訓考學과 송대의 성리학性理學, 명대의 양명학陽明學 그리고 청대의 고증학考證學으로 나누는 학자도 있다. 그러나 인과적 관계로 보면 성리학이 되기까지는 주돈이나 장재의 뒷받침이 있었고, 양명학이 되기까지는 송대 리학의 역할이 컸으며, 청대 고증학이 되기까지는 왕정상의 경세치용經世致用 사상이 뒷받침되었다고 볼 수 있다. 그의 경세관은 내성보다 외왕의 역할이 더 중요했기에 통치자는 백성을 위해 일하는 사람이고, 나라의 부국은 부민을 위해서만 가능한 것이며, 백성들이 천명天命이라는 미명 아래에서 시달리지 않으려면 자연 과학적 지식을 풍부하게 갖추고 각자가 맡은 실사에서 열심히 노력하여 미리 일의 움직임을 중심으로 기미를 파악하여 천의 재해를 극복해 내는 것이라 여겼다.

그의 철학은 경국제세를 위한 경세치용의 학문으로 청대 고증학의 문을 열게 하는 원동력이 되었다. 청대의 고증학은 유학사에서 그 유례를 찾아볼 수 없을 정도로 전문성을 띠면서 발전하여 주목할 만한 많은 성과를 남겼다. 그 배경에는 왕정상의 역할이 컸다. 즉 특히 그의 송명의 관념적·유심적唯心的인 학풍에 대한 배격과 당시 시대적 배경으로 인한 경세제민經世濟民의 정치적 성향, 그리고 기氣 철학에 바탕을 둔 객관적이고 실재적인 철학 사상 등을 들 수 있다.

그러나 400여 년을 지나오며 왕정상은 송명 리학에 반대하는 비판 정신을 가졌던 것으로 인해 전통적 봉건 문인들로부터 '괴벽'으로 취급되며 배척당했다. 이는 마치 조선의 성리학 천국에서 실학자들이 귀양 보내졌던 일과도 같은 경우이다. 단 조선의 실학자들은 귀양 가서 많은 저서를 남겼으나 왕정상은 평생을 중앙과 지방을 오가며 정치 일선에 몸 바쳤다. 그 때문에 실학 사상가로서의 연보가 전혀 없는 지경에 이르렀다. 단지 근래에 와서 중국학자들50)이 장재-왕정상-왕부지-대진 등을 유물론의 주요한 흐름으로 파악하는 맥락으로 보고 있을 뿐이다. 그러나 그 후에 중국 연구가들에 의해 왕정상의 이론은 송명 철학과 명청 철학으로 부르는 사이에서 선대를 이어 후대에 이어준 역할을 하였다고 평가하는 소리가 높아지고 있어 우리도 왕정상의 사상을 더는 잠재울 수 없다고 본다. 특히 그의 앞선 과학적 사유, 철학적 사유는 그가 주장하는 실학에 녹아있어 경세로 드러나게 된다.

주석

1) 葛荣晋, 『中國實學思想史』(北京, 首都師範大學出版社, 1994): 10-16쪽 참조.
2) 윤사순 외, 『실학의 철학』(서울, 예문서원, 1997): 17쪽 참조.
3) 『中國實學思想史 上』(北京: 首都師範大學出版社, 1994).
4) 공자는 본성에 대한 구체적 논의는 하지 않았지만, 성性은 다르게 타고 난다고 하여 학學과 습習을 통해 내성을 하는 수양을 끊임없이 해야 한다고 하였고, 맹자는 본성이 선하여 그 본성을 잘 보존하는 것을 최고선으로 여겼으며, 순자는 인간의 본성이 욕망과 욕구로 가득 차 있다고 하여 성악을 말하나 순자 역시 궁극의 수양 목적은 선에 있다고 했는데, 이들의 공통점은 외왕보다는 내성에 중점을 둔다는 점이다.
5) 『신언』, 「文王」: 王子曰: "王子曰: "夫文也者, 道之器實之華也. 六經之所陳者, 皆實行之著, 無非道之所寓矣. 故無文則不足以昭示來世, 而聖蘊莫之睹. 尚書政也; 易神也; 詩性情也; 春秋法也; 禮敎也; 聖人之蘊, 不於斯可睹乎. 是故學於六經而能行之則爲實. ……「洪範」, 經世之大法也. 五行者, 六府之義也, 其利民之生不可已者乎.……
6) 『중용집주』, 「中庸章句序」: 程子曰, 其書始言一理, 中散爲萬事, 末復合爲一理, 放之則彌六合, 卷之則退藏於密, 其味無窮, 皆實學也.
7) 리일분수理一分殊란 정이程頤가 『서명西銘』에 관한 양시楊時의 질문에 답변하는 과정에서 제기된 명제이다. 양시楊時는 『서명』의 내용 중에 묵가의 겸애설兼愛說과 혼동될 만한 병폐가 담겨있다고 의심하였다. 이에 대하여 정이는 『서명』에서 리理는 하나인데, 그 직분이 나뉘어 다르게 된 리일이분수理一而分殊를 밝혔다. 『이정집』, 858쪽: 天下之理一也 . 途雖殊而其歸則同, 慮雖白而其致則一. 雖物有萬殊, 事有萬變, 統之以一, 則無能遠也.[천하의 리는 하나이다. 길이 비록 다르더라도 그 귀착점은 같으며, 생각이 비록 수많아도 그 결과는 하나다. 비록 물物이 수없이 다르고 사事가 수없이 변화가 있다고 하더라도 하나[一]로써 통일되니 어느 것도 어긋날 수가 없다]라고 하였는데 이것이 정이의

일리一理 이론이다. 또 주자는『朱子語類』卷一: 太極只是天地萬物之理, 在天地言, 則天地中有太極; 在萬物言, 則萬物各中有太極.[태극은 단지 천지만물의 리이다. 천지의 측면에서 말하자면, 천지 안에 태극이 있다; 만물의 측면에서 말하자면, 만물 안에 각각 태극이 있다]라고 하며 우주본체론의 각도에서 정이의 리일분수理一分殊 사상을 계승하였다.

8) 정인재,『양명학정신』(서울, 세창출판사, 2014), 정인재는 양명학을 양지 실학이라고 부른다. 야자키 카츠히코, 정지욱 역,『실심실학』(서울, 동방의 빛, 2009)에서 양명학의 내용을 자신의 저서 명을 '실심실학'이라고 붙였다.

9) 『중국실학사상사』(北京, 首都師範大學出版社, 1994), 2쪽 참조.

10) 왕양명 사후에 왕학王學은 사구교四句敎의 해석을 둘러싸고 분화의 과정을 거친다. 사구교는 선도 없고 악도 없는 것이 심의 본체[無善無惡心之體], 선도 있고 악도 있는 것이 의념의 발동[有善有惡意之動], 선을 알고 악을 아는 것이 양지[知善知惡是良知], 선을 행하고 악을 버리는 것이 격물[爲善去惡是格物]이라는 내용이다. 왕양명의 제자 중 왕기王畿를 중심으로 본체에 대한 깨달음을 중시하는 학파가 등장한다. 이들은 본체에 대한 깨달음을 중시하여 상대적으로 공부를 등한시하는 결과를 초래한다. 후천적인 위선거악爲善去惡의 공부를 소홀히 하고 본체에 대한 깨달음만을 강조한 나머지 명말에 이르러 불교 말류와 결합하여 무선無善을 마음의 본체라 하고, 선천적으로 타고난 도덕적 본성을 부정한 결과 '자정종욕恣情縱欲으로 치달리는' 폐단이 발생하게 되었다. 이러한 명말 학술계의 병폐에 대하여 일련의 학자들은 왕학 말류가 주장하는 '무선무악無善無惡'에서 그 단서를 찾고 있었으니, 이는 자연스럽게 왕양명의 사구교에 대한 평가와 더불어 왕양명의 사구교를 계승 발전시킨 왕기의 사무설을 둘러싸고 이를 지지하는 학자와 이를 비판하는 학자 간의 논쟁을 예고하는 것이었다. 당시 학술계에 있어서 주해문과 관지도 등으로 대표되는 왕학 말류는 왕양명 사구교의 첫 번째 구절인 '무선무악심지체'를 계승 발전시킨 왕룡계의 사무설을 지지하는 입장에서 심체 즉 본체가 무선무악하다는 이론을 극단적으로 발휘하고, 심지어는 유·불·도의 '삼교합일三敎合一'을 공개적으로 제창하여 왕학의 선학화禪學化를 가져왔으며, 결과적으로 명말 학술 사상계에 공허한 학풍이 지배하게 되는 심각한 폐단을 야기하게 되었다. 이러한 상황에 직면하여 노불老佛의 이단을 세간 밖에 따로 존재케 함으로써 세간 내에서의 유가의 정통을 유지하고자 하였던 것이 동림학파였다. 그들은 당시 심체의 '무선무악'성을 주장하는 왕학 말류가 천하를 풍미하고 있는 상황에 직면하여 성선설의 입장에서 왕학 말류의 폐단을 극복하려 하였으며, 그중에서도 특히 고헌성顧憲成은 성선론의

입장에서 심체의 무선무악無善無惡에 대해 가장 격렬하게 반론을 펼쳤다. 왕양명의 사구교 해석을 둘러싼 본체와 공부에 관한 논쟁 가운데 중요한 것으로 왕기와 전덕홍의 사유四有, 사무四無논쟁과 왕기와 섭표葉豹의 「치지의변致知議辯」, 허부원許孚遠과 주여등周汝登의 「구체九諦」「구해九解」논쟁, 고헌성과 관지도 간의 「질의質疑」「문변問辯」 논쟁 등을 들 수 있다. 이 중 왕기와 전덕홍의 논쟁과 왕기王畿와 섭표의 논쟁은 양명 제자 사이의 논쟁이고 허부원과 주여등의 제2차 논쟁은 양명 재전 제자와 담감천湛甘泉 후학 간의 논쟁이다. 그리고 고헌성과 관지도의 제3차 논쟁은 명말에 이르러 양명 후학의 폐단을 목도하게 된 동림학파의 중심인물과 태주학파의 후학 사이에 벌어진 것이다.

11) 『왕씨가장집』 卷22: 士惟篤行可以振化矣, 士惟實學可以經世矣.

12) 『왕씨가장집』 卷30: 文事武備兼而有之, 斯儒者之實學也.

13) 『신언』, 「魯兩生」: 正蒙, 橫渠之實學也.

14) 『신언』, 「道體」: 天內外皆氣, 地中亦氣, 物虛實皆氣, 通極上下造化之實體也.

15) 『中國實學思想史』(北京, 首都師範大學出版社, 1994), 2쪽:『진서산문집』 권30에서 남송의 진덕수眞德秀는 "기器로서 그것을 구한다면 리理가 그 가운데 있다는 원칙에 근거하여 기를 버리고 리理를 구하는 것은 공허空虛의 견해를 답습하는 것이다. 우리 유학은 실학實學이 아니다."라고 하였다. 명대 중기에 와서는 많은 진보적 리학들이 경세제민經世濟民을 부르짖으며 리학理學이 공적과실空寂虛實인 학學의 말류末流라고 스스로 비판하고 있었다. 나흠순은 선가禪家가 본 것은 공空으로 떨어진 경지인 허무지설虛無之說의 단면만 보았다고 비판하면서 모든 천지만물이 리理를 본本으로 삼지만, 그 직분은 다르다. 이는 잘 지켜서 맞이해야 오류가 없다. 이것을 박약博約하는 것이 유학이 실학이 되는 까닭이 된다고 하였다. 『곤지기困知記』에서의 리일분수의 의미는 정주의 리일분수와 다르다. 그는 천지간에 고금을 통 털어 일기一氣가 아닌 것이 없다고 하여 기일원론氣一元論 사상思想 아래에서 말하였고 사실상 기일분수氣一分殊라 할 수 있다.

16) 정현수, 「마테오 리치의 天學과 性理學의 人性論 研究 -『天主實義』를 중심으로」, 『유교사상문화연구』, 2013.

17) 양승무 외, 『宋代心性論』(서울, 아르케, 1999): 12쪽 참조.

18) 『대학』: 大學之道, 在明明德, 在親民, 在止於至善.

19) 『대학』: 古之欲明明德於天下者, 先治其國, 欲治其國者, 先齊其家, 欲齊其家者, 先修其身, 欲修其身者, 先正其心, 欲正其心者, 先誠其意, 欲誠其意者, 先致其知, 致知在格物.

20) 蔡仁厚, 『孔孟荀哲學』(台北, 聯經出版社, 1990): 91-93쪽 참조.

21) 『논어』, 「憲問」: 須己而安人, 須己而安百姓.

22) 『논어』, 「學而」: 以德性仁者爲王.

23) 『순자』: 현존하는 『순자』의 최초 주석자는 양경楊倞이다. 양경은 지금의 음音으로는 양경이나 당나라 때의 음音으로는 양량이다. 양량은 당나라 홍농 사람으로 생몰 연대는 알려지지 않는다. 당말 한유韓愈가 "『맹자』는 순정하고도 지순하지만 『순자』는 대체로 지순하되 조금 하자가 있다."고 평한다. 그 이래로 송나라 이후 순자 사상은 부정되고 배척당했다. 그러나 청대에 와서 『순자』가 재조명되어 양경의 잘못된 주석을 바로잡고 위서여부를 고증했으며 새로이 상세한 주석을 달았다. 『순자』의 가장 상세하고 완전한 주석은 왕선겸王先謙(1842~1917)의 『순자집해荀子集解』이다.

24) Peter K. Bol, 김영민 역, 『역사속의 성리학』(서울, 예문서원, 2011): 209쪽 참조.

25) Peter K. Bol, 김영민 역, 『역사속의 성리학』(서울, 예문서원, 2011): 215쪽 참조. 송대 이전에는 정통正統이 도통道統의 정치적 용어로써 둘을 서로 구분하지 않았지만, 송대에는 도통道統과 정통正統을 분리하고 정치적인 것과 도덕적인 것의 이분화를 말한다. 이분화는 두 가지 입장을 지닐 수밖에 없는데 하나는 정치적인 것이 더이상 도덕적 권위를 가진 것으로 간주할 수 없더라도 나름의 역사성을 인정해야 한다는 것이고 다른 하나는 도덕적 권위가 정치적인 것을 초월해 있음을 주장하는 것이다.

26) Peter K. Bol, 김영민 역, 『역사속의 성리학』(서울, 예문서원, 2011), 205쪽: "송나라 정치 시스템은 전제주의가 아니라 일종의 사대부 정치였다." 215쪽: "정치와 도덕은 이분화되었으나 그 목적이 도덕적 권위가 정치적인 것을 초월해 있음을 주장하는 것이다." 주희는 「제왕지학」을 통해 통치자는 순전히 정치적 지위에 의해 도덕적 권위를 가진다는 것을 말한다.

27) 『朱熹集』 卷11, 「戊申封事」: 蓋天下之大本者, 陛下之心也 …… 臣之輒以陛下之心爲天下之大本者何也? 天下之事, 千變萬化, 其端無窮, 而無一不本於人主之心者. 此自然之理也. 故人主之心正, 則天下之事無一不出於正; 人主之心主不正, 則天下之事無一得由於正. 이 상소문은 1162년에 작성되었다.

28) 『주자어류』 卷4, 38條: 天命, 如君之命領; 性, 如受職於君; 氣, 如有能守職者, 有不能受職者.

29) 『주자어류』 卷4, 40條: 命, 便是告札之類; 性, 便是合當做底職事, 如主簿鎖注, 縣尉巡捕; 心, 便是官人; 氣質, 便是官人所習尙, 或寬或猛; 情, 便是當

廳處斷事, 如縣尉捉得賊.

30) 『주자어류』 卷4, 92條, 『주자어류』 卷5, 3條, 『주자어류』 卷58, 「問人有言」, 『주자어류』 卷117, 29條, 『朱文公文集』 卷59, 「答陳衛道」 등의 부분에서 관리와 심성론의 용어들과 비유하고 있다.

31) 侯外廬, 『中國思想通史』, 제4권 하, 68쪽 참조.

32) 守本順一郎, 김수길 역, 『동양정치 사상사 연구: 주자 사상의 사회 경제적 분석』(서울, 동녘, 1985): 85쪽 참조.

33) 『신언』, 「問成性」: 性者緣乎生者也, 道者緣乎性者也, 教者緣乎道者也. 聖人緣生民而爲治, 修其性之善者以立教, 名教立而善惡准焉.

34) 『신언』, 「御民」: 仁, 義, 禮, 樂, 維世之纲. 风教, 君師, 作人之本. 君師植风教者也, 风教达禮乐者也, 禮乐敷仁乂者也, 仁乂者君師之心也, 八者具而和平之治成矣. 虽谓之尧舜可也.

35) 『신언』, 「御民」: 有聖人而後名教立, 定之以天命則妄心滅; 定之以禮義則邃心亡; 定之以法制則縱心阻. 故名教者, 治世之要也.

36) 『신언』, 「問成性」: 敦於教者, 人之善者也; 戾於教者, 人之惡者也. 爲惡之才能, 善者亦具之; 爲善之才能, 惡者亦具之. 然而不爲者, 一習於名敎, 一循乎情欲也. 夫性之善者, 固不俟乎教而治矣. 其性之惡者, 方其未有教也, 各任其情以爲愛憎, 由之相戕相賊, 胥此以出, 世道惡乎治, 聖人惡乎不憂. 故取其性之可以相生相安相久而有益於治者, 以教後世, 而仁義禮智定焉. 背於此者, 則惡之名立矣. 故無生則性不見, 無名教則善惡無准.

37) 『아술 상』: 刑法者, 聖王甚不得已之政也, 故曰弼敎. 修德靖民, 聖人豈不欲之. 以戾教者, 則毒良矣. 非刑法何以齋之.

38) 『노자』 5章: 天地不仁, 以萬物爲芻狗. 聖人不仁, 以百姓爲芻狗.

39) 『신언』, 「五行」: 老子之道, 以自然爲宗, 以無爲爲用. 故曰 "以百姓爲芻狗", 任其自爲也.

40) 『신언』, 「五行」: 絕聖棄智, 民利百倍. 夫民生之利, 累世聖智之人遺之也.

41) 『신언』, 「五行」: 有爲, 聖人之甚不得已也, 必欲無爲以任其民, 大亂之道也. 故老子之道, 以之治身則保生, 以之治國則長亂

42) 『浚川公移集』 卷3, 「督學四川條約」: 專尙彌文, 罔崇實學; 求之倫理, 昧于躬行; 稽諸聖謨, 疏于體驗.

43) 『왕씨가장집』 卷22: 士惟篤行可以振化矣. 士惟實學可以經世矣.

44) 『石龍集序』: 大力提倡 "明道, 稽政, 志在天下"的 經世之學.

45) 『왕씨가장집』 卷30: 文事武備兼而有之, 斯儒者之實學也..

46) 『王氏家藏集』卷26: 故議《制夷》, 教士三萬, 橫行天下, 兵欲威敵, 不可不練也, 故議《訓兵》, 興師十萬, 日費千金, 而饋餉尤在所先也, 故議《儲餉》, 國之利器, 不可以倒持, 茶乃諸番必欲得者, 實中國之利器也, 故議《嚴茶》, 天下之事者, 當察時勢之宜則政行, 而無偏擧之弊, 故議《審幾》制而行之在乎法, 神而明之存乎人, 職任不可不稱也, 故議《得人》.

47) 『신언』, 「御民」: 物各得其所之謂大同. 大同者, 化之極也. 百姓曰用而不知, 是謂安常. 安常者, 神之至也.

48) 『왕정상집 2』, 「送涇野呂先生尙寶考績序」: 士惟篤行可以振化矣, 士惟實學可以經世矣.

49) 『왕정상집 2』, 「策問」: 文綏太平, 武緝亂略, 致治保邦, 于玆爲要矣, ······ 由是觀之, 文事武備, 兼而有之, 斯儒者之實學也.

50) 侯外廬, 『왕정상철학선집』(북경, 중화서국, 1965), 장립문, 『氣』 등에서 송대 장재, 명대 왕정상, 청대 대진을 기론자, 혹은 유물론자로 흐름을 파악한다.

제13장
문학관

1. 시문론詩文論

　그는 명대 전기의 문장가 전칠자[1] 중 한 명으로 알려져 있다. 그는 한림원에서 벗 삼았던 이몽양李夢陽(1475~1529), 하경명何景明(1483~1521) 등과 같은 문단에서 당시 문단의 주 흐름이던 대각체에 반대하여, 진한의 문체와 성당의 문풍을 따르자는 복고운동을 펼쳤다. 전칠자의 복고풍을 고문사파古文辭派라 하거나 전칠자 이전 고문사설을 주장했던 이동양李東陽(1447~1516)의 호를 따라 서애파西厓派라고 부른다.

1) 시문의 복고운동 배경과 전개

　명대 중엽, 문단에는 전칠자의 복고주의 운동이 출현하여 대각체의 문풍을 제거하는 데 상당한 역할을 했다. 전칠자의 한 성원이었던 왕정상도 대각체를 비판하고 성당盛唐의 시를 본받자는 복고운동에 앞장섰고 이런 계통의 시문을 찬술했을 뿐 아니라 그 방면의 문학 이론도 세운

저명한 문학이론가 중의 한 사람이었다.

명나라 건국 이래 성화成化(1464~1487)까지 약 100여 년 간은 문단에 대각체가 정통 종파로 자리하고 있었다. 전칠자를 중심으로 새로 일어난 복고풍은 대각체臺閣體를 비판하고 옛 성당의 문풍으로 돌아가고자 하는 운동이었다. 대각체는 중심인물이 모두 관원이었기 때문에 '대각臺閣'으로 이름 지었다. 전칠자들은 당송의 고문에서처럼 위정자의 공덕과 은덕을 찬양하고 세상을 태평한 것처럼 감추어 격조가 졸렬하고 진부하게 여겼다. 대각체의 대표 인물은 내각을 대표하는 화개전華蓋殿 대학사 양사기楊士奇(1365~1444), 문연각文淵閣 대학사 양영楊榮(1371~1440), 무영전武英殿 대학사 양부楊溥(1372~1446)이었는데 이들은 모두 양씨 성을 가져서 삼양三楊이라 불렸고 모두 재상의 자리에 올랐으므로 그들의 문체를 대각체라고 불렸다.

명 왕조 초기에는 강력한 통치를 위해 문학 영역에도 공맹의 도와 정주리학의 학풍을 적극적으로 강조하여 과거제도에서, 『사서』와 『오경』이 선비를 취하는 명제로 규정되었다. 또 팔고문2)을 과거시험의 형식으로 삼았으니 주희의 주석에 따라서 논설을 해야 자유롭게 답안을 작성할 수 있었다. 그 때문에 문인 학사들은 평생토록 경전공부에 매달려 온 힘을 쏟았다. 개국 초에 문인은 유기劉基, 고계高啓, 원개袁凱 등이 있었다.

홍무·영락 연간에는 문文과 문인에 대한 규범이 극히 엄중했다. 이때 엄청난 문자옥文字獄3)이 있었다. 주원장은 황제가 되자 자신이 빈민으로 태어나 어려웠던 옛 시절을 떠올려 백성들의 세금을 감면해주며 백성들의 호응을 얻었으나 문인들의 호응을 얻지 못해 지식인을 무자비하게 학살했다. 문인들은 주원장에게 있어 증오의 대상이었고, 거기에 주원장의 열등감이 더해져 점점 잔혹해졌다. 그 결과 많은 문인이 홍무제 주원장의 권력 유지를 위해 문인들을 탄압하는 공포정치에 희생되었다.

홍무제는 1등 공신이었던 유학자 호유용胡惟庸이 모반을 꾀했다는 죄명으로 본인을 포함하여 1만 5천여 명을 처형했고, 3년 뒤 제1의 책사였던 이선장李善長을 포함해 2만여 명을 처형한 이선장의 옥사가 있었다. 1393년 공신 남옥藍玉의 옥사는 2만 명 이상 살해되었다. 홍무제는 재위기간에 근신과 유학자, 그리고 그 가족까지 10만 명 가까이 살해하였으나 만년에 백성들을 걱정하여, 강의 지천이 이르는 제언堤堰 수만 개를 개방하여 농상에 이롭게 하고, 가뭄과 홍수에 대비하였다고 하니 그가 지식인에 대한 혐오가 얼마나 심했는지를 잘 알 수 있다. 그는 한나라 유방을 자신과 비교하여 한나라 초 공신을 제거한 토사구팽의 일을 행한 것으로 알려지지만 유방과는 비교도 안 될 많은 공신과 지식인 가족을 몰살했다.

3대 영락제 주체는 조카의 황위를 찬위한 인물이다. 사대부들은 조직적으로 그를 비난하고 저항했다. 당시 삼양三陽으로 불렸던 양사기楊士奇(1366~1444), 양부楊溥(1372~1446), 양영楊榮(1371~1440) 등은 하급 관리였는데, 이들은 주체가 황위에 오르려 하자 연왕燕王 주체의 말 아래에서 '주원장 묘의 참배와 등극 중 하나를 선택하라.'고 건방지게 말하였으며 그를 황제라 하지 않고 연왕이라고 불러 수모를 준 일이 있었다. 하지만 영락제는 그들을 죽이지 않고 그들의 뜻에 따라 부친의 효릉으로 향하고 후에 이 세 학자를 특별대우한다.

주체가 황제로 등극 후 대유학자인 방효유方孝孺에게 즉위 조서를 쓰게 하였는데 그가 죽음을 무릅쓰고 거절하자 주체는 전례가 없던 그의 10족을 멸하는데 친족, 문생고리, 친구, 인척들까지 모두 살해되어 870명이나 되었고 군인으로 충원되거나 유배된 자는 1300여 명이 되었다. 이 사건은 방효유로 인해 명조의 모든 충신이 일망타진된 것으로 수백 명의 관료가 9족을 멸하는 비극을 당했다. 그리고 삼양을 최고위의 대신으로 앉히고, 그들에게 영락제를 칭송하는 글을 쓰게 하였으니, 삼양은 대각체 형식을 문단의 한 장르로 만들었다. 이때부터 대각체가 명대 문학의 주를 이루게 되었다.

명 초기는 유학자들의 수난 시기였으나 백성들에게는 세금감면으로 베푸는 정치를 시행하여 정치·경제가 안정되었고 생산도 발전을 이루어서 차츰 계급에 의한 모순도 안정을 찾게 되었다. 하지만 그간의 역사적 상황은 문인들로 하여금 현실에서 도피하게 하였다. 영락제 시기에는 문인들이 황제를 아름답게 칭송하는 것으로 문체를 이룬 형식적 대각체가 필연이었으나 점차적으로 대각체에서 벗어나야 함을 인식하기 시작했다.

영락제가 삼양을 높이 등용하여 지식층에 대한 편견도 없애고 태평한 시절을 맞이한 뒤 삼양의 대각체가 문단에 등장하여 주를 이루었으나 홍치·정덕 연간에 대신이며 유학자였던 서애 이몽양李夢陽(1475~1531)이 가장 먼저 대각체가 주가 되었던 문단에서 벗어나자고 하였다. 그는 고문사설을 주장하여 문단을 복고운동의 흐름으로 전환하는 계기를 마련하였고 전칠자의 문인들이 모두 그를 따랐다. 그래서 그들을 당시 문학의 흐름을 복고파 혹은 서애파라고 부르게 된 것이다. 전칠자들의 문학적 견해가 똑같지는 않지만 대체로 문사文詞는 진한秦漢의 것을 따라야 하고 시는 반드시 성당盛唐의 것을 따라야 한다[文必秦漢, 詩必盛唐]4)고 주장하여 의식적으로 대각체의 반현실주의적 문풍을 반대했다. 이는 중국 문학사에 있어 진보적 문학개혁 운동이었다.

이몽양과 문단의 풍을 함께 한 왕정상은 "산문은 반드시 진한의 것이어야 하며 시는 반드시 성당의 것이어야 한다"라는 명제를 표방하고 고전 시문을 숭상하여 다음과 같이 말했다.

문의 대체와 요점은 말하기 어렵다. 옛것을 끌어다 지금을 비추어 흐름에 맡기어 알 수 있게 된다. 『역경』은 〈괘卦〉, 〈상象〉, 〈단彖〉, 〈효爻〉에서 비롯되고 『서경』에는 〈전典〉, 〈모謨〉, 〈훈訓〉, 〈고誥〉가 실려 있으며, 『시경』에는 〈국풍國風〉, 〈아雅〉, 〈송頌〉으로 분류하여 사실을 캐내고 그 의미를 드러내며 말이 공평하게 하고 대체의 본질을 캐니 옛것과 멀다고 하겠는가. 숭상하겠는가?[5]

왕정상은 고대의 경전에 있는 요점이 문의 대체에서 요점이 된다고 여기고 옛것을 숭상하였다. 그 후로 진한의 사와 부를 뛰어나다고 여겼고 시는 당시가 우수하다고 여겼다. 그가 지은 시는 반듯하고 법도에 맞아 소리가 더욱 아름다웠기에 당시의 새로운 이목을 끌만하였으며, 문학사에서 높은 지위에 올랐다. 청대 심덕잠은 명대 전칠자 들의 시는 격조가 있다고 높이 평가했다.

2) 문론 – 문이천도文以闡道

왕정상이 주장하는 문론은 글을 써서 도를 넓힌다[文以闡道]는 것이다. 유학을 정치사상으로 택한 나라에서의 문학 사상에는 반드시 도가 중시되어야 좋은 문장을 이룬다고 여겼다. 육조 때 유협劉勰(465~520)이 『문심조룡·원도』에서 문학의 근본원리는 우주 만물의 현상[道文], 사회 문화의 현상[人文], 문학예술의 세계[情文]가 조화를 이루어야 하는데 이 세 영역에서 공통되는 하나의 질서는 도道라고 하였다. 그래서 첫 장의 제목을 원도原道라 하고[6] 문장은 도를 근본으로 하는 창작원리를 갖추어야 한다고 주장하였다. 이는 명대 문단에서도 거론되는 주요한 문제 중 하나이다. 명대에는 문장과 도에 대해 두 가지 논제가 있었다. 그 하나는 도는 중시하고 문은 가볍게 여기는 중도경문重道輕文이다. 다른 하나는 위진의 변문騈文의 풍을 이어받은 것으로 문을 중시하고 도를 가벼이 여기는 중문경도重文輕道이다. '중도경문'은 심지어 도가 문장을 대신하기까지 하는데 주로 정주리학자들의 문체가 그러했다. '중문경도'는 대각체가 대표적이다. 왕정상은 중당中唐의 한유와 유종원의 문학 이론을 계승하고 발전시켰는데 중도경문과 중문경도 두 개념을 절충하여 문장으로 도를 넓힌다는 '문이천도文以闡道'의 문론을 내놓는다.

문이천도는 몇 가지 의의를 지니는데 그 하나는 한유가 주장한 문이재도文以載道와 유종원의 문이명도文以明道와 같은 의미이다. 문이재도는 문으로서 도를 싣는다는 것이고 문이명도는 문으로서 도를 밝힌다는 뜻이다. 이 방법은 문장의 내용에서 도가 최우선의 자리를 점령하게 해야 하고 그 후 내용과 형식이 통일되게 하는 것이다. 이는 모두 유교의 도가 글에 들어가야 한다는 의미를 지녔다. 단지 왕정상의 도는 노장의 만물을 형성하고 화육하는 도가 아니고 정주의 도덕에서의 도도 아니고 공자가 말한 제왕들이 행했던 인의예악仁義禮樂의 도라고 하였다. 그의 철학서 『내태집』에 문이천도에 대해 다음과 같은 글이 있다.

> 도는 심원하고 무질서한 것이 아니다. 우리 가까이 있으면서 일용에 중요하게 쓰인다. 군자는 인륜을 살필 수 있어 모든 옳음을 마땅하게 한다. 명교를 등한시하고 법칙을 명백하게 하지 않아도 덕성이 안정되고 하늘과 도반이 된다. 지혜와 사려는 깊숙이 가라앉혀도 오직 바르게 행동하니 더욱 득실, 사생, 화복의 시기를 깊이 통달할 수 있다. 의로운 명에 안정되고 어수선하지 않게 된다. 인도가 극진하니 만물이 제재로 돌아가게 할만하다. 이것이 도본이다.7)

노자의 도는 말로 표현할 수 없고 인간의 감각기관에 드러내지도 않는다. 다만 작용하는 것이다. 그래서 도의 작용을 현덕玄德이라고 하였다. 도를 추구하는 것은 지식을 추구하는 것과 다르다. 지식으로 배우는 명교나 법을 쓰지 않아도 현덕이 있게 되고 삶에서 득실, 사생, 화복의 시기를 짐작할 수도 있다. 왕정상은 도가 멀리 있지 않고 우리 생활 안에 들어와 일용에 늘 쓰고 있으며 글을 쓸 때도 도를 근본으로 해야 한다고 주장한다.

문이천도文以闡道 한다는 것은 문장으로서 봉건적 인륜 도덕과 세상 사람을 구제하는 것을 반영해야 한다는 뜻을 기본 내용으로 삼는다. 도는 자기 수양의 도[治己]와 경세의 도[濟世]를 함께 지니고 있다. 그는 문이천도로서 유학자들이 허정虛靜을 숭상하는 것과 형식주의 사유를 하는 것에 반대하며 봉건적 문학의 본질을 몸소 체득하는 것을 중시했다. 특히 허정은 비움과 고요함으로 도가적 사유이다.

두 번째 의의는 문장을 쓰며 봉건 정치를 위해 봉건적 도를 적용하는 것이 필요하다. 즉 봉건사회에서는 정치[治]와 문학[文]은 통일성을 이룬다고 아래와 같이 말한다.

> 문장은 도를 싣는 그릇이고 치적이 남게 되는 것이다. 그래서 "공자가 문왕이 이미 돌아가셔서 문이 여기에 남아 있지 않다고 말했다." 말과 문장이 곧, 도이며 다스림이 바로 문이다. 그 때문에 옛사람의 문장은 학문이 추구하는 것을 넓히는 것이고 정치적 공적을 이룬 것을 남아있게 하는 실질이다.[8]

위의 글은 문학의 사회적 기여를 긍정한 것이다. 문장으로 적어두지 않으면 왕의 치적이 아무리 많아도 그가 죽으면 아무도 알 수 없게 되는데 문장이 그 역할을 하여 만세가 지나도 선왕의 업적은 남게 된다. 그래서 문학은 문장을 써서 도를 싣는 재도載道와 공적을 남기는 치공治功의 도구가 된다. 유종원은 문을 인간을 도와주는 보세輔世와 만물에 이르게 되는 급물及物의 도구라 하였다. 북송의 왕안석 역시 "문이란 세상에서 보탬이 되도록 하는 일이다."라고 했다. 이것 역시 한유, 유종원에서 왕안석에게 이어지는 하나의 문학적 맥이며, 그 맥이 명대 왕정상이 이어

가고 있음을 밝히고 있다.

세 번째 의의는 문이천도를 문학의 기본 내용으로 삼는다는 것이 결국 작가의 주관 도덕 수양을 강조하고 있다는 점이다. 즉, 수양하여 도를 체득한 작가라야 문이천도의 작품을 써낼 수 있다는 뜻으로 이는 문文과 작가[시]의 통일이라고 볼 수 있는데, 왕정상은 작가의 도덕성에 대해 다음과 같이 말한다.

> 오직 대 유학자는 근원을 캐고 요점을 잡는데, 수성修性과 체도體道를 먼저 한 후에 그 근본이 돈독하게 되도록 하고 군신의 정치를 살필 수 있었다. 천하의 세勢를 보고 백성에게 사물의 실정이 이르게 되면 문장의 질質이 구비된다.9)

수성修性과 체도體道가 된 후에 군신의 정치를 살필 수 있다는 것은 작가의 주관 도덕과 학문적 수양을 강조하여 작가의 도덕관과 작품의 효과가 통일되는 사상이며 이것도 역시 한유와 유종원의 문예 사상을 근원으로 한 것이다. 한유가 문이재도를 강조한 것은 작가의 세계관이 창작과정 중에 중요한 작용을 함을 염두에 두도록 한 것이다. 그는 또 다음과 같이 말한다.

> 문이란 반드시 그 안에 모두 들어있어서 군자는 내용을 삼가서 써야 한다. 내용의 사실이 좋고 나쁨은 그 시작은 가려지지 않는데 본문의 내용은 깊이가 있어도 마지막 부분에서는 무성해진다. 문장의 틀이 거대하고 내는 소리도 크며 행하는 것은 준엄하고 말은 사납고, 마음은 순수하고 기가 조화로우며 밝게 드러나는 것은 의심하지 않고 유유자적한 것은 여유롭다. 몸을 구비하지 않으면 사람이라 할 수 없으니 말이 부족하여 문장을 이루게 할 수 없다.10)

그는 글을 쓰는데 구체적으로 두 가지 사상을 주장한다. 그 하나는 수성과 체도를 먼저 하여서 그 근본을 두텁게 한다[先之修性體道以敦其本]와 또 다른 하나는 군자가 짓는 문장의 뿌리는 모두 덕성과 학문적 경지[君子之文根諸德性, 學術之造詣]라는 사상이다. 이 사상은 앞에서도 말한 바대로 한유의 문이재도와 유종원의 문이명도와 같은 맥락이며 모두 위진 이후에 생겨난 변려騈儷의 문장에 대립하여 나온 것이다. 변려의 문장은 댓구만으로 문장을 구성하여 문장의 사상이나 내용은 중시하지 않고 단순히 언어 형식만 추구한다.

변려문의 특징은 대우와 성음을 맞추는 것인데 『문심조룡』에 '변려는 대우對偶 혹은 대장對杖을 말하는데 대우는 네 가지의 형식이 있는데, 언대言對, 사대事對, 반대反對, 정대正對의 네 가지이다. 언대는 쓸데없는 말을 나란히 비교하는 것인데 사마상여의 〈상림부〉에 나오고, 사대는 사람들이 체험을 나란히 드는 것이며 송옥의 〈신녀부〉에서 보이며, 이와 반대되는 문장은 논리는 다르고 정취가 합치하는 것인데 왕찬의 〈등루부〉에서 찾을 수 있으며, 정대는 사실이 다르고 뜻이 같게 하는 것인데 맹양의 〈칠애시〉에 나타난다.'[11] 왕정상은 이런 변려의 글은 일을 나열하는 방식으로 쓰여 글 안에서 사상을 엿볼 수는 없다고 비평했다.

위진 이후 변려문을 비평하는 것 외에 대각체의 현실적 의의 역시 상세히 비평하였는데 그 비평은 위의 앞의 1) 절에서 복고운동에 대한 글로 전칠자 전체의 이름으로 비평하여 생략한다. 왕정상은 복고사상을 보였지만 거롱진 교수가 그를 '문론에 대한 비평론자'라고 표현한다.

2. 시론詩論

시론의 배경은 이미 고대로부터 시작되었다. 송대에는 당나라 시 작품을 시체와 시기를 중심으로 초당, 성당, 중당, 만당의 사당설四唐說[12]로 나누었다. 왕정상은 시가詩歌는 '성당의 기상을 표현해야 한다.'고 주장하였는데 성당체는 일찍이 송의 엄우嚴羽가 『창랑시화』에서 "성당의 모든 시는 안진경의 글씨처럼 필력이 웅장하고 기상이 힘 있고 중후하여서 성당체라고 할만하다.[13]고 말하였다. 고병高棅의 『당시품회·총서』에서 개원, 천보 연간에는 이백의 표일飄逸, 두보의 침울[沉鬱], 맹호연의 청아清雅, 왕유의 정취精致, 저광희儲光羲의 진솔真率, 왕창령의 성준声俊, 고적과 잠삼의 비장悲壮, 이기李頎와 상건의 초범超凡 등 이러한 풍격이 성당 시인들의 성대함이다."라고 하였다. 표일, 청아, 정취, 초범 등은 모두 시의 격이 뛰어나다는 의미이지만 각자 지니는 풍격이 다르다. 엄우와 고병이 주장하는 성당체의 특징은 시체가 기상의 웅장함을 다양하게 표현하고 있다는 것이다. 이런 부류의 글이 당나라 시를 품평한 시론이다.

1) 의상론意象論

『시경·모시서』에 "시는 뜻이 나아간 것이다. 마음에 있으면 뜻이 되고, 말로 나타내면 시가 된다."[14]고 하였고, 『서경』에 "시는 마음에 바라는 것을 말로 나타낸 것이며 노래는 말을 가락에 맞춘 것이다."[15]라고 하였다.

왕정상은 시를 지을 때 그 형식[詩體]과 내용에 있어, 그 생각에 사특함이 없어야 한다는 사무사思無邪의 기준을 지키면서 당나라 때 유행했던 시풍을 택했다. 고대 『서경』 시대에 벌써 시가 지어졌고 시에 대한 평론이 있었다. 또 『예기』에 "시란 그 뜻을 말한 것이며, 노래는 그 소리를 나타낸 것이며, 춤이란 그 모습을 움직여서 나타낸 것이다."[16]하였으며 『논어』에서 "시 삼백 편을 한마디로 표현하자면 '그 생각에 사악함이 없다.'17)라고 했다. 이미 고전을 통해 시의 의미와 형식이 세워졌기 때문에 시를 지음에 있어 그 기본 틀을 벗어나지 않으려고 하면서도 시체에 있어 다양한 형식을 취하게 된다.

중국 시론의 시작은 『시경』에 자세하게 볼 수 있다. 시의 특징은 간단한 언어로 많은 뜻을 내포하고 있다는 점이다. 도를 지니기도 하고 성인의 가르침도 담고 있으며 자연의 아름다움을 담은 산수 시도 있다. 그러면서도 사언시로 이루어져 악곡을 붙여 쉽게 노래로 부를 수 있다. 공자가 시는 의지를 일으킬 수 있으며 문물을 살펴볼 수 있으며 무리와 어울릴 수 있으며 원망할 수 있으며 가까이는 부모를 섬길 수 있으며, 멀리는 임금을 섬길 수 있고 조수 초목 이름을 많이 알 수 있다.18)고 하여 시의 필요성을 논하고 『시경』의 〈관저〉 시를 비평하기를, "이 시는 즐거우면서도 지나치지 않고 슬프면서도 마음을 상하게 하지는 않는다."고 하였으니 이는 시를 비평한 것으로 시론의 시작이라고 할 수 있다.

중국 고대 시문학 사조는 중당中唐으로부터 송명宋明에 이르기까지 점차 분화되어 두 종파가 대립하는 구도가 되었다. 그 한 종파는 시인이며 시 평론가였던 당 말의 사공도司空圖(873~908)와 송의 엄우嚴羽(1185~1235)를 중심으로 하는 의경파意境派이고 다른 종파는 송명리학자들이 중심이 되는 시교파詩敎派이다. 왕정상은 사공도와 엄우의 의경意境 이론을 기본으로 삼고 시교詩敎 이론 중에서 합리적인 부분을 취하여 자신의 시론인 의상설意象說을 구축한다. 왕정상의 시 문학 전반은 전칠자와 함께 성당의 시를 본받고 있으면서도 이론적으로 자신만의 시론을 형성하였다.

시교詩敎는 고대로부터 시와 예가 도덕의 근간으로 여겨졌고 송대 유학자들이 특히 사대부 지식인들의 도덕을 중시하였기 때문에 시는 문학과 예술의 장르이면서도, 시를 통해 가르침으로 삼고자 하였다. 현대 학자 장학성은 『문사통의文史通義』에서 "후세의 학문은 육예에 근본을 두고 있으나 대부분 시교에서 나왔다."19)라고 하였다.

왕정상 의상설은 시는 의상을 귀하게 여긴다는 뜻인 시귀의상詩貴意象을 핵심으로 삼는다. 의상이 문학사조로 등장한 것은 남조 송·양나라에 살았던 유협의 『문심조룡』에서부터이다. 유협은 「신사」편에서 '유독 이치에 밝은 장인은 의상意象을 살펴서 문장에 운용한다. 이것이 문장을 쓰는 으뜸의 기술이고 한 편의 작품을 짓는 큰 단서이다.'20)라고 하였으니 문장을 완성하는 중요한 단서가 의상이다. 의상이란 뜻이 지니는 형상, 즉 이미지인데 이미 공자가 『주역』에서 '성인이 상을 세워 뜻을 다하였다[聖人立象以盡意]'고 하여 의상에 대한 실마리를 던졌다. 말로 뜻을 다 할 수 없다면 형상으로써 뜻을 전달하라는 것이다.

『주역』에서 '입상이진의'를 표현하는 예를 들어보면, 중부괘中孚卦 구이九二의 효사에 "우는 학이 그늘에 있고, 그 새끼가 화답한다. 내게 좋은 술잔 있으니, 그대와 함께 나누리라[鳴鶴在陰, 其子和之. 我有好爵, 吾與爾靡之]."라 하였다. 이 말은 쾌를 해석한 자들이 '군자는 언행을 조심해야 한다'는 뜻으로 이해하였다. 어미 학이 산기슭에서 울면 그 새끼는 어미의 모습이 보이지 않아도 화답하여 운다. 이와 마찬가지로 사람의 마음은 뜻 없이 던지는 한마디 말에도 민감하게 반응하곤 한다. 좋은 술잔이 있으면 여러 사람이 함께 이것을 가지고 술을 마신다. 이처럼 아름다운 언행은 여러 사람에게 영향을 미치기 때문에 군자는 언행에 특히 조심해야 한다는 뜻을 은밀하게 전하려 한 것이다.

의상意象은 중국에서 1909년에서 1917年에 이르는 기간에 성행한 하나의 문학 유파로 등장했다. 원래 영미英美권의 시인들이 의상주의 운동을 발기하여 실천 문학운동을 폈다. 즉, 서양의 문학운동의 한 장르였다. 그 운동이 주장하는 핵심은 시인은 사물을 선명하고 정확하며 함축하여 최고로 군더더기 없이 깔끔하게 의상 생동과 형상적으로 전개해야 하며, 그러면서도 순식간의 사상 감정을 시에 녹여내야 한다는 것이다. 중국의 의상파는 상규常規에 반대하고 혁신적으로 시 창작을 해야 한다는 주장을 하였고 이후 근대학자들이 의상을 의경과 비슷한 뜻으로 해석하며 미학의 범주로 함께 연구되기 시작했다. 하지만 왕정상의 의상설은 사공도와 엄우의 의경과 도와 내면적 의도를 중시한 정주리학자들의 시교를 합하여 만들어진 것이라 사실상 사공도와 엄우의 의경과 왕정상의 의상은 비슷한 의미를 지닌다고 할 수 없다.

왕정상의 의상설이 지니는 특징 중 먼저 시의 본질에서 그 특징을 보면, 인식을 명확히 하는 것에 중점을 두었다. 그래서 그는 '시는 의상이 투명한 것을 귀하게 여기고 사실을 적은 글을 싫어한다.'21)라는 논점을 제시하였다. 시문학사에서 볼 때 이런 의상설은 사공도와 엄우의 의경설을 받아들인 것이 분명하다. 왕정상의 의상설은 그들의 의경설에서 진일보 더 나아간 것이다. 그는 「여곽개부학사론시서與郭价夫學士論詩書」에 그 특징을 다음과 같이 네 가지로 설명하고 있다. 첫째, 왕정상의 시에 의상이 내포하고 있음을 다음과 같이 명백하게 규명하였다.

> 시는 의상이 투명하게 드러나는 것을 귀하게 여기고 사실을 그대로 쓰는 것을 좋아하지 않는다. 옛사람이 말하기를, 물 위의 달, 거울 안 허상 등은 눈으로 볼 수 있으나 실지로 그것을 추구하기는 어렵다. 『시경』 300수는 비흥이 섞여 있고 그 뜻은 문사의 규범[辭表]에 있다. 〈이소〉는 비유를 끌어다 논지를 빌려 본래의 정감이 드러나지 않는다.22)

왕정상은 『시경』과 〈이소離騷〉23)의 예를 들어 의상설의 특징을 설명하였다. 『시경』은 비흥比興으로 사표로 삼아 뜻[意]을 드러내고 〈이소〉는 비유를 끌어다 논지를 나타낸다. 이런 비유법이 바로 시를 창작하는 방법이라고 했다. 비흥의 비는 사물을 다른 사물에 비교하는 것이고 흥은 먼저 다른 것을 읊고 나서 하고자 하는 말을 하는 것이다. 그는 '이런 시작법의 반대되는 것은 실제 있는 그대로 말로 표현하고[言徵實], 정이 직접 드러나게[情直致] 짓는 것인데, 뜻이 전면에 직접 드러나면 시의 은은한 아름다움이 없게 된다.'24)고 하였다. 시에서 강조되는 의상의 특징을 보면 첫째, 고상한 멋과 함축성이 있다. 작가가 암시하고 상징하고자 하는 것이 직접 드러나지 않고 시어詩語 안에 깃들어 있어야 한다. 엄우의 의경설은 작가가 '물속의 달과 거울 속의 허상'이라고 글자를 택해 추상적 이치를 설명한다고 하였으니 당대 의경의 특징이 바로 사공도 司空圖가 말한 상외지상象外之象, 경외지경景外之景, 미외지미味外之味이다. 이는 가까이 보이는 형상, 멀리 보이는 풍경, 느껴지는 정취의 객관 실체 외에도 그 뒷면에 내포하고 있는 주관적 흥취가 더 있다는 뜻이다. 그래서 왕정상은 의상의 특징이 객관적인 사물과 주관적인 정취가 통일을 이루어 만들어 낸 산물이고 허와 실이 한 작품 안에서 그 의미를 상생하게 한다고 하였다. 이는 의경과 크게 벗어나지 않는다.

둘째, 왕정상은 의상과 현실 생활의 관계에 대하여 언급하기를, '상의 것들에 형을 갖추는 것은 생동하는 사물들이다. 모아서 취하여 우리 일상용품이 아닌 것이 없다.'25)라고 하였다. 이는 시에서 의상이 현실 생활에서 기초한다는 것을 대단히 중시하는 말이다. 셋째, 왕정상은 정경교융情景交融의 의상을 창조하였다. 그는 정경교융이 되게 하는 4가지 할 일을 제시했는데 다음과 같다.

네 가지 힘쓸 것이 무엇인가? 뜻을 세우고[運意] 일정한 격식을 만들고[定格] 편을 마무리하고[結篇] 자구를 다듬는 것[煉句]이다. 뜻[意]은 시의 신기神氣이다. 원만을 중히 여기고 답답하게 막힌 것을 피한다. 격식[格]은 시의 뜻이 쏠리는 방향이다. 옛 것을 높이 여기고 귀하게 여기며 난잡한 것을 피한다. 편篇은 시의 특질이고 관통을 귀히 여기고 지리멸렬한 것을 피한다. 구句는 시의 몸이다. 굽은 것을 귀히 여기고 진솔함을 피한다. 그래서 변화를 훌륭하게 표현해야 한다.26)

사무四務는 뜻을 세우고, 격식을 만들고, 편을 마무리하고, 자구를 다듬는 것으로 의상의 창조 과정을 설명한다. 이 네 가지는 글 쓰는 이가 지켜야 하는 법이고 이 사무를 정밀하게 해낼 수 있으면 시는 정경융합의 의상을 창조한다. 정경교융은 시가에서 서정과 물상 즉, 정情과 경景이 잘 결합한 상태를 말하며 자연 친화적 성향을 띠는 문론에서 중요한 비중을 차지하는 심미 기법이다. 넷째, 정말로 사무를 정밀하게 하여 의상을 창조해 내지만 결코 쉬운 일은 아니다. 다만 오래 노력하고 실천하면 가능하다고 보았는데, 아래와 같이 삼회三會를 요구한다.

> 삼회三會가 무엇인가? 넓게 배워서 재능을 양성하고 폭넓게 생각하여 기를 기르고 일을 겪으며 도를 기른다. 재주가 넉넉하지 않으면 견문이 적어 완고하게 되어 문장을 이룰 수 없으며 기가 충분하지 않으면 생각이 짧아서 글을 지을 수 없다. 사건들을 겪지 않으면 이치가 어그러져 의로움에 어긋난다. 이 세 가지는 사무를 다 표현하는 근본이 되기 때문이다. 요약하자면, 명문의 가에서 크게 이루고 없으면 이것을 갖출 수 없다. 그러나 계속 좇는다고 이르게 되는 것은 아니다. 힘씀이 오래되고 나서 얻어진다. 그래서 회라고 말하였다.[27]

왕정상의 의상설은 자신의 기氣 이론을 중심으로 하는 인식론과 관계가 깊다. 그의 인식론의 핵심이 박학으로 재주를 기르지만, 일생생활의 현장에서 배우고 익힌 것을 역행力行하는 것이 중요하다고 하고 견문보다 진지眞知를 익히는 것을 중시했는데 시를 짓는 것에서도 시작법을 박학博學과 충기沖氣를 오랜 시간을 거쳐 훈련해야 시에 의상을 적용할 수 있게 된다고 한다.

왕정상이 의상설을 제기한 것은 당시 시대적 상황이 정주리학자들이 학자가 지은 시교파의 시를 숭상하고 또 고위 관직자들의 대각체 시가 유행한 것에 반대하여 시는 시인이 쓴 시가 진정한 시임을 주장하며 성당의 이백, 두보, 왕유, 맹호연 등이 지은 시를 아름답게 여겼다. 성당의 시를 사공도와 엄우가 의경이 내재해 있다고 의경설로 비평한 것을 따랐다. 그의 의상설은 의경설에 문장이 지녀야 할 도를 개입하여 그의 의상설을 제시한 것이다. 그가 주장한 의상설은 시를 논한 개념어이지만 20세기 이후부터 미학의 범주가 되었다. 시문학의 이론가였던 그가 제시한 의상설은 미학 개념에도 중대한 공헌을 하게 된 것이다.

2) 대표적 시

그의 시는 복고풍의 시 형식[詩體]를 따라야 한다고 주장하여 성당의 시체를 따랐다. 또 의상설을 주장하여 그가 택한 시어들이 많은 의미를 내재하고 있다. 그는 많은 시와 사문을 남겼기에 그가 남긴 시를 보면 시에 담긴 의상의 형태와 시에 나타나는 기상을 엿볼 수 있다. 그 때문에 몇 편의 시를 소개하려고 한다.

자포장군 노래 赭袍將軍謠

萬壽山前擂大鼓,　　　만수산 앞에서 큰 북을 치고
만 수 산 전 뢰 대 고

赭袍將軍號威武.　　　자포장군이 위무를 외치네
자 포 장 군 호 위 무

三邊健兒猛如虎,　　　삼변의 건아들은 호랑이처럼 용맹하고
삼 변 건 아 맹 여 호

左提戈右跨弩.　　　왼쪽에 창을 들고 우측엔 쇠노를 끼었네
좌 제 과 우 과 노

外廷言之赭袍怒,　　　외정에서 언급하니 자포가 노하고
외 정 언 지 자 포 노

牙旗閃閃軍門開.　　　아기가 번쩍이고 군문이 열려있네
아 기 섬 섬 군 문 개

紫茸罩甲如雲排,　　　자용과 조갑이 구름 밀치듯이
자 용 조 갑 여 운 배

大同來宣府來,　　대동에서 오고 선부에서 오네
대 동 래 선 부 래

　자포장군은 용봉龍鳳 문양의 붉은 도포를 입은 장군 강빈을 말한다. 강빈은 무종이 미행 나가는 것을 돕고 기밀군대를 만들어 막대한 권력을 휘둘렀으며 악행도 서슴치 않고 자행했다. 시의 만수산萬壽山은 북경 북해공원에 있는 황제 무종의 금원禁苑이 있는 곳인데 강진은 황제의 배려로 이곳에서 군대를 훈련하였다. 삼변三邊은 변방 세 곳을 말하고, 외정外廷은 조정에서 왕에게 간할 수 있는 높은 관리이고, 아기牙旗는 상아로 만든 장군의 깃발이다. 자용紫茸은 조수의 털로 만든 가죽옷이고 조갑罩甲은 갑옷 위에 걸치는 투괘套褂이다. 이 시는 군사훈련 장면을 묘사하였다. 작가는 시를 통해 강빈의 권력 남용을 폭로하여 황제의 잘못을 고발하고 있다.

파인죽지가 巴人竹枝歌

郎在荊門妾在家,　낭군은 형문에 있는데 첩은 집에 있으니
낭 재 형 문 첩 재 가

年年江上望歸查.　해마다 강가에서 돌아오는 뗏목을 바라보네
연 년 강 상 망 귀 사

荼蘪種得高如妾,　도미를 심어 높이가 첩과 같은데
도 미 종 득 고 여 첩

縱有春風枉卻花.　어지럽게 봄바람이 꽃을 저버리네
종 유 춘 풍 왕 각 화

　죽지사는 당대에 형성된 시체詩體 중 하나이며 고대 파촉 민간인들의 민가였던 것이 점차 변천하였다. 중당의 유우석은 사천성에 사는 소수민족 빈인賓人들의 민가民歌를 시체詩體로 변형시켜 후대에 크게 영향을 끼쳤다. 그의 〈죽지사〉 2수가 유명하다. 『왕정상 전집』에 〈파인죽지가巴

人竹枝歌〉는 모두 10수가 전한다.

형문荊門은 호북성 장강 유역 형주에서 분리된 곳이다. 삼국시대 초나라의 중심도시였다. 도미荼藤는 찔레꽃이다. 낭군이 집을 떠나간 지 오래되어 찔레꽃 심은 것이 자기 키만큼 자랐는데 돌아오지 않는다. 다시 봄이 되었는데 봄바람도 세월 가지 않게 하느라 꽃 떨어지지 않게 피해 간다고 느낄 만큼 남편 돌아오기를 기다린다. 아마 남편은 군대에 동원되어 아직 돌아오지 못하고 있는 듯하다. 작가는 시를 통해 부부가 이별하여 생활하는 아픔을 전하고 있다. 이 시는 정덕 13년(1518) 그의 나이 45세 정월 왕정상이 천북에서 학사를 감독하고 있었을 때 시를 지었다. 그는 이 시에 대해 스스로 말하길, "온유하고 돈후한 것은 시인이 되는 근본이요 정에서 발하여 의리에서 그치는 것이 시인의 뜻이며 시경에서 드러나는 비풍과 흥풍이 정과 뜻을 옮겨놓아 섞이어 나오는 것이 시인의 말이다."[28]라고 적었다. 유우석의 〈죽지사〉에서 '버들은 푸르고 강물은 잔잔한데, 낭군은 강위에서 들려오는 노래듣네, 동에서 해뜨고 서에서 비내리니, 흐렸는데 화창하다 하고싶네요.[楊柳青青江水平, 聞郎 江上踏歌聲. 東邊日出西邊雨, 道是無晴欲有晴]. 시 형식이 같음을 알 수 있다.

파인죽지가 2 巴人竹枝歌(十首)

蒲子花開蓮葉齊,
포 자 화 개 련 엽 제
부들꽃 피고 연잎 가지런한데

聞郎船已過巴西.
문 랑 선 이 과 파 서
낭군의 배가 이미 파서를 지났다고 들었네

郎看明月是儂意,
낭 간 명 월 시 농 의
낭군이 보는 밝은 달은 내 마음인데

到處隨郎不知到.
도 처 수 랑 부 지 도
가는 곳마다 낭군을 따르는데 낭군은 모르네

부들이 꽃 피고 연잎이 제 모습을 갖추는 시기는 6월~7월 경이다. 파서巴西는 사천성의 서쪽이다. 아내는 낭군이 남쪽으로 원정 떠났다가 돌아온다는 소식을 듣고 기다리고 있다. 오는 길 낭군에게 밝게 비추고 있는 달의 마음은 바로 자신이 마음과 같아서 자신이 낭군을 따르는 것이라 여겼으면 좋으련만 낭군은 그것을 알지 못한다. 이 시는 낭군을 기다리는 마음을 잘 표현하고 있다. 이 시는 인고의 기다림 후에 곧 재회하게 될 일을 생각하며 설레는 마음으로 파서 방향에 떠 있는 달을 바라보는 장면이 연상된다.

적을 섬멸하다 破賊 二首

漢代規摹遠,
한 대 규 모 원
한나라 사업은 원대했고

周王曆數長.
주 왕 력 수 장
주왕의 왕위계승은 오래되었네

金甌渾不缺,
금 구 혼 부 결
금구는 모두 결손되지 않았고

威德照遐荒.
위 덕 조 하 황
성덕은 먼 황량한 곳까지 비추었네

〈파적〉 2수는 내란을 평정하고 통일을 노래한 시이다. 규모規摹는 당시 나라에서 할 사업이고 역수曆數는 왕위계승을 말한다. 금구金甌는 외침을 받은 적이 없는 당당한 국가를 비유해 이르는 말이다. 한나라는 원대한 사업을 이루었고 주나라는 오래 왕위가 계승되었으니 주나라와 한나라의 업적이 남아 있고 그들의 성덕이 멀리 이민족에게까지 비추었으니 옛적 성세를 이루었던 시절이 그립다고 표현한 것이다. 지금은 황제가 부덕하여 백성에게 황제의 덕이 비추지 못해 내란까지 일어나게 하니 빨리 덕을 베풀어 나라가 안정을 찾아야 한다고 시에서 말한다.

이 시는 정덕 14년(1519) 그의 나이 46세에 지었는데 그해 8월 강서성 남창에서 영왕 신호가 반란을 일으키자 그가 황제에게 이 시를 지어 올려 신호의 난을 평정할 것을 아뢰었다.

영성의 최고 높은 곳에서 초땅 형주를 바라보다 郢城最高處眺荊楚

石城聊引望,　　석성에서 잠시 멀리 바라보니
석 성 료 인 망

三楚渺茫間.　　삼초가 아득하게 보이네
삼 초 묘 망 간

峽自中流辟,　　협곡은 중류로부터 벗어나고
협 자 중 류 벽

江從西極還.　　강은 서쪽 끝에서 돌아오네
강 종 서 극 환

荊襄天設險,　　형양은 하늘이 험준함을 세웠고
형 양 천 설 험

鄂嶽水爲關.　　악악은 물이 관문이 되었네
악 악 수 위 관

用武非今日,　　전쟁했던 일이 지금의 일은 아니라
용 무 비 금 일

風雲亦自閑.　　풍운 또한 절로 한가롭네
풍 운 역 자 한

영성郢城은 호북성 형주시에 있는 고성이다. 석성石城은 영성을 석성이라 하였다. 인망引望은 목을 빼고 바라보는 것이다. 삼초三楚는 진한秦汉 시기 전국 시기의 초나라를 셋으로 분할하여 다스렸기 때문에 삼초라 불렀는데 강릉江陵은 남초가 되고, 오吳땅 이었던 강소성은 동초东楚가 되었으며, 팽성彭城은 서초西楚가 되어 합하여 삼초三楚라고 불렀다. 석성에서 목을 빼고 멀리 바라보니 전국시대 초땅이었던 지역이 아득하게 멀리 보인다. 형양은 지금의 호북성 형주이고 악악鄂嶽은 지금 호북성 무창이다. 영성에 올라 옛 삼국시대 접전지였던 형양과 악악에서 있었던 전쟁을 생각한다. 하지만 당시의 전쟁이 지금 명나라의 일은 아니기에 작가는 바람과 구름 지나가는 것이 절로 한가하게 보인다고 하였다. 두보의 〈등악양루〉 시에 "오땅과 초땅이 갈라져 있고[吳楚東南折] …… 관산의 북쪽 형양 땅에는 전쟁이 끝나지 않았는데[戎馬關山北], 난간에 기대어 눈물만 흘리네[憑軒涕泗流]라는 성당 시인인 두보의 시와 바라보는 위치만 다르다. 왕정상은 성당 시인들의 시를 좋아하여 시풍이 비슷하다.

그믐날 길을 가다가 途中晦日

水落軒皇國,　　　헌황국에 물이 줄어들었고
수 락 헌 황 국

天寒郭隗臺.　　　곽외대에 날이 춥네
천 한 곽 외 대

客程殘月盡,　　　나그네 여정은 남은 달을 다하고
객 정 잔 월 진

歲事一花開.　　　계절의 일은 한 꽃을 피웠네.
세 사 일 화 개

雁向衡陽去,　　　기러기 형양으로 가는데
안 향 형 양 거

雲從碣石來.　　　구름은 갈석산을 따라 오네
운 종 갈 석 래

乾坤無定跡,　　　건곤은 정해진 차취가 없으니
건 곤 무 정 적

旅思若爲裁.　　　나그네 시름을 짓는 듯하네
여 사 약 위 재

물[水]은 역수易水이다. 곽외郭隗는 현자이다. 『춘추후어』에 'B.C. 311년에 연나라 소왕이 물었다. 어찌하면 현사를 얻어 제나라에 원수를 갚을 수 있겠느냐? 곽외가 답하였다. 왕께서 갈석산 앞에 누대를 지으시고 저를 높여 스승으로 삼으시면 반드시 천하에 현사들이 스스로 찾아올 것입니다. 왕이 그 말을 따라 누대를 짓고 금옥으로 채워 황금대라 일컬었다.[公元前311年, 燕昭王曰, 安得賢士以報齊讐. 郭隗曰, 王能築臺于碣石山前, 尊隗爲師, 天下賢士必自至也. 王如其言, 作臺以金玉崇之號黃金臺]'고 한다. 이 황금대가 곽외대郭隗臺라고도 불렸다. 곽외대는 호북성 역수 건너편 낭아산에 있고 낭아산을 갈석산이라고 하였다. 현재는 호북성 창려昌黎현이다. 기러기는 호남성 형양시에 회안봉回雁峰에서 갈석산 사이에서 움직인다. 건곤乾坤은 하늘과 땅이다.

시는 연나라 화려했던 당시 헌황국의 물은 줄어들었다. 추위는 겨울을 가리키기도 하지만 나라가 몰락하여 춥다고 표현하기도 한다. 나그네는 시의 작가 자신을 가리킨다. 그는 추운 날씨에 곽외대에 올라가서 옛일을 생각한다. 나라는 몰락하였어도 세상의 이치는 봄이 돌아오고 다시 꽃이 핀다. 기러기들은 추위를 피하여 형양에 있는 회안봉으로 날아가는데 구름은 자기가 있는 갈석산碣石山으로 흘러오는 듯하다. 이 시는 당대 시인 호증의 영사시 중 〈황금대〉 시에서 이와 비슷한 시적 의상을 볼 수 있다. '북으로 지친 말을 몰아 연나라에 이르렀건만, 누가 다시 현자를 예우하리오. 소왕을 찾고자 하였으나 왕의 처소는 없고, 황금대 위에 잡초만 하늘에 닿을 듯 하네.[北乘羸馬到燕然, 此地何人復禮賢, 欲問昭王無處所, 黃金臺上草連天]'라고 하였다.

변방에 가다 行塞

閱計行邊遠,
열 계 행 변 원
변방 먼곳에 갈 것을 계획하니

臣工豈憚煩.
신 공 기 탄 번
신하가 어찌 번거로움을 꺼리겠는가

嫖姚臨瀚水,
표 요 임 한 수
표요장군 곽거병은 한수에 임했고

博望見河源.
박 망 견 하 원
박망후 장건은 황하의 근원을 보았다네

482

榆塞秋先到,	유새에는 가을이 먼저 이르렀고
유 색 추 선 도	
沙場日已昏.	사막에는 날이 이미 어둡네
사 장 일 이 혼	
前驅爭射獵,	선봉은 사렵을 다투고
전 구 쟁 사 렵	
飛騎繞平原.	날쌘 기병이 평원을 둘러쌌네
비 기 요 평 원	

　열閱은 군사를 검열하는 것이다. 나라에서 북쪽 변방의 전쟁터에 보낼 군사들을 검열하고 있으니 신하들은 가기 싫다고 꺼릴 수가 없다. 표요嫖姚는 굳세고 날랜 모습으로 한나라 무제 때 흉노를 제압한 표기票騎장군 곽거병霍去病의 다른 호칭이다. 한수瀚水는 하북河北에서 북쪽으로 흐르는 강이다. 표요장군이 한수에 이르렀음은 이미 흉노를 무찔렀음을 말한다. 박망博望은 박망후로 한 무제 때 사신 장건張騫의 봉호이다. 장건이 황하의 근원을 보았다는 것은 황하가 토번吐蕃(현 티벳)의 서쪽 곤륜산에서 발원하기 때문에 장건이 이미 그곳에 이르렀다는 뜻이다. 당시 흉노를 무찌르기 위해 무제는 곽거병과 공손오公孫敖를 북지北地에서 출발시키고 장건과 이광을 다른 쪽 농서에서 파견하여 흉노를 공략하고자 하였고 산해관을 넘어 기련산과 곤륜산에서 크게 맞붙어 승전을 거두었다. 유새榆塞는 변방으로 산해관을 뜻하기도 한다. 북방엔 이미 가을이 되어 해 질 무렵은 춥다. 전쟁터 사막에 이미 해가 기우는데도, 앞장선 기마들은 활 쏘며 싸우고 또 어느새 날쌘 기병들이 드넓은 평원을 둘러싸고 있다. 전쟁터에 나가기 전 모습과 전쟁하는 장면까지 상세하게 묘사하고 있다. 성당 시기 왕유가 변새시를 많이 썼고 왕한의 변새시 〈양주사〉가 전쟁터의 모습을 생생하게 표현하여 널리 알려져 있다. 왕한의 변새시는 "맛있는 포도주를 야광배에 따라놓고, 마시려고 하는데 비파소리 출정을 재촉하네. 술에 취해 모래사장에 쓰러져도 비웃지 말게

나, 예로부터 전쟁터에 나가 몇 사람이나 살아서 돌아왔던가?[葡萄美酒
夜光杯, 欲饮琵琶马上催. 醉卧沙场君莫笑, 古来征战几人回.]"라고 하며 전
쟁터의 모습을 생생하게 그려냈다.

여산을 방문하고 過驪山

玉女霓裳鬪彩虹 옥 녀 예 상 두 채 홍	옥녀가 예상을 입고 무지개와 다투었는데
君王仙去鳳樓空. 군 왕 선 거 봉 루 공	군왕은 신선되어 가서 봉루가 비웠네
只今惟有垂楊樹, 지 금 유 유 수 양 수	단지 지금은 늘어진 수양버들만 있어
留得寒蟬咽故宮. 유 득 한 선 열 고 궁	머물고 있는 매미가 고궁에서 목메게 우네

　여산驪山은 서안 화청궁 뒤에 있는 산이다. 당나라 현종이 양귀비에게
그녀가 온천을 좋아하여 온천탕인 화천지를 하사하였고, 후에 그 주변을
넓혀 궁전을 지어 화청궁이라고 했다. 그곳은 현종과 양귀비의 사랑 이
야기가 남아 있는 곳이다. 옥녀玉女는 양귀비이고 군왕은 현종이다. 예
상霓裳은 백거이의 〈장한가〉에 예상우의무霓裳羽衣舞가 나온다. 현종이
꿈에 선녀들이 예상을 입고 춤을 추는 모습을 보고 깨어 예상우의곡을
만들고 양귀비에게 예상을 입히고 예상우의무를 추게 하였다고 한다.
예상의 예는 무지개이고 상은 치마이며 우의羽衣는 하늘하늘한 옷이다.
양귀비는 옥녀가 무지개같이 아름다운 색의 하늘하늘한 옷을 입고 하늘
의 무지개인 채홍彩虹과 아름다움을 다투었고 군왕은 죽어 신선이 사는
곳으로 가버렸으니 옛 봉황이 와서 놀던 누대가 텅 비었다. 봉황이 왔다
는 것은 태평성세의 좋은 시절 황제의 누대였음을 알리고 있다. 지금은
그곳에 버드나무가 늘어져 있고 나뭇가지에 가을 매미[寒蟬]만 남아서
옛적 아픔을 아는 듯 목메어 운다고 하니 작가의 마음을 한선을 빌어

대신 나타냈다. 이 시는 1, 2구에서 화려했던 옛 모습은 중당 시인 백거이의 〈장한가〉를 전고로 취하였고, 3, 4구에는 자신이 여산에 오르니 옛 모습 사라지고 변해버린 모습을 표현해내고 있다.

무성가 蕪城歌

莫向隋宮問六朝,
막 향 수 궁 문 육 조
수나라 궁을 향해서 육조를 묻지 말라 했거늘

瓊枝玉蕊已煙消.
경 지 옥 예 이 연 소
수나라 황손들도 이미 사라져 버렸네

只今惟有湖邊柳,
지 금 유 유 호 변 류
다만 지금 수서호 가에는 버드나무만 있고

猶對春風學舞腰.
유 대 춘 풍 학 무 요
봄바람 대하니 무요를 배우는 것 같네

무성蕪城은 강소성 강도江都(지금의 양주)에 있는 고성인데 광릉성廣陵城이라고도 한다. 수궁隋宮은 수나라 양제 시절 낙양이 경도이고 강도에 별궁이 있었는데 강도궁이라고 불렸다. 육조六朝는 수가 통일하기 전 남경을 도성으로 둔 국가이다. 경지옥예瓊枝玉蕊은 경지옥엽瓊枝玉葉과 같고 임금의 자손[皇孫]들을 가리킨다. 무요舞腰는 당나라 무희가 춤추는 자태를 말한다. 당 원진元稹은 〈무요舞腰〉의 시를 지었다. 이 시는 양주에 이미 수 궁궐이 세워졌으니 이미 사라진 육조에 관하여 묻지 말라고 했거늘 어느새 수나라도 망하여 황손들은 다 사라져 버렸다. 수양제가 반딧불 잡아 오게 하여 밤마다 조명등 삼아 축제를 하던 수서호瘦西湖 호수 가에는 버드나무만이 길게 늘어서 있다. 봄바람이 부니 버들가지가 마치 무희들이 허리 돌리며 추는 춤을 배우는 듯하다. 작가는 고성, 버드나무 등으로 상象을 세워 망국의 한의 뜻意을 표현했다.

진천의 잡다한 감흥 秦川雜興

古陵在蒿下,
고릉 재 호 하
옛 왕릉은 쑥대 아래 있고

啼鳥在蒿上.
제 오 재 호 상
우는 까마귀는 쑥대 위에 있네

陵中人不聞,
능 중 인 불 문
능 안의 사람은 들을 수 없지만

行客自惆悵.
행 객 자 추 창
행객은 저절로 슬프네

진천秦川은 섬서성에서 감숙성으로 이어지는 진령산맥의 북쪽 평원지대를 말한다. 섬서성 서안에는 옛 왕릉들이 많다. 진나라, 한나라, 당나라의 왕들이 모두 이곳에 묻혀있다. 왕릉 위쪽에는 사람들이 다듬지 않아 쑥이 여기저기 자라있고 쑥대 위에는 새들이 지저귀고 있다. 능 안에 있는 옛 왕들은 죽은 지 오래되어 현재는 아무도 관심조차 주지 않으니 그 모습을 보고 있는 자신이 슬프다고 했다. 행객은 나그네이지만 여기서는 자신을 말한다.

현궁을 미리 점보다 預卜玄宮

嶺環隔翠蒼龍繞,
영 환 격 취 창 룡 요
산봉우리 돌아가니 푸른 용이 둘러막았고

突出神峰霄漢邊.
돌 출 신 봉 소 한 변
하늘 은하수 주변에 신봉을 돌출하게 했네

金井不須開寶穴,
금 정 불 수 개 보 혈
묘혈은 송 태조의 무덤일 필요 없는데

萬年天子是飛仙.
만 년 천 자 시 비 선
만세에 천자는 비선이었다네

현궁은 임금의 관을 묻는 묘 구덩이를 말한다. 묘를 파는 구덩이는

광중壙中, 광혈壙穴, 묘혈墓穴이고 금정金井이라고도 한다. 천자의 묘혈
은 사전에 점을 보고 찾아놓는데, 점괘에서 나온 곳이 산봉우리를 돌아
가니 푸른 용이 둘러싸여 있고 하늘에는 은하수에 이르는 신기한 봉우리
가 우뚝 솟아있다. 묘혈의 자리가 명당이다. 자리가 좋으니 묘혈은 굳이
송 태조 조광윤의 묘혈만큼 어마어마할 필요가 없다. 오래도록 명당에
누운 천자들은 이름만 남았으니 날아다니는 신선이 되었나 보다.

아침에 신패를 출발하다 早發新壩

沱水遙通島, 타 수 요 통 도	타수는 섬을 지나 멀어지고
揚帆藉穩流. 양 범 자 온 류	배는 출범하여 평온한 흐름에 의지하였네
星搖淮浦夜, 성 요 회 포 야	회포의 밤에 별빛 흔들리고
月濕海門秋. 월 습 해 문 추	해문의 가을에 달빛 젖었네
世難幾人在, 세 난 기 인 재	세상 난리에 몇 사람이나 살아 남았는가.
心灰百計休. 심 회 백 계 휴	낙심하여 온갖 계책 멈추었네
時聞南去雁, 시 문 남 거 안	때때로 남으로 가는 기러기소리 듣고
還動故鄕愁. 환 동 고 향 수	다시 고향생각 일어나네

　신패新壩는 강소성 진강시鎭江市와 양중시揚中市에서 떨어져 나간 진
鎭 단위의 지역이다. 타수沱水는 형주荊州와 양주梁州 두 곳에 흐른다.
강소성, 호북성에서 사천성으로 흐른다. 회포淮浦는 현재 강소성 연수漣
水로 현縣 단위 지역이다. 해문海門은 강소성 동남부 남통南通시에서 분
할되어 나온 시 단위 구역이다. 양범揚帆은 돛을 올려 출범出帆하는 것

이다. 작가는 세상이 어려움 때문에 남쪽으로 좌천을 당했거나 난세를 피하여 스스로 갔던 것 같다. 아마 이렇게 사람들이 외면하면 세상에 일할 만한 지식인은 거의 없어질 것이다. 마음이 내키지 않아 강소성에서 지내며 시절을 모르고 살았는데, 기러기 남쪽으로 옮겨가는 것 보고 겨울이 오고 있다는 것을 알게 된다. 그래서 더욱 고향 그리워 돌아가려고 배에 몸을 실었다. 고향은 하남성 난고 의봉현이다. 1, 2, 3, 4구는 가는 길을 묘사했다.

누대에 오르다 登臺

古人不可見,
고 인 불 가 견
옛 사람은 볼 수 없지만

還上古時臺.
환 상 고 시 대
옛적 누대에 다시 올라가네

九月悲風發,
구 월 비 풍 발
구월에 슬픈 바람 일어나고

三江候雁來.
삼 강 후 안 래
삼강에는 계절 기러기가 오네

浮雲通百粵,
부 운 통 백 월
뜬 구름은 백월에 통하고

寒日隱蓬萊.
한 일 은 봉 래
찬 해는 봉래에 숨었네

逐客音書斷,
축 객 음 서 단
쫓겨난 나그네 소식이 끊어졌는데

憑高首重回.
빙 고 수 중 회
높이 올라 머리를 거듭 돌리네

비풍悲風은 늦가을에 불어 쓸쓸한 느낌을 주는 바람을 말한다. 여기서 삼강三江은 태호太湖 부근의 송강松江, 전당강錢塘江, 포양강浦陽江을 가리킨다. 백월百粵은 고대 남방 각지에 흩어져 살던 월족을 가리킨다. 『사기·봉선서封禪書』에 '봉래蓬萊는 영주산, 방장산과 함께 중국 전설

상에 나오는 삼신산의 하나이다.'라고 했다. 이 시 역시 옛 오월 지역 사람들은 남아 있지 않지만, 늦가을에 접어드니 기러기 남쪽으로 날아올 때가 되었다. 떠다니는 구름은 옛사람들이다. 절강성 월땅을 지나 이미 신선이 되어 떠났다. 당시 나라가 망해 쫓겨나서 객이 된 자들의 소식을 알 수 없었는데 누대에 기대어 머리 들고 올려다보니 그 축객들이 다시 돌아올 것 같다고 하였다.

궁을 적은 글(궁사) 宮詞(四首)

雲鬢蛾眉紫鳳笙,　구름머리 미인이 자봉생을 타는데
운 빈 아 미 자 봉 생

三千隊裏獨分明.　삼천 무리 속에 홀로 두드러지네
삼 천 대 리 독 분 명

君王莫作尋常看,　군왕은 평범히 보지 마소서
군 왕 막 작 심 상 간

一別昭陽便隔生.　한 번 소양전을 떠나면 곧 생에서 멀어진다오
일 별 소 양 변 격 생

　운빈雲鬢은 여자의 귀밑으로 드러진 탐스러운 머리털을 함박송이 같은 구름에 비유한 말이다. 아미蛾眉는 가늘고 길게 곡선을 그린 고운 눈썹을 두고 말하는데 미인을 비유하였다. 자봉紫鳳은 자색 봉황으로 바다에 사는 신조神鳥의 이름이다. 자봉생紫鳳笙은 자봉이 조각된 생황이다. 예쁘게 머리 손질을 한 미인이 생황을 타는데 삼천 궁녀들 무리 속에서 혼자만 두드러진다. 군왕이 아무렇지도 않게 그녀에게만 눈길을 주니 그러지 말라고 경고한다. 소양전은 황제를 뜻하니, 황제의 은총이 사라지면 더 세상과 멀게 살아야 함을 알기 때문이리라.

궁을 적은 글(궁사) 宮詞(四首)

宮使傳呼駕出忙,
궁 사 전 호 가 출 망

芙蓉小苑盡生香.
부 용 소 원 진 생 향

長門深鎖無由見,
장 문 심 쇄 무 유 견

不及飛花繞玉床.
불 급 비 화 요 옥 상

궁사는 어가가 나옴을 전하노라 바쁜데

부용 핀 작은 정원에 피어나는 향기 가득하네

장문궁은 깊게 닫혀 보지 못하는데

날리는 꽃잎은 옥상을 맴돌지 못하네

　

궁사宮詞는 당나라 시기 유행했던 시의 형식[詩體]으로 내용에 궁중의 생활이나 비빈, 궁녀들의 애환이나 생활을 담은 글이다. 궁 안에서는 황제의 말을 전하는 자인 궁사가 빨리 어가를 대령하라고 소리 지르는 모습이 바쁜데 연꽃이 피어있는 작은 정원에는 연꽃 향기가 가득하다. 구중궁궐이라 하듯 궁궐 문도 한참 들어가 있어서 궁궐의 문을 장문이라 하였다. 장문궁은 굳게 잠겨있어 밖 정원에 부용 꽃잎을 날려도 그곳에 이르지는 못한다. 황제도 어가를 불러 소원小苑에라도 가야 꽃향기도 맡을 수 있다. 이 시는 궁궐의 생활을 묘사했다.

궁을 적은 글(궁사) 宮詞(四首)

二月昭陽春已和,
이 월 소 양 춘 이 화

牡丹亭館幾經過.
모 란 정 관 기 경 과

長門亦有閑花樹,
장 문 역 유 한 화 수

玉輦不來庭草多.
옥 련 불 래 정 초 다

이월 소양전에 봄이 이미 화사하고

모란정관에 몇 번이나 지났던가

장문궁에도 또한 예쁜 꽃나무가 있지만

옥련이 오지 않으니 마당 풀만 많네

음력 2월은 4월쯤이 된다. 소양전昭陽殿은 중국 한나라 때 성제가 건축한 궁전으로 황후 조비연趙飛燕이 거처했다. 장문궁長門宮은 진황후陳皇后가 한무제에게서 폐출되어 머물던 곳이다. 소양전에는 늘 봄이 화사하다. 이는 성제와 조비연의 사이가 좋으니 화사한 것이다. 그들을 모란을 구경하러 모란정과 모란관에 수없이 다녀갔다. 옥련은 왕이 타는 가마이다. 장문궁에도 꽃은 피지만 왕이 찾아오지 않으니 마당에 풀만 가득하다고 하였다. 궁녀들이 황제의 은총을 받고 사는 모습과 은총을 잃고 사는 모습을 비교하여 묘사했다. 이백의 〈장문원長門怨〉을 보면, 하늘엔 북두성이 돌아 서쪽 누각에 걸리고, 금옥엔 사람도 없이 반딧불만 흐르네. 장문궁전에 달빛 어려, 특별히 깊은 궁에 한 시름 더하네.[天廻北斗掛西樓, 金屋無人螢火流. 月光欲到長門殿, 別作深宮一段愁.]라고 하였다. 아교는 무제가 금옥을 지어주어 진황후陳皇后가 되었는데 무제의 은총이 위자부衛子夫에게로 옮겨가자 질투하다가 장문궁에 유폐되었다. 이 때문에 많은 후대 시인들이 그를 애석해하며 시를 지었고 궁사라는 시체를 형성하였다.

궁을 적은 글(궁사) 宮詞(四首)

花撲珠簾玉殿春,　　꽃잎이 주렴에 날리는 옥전의 봄인데
화 박 주 렴 옥 전 춘

翠娥分隊唱歌新.　　미인 분대가 노래하니 새롭네
취 아 분 대 창 가 신

如今恃寵多嬌貴,　　지금 총애 믿고 응석이 많아서
여 금 시 총 다 교 귀

領得霓裳不著身.　　예상을 받고도 몸에 걸치지 않네
영 득 예 상 불 착 신

주렴珠簾은 구슬을 꿰어 만든 발이다. 옥전玉殿은 아름다운 궁전이다. 취아翠娥는 미인을 가리키는 말이다. 시총恃寵은 윗사람의 총애를 믿고 함부로 행동하는 것을 말한다. 교귀嬌貴는 귀하게 자란 응석받이이다. 그들은 황제에게서 예상의 화려한 옷을 받고도 황제가 계속 찾아주지 않으니 몸에 걸칠 기회가 없다. 황제의 총애를 받은 미인 분대가 있어도 결국 황제가 그녀를 찾는 것은 평생 한 번으로 그칠 수도 있고 황후에까지 오를 수도 있다는 것이 궁에 사는 자들의 모습이다.

강남곡(두 수) 江南曲(二首)

采蘅金陵江, 채 형 금 릉 강	금릉 강가에서 두형을 캐고
往來石城道. 왕 래 석 성 도	석성 길을 왕래하네
不問江南人, 불 문 강 남 인	강남 사람에게 묻지 않으면
安識江南草. 안 식 강 남 초	어찌 강남의 풀을 알겠는가

형蘅은 두형杜蘅으로 족두리풀이다. 금릉강金陵江은 옛 금릉이고 지금은 남경에 있는 강 이름이고 석성石城은 석두성으로 남경 청량산淸凉山에 있는 옛 고성이다. 유우석의 〈석두성〉의 시가 있다. 강남은 장강의 하류인 강소성을 말한다. 석성은 화려했던 고성인데 후대에는 사람들이 약재로 쓰려고 두형을 캐러 석성을 왕래했다. 그래서 강남 사람에게 물어봐야 이 풀을 알 수 있다고 한다. 옛적 유우석이 지은 〈석두성〉에서는 '산은 옛 나라를 두루 둘러 에워싸고, 밀물은 빈 성을 치더니 쓸쓸히 돌아가고 마네. 회수 동쪽 가에 그 옛 달은 떠, 깊은 밤 여장을 넘어오네.[山圍故國周遭在, 潮打空城寂莫回. 淮水東邊舊時月, 夜深還過女牆來.]라고 하였다. 두 시에서 강남의 좋은 시절은 다 지나고 이젠 풀캐는 사람들만 왕래하거나 빈 성에 밀물이 치고 돌아가는 쓸쓸한 모습임을 묘사했다.

강남곡(두 수) 江南曲(二首)

江上楊柳花, 강가의 버드나무 꽃
강 상 양 류 화

裊裊不肯住. 하늘하늘 날며 멈추지 않네
뇨 뇨 불 긍 주

隨燕入簾櫳 제비따라 발이 쳐진 안으로 들어가더니
수 연 입 렴 롱

因風復飛去. 바람따라 다시 날아가네
인 풍 부 비 거

중국에서 강남은 장강 하류의 지역을 말한다. 강소성, 절강성이 이에
속한다. 협의적 의미로 강남은 산수 자연이 아름다운 지역을 가리킨다.
강상江上은 장강의 지류인 강의 가장자리를 뜻한다. 뇨뇨裊裊는 꽃잎이
날아다니는 모습을 형용한다. 즉, 팔랑팔랑, 하늘하늘 같은 의태어이다.
제비가 발이 쳐진 틈으로 안으로 날아 들어가자 꽃잎도 함께 날아 들어
가려는데 바람불어 실패하고 만다. 화려했던 강남의 모습이 모두 사라지
고 황량한 강남 지역의 풍경을 묘사했다.

동관 潼關

天設潼關金陡城, 하늘이 동관 금두성을 설치했고
천 설 동 관 금 두 성

中條華嶽拱西京. 중조산과 화산은 서경을 안았네
중 조 화 악 공 서 경

何時帝劈蒼龍峽, 언제 제우가 창룡협을 뚫어서
하 시 제 벽 창 룡 협

放與黃河一線行. 황하 한 줄기를 풀어 흐르게 했던가
방 여 황 하 일 선 행

명조 초에 동관의 누대 이름이 금두金陡였다. 동관과 금루성은 섬서성
에 있고 북으로 황하와 닿아있다. 중조中條는 산서성에 있는 산 이름이

고 화악華嶽은 섬서성의 화산이다. 서경은 지금의 서안이다. 당 후반의 수도가 장안과 낙양이었다. 낙양의 서쪽에 있다고 하여서 수도 장안을 서경이라 불렀고 지금은 서안이 되었다. 중조산과 화산이 서경인 장안을 둘러싸고 있다. 제帝는 하의 우왕을 말한다. 하夏나라 우禹가 황하의 치수를 담당하고 있을 때 용문산을 뚫기 시작했다. 창용협蒼龍峽은 용문산 협곡을 가리킨다. 용문은 용이 하늘로 올라갔다고 하여 지금도 등용문이라는 말을 쓰고 있다. 이백의 〈서악운태가송단구자西嶽雲台歌送丹丘子〉 시에 "황하가 하늘 끝에서 실같이 내려오네[黃河如絲天際來]"의 구절이 있다. 서악은 하남성 숭산으로, 숭산산맥에 운대산이 있다. 이 시는 황하가 하남성 개봉에서 발원하여 섬서성으로 또 산서성으로 한 줄기가 되어 흐르는 것을 보고 옛 하나라 우가 왕이 되기 전에 창룡협곡의 돌을 쪼개고 황하가 흘러가게 했던 일을 적은 것이다. 이 시는 사실을 읊었으나 옛일을 떠올리게 하고 하나라, 당나라, 송나라까지 역사를 담고 있다. 뜻이 당시의 형상을 담고 있다고 볼 수 있다.

주석

1) 전칠자前七者는 중국 명나라 홍치, 정덕 연간의 문인 이몽양李夢陽, 하경명何景明, 서정경徐禎卿, 변공邊貢, 강해康海, 왕구사王九思, 왕정상王廷相 일곱 사람을 통틀어 이르는 말이다. 온아溫雅, 평담平淡을 존중하는 당시의 문학사조인 대각체파에 반대하여 웅건雄健한 작품을 강조하였다. 후에 이반룡李攀龍 등 일곱 명의 후계자가 나오자 이들과 구별하기 위해 전칠자라고 하였다.

2) 팔고문八股文은 과거시험에서 글쓰기 방식이다. 8개 부문의 형식이 있는데, 제목인 파제破題, 부제인 승제承題, 개요를 쓰는 기강起講, 본문을 쓰는 입제入題와 기고起股, 중고中股, 후고後股, 속고束股의 4개 문장인 8부분으로 이루어야 한다. 제목은 일률 『사서』와 『오경』 중의 원문에서 써야 했다. 나중 4개 부분에서 매 부분에 양고에서 대우의 문자가 없어야 하며 합해서 모두 팔고라 하였다. 이러한 문장을 쓰는 형식은 사람들의 사상을 속박하였다.

3) 대흥문자옥大興文字獄은 명나라 홍무제에서 영락제까지, 청나라 강희제에서 옹정제까지 두 차례 중국에서 행해진 문인들에 대한 대규모 사상탄압 사건을 말한다. 명나라를 건국한 주원장은 일자무식인 자였고 청나라는 만주족이 세운 나라, 즉, 오랑캐 국가의 중국 통일이었다. 4명의 황제는 명과 청이 건국하여 나라를 바로 세우려는데 걸림돌이 된 자들이 바로 문인들이라고 여긴 것이다.

4) 『明史』, 「李夢陽傳」: "文必秦漢, 詩必盛唐."이라 했는데 진한秦漢의 문문은 고문을 말한다. 대우對偶 혹은 대장對杖을 이루는 변려문騈儷文에 대비되어 진한 시대의 문체를 전범으로 삼는 실용적인 산문 문체를 말한다. 시는 성당盛唐의 시를 본받자고 했는데, 당을 사당으로 나누어 초당, 성당, 중당, 만당으로 나누어 본 것이다. 그중 성당의 시는 산수전원시이거나 변새시가 대표적이다. 산수전원시파는 이백, 맹호연, 왕유, 두보가 대표적이고, 변새시파는 잠삼, 고적, 왕창령, 이기, 왕지환, 최호 등이 있다. 허균은 『학산초담』에서 명 문인 중 '하경명을 이백으로 이몽양을 두보에 비견된다.'라고 평했다.

5) 『왕씨가장집』 卷22, 「廣文選序」: 文之體要, 難言也. 援古照今, 可知流委矣, 易始卦象象爻, 書載典謨訓誥, 詩陳國風雅頌, 厥事實, 厥義顯, 厥辭平, 厥體質, 邈兮古哉. 蔑以尙矣.

6) 劉勰, 『文心雕龍』, 「原道」: 文之爲德也大矣, 與天地並生者, 何哉? 夫玄黃色雜, 方圓體分, 日月疊璧, 以垂麗天之象; 山川煥綺, 以鋪理地之形: 此蓋道之文也.

7) 『내태집』 卷5, 「栗應宏道甫字說」: 道非玄遠支離者, 近在幾席而切于日用. 君子能察諸人倫, 皆當其可; 閑諸名敎, 不爽其則; 德性靜定, 與天爲徒.; 智慮深潛, 惟正而動: 又能于窮通得喪, 死生, 禍福之際. 安于義命而不亂, 則人道盡而足以軋物矣. 此之謂道本.

8) 『왕씨가장집』 卷22, 「광문선서」: 文者, 載道之器、治積之會歸也. 故曰 '文王旣歿, 文不在滋乎' 言文卽道, 治卽文矣. 是故古人之文莫不弘于學術之所趨, 莫不實于治功之有成.

9) 『왕씨가장집』 卷22, 「광문선서」: 惟大人碩儒, 探元挈要, 先之修性體道以敦其本, 又能察于君臣之情, 觀夫天下之勢, 達乎民物之情, 則文之質具矣.

10) 『왕씨가장집』 卷22, 「답위지생서」: 不所謂文者, 必有諸其中, 是故君子愼其實. 實之美惡, 其發也不掩, 本深而末茂, 形大而聲宏, 行峻而言厲, 心醇而氣和, 昭晰者無疑, 優游者有余, 體不備不可以爲成人, 辭不足不可以爲成文.

11) 劉勰, 『文心雕龍』, 「麗辭」: 故麗辭之體, 凡有四對: 言對爲易, 事對爲難, 反對爲優, 正對爲劣. 言對者, 雙比空辭者也; 事對者, 並擧人驗者也; 反對者,

理殊趣合者也, 正對者, 事異義同者也. 長卿上林賦云, 修容乎禮園, 翶翔乎書圃, 此言對之類也. 宋玉神女賦云, 毛嬙鄣袂, 不足程式, 西施掩面, 比之無色, 此事對之類也. 仲宣登樓云, 鐘儀幽而楚奏, 莊舃顯而越吟, 此反對之類也. 孟陽七哀云, 漢祖想枌楡, 光武思白水, 此正對之類也. 본문의 글은 이 문장을 요약한 것임을 밝혀둔다.

12) 사당설四唐說: 명나라 고병高棅의 『당시품휘』에서 당나라 문학을 초당, 성당, 중당, 만당의 넷으로 나누었다.

13) 『滄浪詩話』, 「詩體」: 盛唐諸公之詩, 如顏魯公書, 既筆力雄壯, 又氣象渾厚. 筆力雄壯, 氣象渾厚, 可稱之爲盛唐體.

14) 『詩經毛詩序』: 詩者志之所之也. 在心爲志, 發言爲詩.

15) 『서경』, 「舜典」: 詩言志, 歌永言.

16) 『예기』, 「樂記」: 詩言其志也, 歌詠其聲也, 舞動其容也.

17) 『논어』, 「爲政」: 子曰 詩三百一言以蔽之, 曰, 思無邪.

18) 『논어』, 「陽貨」: 詩可以興, 可以觀, 可以群, 可以怨, 邇之事父, 遠之事君. 多識於鳥獸草木之名.

19) 章學誠, 『文史通義』: 後世之文, 原於六禮, 而多出於詩教.

20) 『문심조룡』, 「神思」: 獨照之匠, 窺意象而運斤; 此蓋馭文之首術, 謀篇之大端.

21) 『왕정상전집 2』, 「與郭价夫學士論詩書」: 詩貴意象透瑩, 不喜事實粘著.

22) 『왕정상전집 2』, 「與郭价夫學士論詩書」: 夫詩貴意象透瑩, 不喜事實粘著, 古謂水中之月, 鏡中之影, 可以目睹, 難以實求是也. 三百篇比興雜出, 意在辞表 ; 离骚引喻借論, 不露本情.

23) 〈離騷〉는 초楚 나라 굴원屈原이 나라가 망하는 것을 차마 볼 수 없어서 임금에게 바른말을 아뢰다가 간신奸臣의 참소로 왕에게 신임을 잃고 쫓겨남을 당하여, 상강湘江 가를 돌아다니면서 자신의 실망失望과 충분忠憤을 내용으로 지어진 애절哀切한 글이다. 내용 중에 향초香草는 충신忠臣에, 악초는 간신에 비유하여 직접 그들을 표현하지 않고 풀 나무들의 이름을 내세워 그 뜻하는 것을 은근히 드러나게 하였다.

24) 『왕정상전집 2』, 「與郭價夫學士論詩書」: 言征實則寡餘味也, 情直致而難動物也, 故示之以意象, 使人思而咀之, 感而契之, 邈哉深矣! 此詩之大致也.

25) 『왕정상전집 2』, 「與郭价夫學士論詩書」: 凡具形象之屬, 生動之物, 靡不綜攝爲我材品.

26) 『왕정상전집 2』, 「與郭價夫學士論詩書」: 何謂四務, 運意, 定格, 結篇, 煉句也. 意者詩之神氣, 貴圓融而忌暗滯. 格者詩之志向, 貴高古而忌蕪亂. 篇

者詩之體質, 貴貫通而忌支離. 句者詩之肢骸, 貴委曲而忌真率. 是故超詣變化, 隨模肖形, 與造化同工者, 精於意者也 ; 構情古始, 侵風匹雅, 不涉凡近者, 精於格者也 ; 比類攝故, 辭斷意屬, 如貫珠累累者, 精於篇者也 ; 構情古始, 侵風匹雅, 不涉凡近者, 精於格者也 ; 比類攝故, 辭斷意屬, 如貫珠累累者, 精於篇者也 ; 機理混含, 辭鮮意多, 不犯輕佻者, 精於句者也. 夫是四務者, 藝匠之節度也, 一有不精, 則不足以軒翥翰塗, 馳跡古苑, 終隨代汩沒爾.

27) 『왕정상전집 2』, 「與郭價夫學士論詩書」: 何謂三會, 博學以養才, 廣著以養氣, 經事以養道也. 才不贍則寡陋而無文, 氣不充則思短而不屬, 事不曆則理舛而犯義. 三者所以彌綸四務之本也. 要之, 名家大成, 罔不具此. 然非一趨可至也, 力之久而後得者也. 故曰會.

28) 『왕정상전집·華陽稿 卷上』: 王廷相督學川北, 作〈巴人竹枝歌〉. 認爲 "溫柔敦厚者, 詩人之體也 發乎情止乎義理者, 詩人之志也, 雜出比興, 形寫情志, 詩人之辭也.

제14장
역사적 지위와 평가

왕정상은 청대의 정치 및 학술사상에 지대한 영향을 끼친 인물이다. 대부분 사상가는 귀양을 가거나 은퇴하여 후진을 양성하며 그의 사상을 정립하는데 그는 평생 정치 현장에서 일하는 가운데에서 얻은 생각을 이론화하였기에 실천과 실증을 통해 이루어진 이론이다. 그는 사상뿐 아니라 다양한 분야에서 학술적 이론을 완성하였으며 문학에서는 명대 전칠자 중 한 명으로 꼽히고 있다. 특히 그는 명대 기학을 대표하는 인물로 경세치용 실학의 개척자로서 높이 평가되고 있다.

1. 역사적 지위

1) 경세치용 실학의 개척자

왕정상이 정치에 나선 시기는 밖으로는 농민 봉기가 일어났고 조정 내에서는 환관들이 전횡을 휘둘러 정치 부패가 심각했다. 이러한 사회적 모순 속에서도 국가 경제는 서서히 발전을 거듭하고 있었다. 당시 서방의 문물이 명으로 흘러들어와 과학기술이 발전하여 농업과 수공업에 이르기까지도 생산력이 증대하였다. 생산력 증대는 사회 모순을 한층 더 끌어올리는 역할을 했다. 그로 인해 사상에서도, 사회적 모순을 중재할 수 있는 다른 이론이 필요로 했다.

명 초기에는 명 태조가 원의 정치사상을 이어 정주리학을 관방화官方化하여 중국을 하나로 뭉치려고 하였다. 하지만 학술이론과 당시 태조가 원했던 정치 현실과는 괴리가 많았다. 특히 정주리학 학자들은 불변의 정론에 갇히어 개혁을 반대했다. 명 중기에 정치를 시작한 왕정상은 정치 일선에 나서서 이러한 사회 모순에 눈을 돌리고 사회, 정치, 사상 등 전면적 개혁을 단행했다. 사회 모순을 개혁하기 위해서는 사회적으로 만연하고 있는 정주리학과 단절해야 했다. 사실상 그의 사상도 정주리학과 동떨어진 것은 아니다. 하지만 사회 현실에 고려하여 많은 부분을 수정 보완해야만 했다.

그는 천리가 중심이 되는 정주리학 사상은 서양의 과학기술을 받아들이고 사회개혁을 하는데 공리이고 공담이 될 수밖에 없어 장재가 주장하여 정립한 기론을 가져왔다. 또 그는 왕수인이 같은 시기 심학心學을 정립하였으나 심학은 천리天理를 그대로 가져다 양지良知로 이름을 바꾸어 존천리存天理를 치양지致良知로 바꾸었을 뿐 리학과 크게 달라지지 않아 사회적 모순을 바로잡고 사회개혁을 하는 데에는 큰 도움이 되지 않는다고 여겼다. 그는 사상을 정립했던 것이 아니고 정치를 하는 과정에서 모순점을 고치고 잘못된 곳을 개혁하며 실천하고 실증한 것을 학문적 이론으로 정립하였는데, 이것이 바로 경세치용의 학문이다.

경세치용의 학은 학문적 연구와 사회발전에 필요한 개혁을 같이 이루며 사회 현실적 문제를 해결하는 실천적이고 실용적 학문이다. 왕정상의 실용적이고 현세적인 사상은 당대에는 왕양명 사상과 왕수인 후학들의 공담에 밀려서 철학사에 뚜렷한 영향을 미치지 못하였다. 그러다 명이 쇠락해지고 나라의 존속이 어려워질 무렵에 이르러서야 많은 학자가 기학이 중심이 되는 실사구시와 경세치용의 학문에 대한 중요성을 인식하게 된다. 그중 고염무, 왕부지가 왕정상의 사상을 이은 대표적인 학자들이다.

2) 명대 기학의 대표

왕정상이 사상적으로 공헌한 점은 기학의 이론 체계를 완성하여 기일원론의 사상을 정립했다는 점인데 세 가지 방면으로 그의 공헌을 표현할 수 있다. 그 하나는 그가 명대 최고의 기 철학자이며 명대 기학의 대표적 인물이라는 점이다. 그와 동시대 나흠순도 사상적으로 기학의 대표적 인물이긴 한데 나흠순은 명대 기학자로 주자를 존경하여 리학과 관계에 있어 정주리학의 천리 개념을 분명하게 잘라내지 못했다. 나흠순의 본체론은 "천지를 통해 고금에 걸쳐 하나의 기가 아님이 없었다.", "리는 애당초 별도의 하나의 물이었다. 리는 기에 의존하여 서고, 기에 붙어서 행한다.", "기가 모이는 것은 모임의 이치이고 기의 흩어짐은 흩어짐의 이치이다. 모임도 있고 흩어짐도 있으니 이런 것을 이치[理]라고 한다."[1] 라고 기론을 중심으로 본체론을 확립했으니 그는 기학자임에는 틀림이 없다. 하지만 심성론에서는 "성은 사람의 생리이다. 리가 존재하는 곳을 심이라 하고 심이 지니는 것을 성이라 한다."[2] 고 하였으니 이는 정주리학의 성즉리 관점을 수용한 것이다. 그는 기학자이지만 정주리학에서 벗어나지 못해 명대 기학자를 대표하기에는 부족하다. 후대 학자들은 그를 오히려 리학자로 분류하기도 한다.

왕정상과 친밀하게 교유하며 같은 사유를 한 사상가는 한방기韓邦奇 (1479~1555), 양신楊愼(1488~1559), 최선崔銑(1478~1541) 등이 있다. 이들은 모두 왕정상의 영향을 받아 기본체론을 주장하였다. 황종희가 『명유학안』에서 한방기는 도체를 논하며 오직 장재를 취하여 기본론을 주장하였다고 하고3) 양신은 원기론자로 원기가 천지만물을 생성하는 최후 원인이라고 여겼으며 최선은 이기론에서 "기는 바로 이치이고, 리는 기의 가지이다."라고 했다4)고 적었다. 그들의 기학 사상은 왕정상에 비해 조금씩 부족하고 분명하지 않음을 밝히고 있다.

그들 외 왕정상은 왕도王道(1476~1532), 왕준汪俊, 황좌黃佐(1490~1566) 등도 교유하였는데 왕도의 기학에는 왕수인의 심학이 섞여 있고 왕준의 기학에서는 '우주는 일기로 통하고 기의 실질은 음양일 따름이다.' 고 하여 장재의 태극을 기의 본체로 삼은 사상을 따랐을 뿐이며 황좌는 리선기후설理先氣後을 반대하며 리즉기理卽氣이고 기는 조리를 가지고 리와 분리할 수 없다고 하여 리를 떠나보내지 못했다. 이들의 학문 이론에 비하면 왕정상의 기론은 리를 떠나 독자적으로 분명하게 설명하고 있다. 그 때문에 학자들이 왕정상을 명대 기학의 대표이며 경세치용의 학을 개척한 자라고 한다.

2. 왕정상에 대한 평가

왕정상은 리학과 심학에 대한 독자적 전환을 가져와 원기일원론을 확립한 당대 최고의 학자라고 볼 수 있다. 왕정상이 세상을 뜬 후 그의 공적, 인품, 학문에 대해 찬사를 보내는 평가가 많이 나왔다. 명 12대 융경제隆慶帝(재위 1566~1572)는 그의 일생에 쌓은 정치적 공적을 치하하여 죽은 다음 공로가 있는 자에게 내리는 특전 성지를 내렸다. 또 좌참의에게 하남 포정사를 파견하여 그의 무덤에 가서 제사 지내도록 했다. 이때 왕정상을 위해 지은 제문은 명문으로 높이 평가받고 있다. 청대에 이르러 많은 왕정상의 생애 이룬 사적과 전기들이 써져 그의 평가가 높

아졌다.5)

1) 당대當代의 평가

(1) 고공高拱의 평가

그는 평생의 뜻을 세우며 성현의 삶을 살겠다고 스스로 약속했다. 세종 가정 연간에 고공高拱(1513~1578)은 「준천왕공행장」에 다음과 같이 적었다.

공은 덕을 담는 그릇이 넓고 순수하며 기품이 강대했으며 자신을 수양하고 학업에 힘썼으며 성현의 그릇으로 살 것을 스스로 다짐했다. 조금의 쓸모없는 일도 하지 않았다. 가까이 있는 것, 아는 것은 탐구하고 멀리 있고 잘 모르는 것은 반드시 손에 넣거나 알아내려고 힘썼다. 위아래의 일, 옛것과 지금의 일 모두 오직 자득하여 구했다. 무슨 일이든 대충 하는 일이 없었다. 명확하게 옳다고 보이면 비록 옛사람들이 아니라고 한 것도 굽히지 않았고 명확하게 잘못으로 보이면 비록 옛사람들이 옳다고 했던 것이라도 잡지 않았다. 후세에 전하려는 뜻을 세우고 뿌리까지 캐내어 요점을 찾아냈다. 그래서 선현들이 밝히지 못한 것을 많이 밝혔다. 본성이 순하여 효를 다했고 어버이 모시기를 힘쓰며 마음으로 기뻐했고 형식에 있지 않았다. 동생과는 우애가 곡진하여 한 번도 떨어져 지내지 않았다. 동생이 먼저 죽어 동생의 자식을 자기 자식처럼 보살폈다. 또 처가와 친척 중 스스로 생계가 안되는 경우 반드시 두루 보살폈으며 죽을 때까지 일관했다. 집에서는 근검을 가훈으로 삼았고 비록 고위 관직에 있을 때도 선비로 살던 때와 다름이 없었다. 늘 자식들에게 아껴 쓰도록 가르쳤고 관에서 일하지 않았을 시에는 친구들이 그를 편안하게 여겼으며 준읍浚邑에서도 왕씨 가문을 알지 못했다. 사람들에게 밝은 이치로 수행하는 것을 우선으로 삼도록 했고 실제로 그렇게 하려고 다짐했다. 그래서 그의 문하에 호걸의 선비가 많았다. 사람들과 더불어 쉽게 즐거워하고 비록 좀 거스르는 자가 있어도 다른 사람과 비교하지 않았다. 관직에 나아가서 충성으로 일에 임했으며 공적으로 백성을 구제해야 할 시에는 행적에 마음을 두지 않았고 진실로 국익이 된다고 여기면 비록 천하 사람이 비방하더라도 사적으로 구제하지 않았다. 그렇지 않으면 명예에 이를 수 있는 행위는 하지 않았다. 대사에 직면하면 소리나 안색 등으로 행동하지 않고 그 해당하는 것을 일에서 자득한 것으로 해결했다.

일이 이미 해결되면 끝내 고 까닭을 말하지 않았다. 더욱이 아랫사람을 선으로 이끌고 비록 관용을 베풀지 않고 도를 잡고 사특한 것을 미워했으나 가벼이 처리하지 않았다. 아첨하는가를 정탐하여 결단코 내쳤으며 얕은 재주를 거듭하여 그를 기쁘게 할 수 없었다.6)

명 융경제 때 고공은 재상으로 장거정張居正(1525~1582)과 한편이었는데 만력제가 즉위한 후 장거정에 의해 탄핵당해 낙향하여 은거했던 인물이다. 그는 혼란한 시기 정치를 하며 왕정상을 기렸다. 그리고 재상으로 있던 시기 준천 왕정상의 행장을 써서 그의 인간성과 정치에서 청렴함을 밝혔다.

(2) 장로張鹵의 평가

당시 문인이었던 장로張鹵(1523~1598)는 왕정상의 인간성과 정치적 업적을 다음과 같이 평가했다.

왕공은 키가 크고 풍채가 좋으며 수려한 외모를 지녔다. 부모에게 효를 다했으며 아우를 대할 때 우애가 극진했다. …… 사람과의 관계에서 성인이 할 수 있는 사람들을 구제하는 일은 하지 않음이 없었고 자의가 아닌 덕으로 했다. 그래서 인심이 극심하게 그를 사모하는 쪽으로 기울었다. 한 글자도 삼가며 나를 개입시켜 취하면 반드시 경계하기를 한결같이

했다. ······ 관직에서는 검소하고 소박했다; 집에 있을 때는 사계절 허름한 베옷으로 평상복을 지어 입었고 조석으로 소찬으로 식사했으며 상을 옆에 두고도 서책을 놓지 않았다. ······ 세 왕조에서 일하면서 충성을 근본으로 삼고 어기지 않았다. 고인의 책을 읽는 데 힘을 쏟았고 몸과 마음으로 체험하여 자득했다. 국가에 이익이 되는 일은 성학도 보완하였으며 비록 천하 사람의 비방을 듣는다 하더라도 개의치 않고 행했다. 국익이 되지 않으면 명예에 이른다 해도 하지 않았다.[7]

장로의 평가에서 왕정상은 주위 사람들에게 강인하고 분명한 실천과 개혁 의지를 보여주었던 인물이다. 이는 평소 자신의 생활 태도나 부모 섬김과 형제간의 우애, 황제에 대한 충성 그리고 국익의 중시 등을 통해 잘 드러난다.

(3) 우신행于慎行의 평가

동시대 우신행于慎行(1545~1607)은 『소보왕숙민공전少保王肅敏公傳』에서 그를 다음과 같이 칭송하였다.

선생은 집에 거할 때 효도와 우애를 다했으며 고향에서는 배우자와 화목했고 선조들이 정한 예를 수양하기를 좋아했다. 늘 자신은 검소했고 꾸밈과 사치는 끊어버렸다. ······ 조정에서 관직을 담당할 때에는 충성에만 전일하고 기만하지 않았으며 공정을 받들고 올바름을 실천했다. 국가에 대사가 있을 시는 몸소 그것을 맡았고 이해와 명예에는 조금도 동요하지 않았다. ······ 선생은 책을 외우고 물어서記問 해박該博하였으며 그의 학술은 순수하고 올바르며 백가의 서적에 심취[沈酗]하지 않음이 없었으나 이교도에 빠지지 않았다. 문사가 상세하고 고아함이 풍부하여 문체의 전형이라 말할 만하다.[8]

이글은 당시 태자태보였던 우신행이 왕정상이 죽은 후 그의 성명·행적 등을 적어 무덤 앞에 세우는 표석에 새긴 묘표墓表이다. 그 역시 왕정상의 올바른 생활 태도와 충성도, 학문적 성취와 문사의 고아함에 대해 적었다.

(4) 하교원何喬遠의 평가

당시 하교원何喬遠이 그의 충성심과 박학다식함에 대해 다음과 같이 평했다.

> 왕정상은 세 조정을 거쳤는데 충성으로서 거짓되지 않고 우선으로 삼았다. 신하로 황제를 모실 시는 강직하면서도 험악하지 않았으며 마땅히 해야 할 일에 닥치면 그것이 잘못되었을 때는 반드시 떨쳐내며 의연하게 행했다. …… 옛것에 해박하고 경전에 통달했으며 실용을 궁구했고 예악禮樂, 율력律曆, 상위象緯, 의복醫卜에 있어도 꿰뚫었고 통하지 않음이 없었다.[9]

후대에까지 왕정상의 평전을 쓰는 사람들의 공통된 평가가 그의 바른 사생활에 대한 평가뿐 아니라 애국정신과 그의 박학이 뒷받침된 실용을 궁구하는 실천 정신이다.

(4) 최선崔銑의 평가

최선은 왕정상과는 40년간 마음을 논하고 의리를 말하고, 서로를 알아주는 지음지기知音之己이다. 그는 왕정상의 학술서 『아술』서문에 왕정상을 평가하며 다음과 같이 썼다.

> 선생은 강직함을 지니고 검소함을 실천하며, 굽은 것을 꺾고 어려운

일을 무릅쓰며, 곤궁해도 근심하지 않고 현달해도 즐거워하지 않고, 문장을 즐기고 도를 맛보며 젊어서 근면하고 늙어서 변화하였기 때문에 이미 막힌 길을 열고 막히지 않는 창을 밝힐 수 있었다. 성철聖哲의 교훈이 천정까지 가득 쌓여서 실으면 그 소[牛]를 땀으로 적시는 것이 발뿐만이 아니다. 그런데 후세의 현인이 한번 나오면 반드시 다시 지은 것이 있는데 종종 그 미치지 못했던 곳을 밝혀서 그 혹피或陂를 구원한다. 이는 대개 일신日新의 성덕盛德이고, 생생상선生生相禪이 그침이 없는 것이다. 비유하자면 해와 달이 하늘에 비추는 것을 대신 비추는 하나일 뿐인데 광경光景이 오래 빛나서 사람들이 즐거워하며 싫어하지 않는다. 저 천도天道는 변하지 않고 나아가기 때문에 인심이 위를 좋아하고, 천운天運에는 일정함이 있기 때문에 사람이 나란히 밟아간다. 그래서 사고가 미묘함을 궁구하면 행실은 빠르고 느림에 소홀하고, 변별이 우주에 투철하면 마음은 일용에 어둡다. 말을 경청하며 들을 만하고, 상고할 것이 참으로 없는 듯하다.[10)]

2) 『명유학안』에서 왕정상 평가

황종희黃宗義(1610~1695)는 명말 청초의 학자이자 사상가이다. 그의 저서 『명유학안』에 왕정상 편을 실었는데 그에 대한 평가와 그의 철학서 『신언』과 『아술』을 실었다. 아래에 그의 왕정상 평가를 원문과 함께 직접 번역하여 실어둔다.

王廷相字子衡, 號浚川, 河南儀封人. 弘治壬戌進士. 改庶吉士, 授兵科給事中. 正德戊辰謫爲州判, 稍遷知縣, 復召爲御史, 出接陝西. 鎭守奄人廖鵬虐民, 先生繩之以法, 鵬大恨. 已而視學北畿, 有兩奄幹請, 先生焚其書, 兩奄亦恨, 未有以發也. 鵬因上書搆之, 兩奄從中主其奏, 逮入詔獄. 又謫爲縣丞, 稍遷知縣同知, 擢四川僉事, 山東副使, 皆視學政. 嘉靖初, 曆湖廣按察使, 山東左、右布政使, 以右副都禦史巡撫<u>四川</u>, 入爲兵部左、右侍郎, 轉<u>南京</u>兵部尚書, 召爲左都禦史, 進兵部尚書兼掌院事, 加太子太保. 辛醜罷, 又三年而卒, 年七十一. <u>隆慶</u>初, 贈少保, 諡<u>肅敏</u>.

　　왕정상王廷相(1474~1544)은 자字가 자형子衡이고 호號는 준천浚川으로 하남河南 의봉儀封 사람이다. 홍치弘治 임술壬戌(1502)년에 진사가 되었다. 관직이 서길사庶吉士로 바뀌고 병과兵科 급사중給事中에 제수되었다. 정덕正德 무진戊辰(1508)년에 호주판관亳州判官으로 좌천되었다가 또다시 지현知縣으로 옮겼는데, 다시 어사御史로 불려가 섬서陝西를 안찰하였다. 진수 환관 요붕廖鵬이 백성에게 잔혹하게 굴었다. 선생이 법으로 그를 포박하니 요붕은 크게 원망하였다. 얼마 뒤에 북기北畿에서 학정學政을 시찰하였는데, 환관 두 사람이 청탁했다. 선생이 그 편지를 태워버리자, 두 환관이 또한 원한을 품었는데, 그것을 드러내지 않았다. 요붕이 이어서 편지를 올려서 일을 꾸미고, 두 환관이 좇아서 상소하는 것을 주도하여 끝내 하옥되었다. 또 좌천되어 현승縣丞으로 있다가 지현 동지知縣同知로 옮겼고 사천첨사, 산동부사로 발탁되었는데, 모두 학정을 시찰하였다. 가정嘉靖 초에 호광안찰사, 산동좌우포정사를 역임하고 우부도어사로 사천을 순무巡撫했다. 조정에 들어가 병부좌우시랑이 되었다가 남경병부상서로 옮겼고, 초치되어 좌도어사가 되었다가 병부상서겸장원사로 진급했고, 태자태보太子太保를 더했다. 신축辛丑(1541)년에 벼슬을 그만두었고, 3년 후에 죽었다. 향년 71세이다. 융경隆慶초 소보少保에 추증되었고, 시호諡號는 숙민肅敏이다.

　　先生主張<u>橫渠</u>之論理氣, 以爲「氣外無性」, 此定論也. 但因此而遂言「性有善有不善」, 並不信<u>孟子</u>之性善, 則先生仍未知性也. 蓋天地之氣, 有過有不及, 而有愆陽伏陰, 豈可遂疑天地之氣有不善

508

乎? 夫其一時雖有過不及, 而萬古之中氣自如也, 此即理之不易者.
人之氣稟, 雖有淸濁強弱之不齊, 而滿腔惻隱之心, 觸之髮露者, 則
人人所同也, 此所謂性即在淸濁強弱之中, 豈可謂不善乎? 若執淸
濁強弱, 遂謂性有善有不善, 是但見一時之愆陽伏陰, 不識萬古常
存之中氣也. 先生受病之原, 在理字不甚分明, 但知無氣外之理, 以
爲氣一則理一, 氣萬則理萬, 氣聚則理聚, 氣散則理散, 畢竟視理若
一物, 與氣相附爲有無. 不知天地之間, 只有氣更無理. 所謂理者,
以氣自有條理, 故立此名耳. 亦以人之氣本善, 故加以性之名耳. 如
人有惻隱之心, 亦只是氣, 因其善也, 而謂之性, 人死則其氣散, 更
可性之可言? 然天下之人, 各有惻隱, 氣雖不同而理則一也. 故氣
有萬氣, 理只一理, 以理本無物也. 宋儒言理能生氣, 亦只誤認理爲
一物, 先生非之, 乃仍蹈其失乎?

선생은 장재張載(1020~1077)가 이기理氣를 논하며 "기 밖에 성은 없
다."라고 여긴다고 하였는데, 이것은 정론이다. 다만 이로 인해서 비로소
"성에는 선함도 있고 선하지 않음도 있다."라고 말했는데, 맹자의 성선
을 믿지 않았으니 선생이 여전히 성을 알지 못했다. 하늘과 땅의 기는
지나칠 때가 있고 미치지 못할 때가 있고 양기가 성할 때가 있고 음기가
숨겨져 있을 때가 있는 것이지 어찌 끝내 하늘과 땅의 기에 선하지 않음
이 있다고 의심할 수 있겠는가? 잠시 비록 지나치고 미치지 못함이 있지
만, 만고에 기는 저절로 그러한 것이니 이것이 곧 리理가 바뀌지 않는다
는 것이다. 사람의 기질과 성품은 비록 맑고 탁하고 강하고 약함이 같지
않으나 가슴에 가득한 측은지심이 감촉하여 드러나는 것은 사람마다 같
다. 이것이 이른바 성이 곧 맑고 탁하고 강하고 약한 것 중에 있다는
것이니, 어찌 선하지 않다고 말할 수 있겠는가? 만약 맑고 탁하고 강하
고 약함에 고집하여 끝내 성에는 선함도 있고 선하지 않음도 있다고 말
한다면 이는 단지 한때의 양기가 성하고 음기가 숨어 있을 때만 알고

만고에 항상 존재하는 가운데의 기를 알지 못하는 것이다. 선생에게 병통이 생긴 근원은 '리理'자를 그다지 분명하게 알지 못한 데 있다. 기밖에 리가 따로 없는 것만 알아서 기가 하나면 리가 하나이고 기가 만가지이면 리가 만 가지이고 기가 모이면 리가 모이고 기가 흩어지면 리가 흩어진다고 여겨 끝내 리를 마치 하나의 사물로 보고 기와 서로 의지하여 있거나 없거나 하는 것으로 만들었으니 하늘과 땅 사이에 기만 있고 다시 리가 없게 됨을 알지 못하였다. 이른바 리는 기에 본래 조리가 있기에 이 명칭을 설정하게 되었다. 또 사람의 기는 본래 선하기 때문에 성이라는 명칭을 덧붙였다. 예컨대 사람이 가지고 있는 측은지심은 또단지 기인데, 그 선한 것을 따라서 성이라고 한다. 사람이 죽으면 기가 흩어지니, 다시 말할 만한 어떤 성이 있겠는가? 그러나 천하 사람들이 각각 측은한 마음을 가진 것은 기가 비록 같지 않지만, 리는 하나이기 때문이다. 그러므로 기는 만 가지 기의 상태이지만 리는 단지 하나의 리이니, 리는 본래 사물로서 존재함이 없기 때문이다. 송대 유학자가 리는 기를 낳을 수 있다고 말한 것은, 또 리를 단지 하나의 사물로 오인했기 때문이다. 선생은 그것을 비판하면서도 여전히 그 잘못을 답습한단 말인가?

황종희는 송나라 유학자 호안국胡安國의 후예 학파를 자처하였다. 그는 부친의 유언에 따라 유종주劉宗周를 스승 삼아서 양명학의 전통을 승계하였으나 공리공론을 배제하며 객관적 사실을 중히 여겼으며 왕정상의 경세치용經世致用 학풍을 이어 청조의 학문에 큰 영향을 주었다. 황종희는 오여필吳與弼로부터 유종주까지의 196인의 학자를 『명유학안』에 실었다. 이 글에서 주자학자로서 왕정상을 비판하였으나 그를 명대 기학자로 높이 평가하였다.

3) 현대 학자들의 평가

펑유란馮友蘭(1894~1990)은 『중국철학사신편中國哲學史新編』에서 왕정상을 '도학에 대한 태도는 일괄적으로 부정적이지 않았고 오히려 기학적 부흥과 더불어 리학적 자아 수정 및 혁신을 이룬 유학자'[11]라고 평가하였다. 그는 먼저 왕정상을 명대 유물주의 철학가로 부르고 특히 자연과학, 천문학, 음율학에 깊이 연구했던 학자로 인정한다. 그가 왕정상을 유물주의 철학자로 부르는 이유를 왕정상이 지은 『횡거리기변橫渠理氣辯』과 『가장집家藏集』에서 다음과 같이 설명한다.

> a. 왕정상이 지은 『태극변』에 유물주의 자연관의 강령이 포함되어 있다. 그의 태극설은 역에는 태극이 있다[易有太極]는 논지로부터 시작하여 조화의 근원으로까지 미치게 하고 태극이라 이름 지었으니 그 실제는 천지가 판명되기 전 태초에 혼돈·청허의 기가 이것이다. 허는 기를 떠날 수 없고 기는 허와 분리될 수 없으며 기는 리를 싣고 있고 리는 기에서 나온다. 하나로 꿰어서 떨어질 수 없다는 것을 말하고 있다. 그 때문에 원기는 원도를 지닌다.[12]

> b. 태극, 원기, 음양 이러한 명사는 모두 다른 관점에서 기를 설명하고 있다. 즉, 원기밖에 태극은 없고 음양밖에 기가 없다. 원기 상에서는 의상意象을 구할 수 없다. 그래서 태극이 된다. 천지 만물로서 형태가 없고 모호하며 비어있으니 이름으로 의미를 분명히 할 수 없다. 고로 원기라 하였다. 천지 만물에 이미 형태가 있게 되어 청탁淸濁, 빈모牝牡, 굴신屈伸, 왕래往來의 상이 있게 되니 음양이라 부른다. 태극, 원기, 음양 세 가지는 하나의 물이고 또한 하나의 도이다.[13]

펑유란은 왕정상의 기일원론이 장재의 기학을 계승 발전한 것인데, 장재의 『정몽』 중 허와 기의 관계가 여러 곳에서 설명하고 있으나 모든 곳에서 그 뜻이 완전히 일치하지 않는다. 하지만 왕정상의 철학 체계에서 허와 기는 대립적이다. 왕정상은 혼돈·청허한 기는 원기의 상태임을 분명하게 설명한다. 그는 기 밖에 허가 있지 않다고 하니 장재의 기론에서 기일원론으로 한층 더 명확하게 되었다고 보고 장재보다 유물주의자임을 분명히 했다.

또 그는 왕정상이 왕충이 형신관계로 설명하는 유물주의를 계승했다고 보았다. 왕정상이 기는 형태의 종자이고 형태는 기의 변화이며 한번 비우고 한번 채우는 것은 모두 기다. 신은 형기의 묘용이며 성이 부득이 한 것이다. 이 세 가지는 하나로 꿰는 도이다. 라고 하였다. 또 왕정상이 신은 반드시 형기를 빌려서 있게 되는 것이고 형기가 없으면 신도 멸한다. 흩어지지 않은 기를 타서 드러내는 것은 마치 불빛이 사물에 비춘 후에 보이는 것처럼 사물이 없으면 불빛이 존재하겠는가? 하였다. 펑유란은 이렇듯 왕정상이 비유한 것은 환담이나 왕충이 장작불에 비유[薪火之喩]한 것과 같다고 하고 또 왕정상의 인식론도 다시 설명하며 그의 유물주의를 평가한다. 펑유란의 시대는 유물주의가 대세였던 시기였기에 사실상 왕정상을 높이 추존하여 평가한 것으로 보인다.

베이징대학 철학과 교수를 역임했고, 현재는 중국 칭화대학 국학연구원 원장과 칭화대학 철학과 교수인 천라이陳來(1952~)는 왕정상을 어려서부터 문학에 정평이 나서 명대 전칠자 중의 일인이 되었다고 하였다. 또 정덕 초년 유근의 핍박으로 귀양을 갔으나 후에 다시 중앙직이나 변방의 요직에 있게 되면서 유근에게 붙어 부와 권세를 누리는 자들에 대해 단호히 단죄했다는 점을 들어 그를 정직하고 의지가 굳건하여 사악한 세력과 맞서 투쟁했던 학자이며 문무를 겸비한 정치가였다고 평한다. 가정 중기에 어려운 일을 당해 앞장서서 나아가[挺身而出] 당시 아첨하여 세력을 누리던 엄숭嚴嵩을 공격하였으니 당시 사대부 중에서 기질이 뛰어나고 대단히 위세와 명망이 있었다고도 평한다.

유학자로서 왕정상은 송대 장재의 기학을 계승 발전시킨 원기일원론자로 명대 리학의 유심주의를 깊이 비판하였다. 하지만 그는 명대 사상계에서 하나의 독립적 견해를 지닌 중요한 철학자이다. 그의 학문에 대해서는, 박학다식하여 천문학, 음율학 등에도 자못 연구가 깊었고 농학과 생물학 등에도 대단히 관심이 많았으며 특히 깊이 있는 자연 과학 지식은 그가 유물주의 사상을 지니는 원인 중 하나가 되었다고 천라이가 평하였다.[14)

현재 북경 인민대 철학과 교수이며 중국 실학학회 회장으로 있는 거룽진葛榮晉은 왕정상을 명대에서 최고로 위대한 철학가이며 초월적 유물주의자로 평한다. 그는 학자들도 일반적으로 왕수인을 명대 최고의 철학가로 알고 있는데 그 이유는 제자들이 그를 널리 알렸기 때문에 한때 흥성했을 따름이며 이론과 사유의 수준으로 볼 때 양명학은 왕정상 철학에 비교조차 할 수 없다고 한다. 왕정상 철학은 본체론, 인식론, 역사관, 도덕론 등의 방면에서 자신의 참신한 견해를 내놓았는데 당시 최고의 수준에 달했다고 평하고 있다. 오랜 기간에 왕정상 연구에 집중했던 거룽진은 왕정상이 명 중기 유심론에 반대하는 투쟁을 했는데 당시 고군분투孤軍奮鬪한 것이 아니고 많은 기론자가 그를 이어 등장하여 힘을 실어주었다. 다만 그가 기론자를 대표하는 자였다고 한다. 왕정상과 동시대에 그의 이론과 뜻을 같이한 기론자는 한방기韓邦奇(1479~1555), 황관黃綰(1477~1551), 양신楊愼(1488~1559) 등이 왕정상과 함께 유심론을 비롯한 관념론자들과 전투를 했고 거룽진은 그들이 기를 무기로 하여 각기 다른 방면에서 송명리학과 불교·노자의 이단을 비판했고 철학적으로 풍부하고 다채로운 투쟁을 전개했다고 한다.

1) 羅欽順, 『困知記』: 盖通天地、亘古今, 無非一氣而已. …… 理初非別有一物, 依于氣而立, 附于氣以行也. …… 氣之聚, 便是聚之理, 氣之散, 便是散之理, 惟其有聚有散, 是乃所謂理也.

2) 『곤지기』: 性者人之生理. 理之所在謂之心, 心之所有謂之性.

3) 黃宗羲, 『明儒學案』卷9,「三原學案·恭簡韓苑洛先生邦奇」: 韓邦奇論道體乃獨取橫渠.

4) 『明儒學案』卷48,「諸儒學案中二·文敏崔后渠先生銑」: 崔銑在理氣關係上提出氣卽理, 理者氣之條.

5) 『왕정상집』, 附錄3,「王廷相傳記資料選集」.

6) 高拱, 『前榮祿大夫太子太保兵部尚書兼都察院左都御史掌院事浚川王公行狀』.

7) 張鹵, 『少保王肅敏公傳』.

8) 于愼行, 『太子太保兵部尚書都察院左都御史贈少保諡肅敏浚川先生王公廷相墓表』.

9) 何乔远, 『王廷相傳』

10) 최선崔銑,『아술 서』: 先生秉介履素, 摧枉犯難, 在困亡憂, 在達亡樂, 耽文味道, 少勉者化, 故能辟已塞之路, 昭不礙之牖焉. 夫聖哲之訓積充於宇, 載汗其牛, 不啻足也. 而後賢一出, 必更有作, 往往發其未及, 而救其或陂. 斯蓋日新之盛德, 生生相禪而亡已也. 譬之日月麗空, 代照一爾, 光景永耀, 人樂之而不厭焉. 天夫道恒進, 故人心好上 ; 天運有常, 而人則躓等. 故思窮於微眇, 行忽於疾舒, 辨徹乎宇宙, 心荒於日用. 聽言可聞, 考實蔑然.

11) 馮友蘭, 『中國哲學史新編』(北京: 人民出版社, 1999), 233쪽 참조.

12) 馮友蘭, 『中國哲學史新編』, 233쪽 참조.

13) 馮友蘭, 『中國哲學史新編』, 233쪽 참조.

14) 陳來, 『宋明理學』(北京: 北京隆昌偉業印刷有限公司, 2011), 338쪽 참조.

1. 원전류

1) 주 텍스트

王廷相, 『王廷相選集 1-4』(北京, 中華書局, 1989)

2) 경전

『論語』

『孟子』

『大學』

『中庸』

『禮記』

『荀子』

『管子』

3) 보조 원전

王守仁 撰, 『王陽明全集 上, 中, 下』(上海: 上海古籍出版社, 2012)

程顥·程頤, 『二程集』(台北: 漢京文化事業有限公司, 1983)

羅欽順, 『困知記』(北京: 中華書局, 2013)

朱熹, 『朱子語類』(北京, 中華書局, 1986)

程顥·程頤, 『二程集』(北京, 中華書局, 1981)

張載, 『張載集』(北京, 中華書局, 1978)

黃宗羲, 『宋元學案』(台北: 世界書局, 1965)

_____, 『明儒學案』(北京, 中華書局, 2008)

馮友蘭, 『中國哲學史新編』(北京: 人民出版社, 1999)

2. 번역본

蔡仁厚, 정인재 역, 『중국철학사』(서울: 동방의빛, 2019)

陳淳, 박완식 역, 『性理字義』(서울: 여강, 2005)

陳來, 이종란 외 역, 『주희의 철학』(서울: 예문서원, 2002)

_____, 전병욱 역, 『양명 철학』(서울: 예문서원, 2003)

方立天, 박경황 역, 『중국 철학과 인성의 문제』(서울: 예문서원, 1998)

馮友蘭, 박성규 역, 『중국 철학 사상』(서울: 까치, 1999)

勞思光, 정인재 역, 『중국철학사』(서울: 탐구당, 1990)

李光地, 신창호 외 역, 『주역절충』(고양: 학고방, 2018)

牟宗三, 전병술 외 역, 『心體와 性體』(서울: 소명출판, 2012)

王充, 성기옥 역, 『論衡』(서울: 동아일보사, 2016)

王廷相, 권오향 역, 『愼言』(고양: 학고방, 2019)

王陽明, 정인재·한정길 역, 『전습록』(고양: 청계, 2001)

揚雄, 조민환 역, 『태현집주』(고양: 학고방, 2017)

張立文, 김교빈 외 역, 『氣』(서울, 예문서원, 2012)

張載, 정해왕 역, 『正蒙』(서울, 명문당, 1991)

朱伯崑, 김학권 외 역, 『역학철학사 5』(서울: 소명출판, 2016)

곽신환 외 역, 『태극해의』(서울, 소명출판, 2009)

윤용남 외 역, 『성리대전』(고양: 학고방, 2018)

溝口雄三, 동국대 동양사상사 연구실 역, 『중국의 예치 시스템』(서울: 청계, 2004)

島田虔次, 김석근·이근우 역, 『주자학과 양명학』(서울: 까치글방, 2008)

오하마 아키라, 이형성 역, 『범주로 보는 주자학』(서울: 예문서원, 1997)

Peter K. Bol, 김영민 역, 『역사 속의 성리학』(서울: 예문서원, 2011)

John, K. Fairbank 외, 김형종 외 역, 『신중국사』(서울: 까치글방, 2009)

John, K. Fairbank 외, 김한규 외 역, 『동양문화사』(서울: 을유문화사, 2009)

3. 국내 단행본

김영효, 『물학 심학 실학』(서울: 청계출판사, 2003)

김충렬 외 11인, 『동양철학의 본체론과 인성론』(서울: 연세대학교출판부,

　　　　1982)

　신정근, 『철학사의 전환』(파주: 글항아리, 2012)

　양승무 외, 「송대 심성론」(서울: 이르케, 1999)

4. 국외 단행본

　高令印 · 樂愛國, 『王廷相評傳』(江蘇: 南京大學出版社, 1998)

　勞思光, 『新編中國哲學史』(台灣: 三民書局, 1993)

　張廷玉 外, 『明史』(北京: 中華書局, 1974)

　蔡方鹿, 『宋明理學心性論』(成都: 巴蜀書社, 2009)

　蔡仁厚, 『孔孟荀哲學』(臺灣: 學生書局, 1994)

　陳來, 『宋明理學』(北京: 三聯書店, 2011)

　馮友蘭, 『中國哲學新編』(北京: 人民出版社, 1999)

　馮達文 · 郭齊勇, 『新編中國哲學史』(北京: 北人民出版社, 2004)

　容肇祖, 『明代思想史』(齊南: 齊魯書社, 1992)

　侯外蘆 外, 『宋明理學史』(北京: 人民出版社, 1984)

　_____, 『中國思想通史』, 5卷(北京: 人民出版社, 1956)

　_____, 『中國思想史綱』, (上海: 上海世紀出版集團, 2008)

　_____, 『中國近世思想學術史』(重慶: 重慶三友書店, 1945)

　葛榮晉, 『王廷相和明代氣學』(北京: 中華書局, 1990)

　_____, 『中國實學思想史』(北京: 首都師範大學出版社, 1994)

　牟宗三, 『名家與荀子』(長春: 吉林出版社, 2010)

　_____, 『中國哲學的特質』(上海: 上海古籍出版社, 2007)

　_____, 『王陽明致良知敎』(臺北: 중앙문물공응사, 민국43년)

　唐君毅, 『中國哲學原論』(北京: 中國社會科學 出版社, 2011)

　徐復觀, 『中國人性論史』(上海: 上海三聯書店, 2001)

　錢 穆, 『中國學術思想史論叢』(合肥: 安徽敎育出版社, 2004)

　張岱年, 『中國哲學史大綱』(北京: 中國社會科學出版社, 1982)

　張學智, 『明代哲學史』(北京: 北京大學出版社, 2000)

　張立文, 『中國人性論史, 宋明扁』(北京: 人民出版社, 1982)

_____, 『宋明理學研究』(北京: 人民出版社, 2002)

_____, 『中國哲學範疇發展史, 性』(北京: 人民大學出版社, 1996)

_____外 四人, 『心』(北京: 人民大學出版社, 1993)

蔡方鹿, 『宋明理學心性論』(成都: 四川出版集團巴蜀書社, 2009)

溝口雄三, 『中國的思想』(北京: 中國社會科學出版社, 1995)

| 지은이 소개 |

권오향

이화여자대학교 자연과학대학 수학과 졸업
성균관대학교 대학원 문학석사
성균관대학교 대학원 철학박사 중국철학 전공
(사)인문예술연구소 선임연구원
성균관대학교 겸임교수
(현) 해여인문예술연구소 대표
　　　인문과 예술학회 부회장

實學의 원류를 찾아서
실학의 태두 왕정상

초판 인쇄　2022년 12월 20일
초판 발행　2022년 12월 27일

지 은 이 | 권오향
펴 낸 이 | 하운근
펴 낸 곳 | 學古房

주　　소 | 경기도 고양시 덕양구 통일로 140 삼송테크노밸리 A동 B224
전　　화 | (02)353-9908 편집부 (02)356-9903
팩　　스 | (02)6959-8234
홈페이지 | www.hakgobang.co.kr
전자우편 | hakgobang@naver.com, hakgobang@chol.com
등록번호 | 제311-1994-000001호

ISBN 979-11-6586-276-3 93150

값: 35,000원

■ 파본은 교환해 드립니다.